Heterotropías:
Narrativas de identidad y alteridad latinoamericana

Agradecimientos

La preparación de este volumen ha sido posible gracias al decidido respaldo que el *Instituto Internacional de Literatura Iberoamericana* y su directora de publicaciones, Mabel Moraña, brindaron a este proyecto, al apoyo de la *Vanderbilt University* y la *University of Colorado-Boulder*, a la paciencia y ayuda de Erika Braga y los correctores del *Instituto*, así como a la cuidadosa lectura que Ana Miramontes hizo de los ensayos de este volumen. A todos ellos, y a los colaboradores, expresamos nuestro aprecio y agradecimiento.

ISBN: 1-930744-09-9

© Biblioteca de América, 2003
Instituto Internacional de Literatura Iberoamericana
Universidad de Pittsburgh
1312 Cathedral of Learning
Pittsburgh, PA 15260
(412) 624-5246 • (412) 624-0829 FAX
iili@pitt.edu

Colaboraron en la preparación de este libro:

Composición y diseño gráfico: Erika Braga
Correctores: Alicia Covarrubias, Cornelio Delgado, Luciano Martínez, Ana Miramontes, Rodrigo Naranjo, Alicia Ortega, Susana Rosano

HETEROTROPÍAS:
narrativas de identidad y alteridad latinoamericana

Carlos A. Jáuregui
Juan Pablo Dabove
Editores

SUMARIO

JUAN PABLO DABOVE Y CARLOS JÁUREGUI. Mapas heterotrópicos de
América Latina 7

I. TROPOS IMPERIALES Y FANTASÍAS (POS)COLONIALES

MICHAEL PALENCIA-ROTH. Enemigos de Dios: los monstruos y la
teología de la Conquista 39
DIANA DE ARMAS WILSON. Cacao y Potosí: heterotropías cervantinas 63
CARLOS JÁUREGUI. Brasil especular: alianzas estratégicas y viajes
estacionarios por el tiempo salvaje de la Canibalia 77
JOHN KRANIAUSKAS. Cronos y la economía política del vampirismo:
apuntes sobre una constelación histórica 115
EDNA AIZENBERG. "I walked with a zombi": placeres y peligros de
la hibridez poscolonial 135

II. INSURGENCIAS, ESTADO E IMAGINARIOS ALTERNATIVOS

MARGO GLANTZ. La utopía del robo: *Los bandidos de Río Frío* 151
JUAN PABLO DABOVE. La fiesta popular, la banda de bandidos, la
"bola": la Revolución y sus metáforas en *Los de abajo* 167
NINA GERASSI-NAVARRO. Crímenes literarios, juegos de bandidos:
la *literatura de cordel* 197
ROSSANA REGUILLO. Imaginarios globales, miedos locales: la
construcción social del miedo en la ciudad 211

III. FÁBULAS DE DISOLUCIÓN DE LA RAZÓN MODERNA

SARA CASTRO-KLARÉN. El "Manifesto antropófago" o la contienda
Sócrates-caraíbe 237
MABEL MORAÑA. Borges y yo. Primera reflexión sobre "El
etnógrafo" 263

NELLY RICHARD. Las reconfiguraciones del pensamiento crítico en la posdictadura 287

IV. POLÍTICAS/POÉTICAS DEL CUERPO

SYLVIA MOLLOY. La violencia del género y la narrativa del exceso: notas sobre mujer y relato en dos novelas argentinas de principios de siglo 303
GABRIEL GIORGI. Diagnósticos del *raro*. Cuerpo masculino y nación en Osvaldo Lamborghini 321
ALBERTO SANDOVAL. Reescribiendo lo abyecto desde el inmigrante: SIDA y *maricotería latina* en el imaginario cultural 343
ANDRÉS ZAMORA. La utopía excremental de Juan Goytisolo, escritor latinoamericano. Maneras de defecar(se) en la cultura occidental 351

V. FUNDAMENTOS IMAGINADOS DE LA IDENTIDAD: LENGUA Y RAZA

HUGO ACHUGAR. ¿Quién es Enjolrás? *Ariel* atrapado entre Víctor Hugo y *Star Trek* 375
WILLIAM LUIS. En busca de la cubanidad: el negro en la literatura y cultura cubana 391

VI. DESTERRITORIALIZACIÓN E "IDENTIDADES EN TRÁNSITO"

JOHN BEVERLEY y DAVID HOUSTON. Una utopía degradada: notas sobre Miami 419
JESÚS MARTÍN-BARBERO. Los laberintos narrativos de la contemporaneidad 447
HERMANN HERLINGHAUS. Imaginación melodramática, narración anacrónica e identidades diferentes: aporías y nuevas expectativas del debate cultural latinoamericano 461
STUART HALL. Pensando en la diáspora: en casa, desde el extranjero   477

Mapas heterotrópicos de América Latina

Juan Pablo Dabove
University of Colorado-Boulder

Carlos Jáuregui
Vanderbilt University

"Quizá la historia universal es la historia de la diversa entonación de algunas metáforas." Jorge Luis Borges, "La esfera de Pascal". *Otras Inquisiciones*

En un texto publicado póstumamente, y que constituye una especie de legado polémico al latinoamericanismo contemporáneo,[1] Antonio Cornejo-Polar formulaba una doble advertencia. Por un lado, señalaba que "tal vez en el fondo la relación entre epistemología crítica y producción estética sea inevitablemente metafórica" ("Mestizaje e hibridez" 342); por otro, advertía que esa relación estaba cargada de peligros tanto políticos como teóricos (como hace patente la crítica que ese ensayo hace a las nociones de hibridez y mestizaje). La precaución es justa y traza las dimensiones y riesgos de la empresa que acomete este volumen, al asumir las consecuencias del carácter ineludible de la metáfora cultural como *herramienta crítica* y como *materia* misma de las narrativas de identidad.

Como decía, con innegable humor, Ted Cohen "estos son buenos tiempos para los amigos de la metáfora".[1] La renovada importancia de la retórica, y la revaloración de los tropos en los estudios de la cultura se ha visto acompañada por movimientos similares en múltiples disciplinas. En un ya clásico artículo, Paul de Man indicaba que el lenguaje figurado constituye una suerte de perpetuo problema, y en ocasiones, una fuente de enojosa turbación para el discurso filosófico y, por extensión, para otros discursos como la Historia y el análisis literario ("The Epistemology of Metaphor" 15-30). Jacques Derrida argüía que precisamente ese *problema* abría el juego de la filosofía, ya que la metáfora es la condición ineludible de todo sistema conceptual ("White Mythology"); "no hay nada — decía — que no pase con la metáfora y por medio de la metáfora. Todo enunciado a propósito de cualquier cosa [...], incluida la metáfora, se habrá producido *no sin* metáfora" ("La retirada de la metáfora" 37).[2] Hayden White — en un gesto juzgado por muchos como la entrada de la historiografía en la "reforma" posestructuralista — revisaba el valor epistemológico de este "bochornoso" *problema trópico* arguyendo que los relatos, los tropos y la retórica, juegan — de manera más o menos autónoma — un papel fundamental en la formación, construcción y el proceso mismo de significación de las narrativas históricas (*Metahistory*). Clifford Geertz señalaba lo mismo para el caso de la antropología poniendo en evidencia el complejo sistema de tropos y estrategias discursivas mediante las cuales se organiza el discurso antropológico (*Works and Lives*). Antes que rupturas,[3] los ejemplos mencionados son síntomas de la emergencia de un vasto y heterogéneo campo de reflexión transdisciplinaria que comparte una tarea central que podríamos denominar *crítica tropológica*. Esta crítica informa, por ejemplo, algunas vertientes de los Estudios Culturales, que, como señala Stuart Hall, han reparado en la "importancia crucial del lenguaje y de la metáfora lingüística en cualquier estudio de la cultura" (Hall, "Cultural Sudies" 283).

Desde esta perspectiva, la cultura se presenta como una articulación de historias, un intrincado tejido narrativo—y trópico—de sentido, producto y determinante de interacciones sociales.[4] Los tropos son índices (en el sentido benjaminiano) para aproximarnos a la densidad de esa textura cultural que continuamente escribimos y leemos, y en la cual también somos escritos y leídos. Acaso la metáfora que usa Donald Davidson para hablar de la metáfora sea en extremo elocuente para pensar esta condición doble de la cultura y la identidad: "La metáfora es el sueño del lenguaje y como todos los sueños, su interpretación nos habla tanto del intérprete como de quien origina el sueño" (29).

Los artículos de este volumen estudian diversos tropos culturales— que hemos llamado *heterotropías*[5]—centrales en la construcción y redefinición de identidades y alteridades en América Latina. Las heterotropías "nos hablan" de *nosotros* y de los *Otros*, y principalmente del espacio vertiginoso e inestable en el que se dan las prácticas de significación cultural. Pero esa comunicación no es inequívoca, pues la identidad se encuentra en la constelación de lo que Jacques Derrida conceptualizó como *différance*, y se debate entre el afán de un significado estable (que está, sin embargo, en fuga constante a lo largo de un espacio no lineal, sin principio ni fin), y la tautología, ya que en la metáfora, como en el sueño, no somos ajenos al "objeto" de nuestro análisis. De allí que los estudios sobre diversas heterotropías se refieran tanto a la cultura que produce el tropo como a sus intérpretes; y que éstas sean motivo de reflexión crítica y a la vez claves hermenéuticas del análisis cultural.

Ahora bien, pensar los problemas identitarios como problemas trópicos no puede partir de la premisa (ni implícita ni explícita) de que los procesos heterotrópicos añaden una especie de *valor agregado* a una literalidad primigenia, que como La Bella Durmiente, víctima de la mentira y la ocultación, espera el beso iluminado del análisis para despertar. Como señalan Ernesto Laclau y Chantal Mouffe, "la sinonimia, la metonimia, la metáfora no son formas de pensamiento que añaden un segundo sentido a una literalidad primera, constitutiva de las relaciones sociales; son parte del espacio fundamental en el cual lo social es constituido" (*Hegemony and Socialist Strategy* 110).

Heterotropías se concibe como un aporte a la agenda intelectual de los Estudios Latinoamericanos contemporáneos e intenta diseñar mapas de diversos *tropos fundacionales*, estudiando su resignificación en contextos de conflicto específicos;[6] en la dirección de lo que Laclau llama una *política de la retórica* (Laclau, *The Politics*). Estamos hablando de una *retórica* concebida ampliamente como una *crítica cultural* de espacios y prácticas de significación de lo social, ; que lejos de ser una técnica o una pedagogía, o de textualizar el mundo en un gesto simple (el riesgo en el que incurre cierta *doxa* posmoderna), intenta contribuir a reinstalar la política en el horizonte de nuestras preguntas.

A riesgo de hacer explícito lo obvio, quisiéramos llamar la atención sobre las limitaciones de este volumen. Aún en sus proposiciones más totalizadoras, las *heterotropías* son apenas lo que Roland Barthes llamó "fragmentos de discurso" (*A Lover's Discourse*). El matrimonio, el amor que cruza barreras de clase o raza, el caníbal, el salvaje, el bandido, el criminal, el pirata, Ariel y Calibán, la ciudad letrada, el género, el "significante flotante" de la raza, los cuerpos abyectos, la diáspora, la enfermedad, la hibridez, son apenas marcas parciales e incompletas en la cartografía siempre aproximada de la identidad. La analogía del *mapa nocturno* (usada por Jesús Martín-Barbero) expresa adecuadamente la idea de una *iluminación* irregular y parcial que debe concebirse sin pretensiones de totalidad. El mapa heterotrópico que se ensambla aquí es posterior a la crisis de los meta-relatos: fragmentario,[7] incompleto, y consciente de la ineludible opción de la incertidumbre. Pero *Heterotropías* también quiere ser posterior al desencanto y arriesgar una cartografía política de lo

il. 1, Mapa invertido, Joaquín Torres-García, 1936.
círculo y cuadrado, 1 de mayo de 1936

identitario que no renuncia a imaginar otros órdenes, redentores de esa(s) historia(s) en la que precisamente se fraguan los tropos de los que hablamos. Imaginamos esta cartografía heterotrópica como heredera del gesto de Joaquín Torres-García con su mapa invertido de 1936 [il. 1]. Al retomar el mapa de América y reorientarlo para localizarse, Torres-García asume la fragilidad y arbitrariedad de su "norte" (que es el Sur), y traza sobre un fondo oscuro (como el del mapa nocturno) una carta cuyas líneas iluminan y señalan algunos contornos, y esbozan algunas longitudes y latitudes de lo que fundamentalmente permanece oscuro. Su sentido es menos representar positiva, enciclopédica o científicamente, que descomponer cierta literalidad (el gesto de inversión revela la violencia epistemológica – metafórica – del mapa "original") e invitar a reorientar ciertos relatos en los que América ha sido inscrita.

Los estudios que integran este volumen no cubren – mal podrían – la vastedad de las posibilidades de una cartografía pormenorizada, y más bien, distinguen lineamientos y configuraciones discursivas de ciertas narrativas y soslayan otras. Hemos dividido el volumen en seis secciones que abordan sendos grupos de problemas relativos a: (i) la constitución de tropos imperiales en relación con la invención de un "Nuevo Mundo" y las fantasías poscoloniales que buscan conjurar los traumas de la colonialidad; (ii) los conflictos en torno a la representación hegemónica y no hegemónica de las insurgencias que traman y tensan el tejido social latinoamericano; (iii) las narrativas donde la disolución de los tropos de la modernidad neocolonial, occidentalista, androcéntrica, y racionalista latinoamericana sirve para pensar las limitaciones de la conciencia letrada que históricamente fuera intérprete privilegiada del discurrir sociocultural; (iv) los relatos en los que se examina la constitución disciplinaria de "cuerpos dóciles" (Foucault), y la manera en los que éstos resisten y potencian las posibilidades político-poéticas del cuerpo; (v) las narrativas que exploran afirmaciones identitarias en torno a la lengua y la raza como modos de cancelar la marca (racial, lingüística, cultural, económica) asignada al sujeto americano; y (vi) la condición y crisis "posmoderna" de las (macro)identidades en el marco de los procesos de globalización y desterritorialización, y la consiguiente reconfiguración de narrativas no esencialistas que recuperan la viabilidad política de algunas metáforas.

I. Tropos imperiales y fantasías (pos)coloniales

América Latina, como recientemente anotara Neil Larsen,[8] ha sido constituida en las intrincadas formaciones discursivas y prácticas económicas y políticas de los varios proyectos históricos del capitalismo,

Mapas heterotrópicos de América Latina • 11

desde el mercantilismo del siglo XVI, hasta la intensificación de la regla del capital en la era de la globalización. Desde 1492 esa violenta, intensa y desigual expansión se manifiesta en diversas prácticas imperiales, cuyo primer y recurrente escenario es el "Nuevo Mundo". Desde el Descubrimiento, las rutas comerciales instalaron no solamente mercados mundiales de materias primas, mercancías y fuerza de trabajo, sino también de metáforas y de identidades. Entre las sístoles y las diástoles de estos ritmos imperiales, que describiera Immanuel Wallerstein, se entretejen la(s) identidad(es) y la alteridad(es) latinoamericana(s). Latinoamérica, por supuesto, aún no ha surgido discursivamente, pero está ya delineada por intensas prácticas económicas coloniales, por los procesos de "conversión" cultural, religiosa y económica, por la violencia sobre los cuerpos y su explotación, y por una compleja trama de imágenes y de tropos que señalan los espacios y tiempos salvajes frente a los cuales se define aquella que Enrique Dussel calificó de la "primera Modernidad" *(1492: el encubrimiento del otro).*

El canibalismo –allende el debate antropológico sobre su ocurrencia,[9] y acaso por sus resonancias coloniales (y contracoloniales), etnográficas y psicoanalíticas, así como por su enorme fuerza simbólica– es acaso uno de los más recurrentes y obsesivos tropos de esa trama discursiva que sólo a mediados del siglo XIX será llamada Latinoamérica. La representación constante y mutante del caníbal, como lo que Gayatri Spivak llama un "concepto metáfora",[10] servirá para construir identidades, pensar la relación de Latinoamérica con centros culturales y económicos como Europa y los Estados Unidos, y para imaginar modelos de la apropiación de lo "foráneo."[11]

El tropo caníbal *otrifica* al Nuevo Mundo gracias a la resemantización teológica de los paradigmas clásicos y medievales de la monstruosidad, tal como lo expone el artículo "Enemigos de Dios: monstruos y teología de la Conquista" de Michael Palencia-Roth. Este trabajo explora la rica semántica de la monstruosidad y las implicaciones de la teratología en la historia del pensamiento moral y sus relaciones con la Conquista y Colonización. Para justificar dichas empresas, los europeos obviaron las similitudes con los indígenas y los definieron – podría decirse incluso que los preconcibieron especulativamente – como monstruos. Ante la ausencia de características monstruosas o inhumanas, su "naturaleza" fue determinada por una "teo-teratología" fundada en el tropo del canibalismo. En otras prácticas discursivas, como la imaginación cartográfica y la etnografía, el caníbal también funcionó como "signo o cifra de la anomalía y alteridad de América al mismo tiempo que de su adscripción periférica a Occidente." Así como "el tropo caníbal ha servido para sostener el edificio discursivo del imperialismo" y ha sido una "pieza fundamental del reloj sincronizador del *occidentalismo*", ha provocado "encuentros con imágenes propias" y "puede articular —como en efecto lo ha hecho— discursos contra la invención de América, el mito de la Modernidad, la misión civilizadora y el propio colonialismo". "Brasil especular: alianzas estratégicas y 'viajes estacionarios' por el tiempo salvaje de la Canibalia" de Carlos Jáuregui sostiene precisamente que esta relojería del occidentalismo se fundó en diversos ejercicios de imaginación y traducción etno-cartográfica del caníbal en el contexto de la ampliación y lucha por las rutas comerciales en la costa del Brasil, alianzas estratégicas con los aborígenes y los conflictos de la Contrarreforma. Estos relatos convierten al caníbal en un "artefacto expiatorio para conjurar los fantasmas de la Modernidad", y en el principio organizador de la matriz melancólica de la etnografía. Pero como se advierte en este artículo, el canibalismo compite con otros tropos: "las tierras y gentes del Nuevo Mundo fueron identificadas también con los bienes y mercancías objeto de la explotación y tráfico: oro, perlas, tabaco, animales exóticos como papagayos, etc." América es mercancía del consumo europeo y como tal es representada. El nombre del Brasil es uno de estos ejemplos de re-significación identitaria de una mercancía. "América surge entre imágenes de caníbales de *apetitos extremos* y *extremos apetitos* por las mercancías." En ambos casos, mercancías y metáforas derivan su valor de su circulación, y en ella se desgastan y resemantizan. El cacao y la plata (como más tarde el tabaco y el azúcar en Fernando Ortiz) hicieron este tránsito heterotrópico de la mercancía al comercio lingüístico, literario y cultural; y allí se convirtieron en dispositivos de autorrepresentación. Así lo expone Diana de Armas Wilson en su artículo "Cacao y Potosí: Heterotropías cervantinas." Haciendo uso del concepto de hibridez tal como lo plantean Mijail Bajtin y Homi Bhabha, de Armas examina el uso de los términos "cacao" y "Potosí" en *El Ingenioso Hidalgo Don Quijote de la Mancha* de Miguel de Cervantes, y muestra la ambigüedad con la cual esas metáforas que aluden al *Otro* americano son utilizadas para nombrar y calificar realidades españolas: lo *Otro* se utiliza para producir conocimiento sobre lo "mismo", y sobre todo, sobre un aspecto esencial de lo "mismo": el surgimiento del capitalismo peninsular y su esencial conexión con la importación de metálico ("cacao") de las colonias ("potosí").

La conexión entre los tropos coloniales de las mercancías americanas y el canibalismo lo ofrecen las que podemos llamar "fábulas" o narrativas poscoloniales sobre la desposesión del cuerpo. Son conocidas las imágenes góticas que acuñara Marx, entre las que se cuentan la idea del capitalismo caníbal, consumidor de los cuerpos en la producción, la figura vampírica del capital, y las mercancías empapadas en sangre. La arqueología de dichas imágenes y tropos gótico-marxistas se imbrica en una larga tradición en la cual podemos contar las denuncias de los dominicos contra los modos violentos de la conquista de América (Bartolomé de las Casas), las críticas humanistas de la usura (Jean de Léry, William Shakespeare), el pensamiento utópico de un sector de la Ilustración (Jean Jacques Rousseau, Abbè Raynal), el discurso de la emancipación de la Revolución haitiana (Jean Jacques Dessalines) o el abolicionismo inglés (Samuel Taylor Coleridge), por mencionar sólo algunas instancias de dicha tradición, que luego tendría resonancias en el pensamiento contracolonial (C.R.L. James, Aimé Césaire, Frantz Fanon) y en los sermones letrados frente a la lógica voraz del mercado y la globalización en América Latina (José E. Rivera, Miguel Ángel Asturias, Julio Cortázar, Eduardo Galeano, Marcos Azevedo) (Jáuregui, *Canibalismo revisitado*...). "'Cronos' y la economía política del vampirismo: notas en una constelación histórica" de John Kraniauskas es una reflexión sobre las fantasías poscoloniales de la desposesión del cuerpo y el vínculo entre las imágenes de vampirismo y el "dominio social del capital." Su trabajo examina las resonancias de esa tradición gótico-marxista en *Cronos* (1992), una película de horror de Guillermo del Toro que hace una retrospección al pasado del colonialismo, a la formación del Estado nacional, y a los desgarramientos de las dictaduras del Cono Sur, como pesadillas "fundacionales" que reclaman benjaminamente la justicia en el presente.

En este orden de ideas, Edna Aizenberg, en su estudio "I Walked with a Zombi: placeres y peligros de la hibridez poscolonial" traza una genealogía (un diseño histórico y evaluación política) de algunos usos y apropiaciones del zombi, desde *I Walked with a Zombie* (1943) el clásico filme de Val Lewton, pasando por *Wide Sargasso Sea* (1966), de Jean Rhys, *El beso de la mujer araña* (1976), de Manuel Puig, hasta *The Famished Road* (1991), de Ben Okri. Su trabajo hace del zombi un ejemplo del tropo de la hibridez para pensar las condiciones de agencia cultural en situaciones poscoloniales. La parábola de análisis que traza Aizenberg va desde el zombi de Val Lewton, que metaforiza, desde una posición hegemónica, los peligros raciales, clasistas, culturales y de género de la hibridez, hasta el zombi/abiku de la novela de Ben Okri, donde la "producción de hibridez" no está atrapada en el espacio discursivo instaurado por la relación colonial (como aún es el caso en Puig o Rhys) sino que reivindica una agencia simbólica *otra*, despojada de la "ansiedad" subalterna; en ese sentido se propone otro modelo de hibridez (que Aizenberg denomina *supracolonial*) que hace de la posibilidad y la promesa sus rasgos definitorios.

II. Insurgencias, Estado e imaginarios alternativos

Dubois de Saligny —representante diplomático francés en México a mediados del siglo XIX— señalaba que el bandidaje mexicano había "pasado al estado de institución: es incluso la única institución que parece tomarse en serio y que funciona con una perfecta regularidad" (en López Cámara 233-34). Este arranque de *esprit* va al centro de las paradojas de la modernidad latinoamericana. Al proponer al bandidaje como institución por excelencia, de Saligny testimonia nítidamente la imposibilidad fáctica del monopolio estatal de la violencia territorial "legítima", *condición necesaria de la formación de una nación-estado* (Anthony Giddens, *The Nation State*). Al mismo tiempo, pone en evidencia la negada verdad de las instituciones. Si el bandidaje puede ser una institución modelo, es porque comparte con el Estado su origen violento, su legitimidad problemática, su carácter contingente. La afirmación de de Saligny señala la precariedad del límite que separa el sostenimiento de un orden del ataque al mismo, y la colusión última (tanto en términos teóricos como empíricos) entre violencia estatal y no estatal (Janice Thomson, *Mercenaries, Pirates and Sovereigns*).

La construcción y/o sostenimiento del monopolio estatal de la violencia, *vis-à-vis* las múltiples y fluidas formas de violencia organizada no estatal (bandidaje, movimientos milenaristas, levantamientos indígenas y/o campesinos, contrabando, violencia urbana, guerrilla, narcotráfico) es uno de los puntos de conflicto más agudos entre estados nacionales que desde el siglo XIX insisten, con éxito desparejo, en agendas modernizadoras[11] y sus *Otros*. Desde la perspectiva estatal, este proceso implica la expropiación física de los medios de violencia de la sociedad civil, y la imposición y validación de narrativas que hagan "natural" y "necesaria" esta expropiación.[12] Desde una perspectiva no-estatal, este proceso da lugar a la elaboración de contra-narrativas que reivindican espacios y modos de sociabilidad alternativos.

El *bandido social* (tal como fuera concebido y propuesto por Hobsbawm) es el primero en una serie de personajes —cuya última encarnación quizá sea el narcotraficante mexicano y colombiano— que en la historia cultural latinoamericana funciona como *frontera* entre "espacios de soberanía" (Chatterjee).[13] Este carácter fronterizo hace oscilar a estas figuras entre los extremos de la abyección y la épica, entre la fiera y el fundador de naciones.

De un lado y otro, las narrativas en torno a la violencia no estatal— desde el *Facundo* (1845) de Sarmiento, al narcocorrido contemporáneo y el *hip-hop*— sirven para establecer segmentos centrales del heterogéneo espacio discursivo y geopolítico que llamamos Latinoamérica. La sección

"Insurgencias" de este volumen propone algunas reflexiones en torno a estas fábulas de autolegitimación.

En "Crítica de la violencia", Walter Benjamin señala que la fascinación que ejerce el "gran criminal" deriva del tipo de amenaza específica que implica: el gran criminal no quebranta la ley estatal sino que la confronta con la amenaza de declarar una nueva ley. Una de estas figuras donde se condensan la ley y su *Otro* es el objeto de examen de "La utopía del robo", el trabajo de Margo Glantz. La autora aborda una de las novelas más importantes del siglo XIX mexicano: *Los bandidos de Río Frío* (1891), de Manuel Payno. Allí, el oro — *telos* y punto de cruce de todos los personajes — se convierte en un significante universal que reemplaza todos los otros lazos de sociabilidad. En relación con el oro, su apropiación y circulación, todas las posiciones de subjetividad son igualmente legítimas o ilegítimas. Ello provee la posibilidad para la apuesta más tajante de la novela: la confluencia literal y figurada entre el Estado santanista y la banda de bandidos. Ésta, dirigida por "Relumbrón" (figura histórica, ayudante de campo de Santa Anna) se erige en todo lo que el "verdadero" Estado mexicano no podía ser. Así, la novela puede ser leída como una "alegoría radical" del Porfirismo y una crítica de las ilusiones positivistas que igualan orden con legalidad, y orden con progreso.

En contextos revolucionarios el conflicto-negociación entre la violencia estatal (y sus códigos de representación) y la violencia no-estatal (y sus códigos de representación) alcanza una dinámica más compleja. En México, por ejemplo, el Estado (que hasta hace poco se reivindicaba como Estado Revolucionario) debe *exaltar la violencia de la multitud*[14] como origen de su propia legitimidad, y simultáneamente establecer una inequívoca solución de continuidad simbólica con respecto a ella, dado que la violencia que exalta no es necesariamente "popular", "nacional" o "revolucionaria", sino que está más cerca del *bandidaje-guerrilla* (ver Christon Archer). Ésta es la línea de examen de "La fiesta, la banda de bandidos, la bola: la revolución y sus metáforas en *Los de abajo*", de Juan Pablo Dabove. *Los de abajo* (Mariano Azuela, 1915) es una obra clave de la tradición narrativa latinoamericana, consagrada como *la* novela de la Revolución, y, hasta el Boom, como *la* Novela de América (Jorge Rufinelli). Dabove — anticipando aspectos de su presente investigación — la lee como una *alegoría fundacional* donde la supresión de la banda de bandidos es la ocasión para la constitución de una comunidad nacional homogénea, y de un Estado que encarnaría adecuadamente el mandato soberano de esa comunidad. El Estado se presenta aquí como heredero y superador de la violencia ciega en función de una esfera racional, legal y ética. En un segundo momento, rastrea cómo la novela nunca "deja de ser" una novela de bandidos, y marca las contradicciones de ese proyecto fundacional, como una suerte de "retorno de lo reprimido" en el *inconsciente político* liberal-revolucionario.

El conflicto al que antes nos referíamos entre la ley estatal y la ley no estatal tiene una articulación diferente en las apropiaciones "populares" de la figura del bandido en el corrido, el folletín, y la literatura de cordel. Precisamente "Crímenes literarios, juegos de bandidos: la literatura de cordel" de Nina Gerassi-Navarro examina el uso de la figura del *cangaceiro* en la literatura de cordel brasileña. Este género híbrido combina un medio escrito—el folleto—con una *performance* oral, y condensa las tradiciones de la balada, el romance, el canto repentista nordestino y la literatura "alta", en estrecho contacto con la representación de los acontecimientos contemporáneos provista por los medios masivos (Candace Slater, *Stories on a String*). Gerassi-Navarro aborda el género como un espacio de negociación cultural donde las comunidades campesinas (o de inmigrantes internos recientemente urbanizados) reivindican, en y a través de la figura del bandido, códigos orales—consuetudinarios o no—que construyen un sentido de comunidad que no necesariamente corresponde a aquellos propiciados o impuestos desde el Estado, y que en algunos casos erige frente a éste imaginarios alternativos.

Las diversas variedades de la representación hegemónica de la violencia no-estatal (por medio el tropo del "miedo") en el contexto cada vez más excluyente de las metrópolis latinoamericanas globalizadas, son el tema del trabajo de Rossana Reguillo "Imaginarios globales, miedos locales: la construcción social del miedo en la ciudad." Reguillo analiza un conjunto de narrativas que se producen y circulan en la esfera pública en torno al miedo y la esperanza como formas de gestión y control social. El ensayo explora cuáles son los tropos (personajes, espacios, prácticas, imágenes) que activan en los habitantes urbanos el miedo, el temor y el rechazo *a priori* de ciertas "tribus" urbanas percibidas como amenazadoras (vendedores de droga, inmigrantes, desposeídos, jóvenes, etc.). Reguillo sondea los dispositivos (creencias y prácticas) que estos actores utilizan para enfrentar esos miedos, en el marco de una realidad social que ha perdido su ilusoria transparencia. Se construye así una geografía simbólica que prescribe los usos de la ciudad, y en la cual coexisten múltiples *mitologías* urbanas que expresan los nudos de tensión desde los que se negocian u oponen distintos *significados sociales* en y sobre la ciudad y el mundo.

III. Fábulas de disolución de la razón moderna

Las narrativas sociales están atravesadas por prácticas hegemónicas en las que alienta un anhelo disciplinario y/o pedagógico (Marie-Christine

Leps), y en ese sentido pueden ser, como señala Dennis K. Mumby, formas de control social. Con todo, son siempre espacios donde esos mismos impulsos se ponen en cuestión, y pueden llegar a ser una *experiencia de los límites* de esas prácticas hegemónicas. En esa experiencia se desvanece el mito moderno por excelencia, el de la "unidad de la experiencia humana, que nos asegura que todos habitamos el mismo mundo y que los mismos significados están disponibles para todo el mundo" (Elizabeth Deeds Ermarth 65), en las "comunidades imaginadas" del *capitalismo de la imprenta* (Benedict Anderson). Esta sección explorará algunos ejemplos de esa paradójica experiencia moderna de la disolución y crisis de lo moderno latinoamericano y las apuestas estéticas y políticas que pueden proponerse a partir de esa crisis.

En el mapa de la transformación del significado cultural y los valores ideológicos que se le han asignado al canibalismo, hay diversas instancias y modos de apropiación. Un capítulo fundamental en ese proceso es la "reivindicación" vanguardista del caníbal en el Brasil, en torno al proyecto que cristaliza Oswald de Andrade (1890-1954) con su "Manifesto antropófago" (1928) y la *Revista de antropofagia* (1928-1929). Se ha dicho que *Antropofagia* usa el tropo del canibalismo (en el sentido de incorporación cultural) para definir la cultura nacional. La interpretación predominante de *Antropofagia* —mediante una lectura sincretista— ha reducido la complejidad del "Manifesto" a una instancia vanguardista de la *transculturación*. "Una genealogía para el 'Manifesto antropófago' o la pugna entre Sócrates y el Caraïbe" de Sara Castro-Klaren intenta una aproximación diversa, releyendo los textos modernistas de Andrade junto con su pensamiento de los años cincuenta, cuando aquel proponía una utopía matriarcal. La de Castro-Klaren es una mirada genealógica y oblicua que hace explícita la contradicción entre la visión de *Antropofagia* como *síntesis* (la operación lógica reina de la razón socrática, patriarcal, occidental y nacional) y como revolución matriarcal (que en principio se opondría a aquella lógica). El artículo sostiene que Andrade habría intentado atisbar la posibilidad de un (des)orden antropofágico "animado por las tesis de Nietzsche sobre el arte dionisíaco," y fundado en "la razón (subalternizada) tupí." Empero, según Castro-Klaren, de Andrade habría retomado el euroantropocentrismo de Montaigne, y apostado por una definición dialéctica y teleológica de la historia opuesta a la "epistemología tupí", para al final optar "por un simulacro del orden matriarcal." Castro-Klaren encuentra una insuperable aporía en la asociación entre la que ella llama la "meta\física tupí" y la meta/física de Occidente que de Andrade finalmente acoge en su pensamiento dialéctico.

Imaginar al *Otro* y pensarse como *Otro* son recurrencias del trauma de la "destrucción del Nuevo Mundo" lamentada desde Bartolomé de Las Casas y Montaigne hasta el pensamiento contracolonial del Caribe (cuyo epítome es la resignificación contracolonial de Calibán) y las quejas del ecologismo contemporáneo. Pero también, son recurrencias de los exorcismos de los fantasmas de la Modernidad y síntomas de la melancolía por la pérdida del *Otro*. Esta condición doble de trauma (colonial) y de trama (construcción de la identidad) se manifiesta en la imaginación recurrente del *Otro* y del "nosotros" latinoamericano como *Otros* de Occidente (anómalos, periféricos, híbridos, etc.). Los riesgos de la entronización de la otredad (tupí, caníbal, criminal, subalterna, chicana, etc.) como un lugar de privilegio epistemológico o identitario son indudablemente muchos. Consciente de la condición de pretexto hermenéutico alcanzada por los textos de Jorge Luis Borges, en diversas corrientes interpretativas (pre y pos estructuralistas, de prefiguración de preocupaciones posmodernas y hasta de crítica poscolonial) Mabel Moraña relee el cuento "El etnógrafo", de Jorge Luis Borges relativamente descuidado por la crítica. James Clifford ha sostenido que los relatos etnográficos funcionan como ficciones y que son fatalmente alegóricos. El artículo de Moraña indaga—por su parte—lo que podríamos llamar la fatalidad etnográfica del cuento borgeano: ser alegoría de los límites de la imaginación del *Otro* (inefable) y ficción de la "arena de la diferencia," ese *entre-lugar* (Silviano Santiago) deseado y temido, equívoco y ambivalente de la(s) modernidad(es) latinoamericana(s). En medio de la crisis de la idea de totalidad histórica y su reemplazo por el conjunto heterogéneo de narrativas e historias "menores", la ficción de "El etnógrafo" —y la solución "orillera" de Borges al problema epistemológico y de representación de la otredad—sirve asimismo para pensar las paradojas de algunos proyectos teóricos y debates del latinoamericanismo, que han girado alrededor del "problema" de la *diferencia* cultural y de nociones como multiculturalismo, subalternidad, hibridación y heterogeneidad. El silencio del etnógrafo, la ruptura de sus notas, la imposibilidad de decir el secreto de la alteridad, su soledad final en la biblioteca laberíntica en la que no figura su "etnografía," jamás escrita, son para Moraña no sólo tropos de las ansiedades legado del colonialismo y de la adscripción latinoamericana a Occidente, sino además, guiños premonitorios de los debates de la posmodernidad.

Mientras que el cuento de Borges le sirve a Moraña como pretexto para pensar el viaje en busca de la alteridad inenarrable, los confines de su representación y la melancólica aventura intelectual del etnógrafo como una alegoría de identidad, Nelly Richard en su artículo "Las

Mapas heterotrópicos de América Latina • 19

reconfiguraciones del pensamiento crítico en la posdictadura", habla de otro viaje (el de la memoria), de otra melancolía (el duelo irresuelto frente al trauma de la dictadura en Chile) y de otro lindero de la identidad: el terror. El trabajo de Richard es una reflexión sobre una paradoja que tiene que ver con el golpe, el derrocamiento de Allende en 1973 y la dictadura militar subsiguiente. La dictadura—concebida como *enforcement*, en sentido derrideano (Derrida, "Force of Law") de la lógica del capitalismo en su fase transnacional—puede ser vista como culminación de las contradicciones de cierta modernidad latinoamericana, en su impulso a la vez populista y excluyente. El *coup d'etat* pinochetista implicó además de una interrupción institucional, un "golpe a la representación" (Patricio Marchant) que invalidó y trastocó las narrativas que constituían la nación-Estado chilena como "comunidad imaginada" (Anderson). Otra paradoja tiene que ver con la transición y sus imposibilidades. Para Richard, el discurso oficial de la transición impone la reposición en un lugar hegemónico de los tropos "modernos" de la continuidad, la totalidad y la reconciliación como manera de negar el lugar que aún ocupan en el Chile posdictatorial los pactos de la dictadura. La violencia del Estado es una de esas fracturas a partir de las cuales se fragmentan y redefinen los imaginarios sociales. Ciertas metáforas corporales como el dolor, el desgarramiento, la marca de la tortura, el amordazamiento, sirven para anclar a la memoria un discurso desvertebrado por el terror, y para resistir los borramientos que la "posdictadura" supone, y que ese tránsito exige como precio y prenda de la "democracia". Frente a ese discurso de la transición, para Richard el pensamiento crítico debe ser capaz de asumir el "golpe a la lengua" (aquí, de nuevo, el cuerpo provee la metáfora) y reivindicar una práctica política basada en una tropología (una "política de la memoria"), que sea capaz de pensar la ruptura radical del golpe ("lo *otro*" de la representación letrada), sin renovar las figuras totalizadoras (y potencialmente totalitarias) de la continuidad. Así, la crítica cultural de Richard implica un pensamiento de lo *otro* que no renuncia a ver sus problemáticos compromisos con lo *mismo*.

IV. POLÍTICAS/POÉTICAS DEL CUERPO

El cuerpo—como hemos visto—provee metáforas para la constitución y disolución de la identidad no sólo individual sino colectiva; sus límites, definición, intercambios con el mundo, subordinación, placeres, dolores y destrucción sirven para escribir el texto social. El cuerpo, como dice Michael Taussig, es un "depósito de generación de significados sociales" (*Un gigante* 114).

La sexualidad—definida histórica y culturalmente, observada y disciplinada como objeto de la medicina, de la higiene, de la moral y de la criminología—marca mediante los regímenes trópicos del cuerpo el adentro y el afuera (y las zonas intermedias o de "insoportable" ambigüedad) de instituciones como la familia, la iglesia y el ejército, así como la pertenencia a la asamblea abstracta de sujetos políticos que conocemos como ciudadanía. El proceso de definición de los roles de género "normales" alcanza su forma clásica en América Latina hacia la segunda mitad del siglo XIX, con la consolidación de las naciones estado. Este proceso desencadena el conflicto que, según Foucault, es central a todos los regímenes disciplinarios (*Vigilar y Castigar*). Por un lado, estos regímenes comportan intervenciones institucionales cada vez más decisivas sobre la conducta ciudadana, tanto en la esfera pública como en la privada.[15] Por otro lado, las desterritorializaciones de la modernidad (Julio Ramos, Cathy Jrade) implican cambios en roles e identidades sociales que exceden el control del Estado y de las instituciones que éste sobrecodifica (la familia, la iglesia, el ejército, la escuela, etc.).

El período de consolidación de las naciones-estado latinoamericanas es, por ende, un momento donde se conjugan múltiples incertidumbres alrededor de la sexualidad y la normalización. El trabajo de Sylvia Molloy "La violencia del género y la narrativa del exceso: notas sobre mujer y relato en dos novelas argentinas de principios de siglo", explora un aspecto de esta dinámica a través del estudio de dos obras del casi "olvidado" escritor argentino Atilio Chiáppori: *Borderland* (1907) y *La eterna angustia* (1908). Molloy se enfoca en el examen de la "ansiedad que suscitan ciertas representaciones de 'lo femenino' en el fin de siglo hispanoamericano", ansiedad que instrumentaliza el saber médico (que se intercambia y conjuga con el saber literario) como modo de control/conocimiento del cuerpo y la voz de la mujer.

Molloy lee primero las novelas de Chiáppori como parte de lo que Josefina Ludmer ha llamado la "coalición cultural" de fines del diecinueve.[16] Pero además lee allí, contra el grano, los bordes y los desvíos de esa coalición que revelan, mejor que en otros relatos modernistas que la crítica ha canonizado, las tensiones de las construcciones de género, sus aspectos más problemáticos, sus intersecciones con otros discursos (médico, legal, cívico, político), y sus puntos de fricción ideológica. En la lectura de Molloy, las novelas de Chiáppori dejan en claro que el "relato del género" (el género como relato), tanto en el nivel del narrador como en el del autor, no difiere de la intervención quirúrgica: ambos son gestos llenos de violencia real y simbólica (hasta donde cabe la distinción), de "especialistas" empeñados en controlar el desorden.

Ese proceso de intervención del saber médico que define "el relato del género" se pone en escena de manera paródica o exasperada en la obra del escritor argentino Osvaldo Lamborghini. Tal es la indagación del trabajo "Diagnósticos del raro. Cuerpo masculino y nación en Osvaldo Lamborghini", de Gabriel Giorgi. El artículo señala (basado —entre otras cosas— en un examen de la novela *Tadeys*) que la medicina funciona de modo metafórico, por medio de la conjunción de dos órdenes heterogéneos (visible y enunciable) en un mismo dispositivo discursivo: "La anormalidad [...] resulta, en gran medida, de un esfuerzo perceptivo: [...] la conjunción entre lo visible del cuerpo y otro cuerpo, invisible, hecho de 'teoría' y ciencia." Así, "el anormal nace del cruce entre su cuerpo y el ideal normativo". La metáfora médica traza fronteras relativas a la masculinidad (campo de interés de Giorgi, como para Molloy lo es la feminidad), y a la constitución de un sujeto masculino "sano" en función de un definido proyecto nacional. La escritura de Lamborghini trabaja insistentemente sobre ese momento de fusión metafórica para descomponerlo y revelar su carácter violento. Se asiste a una especie de *mise en abyme* del biopoder, donde los dispositivos que producen los cuerpos son subvertidos, parodiados, carnavalizados. La dimensión política de la literatura de Lamborghini radica precisamente en que la metáfora médica se convierte en una metáfora del encuentro entre lo "nomal" y el "horror" que define y desestabiliza esa normalidad.

Alberto Sandoval, en su ensayo-testimonio "Reescribiendo lo abyecto desde el inmigrante: SIDA y mariconería latina en el imaginario cultural" experimenta de otra manera una política radical del cuerpo. El lugar de enunciación de Sandoval está *marcado* por su carácter de gay inmigrante en Estados Unidos, pero sobre todo, de enfermo de SIDA, esa enfermedad cuyos aspectos metafóricos y asociaciones semánticas (escatológicas y culturales) estudiara, Susan Sontag (*Illness as Metaphor and AIDS and its Metaphors*). Sandoval escribe, nos dice, *desde la abyección*. Revisita con humor y agudeza el pensamiento contracolonial martiano escribiendo "en las entrañas del monstruo" (Estados Unidos), pero con "el monstruo en sus entrañas". Como Sandoval señala, el cuerpo enfermo "es el lado oscuro de la identidad subjetiva estable, un abismo en el borde de la existencia subjetiva, un hueco en el que el sujeto puede caerse cuando su identidad es puesta en cuestión." Inmigrante, virus, gay y enfermo se analogan en lo abyecto y "ese 'otro' impuro y fuera de lugar es reinscrito como un extraño, un monstruo, un exceso o una carencia que provoca ansiedad, horror, disgusto." El proyecto —epistemológico, político y existencial— de Sandoval implica reivindicar lo abyecto como posición (problemática pero afirmativa) de enunciación. El gay latino, en esta zona liminal de abyección, transgrede límites y abre "posibilidades de subversión y emancipación constituyendo un sistema de representación donde el cuerpo es la fundación de un proyecto teórico en el cual la escritura, en tanto una práctica cultural crítica, facilita una política de supervivencia sumida en las aguas barrosas, turbulentas y profundas, de lo abyecto". En semejantes términos, lo abyecto es la vía para recuperar una corporalidad "propia" en un sistema de saber que siempre procura trascender o sublimar la materialidad del cuerpo, sus procesos biológicos, la experiencia del sufrimiento y la realidad de la muerte: ese gran *Otro* en el que se disuelve la identidad.

El excremento es otra de las corporeidades abyectas que expresan esa "ambigüedad insoportable" reveladora de la fragilidad de las fronteras entre el adentro y el afuera. El artículo "La utopía excremental de Juan Goytisolo, escritor latinoamericano. Maneras de defecar(se) en la cultura occidental" sostiene que antes que la antropofagia, el tropo articulador de la utopía latinoamericana contra la razón occidental, es cagar, y el valor identitario en circulación no es el oro de la rica América (ni el *pau-brasil*, el cacao o Potosí) sino ese subrogado simbólico del oro que es la mierda. Europa se caga en (y a) América, recicla sus excrementos sociales en la empresa de la Conquista. El Nuevo Mundo queda "en la mierda," "en el culo del mundo" en relación con el centro de la civilización; es definido como evacuación europea; es el lugar de los instintos bajos, de la corporeidad de lo abyecto.

El artículo plantea que la novela *Juan sin Tierra* de Juan Goytisolo propone una suerte de utopía excremental latinoamericana basada en una vindicación del cuerpo y el culo, pues constantemente ridiculiza "las sublimadas maneras de defecar consagradas por la civilización occidental" y elabora una propuesta en torno al motivo común, feliz y festivo de la deposición.

El *locus* de esa revolución escatológica y de la futura utopía excretora es Cuba, y por extensión metonímica, América. Pero el texto también insinúa la posibilidad de que Europa sea una excreción, una deposición de América y así, *Juan sin Tierra* va allende una simple inversión de la oposición binaria que hace de lo subalterno, reprimido, o culturalmente repugnante—la mierda—un valor afirmativo. La noción de lo abyecto le permite a Zamora examinar el motivo axial de la obra, el excremento, como heterotropía de una "naturaleza constitucionalmente ambigua y oximorónica: algo que está dentro y afuera, algo que pertenece al yo pero también a lo *Otro*". Según el ensayo, *Juan sin Tierra* puede ser definido como texto latinoamericano precisamente por cierta apología de la traición identitaria que encarna, por su "fidelidad pérfida" (algunos dirían, "híbrida") respecto de la modernidad y la cultura occidental. El traidor, como nos recuerda el autor, "siempre habita un territorio fronterizo", una zona ambigua y "tal vez también excremental en última instancia".

V. FUNDAMENTOS IMAGINADOS DE LA IDENTIDAD: LENGUA Y RAZA

La construcción occidentalista de América Latina como periferia implicó que para el "sujeto americano," el escenario de articulación de identidad reservase siempre una posición menor, marcada por una diferencia subordinante. Esta marca (que alcanza el presente) se construyó diversamente como "atraso americano", "inferioridad de las razas latinas vis-à-vis las anglosajonas", "herencia colonial", "legado corporatista", "desprecio de la ley", "malinchismo", etc. Las propuestas de reemplazar por completo lo vernáculo americano por medio de la importación irrestricta de población, bienes culturales y de capital (el caso paradigmático es, por cierto, el de Sarmiento), han sido intentos de clausura de esa marca.

Otras narrativas hacen un reconocimiento reivindicativo de esa minoridad. Ese carácter *reactivo*[17] es constitutivo del pensamiento criollo colonial (Moraña, *Viaje al silencio*), del hispanismo culturalista latinoamericano de fines del XIX y principios del XX, de la ideología del mestizaje, y de algunas reivindicaciones racialistas del siglo XX. Esta sección es una reflexión sobre algunos aspectos de esa búsqueda que hace de la ambigüedad su signo.

Una lectura de esa búsqueda es el texto de Hugo Achugar "¿Quién es Enjolrás? *Ariel* atrapado entre Víctor Hugo y *Star Trek*". El artículo propone una lectura polémica del *Ariel* (1900) de José Enrique Rodó, rescatando su dimensión como *texto de resistencia* a las prácticas geopolíticas e imperiales que redefinen la hegemonía mundial norteamericana desde la guerra de 1898. El texto presenta una lectura de las circunstancias del *Ariel*, y su reivindicación como "una respuesta cultural y culturalista, que no quiere limitarse al aspecto reactivo, sino que aspira a constituirse en una apuesta de futuro en el horizonte inmediato configurado por la guerra hispanoamericana". El ensayo trata de leer en el *Ariel* un proyecto de política cultural en un sentido más amplio que el del culturalismo finisecular. Achugar procura convertir ese proyecto en un factor relevante en la actualidad, toda vez que lo lee como un proyecto de lucha por la memoria local frente al imperialismo de la memoria globalizada, de lucha por la memoria de una lengua local frente a la "*lingua franca* de la globalización". Enjolrás (de quien Achugar hace una genealogía) es el "personaje conceptual" que hace visible esa política, y que, de una manera "híbrida", se mueve entre la literatura "alta", un ideal emancipador y los medios masivos que definen "nuestra" contemporaneidad.

El tropo que Stuart Hall bien describiera como el *significante flotante de la raza* (*Race: The Floating Signifier*), aunque es comúnmente asociado a la filosofía de la ilustración y a la "economía racial de la ciencia" del siglo XVIII (Robert Bernasconi, Helena Woodard), tiene su primera expresión moderna en la conformación del Imperio español y sus políticas de conversión, sujeción, incorporación y expulsión de heterogeneidades étnicas. América fue el espacio en el cual el tropo de la raza se instrumentó a gran escala mediante la explotación esclavista del trabajo. También fue el lugar de la primera guerra contracolonial frente a esa explotación (Haití) y el vórtice en el que se arremolinaron los tropos con los cuales se nombraron los terrores del sistema atlántico de plantaciones (que subyacen a la construcción ilustrada de la raza). Pensemos en los muchos ejemplos de nacionalismos americanos que "adolecieron" de aquella paranoia constitutiva. Puede decirse —en términos generales— que la modernidad (como proyecto occidentalista) y lo nacional fueron definidos gracias a las exclusiones que se derivaron de estos terrores. Las literaturas afronacionales emergen en medio de esta la interrogación urgente ¿Cómo puede hablarse literariamente desde la exclusión étnica? El intelectual haitiano del movimiento *La Ronde*, Edmond Laforest, al saltar de un puente en 1915 con un *Diccionario Larousse* atado al cuello (Henry Luis Gates Jr. 13), expresaba esa contradicción. William Luis, en su artículo "En busca de la cubanidad: el negro en la literatura y cultura cubana" estudia, desde una perspectiva histórico-cultural amplia, esa zona de lo literario afronacional (esto es, afrocubano). Como Luis puntualiza, la historia de la isla ha estado marcada por la decisiva contribución africana en el aspecto económico (como sostenedor subordinado del sistema de producción azucarera) y por las influencias africanas en lo lingüístico, musical o culinario. Pero más allá de esta influencia (aunque derivada de ella), el tropo racial ha sido un significante fundamental desde el cual (o en función del cual) se ha pensado la cuestión de la nacionalidad cubana. La raza no por su naturaleza discursiva es menos real[18] o sus consecuencias en términos de opresión y violencia menores; así, puede pensarse la literatura afrocubana como una arena donde se conjugan conflictos de naturaleza plural: económicos (en relación con la sacarocracia isleña), políticos (en relación con la metrópoli colonial y luego poscolonial), cívicos (en torno a la definición de la ciudadanía), ideológicos y de género (en torno al "hombre nuevo" revolucionario) etc. Luis estudia estas diversas articulaciones del tropo de la raza en sus manifestaciones literarias en una serie de autores que va desde Francisco Manzano hasta el etno-testimonio de la Revolución Cubana y la literatura (pos)revolucionaria contemporánea que reflexiona sobre el legado y el presente de la Revolución desde el prisma racial y de género. Traza así una verdadera cartografía heterotrópica de la literatura cubana, pensada desde el significante de la raza como su eje y como su alteridad.

VI. Desterritorialización e "Identidades en tránsito"

Para algunos, (preferentemente anti o pos-marxistas), la posmodernidad es una ocasión para celebrar la definitiva caída de los *corsets* conceptuales que coartaban "entradas y salidas" entre las dimensiones multitemporales y multiculturales de la identidad. Santiago Colás, por ejemplo, indica que los proyectos modernos latinoamericanos fracasaron por sus demandas de totalidad y pureza, su incapacidad de convivir con lo impuro y lo parcial. Por el contrario, "la conciencia de que estas impurezas no son solamente inevitables sino que pueden ser fructíferas es lo que marca la posmodernidad latinoamericana" (*Postmodernity in Latin America*, nuestra traducción, 27).

Para otros, ésta se presenta con tintes más sombríos. En una crítica temprana a *Culturas híbridas* (1989) de Néstor García-Canclini, Gerald Martin señala que la posmodernidad es "un mero reflejo en un espejo opaco y distorsionado, del propio ojo de la tormenta de una modernidad económica tan terrible—por lo invencible—que no nos atrevemos a mirarla directamente, ni a llamarla por su propio nombre [aunque el nombre todavía es capitalismo]" (155). Roger Bartra diagnostica la llamada "posmodernidad" en América latina como una forma de melancolía; observamos, dice, "que estos humores negros que surgen en el horizonte cultural se manifiestan, entre muchas maneras, como una crisis del nacionalismo y como una búsqueda de nuevas formas de identidad" (en Oliver Debroise 146); "identidades en tránsito", acudiendo a la expresión que acuñara Ticio Escobar.

Los ensayos que presentamos no son "ni apocalípticos ni integrados"; exploran una vía media entre los ditirambos a la posmodernidad como una emancipación pos-emancipatoria, y aquellas posturas menos optimistas, que hacen de la posmodernidad un rótulo cínico para la victoria falsamente unánime del capitalismo global. Los autores de la sección examinan el carácter a veces ominoso, a veces esperanzador, de la *crisis de los metarrelatos* que define la posmodernidad, según la clásica explicación de Jean François Lyotard (*La condition postmoderne: rapport sur le savoir* 1979). En varios sentidos estos ensayos se refieren también a las pócimas que diversos sectores sociales formulan contra la melancolía que la intensificación global del capitalismo y su lógica cultural producen.

El texto de John Beverley y David Houston "Una utopía degradada: notas sobre Miami" estudia esta ciudad como una "zona de contacto" (Marie Louise Pratt); un nuevo tipo de espacio urbano en la intersección de América del Norte, América del Sur y el Caribe, atravesado por nuevos flujos demográficos, culturales y económicos en medio de las crisis de las narrativas nacionales o metropolitanas "clásicas." A este carácter se aúna otro: la imagen de Miami como la ciudad posmoderna por excelencia, en tanto no posee una etapa "moderna" en sentido estricto, que hubiese sido superada en su encarnación y carácter presente. Miami es una urbe desterritorializada e híbrida, tal como entienden "hibridez" Néstor García-Canclini o Homi Bhabha. Entender Miami hoy, para Beverley y Houston significa trabajar con un espacio transnacional; implica considerar los desarrollos y movimientos del capital en América Latina y el Caribe, el resultado posible de la crisis de la Revolución Cubana y las luchas por el poder en Haití y América Central, el turismo de masas japonés y alemán, el NAFTA, los carteles de la coca, el (des)orden del narcotráfico, las oscilaciones en los precios del petróleo y los humores de los inversionistas de Venezuela y Argentina, como también las variedades más dispares de *crossovers* lingüísticos y culturales. En ese sentido Miami se presenta como un *hub* trópico (y tropical), un lugar de tránsito norte / sur de metáforas de identidad, un espacio para antiguas ansiedades (la inmigración) y nuevas utopías (el consumo ostensible globalizado y reglado por una forma de *low road capitalism*).

La descomposición del espacio homogéneo de la representación en la urbe posmoderna es abordado—desde otro ángulo—por Jesús Martín-Barbero, en su ensayo "Los laberintos narrativos de la contemporaneidad". Para Martín-Barbero, la ciudad (y lo masivo) no es un lugar de alienación y de dominación sino de participación y lucha. El autor parte de una suerte de reivindicación epistemológica y política del *melodrama* y la canción popular conocida como *vallenato*, hasta hace poco relacionados al bajo consumo "popular" gracias a un régimen de *distinción*. El melodrama y el vallenato constituyen narrativas que superan (en su producción y consumo creativo) la esfera pública burguesa de la alta cultura letrada, y nos sitúan en un universo de representaciones que puede corresponder a un sentido más democrático de la arena cultural. Martín-Barbero intenta un "mapa nocturno" de las nuevas condiciones (tanto técnicas como socioculturales) en que ello ocurre. Las narrativas que examina son prácticas culturales de *creación de comunidad* y lazos sociales y, por ello, el tropo principal de la telenovela es el melodrama del *reconocimiento* social, familiar, amoroso: un hijo perdido o ilegítimo, una hija abandonada, un amor impedido por un secreto, una herencia pendiente de la aparición de un heredero, el ascenso desde el anonimato a la escena legítima y al espacio público, la anagnórisis y la reparación de una injusticia de la cual ya casi no se tiene memoria pero cuyos efectos definen el presente, etc. Por medio del *(melo)drama del reconocimiento* "las gentes se vengan a su manera de la abstracción impuesta por la mercantilización a la vida, [...] la exclusión social y la desposesión cultural". La matriz melodramática permite el acceso a nuevos *mundos de vida*, a nuevas interacciones entre las clases, a nuevas apropiaciones de lo regional en el espacio nacional. Es fundamental para entender los procesos de narración colectiva de la identidad en círculos socioculturales más amplios que los de la alta cultura y la *ciudad letrada*.

En sus comienzos el vallenato es una *crónica cantada* como en sus orígenes el melodrama es un *drama cantado*. Estos cantos-crónica se convierten en una música urbana y moderna, y hasta nacional, ante el disgusto de los "folcloristas" y puristas que frankfurtianamente encuentran perversiones en la apropiación del vallenato por la industria cultural de masas y en sus hibridaciones con el *rock* en español, el *reggae* jamaiquino y otros ritmos e influencias. Según Martín-Barbero, el vallenato constituye una re-narración de la nación en un registro amplio—aunque no por ello homogéneo o carente de contradicciones—que redefine lo nacional en una dinámica de *storytelling* como la que imaginara Walter Benjamin, si bien en un contexto tecnológico, mercantil (ciertamente) y comunicacional. Sin romantizar este espacio Martín-Barbero lo identifica como *el* lugar de las luchas culturales por el reconocimiento y como la arena cultural más importante de nuestro tiempo.

En "Imaginación melodramática, narración anacrónica e identidades diferentes: aporías y nuevas expectativas del debate cultural latinoamericano" Hermann Herlinghaus aborda la localización extraña de la "matriz melodramática" de ciertos relatos de identidad latinoamericana. La discursividad hegemónica de la Modernidad (con complicidades literarias y de la alta cultura) habría establecido la preponderancia de la Historia sobre las "pequeñas" historias. Pero la "gran" Historia que relegó a la irrelevancia epistemológica y a los márgenes de sus órdenes discursivos a las historias (con minúsculas) fue corroída *abinitio* por prácticas sociales de comunicación que han venido redefiniendo modernidades-Otras. Herlinghaus nos habla de una *textura* cultural en la cual las historias de las vidas cotidianas se entrelazan con las historias preexistentes y con re-narraciones que ofrecen una matriz más participativa e intercultural: el melodrama. En esa matriz se practica día a día el reconocimiento y se reconfigura el imaginario social. Lo melodramático ofrece en fin, formas alternativas de modernidad.

Cerramos este volumen con el ensayo de Stuart Hall "Pensando la diáspora: en casa, desde el extranjero", que de alguna manera revisita muchas de las preocupaciones que informan los otros trabajos de esta colección: las cartografías trágicas de la explotación colonial en América y África, las migraciones y movimientos humanos forzados, las frágiles fronteras y trampas liminales de la otredad y la mismidad, la relación con las metrópolis culturales, el consumo "antropofágico" o creativo de bienes culturales, el "significante flotante" de la raza, y la re-definición no esencialista de identidades. Hall se pregunta por la manera como deben "imaginarse" las naciones caribeñas, *después de la diáspora* y en una era de intensificación de la globalización. "África" —significante colonial y lugar mítico del origen de una identidad pensada fuera del tiempo y sin rupturas— anima visiones del regreso a un punto "anterior" al desastre que dio lugar a la *diáspora*. De hecho, en el Nuevo Mundo y en particular en el Caribe, el tropo bíblico del éxodo, la liberación de la esclavitud y el regreso a la Tierra Prometida, ha sido un modelo de afirmación de identidades (hegemónicas y contra-hegemónicas). Pero la "escena primaria" no sólo del Nuevo Mundo—sino de la identidad—es la del desplazamiento, el desarraigo, la reinvención; no es una ontología sino un continuo devenir.

El exilio es una instancia de crisis que no puede solucionarse con el mero retorno. En la situación de diáspora, las identidades irremediablemente se multiplican y forman en la *diseminación*, transculturación e hibridez, tanto del cuerpo como del sentido. Mediante el análisis de la reinvención de "África," del Caribe y de lo antillano diaspórico en la producción cultural urbana de las comunidades de inmigrantes antillanos en Inglaterra (i.e.: la música y la subcultura del *dancehall* en Londres), Hall propone una noción de identidad que, sin caer en el fundamentalismo de los orígenes, la pureza y el regreso, vincula la memoria y la tradición a formas contra-hegemónicas de resolver los traumas y desarraigos que el imperialismo nos legó. La condición "africana" del Caribe parece singular —por lo trágica y violenta— pero en realidad expresa la condición inexorablemente impura de la identidad: "siempre hay un 'deslizamiento' o 'fuga' del significado en la amplia semiosis de las prácticas culturales de significación", incorporación creativa, reapropiación dialógica, y traducción.

Todos pertenecemos de alguna manera a algún otro lado (a donde intentamos regresar en nuestros sueños) y al mismo tiempo, pertenecemos al presente continuo; al aquí en el que nos construimos y tratamos de hacer, de los sueños del ahora, realidad.

NOTAS

[1] Ver al respecto las reflexiones de Julio Ramos en "Genealogías de la moral latinoamericanista" y de Mabel Moraña en "De metáforas y metonimias."
[2] Desde otro lugar, George Lakoff y Mark Johnson, en *Metaphors We Live By* (1980), analizan cómo las dimensiones más "cotidianas" (y por lo mismo, más trascendentes) de la experiencia humana, como son el tiempo y el espacio, están entrampadas de manera inescapable en regímenes metafóricos, desde la axiología del "abajo" y el "arriba" a la percepción del tiempo como mercancía.
[3] "Ruptura" es una metáfora, por cierto central a la epistemología moderna, cuyo carácter se evidencia si pensamos que esta transformación en los paradigmas viene, cuando menos, del siglo XIX, el siglo "moderno" por excelencia. Ya en 1873, en "Introducción teorética sobre la verdad y la mentira en sentido extra moral" Friedrich Nietzsche opera la inversión en la que el análisis cultural aún se mueve. Si en la tradición filosófica (y por derivación, retórica) occidental, el concepto operaba como el fundamento del lenguaje y del conocimiento (por medio, por ejemplo, de la noción de *adecuación*), para Nietzsche es la operación metafórica lo que revela (de manera metafórica, claro) la escena original del lenguaje.
[4] Véase *The Interpretation of Cultures; Selected Essays* de Clifford Geertz (145-250).
[5] Se propone el concepto de *heterotropía* (neologismo de hetero-: otro y -tropo: figura del lenguaje), como categoría teórica para articular los discursos identitarios a las operaciones del lenguaje que hacen posible su representación. El concepto trabaja fundamentalmente sobre alegorías, metáforas y otros tropos a partir de los cuales tanto la identidad como la otredad pueden ser producidas en diversos contextos histórico-culturales.
[6] Entre los muchos ejemplos posibles, podemos mencionar, *La ciudad letrada*, de Ángel Rama (1984); *El discurso criollista en la formación de la Argentina moderna*, de Adolfo Prieto (1988), *La guerre des images: de Christophe Colomb à "Blade runner"* (1492-2019), de Serge Gruzinski (1990), *Foundational Fictions: The National Romances of Latin America*, de Doris Sommer (1991); *El continente vacío: la conquista del Nuevo Mundo y la conciencia moderna*, de Eduardo Subirats (1994), *Residuos y Metáforas: ensayos sobre el Chile de la transición*, de Nelly Richard (1998); *El cuerpo del delito: un manual* de Josefina Ludmer (1999), *Pirate Novels: Fictions of Nation Building in Spanish America*, de Nina Gerassi-Navarro (1999); *Ficciones culturales y fábulas de identidad en América Latina*, de Graciela Montaldo (1999); *Canibalismo revisitado: calibanismo, antropofagia cultural y consumo en América Latina*, de Carlos Jáuregui (2001); *Bandidos y letrados: violencia campesina, narrativas de identidad y formación de la nación-Estado en América Latina en el largo Siglo XIX*, de Juan Pablo Dabove (2002); y el extenso debate en torno a la figura de Calibán como tropo contracolonial.
[7] Para una aproximación al valor del fragmento en el análisis cultural, ver las palabras liminares de Fernando Coronil a *Close Encounters of Empire*, de Gilbert Joseph, Catherine LeGrand, y Ricardo Salvatore (1998).
[8] En la conferencia *ABRALIC 2000* en Salvador, Bahía, Larsen criticaba la lectura "genealógica" de la existencia puramente discursiva de Latinoamérica sostenida allí por Idelber Avelar.

⁹ Para un breve resumen del debate véase Lawrence Osborne. También Barker, Hulme e Iversen.
¹⁰ Ver "Subaltern Studies. Deconstructing Historiography" de *In Other Worlds: Essays in Cultural Politics* (198).
¹¹ Con su correlato de urbanización masiva y no planificada; ataque a la propiedad corporativa (eclesiástica) y comunitaria (indígena); implantación del capitalismo agrario dominado por la exportación de *cash crops* y la gran propiedad; y la sujeción de las poblaciones pobres del campo y la ciudad a las necesidades económicas, políticas y militares de los estados nacionales y sus sostenedores locales.
¹² Este choque entre perspectivas hegemónicas y subalternas en torno a la figura del rebelde rural (eminentemente, las diferentes variedades del bandido social) es el objeto de una indagación en curso (Juan Pablo Dabove, "Bandidos y letrados: insurgencia campesina, literatura y nación-estado en América Latina, 1845-1930").
¹³ Este conflicto en torno a la representación está en la definición misma del bandido social que provee Hobsbawm. [Bandits] "are peasant outlaws whom the lord and state regard as criminals, but who remain within peasant society, and are considered by their people as heroes, champions, avengers, fighters for justice, perhaps even leaders for liberation, and in any case men to be admired, helped and supported. This relation between the ordinary peasant and the rebel, outlaw and robber is what makes social banditry interesting and significant. It also distinguishes it from other kinds of rural crime" (*Bandits* 17).
¹⁴ Utilizamos el término "multitud" en el sentido acuñado por Antonio Negri en *Insurgencies*, donde la multitud es el sujeto colectivo irrepresentable, poder constituyente que a la vez origina y es negado por el poder constituido (cuya forma ejemplar es el Estado).
¹⁵ Algunos trabajos recientes que abordan este tópico desde lugares diferentes son: *Sex and danger in Buenos Aires: Prostitution, Family, and Nation in Argentina*, de Donna Guy (1991); *Médicos maleantes y maricas*, de Jorge Salessi (1995); *Sex and Sexuality in Latin America*, editado por Daniel Balderston y Donna Guy (1997); *El cuerpo del delito: Un manual*, de Josefina Ludmer (1999); *Hidden Histories of Gender and the State in Latin America*, editado por Elizabeth Dore y Maxine Molyneux (2000); *Reconstructing Criminality in Latin America*, editado por Carlos Aguirre y Robert Buffington (2000) y *Crime and Punishment in Latin America: Law and Society since Late Colonial Times*, editado por Ricardo Salvatore, Carlos Aguirre y Gilbert Joseph (2001).
¹⁶ La alianza masculina, letrada, blanca, propietaria, brazo intelectual y parte de la clase comercial-terrateniente que impuso un modelo socioeconómico en la Argentina de fines del siglo XIX, cuyo epítome es, desde luego, la llamada "Generación del 80."
¹⁷ Para el concepto de "reactivo" como estrategia de posicionamiento y creación de valores en el seno de conflictos de fuerzas, ver Nietzsche, *La genealogía de la moral*.
¹⁸ Si bien hemos puesto teóricamente entre comillas a la "raza" como pedía Tzvetan Todorov habida cuenta que la "raza en sí no existe" ("'Race,' Writing, and Culture" 370-380), no ha ocurrido lo mismo con sus consecuencias negativas (como el

racismo) y afirmativas (como algunos relatos reivindicativos y poscoloniales de la raza).

BIBLIOGRAFÍA

Aguirre, Carlos y Robert Buffington. *Reconstructing Criminality in Latin America*. Wilmington: Scholarly Resources Inc., 2000.
Anderson, Benedict. *Imagined Communities*. [1983]. London: Verso, 1996.
Archer, Christon. "Banditry and Revolution in New Spain, 1790-1821". *Bibliotheca Americana* I/2 (1982): 59-90.
Barker, Francis, Peter Hulme y Margaret Iversen. *Cannibalism and the Colonial World*. Cambridge: Cambridge University Press, 1998.
Balderston, Daniel y Donna Guy. *Sex and Sexuality in Latin America*. New York: New York University Press, 1997.
Barthes, Roland. *A Lover's Discourse: Fragments*. [1977]. New York: Hill and Wang, 1978.
Benjamin, Walter. "Critique of Violence". *Reflections*. New York: Schoken Books, 1986. 277-300.
____ "Thesis on the Philosophy of History". *Illuminations*. New York: Shocken Books, 1985. 253-67.
Bernasconi, Robert. *Race*. Malden, MA: Blackwell, 2001.
Chatterjee, Partha. *The Nation and Its Fragments. Colonial and Postcolonial Histories*. Princeton: Princeton University Press, 1993.
Clifford, James y George Marcus. *Writing Culture. The Poetics and Politcs of Ethnography*. Berkeley y Los Angeles: University of California Press, 1986.
Cohen, Ted. "Metaphor and the Cultivation of Intimacy" *On Metaphor*. Sheldon Sacks, ed. Chicago y London: The University of Chicago Press, 1979.
Colas, Santiago. *Postmodernity in Latin America: The Argentine Paradigm*. Durham y London: Duke University Press, 1994.
Cornejo-Polar, Antonio. *Escribir en el aire: Ensayo sobre la heterogeneidad sociocultural en las literaturas andinas*. Lima: Editorial Horizonte, 1994.
____ "Mestizaje e hibridez: los riesgos de las metáforas. Apuntes". *Revista Iberoamericana* LXIII/180 (1997): 341-44.
Coronil, Fernando. "Foreword". *Close encounters of empire: writing the cultural history of U.S.-Latin American relations*. Gilbert Joseph, Catherine LeGrand y Ricardo Salvatore, eds. Durham: Duke University Press, 1998. ix-xii.

Dabove, Juan Pablo. "*Las lanzas coloradas*: Vanguardia, Nación y Guerra". Uslar Pietri. *Las lanzas coloradas*. Francois Delprat, ed. Nanterre Cedex: Colección Archivos, 2002.

_____ *Bandidos y letrados: violencia campesina, narrativas de identidad, y formación de la nación-Estado en América Latina en el largo siglo XIX*. Disertación. University of Pittsburgh, 2002.

Davidson, Donald. "What Metaphors Mean". *Critical Inquiry* 5 (1978): 31-48.

Debroise, Olivier. *El corazón sangrante = The Bleeding Heart*. Washington: University of Washington Press, 1991.

Deleuze, Gilles. *Foucault* [1986]. Minneapolis: University of Minnesota Press, 1998.

_____ y Felix Guattari. *Kafka: Toward a Minor Literature*. [1975]. Minneapolis: University of Minnesota Press, 1997.

de Man, Paul. "The Epistemology of Metaphor". *Critical Inquiry* 5 (1978): 15-30.

Derrida, Jaques. "Force of Law". *Cardozo Law Review* 11 (1990): 921-1045.

_____ "La retirada de la metáfora". Barcelona: Paidós, 1987. 35-75.

_____ "White Mythology". *Margins of Philosophy*. Chicago: University of Chicago Press, 1986.

_____ *De la Gramatología*. [1967]. México: Siglo XXI, 1986.

Dore, Elizabeth y Maxine Molyneux (ed.) *Hidden Histories of Gender and the State in Latin America*. Durham: Duke University Press, 2000.

Dussel, Enrique. *1492: el encubrimiento del otro: hacia el origen del "mito de la modernidad"*. La Paz, Bolivia: Plural editores, 1994.

Ermarth, Elizabeth Deeds. *Realism and Consensus in the English Novel*. Princeton: Princeton University Press, 1983.

Eze, Emmanuel Chukwudi. *Race and the Enlightenment*. Cambridge, MA: Blackwell, 1997.

Foucault, Michel. *Discipline and Punish: The Birth of the Prison*. [1975]. New York: Vintage Books, 1995.

Gates, Henry Luis, Jr. "Writing 'race' and the Difference It Makes" (Introd.) *"Race," Writing and Difference*. Chicago: University of Chicago Press, 1986. 1-20.

Geertz, Clifford. *The Interpretation of Cultures; Selected Essays*. New York: Basic Books, 1973.

_____ *Works and Lives: The Anthropologist as Author*. Stanford: Stanford University Press, 1988.

Giddens Anthony. *The Nation-State and Violence: Volume Two of A Contemporary Critique of Historical Materialism*. Oxford: Polity Press, 1985.

Gruzinski, Serge. *La guerre des images: de Christophe Colomb à "Blade runner" (1492-2019)*. Paris: Fayard, 1990.
Guy, Donna. *Sex and Danger in Buenos Aires: Prostitution, Family, and Nation in Argentina*. Lincoln: University of Nebraska Press, 1991.
Jameson, Fredric. *The Political Unconscious: Narrative as a Socially Symbolic Act*. Ithaca: Cornell University Press, 1981.
Jáuregui, Carlos. "Saturno caníbal: Fronteras, reflejos y paradojas en la narrativa sobre el antropófago". *Revista de Crítica Literaria* 51 (2000): 9-39.
____ *Canibalismo revisitado: calibanismo, antropofagia cultural y consumo en América Latina*. Disertación. University of Pittsburgh, 2001.
Jrade, Cathy L. *Modernismo Modernity and the Development of Spanish American Literature*. Austin: University of Texas Press, 1991.
Hall, Stuart. "Cultural Identity and Diaspora". *Identity: Community, Culture, Difference*. J. Rutherford, ed. Lodon: Lawrence and Wishart, 1990. 222-37.
____ "Cultural Studies and its Theoretical Legacies". *Cultural Studies*. Lawrence Grossberg, Gary Nelson y Paula Treichler, eds. New York: Routledge, 1992.
____ *Race: The Floating Signifier*. Dir. Sut Jhally. The media Education Foundation, 1997
Hardt Michael, Antonio Negri. *Empire*. Cambridge, MA: Harvard University Press, 2000.
Hobsbawm, Eric. *Bandits*. [1969]. New York: Pantheon Books, 2000.
____ *Primitive Rebels*. [1959]. New York: The Norton Library, 1965.
Hulme, Peter. "Columbus and the Cannibals". *Colonial Encounters: Europe and the Native Caribbean, 1492-1797*. London: Methuen, 1986. 1-43.
Laclau, Ernesto. *The Politics of Rhetoric*. Colchester: Department of Government, University of Essex, 1998.
Lakoff, George y Mark Johnson. *Metaphors We Live By*. Chicago: University of Chicago Press, 1980.
Leps, Marie-Christine. *Apprehending The Criminal: The Production of Deviance in Nineteenth-Century Discourse*. Durham and London: Duke University Press, 1992.
López Cámara, Francisco. *La estructura social y económica de México en la época de la reforma*. México: Siglo XXI, 1967.
Ludmer, Josefina. *El cuerpo del delito: un manual*. Buenos Aires: Perfil Libros, 1999.
Lyotard, Jean François. *The Postmodern Condition: A Report on Knowledge*. Minneapolis: University of Minnesota Press, 1984.

Marchant, Patricio. *Escritura y Temblor*. Santiago: Editorial Cuarto Propio, 2000.

Martin, Gerald. "Debate". *Travesía* 1/2 (1992): 152-55.

Martín Barbero, Jesús. *De los medios a las mediaciones: comunicación, cultura y hegemonía*. Bogotá: Convenio Andrés Bello, Gustavo Gili, 1998.

Marx, Karl. *Capital* I. New York: Vintage, 1976.

Mignolo, Walter D. *Local Histories/Global Designs: Coloniality, Subaltern Knowledges, and Border Thinking*. Princeton: Princeton University Press, 2000.

Montaldo, Graciela. *Ficciones culturales y fábulas de identidad en América Latina*. Rosario: Beatriz Viterbo Editora, 1999.

Moraña, Mabel. *Viaje al silencio: Exploraciones del discurso barroco*. México: UNAM, 1998.

_____ "El boom del subalterno". *Revista de Crítica Cultural* 15 (1997): 2-7.

_____ "De metáforas y metonimias: Antonio Cornejo Polar." *Nuevas perspectivas desde/sobre América Latina: el desafío de los estudios culturales*. Mabel Moraña, ed. Santiago-Pittsburgh: Editorial Cuarto Propio/ Instituto Internacional de Literatura Iberoamericana, 2000. 221-29.

Mumby, Dennis K. (ed.) *Narrative and Social Control: Critical Perspectives*. Newbury Park: Sage Publications, 1993.

Negri, Antonio. *Insurgencies: Constituent Power and the Modern State*. Minneapolis: Minnesota University Press, 1999.

Nietzsche, Friedrich. *La genealogía de la moral*. Madrid: Alianza Editorial, 1986.

_____ "On Truth and Lying in an Extra-Moral Sense". [1873]. *Friedrich Nietzsche on Rhetoric and Language*. Sander Gilman, Carole Blair y David Parent, eds. New York: Oxford University Press, 1989.

Osborne, Lawrence. "Does Man Eat Man: Inside the Great Cannibalism Controversy". *Lingua Franca* (1997): 28-38.

Pratt, Mary Louise. *Imperial Eyes: Travel Writing and Transculturation*. London; New York: Routledge, 1992.

Prieto, Adolfo. *El discurso criollista en la formación de la Argentina Moderna*. Buenos Aires: Sudamericana, 1988.

Ramos, Julio. *Desencuentros de la modernidad en América Latina: Literatura y política en el Siglo XIX*. México: Fondo de Cultura Económica, 1989.

_____ "Genealogías de la moral latinoamericanista: el cuerpo y la deuda de Flora Tristán". *Nuevas perspectivas desde/sobre América Latina: el desafío de los estudios culturales*. Mabel Moraña, ed. Santiago-Pittsburgh: Editorial Cuarto Propio/IILI, 2000. 185-207.

Richard, Nelly. *Residuos y Metáforas (Ensayos de Crítica Cultural sobre el Chile de la transición)*. Santiago: Editorial Cuarto Propio, 1998.

Rufinelli, Jorge. "La recepción crítica de *Los de Abajo*". Mariano Azuela. *Los de abajo*. Jorge Rufinelli, ed. Nanterre Cedex: Archivos, 1996. 185-213.
Salessi, Jorge. *médicos maleantes y maricas*. Rosario: Beatriz Viterbo Editora, 1995.
Salvatore, Ricardo, Carlos Aguirre y Gilbert Joseph (Eds). *Crime and Punishment in Latin America: Law and Society since Late Colonial Times*. Durham/London: Duke University Press, 2001.
Santiago, Silviano. "O Entre-Lugar do discurso Latino-americano". *Uma literatura nos trópicos: ensaios sobre dependência cultural*. São Paulo: Perspectiva, 1978.
Slater, Candace. *Stories on a String: The Brazilian* Literatura de Cordel. Berkeley: University of California Press, 1989.
Sontag, Susan. *Illness as Metaphor and AIDS and its Metaphors*. New York: Anchor, 1990.
Spivak, Gayatri Chakravorty. *In Other Worlds: Essays in Cultural Politics*. New York: Methuen, 1987.
Subirats, Eduardo. *El continente vacío: la conquista del Nuevo Mundo y la conciencia moderna*. Madrid: ANAYA & Mario Muchnik, 1994.
Taussig, Michael. *Un gigante en convulsiones: el mundo humano como sistema nervioso en emergencia permanente*. Barcelona: Gedisa, 1995.
Thomson, Janice. *Mercenaries, Pirates and Sovereigns: State-Building and Extraterritorial Violence in Early Modern Europe*. Princeton: Princeton University Press, 1994.
Todorov, Tzvetan. "'Race,' Writing, and Culture". *"Race," Writing and Difference*. Chicago: University of Chicago Press, 1986. 370-80.
Torres-García, Joaquín. *Universalismo constructivo*. Madrid: Alianza, 1984.
Wallerstein, Immanuel. *The Modern World-System; Capitalist Agriculture And The Origins Of The European World-Economy In The Sixteenth Century*. New York: Academic Press, 1974.
White, Hayden. *Metahistory: The Historical Imagination In Nineteenth-Century Europe*. Baltimore: Johns Hopkins University Press, 1973.
Woodard, Helena. *African-British Writings in the Eighteenth Century: The Politics of Race and Reason*. Westport, CT: Greenwood Press, 1999.

I. Tropos imperiales y fantasías (pos)coloniales

Enemigos de Dios:
los monstruos y la teología de la Conquista*

Michael Palencia-Roth
University of Illinois at Urbana-Champaign

INTRODUCCIÓN

La carta de Cristóbal Colón a Luis de Santangel (1493) que llevó a Europa las primeras noticias del descubrimiento de nuevas islas en el Atlántico es notable no sólo por lo que el Almirante manifestaba haber hallado, sino por lo que decía no haber encontrado[1]: "No he hallado", escribía,

> ombres mostrudos, como muchos pensavan, más antes es toda gente de muy lindo acatamiento, ni son negros como en Guinea, salvo con sus cabellos corredíos, [...] Así que monstruos no he hallado ni noticia, salvo de una isla que es Carib, la segunda a la entrada de las Indias, que es poblada de una iente que tienen en todas las islas por muy ferozes, los cualles comen carne umana. (Varela 144-45)[2]

En el diario del primer viaje, un texto privado y sin el tono oficial de la carta, los monstruos devinieron en una obsesión para Colón.[3] Pese a que inicialmente se mostró complacido con los cuerpos fuertes y hermosos de los aborígenes y la falta de vergüenza por su desnudez, muy pronto Colón comienza a referirse a "hombres de un ojo y otros con hoçicos de perros que comían los hombres, y que en tomando uno lo degollavan y le bevían la sangre y le cortavan su natura", de los cuales afirma haber oído (4 de noviembre 1492; Varela 51). En el diario aparecen repetidas veces estos hombres de un solo ojo, así como hombres con cabeza de perro (el 23 y 26 de noviembre de 1492) y otras criaturas míticas. Sin embargo, aparecen de manera negativa. Es decir, se afirma que no se ven, que no se encuentran, que no existen en el Nuevo Mundo.

Cuando los descubridores europeos percibieron que los aborígenes americanos no tenían características monstruosas ni inhumanas, entonces con fundamento en los hechos o sin él se les atribuyó un comportamiento monstruoso. En efecto, para justificar las acciones europeas en las Américas, se redefinió la naturaleza (no sólo física sino moral) del nuevo hombre. Es más, estas atribuciones contribuyeron a un proceso bastante complejo de la alegorización cultural del Nuevo Mundo. Tal proceso se basaba en las diferencias que se percibían entre lo humano y lo no humano, las cuales hacían parte de la tradición occidental de la monstruosidad, es decir, de la "teratología". La tradición teratológica se articula primordialmente por medio de dos discursos: el uno biológico, que tiene que ver con la fisiología; el otro teológico, que tiene que ver con el comportamiento y la moral. Con el paso del tiempo, como se verá, los habitantes del Nuevo Mundo, transformados en monstruos por los europeos, devienen en "enemigos de Dios".

Históricamente, los discursos biológicos y teológicos confluían a menudo, por lo que no deben ser considerados aisladamente, ni vistos como radicalmente distintos entre sí. Aristóteles inaugura el discurso biológico de la monstruosidad casi dos mil años antes del descubrimiento de América. Según Aristóteles, "la primera característica del monstruo es la de ser diferente" [*anomoíon* en griego] (*La generación de los animales* IV, iv, 770b, 5-6), y presentar "una especie de deformidad" [*anatería* en griego] (IV, iv, 769b, 30). Aquí, los comentarios de Aristóteles se relacionan con la biología. Sin embargo, sus ideas sobre la monstruosidad cobraron validez también en otras disciplinas, como, por ejemplo, la antropología, la etnografía, la iconografía, la geografía, e incluso la teología cristiana. Generalmente, el monstruo —"*tera*" en griego, *monstrum* en Latín— se parece al ser humano y al mismo tiempo se diferencia de él.

El término tanto en griego como en latín ("*tera*" o *monstrum*) tiene connotaciones religiosas, sea en relación con los dioses paganos o con el Dios cristiano.[4] *Teratúomai* (lo mismo que *teratologéo*) se refiere al hablar sobre cosas maravillosas y *teratología* es una narración de monstruos o de maravillas. En el presente examen de los discursos teratológicos se hará énfasis en una perspectiva y disciplina no utilizada por Aristóteles: la teología. Me es de particular interés el papel de la teratología en la historia de la moral y especialmente, su articulación discursiva en los procesos de la Conquista y la colonización, no sólo en la historia del Nuevo Mundo sino también en casi toda la historia occidental.

La teratología clásica

Como sucede respecto a otros asuntos, Homero es quien establece el paradigma teratológico que aprovecharán tantos escritores y pensadores occidentales. En otro ensayo ("Mapping the Caribbean") examiné esos débitos; aquí apenas me gustaría mencionar el paradigma homérico. El encuentro más paradigmático entre el griego civilizado y el *Otro* es narrado en el episodio de los cíclopes de *La Odisea*. Polifemo es biológica y moralmente un "hombre monstruoso" (*aner pelórios*), dadas sus prácticas bárbaras; se muestra, por ejemplo, indiferente respecto de las normas de la hospitalidad, se burla de la justicia, ignora la agricultura, no respeta las tradiciones sociales, y encuentra la vida en comunidad en extremo desagradable. Los cíclopes "vivían" —se pensaba— en un lugar desconocido del Mediterráneo. El hecho de que *La Odisea* fuera compuesta durante la colonización griega del Mediterráneo —cuando partes de él aún eran medianamente ignotas— puede acaso explicar la ubicación liminal de lo monstruoso, y que la obra esté marcada por la preocupación por descubrir y vencer o conquistar seres extraños. Generalmente los monstruos son criaturas del rumor y "viven" más allá de los confines del mundo conocido. Para la época en que Heródoto empezaba a viajar y escribir en el siglo V a. de C., las *terrae incognitae* habían sido desplazadas desde el Mediterráneo hacia el sur, el norte y el oriente. Europa *se situaba* en el centro geográfico del mundo y de la vida civilizada. Tal centralización de Europa trajo importantes consecuencias históricas como, por ejemplo, una tradición occidental de pensamiento centro-periferia, que convertía los puntos cardinales en ubicaciones geográficas y asignaba valores culturales a estas últimas.[5]

Heródoto contribuyó significativamente a relacionar la geografía con los valores culturales. En su *Historia*, la excepcionalidad y la rareza de las prácticas sociales y el comportamiento y la fisonomía de los pueblos no-civilizados aumentan en la medida en que las tierras que esos pueblos habitan se hallan más lejos. Así, ciertos "indios al oriente" de los persas tenían por costumbre matar a los viejos y consumir su carne (III: 99); más allá había tribus de gente con pezuñas de cabra en vez de pies (IV: 25); allende, un país con gente que dormía seis meses del año (IV, 25); más lejos gente con un solo ojo (IV: 27). Pero los "más salvajes" eran los *androfagói* o comedores de carne humana, quienes no distinguían el bien del mal, ni se atenían a la ley o al derecho consuetudinario, y eran nómadas (IV: 18, 106).

Ctesias de Cnido (400 a.C.) calificó de mentiroso a Heródoto, aunque a continuación procedió él mismo a describir uno que otro monstruo de su cosecha en los límites del mundo conocido: *mantikoras*, o sea aquellos seres fabulosos con cuerpo de león, cabeza humana y cola de dragón que son, a su vez, comedores de hombres; pigmeos y gigantes; *cinocéfalos* u hombres con cabeza de perro que ladraban y poseían enormes dientes caninos; gente nacida con el pelo cano el cual se ennegrecía al cumplir los sesenta años; *orejones* con orejas tan grandes que las usaban para cobijarse en la noche; *sombra-pies* o los *unípodos*, que utilizaban su único y gigantesco pie como sombrilla para protegerse del sol del mediodía; *acéfalos* u hombres sin cabeza; y muchos otros del bien conocido repertorio de la monstruosidad (Photius 135-47). Esta práctica etnográfica de clasificar a los seres del mundo llegó a ser, en la Edad Media, una práctica común y corriente, especialmente en el estudio de la geografía, en la literatura de viajes y en la cartografía.

Estas descripciones tienen varias cosas en común. Por una parte, están basadas y se refieren a gente que vive en lugares remotos. Por otra, cada raza monstruosa posee características humanas reconocibles: los *mantikoras*, su cara humana; los cinocéfalos, el cuerpo humano, etc. Por último, las descripciones utilizan frecuentemente la táctica de la *negación* o de la *inversión* de características físicas o culturales. Así, en algunos monstruos se nota la vejez al comienzo de la vida en vez de al final, y en otros lo que resulta extraño es la ausencia de moralidad, que no tengan ley, o que no tengan un domicilio fijo.

SAN AGUSTÍN E ISIDORO DE SEVILLA

Estas caracterizaciones todavía no constituyen una teología de lo monstruoso. Es decir, en estos textos no hay la conciencia de que éstos y otros monstruos hubieran sido creados —deliberadadamente— por un Dios que los habría imaginado y concebido como partes esenciales del mundo. Tal conciencia vino más tarde, y fue consecuencia del afán cristiano por entender el mundo como la creación completa —en cada uno de sus detalles— de un Dios que ve, entiende y planifica todo.[6]

Hasta donde mi investigación sobre el particular me permite afirmar, las primeras descripciones que anticipan una teología cristiana de lo monstruoso se encuentran en los textos pseudógrafos del Antiguo Testamento. Permítaseme citar dos de ellos, el primero, un texto escrito en el siglo II a. C., el "Primer (Apocalipsis etíope de) Henok":

> Y los ángeles tomaron esposas para ellos mismos y cada quien escogió una mujer para sí, y empezaron a conocerlas carnalmente [...]. Y las mujeres quedaron en cinta y dieron a luz unos enormes gigantes que medían trescientos codos de altura. Estos se comían todo lo que la gente producía hasta que todo el mundo se cansó de alimentarlos. Entonces, los gigantes se enojaron con la gente y quisieron comérselos. Y comenzaron a pecar contra las aves, las bestias salvajes, los reptiles y los peces. Devoraron su carne y bebieron sangre. Y la tierra entonces elevó una acusación contra estos gigantes opresores. (*Old Testament Pseudepigrapha* 1: 16)

Canibalismo, gigantismo, bestialidad y desorden civil indican lo monstruoso. Asimismo, en el "Primer Henok" la apariencia monstruosa y los actos monstruosos aparecen vinculados entre sí. El segundo ejemplo proviene de la vida pseudógrafa de Adán y Eva:

> Más tarde Eva concibió y dio a luz un hijo cuyo nombre fue Abel. Caín y Abel solían estar juntos. Y Eva le dijo a Adán: "Señor, mientras dormía tuve una visión-que la sangre de nuestro hijo Abel manchaba las manos de Caín (quien estaba) engulléndola por su boca. Por ello estoy triste". Y Adán dijo "¡Dios no permita que Caín matare a Abel! Pero vamos a separar al uno del otro y darles lugares separados". E hicieron de Caín un agricultor y de Abel un pastor de manera que estuvieran separados.
>
> (*Old Testament Pseudepigrapha* 2: 266)

Nótese en esta versión que Caín, sin duda humano, es acusado de un comportamiento monstruoso, que el canibalismo es la conducta que genera más temores y que, en las personas de Caín y Abel, el mal debe ser físicamente separado del bien. Al final Caín fue rechazado por Yahveh por el asesinato de Abel y marcado con un signo de diferencia, la "señal de Caín" (*Génesis* 4:15). Yahveh lo marcó "para que no lo matara nadie que lo hallase" durante su exilio, es decir para protegerlo, pero también para aislarlo de otros seres humanos adondequiera que fuera.

La fuente principal sobre los asuntos teratológicos de los escritores cristianos medievales es la *Historia natural* de Plinio. Éste, al igual que Ctesias de Cnido y Megástenes, describe diferentes clases de monstruos pero no los ubica en una biología científica como Aristóteles había hecho, ni tampoco en una teoría sistemáticamente comprehensiva de la naturaleza humana.[7] Por el contrario, tanto San Agustín como Isidoro de Sevilla, aunque se basaron en Plinio, presentaron sus nociones de monstruosidad dentro del marco de una visión comprehensiva y coherente del mundo. San Agustín planteó lo que podría llamarse una *apología cristiana del monstruo*, e Isidoro, una *taxonomía y etimología de lo monstruoso*.

Para San Agustín, Dios no ha creado nada en el mundo por casualidad, aunque así lo parezca. En ese orden de ideas, se pregunta en el capítulo 8 del libro 16 de *La ciudad de Dios* de dónde provienen las razas monstruosas y quién las engendró (2:116). Después de enumerar un catálogo de monstruos como el comúnmente atribuido a Plinio, dice que "ningún cristiano puede abrigar dudas acerca de que en cualquier lugar quienquiera que es engendrado hombre, es decir un animal mortal racional —no importa cuán extraña sea la apariencia en color, movimiento o sonido presente, ni cuán peculiar sea en cuanto al poder, parte o cualidad de su naturaleza— proviene de una misma simiente": Adán es antepasado de Noé y de sus hijos, que a su vez son los progenitores de los pueblos de todo el mundo después del diluvio (2:117). San Agustín no puntualizó cuál de los hijos de Noé él consideraba que había engendrado a los monstruos del mundo, pero un poco antes, en los capítulos 1, 2 y 3 del mismo libro, había sugerido que habría sido Cam, el hijo medio de Noé que pecó contra su padre no cubriendo su desnudez.[8] Las razas monstruosas, descendientes de Cam, llevan consigo el mal, lo que implica que, aunque todas las razas son parte de la creación divina, algunas son peores y más pecadoras que otras. Las razas pecadoras son vistas como distorsiones del plan de Dios, de la misma manera que las acciones de Caín y de Cam son consideradas "distorsiones" de la bondad de los seres humanos. Como puede observarse en el mapa T y O[9] [il.1] basado en las teorías de Isidoro de Sevilla —obispo español del siglo VII que había sido autor de un compendio del saber occidental aceptado en su época como verídico en cada detalle— se pensaba entonces que los habitantes de África eran los descendientes de Cam y que en Europa y Asia vivían los descendientes de los buenos hijos de Noé, Jafet y Sem. No es coincidencia que el tipo de raciocinio evidente en el mapa T y O sea una de las fuentes del racismo occidental contra los negros. Así, la historia de los monstruos y la de la cartografía están vinculadas al desarrollo del racismo en Occidente.

Il. 1. Mapa T y O, basado en las ideas de Isidoro de Sevilla

En su *Etimologías*, Isidoro presentó el mundo mediante un análisis lingüístico y semántico. El primero de sus veinte "libros" en esta gran obra trata de la gramática, y una buena parte de los demás discute las raíces etimológicas de ciertas disciplinas y temas. Isidoro, por ejemplo, dedica el libro 11 al estudio detallado de los "monstruos." Allí, después de discurrir sobre las partes del cuerpo y las "edades del hombre" (es decir, los períodos en que se considera dividida la vida humana), Isidoro alega que de hecho los monstruos NO son *contra naturam* porque todo lo creado por Dios hace parte de la naturaleza y es producto de su divina voluntad.[10] Procede entonces a catalogar las razas descritas por Plinio (2: 48-55) y adelanta una concepción de lo monstruoso cercana a la de San Agustín, aunque más etnográfica y taxonómica. Con todo, ni San Agustín ni San Isidoro dijeron qué se debía hacer cuando uno encontrara una de estas razas monstruosas, ni cuál debería ser la posición del hombre occidental (esto es de la cristiandad) ante éstas.

ALEJANDRO MAGNO, GOG Y MAGOG

En la medida en que la cultura occidental se arrogaba más derechos y responsabilidades civilizadoras, su posición respecto a los llamados monstruos se definía de manera más patente y terminante. Occidente se vio a sí mismo como agente privilegiado del proceso de civilización y cristianización. Entre las figuras que simbolizaron ese proceso en el medioevo está Alejandro Magno[11].

Andrew Runni Anderson comienza su libro sobre Alejandro Magno con el siguiente comentario:

> La unión establecida entre Grecia y el cercano oriente por Alejandro Magno trajo una nueva concepción, *oikumene*, el mundo civilizado de intereses comunes. Alejandro fue el creador de este Nuevo Mundo y se erigió en el guardián para proteger su civilización y mantener intactas sus fronteras frente a los bárbaros de otras partes. (3)

Por supuesto, la idea según la cual las naciones civilizadas deberían separarse o mantenerse aparte de las que no lo son, no debe su origen a Alejandro Magno, ni es exclusiva de la cultura occidental. Por ejemplo, la Gran Muralla de los chinos se construyó precisamente para mantener fuera a los bárbaros del norte. Mantener a los bárbaros en el exterior o hacerles la guerra ha sido visto ordinariamente por las naciones "más civilizadas" como un imperativo moral para proteger el proceso civilizador y la civilización bajo asedio.[12] Este imperativo moral, en el caso de Alejandro Magno, se expresó mediante las leyendas medievales que lo transformaron en un guerrero cristiano cuyos enemigos —los bárbaros— eran a su vez *enemigos de Dios*.

El Alejandro Magno de la leyenda se convirtió en el héroe de los llamados romances griegos —como el de Pseudo-Calístenes— y de historias medievales que contaban una y otra vez su vida. Se le atribuyeron varias cartas sobre sus campañas, las cuales fueron divulgadas ampliamente durante la Edad Media: para la muestra está la carta a su maestro Aristóteles o aquella dirigida a su madre Olimpia, que tratan de su marcha al Oriente y de sus victorias en la India y allende. Según las cartas, en esta marcha, Alejandro enfrentó y venció criaturas gigantes, salvajes y *acefaloi* (seres sin cabeza). La carta más interesante es la de Alejandro a su madre Olimpia, una parte de la cual refiere sus encuentros con gentes generalmente asociadas a Gog y Magog (cito la versión encontrada en *The Byzantine Life of Alexander*):

A otro lugar vine, dulcísima madre, con todas mis huestes armadas; y allí encontré naciones que comen carne humana y beben su sangre como si fuera agua y la de todos los animales cuadrúpedos. Ellos no enterraban a sus muertos sino que se los comían. Y observando sus prácticas corruptas, le imploraba, lleno de pavor, a la Divina Providencia que pudiera combatirlos, no fuera que su simiente sin dios y sin ley poblara la tierra. A la mayoría, los arrasamos y aniquilamos, tomando prisioneros al resto [...] El pánico cundió [entre ellos]. Todos habían oído que Alejandro, rey de los Macedonios, irrumpía destruyendo sus ciudades y aniquilando toda su gente [...]; por voluntad de Dios, huían como podían [...]. Sin temor, perseguí a estas naciones espantosas y corruptas que fueron al fin asoladas sin misericordia. De cualquier modo, sus reyes eran en total veintidós, y conseguimos encerrarlos, con todos los demás de su raza, en las montañas —las dos grandes montañas llamadas por los antiguos los Senos del Norte. Dichas montañas no tenían otra entrada o salida que aquella por la cual entraron y fueron confinados [...]. Contemplando aquellos lugares maravillosos y escabrosos, con todo mi corazón le pedí al poder de la Providencia en los cielos, que con su potestad divina cerrara la entrada de las montañas. ¿Qué hizo el gran y omnipotente? Le ordenó a las enormes montañas, "estremézcanse" y así aconteció [...]. Y dispuse que fueran construidas con diligencia unas puertas de bronce de veinte codos de ancho y sesenta y dos de alto; y cerré toda entrada a la montaña [...]. Ordené que fuera de esas puertas se construyera una estructura de piedra muy maravillosa [...]. Y entonces, habiendo hecho estas cosas, cerqué la entrada y pulí todas las piedras [...]. Y levanté además una columna con mi nombre. Y los reyes presos en las montañas [fueron] Og y Magog y el mismísimo tricéfalo Xanet; otro fue

Il. 2. Salen de las montañas, hacia el fin del mundo, las tropas de Gog y Magog

Cinocéfalo [etc. ...] [E]stos eran los más brutos y llenos de impiedad de quienes encerré en las regiones mencionadas librando toda la tierra del norte de su crueldad. (Anderson 39-41)[13]

Gog y Magog son mencionados en el libro de *Ezequiel* (38 y 39). Y en el *Apocalipsis* (20: 7-8) leemos que "Y cuando los mil años fueren cumplidos, Satanás será suelto de su prisión, y saldrá para engañar las naciones que están sobre los cuatro ángulos de la tierra, a Gog y a Magog, a fin de congregarlos para la batalla; el número de los cuales es como la arena del mar" [il. 2].

Alejandro Magno encierra a Gog y a Magog por varios motivos, a saber: para hacer de la tierra un lugar seguro, para castigar a los pecadores y separarlos de la gente buena, para cumplir los designios de la Divina Providencia, y para alcanzar lo que hoy se llamaría "limpieza étnica". De hecho, al justificar el uso de la fuerza contra ciertas prácticas culturales y razas condenadas como "corruptas" y "sin dios y sin ley", y al encerrarlas por tales motivos en áreas controladas y restringidas, lejos de los centros de la vida "civilizada", las leyendas de Alejandro Magno describían —en la Edad Media— lo que siglos después los historiadores norteamericanos conocerían como "reservaciones", y los hispanoamericanos como "reducciones".

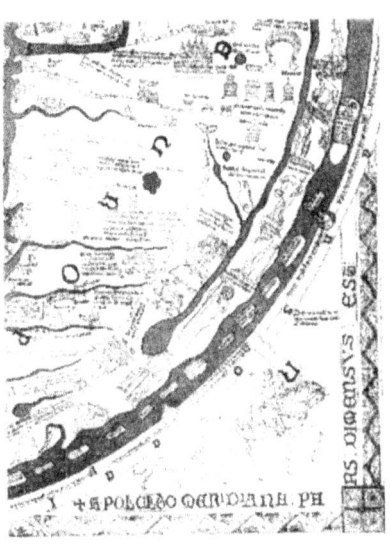

Il. 3. Fragmento del Mapamundi Hereford. Siglo XIII

A medida que el conocimiento geográfico europeo del mundo se hacía más preciso, el reino de Gog y Magog se ubicaba más al norte y más allá el Cáucaso (Anderson 87), desplazándose con un patrón continuo de inaccesibilidad y lejanía que recuerda el de las descripciones del Paraíso Terrenal, y del reino de Preste Juan.[14] Casi invariablemente Gog y Magog son ubicados en tierras ignotas o en los confines del mundo. Viene al caso mencionar el mapamundi Ebstorf (Siglo XIII), que ya he comentado en otro artículo (Palencia-Roth, "Mapping the Caribbean" 9, 10), un mapa circular que identifica físicamente al mundo con el cuerpo de Cristo.

Simbólicamente, pues, muchas áreas y pueblos son interpretados simplemente por su lugar *en* o *cerca* del cuerpo de Cristo. Así, estando el mapa orientado hacia el oriente, el Edén está cerca de la cabeza de Cristo y la mayoría de las razas de monstruos a su mano izquierda, el lugar corporal de lo siniestro.[15] Estos espacios de monstruos al sur de África no sólo aparecen en éste sino en otros famosos mapas como el Hereford, también del siglo XIII [il. 3]; África es identificada como el continente de Cam, haciendo explícita una asociación familiar para la mentalidad medieval europea. Jerusalén en el mapamundi Ebstorf está en el centro del mundo, en el ombligo de Cristo. El reino de Gog y Magog se encuentra en un espacio aislado a la derecha de Cristo, bien hacia el norte y lejos de los países conocidos por los cartógrafos medievales [il. 4]. La leyenda en latín reza que estos seres impuros, Gog y Magog, han sido encerrados por Alejandro, que son aliados del anticristo y que se alimentan de carne humana y beben su sangre.[16] Este tipo de marginación anticipa otras exclusiones legales y teológicas que ocurrirían en el Nuevo Mundo en el siglo XVI y refuerza la idea de que la monstruosidad no precisa ser explícitamente fisiológica, pues bien puede ser moral o social.

Il. 4. "Gog y Magog", del Mapamundi Ebstorf. Siglo XIII

VOLVIENDO A COLÓN

Navegando hacia el Occidente para llegar al oriente, Colón esperaba encontrar monstruos y bárbaros como los escitas, las amazonas, o Gog y Magog, de quienes él había leído en cosmografías como las de Pierre d'Ailly[17] o en libros de viaje como el de Mandeville (ver Zacher passim) o el de Marco Polo, quien localizara el reino de Gog y Magog en "Tenduc," más allá de la Gran Muralla China (Libro 1, capítulo 59). Las respuestas de Colón frente a los habitantes del Nuevo Mundo recuerdan en parte las de aquel Alejandro Magno de las leyendas medievales narradas en la carta a Olimpia o las de las cruzadas. Colón se consideraba a sí mismo como portador de una misión providencial,[18] una misión que renovaba,

Enemigos de Dios • 49

en cierto sentido, la de la Reconquista de la Península en los siglos XII a XV. De manera similar, Colón vio una tierra que esperaba apenas ser reclamada por su rey y reina, y para la gloria de su iglesia. Vio a los aborígenes o como buenos salvajes viviendo en una edad dorada de inocencia (e ignorancia), o como bárbaros enemigos de la Corona, de la humanidad y de Dios. Según Colón, los buenos salvajes, como niños dóciles y prudentes se harían de buena gana súbditos de la Corona y se convertirían al cristianismo.

En un documento que es importante puesto que establece el escenario para lo que sucedería en las siguientes dos décadas, Colón se refirió al destino de los salvajes belicosos, a quienes él identificó y clasificó como enemigos, caribes, caníbales, comedores de carne humana (términos que usa como sinónimos). Este documento, conocido como "Memorial de A. Torres" escrito en Santo Domingo, el 30 de enero de 1494, contiene dos apartados relevantes que tienen que ver con caníbales. En el primero, Colón escribía a sus majestades que enviaba varios caníbales a España con Antonio Torres a fin de que pudieran aprender español y ser usados como lenguas en viajes posteriores, y que fueran bautizados. En el segundo, recomendaba que estos caníbales fuesen convertidos y hechos esclavos para "el provecho de [sus] almas" (Varela 154). La esclavitud, a diferencia de la guerra, que aniquila con rapidez y crueldad, destruye al hombre con lentitud y por medio de una diaria degradación. La esclavitud comporta la remoción física de seres humanos de sus tierras, y crea barreras —visibles o invisibles— alrededor de aquellos que convierte en Otros. Entre otras cosas, la esclavitud es, pues, una forma de encarcelamiento.

La Corona le respondió a Colón proponiendo una indagación jurídica y teológica sobre el tema la esclavitud, pero también señalando su deseo de que no se trajeran los indígenas a España sino más bien que se bautizaran *allá* (en el Nuevo Mundo) (Varela 153). Esta respuesta muestra cómo la Corona incorporaba a los indios en su imperio y simultáneamente los marginaba. El doble movimiento de incorporación y marginación, que es central en el proceso de colonización, está presente en el siglo XVI en una gran variedad de textos, foros y debates, como el célebre sobre la humanidad o la monstruosidad de los indios.

LA TERATOLOGÍA TEOLÓGICA

No es posible hacer aquí un análisis detallado de las dinámicas de incorporación/marginación presentes en las instituciones de la *reducción* o de la *encomienda*, en las Leyes de Burgos (1512), y en los ordenamientos, normas y políticas imperiales que efectivamente aislaron y sometieron a los indios en el Nuevo Mundo. Sin embargo, me gustaría comentar un grupo de asuntos subyacentes a la pregunta más fuertemente debatida en España en el siglo XVI, a saber: ¿podía justificarse la conquista del Nuevo Mundo? Las respuestas dependieron de la manera como fueron abocadas otras cuestiones: ¿Eran los indios civilizados o bárbaros, y en qué medida podía determinarse su civilidad o barbarismo? ¿Eran seres racionales? ¿Tenían alma? ¿Cuál era su "naturaleza"? ¿Eran propietarios naturales, esclavos naturales o niños naturales? De hecho, ¿eran humanos?

Entre los primeros historiadores del Nuevo Mundo estas cuestiones fueron tratadas en el marco de dos tradiciones: una tradición de discurso político con fuente en Aristóteles, y una tradición del derecho canónico que se fundaba en el pensamiento de San Agustín y de Santo Tomás de Aquino. Debe notarse, empero, que además de estas dos tradiciones, otra, la de la teratología, también ofreció respuestas a esas preguntas e influyó en el discurso colonial. En efecto, el bárbaro del Nuevo Mundo fue definido tan insistentemente como un monstruo moral, que para algunos europeos del siglo XVI, éste simplemente no era un ser humano.

Paradójicamente sólo puede identificarse al indígena como monstruo si primero se le reconoce como humano. Es respecto a las deformidades de su humanidad que se lo considera un monstruo. Las estrategias retóricas por las cuales se llega a estas identificaciones o, lo que es lo mismo, a estas negaciones, son evidentes en los comentarios de John Mair, un teólogo escocés de principios del siglo XVI. Según lo cita el historiador inglés Anthony Pagden, Mair defiende y justifica la dominación y hasta la esclavitud de los indígenas:

> Estas gentes [los habitantes de las Antillas] viven como bestias a ambos lados de la línea ecuatorial; debajo de los polos hay hombres salvajes como dice Ptolomeo en su *Tetrabiblos*. Y esto ha sido ahora demostrado por la experiencia, por lo que la primera persona que los conquista, los somete con derecho, porque son esclavos naturales. Como el filósofo [Aristóteles] dice. [...], es claro que algunos hombres son por naturaleza esclavos, otros por naturaleza libres [...] Y es justo que un hombre sea esclavo y otro libre, y apropiado es que uno mande y el otro obedezca. [...E]sta es la razón por la cual los griegos deberían de ser amos de los bárbaros, porque por naturaleza, es lo mismo bárbaro que esclavo.[19]

No extraña el hecho de que un teólogo cristiano cite a un filósofo pagano para secundar su argumento. Santo Tomás de Aquino, por ejemplo, lo había hecho constantemente. Lo que resulta importante aquí, son las equivalencias que, como anota Pagden (*The Fall* 39), se planteaban más o menos de la siguiente manera: seres humanos como bestias = salvajes =

esclavos = bárbaros. Aparte de ser afirmadas, estas equivalencias fueron vistas como naturales. Asimismo, entre 1512 y 1516 Juan López de Palacios Rubios, lector de John Mair (Palacios Rubios 15), al indagar la cuestión de si esas "bárbaras islas oceánicas" (3), podían ser o no legítimamente dominadas por los cristianos, también expuso en *De las islas del mar océano* una respuesta acudiendo a la "naturaleza" de los propios indios. Las observaciones de Palacios Rubios son notables por su estrategia y voluntad de equilibrar lo positivo y lo negativo de los indios; por ejemplo, por una parte, éstos se describen como "hombres racionales, mansos, pacíficos y capaces de entender nuestra fe. No existía entre ellos la propiedad privada [...] ni eran codiciosos" (9); por otra, se ven como gente concupiscente y promiscua sin noción de los lazos familiares (9-11). Éstas y otras cualidades negativas los definían como primitivos *por naturaleza*, un primitivismo que se veía confirmado por el hecho de que, "seducidos por demonios," practicaran la idolatría, adorando un dios que llamaban "Cemi" (Palacio Rubios 11). Si bien los indios, al igual que los paganos griegos y romanos, vivían acorde con el "derecho natural" y eran merecedores de salvación (15), no podía desconocerse que su más importante característica era su naturaleza primitiva.

Otros escritores no intentaron el balance retórico de Palacios Rubios respecto a los indios. Por ejemplo, para Fray Tomás Ortiz éstos eran, al fin y al cabo, bestiales e inhumanos. No vivían de acuerdo con las normas del "derecho natural", y no tenían semejanza alguna con los nobles griegos y romanos. Así los describe Ortiz hacia 1524, al relatar sus experiencias con los indios de Tierra Firme:

> Estas son las propiedades de los indios, por donde no merecen libertades: Comen carne humana en la tierra firme; son sodométicos más que generación alguna; ninguna justicia hay entre ellos: andan desnudos: no tienen amor ni vergüenza [...]. Son bestiales y préciansé de ser abominables en vicios: ninguna obediencia ni cortesía tienen mozos a viejos, ni hijos a padres [...]. Son traidores, crueles y vengativos [...] y muy opuestos a la religión [...] son ladrones [...]. No se guardan lealtad maridos a mujeres, ni mujeres a maridos. Son [...] cobardes como liebres. Son sucios: comen piojos y arañas y gusanos crudos doquiera que los hallan: no tienen arte ni maña de hombres. [...] hasta diez o doce años parece que han de salir con alguna crianza y virtud: pasando adelante se tornan como bestias brutas. En fin, digo, que nunca crió Dios tan cocida gente en vicios y bestialidades, sin mixtura alguna de bondad o policía. [...] hablamos a ojos vistas. Son insensatos como asnos, y no tienen en nada matarse. (Martyr 440-41)

Igualmente negativo, pero más mesurado en su retórica, es el memorial que escribió por la misma época (1524-25) "el Bachiller Enciso" como se le conoce. Para justificar la conquista de las Indias, Enciso alegaba (1) que los indios eran politeístas, (2) que comían carne humana, en contra del derecho natural, (3) que eran sodomitas (el "pecado contra naturam"); y (4) que matándose entre sí decían que irían a vivir con el Cemi, el demonio. Todas estas cosas, decía, son contra el derecho natural y el divino, y por cualquiera de estos pecados el Papa tenía la autoridad de obsequiarles estas gentes y sus tierras al rey católico (*Colección* 1: 44-50).[20]

El canibalismo, la sodomía y la bestialidad se contaban entre las prácticas que, según se decía, indicaban que los indígenas, aunque en apariencia "humanos", eran en verdad "hombres monstruosos". Esas prácticas favorecieron la deshumanización (por los europeos) de culturas como la azteca, la cual desde cierta perspectiva rivalizaba y hasta superaba a las culturas europeas. Francisco de Vitoria, quien durante la primera mitad del siglo XVI representa una de las más razonables entre las voces "liberales" en España, pensaba también que los indios habían pecado "contra la naturaleza humana" —especialmente mediante la sodomía y el canibalismo— y que por lo tanto merecían ser castigados por los españoles.[21]

Como ha señalado Anthony Pagden, Juan Ginés de Sepúlveda, al describir las prácticas indígenas como pecados contra la naturaleza y contra Dios, se basaba no tanto en el pensamiento de Aristóteles como en el de San Agustín (*The Fall* 112). Para Sepúlveda, era precisamente la barbarie de los indígenas lo que permitía su identificación como inhumanos y bestiales. Hasta los llamaba *homunculi*, aquellos seres "monstruosos" que según la medicina medieval habían sido creados por artes de hechicería. El pensamiento de Sepúlveda puede caracterizarse como una *teratología metafórica*. Es decir, al no poder afirmar la monstruosidad física, inventó una verbal mediante el uso del símil y la metáfora.

Los historiadores que estudian el siglo XVI han considerado que la voz de Sepúlveda era exagerada y excéntrica dentro de su siglo. Exagerada quizá lo haya sido, pero excéntrica no. Pese a la presencia de Bartolomé de Las Casas y a la fuerza de sus argumentos en contra de las posiciones de Sepúlveda, éstas eran bastante comunes en la Europa de entonces y fueron recogidas por la iconografía de la época en sus más interesantes expresiones simbólicas.

La teratología iconográfica

La costumbre de representar a los habitantes del Nuevo Mundo de acuerdo con convenciones de la teratología persistió hasta bien entrado el siglo XVII. Estas representaciones en vez de modificar dichas convenciones las prolongan. Sin embargo, son las representaciones de indígenas no monstruosos y de rasgos europeos las que resultan más interesantes y relevantes al asunto que nos ocupa. En ellas se juega una mucho más intrincada batalla de diferenciación simbólica que empequeñece la obvia identificación étnica entre europeos e indios. Los ejemplos que siguen ilustran cómo esa batalla gira alrededor del signo más utilizado por el Viejo Mundo para señalar la monstruosidad del Nuevo: el canibalismo.

Il. 5. "América", de Philippe Galle, *Prosopographia*. Siglo XIV

El primer ejemplo es un cuadro alegórico de América de Philippe Galle en una obra titulada *Prosopographia* (1579-1600) o "personificaciones alegóricas" [il. 5]. En ella América es una guerrera amazona que carga la cabeza de una de sus víctimas masculinas y pisa un brazo cercenado. No es la imagen en sí la que identifica a América con el canibalismo sino el texto que la acompaña en la parte inferior: "Estrix dira hominum scatet auro America: pollet / Arcu: psittacum alit: plumea serta gerit" ("América es la ogresa devoradora de hombres, es rica en oro, fuerte y diestra en el uso del arco") (Honour, *L'Amérique* 94). Su identificación con una ogresa nos recuerda a Polifemo, el ogro comedor de hombres de *La Odisea*, mientras que la identificación con la imagen de las amazonas evoca, entre otros, a Heródoto. Un contenido clásico y pagano ha sido transpuesto a un contexto geográfico, histórico y moral distinto. Por el momento, la América alegorizada puede ser enemiga de la civilización pero no es definida aún como enemiga de Dios.

Las dimensiones más claramente religiosas de la América alegorizada como antropofágica pueden estudiarse en otras dos ilustraciones. La primera es "América" de Paolo Farinati, una luneta pintada en una villa en Verona, Italia, en 1595 [il. 6]. Allí vemos a un caníbal que se voltea dándole la espalda a su lado izquierdo (el lado siniestro y maligno del cuerpo), donde se asan un brazo y un hombro humanos, e inclinándose hacia la cruz a su derecha. La alegoría es evidente: el indígena del Nuevo

Il. 6. "América", de Paolo Farinati, 1595

Mundo, al abandonar las prácticas culturales monstruosas para seguir las del cristianismo, será redimido, entrará a la familia humana, y se hará civilizado. Iconográficamente, Farinati representa la dinámica existente en la historia del Nuevo Mundo desde el "Memorial de A. Torres" de Colón, y quizá incluso antes, desde sus primeros comentarios en 1492 y1493 acerca de los indígenas. Para Farinati, desde luego, el proceso de evangelización consistía en la incorporación del indígena en la familia humana y en la iglesia de Cristo. Conquista y colonización traen como consecuencia la salvación eterna.

Una visión del Nuevo Mundo más compleja y problemática se evidencia en un grabado publicado en 1592 en las series de varios volúmenes de los hermanos de Bry tituladas *Grandes viajes* (1590-1634) y que comento en otro ensayo ("Cannibalism and the New Man of Latin America in the 15th- and 16th-Century European Imagination"). Este grabado ilustra la *Verdadera historia* de Hans Staden, publicada originalmente en 1557 y que narraba sus aventuras como cautivo entre caníbales en el Brasil [il.7]. En él vemos los procesos de incorporación y la marginación funcionando al mismo tiempo. La estrategia del incorporar y del marginar a la vez puede observarse en la escena de las cuatro mujeres de la izquierda, tres de las cuales tienen los senos flácidos; éstas, al tiempo que comen carne humana, están chupándose los dedos. Tal y como anota Bernadette Bucher, en la iconografía europea del siglo XVI la mujer vieja o fea era asociada con el mal y la brujería (48) y la representación de chuparse los dedos correspondía a un reconocido recurso iconográfico para aludir la gula (49, 50). ¿Por qué es esto importante? La gula es, como se sabe, uno de los siete pecados capitales o mortales. El canibalismo jamás se ha considerado como un pecado capital. El caníbal es convertido en un glotón, lo cual posibilita simultáneamente su incorporación moral en la comunidad cristiana y su exclusión de ésta. En otras palabras, el caníbal es definido

Il. 7. "Caníbales", de Hans Staden, *Verdadera historia* (1557), en de Bry, *Grandes viajes* (1590-1634)

como un pecador, un Otro irredento que se relega a los márgenes de la cultura cristiana, de manera muy similar a lo que ocurre con Gog y Magog en el Mapamundi Ebstorf. El hecho de que en este mismo grabado se presente a una joven y bella caníbal que también está comiendo carne humana pero que no está chupándose los dedos, es indicadora de la ambivalencia europea frente a los indígenas del Nuevo Mundo.

El vínculo entre el canibalismo y la gula se hace explícito en *Confesionario breve en lengua Mexicana y Castellana* de Alonso de Medina, la primera guía de confesionario que se publica en el Nuevo Mundo (México 1565). Entre las preguntas que el sacerdote debía hacerle a cada indígena, toda una serie trata la "gula" (folios 82^r-83^v); dos de las diez preguntas de la serie tienen que ver con el consumo de carne e inquieren sobre el asunto de la siguiente manera: (1) "¿Comiste por ventura carne, en tiempo de ayuno?" (2) "¿Comiste alguna vez carne humana, o el mayz que se cozio con ella?: porque esto es muy grande y espantoso pecado" (Medina folios 82^r-83^v).

Estos ejemplos iconográficos y la guía confesional indican una lógica según la cual aunque los indígenas no sean deformes físicamente, costumbres como el canibalismo hacen que se les pueda considerar aberraciones de la naturaleza humana, *contra naturam* o gente monstruosa; la consecuencia de este tipo de monstruosidad es que podrán ser controlados, sancionados y "reducidos" hasta la aniquilación. En el primer ejemplo (Galle il. 5) esto se logra al definir verbalmente a los habitantes del Nuevo Mundo como paganos y monstruos, y en el segundo ejemplo (Farinati il. 6) mediante la localización simbólica del cuerpo del caníbal. En el tercero (Staden il.78), que asocia el canibalismo con la gula, la condena de los indios monstruosos supone tanto su incorporación como su marginación. El cuarto de los casos analizados (Medina, *Confesionario breve*) incluye al canibalismo en el orden de los pecados gobernado por las guías de confesores.

Se ha señalado un sendero largo que nos permite identificar a los enemigos de Dios en la imaginación europea. Uno de los rastros más certeros por entre estos laberintos teratológicos es la figura mítica y legendaria de Alejandro Magno, aspecto que ha sido hasta el momento casi ignorado por completo pese a su importancia en la historia occidental ya que fue un vínculo imprescindible entre lo clásico y lo cristiano en la época medieval, y entre la evangelización y la Conquista durante el Renacimiento. El teólogo dominico del siglo XVI Melchor Cano confirma la importancia de la figura de Alejandro Magno en este contexto al relacionar la conducta de éste con la de los conquistadores españoles en el siglo XVI (ver Pagden, *Spanish* 34).

La teología de la Conquista del Nuevo Mundo es en varios aspectos una *teología teratológica*. Cuando los españoles no encontraron indígenas físicamente monstruosos, dejaron más o menos de lado las nociones de monstruosidad fisiológica o biológica, y alegaron concepciones teológicas y morales basadas en las costumbres de los indígenas. Sin embargo, tanto las nociones biológicas de lo monstruoso como las que se basan en el comportamiento dependen, como escribió Aristóteles, de la diferencia y la deformidad. Para justificar la conquista y la colonización del Nuevo Mundo, los españoles obviaron sus similitudes con los indígenas y los caracterizaron como entes diferentes, deformes, monstruosos, e inhumanos. Estas caracterizaciones tuvieron profundas consecuencias en el trato que recibieron los indígenas de mano de los españoles y de otros europeos. Podría incluso decirse que esas consecuencias se prolongan hasta el día de hoy. Los europeos, claro está, no fueron los primeros en la historia en haber deshumanizado a los *Otros*, ni serían por cierto los únicos o los últimos.

Traducción: Carlos Jáuregui

Notas

* Este artículo es una traducción de "Enemies of God: Monsters and the Theology of Conquest," aparecido en *Monsters, Tricksters and Sacred Cows: Animal Tales and American Identities*. James Arnold (ed.). Charlottesville: The University of Virginia University Press, (1996): 23-50. Incluye ciertas leves variaciones al texto publicado en inglés aceptadas o sugeridas por el mismo autor.

[1] Rara vez se ha indagado este aspecto de la carta.

[2] La versión en latín reza: "Nullum apud eos monstrum reperi, ut plerique existimabant, sed homines magnae reverentiae atque benignos. Nec sunt nigri velut aethiopes [....] Itaque monstra aliqua non vidi, neque eorum alicubi habui cognitionem, excepta quadam insula Charis nuncupata, quae secunda ex Hispana in Indiam transfretantibus existit, quam gens quaedam, à finitimis habita ferocior, incolit: hi carne humana vescuntur" (Major 13-14). La gran mayoría de las traducciones al inglés — sea del latín o del español — traducen "monstruo" como "caníbal", lo cual es un error histórico y semántico. Todavía no existe en la historia europea del Nuevo Mundo la equivalencia entre los términos "caníbal" y "monstruo".

[3] He investigado la obsesión colombina por los monstruos y comedores de carne humana en otros ensayos, uno de los cuales aparece en la colección editada por James Arnold. Éste es complemento de aquel ensayo. Véase "Mapping the Caribbean: Cartography and the Cannibalization of Culture".

[4] Su significado también se relaciona con serpientes, abortos y partos monstruosos.

[5] Aunque normalmente el análisis centro-periferia se considera parte de la teoría de la globalización, la cual trata principalmente las transformaciones que el capitalismo ha generado en el mundo desde los comienzos de la era global (1500) hasta el presente, de hecho la teoría de la globalización puede ser usada para analizar cualquier red de intercambios interdependientes. Estudiosos como Janet Abu-Lughod han aplicado dicha teoría a las redes económicas y culturales europeas y asiáticas en el medioevo. Barry Cunliffe, por su parte, usa terminología de la globalización para analizar las relaciones de los griegos y los romanos con los "bárbaros" que los rodeaban.

[6] El decir esto no equivale a decir que solamente el cristianismo, entre todas las religiones del mundo, tiene una teología de los seres híbridos y extraños. Otras culturas bien pueden tener, a su modo, sus teologías de la monstruosidad. Por ejemplo, las cosmologías americanas aborígenes a menudo colocan monstruos en sus panteones. En la India se hace comprensible la divinidad mediante la monstruosidad: Ganesh, un dios con figura humana y cabeza de elefante, o Shiva, con sus múltiples brazos, se reconocen como manifestaciones de lo divino, precisamente por sus características no humanas. Su representación va más allá de lo humano.

[7] Wendy Reid Morgan plantea esta tesis en su excelente disertación.

[8] San Agustín termina el capítulo 118 así: "Por lo tanto, no ha de ser incomprensible que, de la misma manera que hay partos monstruosos en la vida, haya razas monstruosas de la humanidad. De hecho, concluyamos este argumento con

prudencia y cautela: o las cosas que se han dicho de algunas razas no tienen vigencia alguna; o si existen, no son razas humanas; o si son humanas son desde luego descendientes de Adán." (2: 118)

[9] Los mapamundi "T y O" deben su nombre al sistema de representación del mundo mediante la letra "T" que representa el Mar Mediterráneo y los tres continentes, dentro de la "O" que representa el Mar Océano alrededor del mundo.

[10] "Portenta esse Varro ait quae contra naturam nata videntur: sed not sunt contra naturam, quia divina voluntate fiunt, cum voluntas Creatoris cuiusque conditate rei natura sit" (Isidoro 2: 46).

[11] La falta de espacio me obliga a dejar de lado el análisis de una fascinante serie de textos, primordialmente etíopes, escritos entre el siglo VI y el XIV, conocidos como *The Contendings of the Apostles*. En algunos de estos textos, diversos monstruos son cristianizados, e incluso se convierten en evangelistas. El más prominente de estos últimos fue San Christopher, llamado por los estudiosos de teratología "el santo cinocéfalo" (ver Friedman passim; White passim, en especial 22-46). San Christopher era un hombre con cabeza de perro quien al convertirse perdió su monstruosidad, aunque luego al servicio de la misión cristiana recuperó su cabeza de perro, para aterrorizar a los bárbaros, convertirlos a Cristo y comerse a aquellos que lo rechazaran.

[12] En su estudio *Tragedy and Civilization*, Charles Segal escribe que los grandes héroes civilizadores de la cultura griega —por ejemplo Teseo, Edipo y Ulises— vencieron "deformaciones monstruosas de la humanidad como los cíclopes" (3). Cualquier victoria sobre un monstruo implica que el orden del mundo ha sido restaurado. La restauración del orden natural no tiene por qué ocurrir en conflicto armado; el monstruoso bárbaro bien se puede excluir desde el principio, es decir, no permitiéndole vigencia dentro de la concepción del mundo o de la sociedad.

[13] Es interesante que no todos los detalles de este episodio completo —como no se encuentran en el manuscrito que él tradujo— se publican en la magnífica colección de novelas de la antigua Grecia de B. P. Reardon. La aventura de Gog y Magog es narrada en el capítulo 29 del libro 3 de *The Alexander Romance* de Pseudo-Calístenes. (Ver Reardon 731).

[14] La historia del Reino del Preste Juan es uno de los mitos más renovados de la Edad Media. Nace en el siglo XII, con una carta supuestamente escrita por el Preste Juan (figura ficticia, naturalmente) dirigida a varios reyes en Europa, implorándoles su ayuda para la protección de su país cristiano. Describe su país como un lugar utópico rodeado de razas salvajes (entre ellas la de Gog y Magog) que practican la antropofagia, además de otras costumbres bárbaras, y que son grandes guerreros. De hecho, de vez en cuando, y por varios siglos entre el XII el XVI, salían expediciones de varias ciudades de Europa con motivo de alcanzar el Reino del Preste Juan y de prestarle el socorro tan urgentemente necesitado. Por lo general el reino se ubica en lo que hoy sería Etiopía, aunque, en verdad, su ubicación cambia según las circunstancias, las intenciones y el conocimiento geográfico del narrador. Así, por ejemplo, también se dice que existe el reino en el Medio Oriente y en otras partes de África.

¹⁵ La asociación de la monstruosidad con la circunstancia de ser zurdo tendrá ecos en el siglo XVI.
¹⁶ "Hic inclusit Alexander duas gentes immundas Gog et Magog, quas comites habebit Antichristus. Hii humanis carnibus vescuntur et sanguinem bibunt" (Miller 32-33).
¹⁷ Colón leyó y comentó —en notas marginales— el *Imago Mundi* de Pierre d'Ailly. Por ejemplo en el capítulo 23 de la obra dice d'Ailly: "Scithia, sicut et Gocia, a Magoth, filio Iaphet, nominata est, cuius terra olim ingens fuit.... ex quibus quedam [gentes] ... truces carnibus humanis et eorum sanguine vivunt". La apostilla de Colón es principalmente un resumen de las palabras de d'Ailly: "Sitia, sicut et Gocia, a Maghot, fillio Iahpet, nominata est.... Gens que ex carnibus humanis & eorum sanguine vivunt" (*Raccolta di documenti e studi*, Part I., vol. 2, 386). Tanto el autor como el lector asociaban a los escitas con el reino de Gog y Magog, localizado en Asia (el continente de los hijos de Jafet), y se hablaban de gente que comía carne humana y bebía la sangre de otros seres humanos.
¹⁸ Ver sobre el mesianismo colombino los trabajos de Alain Milhou y Pauline Watts.
¹⁹ John Mair, *In secundum setentiarum*, fol. f. clxxxvij^r —citado por Pagden (*The Fall* 38-39). No he podido consultar la edición original de la obra de Mair.
²⁰ (1) "Estas gentes son obligadas jure divino á guardar el precepto del Decálogo que dice: unum cole Deum, lo cual no guardan, porque honran á muchos dioses é no á uno." (2) "Questas gentes contra el derecho natural comen carne humana; como se comieron á los frailes que les fueron á predicar la ley de Dios [...] e tienen por costumbre comerse unos á otros, cuando se prenden en la guerra, [...] castran á los presos para los engordar para comer, é osan comprar muchachos para comérselos como nosotros comemos cabritos." (3) "Usan el pecado contra natura, en especial los caciques, que tienen personas con quien lo usan, é los traen vestidos como á las mujeres [...]" (4) "questas gentes se matan á sí mismos, diciendo que se van á nutria, ques que se van á holgar con el cemí, que es el diablo [...]. Las cuales cosas son notorias contra el derecho natural é divino, é por cada una dellas puede el Papa hacer merced dellos é de sus tierras al Rey Católico, é así pudo Vuestra Alteza enviarles á tomar la tierra, pues de derecho por cualquiera destas cuatro causas tienen perdidas las vidas é los bienes, é por el divino, como los de Sodoma."
²¹ "Item cum dicunt quod possunt puniri pro peccatis contra naturam [...] ut sodomia, esus carnium humanarum, vel generaliter contra legem naturae" (Vitoria, *Relectio* 116).

BIBLIOGRAFÍA

Abu-Lughod, Janet. *Before European Hegemony: The World-System, A.D. 1250–1350*. Oxford: Oxford University Press, 1989.
Anderson, Andrew Runni. *Alexander's Gate, Gog and Magog, and the Inclosed Nations*. Cambridge, MA: The Medieval Academy of America, 1932.
Aristotle. *Generation of Animals*. A. L. Peck, ed. y trad. Cambridge, MA: Harvard University Press, 1953.

Augustine. *The City of God.* Marcus Dods, ed. y trad. 2 vols. New York: Hafner Publishing Company, 1948.

Brown, Lloyd A. *The Story of Maps.* Boston: Little, Brown, and Co., 1949.

Bry, Theodor de. *Dritte Buch Americae darinn Brasilia durch Johann Staden von Homberg auss Hessen / auss eigener erfahrung in Teutsch beschrieben. Item historia der Schiffart Ioannis Lerij in Brasilien / welche er selbst publiciert hat / jetzt von Newem verteutscht.* Frankfurt am Main: 1593.

Bucher, Bernadette. *Icon and Conquest: A Structural Analysis of the Illustrations of de Bry's "Great Voyages".* Basia Miller Gulati, trad. Chicago: The University of Chicago Press, 1981.

Cano, Melchor. "De dominio indorum (1546)". *Biblioteca Vaticana MS. Lat.* 4648.

Cary, George. *The Medieval Alexander.* D. J. A. Ross, ed. Cambridge: Cambridge University Press, 1956.

Colección de documentos inéditos relativos al descubrimiento, conquista y colonización de las posesiones españolas en América y Oceanía. Pacheco, Cárdenas, Torres de Mendoza et al, eds. 42 vols. Madrid, 1864-84.

Cunliffe, Barry. *Greeks, Romans and Barbarians: Spheres of Interaction.* London: B. T. Batsford, Ltd., 1988.

Friedman, John Block. *The Monstrous Races in Medieval Art and Thought.* Cambridge: Harvard University Press, 1981.

Herodotus. *The Histories.* London/New York: Penguin Books, 1996.

Homer. *The Odyssey.* A. T. Murray, ed. y trad. 2 vols. Cambridge: Harvard University Press, 1984.

Honour, Hugh. *The New Golden Land: European Images of America from the Discoveries to the Present Time.* New York: Pantheon Books, 1975.

Honour, Hugh (comp.). *L'Amérique vue par l'Europe.* Paris: Éditions des musées nationaux, 1976.

Isidoro de Sevilla. *Etimologías.* 2 vols. José Oroz Reta y Manuel A. Marcos Casquero, ed. y trad. Madrid: Biblioteca de Autores Cristianos, 1982.

Lecouteux, Claude. *Les Monstres dans la littérature allemande du moyen âge: Contribution à l'étude du merveilleux médiéval.* Vol. 1. Stuttgart: Kümmerle Verlag, 1982.

Mair, John (Johannes Major). *In secundum sententiarum.* Paris, 1519.

Major, R. H. (trad y ed.). *Christopher Columbus: Four Voyages to the New World: Letters and Selected Documents.* Introd. John E. Fagg. 1961; rpt. Gloucester, MA: Peter Smith, 1978.

Martyr, Peter (Pedro Mártir de Anglería). *Décadas del Nuevo Mundo.* Madrid: Ediciones Polifemo, 1989.

Medina, Alonso de. *Confesionario breve, en lengua Mexicana y Castellana.* México: Antonio de Espinosa, 1565.

Milhou, Alain. *Colón y su mentalidad mesiánica en el ambiente franciscanista español*. Valladolid: Casa-Museo de Colón, 1983.

Miller, Konrad. *Mappaemundi: Die ältesten Weltkarten*. Vol 5: *Die Ebstorfkarte*. Stuttgart: Jos. Roth'sche Verlagshandlung, 1896.

Morgan, Wendy Reid. *Constructing the Monster: Notions of the Monstrous in Classical Antiquity*. Dissertation, Deakin University, 1984.

The Old Testament Pseudepigrapha. 2 vols. (Apocalyptic Literature and Testaments). Ed. James H. Charlesworth. Garden City: Doubleday and Co., Inc., 1983; 1985.

Pagden, Anthony. *The Fall of Natural Man: The American Indian and the Origins of Comparative Ethnology*. Cambridge: Cambridge University Press, 1982.

_____ *Spanish Imperialism and the Political Imagination: Studies in European and Spanish-American Social and Political Theory 1513-1830*. New Haven: Yale University Press, 1990.

Palacios Rubios, Juan López de. *De las Islas del mar Océano*. 1512-1514. México: Fondo de Cultura Económica, 1954.

Palencia-Roth, Michael. "Cannibalism and the New Man of Latin America in the 15th- and 16th-century European Imagination". *Comparative Civilizations Review* 12 (Spring 1985): 1-27.

_____ "Mapping the Caribbean: Cartography and the Cannibalization of Culture". *A History of Literature in the Caribbean, Vol. 3: Cross-Cultural Studies*. James Arnold, ed. Amsterdam: John Benjamins, 1997. 3-27.

Photius. "Ctésias de Cnide". *Bibliothèque*, vol. 1 (codices 1-84). Texte établit et traduit par René Henry. Paris: Société D'Éditions Les Belles Lettres, 1959.

Polo, Marco. *The Travels of Marco Polo*. The Marsden translation; rev. y ed. Manuel Komroff. New York: Boni and Liveright, 1926.

Raccolta di documenti e studi pubblicati dalla R. Commissione colombiana pel quarto centenario dalla scoperta dell'America. Cesare de Lollis, ed. 6 partes en 14 volumes. Rome: Ministerio della pubblica istruzione, 1892-96.

Reardon, B. P. (ed) *Collected Ancient Greek Novels*. Berkeley: University of California Press, 1989.

Rosien, Walter. *Die Ebstorfer Weltkarte*. Hannover: Niedersächsisches Amt für Landesplannung und Statistik, 1952.

Segal, Charles. *Tragedy and Civilization: An Interpretation of Sophocles*. Cambridge: Harvard University Press, 1981.

Varela, Consuelo, ed. *Cristóbal Colón: Textos y documentos completos*. Madrid: Alianza, 1982.

Vitoria, Francisco de. *Doctrina sobre los indios*. Ramón Hernández Martín, ed. y trad. Salamanca: Editorial San Esteban, 1992.

Watts, Pauline. "Prophecy and Discovery: On the Spiritual Origins of Christopher Columbus's 'Enterprise of the Indies'". *The American Historical Review* 90/1 (1985): 73-102.

White, David Gordon. *Myths of the Dog-Man*. Chicago: University of Chicago Press, 1991.

Zacher, Cris. "How Columbus Read Mandeville's Travels". *Actas del primer encuentro internacional colombino*. Consuelo Varela, ed. Madrid: Turner Libros, 1990. 155-60.

Cacao y Potosí: heterotropías cervantinas[1]

Diana de Armas Wilson
Universidad de Denver

¿Cuándo se convierte un híbrido en un tropo o, incluso, en un heterotropo? Cervantes brinda a sus lectores algunos vívidos ejemplos transatlánticos de este proceso lingüístico. En el primer capítulo de su última novela, *Persiles y Segismunda* (1617), Cervantes describe una forma de transporte diseñada estratégicamente para un naufragio en el Mar del Norte: "una balsa de maderos, y atados unos con otros con fuertes bejucos y flexibles mimbres" (119). Tal como señala en una nota el editor más reciente del *Persiles* (1997), Carlos Romero Muñoz, "las balsas no parecen, a primera vista, el medio de transporte más adecuado, siquiera sea entre islas vecinas, para los duros mares septentrionales" (119). En la misma nota el editor reconoce lo que las ediciones previas habían ignorado: que Cervantes construye su balsa con una palabra "de origen caribe" (119). "Bejucos" es una palabra específicamente taína, que los lingüistas asignan a la familia arawak y rastrean hasta el corazón de la cuenca amazónica. Cervantes puede haber tenido acceso a este indigenismo a través de varios historiógrafos de las Indias populares en ese momento, Fernández de Oviedo, por ejemplo, o López de Gómara. Incluso, es posible que haya sido a través de Alonso de Ercilla, cuya obra épica colonial, *La Araucana*, describe, en medio de un catálogo de diversas armas de los araucanos, "lazos de fuertes mimbres y bejucos" (132).

El uso que hace Cervantes de la palabra "bejucos" puede ser apropiadamente descrito como un ejemplo del proceso que Bajtin denomina "hibridización": la mezcla de al menos dos conciencias lingüísticas "en el seno de un solo acto de enunciación" (429). Tal mezcla debilita la convicción de que un lenguaje es propiedad específica de una nación en particular. La mezcla del español y un lenguaje amerindio en las novelas de Cervantes puede ser discutida bajo el término "hibridez" — término que se confunde hoy en día con un gran conjunto de conceptos ampliamente debatidos: diglosia, sincretismo, bastardía, entre-lugar, mestizaje, transculturación y heterogeneidad.[2] Aunque la mezcla cervantina de castellano y taíno en su construcción de una balsa es un híbrido, no es un tropo: el narrador que usa el término indígena "bejuco" no intenta representar una cosa por medio de otra. Para este tipo de figura de discurso debemos trasladarnos a las más complejas transacciones de

Cervantes con dos términos del Nuevo Mundo —*cacao* y *Potosí*— ambos usados en frases castellanas como metáforas de la riqueza americana. Una de las más llamativas acuñaciones lingüísticas cervantinas — "no lo estimamos en un cacao" en *La gitanilla* (1: 74-75) — yuxtapone el término mexica *cacao* con estimaciones de valor en el seno de la "nación" gitana en España. La frase prepara a los lectores cervantinos para los diversos usos de una expresión coloquial constituida durante la vida de Cervantes: "valer un Potosí". En ambas expresiones lingüísticas, Cervantes usa términos del Nuevo Mundo para nombrar la moneda —uno en náhuatl, el otro en aymara— uso que, a su vez, metaforiza expresiones del Viejo Mundo en torno al tema del valor. El resultado es un cruce entre el castellano y varios significantes del Nuevo Mundo específicamente relacionados con esferas de la actividad económica. Este ensayo, cuyo propósito es documentar e incrementar el alcance americano de Cervantes, discute sucesivamente cada uno de esos tropos.

"NO LO ESTIMAMOS EN UN CACAO"

Determinar cuándo una palabra extranjera pasa a estar "integrada" en un lenguaje nativo es una cuestión siempre problemática. Lo que nos interesa aquí no es *cuándo* sino *dónde* aparece el término *cacao*. Cervantes importa el término para insertarlo en el léxico de sus gitanos ficticios. El gran lexicógrafo español Sebastián de Covarrubias Orozco, contemporáneo de Cervantes, no menciona el término *cacao* en su *Tesoro de la lengua castellana o española* (1611). Tampoco se encuentra la palabra *cacao* en las diversas colecciones de proverbios (*refraneros*) o diccionarios de *marginalismos* del Siglo de Oro español. El diccionario crítico etimológico de Joan Corominas, no obstante, deriva el término *cacao* del náhuatl *kakáwa*, y rastrea la frase "no valer un cacao" a *La gitanilla* de Cervantes, explicando que el cacao era usado como "moneda" en Méjico (1:719). Que ningún otro autor sea mencionado en la entrada de Corominas sugiere, aunque no lo prueba, que Cervantes fue el que utilizó más tempranamente la frase en la literatura del Siglo de Oro. Lo que puede ser comprobado con un grado de certidumbre mucho mayor es que el uso transgresivo de palabras prestadas por encima de fronteras nacionales y culturales por parte de Cervantes se intensifica después de la publicación de la primera parte de *Don Quijote* en 1605.

Una mirada al uso específico que hace Cervantes del término *cacao* en *La gitanilla*, la novela que inaugura sus *Novelas ejemplares* (1613), puede ser instructiva, dado que ese uso emblematiza tanto la hibridez lingüística

Cacao y Potosí: heterotropías cervantinas • 65

como el alcance americano de sus dos novelas largas. Alban A. Forcione sugiere que los comentarios antropológicos del "gitano viejo" en *La gitanilla*, en particular sus observaciones acerca de las prácticas sexuales de los gitanos —"aunque hay muchos incestos, no hay ningún adulterio" — están modeladas en los deseos sexuales silvestres de "una tribu de indios de Sudamérica descritos en una crónica de exploración contemporánea" (189). Los indígenas sudamericanos pueden haber provisto asimismo el subtexto para la ejecución ceremonial de la mula de Andrés Caballero en la historia de Cervantes. Tal ceremonia incluye un entierro con todos sus arreos "a uso de indios" —una costumbre que, como nota Jorge Campos, puede apuntar a "las huacas peruanas" (395). Pero fueron los mexicas los que dieron a Cervantes aquello que precisaba para representar un fenómeno más sorprendente que el matrimonio o los rituales de entierro de los cuerpos: el hábito gitano de desdeñar la tortura.

El "gitano viejo" de Cervantes ofrece a sus lectores un heterotropo generativo cuando invoca la moneda azteca para explicar las actitudes estoicas, incluso altaneras, de su cultura con respecto a la brutalidad policíaca y el trabajo forzado en las galeras: "que el mosqueo de las espaldas, ni el apalear el agua en las galeras, no lo estimamos en un cacao" (1: 74-75). Esta ocurrencia del término náhuatl *cacao* como una moneda de intercambio es un guiño a la concientización multilingüe que ocurrió durante la época de la conquista y colonización ibérica. Elías L. Rivers discute de manera instructiva la mezcla del español y las lenguas nativas en América Latina, un fenómeno que denomina "simbiosis diglósica [o triglósica]" y que considera como "una situación ligüística básica en áreas significativas" del continente (139-40). Martín Lienhard, a su vez, ve el fenómeno de "diglosia lingüística" como una práctica de bilingüismo asimétrica, dado el desigual prestigio social de ambas lenguas en el seno de situaciones coloniales (72-79). Aunque la frase de Cervantes "no lo estimamos en un cacao" es diglósica no es, al menos en apariencia, asimétrica. En esta ocurrencia el más "prestigioso" lenguaje de Castilla es puesto en escena por gitanos españoles, sujetos marginalizados que invocan el náhuatl, el lenguaje de la cultura americana colonizada, para describir su propia victimización.

Los *Otros* de España — tanto los *Otros* internos como los externos — están aquí ligados a través de un potencial diálogo transatlántico en torno a los valores. Tal diálogo había estado constituyéndose a lo largo de un siglo. Mucho antes de que los gitanos ficticios de Cervantes invocaran el grano de cacao para mostrar su desdén tanto por el dinero como por la tortura, el humanista e historiógrafo milanés Pedro Mártir de Anglería había celebrado el cacao en *De Orbe Novo*, un texto que Cervantes podría haber consultado. Mártir considera el cacao como la moneda ideal, dado que "no solo brinda a la raza humana un trago delicioso, sino que impide a sus poseedores ceder a la avaricia infernal, porque no puede ser amontonado, o escondido por largo tiempo" (II: 5.4). En otro pasaje, más adelante, Mártir habla de la "feliz moneda" (*"foelici moneta"*) que usan los habitantes del Nuevo Mundo: "porque ellos tienen una moneda, que yo llamo *feliz*, porque la obtienen solo con rasguñar la tierra, y porque ni la envidia de los avariciosos ni los terrores de la guerra hacen que regrese a sus escondites subterráneos, como ocure con el oro o la plata" (II: 8. 4). Cuando los gitanos de Cervantes aluden a esta "feliz" moneda en náhuatl, los lectores se sienten compelidos a comparar dos diferentes dominios de interacción. Pero el "gitano viejo" de Cervantes no compara meramente un lenguaje indoamericano con un lenguaje de minorías peninsulares. El uso de la frase "no vale un cacao" muestra a los españoles —tanto dentro como fuera de su texto— el desdén de los gitanos por la policía que los persigue y por los jueces que los condenan a las galeras.

España había estado legislando contra sus "egipcianos" —el término legal y etimológico para los vilificados gitanos— desde 1499, en una serie de duras proclamas y en un lenguaje muy cercano a los estereotipos destacados al principio de *La gitanilla*, que son catalogados después de un estratégico "parece que" como una significativa expresión de duda (I: 3). Como uno de los elementos más recalcitrantes de la nación española durante la época de Cervantes, los gitanos fueron sometidos a vigilancia, torturas y repetidas expulsiones. Ellos, asimismo, estaban discursivamente posicionados fuera de la teleología nacional. La definición de "gitanos" en el *Tesoro* de Covarrubias —publicado en 1611, durante las expulsiones y un par de años antes de las ficciones de Cervantes en torno a los gitanos— los vilifica no sólo como "ladrones manifiestos", sino como "gente perdida y vagabunda, engañadora, embustidora" (590-91). Covarrubias también documenta la manera como los gitanos eran brutalmente castigados por las autoridades ("los castigan severamente"), y se arrojaba a los hombres ritualmente a las galeras.

Como consecuencia de la ficción de Cervantes, este pueblo despreciado podría también ser clasificado como una nación —Cervantes explícitamente los llama "esta nación"— implicada en una curiosa coalición transatlántica con los indios mejicanos. La desdeñosa expresión *no lo estimamos en un cacao* establece un lazo entre los gitanos de España y los *indios* de Ultramar. Incluso, los gitanos de Cervantes, al importar el término *cacao* e introducirlo en el seno de su propio léxico, están buscando en el Nuevo Mundo valores de resistencia para utilizar en el Viejo Mundo. A través de esta alteridad cultural —que complica el cliché predominante según el cual los gitanos eran, tal como lo señala Covarrubias recogiendo el estereotipo de su tiempo, una "ruin gente" (591) – Cervantes interviene en uno de los debates cruciales de la posmodernidad: la ética de utilizar estereotipos para ubicar al *Otro*, el marginado, en una posición de inferioridad. Al hacer que sus gitanos miren a América en busca de una moneda que metaforice su desafío a las autoridades españolas, Cervantes desinfla los estereotipos que los pintan como "ladrones manifiestos" de oro y plata – esto es, de esas menos "felices" monedas españolas.

"PLATA COMO PIEDRA"

Comparado con el uso por parte de Cervantes del término náhuatl *cacao*, su préstamo del término aymara *Potosí* – término que durante el período mismo de su vida se convirtió en una frase hecha – puede parecer a primera vista más convencional.[3] Un escrutinio del botín producido por la mina de plata de Potosí, la más productiva y más mortífera mina de la época, puede ayudar a contextualizar los usos, aparentemente ornamentales o formulaicos de la imagen de esta mina en las novelas de Cervantes.

En una larga revisión histórica en torno a la "plata americana", Fernand Braudel discute, con copiosos detalles y múltiples tablas y gráficas, cómo las Indias "descargaban" y "vomitaban" sus riquezas en España, y desde allí, en un primer ciclo, a los Países Bajos, un centro de distribución para Alemania y Europa del Norte. En su segundo ciclo, la plata americana se trasladaba a Italia y entonces, a través del eje Italia-China, hacia el Oriente (II: 476-517). El rol de la familia de banqueros alemanes Fúcar en las rutas imperiales de estos preciosos metales americanos debería ser de especial interés para los estudiosos de Cervantes, dada la extraña referencia de Don Quijote, durante el episodio de la Cueva de Montesinos, a estos banqueros. Antes de su visión onírica, Don Quijote había querido ser un caballero andante – un Orlando o un Amadís. Pero cuando la encantada Dulcinea le pide un préstamo de seis reales para remediar sus aprietos económicos, Don Quijote expresa el deseo de ser *otro*, alguien diferente a Amadís: "quisiera ser un Fúcar para remediarlos" (827). Mucho antes de que Don Quijote formulara este deseo, la familia de los Fúcar se había convertido en un término genérico para designar a un gran monopolio europeo. Dado que, en la época de Cervantes, esta dinastía de multimillonarios estaba estrechamente conectada con las minas de plata americana, ella merece un examen más detenido por nuestra parte.

La familia de los Habsburgo había estado endeudada con la dinastía de los prestamistas Fúcar desde 1487-1488, algo así como tres generaciones antes de que de manera secreta abastecieran económicamente la coronación imperial de Carlos V. Jacob Fúcar (1459-1526) —cabeza de una familia de banqueros que era fanáticamente católica, antisemita, y antiluterana— estuvo implicado en las minas de plata del Tirol mucho antes de que sus descendientes sacaran provecho de las minas de plata de las Indias. En un estudio en alemán acerca de los Fúcar y sus conexiones, Richard Ehrenberg documenta las desvergonzadas transacciones por medio de las cuales los príncipes electores alemanes, que vendieron sus votos por dinero en efectivo o crédito con los Fúcar, eligieron a Carlos V como Emperador del Sacro Imperio Romano Germano: "El acto electoral en sí mismo con sus parlamentos ceremoniosos era sólo una comedia dirigida al pueblo" (78). Incluso Jacob Fúcar más tarde le recordaría al Papa, en una carta famosa citada por Rodolfo Puiggrós, que con la misma facilidad él podría haber hecho a Francisco I Emperador de Alemania (178). El historiador Ehrenberg nota que Carlos V le pagó la cuenta a los Fúcar "de una manera honesta y honorable [...] cubriendo un pequeño déficit con sus propios recursos" (78). Puiggrós ilumina lo relativo a la fuente de esos recursos: a manera de agradecimiento por haberlo ayudado a convertirse en Emperador del Sacro Imperio, Carlos V enriqueció los cofres de los Fúcar con el primer cargamento de oro que Cortés le enviara, sin que los mexicas siquiera supieran que su derrota subsidiaba la elección del "soberano del mundo" (178). La idea de subsidiar una elección no debiera sorprender a los lectores norteamericanos que aún recuerdan el contenido del telegrama que John F. Kennedy recibió de su padre y leyó en voz alta en la cena del Gridiron en Washington D.C. en 1958: "No compres un solo voto más de lo necesario. Voy a tener problemas si tengo que subsidiar una avalancha de votos". La verdadera sorpresa no es que Carlos V tuviera que comprar su elección como Emperador, sino que encontrara de manera tan rápida los recursos para saldar su deuda con los Fúcar.

El subsidio mexica fue sólo el principio de las lucrativas conexiones de los Fúcar con el Nuevo Mundo. En 1531 la familia contrató con la Corona española la gobernación de un quinto de las posesiones de todos los territorios descubiertos en los siguientes ocho años entre el Estrecho de Magallanes y el Perú, para lo cual Anton Fúcar (1525-1560) recibió el título de Adelantado. El proyecto no llegó a nada, en parte debido a la resistencia de los conquistadores españoles a ser suplantados. Pero aunque la conquista y colonización demostró ser una empresa imposible para los Fúcar en América del Sur, Carlos V los puso en situación de recibir lo que Puiggrós llama "la parte leonina" de las minas del Nuevo Mundo, incluyendo Potosí, al concederles las minas españolas de Almadén (183). Estas minas peninsulares producían mercurio o azogue, que se volvería indispensable en los nuevos métodos para refinar la plata americana en gran volumen. Mateo Alemán, el autor del *Guzmán de Alfarache*, inspeccionó las minas de azogue de Almadén en 1593 y, en un reporte secreto, publicado por Germán Bleiberg, pintó un retrato trágico del tratamiento de los galeotes enviados a trabajar allí. Anne J. Cruz amplía tanto la información suministrada por el reporte como las condiciones de vida en las minas, y se refiere a las "infernales escenas de trabajo bestial", "los azotes del capataz" y, quizá lo más espantoso, "el daño cerebral causado por el envenenamiento con mercurio" (80). Las minas de Almadén estaban localizadas en la provincia de Ciudad Real, un territorio bien conocido por Cervantes y mencionado tanto en *El coloquio de los perros* como en la Parte II de *Don Quijote*. Si Cervantes estaba al tanto de las condiciones de estas minas —de oídas al menos, cuando no por intermedio del reporte mismo de Alemán— hacer que su héroe aspirara a ser "un Fúcar", uno de los prósperos concesionarios de las tóxicas minas de azogue, linda con lo grotesco.

Más allá de sus conexiones con la visión onírica de Don Quijote, en la cual se presenta su anhelo de convertirse en un banquero alemán, la plata americana brindó a Cervantes y a su época una nueva frase: *valer un Potosí*. La mina de plata de Potosí fue descubierta en 1545 en el Alto Perú (lo que hoy en día es Bolivia), dos años antes de que Cervantes naciera, y sesenta años antes de que las referencias a esta mina comenzaran a aparecer en sus novelas. En 1550, el fraile dominico Domingo de Santo Tomás describió la mina en una carta desde Chuquisaca (La Plata) al Consejo de Indias:

> Avrá cuatro años que para acabarse de perder esta tierra se descubrió una boca de ynfierno por la qual entran cada año dende el tiempo que digo grand cantidad de gente que la cobdicia de los españoles sacrifica a su dios y es vuestras minas de plata que llaman de Potosi y porque V. Alteza entienda que ciertamente es boca del ynfierno que para tragar animas a permitido Dios que se aya descubierto en esta tierra, pintará aquí algo della. (en Vargas Ugarte 36)

En su larga descripción de la mina y de las penas y privaciones soportadas por los "pobres yndios" que mandan de muchas leguas "*por fuerza* de cada repartimiento", el fraile incluye un pasaje que se asemeja no sólo a los muchos discursos de Don Quijote sobre "la libertad", sino asimismo su picante discurso contra la "fuerza", cuando por primera vez encuentra a los galeotes en el capítulo 22 de la primera parte: "Esta gente, aunque los llevan, van de *por fuerza*, y no de su voluntad" (236).

Recordándole a sus lectores la diferencia entre los esclavos y los hombres libres, Domingo de Santo Tomás hace un reclamo premonitorio:

> lo qual cuan contra razón y leyes de libres sea, ninguno que sepa qué cosa es libertad lo ignora; porque echar a minas por fuerza es condición de esclavos ó de hombres condenados a tan gran pena por graves delitos y no ley de libres, como V. Al. en sus provisiones y hordenanzas dice ser esta pobre gente. (en Vargas Ugarte 36)

Una actitud muy diferente a las previsiones y ordenanzas de la Corona con respecto a los *indios* va a aparecer unos cuarenta años más tarde, en la obra de José de Acosta, *Historia natural y moral de las Indias*, publicada en 1590. Esta historia fue recibida de manera tan entusiasta que fue traducida de inmediato a seis lenguas europeas: francés, italiano, alemán, inglés, holandés y latín (O'Gorman xi). Alrededor de trece capítulos en la crónica del jesuita se centran en los metales preciosos de las Indias, incluso con un capítulo dedicado al descubrimiento de la mina en Potosí y a los cambios que este descubrimiento trajo al área. El deseo de plata transformó a Potosí de una rojiza montaña, fría, estéril y ventosa a ser una ciudad vertiginosamente próspera, tal como Acosta la describe, con una densa población —más de 100.000 habitantes para 1600— acostumbrada a encontrar abundantes artículos de lujo en las plazas: "frutas, conservas, regalos, vinos excesivos, sedas y galas" (149). Otros lujos no mencionados por Acosta incluían los muchos teatros de la ciudad y las academias de danza, casinos y prostíbulos. Para mediados de la década del setenta del siglo XVI, cuando Cervantes estaba marchando penosamente hacia el cautiverio en Argelia, Potosí tenía tantos habitantes como Londres. Aunque la obra de Waman Puma (Felipe Guaman Poma de Ayala) no estuviera al alcance de Cervantes, esta crónica expresa el apoyo que "LA VILLA RICA EMPEREAL de Potocchi" da a España: "Por la dicha mina es Castilla, Roma es Roma, el papa es papa y el rrey es monarca del mundo" (III: 977). La crónica describe una ciudad habitada por "muchos cauulleros y vecinos y soldados, indios, [y] negros muy rricos." En sus descripciones sobre el exceso de riqueza de Potosí, Waman Puma es cuidadoso en enfatizar la caridad cristiana que se practicaba en la ciudad:

> Y todo el mundo acude con comida, uino, carne y rropa, todo Potocí y más Potocí y buena gente honrrada, de ualor, cristianos. Tiene caridad, amor de prógimo. Y tiene muchos monasterios, yglesias, y rreligiosos y policía, plata como piedra, oro como polbo... (III: 977).

Entre esa "buena gente honrada" se contaba el padre Acosta, un jesuita que consideraba el descubrimiento de Potosí como providencial. Aunque convencionalmente usa el término "codicia", y sensatamente cita a Plinio en lo relativo a "el hambre de dinero", el padre Acosta realmente ve el descubrimiento de las minas de Potosí como una circunstancia ordenada por la Providencia para la "felicidad" de España (149, 157). Incluso, Acosta encuentra apropiado que la riqueza más grande de la cual el mundo haya tenido noticia permaneciera escondida en las entrañas de la tierra hasta que se manifestara durante el glorioso reinado de Carlos V, y en el seno de su imperio (151). En la "historia natural y moral" de este jesuita, entonces, la mano de la Providencia brinda a la Corona de España "el tesoro de Indias" para llevar adelante la guerra contra los enemigos de la "Santa Fe" (154). Es innecesario señalar que esta lectura providencialista no prospera en Cervantes.

En una larga descripción llena de mediciones en "estados", Acosta nos hace entender cuán duro los hombres trabajan para descubrir plata en las "entrañas de lo profundo" —una metáfora corporal que encuentra su eco en la posterior descripción de Cervantes, en el *Persiles*, del tesoro escondido en "las entrañas de Potosí" (526). La descripción se vuelve más llamativa aún por el hecho de que el mismo cronista sufre un ataque de vértigo cuando desciende a la mina, sin duda durante un recorrido en búsqueda de información para su *Historia*. Los mineros que bajan hasta "las entrañas de Potosí" deben llevar adelante todos sus menesteres en la oscuridad, escribe Acosta,

> sin saber poco ni mucho cuándo es día ni cuándo es noche; y como son lugares que nunca los visita el sol, no sólo hay perpetuas tinieblas, mas también mucho frío, y un aire muy grueso y ajeno de la naturaleza humana, y así sucede marearse los que allá entran de nuevo, como a mí me acaeció, sintiendo bascas y congojas de estómago. (156)

Iluminando su esfuerzo con velas, los mineros extraen el pesado metal, y lo cargan en sus espaldas mientras ascienden una larga serie de precarias escaleras hechas de cuero retorcido y listones de madera. Aunque Acosta reconoce que está describiendo una pesadilla —"cosa horrible y que en pensalla aun pone grima" (156)— este sacerdote jesuita y cronista nunca pone de relieve claramente *quién* está trabajando en las minas de Potosí.

Cervantes puede llegar a haber tenido noticias de la impresionante protesta de Fray Domingo de Santo Tomás contra el trabajo forzado en las minas de América. Con toda probabilidad, conocía las infernales descripciones de Potosí realizadas por el padre Acosta, publicadas durante la década en que Cervantes empezó a trabajar en *Don Quijote*. Y ciertamente estaba enterado de la ubicación de la riqueza de Potosí en las "entrañas" de una montaña en América del Sur. Las descripciones de Potosí por los mencionados cronistas eclesiásticos, como el "[lugar de] perpetuas tinieblas" y como "una boca de ynfierno", nos recuerdan el descenso de Don Quijote en la Cueva de Montesinos (II: 22-23). Aunque el héroe de Cervantes categóricamente rechaza que Sancho y el guía humanista llamen al lugar de que ha salido "infernal" — "¿Infierno le llamáis?" (817) — las figuras caballerescas momificadas que pasa a describir tienen algunas cualidades decididamente infernales. Otro recuerdo de las minas de Potosí aparece durante el doblemente paródico descenso accidental de Sancho — de vuelta hacia su hogar desde Barataria— en un pozo ubicado fuera de los dominios ducales (II: 50). Durante esta caída, Sancho se encomienda a Dios, "pensando que no había de parar hasta el profundo de los abismos" (1077). Es difícil, en síntesis, *no* encontrar algunas oscuras ligazones en estos retratos casi contemporáneos de una *catabasis* tan costosa.

Cuando, en el Capítulo 40 de la Segunda Parte de *Don Quijote*, la Dueña Dolorida describe a Clavileño, el caballo de madera construido por Merlín, ella observa que su actual dueño, Malambruno, lo usa para sus viajes, volando alrededor de todo el mundo conocido: "y hoy está aquí y mañana en Francia, y otro día en Potosí" (951). El Mago Merlín aparece en Cervantes como un hechicero francés. En la *Faerie Queene* de Edmund Spenser — un texto casi contemporáneo del *Quijote* — el mismo Mago aparece como un hechicero galo bastante enterado del Perú — "th'Indian Peru" (III.iii.6) — lugar en las apartadas Indias donde se espera que vaya en búsqueda de un caballero perdido. Este Merlín inglés también parece saber algo de las minas, puesto que su vivienda en Carmarthen es una cavernosa mina, trabajada con el sudor y esfuerzo sobrehumano de muchos espíritus afligidos (III.iii.7-11). Si la *Faerie Queene* anuncia en voz alta su complicidad con el colonialismo — su dedicatoria a Sir Walter Raleigh lo llama "Wardein of the Stanneryes", o sea, concesionario de unas lucrativas minas de carbón — el *Quijote* es mucho más neutral, casi convencional, en sus referencias a las minas de Potosí. En el capítulo 71 de la Segunda Parte, por ejemplo, Don Quijote considera cómo pagarle a Sancho por los latigazos que soportara para lograr el desencantamiento de Dulcinea: "las minas de Potosí fueran poco para pagarte" (1199). El *Persiles*, a su vez, alude a la bonanza de la plata americana cuando un conde herido, después de haberse casado en su lecho de muerte, con el objeto de enriquecer a una pobre doncella, clama que incluso si él poseyera las grandes fortunas "que encierran las entrañas de Potosí", la honraría a ella de la misma manera (526).

Al juzgar los criterios que poseemos para decidir si una idea extranjera ha sido asimilada, J. H. Elliott se pregunta si la asimilación ha sido alcanzada "cuando nuevas impresiones y nueva información han devenido tan rutinaria que ya han cesado de ser discutidas" (399). Como una instancia de esta asimilación, Elliott menciona la expresión española para la extrema riqueza, *vale un Potosí*, que "se ha convertido en un lugar común al punto de que sus originales connotaciones americanas han sido efectivamente olvidadas" (399). Esas connotaciones parecen haber sido olvidadas por Góngora en un romance que aparece en el *Romancero de Palacio*, un poema en el cual el blasón petrarquista mecánicamente compara el cuello y el busto de una mujer deseada con "la plata de Potosí" (57). Pero, ¿es posible que las connotaciones americanas hayan sido olvidadas por los escritores más anti-petrarquistas, como Cervantes?

El mero hecho de que las invocaciones a Potosí se fueran convirtiendo en lugares comunes rutinarios nos hace vívidamente conscientes de que, en el orden simbólico de los personajes de Cervantes, la riqueza excesiva —por siglos indicada mediante comparaciones inertes a las figuras clásicas de Midas o Creso— podía ser ahora representada por la imagen problemática de una mina americana. Aunque Potosí rápidamente se convirtiera en una metáfora para la riqueza incalculable, el tropo americano no reemplazó completamente al oriental, al menos en las apropiaciones poéticas de las Indias, desde Boscán a Quevedo. "Sería descaminado", explica Elizabeth B. Davis, "dar la impresión de que el código oriental para la riqueza se había extinguido en la poesía peninsular". Quevedo, como lo muestra Davis, continúa usando tanto el código oriental como el americano (52). Lo mismo, para el caso, hace Cervantes, aunque su obra cita a Midas sólo cinco veces, mucho menos que a Potosí. Es difícil determinar exactamente cuándo Potosí se convirtió en un tropo muerto —una metáfora ya no reconocida como tal— dado que se había convertido en algo completamente familiar. Cervantes, no obstante, la desfamiliariza para sus lectores. Cuando Don Quijote se imagina una mina de plata en el Perú como una recompensa insuficiente para la auto-flagelación de Sancho —un castigo diseñado por una clase de españoles lo suficientemente poderosos como para dar de limosna islas de fantasía— el lector cuidadoso no puede olvidar que las connotaciones americanas originales de Potosí implicaban a *otras* víctimas de sacrificios.

Un lector atento a las negociaciones de Cervantes con Potosí fue el novelista norteamericano Herman Melville, que parece haber entendido los elementos sacrificiales que subyacían al tropo. Una cargada imagen de "Potosí" encuentra su camino en un reciclamiento caballeresco de Cervantes. Cuando el cansado y decepcionado narrador de "The Piazza" —

la historia inicial de *The Piazza Tales* — ve, a través de un arco iris, una casa en la cima de una montaña en Massachussets que él renombra "Charlemagne", aduce que "brillaba como la mina de Potosí" (3-5). Cabalgando en busca de este punto radiante, el narrador de Melville puntualmente se identifica con Don Quijote, a quien llama "el sabio más sabio que jamás haya vivido" (6). Cuando el narrador alcanza su destino —la casa resplandeciente al final del arco iris— descubre que es una cabaña ("a cottage") muy venida a menos de una pareja empobrecida: una costurera llamada Marianna y su hermano, un hombre agotado por el trabajo —el cuento lo infiere— en las minas de carbón locales (9). La casa que resplandece como un Potosí revela ser una choza miserable, la pobre vivienda de un minero norteamericano. A diferencia de la providencial Potosí descrita por el Padre José Acosta o por Waman Puma, la Potosí de Melville —de manera similar a la sistemática desilusión cervantina— es una casa de espíritus exhaustos, no muy diferente de la Cueva de Montesinos.

Para resumir, entonces: los variados usos por parte de Cervantes del término Potosí, el nombre indígena de una mina encontrada en el altiplano boliviano en 1545, ponen en escena las posibilidades tropológicas, el increíble incremento de significación que ocurre en el discurso políglota. Si consideramos la heterotropía, entre otras cosas, como la "tropización", transformación o deformación de la "otredad", los otros implicados en las metáforas cervantinas de la hibridez miran, hacia atrás, a las minas de plata de América del Sur, y hacia delante, a las minas de carbón de América del Norte. Este alcance impresionante es casi digno de Clavileño, el caballo de madera de Malambruno cuyos viajes transatlánticos a Potosí, en un solo día, aún nos sorprenden.

Traducción: Juan Pablo Dabove

Notas

[1] Este ensayo es una versión revisada de varias secciones de mi libro *Cervantes, the Novel, and the New World* (Oxford University Press). Agradezco especialmente a mis editores Sophie Goldsworthy y Matthew Hollis, por su permiso para incorporar aquí esta versión traducida. A María Antonia Garcés le agradezco de corazón sus buenos consejos lingüísticos y estilísticos.

[2] Aunque muchos latinoamericanistas prefieren el término *heterogeneidad* o *transculturación* sobre *hibridez*, al menos uno de ellos propone el análisis bajtiniano de la novela como una formación híbrida que podría proveer "un campo fértil" para el desarrollo del concepto de hibridez por parte de los estudios coloniales. Véase De Grandis (I: 292-94).

³ Quisiera aquí agradecer a Verónica Salles-Reese —cuyo amplio conocimiento acerca del Virreynato del Perú se extiende a las lenguas andinas— por haber confirmado la derivación del término *Potosí* de "putukh" o "potojsi" en aymara, palabras que significan "ruido" o "estruendo". El fonema "potoj" no existe en quechua. Véase el *Vocabulario de la Lengua Aymara* de Fray Ludovico Bertonio (1612: 418).

Bibliografía

Acosta, Joseph de [José de]. *Historia natural y moral de las Indias* [1590]. Edmundo O'Gorman, ed. México: Fondo de Cultura Económica, 1962.

Bakhtin, Mijail. *The Dialogic Imagination: Four Essays*. Michael Holquist, ed. Austin: University of Texas Press, 1981.

Bertonio, Padre Ludovico. *Vocabulario de la Lengua Aymara* [1612]. Cochabamba, Bolivia: Centro de Estudios de la Realidad Económica y Social (CERES), 1984.

Bleiberg, Germán. *El 'Informe secreto' de Mateo Alemán sobre el trabajo forzoso en las minas de Almadén*. London: Tamesis, 1985.

Braudel, Fernand. *The Mediterranean and the Mediterranean World in the Age of Philip II* [1949 and 1966]. 2 vols. New York: Harper and Row, 1972.

Campos, Jorge. "Presencia de América en la obra de Cervantes". *Revista de Indias* 8 (1947): 371-404.

Cervantes, Miguel de. *La gitanilla. Novelas ejemplares* [1613]. Francisco Rodríguez Marín, ed. 2 vols. Madrid: Espasa-Calpe, 1975. 1:1-130.

_____ *Los trabajos de Persiles y Sigismunda* [1616]. Carlos Romero Muñoz, ed. Madrid: Cátedra, 1997.

_____ *Don Quijote de la Mancha* [1605 and 1615]. Francisco Rico con la colaboración de Joaquín Forradellas, ed. Estudio preliminar Fernando Lázaro Carreter. Barcelona: Instituto Cervantes, 1998.

Corominas, Joan. *Diccionario crítico-etimológico castellano e hispánico*. Madrid: Gredos, 1980.

Covarrubias Orozco, Sebastián de. *Tesoro de la lengua castellana o española*. Felipe C. R. Maldonado, ed. Madrid: Editorial Castalia, 1994.

Cruz, Anne J. *Discourses of Poverty: Social Reform and the Picaresque Novel in Early Modern Spain*. Toronto: University of Toronto Press, 1999.

Davis, Elizabeth B. "'Conquistas de las Indias de Dios': Early Poetic Appropriations of the Indies by the Spanish Renaissance". *Hispanic Journal* 11 (1989): 45-54.

De Grandis, Rita. "Incursiones en torno a hibridación: una propuesta para discusión. De la mediación lingüística de Bajtin a la mediación simbólica de Canclini". *Memorias de JALLA Tucumán 1995*. Tucumán. Argentina: Proyecto "Tucumán en los Andes" 1997. I: 292-94.

Elliott, John H. "The Old World and the New Revisited". *America in European Consciousness, 1493-1750*. Karen Ordahl Kupperman, ed. Chapel Hill: University of North Carolina Press, 1995. 391-408.

Ercilla y Zúñiga, Alonso de. *La Araucana*. Marcos A. Morínigo e Isaías Lerner, ed. 2 vols. Madrid: Clásicos Castalia, 1979.

Ehrenberg, Richard. *Capital and Finance in the Age of the Renaissance: A Study of the Fuggers and their Connections*. New York: Harcourt, Brace & Co., 1935.

Forcione, Alban. *Cervantes and the Humanist Vision: A Study of Four 'Exemplary Novels'*. Princeton: Princeton University Press, 1982.

Guaman Poma de Ayala, Felipe [Waman Puma]. *El Primer Nueva Corónica y Buen Gobierno*. John V. Murra y Rolena Adorno, ed. México: Siglo Veintiuno, 1980.

Romancero de Palacio (Siglo XVI). Labrador Herraiz, José, Ralph A. DiFranco & Lori A. Bernard, eds. Cleveland: Cancioneros Castellanos, 1999.

Hegyi, Ottmar. "Algerian Babel Reflected in *Persiles*". *"Ingeniosa Invención": Essays on Golden Age Spanish Literature for Geoffrey L. Stagg in Honor of His Eightieth Birthday*. Ellen M. Anderson y Amy R. Williamsen, ed. Newark: Juan de la Cuesta Press, 1999. 225-39.

Lienhard, Martín. "De mestizajes, heterogeneidades, hibridismos y otras quimeras". *Asedios a la Heterogeneidad Cultural: Libro de homenaje a Antonio Cornejo Polar*. José Antonio Mazzotti y U. Juan Zevallos-Aguilar, eds. Philadelphia: International Association of Peruvianists, 1996. 57-80.

Martyr, Peter. *De Orbe Novo: The Eight Decades of Peter Martyr D'Anghera* [1494-1526]. 2 vols. New York: G.P. Putnam's Sons, 1912.

Melville, Herman. *The Piazza Tales and Other Prose Pieces (1839-1860)*. Harrison Hayford, Alma A. MacDougall, G. Thomas Tanselle, et al. Evanston & Chicago: Northwestern University Press and The Newberry Library, 1987.

O'Gorman, Edmundo, ed. 'Prólogo'. El P. Joseph de Acosta, *Historia natural y moral de las Indias*. México: Fondo de Cultura Económica, 1962.

Puiggrós, Rodolfo. *La España que conquistó el Nuevo Mundo*. Bogotá: El Ancora Editores, 1989.

Rivers, Elías L. *Quixotic Scriptures: Essays on the Textuality of Hispanic Literature*. Bloomington: Indiana University Press, 1983.

Spenser, Edmund. *The Faerie Queene*. Harmondsworth: Pengüin, 1978.

Vargas Ugarte, Rubén. *Historia del Perú: Virreinato (1551-1600)*. Lima: n. p., 1949.

Brasil especular: alianzas estratégicas y viajes estacionarios por el tiempo salvaje de la *Canibalia*

Carlos Jáuregui
Vanderbilt University

El canibalismo—signo o cifra de la anomalía y alteridad de Latinoamérica y de su adscripción colonial a Occidente—ha sido un tropo axial en las (re)definiciones de su identidad cultural, desde las primeras visiones europeas del Nuevo Mundo[1] como monstruoso y salvaje, hasta las narrativas y producción cultural del siglo XX en las que el caníbal se ha redefinido de diversas maneras en relación con la construcción de identidades (pos)coloniales y "posmodernas".[2]

El tropo caníbal entraña una suerte de disolución voraz de la antítesis adentro/afuera que Jacques Derrida ve como "la base de todas las oposiciones binarias".[3] El *Otro* que el canibalismo nombra está localizado tras una frontera permeable[4] y especular, llena de trampas y de encuentros con imágenes propias: el caníbal nos habla del *Otro* y de nosotros mismos, de comer y ser comidos, del Imperio y de sus fracturas, del salvaje y de las ansiedades culturales de la civilización, del horror y de la nostalgia por el "paraíso perdido". Así como el tropo caníbal ha servido para sostener el edificio discursivo del imperialismo, puede articular—como en efecto ha hecho—discursos contra la invención de América, el mito de la Modernidad, la mirada etnográfica, la misión civilizadora y el propio colonialismo.

Este trabajo examina algunos procesos de representación y resemantización del canibalismo en el contexto de la batalla por las rutas del comercio atlántico en la costa de Brasil, y analiza la dimensión especular del tropo caníbal en algunos relatos (proto)etnográficos (Hans Staden 1557; André Thevet 1557, 1575; Jean de Léry 1578; Michel de Montaigne 1580) en los cuales, el caníbal fue un dispositivo generador de alteridad y un tropo cultural de reconocimiento. En otras palabras, se examinará el caníbal como *artefacto etno-cartográfico* para imaginar el tiempo y el espacio del salvajismo, y como artefacto *utópico / melancólico* frente a las "pérdidas" de la Modernidad.

1. *CANIBALIA*: ETNO-CARTOGRAFÍAS DEL TIEMPO Y EL ESPACIO SALVAJES

En los siglos XVI y XVII el Nuevo Mundo fue construido cultural, religiosa y geográficamente como una especie de *Canibalia*,[5] inicialmente referida al área del Caribe, y luego a México y la costa del Brasil hasta el Río de la Plata.

El canibalismo imputado a los aborígenes dio lugar a una de las primeras representaciones gráficas de los americanos: el grabado "Amerikaner" (1505) de Johan Froschauer,[6] en el cual la imagen del caníbal fue semánticamente unida a la de América y sus habitantes. Esa será muy poco después la marca de reconocimiento de los tupinambás y luego, por extensión, del Brasil y del Nuevo Mundo. Para la segunda mitad del XVI, América es ya convencionalmente representada como caníbal o, más precisamente, como una canibalesa.[7]

Pero el canibalismo, aunque asociado con América y el Brasil, compite inicialmente con otros motivos y tropos. En una era de ampliación global de los circuitos comerciales como el siglo XVI, fue común la identificación de tierras y gentes con los bienes y mercancías objeto de explotación y tráfico: oro, perlas, tabaco, cacao, animales exóticos como papagayos, etc. El Nuevo Mundo es objeto y mercancía del consumo europeo, y como tal es representado. El nombre del Brasil proviene justamente de una madera (y la tintura que de ésta se extraía) que encontró altísima demanda en la naciente industria textil en Normandía. América surge entre imágenes de caníbales de *apetitos extremos* y *extremos apetitos* por las mercancías.

El *caníbal* hizo su aparición cartográfica tempranamente. El mapa "Mondo Novo" atribuido a Bartolomé Colón y a Alessandro Zorzi (1503-1506?) nombra una isla del Caribe y un accidente de la costa norte del continente "canibali" [il. 1]. La isla de Caniba, o isla de Carib, había emergido varias veces en el diario de Colón del primer viaje (65, 78, 79, 115-120), e incluso había sido puntualmente localizada como "la segunda a la entrada de las Indias" en la "Carta a Santangel" (144-145). Aunque la isla fue

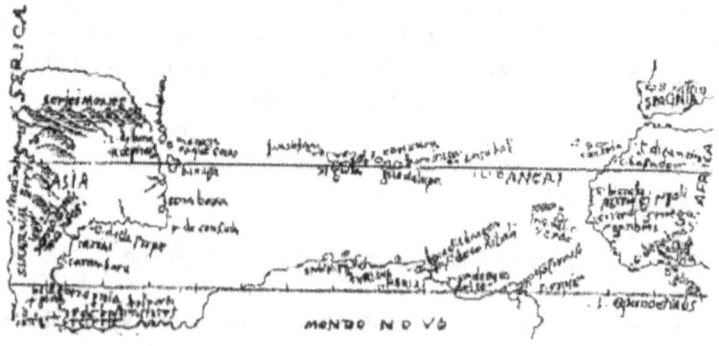

Il. 1. "Mondo Novo" atribuido a Bartolomé Colón y Alessandro Zorzi (1503-1506?) en Emerson 14-16.

Brasil especular • 79

supuestamente encontrada en el segundo viaje, continúa siendo —antes que una localización cartográfica— un locus mítico de la alteridad americana.[8] Durante la primera mitad del siglo XVI, la *Canibalia* se desplaza siguiendo las fronteras de la expansión europea y de los circuitos del comercio atlántico. Su centro cartográfico se mueve de las Antillas menores hacia el continente, como puede verse en el "Atlas" de Johannes Schöner (1520), que además de las "Insule Canibalor" y las "Caníbales," marca el norte de Sudamérica como "Canibalor terra" [il. 2]. Anglería, que en 1504 le informaba a Ascanio Sforza de dos islas de caníbales (114, 115), en 1524 escribía: "los habitantes de estas regiones [Tierra Firme] son caribes o caníbales, devoradores de carne humana. *La tierra de los caribes es vastísima región y superior a Europa*" (687). El motivo caníbal continental sería a partir de entonces repetido[9] compartiendo su espacio simbólico con otros como "Papagalli Terra", "Gigantu Regiu", etc., hasta ganar la preponderancia alcanzada en un mapa fechado en Basilea (1540) y publicado en la edición que Sebastian Münster hizo de la *Geographia universalis* de Claudio Tolomeo (1544). Éste, que acaso fue el primer mapa del Nuevo Mundo como un continente independiente, separado del Asia (Eduardo Acevedo 35), ubica en el área de lo que hoy es el Brasil una hoguera lista para ser encendida, una pierna cercenada y la leyenda *Canibali* [il. 3]. El mapa de Basilea fue emblemático en razón de su popularidad

Il. 2. Detalle del Atlas de Johannes Schöner (1520).

Il. 3. Detalle del mapa "Novus orbis" (Basilea 1540). En *Geographia universalis, vetus et nova* de Claudio Tolomeo (edición de Sebastian Münster 1545).

entre personas no necesariamente doctas en cartografía[10] y a la exclusividad icónica del canibalismo. En él, otras imágenes como la exuberancia vegetal, el oro o los gigantes, han sido disminuidas a unas simples hileras de árboles o a meras menciones sin representación iconográfica mientras que el canibalismo, por el contrario, resalta como tropo cultural representativo de América; es la imagen a partir de la cual se hace presente "lo americano." Creo pertinente extender al caníbal iconográfico del mapa, la observación que hace Hayden White respecto al "buen salvaje" (122), en el sentido que (desde un punto de vista funcional) estamos frente a un *fetiche cultural*.[11] La representación de la *América caníbal* en mapas como el de Basilea se basa justamente en los dos tropos asociados al fetichismo: la metáfora y la metonimia; el fetiche como metáfora marca la alteridad (deseada y temida) y como metonimia la asocia con un objeto adyacente o afín. El caníbal no es parte del todo representado —esto es, una sinécdoque cultural— sino primero, una metáfora de la diferencia, y luego, una metonimia o asociación de dicha diferencia con el objeto del deseo colonial.

La *Canibalia* es —entonces— una cartografía, un diseño que le da sentido al *espacio Otro*, que supone un lugar y una mirada autorizada epistemológicamente y que, en definitiva, articula la textura discursiva de Occidente y de su construcción como centro geopolítico y lugar de enunciación privilegiado. Los mapas de la *Canibalia* invocan el simulacro de la comprensión homogeneizadora de una totalidad donde la "exploración", la expansión, y la conquista tienen lugar. Son visiones imposibles, y sin embargo verosímiles, del lugar espacial, moral y político del colonizado, y a su vez, sitúan al colonizador en el lugar donde mirada, representación y poder se juntan: mediante el mapa se constituye un Sujeto privilegiado observador para el cual ese espacio nombrado se hace comprensible, aprensible y expugnable. El caníbal preserva y reafirma étnicamente el *Sujeto del mapa* respecto al *sujeto al mapa*.

Los mapas (dispositivos para la organización del espacio) y los relojes (dispositivos para la organización del tiempo) son artefactos predilectos de la Modernidad. El caníbal puede concebirse como marca del espacio salvaje en relación con el lugar de la mirada jerárquica (cartográfica) y como pieza trópica del reloj sincronizador del *occidentalismo*.[12]

El mapa, claro, debe contribuir a las necesidades prácticas de la navegación, el comercio y las empresas militares de conquista, o —en el caso de mapas "imprácticos" como el de Basilea— producir una especie de gnoseología del espacio colonial. Empero, la reducción étnica de la alteridad (de la cual el caníbal es signo) no entra en contradicciones insalvables con la cartografía moderna. Siguiendo con cierta libertad el análisis que de los mapas del siglo XVI hace Walter Mignolo (*The Darker*

Side...219-58), puede decirse que la cartografía de América no surge de un momento a otro como una empresa racional, desligada de las reducciones étnicas del *Otro*. De hecho, los mapas de la *Canibalia* fueron ideológicamente etno-cartografías de la alteridad. La "apertura" de circuitos comerciales necesitaba un mapa, que sin abandonar la relación medieval entre el espacio y los órdenes moral y étnico, respondiera a las necesidades prácticas de la navegación.[13] Se produce así, una concepción del mapa en la que se supone que los significantes cartográficos coinciden con significados geográficos y étnicos. Empero, la indicación icono-cartográfica de tal o cual lugar como espacio de sacrificios humanos, tierra "de gigantes," "de papagayos," y sobre todo, "de caníbales," permite una marca "étnica," una mirada jerárquica y un *Sujeto no sujeto* al mapa: el *Sujeto* que organiza el espacio en relación con su mirada y el tiempo histórico conforme al *tiempo del ahora* de la civilización.

2. El relato etnográfico: el caníbal en la cartografía del tiempo

Las *ficciones etnográficas* —para usar la expresión de James Clifford (6) — aunque se autorizan explícitamente en la observación empírica y la supuesta correspondencia entre la escritura y el mundo salvaje representado, derivan su autoridad (como en el caso de los mapas) de su lugar privilegiado de enunciación y de las disimetrías y relaciones de dominación colonial. La etnografía es otro de los dispositivos que dispuso el tiempo y los espacios salvajes en subordinación epistemológica con Occidente. En el relato etnográfico los caníbales son situados en el *tiempo salvaje* gracias a una localización simultánea del *Otro* en un tiempo diferente a la vez que en el mismo orden temporal del etnógrafo.[14] La etnografía establece la temporalidad privilegiada de la subjetividad del *"ego conquiro"* o yo conquistador del que habla Enrique Dussel (50-61). Ese ego se constituye y ejerce su *imperium* sobre la humanidad salvaje justificado por el relato teleológico de una *sincronización civilizadora* (evangélica, modernizadora, desarrollista, etc.).

De acuerdo con Michel de Certeau la etnografía produce un saber sobre los principios organizadores de la *oralidad*, la *espacialidad*, la *alteridad* y el *inconsciente* —que son los elementos básicos constitutivos del *Otro*— en oposición con las nociones de *escritura, temporalidad, identidad* y *conciencia* que forman al sujeto moderno o histórico (*La escritura de la historia* 203). El relato etnográfico, en cuanto intenta familiarizar lo extraño y exótico, hace una suerte de traducción cultural[15] de un orden al otro: de la *oralidad* a la *escritura*, de la *espacialidad* a la *temporalidad histórica*, de la alteridad a los códigos culturales de la mismidad, etc. Se trata sin embargo de una traducción *sui generis* en la cual "el traductor tiene primero que producir el texto que traduce"[16] e imaginar al *Otro* como un objeto comprensible de la mirada,[17] y luego—bajo la autoridad de la observación empírica—hacer un relato que escribe el "objeto" de esta óptica imperial; en el caso que nos ocupa, el caníbal. Me referiré específicamente a los relatos de Hans Staden (1557), André Thevet (1557, 1575) y Jean de Léry (1578) sobre los tupinambás[18] en los cuales se inaugura una matriz etnográfica y, a la vez, ésta empieza a revelar su crisis especular y su melancolía.

El libro de Hans Staden (1526?-1576) sobre su cautiverio entre los tupinambás, Verídica historia y descripción de un país de salvajes desnudos y feroces caníbales, situado en el Nuevo Mundo América[19] (1557), relata sus dos viajes a América (Brasil actual): uno en 1547, sin mayor importancia en relación con nuestro tema, y otro en 1550. En este último viaje, su barco, obligado por el mal tiempo, tiene que fondear en la que hoy es la Bahía de Paranagua cerca de Curitiba, después de lo cual, Staden se pone al servicio de un fuerte portugués como cañonero. A finales de 1553 es capturado por los tupinambás, quienes lo creen un portugués. Durante su cautiverio de poco menos de un año es testigo de varios festines caníbales, y él mismo vive bajo la amenaza constante de ser comido. Merced a engaños y negociaciones, como la de hacerse pasar por curandero, logra aplazar su sacrificio hasta que es rescatado por un navío francés. La segunda parte del libro consiste en una descripción de la geografía, las casas, el aspecto físico de los tupinambás, sus costumbres alimenticias, la ausencia de política y derecho, fiestas, adornos, casamientos, creencias religiosas, guerra (165-210) y por supuesto, de "las ceremonias en que matan y se comen a sus enemigos" (211-19).

Poniendo de lado la discusión sobre si Staden mismo escribió el libro o si lo hizo John Dryander (1500-1560) (profesor de anatomía de la universidad de Marburgh y prologuista del libro), o si la información en él es verídica o no,[20] o si fue un texto concebido como un *best-seller* respondiendo a un mercado ávido de noticias sobre caníbales,[21] anotemos que se trata de un relato etnográfico. Es decir, depende menos de la "verdad" del viaje o la observación[22] que de la imaginación espaciotemporal del salvajismo y de su traducción en un cuerpo de saber, tropos e imágenes.

Más impresionante que la parca prosa de Staden, hoy como entonces, resultan los cincuenta grabados dispuestos a través del texto, varios de los cuales ilustran en detalle los festines caníbales.[23] Los grabados acusan poca elaboración o preocupación estética; son burdos en el trazo y simples en su composición. Sin embargo, el conjunto logra un efectivo relato gráfico en el que la imagen del canibalismo queda cultural y etnográficamente inserta. No quiere decir esto que Staden simpatice con la antropofagia; de hecho la censura explícitamente: "me parecía horrible que ellos los devorasen [a los prisioneros]; el hecho de matarlos no era tan horrible" (123).

Staden recoge modelos clásicos y medievales de representación de la alteridad, pero también funda un paradigma etnográfico organizado sobre los presupuestos de la *observación participante* (y a la vez *distanciada*) del etnógrafo, la autoridad epistemológica del acto de escribir al *Otro* y la superioridad étnica, religiosa y / o intelectual frente al salvaje. El canibalismo es el tropo maestro de este posicionamiento múltiple que permite el discurso organizador y la mirada "cartográfica" de la etnografía.

En la primera parte del libro el narrador —en primera persona— se reivindica como un Yo presencial: "Esto así lo vi y presencié" (219) asevera Staden hablando de la distribución del cuerpo entre niños, mujeres y hombres y la preparación del asado, y otros detalles culinarios. Una vez narrada la liberación de su cautiverio —y autorizado en el *haber estado* y *haber visto*— se aleja con un tono impersonal en la segunda parte, donde expone las costumbres tupinambá. Ese curioso papel de *protagonista ajeno* lo autoriza para ser testigo verdadero sin perder su distancia cultural y moral respecto de los salvajes desnudos, idólatras y antropófagos; él hace parte de la representación, pero no de la alteridad. En un grabado Staden aparece bajo la insignia "H + S," con las manos juntas en pose de oración mientras un grupo de caníbales aviva el fuego y otros hacen una sopa con una cabeza [il. 4]. La versión del grabado que aparece en la edición que el ilustrador flamenco Teodoro De Bry[24] (1528-1598) hizo del relato de Staden (1593) enfatiza aún más este *estar y ver pero no ser* característico de la matriz etnográfica [il. 5]: en él las mujeres que preparan la sopa agregan a la cabeza, un corazón y otras vísceras; una mujer sostiene un brazo mientras se lame los dedos, otra observa extasiada una pierna, y otra más recibe los intestinos de un destazador.[25] Staden con una barba venerable, blanco, quieto, elevando una plegaria al cielo y con los brazos cruzados sobre el pecho es, en ambos grabados, el único que no aparece realizando alguna tarea y que no tiene entre sus manos ningún objeto ni utensilio; observa,

Il. 4. Grabado de la edición de *Warhaftige Historia* (1557) de Hans Staden (Staden 219).

Il. 5. Grabado de la *Warhaftige Historia* de Hans Staden (edición de Teodoro De Bry, 1593) en De Bry 143.

no participa; su lugar en la representación es el del testigo que puede escribir la alteridad, porque *ha estado, ha visto*, pero *no ha sido* el *Otro*. Esta es, de hecho, la condición discursiva de la etnografía conforme lo señala Clifford Geertz (*Works and Lives* 5-10, 22). El etnógrafo es un cartógrafo del tiempo a-histórico (que visita o imagina) y del cual hace un "mapa" en el que marca su *observación participante* y su propia *diferencia*.

Este último aspecto es, sin embargo, problemático en el caso del cautivo, quien sostiene precariamente una *identidad en tránsito*, y amenazada por la alteridad. A Staden le quitan sus ropas, le tratan de cortar la barba y las pestañas, lo llaman portugués y sobre él pende la amenaza caníbal que implica el código de venganza tupinambá. Justamente, la historia de su cautiverio y liberación es la de su resistencia a ser incorporado; a convertirse en objeto. Los nativos le indican que se lo van a comer (79), las mujeres gesticulan señalándolo y mordiéndose los brazos (88, 89); él es comida; así lo llaman constantemente: "ahí viene saltando nuestra comida" (104). La escritura del relato compensa e invierte simbólicamente esa relación: al producir su lugar de *Sujeto* de la mirada, y de la escritura[26] el cautivo deviene etnógrafo.

Resulta significativa, además, la interrelación entre el relato religioso y etnográfico de Staden. Su etnografía del caníbal hace parte de una tradición protestante, en la cual la representación de América está permeada por los conflictos de la Contrarreforma. El modelo inicial es el del *vía crucis*: Staden es capturado, abofeteado, le colocan una corona de plumas y unas sonajas y lo hacen bailar sin consideración al dolor de sus heridas (88, 90-92). Él mismo se compara con Cristo: "yo no sabía qué querían hacer de mí y recordaba el sufrimiento de nuestro redentor Jesucristo cuando era maltratado" (90). Para Staden, como indica Neil Whitehead, la conexión entre el canibalismo tupí y el pensamiento cristiano no es la de la similitud, sino la de la prueba de fe.[27] Del mismo modo, el cautiverio bíblico y el *Éxodo* del Antiguo Testamento le ofrecen modelos narrativos. A los otros europeos se los comen los indios, a él no; una máquina sobrenatural lo salva una y otra vez de ser comido (33-164). Pese a la adversidad, Staden (y el cuerpo protestante del cual él es metonimia) ha sido escogido por Dios. Como Moisés, enfrenta un cautiverio ominoso y, como él, anuncia las "plagas" de Dios a sus captores. La enfermedad de éstos aparece como castigo divino por comer carne humana y por la amenaza caníbal sobre el cautivo (111-16). Las oraciones del artillero protestante funcionan como la marca de sangre del cordero pascual en las casas en Egipto, señalando al favorito (Éxodo 11, 12), y el signo del canibalismo marca a los acreedores de la ira divina. El canibalismo es el significante teológico que sostiene la identidad y que permite que Staden aparezca con los brazos cruzados en medio del festín.[28]

En la segunda parte del libro —cuando la "traducción" etnográfica de la alteridad viene autorizada por el *protagonismo ajeno* (estar, ver, no ser) de la primera parte— encontramos la exposición detallada del rito caníbal que Staden explica como una forma de violencia ritual unida a la guerra y la venganza (206). Relata cómo los prisioneros son tratados como huéspedes: "Le dan una mujer para cuidarlo y también para tener relaciones con ella. Si [...] queda embarazada, educan la criatura hasta que es mayor, y [...] la matan y se la comen" (212). Para el sacrificio, pintan al prisionero, las mujeres preparan bebidas, cantan, llegan los invitados, y decoran el *Iwera Pemme* (arma del sacrificio) (215). Al día siguiente, amarran al prisionero con una cuerda llamada *mussurana*, "le dan piedrecitas para que las arroje contra las mujeres que corren en torno a él y amenazan con devorarlo," y "un hombre toma el palo, se dirige hacia el prisionero, se para frente a él y le muestra el garrote. Mientras tanto el que debe matar al prisionero", con su cuerpo pintado con ceniza, recibe el *Iwera Pemme* e inicia un diálogo ritual: "'Sí, aquí estoy, quiero matarte porque los tuyos también mataron a muchos de mis amigos y los devoraron'. El otro responde: 'cuando esté muerto, aún tengo muchos amigos que seguro me han de vengar.' Entonces le descarga un golpe en la nuca" (217). Sigue el tratamiento del cuerpo: las mujeres lo raspan y limpian "y le meten un palito por detrás para que nada se les escape," le cortan las piernas y los brazos y abren el espaldar. Las mujeres se quedan con los intestinos con los que hacen una sopa (*Mingau*); "los sesos, la lengua y todo lo demás son para las criaturas" (217, 218). Al final de este capítulo, Staden asocia "espontánea" e implícitamente el canibalismo a una supuesta inferioridad cultural derivada de la "ignorancia"; los indios—indica—no "saben contar más que hasta cinco" (219). Estamos ante un etnógrafo en regla.

Con algo menos de credibilidad que Staden, otro de estos "observadores" etnógrafos fue el franciscano André Thevet (1502-1590), quien había viajado a América con Nicolas Durand de Villegagnon, navegante francés que, bajo el amparo de Henri II, intentó establecer en 1555 una colonia francesa (la *France antarctique*) en la Bahía de Río de Janeiro.[29] Después de unas pocas semanas en la Francia antártica, Thevet regresó a Francia donde publicó el primer tratado sobre América en francés *Les singularités de la France antarctique*[30] (1557).

El libro de Thevet describe productos, frutas y animales, así como a los salvajes[31] (sus costumbres alimenticias, agricultura, pesca, y forma de vivir). Sus imágenes son en gran medida estereotípicas y corresponden a un paradigma clásico del salvajismo: la desnudez (181-83), el lenguaje "breve u oscuro" (o balbuceo lingüístico), la oscilación entre la "belleza" natural de los salvajes (191) y su monstruosidad o deformaciones físicas (207, 208), la irracionalidad (211), la idolatría y tratos con el demonio (176, 177, 210-20), las costumbres sexuales licenciosas y apetitos sexuales irrestrictos (254-57), los sacrificios humanos y el canibalismo (225-49, etc.). El modelo de Heródoto y las costumbres de los escitas son citados constantemente[32] (i.e. 208). Frank Lestringant—quien apenas si considera a Staden—le dedica especial atención a lo escrito por Thevet y estima que su relato está "basado en experiencia de primera mano" (44), lo cual es inexacto. Thevet combina algo de su experiencia, algo de lo oído y de lo leído, plagia datos anteriores y añade de su cosecha una cantidad considerable de comentarios con interferencia de mitos clásicos y teratología medieval.[33] Pero, de nuevo, el valor etnográfico es resultado de la autoridad epistemológica y organizadora de imágenes del salvajismo en relación subordinada con el *ego conquiro*, y de la correspondencia del relato con ciertos paradigmas de representación de la alteridad. La eventual falta de "observación participante" no impide que se produzca una etnografía del canibalismo: Thevet describe los ritos del sacrificio, los instrumentos, los diálogos y desafíos rituales entre sacrificado y sacrificantes, la economía

Brasil especular • 87

del consumo del cuerpo dependiendo del género sexual, baños de sangre para los niños y detalles macabros respecto de la preparación de la comida (240-44). Conjuntamente con este cuadro abyecto, tiende a explicar la desnudez, a comparar la idolatría aborigen con la de los paganos de la antigüedad clásica (213), y respecto de la hechicería, argumenta que si en Europa los cristianos la practicaban, resultaba entendible el yerro en que habían caído los indígenas (219). La ética católica del perdón le hace manifestarse en contra de la venganza, por la que los salvajes luchan "como animales feroces" (232); pero sin dejar de admirar la nobleza, el valor militar y las costumbres marciales de la guerra salvaje. El canibalismo no obedece a la codicia de territorios ni riquezas, sino a la venganza pura y fundada en un código de honor implacable (232-40). Thevet cuenta que a los indios les parece indigno de guerreros que los franceses rescaten a los suyos con dinero; y aún más deshonroso, añade, les resulta que el prisionero suplique por la vida, como el caso de un portugués que por hacerse indigno del sacrificio ritual es inmediatamente ejecutado (248-50). Aunque Thevet condena moralmente la práctica ritual de comer carne humana, su actitud tiende—si no a justificarla—a presentarla como un acto de venganza en la guerra; explicación que será repetida por Jean de Léry (1578) y recogida por Michel de Montaigne (1580).

Gracias al tropo caníbal la mirada etnográfica establece su autoridad epistemológica y la minusvalía de su "objeto." Hacia el final de su capítulo descriptivo del sacrificio y el canibalismo—y *a propósito* de "Cómo esos bárbaros matan y devoran los prisioneros de guerra"—Thevet hace el mismo comentario que Staden sobre la incapacidad de los salvajes para contar más allá de cinco (238, 239). Aún si suponemos que nuestros *observateurs* hubieran constatado esta "singularidad", el hecho de que sea mencionada *a propósito* del canibalismo es una "coincidencia" única. La asociación entre canibalismo y falta de habilidades matemáticas plantea no sólo la posibilidad de débitos con otros textos y fuentes, sino que revela un orden del discurso etnográfico: la asociación del canibalismo con la incapacidad intelectual o niñez del "salvaje".

Las relaciones de poder, implícitas en el acto colonial de escribir la alteridad, son—para usar una metáfora plástica—un montaje arquitectónico, una fachada sin edificio en la que el *Otro* es un signo ornamental de lo Real. En una famosa ilustración alegórica de América publicada en la edición que Teodoro De Bry hizo del libro de Hans Staden (1593) (113), América es representada con un conjunto de figuras humanas que decoran un portal de acentos renacentistas con tres niveles, al otro lado del cual se ilumina una parrilla con despojos humanos y tres caníbales en un festín. Esta portada, o entrada al relato, es custodiada por una especie de—no precisamente *sagrada*—familia de caníbales desnudos: un hombre armado que mastica una pierna a la izquierda y una mujer con un niño a cuestas que hace lo propio con un brazo. Entre los dos hay una guirnalda abierta llena de frutas tropicales. El portal es coronado por otros dos indios que adoran una maraca con una luna [il. 6]. El canibalismo funciona como motivo organizador de este escaparate alegórico. La etnografía y la cartografía—como este portal—ponen a cada cual "en su lugar" en el espacio, en el tiempo y en una jerarquía de valores étnicos, morales, religiosos, e intelectuales. La marca cartográfica y la observación "etnográfica" del espacio y el tiempo del salvaje, instalan—gracias al tropo caníbal—los significados geopolíticos del occidentalismo. Es en virtud de esta sincronización del tiempo y del espacio que el mundo colonizado y por colonizar se sitúa siempre dentro del discurso centrado de la Historia, y que todas sus narrativas, si no son borradas, tienden a convertirse en variaciones del metarrelato que podemos llamar la Historia de Europa o de Occidente. El poder de la representación en el discurso colonial depende de una tautología: quien ha dominado tiene el poder para representar y quien representa enuncia y domina. El eurocentrismo y dichas representaciones se erigen entre sí.

Il. 6. Portal alegórico de América de la *Warhaftige Historia* de Hans Staden (edición de Teodoro De Bry, 1593) en De Bry 113.

3. (Mer)caníbales y el comercio atlántico: trastornos semánticos.

Desde las primeras décadas del siglo XVI y por cerca de dos siglos, los europeos se (des)encuentran en el Nuevo Mundo compitiendo por el control de las rutas de comercio, en lo que ha sido llamado de manera bastante descriptiva "La batalla por el Atlántico" (Geoffrey Symcox 265-77). Uno de los episodios más interesantes de ese prolongado enfrentamiento ocurrió entre portugueses y franceses, y luego holandeses, por el control del comercio en las costas de lo que hoy es el Brasil.

La "ilha de Vera Cruz" "encontrada" por Pedro Álvarez Cabral de camino a Calcuta (1500) había sido un paréntesis en la carrera de Portugal hacia la India. Mientras los inversionistas de las navegaciones portuguesas mantuvieron la ilusión de una ruta rentable bordeando el África, el Nuevo Mundo no ofreció mayor interés que el de servir para el control militar de la ruta, y ser un punto de escala para los barcos y para el comercio del brasil, inicialmente adjudicado al capital privado.[34] Los portugueses especularon poco —en el doble sentido económico y cognitivo— sobre el Nuevo Mundo. En contraste, por lo menos desde 1504 aventureros comerciantes franceses iniciaron actividades en el área impulsados por la floreciente industria textil de Ruen y Dieppe en Normandía que creaba una demanda para la tintura del brasil. Cuando resultó evidente que la "Carreira da Índia" no era rentable y que otros europeos habían establecido "factorías" y relaciones comerciales con los indígenas, Portugal inició su ofensiva militar para garantizar el monopolio del tráfico. Esa lucha tuvo expresiones religiosas y nacionalistas y una dimensión evidentemente simbólica. La semántica del canibalismo fue ciertamente uno de los terrenos sobre los cuales se libró "La batalla por el Atlántico". Los nacionalismos modernos europeos y la competencia por los circuitos comerciales constituyeron dos coordenadas ideológicas fundamentales en los procesos de resignificación del tropo caníbal.

En las costas del Brasil los viajes instalaban antes que una soberanía política, rutas y puntos comerciales cuyo sentido era procurar mercancías apreciadas en los mercados en Europa (maderas como el brasil, plumas, piedras, pájaros, pieles, especiería), a cambio de otras que eran valiosas en el Nuevo Mundo como cuchillos y otros utensilios. Los puntos de comercio de la costa impulsaban una cadena comercial que enganchaba el interior sin necesidad de una conquista militar.[35] Los viajes de los comerciantes franceses afianzaron una relación "amistosa" o de beneficio comercial mutuo con los tupinambás, y de alianza estratégica contra los portugueses. Algunos franceses conocidos en las relaciones como "*truchements de Normandie*" (intérpretes de Normandía) vivían entre los aborígenes, tenían esposas tupinambás, habían aprendido su lengua, e incluso adoptado sus costumbres entre las que, algunos dicen, se contaba el canibalismo (Janet Whatley xix; Jean de Léry 128). Esta presencia no oficial[36] de los franceses en el área, sus intereses económicos y trato con los aborígenes —que sugestivamente Olive Dickason ha llamado "*the Brazilian connection*" (129-46) —y la asimilación cultural de los *truchements*, fueron factores que modificaron sustancialmente la visión de los tupinambás-tamoios y de la antropofagia. El *locus* del comercio con sus intercambios de bienes, con sus alianzas y transculturaciones, no era el lugar apropiado para una retórica extrema de la alteridad. Baste mencionar que durante las celebraciones relativas a la entrada de Henri II en Rouen en 1550, se realizó una representación espectacular ante la corte a orillas del Sena:

> Cincuenta indios tupinambás, en su habitual desnudez, y doscientas cincuenta prostitutas y marineros, con una facha similar, representaron escenas de la vida salvaje: caza, pesca, caminatas, retozos amorosos en una hamaca, [...] actos bélicos y la quema de una villa enemiga. El espectáculo terminó con una batalla entre una nave francesa y una carabela portuguesa, que fue prontamente volada en pedazos e incendiada, con la ayuda de los salvajes, ante el gran regocijo de la audiencia (Lestringant 42).

La necesidad de alianzas y el desarrollo de relaciones no bélicas con la población nativa implicó una definición muy distinta de la alteridad, particularmente porque para el comerciante, el *Otro* verdadero es el que se interpone entre su empresa y el negocio: el competidor o quien no quiere comerciar. La fiesta alegórica descrita deja ver hasta qué punto, en el marco de la "batalla por el Atlántico", los tupinambás alcanzaron el estatuto de aliados, lo que implicó que su canibalismo fuera visto con ojos más "amables".

Como se sabe, el católico Thevet y el calvinista Jean de Léry se enfrentaron en el ambiente caldeado de la Contrarreforma a propósito de sus respectivas etnografías americanas, en las cuales cada uno dejó relación detallada del canibalismo tupinambá conjuntamente con una explicación de los aspectos culturales y religiosos que lo rodeaban. Ambos responden —si bien en diversos grados— a una economía estratégica de la alteridad.[37] Thevet, aunque en general inclinado hacia una imagen abyecta del canibalismo, en *Les singularités* divide a los caníbales entre los *tupinambás amigos* que practican la antropofagia ritual como venganza contra sus enemigos, y los *caníbales-Otros* entre los que cuenta a los indios que se encuentran más allá de los circuitos de comercio, a los caribes y, especialmente, a los aliados de los portugueses. Dada la recodificación masculina heroica del canibalismo tupinambá, y las imágenes abyectas referidas a la participación de las mujeres en los ritos, podríamos decir que—para Thevet como para Staden y Léry—entre los *caníbales-Otros* también se cuentan las mujeres.[38]

Los caníbales que viven en las costas del nordeste del actual Brasil y el Caribe tienen la "avidez de leones hambrientos," "apetecen con ardor la sangre humana" y no "se alimentan de otra carne que no sea humana, como los europeos se alimentan de carne de res o de carnero" (Thevet, *Singularidades* 179, 245, 363). La presencia de estos caníbales "inhumanos" dificulta o impide el comercio, lo cual representa una lamentable "pérdida" teniendo en cuenta la enorme "fertilidad del país de los caníbales" y su riqueza en oro y piedras preciosas (360, 366). Añade que los "*salvajes amigos* de los portugueses [...] son enemigos de los salvajes *aliados de los franceses*. Y viceversa" (236, énfasis mío).

La aproximación a los caníbales amigos es explicativa y, por momentos, ligeramente complaciente: Thevet menciona el gusto que "nuestros" salvajes tienen por devorar portugueses y ensartar sus cabezas en picas (244), cosa que no aprueba, claro, pero que tampoco *le quita el sueño*. La descripción del rey aliado Quoniambec (Cunhambebe) concuerda con este maniqueísmo estratégico: Thevet habla de los "instintos extrañamente marciales y guerreros" de los aborígenes y llama a Cunhambebe "el más atemorizante de los príncipes del país," y el "más notable e ilustre *morubixaba*;" lo compara con Melenao, y cuenta con evidente gusto como el amigo de los franceses es temido por los portugueses con quienes está en "perpetua guerra y hostilidad," y cómo el príncipe alardea haber devorado cinco mil de sus enemigos (318-22). Jean de Léry, contradictor acérrimo del Thevet, en este aspecto sostiene de manera más explícita el mismo tipo de definición estratégica del salvajismo asegurando en su *Histoire d'un voyage fait en la terre du Brésil, autrement dite Amérique*[39] (1578) que el canibalismo tupinambá no es amenazador para los franceses puesto que los salvajes se comen a sus enemigos, pero "aman hondamente a los que son sus amigos y aliados (como éramos nosotros amigos de los tupinambás)" (169). En cambio, los margaia son "aliados de los portugueses, y por lo tanto tan enemigos de los franceses que si nos hubieran tenido a su merced, no lo hubiéramos pagado de otra forma que siendo sacrificados y cortados en pedazos, y servidos como su comida" (Léry 26).

A diferencia de los *caníbales-Otros*, los caníbales aliados son activos en el tráfico con los franceses. Los tupís podían comer carne humana, pero se trataba de amigos y de socios. Su antropofagia era un *detalle* relacionado con códigos de honor y guerra; algo ritual; nada alimenticio. El apetito comercial es inversamente proporcional al salvajismo y la voracidad. No es posible mayor salvajismo más allá del caníbal que no quiere "trato o comercio", como sucede con los ouetaca según Léry:

> estos malvados ouetaca se mantienen invencibles en su pequeña región, y además, como perros y lobos, comen carne cruda, y porque su lengua no es entendida ni siquiera por sus vecinos, ellos son considerados entre las más bárbaras, crueles y temibles naciones que pueden ser encontradas en todas las Indias occidentales y la tierra del Brasil. Es más, como ellos *no tienen ni quieren ningún trato o comercio* con los franceses, españoles, portugueses o con cualquiera de nuestro lado del océano, *no conocen nada sobre nuestras mercancías* (29, énfasis mío).

En otras palabras, *hay caníbales de caníbales*, o como elocuentemente dijera un piloto francés citado por Lestringant: "no todos los antropófagos son caníbales" (48). Los franceses encuentran al caníbal tupinambá en la misma operación cognitiva y económica en que reconocen un aliado comercial y militar. La redefinición del tropo del canibalismo es estratégica y referida por asociación al colonizador competidor y enemigo, por una parte, y a la voluntad o reticencia a comerciar, por otra.

Histoire d'un voyage de Jean de Léry se presenta como una refutación de la autoridad y veracidad del franciscano Thevet. Con evidente antipatía, Léry dice que Thevet habla de lo que no sabe pues, temblando por su seguridad, nunca salió del fuerte Coligny por miedo a ser comido por los salvajes que con tanta autoridad describe (lv, lvi), ni fue testigo de la disputa entre protestantes y católicos. Lo acusa de "mentir cosmográficamente" (xlviii), aludiendo con inquina al cargo oficial del fraile como cosmógrafo real de Carlos IX y burlándose del título de uno de sus tratados, *La cosmographie universelle* (1575), en el que incorpora con algunas modificaciones *Les singularités de la France antarctique* (1557). Según lo ha recordado Tom Conley *La cosmographie* revisa el fracaso de la *France antarctique* después de cerca de dos décadas de guerras civiles en Francia (771). Una de las adiciones de Thevet es la acusación de que a causa de los conflictos provocados por los protestantes de la *France antarctique*, la colonia se habría perdido (*La cosmographie* vol II, cap. 2, f. 908r°-914r°).[40] El cosmógrafo provoca una controversia histórica, y el enfrentamiento entre dos versiones (la católica y la hugonote) respecto de la aventura colonial de Villegagnon. De esa controversia católico-protestante — así como de las etnografías de los caníbales aliados — surgirán el texto de Léry, que hace una crítica de Thevet, de las guerras religiosas y la eucaristía católica, y el de Michel de Montaigne, que convierte al caníbal en un artefacto para un viaje estacionario y melancólico al *tiempo salvaje*.

Villegagnon le había prometido a Calvino proteger a sus ministros en la misión de fundar en América (la *terre du Brésil*) una sociedad bajo la religión reformada. La colonia francesa de la *France antarctique* fue sin embargo un renovado escenario de los conflictos de la Contrarreforma. Para disgusto de los ministros calvinistas Pierre Richer y Guillaume Chartier, Villegagnon entra en discusiones teológicas con ellos, particularmente en relación con el delicado tema de la eucaristía. El navegante, metido de teólogo, opina que el pasaje bíblico en el que Jesús dice "esto es mi cuerpo [...] esto es mi sangre" (Marcos 14: 22), no puede entenderse de otra manera que la literal, conforme al dogma católico de la *transubstanciación*.[41] Los calvinistas fracasan tratando de convencer a Villegagnon que las palabras de Jesús eran expresiones figurativas:[42] "ellos querían no sólo comer la carne de Jesucristo materialmente en lugar de hacerlo espiritualmente, sino lo que era aún peor; como los salvajes *ouetaca* [...] querían masticarla cruda" (Léry 41, 42). Los ouetaca, recuérdese, habían sido descritos por Léry como una de las "más bárbaras, crueles y temibles naciones que pueden ser encontradas en todas las Indias occidentales y la tierra del Brasil"; sus vecinos no entendían su lengua, comían carne cruda, eran invencibles y no comerciaban; eran salvajes incluso para los salvajes (29). Esta desavenencia teológica sobre el misterio de la *Última cena* se convierte en una agria diferencia y en el epicentro de nuevos trastornos semánticos del tropo caníbal. Para Léry, Villegagnon es un caníbal (de la peor clase) que, además de querer comerse a Cristo físicamente, maltrata a los hombres bajo su mando. Unos prisioneros margaia, rescatados de manos de los tupinambás (aliados), le confiesan a Léry que si hubieran sabido que Villegagnon los iba a tratar como los trataba "se hubieran dejado comer de sus enemigos antes que acudir a él" (47).

Léry y sus compañeros (cinco en total) deciden abandonar el fuerte antes que vivir bajo la tiranía de quien consideraban un traidor de la iglesia reformada y se internan en tierra firme (50). *Histoire d'un voyage* es una narración del *Otro* al cual Léry llega a refugiarse; su paso por la alteridad y su relato etnográfico están marcados por esta circunstancia. La alteridad es, en su "brutalidad," preferible a la "malignidad" de algunos de sus contemporáneos y compatriotas. A diferencia de lo que ocurre en Europa, o en la colonia, los salvajes ofrecen para Léry ejemplos de virtudes dignas de emulación.

El extenso tratado sobre los tupinambás del calvinista "está localizado en la intersección de dos grandes ejes de la experiencia moderna europea: la Reforma protestante y el Descubrimiento de América" (Whatley xvi). El eje del problema religioso es el de la Historia y sus Sujetos (con mayúsculas); el eje del Descubrimiento es el de la "etnografía" y sus sujetos (*sujetados* a ella / objetos del saber). En ambos ejes el tropo caníbal opera, aunque de manera diversa. En el eje etnográfico, Léry hace una taxonomía y gradación de la antropofagia aborigen entre los tupinambás *amigos* (aliados de los franceses), los *margaia enemigos* (aliados de los portugueses) y los suplementarios *ouetaca*, que no tienen tratos ni comercio con franceses, portugueses ni españoles y que son el límite de su mirada etnográfica y posibilidad de representación. En segundo lugar, el canibalismo de los aliados tupinambá es traducido: obedece a la guerra y la venganza y no a motivos alimenticios (112, 127) y está ritualmente regulado (125-28). La venganza es su clave hermenéutica. Por último, la antropofagia hace parte de un extenso mapa cultural del *Otro* en el que describe la guerra (113-20), prácticas médicas y salud (56, 155, 172), viviendas (159), supersticiones y creencias religiosas (86, 91, 139-45, 172), lenguaje (183), costumbres con los extranjeros (50, 144, 162-64), prácticas económicas y tecnologías (79, 96-98, 166), relaciones familiares y costumbres sexuales (152, 153, 156), etc.

A esta mirada sigue una reflexión especular: la etnografía—que produce y organiza el saber sobre la *oralidad*, la *espacialidad*, la *alteridad* y el *inconsciente* del salvaje—afirma un sujeto moderno o histórico. Pero ese sujeto no es homogéneo; por el contrario, está escindido entre el moderno burgués calvinista, los voraces especuladores europeos, y el "horripilante caníbal católico." Léry invita—en el *eje de la Historia*—a quienes leen las "cosas horribles" de la "tierra de Brasil" a pensar en las

> cosas que pasan todos los días aquí entre nosotros como lo que hacen nuestros grandes usureros, chupándole la sangre y el tuétano, y comiéndose a cada uno vivo, viudas, huérfanos, y otra pobre gente cuyas gargantas sería mejor cortar de una vez por todas que hacerlos agonizar en la miseria (132).

El símil de la explotación del trabajo del *Otro* y su consumición, que cruza los alegatos de Las Casas, se usa aquí como una queja respecto al naciente capitalismo en Europa.

Además de ser una metáfora religiosa para condenar el dogma de la transubstanciación y la *presencia real de Cristo* en la comunión católica (41) y una herramienta crítica de la usura y la explotación económica, el canibalismo es también un tropo para las guerras religiosas en Europa, en las cuales los católicos son caníbales "literales". Refiriéndose a los acontecimientos que siguieron a la masacre de hugonotes por los católicos el día de San Bartolomé (1572), Léry contaba con náusea cómo en París la grasa de los cuerpos humanos fue vendida al mejor postor, y en la ciudad de Lyon los cristianos se comían el corazón y el hígado de sus enemigos:

Los hígados, corazones y otras partes de esos cuerpos – ¿no fueron acaso comidos por sus furiosos asesinos, para quienes el infierno mismo se levanta horrorizado? De la misma manera, después de la miserable masacre de un *Coeur de Roy*, que profesaba la fe reformada en la ciudad de Auxerre ¿aquellos que cometieron ese asesinato, no cortaron su corazón en pedazos, y lo pusieron a la venta para aquellos que lo odiaban y finalmente después de asarlo sobre carbones – saciando su furia como mastines – no se lo comieron? [...] De ahí que no aborrezcamos tanto la crueldad de los antropófagos [...] ya que entre nosotros, los hay iguales y hasta más detestables y peores [...] *no hace falta salir del país de uno ni ir a América para ver cosas tan singulares y monstruosas*. (Léry 132, 133, énfasis mío)

4. El buen caníbal y la razón moderna / melancólica de lo exótico

A mediados de la segunda mitad del siglo XVI, en el declive del optimismo renacentista, el humanista francés Michel Eyquem describía un curioso ritual en el que la víctima despreciaba el sacrificio del cual iba a ser objeto:

Que vengan resueltamente todos cuanto antes, que se reúnan a comer mi carne, y comerán al mismo tiempo la de sus padres y la de sus abuelos, que ataño sirvieron de alimento a mi cuerpo; *estos músculos estas carnes y estas venas son los vuestros*, pobres locos; no reconocéis que la sustancia de los miembros de vuestros antepasados reside todavía en mi cuerpo; *saboreadlos bien, y encontraréis el gusto de vuestra propia carne*. (I: 257, 258, énfasis míos)

El "desafío" ritual de la víctima había sido reportado antes, aunque de manera un tanto diferente, por Staden, Thevet y Léry, cuyas versiones en líneas generales coinciden entre sí: el prisionero desprecia con valentía el sacrificio, invita a sus captores a comerle y promete la venganza de los suyos (Staden 216; Thevet 240; Léry 123). Pero Eyquem – lector de Thevet y Léry – modifica el contenido del desafío: el prisionero imaginado por él no promete la venganza futura de sus amigos sino que revela a quienes lo van a comer la fragilidad de la diferencia que él encarna; los amenaza con el reconocimiento de sí mismos. La transformación del material etnográfico subraya el hecho de que, para Michel de Eyquem, Seigneur de Montaigne (1533-1592), el salvaje funcionaba como un dispositivo especular y melancólico.

Su ensayo "Des Cannibales"[43] (1580) recoge la "visión etnográfica estratégica" sobre el canibalismo tupinambá, y el conflicto católico-protestante. Aunque Montaigne no cita *Histoire d'un voyage* de Léry como su fuente, sin duda lo leyó y simpatizó con su causa más de lo que el cálculo político le permitía manifestar. Miembro de una familia de comerciantes, descendiente de judíos conversos españoles por línea materna (Peter Soehlke-Heer 34), y un católico más bien tibio en una época de intensos calores religiosos, Montaigne está más cerca de Léry que del partido de Roma. Thevet tampoco es mencionado y sin embargo, Montaigne lo alude cuando —elogiando la información obtenida de gente sencilla e ingenua— se burla de las "relaciones de cosmógrafos" y de "las gentes que han estado en Palestina, por ejemplo, [y que] juzgan por ello, poder disfrutar del privilegio de darnos noticias del resto del mundo" (I: 247, 248). El "ejemplo" del cual se ríe Montaigne es Thevet, quien hizo ese viaje a Palestina relatado en *Cosmographie de Levant* (1556) y quien en su *Cosmographie universelle* (1575) dio "noticias del resto del mundo".

Establecidas donde están las simpatías de Montaigne, señalemos que uno de los aspectos más comentados del ensayo "Des Cannibales" es el hecho de haber problematizado el ideologema "bárbaro" y sostenido su relatividad. El discurso de la barbarie —y del canibalismo— sería un discurso de otredad enunciado en relación con el lugar desde donde se habla: se llama bárbaro siempre al *Otro*.

> cada cual llama *barbarie* a lo que es ajeno a sus costumbres. Como no tenemos otro punto de mira para distinguir la verdad y la razón que el ejemplo e idea de las opiniones y usos del país donde vivimos, a nuestro dictamen en él tienen su asiento la perfecta religión, el gobierno más cumplido, el más irreprochable uso de todas las cosas. (I: 248)

Siguiendo la explicación de Léry y Thevet, Montaigne señala que los indios no se comen a sus enemigos para alimentarse sino que lo hacen "para llevar la venganza hasta su último límite" (253). Ciertamente su estetización del canibalismo busca el contraste entre una venganza noble y la vileza de la tortura, el terror y la intolerancia en Europa:

> me sorprende que comprendamos y veamos sus faltas y seamos ciegos para reconocer las nuestras. Creo que es más bárbaro comerse a un hombre vivo que comérselo muerto; desgarrar por medio de suplicios y tormentos un cuerpo todavía lleno de vida, asarlo lentamente, y echarlo a los perros o a los cerdos [...] con la agravante circunstancia de que para la comisión de tal horror sirvieron de pretexto la piedad y la religión. Esto es más bárbaro que asar el cuerpo de un hombre y comérselo después de muerto. (253, 254)

Refiriéndose a las guerras religiosas europeas (1562-1598) o a los horrores de los conquistadores en ultramar,[44] Montaigne propone no una transposición, sino una radical recombinación de los presupuestos de hecho de la definición de barbarie, y una extensión de ésta a Europa. Para Montaigne el canibalismo indígena es resultado de un código de honor entre guerreros, parte de una lucha noble que no está motivada por el ansia de territorio o riquezas, sino por la belleza misma de la guerra. El tropo caníbal de Montaigne expresa un *ethos* militar-aristocrático masculino. El canibalismo americano es marcial, honorable, poético; el europeo, en cambio, es indefendible.

Ha operado un drama de reconocimiento del propio horror sirviéndose de la imagen del *Otro* y no meramente un ejercicio intelectual producto de la pirotecnia escolástica. Lestringant anota que antes que la afirmación del "relativismo triunfante", el ensayo de Montaigne es un intento de exorcismo de la barbarie por la letra (98), en una aseveración que es iluminadora pese a que presenta una contradicción aparente entre el *descentramiento* del ensayo y el *exorcismo* mediante la escritura. Es merced a lo primero que lo segundo tiene lugar; el ejercicio justificativo del ensayo no es sino la consecuencia del descubrimiento de la propia barbarie y el intento sí, de exorcizarla. Pero, no puede haber exorcismo sin previo descubrimiento en sí de una presencia indeseable y horrible, e insistimos, ello ocurre gracias al discurso que aplica a la mismidad las categorías de la otredad.

Montaigne ha sido frecuentemente leído poniendo un énfasis excesivo en su "relativismo" humanista (Stephen Greenblatt), y el ensayo ha sido considerado por un sector importante de la antropología contemporánea como una instancia renacentista del relativismo cultural.[45] Incluso Tzvetan Todorov parece reconocerle a Montaigne un "relativismo radical" en la percepción de los *Otros* que sería la cara externa de un extremo conservatismo en relación con las propias costumbres (*On Human Diversity* 37). La apropiación genealógica que la antropología ha hecho del "relativismo cultural" de Montaigne se basa en una lectura que interpreta este *perspectivismo* allende sus condiciones de posibilidad. Según Norris Johnson, se estaría confundiendo el *relativismo cultural* de la disciplina antropológica de hoy con el *escepticismo humanista* del siglo XVI (1982, 1993). Este último está relacionado con el descentramiento que implicó la revolución copernicana de la concepción tolemaica del mundo. Montaigne habría partido de este descentramiento —que fue no sólo cósmico, sino geográfico y étnico (la diversidad y la diferencia)— en busca de *principios absolutos* para juzgar la alteridad y la mismidad: la *naturaleza* y la *antigüedad* clásica. "Montaigne compara [...] el canibalismo del Nuevo Mundo y el europeo, no entre sí, sino con respecto a [...] un tercer principio" (Johnson 1993: 168). Todorov se refiere a la aporía en la que el ensayista estaba atrapado intentando reconciliar su escepticismo respecto al saber positivo y las certezas morales, con su convicción de que había principios naturales de los cuales la humanidad se habría apartado (*On Human Diversity* 34-36). Acudiendo a la metáfora del *telescopio geográfico y cronológico* que Roger Celestín usa (300), podemos pensar el caníbal como un artefacto utópico que le habría permitido a Montaigne la concepción de "un ideal(izado) *allá afuera*" (el Nuevo Mundo) y un "*otrora*" (el *tiempo americano*). Tiempo y lugar *salvajes* evocaban, a su vez, la antigüedad, la naturaleza, la Edad dorada, el *Otro* perdido por el Ego. Este comparativismo con absolutos se opone a la filosofía y metodología de lo que hoy entendemos por relativismo cultural.

¿Es Montaigne un etnógrafo? Si y no. A diferencia de Staden, Léry o Thevet, Montaigne jamás pisó el suelo americano, hizo muy pocos viajes (todos por Europa) y pasó gran parte de su vida en su biblioteca. Tampoco le interesó la descripción detallada de las costumbres de los *Otros*, aunque la reflexión sobre la alteridad lo ocupó en varios ensayos. Miró a los "salvajes del Nuevo Mundo" a través de sus lecturas y de algún contacto personal que tuvo con algunos aborígenes llevados a Francia. Como Borges, Montaigne fue un "viajero estacionario" que no fue a lo exótico, pero que, como dice Celestin, "se movió del centro" (294, 295). En la escritura del salvaje, como en la canción del guerrero cautivo de Montaigne, se invita al reconocimiento. Montaigne estaba preocupado con el sabor de la propia carne. El salvaje de sus ensayos fue su cautivo; en sus sustancias se encontró. Es en este sentido que ocurre un descentramiento discursivo. Los caníbales de Montaigne son artefactos culturales para imaginar la mismidad como cosa ajena y la alteridad como pérdida.

Demasiada atención sobre el relativismo cultural puede soslayar la tesis central del ensayo, que ni es un tratado de etnología ni una especulación abstracta sobre la barbarie. Lo central en Montaigne tampoco es el hecho de ver un mundo idílico en América y en la ausencia de lo "civilizado" la cualidad de lo virtuoso, ni la aparición de un "buen salvaje" edénico anterior al Estado, el derecho y la propiedad, que es una visión idílica del salvajismo previa al mismo Descubrimiento.[46] Nótese que Montaigne insiste numerosas veces en su ensayo en definir la civilización como modificación de un orden natural, y que desliza semánticamente —como dice de Certeau— lo "salvaje" hacia lo "natural" (*Heterologies* 72); por ejemplo, hablando de los frutos americanos nos dice que crecen sin cultivo y que —por ello— son más apetitosos que los europeos que "por medio de nuestro artificio hemos modificado" (248).

Platón dice que todas las cosas son obra de la naturaleza, del acaso [azar] o del arte. Las más grandes y magníficas proceden de las dos primeras causas; [...] Esas naciones me parecen, pues, solamente bárbaras, en el sentido de que [...] permanecen todavía en los confines de la ingenuidad primitiva. (I: 249)

En otro ensayo titulado "De los Coches" (1588), Montaigne sostiene que el Nuevo Mundo era "un mundo niño, y nosotros *no* le hemos azotado y sometido a nuestra disciplina por la supremacía de nuestro valor y fuerzas naturales; ni lo hemos ganado con nuestra justicia y bondad, ni subyugado con nuestra magnanimidad" (II: 419). Fue ganado —aclara— por el engaño, y, por lo tanto, fue perdido. La virtud americana fue su desventaja: la conformidad con lo "natural", su debilidad. La gran aporía de este lamento, claro, es que el encuentro con ese salvajismo y la epifanía que éste propicia dependen del colonialismo que, por otra parte, lamenta.[47]

Montaigne se pronuncia a favor de la "ingenuidad primitiva" y contra el que luego Luis de Góngora llamaría el "moderno artificio" (*Soledades*). Su América caníbal nombra, antes que a la barbarie (definida por él como la "civilización" del *Otro*), a un tipo de salvajismo mítico europeo: naturaleza sin trabajo ni agricultura, costumbres sin afectaciones, justicia sin leyes, etc. Montaigne incluso imagina que le explica a Platón las particularidades de esta sociedad idílica así:

> Es un pueblo —le diría yo a Platón— en el cual no existe ninguna clase de tráfico, ningún conocimiento de las letras, ningún conocimiento de la ciencia de los números, ningún nombre de magistrado [...] tampoco hay ricos, ni pobres, ni contratos, ni sucesiones, ni particiones, [...] ni más relaciones de parentesco que las comunes; las gentes van desnudas, no tienen agricultura ni metales, no beben vino ni cultivan los cereales. Las palabras mismas no significan la mentira, la traición, el disimulo, la avaricia, la envidia, la detracción y el perdón les son desconocidas. (I: 249, 250)

Extrememos la anacronía propuesta por este diálogo imaginado por Montaigne: Platón hubiera respondido que estaba describiendo la primera y más feliz de las cuatro edades de la humanidad cuando ésta, bajo el reino de Saturno, disfrutó alegremente del ocio, sin propiedades, sin leyes ni Estado, en paz y alegría, en una eterna primavera pródiga (Hesíodo, *Los trabajos* v.110-20; Ovidio *Metamorfosis* 31, 32). Para confirmar el "reencuentro" y nueva "pérdida" de la Edad dorada en América, Montaigne acaso le hubiera leído a Platón fragmentos de Anglería, cuyas *Décadas* seguramente Montaigne conoció en su versión latina:

> Creo que estos isleños [...] son más felices [...] porque viven desnudos, sin pesas ni medidas y, sobre todo, sin el mortífero dinero en una verdadera edad de oro, sin jueces calumniosos y sin libros, satisfechos con los bienes de la naturaleza, y sin preocupaciones por el porvenir.
> ("Carta al cardenal Ascanio Sforza," 1494; *Décadas* 121)

El filósofo griego y nuestro *viajero estacionario* habrían coincidido seguramente en la poca novedad que había en la descripción de este edén. Lo verdaderamente original y desconcertante del ensayo es la inversión radical del papel metafórico del canibalismo; es decir, el hecho de nombrar a ese *buen salvaje* con su opuesto (el caníbal) para articular una crítica de su tiempo. Como ha dicho Roger Bartra, el "ensayo sobre los caníbales salvajes está orientado a definir crítica e irónicamente el perfil de su propia cultura" (*El salvaje en el espejo* 159), el "*mal caníbal*" de la propia civilización y nombrar una utopía. El "*buen caníbal*" de Montaigne, entonces, hace parte del mito de la perdida *Edad de oro* de la humanidad "reencontrada" en América y vuelta a perder en su destrucción. Pese a estar inspirado en la visión idílica del indio, tiene más relación con el salvaje "perdido" por el europeo y el mito del feliz y libérrimo *homo sylvestris* medieval,[48] que con los tupinambás del Brasil (Bartra, *El salvaje en el espejo* 159). La mirada de Montaigne sobre las noticias que tenía del canibalismo americano es oblicua, una mirada-pretexto a la otredad para el encuentro crítico con la mismidad. En la crítica de esa mismidad es que nuestro humanista se topa con su alegre, honorable y valiente caníbal, con el que hubiera corrido desnudo y con todo el cuerpo pintado, si sólo hubiera nacido "bajo la dulce libertad" de América:

> Si hubiera yo pertenecido a esas naciones que se dice viven todavía bajo la dulce libertad de las primitivas leyes de la naturaleza, te aseguro que *me hubiese pintado bien de mi grado de cuerpo entero y completamente desnudo*.
> ("El autor al lector" I: 7, énfasis mío)

Pero su mundo y sus viajes estaban en la biblioteca. En ella, el caníbal, el Nuevo Mundo y los artefactos y objetos indígenas que Montaigne colecciona —como cándidamente nos confiesa (251)— cumplen literalmente el papel de fetiches para conjurar imaginariamente sus pérdidas. El caníbal es el *objeto* del deseo de la *melancolía cultural* del *Ego conquiro* que imagina que ha perdido al *Otro*; que lo ha destruido.

Insistamos: el caníbal de Montaigne es un tropo; el ensayista lo resignifica de manera diferente en "De los caníbales" y en "De la moderación," un texto poco mencionado de Montaigne que agregó a sus *Ensayos* en 1588, y en el que se refiere sin matices al sacrificio mexica:

En esas nuevas tierras, descubiertas en nuestros días, puras y vírgenes todavía [...] los *sacrificios humanos son generales*; todos sus ídolos se abrevan con sangre humana, a lo cual acompañan ejemplos de *crueldad horrible*; se *queman vivas a las víctimas*, y cuando están ya medio asadas, se las retira del fuego para arrancarles el corazón y las entrañas; a otras, aún a las mujeres, se las desuella vivas, y con su piel ensangrentada se cubre y enmascara a las demás (I: 242, énfasis mío).

De la frecuente lectura parcial del tema americano en Montaigne se ha descuidado el hecho de que el ensayista resemantiza de maneras diversas el tropo caníbal según sea menester en cada ensayo. Sus temas, como se ha anotado, no tienen relación directa con el título. En el caso de "De los caníbales," y en el "De los coches", los caníbales y los coches son pretextos para una reflexión sobre sí, para el exorcismo no del *Otro* sino de los monstruos del ego moderno. Los caníbales mexicas le resultaron a Montaigne mucho menos simpáticos que los caníbales de la *France antarctique*. De hecho, le parecieron abyectos; por una parte, eran caníbales *civilizados*, a diferencia de los tupinambás que había construido como reminiscencia de la "natural" Edad dorada. El tupinambá y el mexica son caníbales, pero sólo el último es un salvaje de "crueldad horrible." El tropo de la diferencia no lo provee el canibalismo (como significante del consumo de carne humana) sino la resignificación del mismo en los campos semánticos de la *naturaleza* (virtuosa, guerrera, masculina) del tupinambá y la *civilización* (corrupta, artificiosa, cruel) del mexica y el europeo.

Un ejemplo adicional ilustra la función discursiva oblicua del tropo en "Des Cannibales": Villegagnon llevó a Francia en 1562 a tres indígenas a quienes Montaigne conoció en Rouen (Soehlke-Heer 45) y que según dice, tuvieron tres reacciones frente al mundo "civilizado". El ensayista recuerda dos que expresan bien esta suerte de perspectivismo: la sorpresa de ver a un niño (el rey francés Carlos IX) gobernando a hombres crecidos, y las diferencias e injusticias sociales:

> observaron que había entre nosotros muchas personas llenas y ahítas de toda suerte de comodidades y riquezas; que los otros mendigaban en sus puertas, descarnados de hambre y de miseria, y que les parecía singular que los segundos pudieran soportar injusticia semejante y que no estrangularan a los primeros, o no pusieran fuego a sus casas. (259, 260)

Se trata no sólo de que, como dice Palencia-Roth, la civilización fuera para estos indígenas tan escandalosa como el canibalismo para los europeos ("Cannibalism and the New Man ..." 11), sino que Montaigne logra mediante el tropo del *buen caníbal* un efecto de extrañamiento respecto de la propia cultura. Ese es el tema de su ensayo. Los caníbales son la ruta tortuosa del reconocimiento de la propia carne y artefactos culturales expiatorios para hacer un viaje redentor por el tiempo del salvajismo.

Desde los procesos de descolonización de la posguerra, y en un paradójico retorno a sus comienzos arqueológicos, la escritura etnográfica entra en una crisis reflexiva, en la cual se ha movido hacia áreas antes ocupadas por la sociología, y ha intentado aproximaciones "contracoloniales," dialógicas o, en algunos casos, textos contrahegemónicos (Clifford 8, 9). Se podría hablar de una especie de *regreso de lo reprimido* o, por lo menos, de una recurrencia neurótica del "pecado original" (colonial) de la etnografía.

Claude Lévi-Strauss—un antropólogo melancólico, y hasta cierto punto heredero de Montaigne—observaba en su etnografía brasileña *Tristes Tropiques* (1955) que incluso el relativismo cultural—esa condición de la modernidad de la etnografía—era una práctica epistémica eurocéntrica. Sin el amparo de esta condición, la etnografía moderna aparece simplemente como un corolario del "encuentro" nefasto de Europa con América. Lévi-Strauss lamenta la pérdida del *Otro*: "nunca jamás habrá otro Nuevo Mundo" (393). *Tristes Tropiques* resulta—según su propia confesión—de la superación de la repugnancia de hacer un relato etnográfico basado precisamente en los viajes y exploraciones que destruyeron el Nuevo Mundo. El *Brasil especular* de Lévi-Strauss—cerca de cuatrocientos años después de Staden, Thevet y Léry—sigue siendo la *Canibalia utópica* de la *constelación Montaigne*, el locus del deseo, en donde sobreviven vestigios de lo que la Modernidad y la civilización "perdieron". Si como afirma Clifford la etnografía es ineludiblemente alegórica, nunca lo es más que cuando hace del salvaje un tropo de redención. Parafraseando a Susan Sontag cuando se refiere a los antropólogos *à la Lévi-Strauss*, podríamos decir que el etnógrafo tiene la tarea de "salvar su propia alma" de los demonios del progreso y de la Historia mediante una "catarsis intelectual" que se debate entre la fascinación y el horror por el salvaje (75, 81); imaginándolo, sin encontrarlo nunca. En este sentido, la etnografía se vislumbra como una condición reflexiva y especular de la Modernidad, manifiesta en la búsqueda e imaginación melancólica de una clave de salvación en el salvaje, el *Otro*, el subalterno, etc.

Si bien el discurso etnográfico de Montaigne (y de los herederos de su *matriz melancólica*) no es "etnocéntrico," y se desplaza del centro, su viaje es estacionario; para reencontrarse, para salvarse, para imaginar un afuera de la Historia. Razón tiene Celestin en llamarlo "egocéntrico." Recordemos que Montaigne, después de manifestar con cierto tono de tristeza su deseo de correr desnudo y pintado en el Nuevo Mundo, agregaba —ejercitando la buena fe prometida al lector—una observación en extremo exacta: "yo mismo soy—decía—el contenido de mi libro" (7).

NOTAS

[1] Se escribe sin comillas; éstas deben sobreentenderse en *Nuevo Mundo*, lo mismo que en *Descubrimiento*.

[2] El tema del canibalismo ha provocado debates académicos en diferentes disciplinas como la antropología, la historia, la psicología y los estudios literarios y culturales. Por ejemplo, se ha intentado explicar la práctica caníbal como una forma social de agresión institucional (Eli Sagan 1974), sistema de control demográfico y práctica relacionada causalmente con deficiencias proteínicas (Marvin Harris 1977, Michael Harner 1977), ritual simbólico por medio del cual ciertas cualidades del sacrificado pueden ser obtenidas (Marshall Sahlins 1978) o un sistema ritual productor de símbolos para construir la identidad social (Peggy Sanday 1986). Los numerosos estudios que se han hecho sobre las narrativas del canibalismo han revelado su uso como justificación de la agresión imperial (Julio Salas 1920; William Arens 1979; Tzvetan Todorov 1984; Peter Hulme 1986). Historiadores y críticos literarios han explorado, a su vez, la recurrencia y representaciones del caníbal en el imaginario europeo desde la antigüedad clásica (Michael Palencia-Roth 1985, 1996; Maggie Kilgour 1990; Frank Lestringant 1997), y los discursos coloniales sobre el canibalismo en Latinoamérica (Hulme 1986, 1998; Palencia-Roth 1985, 1996, 1997; Alvaro F. Bolaños 1994; Jáuregui 2000, 2001). Adicionalmente, se ha señalado las articulaciones de este tropo con debates de género (Sara Castro-Klarén 1991, 1997), su conexión con los discursos contra-coloniales y de identidad afro-caribeña (Eugenio Matibag 1991), y se ha analizado los diferentes contextos culturales y discursos que articula este tropo (i.e. eucaristía, lenguaje de la sexualidad, el consumismo, etc.). Recientemente la crítica cultural ha atraído renovada atención sobre el tema caracterizada por sus aproximaciones interdisciplinarias y poscoloniales. Brasil—de manera central—ha ocupado gran parte de la reflexión sobre el canibalismo como tropo colonial, romántico, modernista y posmoderno, especialmente debido a la enorme atención crítica a la "reivindicación" vanguardista del caníbal en el Brasil, en torno al proyecto que cristaliza Oswald de Andrade (1890-1954) con su "Manifesto antropófago" (1928) y la *Revista de antropofagia* (1928-1929). En un reciente trabajo he analizado las diferentes redefiniciones históricas y valores ideológicos del canibalismo como tropo cultural en la construcción y re-configuración de identidades en Latinoamérica a través de varios momentos de su historia cultural (*Canibalismo revisitado...* 2001).

[3] La relación entre el afuera y el adentro es frágil: "comporta un delicado balance de simultánea identificación y separación que es tipificada en el acto de incorporación, en el cual un objeto externo es adentrado en otro. La idea de incorporación [...] depende y refuerza una absoluta división entre el adentro y

afuera; pero en el acto mismo, esa oposición desaparece, disolviendo la estructura que parece producir" (Maggie Kilgour, *From Communion to Cannibalism* 4).

[4] Dado que lo humano (y la civilización) se define en oposición a la "naturaleza," el "hombre salvaje", como indica Hayden White, es un oxímoron cuyo enorme simbolismo político procede, en parte, de la indeterminación de sus dos términos (humanidad y salvajismo). De esta misma contradicción deriva su proclividad a pasar fácilmente al terreno de lo abyecto, que, según Julia Kristeva, es aquello que perturba e indetermina la identidad, el sistema, el orden; aquello que, como el oxímoron "hombre salvaje" y ciertamente como el caníbal, no respeta las marcas que "estabilizan" la diferencia (*Powers of Abjection*).

[5] América es prefigurada especulativamente como una tierra de caníbales antes del Descubrimiento. El caníbal aparece más que por la comprobación empírica, por la interferencia de factores tan diversos como el impulso expansivo del mercantilismo, la teratología medieval, los relatos grecolatinos sobre la alteridad, o los conflictos existentes entre grupos aborígenes en el área del encuentro antes del arribo de Colón (Véase de Michael Palencia Roth y Miguel Rojas Mix).

[6] Publicado en la edición en alemán del "Mundus novus" (Ausburgh 1505), el grabado ilustra el caos pre-colonial mezclando en un mismo cuadro estereotipos como el incesto y el canibalismo.

[7] Esta América caníbal aparece como la ogresa ávida de carne humana y dispuesta a decorar su casa con la cabeza de un hombre europeo en el grabado "América" de la célebre *Iconologia* (1593, 1611) de Cesare Ripa. De manera similar, en "América" de Phillipe Galle (1581-1600), una amazona armada, descrita como devoradora de hombres, camina entre restos humanos con una cabeza en una mano y una lanza en la otra.

[8] Apenas en el segundo viaje, según Anglería, los españoles llegan "a las islas de los caníbales o caribes de las que [...] sólo tenían noticias de oídas" y encuentran la primera escena de canibalismo (114, 115). En la cartografía las islas de caníbales aparecen y desaparecen; están en la "Universalior cogniti orbis tabula" (Roma 1508) de John Ruysch, que además incluía leyendas relativas a la costumbre del canibalismo, a la buena salud de los aborígenes, y a su longevidad (150 años). También están en mapas como el de Juan de la Cosa (1509) o el "Terre Nove" de Martín Waldseemuller (1513). Para un detalle del mapa de Juan de la Cosa, véase Acevedo (26, 27) y para el de Waldseemuller, Nebenzahl (64). Uno de los desaparecimientos de las islas, por demás notable, fue el del mapa que Anglería hizo de las Antillas y la costa de Tierra Firme (1511); la razón de la omisión, según una nota manuscrita en el reverso del mapa fue para "evitar confusiones" (Nebenzahl 61). Probablemente para entonces ni el propio Anglería creía en la realidad geográfica de las mentadas islas.

[9] Similar referencia puede encontrarse en la carta de Gerardus Mercator (1538) (en Emerson 54), entre otros.

[10] El mapa no tiene pretensiones de carta de navegación sino que es lo que hoy llamaríamos material pedagógico o ilustrativo; se hizo tan popular que fue publicado en más de cuarenta ediciones y fue copiado innumerables veces.

[11] Homi Bhabha ha señalado que una de las formas como funciona el estereotipo en el discurso colonial es precisamente bajo el modelo del *fetiche* (*The Location of Culture*).

[12] El término *Occidentalismo* indica de manera general un campo y una trama extensa y heterogénea de discursos predominantes en el sistema moderno / colonial mundial (Walter Mignolo 2000). Este campo discursivo produce no sólo la invención de periferias bárbaras (América, África, etc.) sino la de *Occidente* mismo como construcción espacio-temporal privilegiada, y la conformación de *Europa* como entidad geocultural y geopolítica hegemónica. El *Occidentalismo*, además, reclama de manera excluyente la *misión civilizadora* (como autoridad cultural y como práctica colonial) y esgrime la "*raza*" como significante clave de la *humanidad plena* y la *civilización*, en oposición a la humanidad primitiva, preracional, degenerada, etc.

[13] Sobre este tránsito y la persistencia de significantes étnicos como el *caníbal* en la cartografía moderna del siglo XVI, véase el erudito trabajo de Michael Palencia Roth "Maping the Caribbean..." (3-27).

[14] Mary Louise Pratt se refiere a esta sincronización como "presente etnográfico" (33). Sobre este asunto puede consultarse el libro de Johannes Fabian *Time and the Other: How Anthropology Makes its Object*.

[15] Sobre la etnografía como traducción cultural véase "The Concept of Cultural Translation in British Social Antropology" de Talad Assad.

[16] Y luego, "como el mago, el hermeneuta Hermes [...] clarifica lo opaco, hace de lo extraño familiar, y le da sentido al sinsentido" (Vincent Crapanzano 51).

[17] Un sector contemporáneo de la antropología ha rechazado este visualismo etnográfico "clásico" (Clifford 11).

[18] Este ensayo es forzosamente introductorio y restringido. En otro trabajo — que me encuentro realizando — exploro las etnografías evangélicas de los jesuitas en el Brasil, así como otros relatos explicativos portugueses sobre el canibalismo.

[19] *Warhaftige Historia und Beschreibung eyner Landtschafft der wilden, nacketen, grimmigen Menschfresser Leuthen in der Newenwelt America gelegen*. Cito la edición en español.

[20] William Arens se muestra escéptico respecto a ambas cosas (*The Man-eating Myth* 22-30). A partir del influyente trabajo de Arens la veracidad de la práctica caníbal y la autoridad de los documentos "históricos" que reportan el canibalismo han sido objeto de una ardua discusión, al punto que el área de estudios puede ser descrita como dividida entre los que están en el que Maggie Kilgour llama el "did they or didn't they? debate" (1998, 240), y quienes han abandonado esa pregunta por el estudio de las narrativas sobre el canibalismo, que es el campo en el que se inscribe este trabajo.

[21] Michaela Schmölz-Häberlein, y Mark Häberlein, citando a Annerose Menninger, censuran a Neil Whitehead, entre otras cosas, que éste considere la *Warhaftige Historia* un documento etnográfico fiable para el entendimiento del canibalismo tupinambá. El "debate" — descontada la malquerencia de los críticos por la ausencia de bibliografía alemana en el artículo de Whitehead — responde esencialmente al ansia por la especificidad y prestigio "científico" de la etnografía. Clifford Geertz

106 • Carlos Jáuregui

desvirtúa la delimitación precisa entre la etnografía y la narrativa literaria señalando cómo la primera funciona gracias a un sistema complejo de tropos y estrategias discursivas, *autor-izada* por nombres de prestigio y acudiendo a la ficción (*Works and Lives: the Anthropologist as an Author*).

[22] James Clifford caracteriza el relato etnográfico como un "sistema o economía de la verdad" (*Writing Culture* 6, 7).

[23] Once grabados tratan el tema del sacrificio y el canibalismo (33, 44, 129, 137, 141, 144, 215, 216, 217, 218 y 219).

[24] De Bry—a quien se le deben las más conocidas imágenes del canibalismo americano del siglo XVI—editó ocho tomos en francés, alemán, inglés y latín, dedicados a los viajes y exploraciones europeas en América que llegaron a catorce volúmenes después de su muerte, bajo la dirección de sus dos hijos Juan Teodoro y Juan Israel.

[25] El destazador, junto con el europeo, un niño que sostiene otra cabeza, y otro que aviva el fuego son las únicas figuras masculinas, en un cuadro dominado por las mujeres. La representación iconográfica y cultural medieval de pecados como la gula y la lascivia mediante imágenes de mujeres fue trasladada al campo de significación del caníbal, vinculando la antropofagia al pecado mediante estereotipos sexuales.

[26] Sobre la centralidad "implícita" de la escritura en los textos etnográficos véase Clifford (1-26).

[27] Neil Whitehead ha descrito la *Warhaftige Historia* de Staden como una "homilía de redención y fe" ("Hans de Staden and the Cultural Politics of Cannibalism" 732, 733).

[28] La imagen de Staden con los brazos cruzados contrasta con una de las últimas escenas de la película *Como era gostoso o meu Francês* (1971) de Nelson Pereira dos Santos (basada en la historia de Staden), en la que el protagonista (que en la película es sacrificado y comido) abre sus brazos mientras amenaza a sus captores conforme las reglas rituales del sacrificio. El cautivo, convertido al salvajismo, nunca regresa para escribir su etnografía.

[29] La colonia de la *France antarctique* duró apenas hasta 1561 cuando fue arrasada por los portugueses. Véase *Red Gold: the Conquest of the Brazilian Indians* de John Hemming.

[30] Las citas de *Les singularités de la France antarctique* corresponden a la edición en portugués.

[31] En especial los *tamoios* (subgrupo de los tupinambá).

[32] La *Historia* (siglo V a.C.) de Heródoto ofrecía narraciones de carácter etnográfico y geográfico de la alteridad. Su descripción de diversos pueblos salvajes en el Oriente influyó la mentalidad "descubridora" del siglo XVI. Particularmente relevantes, en lo que toca a la invención de la América caníbal, fueron los escitas, los andrófagos y las amazonas. Los escitas vivían en el área que circunda el Mar Negro, eran promiscuos (*Historia* 85), ignorantes de la agricultura, nómadas (217, 223), hábiles defendiéndose, difíciles de conquistar (231), practicantes de sacrificios, bebedores de sangre humana (235) y absolutamente renuentes a adquirir las costumbres griegas (239).

³³ Thevet, como señala Janet Whatley, era conocido por su falta de rigor y por una credulidad poco renacentista (xxi).

³⁴ Eduardo Bueno expone este desinterés oficial (*A viagem do descobrimento*: 13, 124-26), el arrendamiento del Brasil al capital privado, y la creación de las factorías de Cabo frío, Río de Janeiro y Pernambuco (*Náufragos, traficantes e degredados* II: 65-87).

³⁵ Así lo relata André Thevet: "Las poblaciones de la costa marítima, donde predomina el tráfico europeo reciben hachas, cuchillos, dagas, espadas, diversas herramientas, cuentas de vidrio, peines, espejos y otras bagatelas más. Los indios reciben estas mercancías y las cambian con sus vecinos, objeto, por objeto" (*Singularidades* 285, 286).

³⁶ A partir de 1524, la corona francesa mostró un interés activo y oficial en el "asedio" de la empresa privada a la "Terre du Brésil". Este primer ciclo de actividades disminuye por la activa acción de la armada y la diplomacia portuguesa, pero se reactiva a mediados de siglo.

³⁷ La mirada de Léry es menos maniquea y pretenciosa que la de Thevet. Sin embargo, el fraile católico y el pastor burgués calvinista coincidían en gran parte de la información etnográfica. Sobre esta disputa véase Janet Whatley (en Léry xv-xxxviii y Lestringant 65-80).

³⁸ Sobre la visión siniestra del canibalismo femenino en el relato de Jean de Léry véanse los trabajos de Certeau (*La escritura*), Lestringant (*Cannibals*) y especialmente Castro-Klaren ("What Does Cannibalism Speak?").

³⁹ Las citas corresponden a la edición que de *Histoire d'un voyage* hizo Janet Whatley.

⁴⁰ Para la traducción al inglés del capítulo correspondiente véase Tom Conley (772-781).

⁴¹ Dogma acogido por la iglesia Católica Romana en el *Cuarto concilio Letrán* de 1215 — ratificado en el *Concilio de Lyon* (1274) y el *Concilio de Trento* (1545-63) — y según el cual, en la *Última cena* Jesucristo habría dado a sus discípulos su propia carne y sangre en el pan y el vino (Juan 6:53-56; Marcos 14: 22). El *Concilio de Trento* fue categórico. No existía tropo o lenguaje figurado en el pasaje bíblico. La iglesia alegaba una *conversio substantialis* total y real de las formas eucarísticas: "Cristo está presente en el sacramento del altar por transubstanciarse toda la sustancia de pan en su Cuerpo y toda la sustancia de vino en su Sangre" (Trento, Ses. XIII, cap. Iv, can ii). El asunto sería objeto de enconadas controversias, entre las cuales puede mencionarse la que se dio entre el catolicismo romano y varios teólogos del cisma protestante. La historia de la eucaristía en la Iglesia católica y las protestantes ha sido tratada prolíficamente por historiadores y teólogos. Para una visión comprensiva del rito de la misa y sus orígenes puede consultarse el trabajo clásico de Josef Andreas Jungmann (*The Mass of The Roman Rite: Its Origins and Development* 1951, 1952). Varios diccionarios especializados son particularmente útiles en la presentación de este asunto: *The Catholic Encyclopedia*, *A Concise Dictionary of Theology* de O'Collins, *A Catholic Dictionary* de Gerald Donald Attwater (Ed) y el *Historical Dictionary of Catholicism* de William J Collinge. El estudio de Gary Macy (1984) presenta la literatura escolástica temprana sobre el sacramento y Miri Rubin estudia los aspectos teológicos e históricos de la comunión durante la edad media tardía (1992).

[42] Para una exposición de las teorías de Calvino sobre el tema véase *John Calvin, the Church, and the Eucharist* (1967) de Kilian McDonnell.
[43] Las citas corresponden a la edición de los *Essais* de Constantino Román y Salamero (trad.) (1948).
[44] Los cuales criticó fuertemente en el ensayo "De los coches" (1588) (II: 405-28).
[45] Norris Johnson resume esta apropiación genealógica de Montaigne por la antropología moderna: "Margaret Hodgen indica que Montaigne es importante antropológicamente porque 'se esforzó poderosamente por entender la condición de lo salvaje como fuera ésta encontrada entonces en el Nuevo Mundo' [...] John J. Honigmann define explícitamente 'De los caníbales' como relativismo cultural. Anner Marie De Waal Malefijt arguye que Montaigne es significativo a la historia de la antropología porque la preocupación de 'De los caníbales' es 'el estudio de las culturas en sus propios términos'" (154, 155).
[46] Pese a hundir sus raíces en muchas fuentes, cultas y populares, de la antigüedad clásica mediterránea, y en mitos judeocristianos del medioevo europeo, es ciertamente a partir del "encuentro" colombino y la posterior "invención de América", que ese mito toma su forma moderna y se escinde en una economía simbólica maniquea: por un lado articula el discurso colonial y el de la Modernidad; por otro, expresa una nostalgia preestatal y precapitalista. Para una exposición acotada sobre la relación entre el primitivismo y la nostalgia por el *paraíso perdido* presente en la cultura europea véase los trabajos de Ernest Baudet (1965) y de Roger Barta (1992, 1997).
[47] La responsabilidad de su ruina es colectiva, pues el Nuevo Mundo fue destruido, no por una nación, sino por el comercio y el tráfico: "¿Quién vio nunca tantas ciudades arrasadas, tantas naciones exterminadas, tantos millones de pueblos pasados a cuchillo, y a la más rica y hermosa parte del universo derrumbada con el simple fin de negociar las perlas y las especias?" (II: 422). Montaigne agrega más adelante: "testigos son mis caníbales" (II: 423).
[48] Como lo ha estudiado Roger Bartra (1992), el "hombre salvaje" en sus diversas versiones (*homo sylvaticus, homo agrestis, wild man, wilde Mann, homme sauvage, uomo selvaggio*) fue un tema habitual del imaginario europeo para representarse la humanidad en un estado "natural," no civilizada o nómada (antes de la vida en la ciudad), en una economía primitiva (anterior a la propiedad, al uso del dinero y a la especulación), bárbara en el sentido clásico de la palabra (prelingüística o balbuceante), no sujeta a represiones sexuales (promiscua) y preestatal (sin gobierno).

BIBLIOGRAFÍA

Acevedo, Eduardo. *Atlas de mapas antiguos de Colombia: siglos XVI a XIX.* Bogotá: Litografía Arco, 1986.

Andrade, Oswald. *Obras Completas: A utopía antropofágica.* Vol. 6. São Paulo: Globo, 1990.

Anglería, Pedro Mártir de. *Décadas del Nuevo Mundo.* México: J. Porrúa, 1964-65.

Arens, William. *The Man eating Myth: Anthropology and Antropophagy*. New York: Oxford University Press, 1979.
____ "Rethinking Antropophagy". *Cannibalism and the Colonial World*. Francis Barker, Peter Hulme y Margaret Iversen, eds. Cambridge: Cambridge University Press, 1998. 39-62.
Assad, Talad. "The Concept of Cultural Translation in British Social Antropology". *Writing Culture. The Poetics and Politcs of Ethnography*. Berkeley/Los Angeles: University of California Press, 1986. 141-164.
Barker, Francis, Peter Hulme y Margaret Iversen. *Cannibalism and the Colonial World*. Cambridge: Cambridge University Press, 1998.
Bartra, Roger. *El salvaje en el espejo*. México, DF: Coordinación de Difusión Cultural, Universidad Nacional Autónoma de México, 1992.
____ *El salvaje artificial*. México, DF: Coordinación de Difusión Cultural, UNAM; Coordinación de Humanidades. México: Ediciones Era, 1997.
Baudet, Ernest Henri Philippe. *Paradise on Earth; Some Thoughts on European Images of Non European Man*. New Haven: Yale University Press, 1965.
Bhabha, Homi K. *The Location of Culture*. London/New York: Routledge, 1994.
Bolaños, Álvaro Félix. *Barbarie y canibalismo en la retórica colonial: los indios Pijaos de Fray Pedro Simón*. Bogotá: CEREC, 1994.
Boucher, Philip. *Cannibal Encounters: Europeans and Island Caribs, 1492-1763*. Baltimore: John Hopkins University Press, 1992.
Bry, Teodoro de. *América de Bry*. Madrid: Siruela, 1992.
Bueno, Eduardo. *A viagem do descobrimento: A verdadeira história da expedição de Cabral*. Río de Janeiro: Objetiva, 1998.
____ *Náufragos, traficantes e degredados: As primeiras expedições ao Brasil, 1500-1531*. Río de Janeiro: Objetiva, 1998.
Calvin, John. *Institutes of the Christian Religion*. Henry Beveridge, trad. http://www.reformed.org/books/institutes/index.html
Castro-Klarén, Sara. "What Does Cannibalism Speak?" *Carnal Knowledge: Essays on The Flesh, Sex and Sexuality in Hispanic Letters and Film*. Pamela Bacarisse, ed. Pittsburgh: Tres Ríos, 1991. 23-41.
____ "Corporización Tupí: Léry y el *Manifesto Antropófago*". *Revista de crítica literaria Latinoamericana* 45 (1997): 193-210.
Celestin, Roger. "Montaigne and the Cannibals: Toward a Redefinition of Exoticism". *Cultural Anthropology* (1990): 292-313.
Certeau, Michel de. *Heterologies: Discourse on the Other*. Minneapolis: University of Minnesota University Press, 1986.
____ *La escritura de la historia*. Álvaro Obrégon. México: Universidad Iberoamericana, 1993.

Clifford, James y George Marcus. *Writing Culture. The Poetics and Politcs of Ethnography*. Berkeley/Los Angeles: University of California Press, 1986.

Collinge, William J. *Historical Dictionary of Catholicism*. Lanham, MD: Scarecrow Press, 1997.

Colón, Cristóbal. *Textos y documentos completos: relaciones de viajes, cartas y memoriales*. Madrid: Alianza, 1984.

Conley, Tom. "Thevet Revisits Guanabara". *Hispanic American Historical Review* 80/4 (2000): 753-81.

Crapanzano, Vincent. "Hermes' Dilemma: The masking of Subversión in Ethnographic Description". *The Poetics and Politcs of Ethnography*. Berkeley/Los Angeles: University of California Press, 1986. 51-76.

Deleuze Gilles y Félix Guattari. *What is philosophy?* New York: Columbia University Press, 1994.

Derrida, Jacques. *Dissemination*. Chicago: Chicago University Press, 1981.

Dickason, Olive Patricia. *The Myth Of The Savage And The Beginnings Of French Colonialism In The Americas*. Edmonton, Alberta: University of Alberta University Press, 1984.

Donald Attwater (Ed). *A Catholic Dictionary (The Catholic Encyclopædic Dictionary)*. New York: Macmillan, 1958.

Dussel, Enrique. *1492: el encubrimiento del otro: hacia el origen del "mito de la modernidad"*. La Paz, Bolivia: Plural Editores, 1994.

Emerson D. Fite, Archibald Freeman. *A Book of Old Maps: Delineating American History from the Earliest Days Down to the Close of the Revolutionary War*. Cambridge: Harvard University Press, 1926.

Fabian, Johannes. *Time and the Other: How Anthropology Makes its Object*. Publication info: New York: Columbia University Press, 1983.

Fausto, Boris. *História do Brasil*. São Paulo: EdUSP: Fundação para o Desenvolvimento da Educação, 1994.

Góngora y Argote, Luis de. *Soledades*. Madrid: Ediciones Cátedra, 1979.

Geertz, Clifford. *Works and Lives: The Anthropologist as an Author*. Stanford: Stanford University Press, 1988.

Greenblatt, Stephen. *Marvelous Possessions: The Wonder of the New World*. Chicago: University of Chicago Press, 1991.

Harner, Michael. "The Enigma of Aztec Sacrifice". *Natural History* 86/4 (1977): 47-51.

Harris, Marvin. *Cannibals and Kings: The Origins of Cultures*. New York: Random House, 1977.

Hemming, John. "Los indios del Brasil en 1500". *Historia de América Latina*. Vol. 1. Leslie Bethell, ed. Barcelona: Editorial Crítica, 1990. 99-119.

_____ *Red Gold: The Conquest of the Brazilian Indians.* Cambridge, MA: Harvard University Press, 1978.
Herodotus. *The Histories.* London/New York: Penguin Books, 1996.
Hesiod. *Works and Days.* Cambridge, MA: Harvard University Press; London: William Heinemann Ltd., 1914.
Homer. *The Odyssey.* London, England/New York: Penguin Books, 1991.
Hulme, Peter. *Colonial Encounters: Europe and the Native Caribbean, 1492-1797.* London: Methuen, 1986. 1-43.
_____ "The Cannibal Scene" (Intr.) In *Cannibalism and the Colonial World.* Francis Barker et alia (Ed.). Cambridge: Cambridge University Press, 1998.
Jáuregui, Carlos. "Saturno caníbal: Fronteras, reflejos y paradojas en la narrativa sobre el antropófago". *Revista de Crítica Literaria y Cultural* 51 (2000): 9-39.
_____ *Canibalismo revisitado: calibanismo, antropofagia cultural y consumo en América Latina.* Disertación (Ph.D.) University of Pittsburgh, 2001.
_____ "Plagio diabólico, eucaristía y la traducción criolla del caníbal". *Colonial Latin American Review* (Forthcoming).
Johnson, Norris B. "Michel de Montaigne's 'Of cannibals' as Cultural Relativism, Critique and Counterproposal: an Issue in the History of Anthropology *Kroeber Anthropological Society papers* 61/2 (1982): 20-40.
_____ "Cannibals and Culture: the Anthropology of Michel de Montaigne". *Dialectical Anthropology* 18/2 (1993): 153-76.
Jonson, H. B. "La colonización portuguesa del Brasil 1500-1580". *Historia de América Latina.* Vol. 1. Leslie Bethell, ed. Barcelona: Editorial Crítica, 1990. 203-33.
Jungmann, Josef A. (Josef Andreas). *The Mass Of The Roman Rite: Its Origins And Development (Missarum Sollemnia)* [1951]. 2 vol. Westminster, MD: Christian Classics, 1986.
Kilgour, Maggie. "The Function of Cannibalism at the Present Time". *Cannibalism and the Colonial World.* Cambridge: Cambridge University Press, 1998. 238-259.
_____ *From Communion to Cannibalism: An Anatomy of Methaphors of Incorporation.* Princeton: Princeton University Press, 1990.
Kristeva, Julia. *Powers of Horror: An Essay on Abjection.* New York: Columbia University Press, 1982.
Léry, Jean de. *History of a Voyage to the Land of Brazil, Otherwise Called America.* Janet Whatley, trad. e intro. Berkeley: University of California Press, 1992.

Lestringant, Frank. *Cannibals: The Discovery and Representation of the Cannibal from Columbus to Jules Verne*. Berkeley: University of California University Press, 1997.

Lévi Strauss, Claude. *Tristes tropiques*. John y Doreen Weightman, trad. New York: Atheneum, 1974.

Macy, Gary. *The Theologies of the Eucharist in the Early Scholastic Period: A Study of The Salvific Function of the Sacrament According to the Theologians, c.1080 c.1220*. Oxford [Oxfordshire]; New York: Clarendon Press, 1984.

Matibag, Eugenio. "Self Consuming Fictions: The Dialectics of Cannibalism in Modern Caribbean Narratives". *Post Modern Culture* 1/3 (1991): http://muse.jhu.edu/journals/pmc/v001/1.3matibag.html

McDonnell, Kilian. *John Calvin, the Church, and the Eucharist*. Princeton: Princeton University Press, 1967.

Mignolo, Walter D. *Local Histories/Global Designs: Coloniality, Subaltern Knowledges, and Border Thinking*. Princeton: Princeton University Press, 2000.

_____ *The Darker Side of the Renaissance: Literacy, Territoriality, and Colonization*. Ann Arbor: Michigan University Press, 1995.

Montaigne, Michel Eyquem de. *Essais*. Vol. 1. P. Villey, ed. Paris: PUF, 1992.

_____ *Ensayos* 1. Constantino Román y Salamero (trad.). Buenos Aires: El Ateneo, 1948.

Monteiro, John M. "The Heathen Castes of Sixteenth-Century Portuguese America: Unity, Diversity, and the Invention of the Brazilian Indians". *Hispanic American Historical Review* 80/4 (2000) 697-719

Nebenzahl, Kenneth. *Maps from the Age of Discovery: Columbus to Mercator*. London: Times Books, 1990.

O'Collins, Gerald y Edwards G. Farrugia. *A Concise Dictionary of Theology*. New York: Paulist Press, 1991.

O'Gorman, Edmundo. *La invención de América; el universalismo de la cultura de Occidente*. México: Fondo de Cultura Económica, 1958.

Ovid. *Metamorphoses*. London: Penguin, 1955.

Palencia Roth, Michael. "Maping the Caribbean: Cartography and the Cannibalization of Culture". *A History of Literature in the Caribbean* 3. James Arnold, ed. Amsterdam/Philadelphia: J. Benjamins, 1997. 3-27.

_____ "Enemies of God: Monsters and the Theology of Conquest". *Monsters, Tricksters and Sacred Cows: Animal Tales and American Identities*. James Arnold, ed. Charlottesville: University of Virginia Press, 1996. 23-50.

_____ "Cannibalism and the New Man of Latin America in the 15th and 16th Century European Imagination". *Comparative Civilizations Review* 12 (1985): 1-27.

Pereira dos Santos, Nelson (dir). *Como era Gostoso o meu Francês*. Brasil, 1971.

Pratt, Mary Louise. "Fieldwork in Common Places". *Writing Culture. The Poetics and Politcs of Ethnography*. Berkeley/Los Angeles: University of California Press, 1986. 27-50.

Ripa, Cesare. *Iconología* (Reimpresión de la edición de Padua, 1611). New York: Garland Pub., 1976.

Rojas Mix, Miguel. "Los monstruos: ¿Mitos de legitimación de la conquista?" *América Latina: palavra, literatura e cultura*. Ana Pizarro, ed. São Paulo: Memorial Campinas, Editora da UNICAMP, 1993-1995. 123-149.

Rubin, Miri. *Corpus Christi: The Eucharist In Late Medieval Culture*. Cambridge [England]; New York: Cambridge University Press, 1992.

Sagan, Eli. *Human Aggression: Cannibalism and Cultural Form*. New York: Harper and Row, 1974.

Sahlins, Marshall. "Culture as Protein and Profit". *New York Review of Books* 25/18 (1978): 45-53.

Salas, Julio. *Los indios caribes: estudio sobre el origen del mito de la antropofagia*. Madrid: América, 1920.

Sanday, Peggy Reeves. *Divine Hunger: Cannibalism as a Cultural System*. Cambridge: Cambridge University Press, 1986.

Schwartz, Jerome. "Reflections on Montaigne's Ethical Thinking". *Philosophy and Literature* 24/1 (2000): 154-164.

Schwartz. Stuart B. "Brazil: Ironies of the Colonial Past". *Hispanic American Historical Review* 80/4 (2000): 681-694.

Soehlke Heer, Peter. *El nuevo mundo en la visión de Montaigne o los albores del anticolonialismo*. Caracas: Universidad Simón Bolívar, 1993.

Sontag, Susan. *Against Interpretation, and Other Essays*. New York: Dell, 1966.

Staden, Hans. *Verdadera historia y descripción de un país de salvajes desnudos*. [Warhaftige Historia und Beschreibung eyner Landtschafft der wilden, nackcten, grimmigen Menschfresser Leuthen in der Newenwelt America gelegen] Barcelona: Argos Vergara, 1983.

Schmölz-Häberlein, Michaela y Mark Häberlein. "Hans Staden, Neil L. Whitehead, and the Cultural Politics of Scholarly Publishing". *Hispanic American Historical Review* 81/3-4 (2001): 745-51.

Symcox, Geoffrey. "The Battle of the Atlantic, 1500-1700". *First Images of America: the Impact of the New World on the Old.* Fredi Chiappelli, ed. Berkeley: University of California Press, 1976. 265-77.

Thevet, André. *Les singularités de la France antarctique autrement nommée Amérique et de plusieurs terres et îles découvertes de notre temps.* Paris: Le Temps, 1982.

_____ *Singularidades da França Antarctica: a que outros chamam de America.* São Paulo: Companhia Editora Nacional, 1944.

_____ *La cosmographie universelle d'Andre Thevet cosmographe du roy: illustree de diverses figures des choses plus remarquables veues par l'auteur, & incogneues de noz anciens & modernes.* Paris: P. L'Huilier, 1575.

Todorov, Tzvetan. *On Human Diversity: Nationalism, Racism, and Exoticism in French Thought.* Cambridge, MA: Harvard University Press, 1993.

_____ *The Conquest of América: The Question of the Other.* New York: Harper and Row, 1984.

Vespucio, Américo. *Cartas.* Madrid: Anjana, 1983.

Whatley, Janet. "Introduction". *History of a Voyage to the Land of Brazil, Otherwise Called America* de Jean de Léry. Berkeley: University of California Press, 1992. xv-xxxviii.

White, Hayden. "The noble Savage: Theme as a Fetish". *First images of America: the impact of the New World on the Old.* Fredi Chiappelli, ed. Berkeley: University of California Press, 1976. 121-35.

Whitehead, Neil L. "Hans Staden and the Cultural Politics of Cannibalism". *Hispanic American Historical Review* 80/4 (2000): 721-51.

_____ "The Häberleins and the Political Culture of Scholarship". *Hispanic American Historical Review* 81/3-4 (2001): 753-56.

Cronos y la economía política del vampirismo: apuntes sobre una constelación histórica*

John Kraniauskas
Birkbeck College, University of London

> Hoy, sin embargo, el pasado se preserva
> como destrucción del pasado.
> Theodor Adorno y Max Horkheimer

Los fantasmas del pasado —*revenants*— ocupan un lugar destacado en las historias culturales de México. Pienso inmediatamente en el día de los muertos, cuando los difuntos vuelven a cenar con su familia, así como en la invocación redentora de los héroes del pasado indígena en el discurso de la rebelión zapatista en Chiapas: "A través de nuestra voz hablarán los muertos, nuestros muertos, tan solos y olvidados, tan muertos y sin embargo tan vivos en nuestra voz y en nuestros pasos" (en Clarke y Ross 78). Pero acaso la más extraordinaria narrativa de *revenants* es *Pedro Páramo* (1955) de Juan Rulfo. Escrita en el contexto de la refundación de la nación sobre mitos pos-revolucionarios ("la Revolución" como signo del "progreso"), la novela relata una historia de familias rotas, de amores obsesivos y no correspondidos, de un terrateniente y de campesinos desposeídos que aparecen en el texto como muertos en vida y como narradores. Los campesinos de Rulfo murieron de "miedo" (Escalante). Si Benedict Anderson tiene razón cuando sugiere que el poder de los imaginarios nacionales en el mundo moderno y secular se funda en el hecho de que proveen a la muerte (y por lo tanto a la vida) de sentido, es también claro que el pacto entre Estado y "pueblo" que tal imaginación y tal sentido requieren no se materializó en el México de la pos-Revolución —mientras que los libretos culturales locales de las comunidades campesinas fueron destrozados en el afán secular "desarrollista". Marginados por el Estado, los muertos de Rulfo viven en un presente continuo sin sentido, en el cual su última esperanza de justicia y de trascendencia comunitaria —la Iglesia—ha sido comprada por el terrateniente local: la "ilusión" (esperanza) que los mueve es una "ilusión" (fantasmagoría). Leída desde la visión antropológica del nacionalismo de Anderson, la novela de Rulfo nos cuenta que estos *revenants* no son el producto de una supuesta obsesión con la muerte de la cultura popular mexicana, sino el producto de imaginarios en conflicto (formas de morir) y de una apropiación histórica del sentido existencial por parte del Estado (aquí Rulfo nos lleva más allá de la propuesta de Anderson). La nacionalidad, desde este punto de vista, se revela como el producto de una violenta apropiación y sobrecodificación de imaginarios alternativos.[1] Los fantasmas no son la única clase de *revenants*. También los vampiros regresan de la muerte en busca de sangre, como explotadores; mientras que los zombis lo hacen como fuerza de trabajo forzado. Las películas de horror, especialmente en EE.UU., se apoyan característicamente en un escenario poscolonial interrumpido por el pasado en forma de pesadilla —poblada, casi siempre, por las víctimas del colonialismo y de los procesos de la formación del Estado-nación— y que demanda justicia del presente. La película *Cronos* (1992), de Guillermo del Toro, la historia de un vampiro involuntario, se inscribe entonces no sólo en la tradición europea de historias de horror vampírico, sino también en la tradición mexicana de narrativas de *revenants* y en la tradición hollywoodense de horror poscolonial. La película nos recuerda gráficamente que las historias de vampiros son primero, y sobre todo, narraciones enfocadas en la configuración social del cuerpo. Por eso, y al re-localizar la experiencia del colonialismo en México en el presente como un tipo muy especial de agencia mecánica, también restablece el vínculo tradicional entre las imágenes de vampiros y el "dominio social del capital." En este sentido, la película también encuentra sus ecos en el discurso de los rebeldes zapatistas:

> Ellos sangraron Chiapas de mil maneras diferentes: mediante oleoductos y gasoductos, líneas eléctricas, trenes, cuentas de bancos, camiones y buses, barcos y aviones [...] mediante grandes brechas y pequeñas incisiones [...] y la sangre de Chiapas corrió como resultado de mil colmillos clavados en la garganta del sur oriente de México. (en Clarke y Ross 18)[2]

Finalmente, y de manera más reflexiva, *Cronos* revela la estructura de sentido melodramática de un catolicismo basado en el canibalismo (o vampirismo) simbólico. Religión, capital, vampiros: tal es, también, la constelación de ideas mediante las cuales Marx escribe sobre el fetichismo de la mercancía. El tema de este ensayo es justamente el vampiro como imagen de un fetichismo de la mercancía transculturada.

1. EL CAPITALISTA SINIESTRO

¿Con qué se ha asociado la imagen-fantasía del vampiro, específicamente la de Drácula, en las tradiciones literarias y cinematográficas? Con una aristocracia "decadente" obsesionada con la consanguinidad (Eagleton); con la circulación y los flujos del capitalismo monopólico (Moretti); con la identidad nacional amenazada, y la degeneración racial representada por "el judío" (Gelder; Halberstam); y con una codicia sexual desenfrenada, hetero u homosexual: la figura de la vampiresa tiene una larga historia (Craft); todo lo cual fue redimensionado por el advenimiento del SIDA (véase, en particular, la película *Drácula* de Coppola). En su articulación del deseo por la vida eterna, el vampiro también encarna una forma de temporalidad des-diferenciada en la cual la diferencia entre el pasado (los muertos) y el presente (los vivos) se ha desdibujado. De igual manera, los vampiros representan lo inhumano en lo humano, la siempre presente amenaza de la animalización que el sacrificio mantiene a distancia. Cualquiera que sea el síntoma, la mayoría de las imágenes representan al vampiro como un peligro para el régimen corporal establecido. Clásicamente, el vampirismo implica la perforación de la piel —la superficie del "yo" (Anzieu)— en el cuello, el lugar donde cuerpo y cabeza se encuentran y se separan, de manera tal que se subvierte y se re-ordena la jerarquía establecida y "esclarecida" de los sentidos de acuerdo con "otra" lógica inconsciente; pero sólo para ser nuevamente recodificada en oposición a formas monstruosas como las arriba mencionadas. En este sentido, James Donald (1989) tiene razón cuando sugiere que la figura de Drácula tiene una dimensión carnavalesca; como la tiene también Judith Halberstam —para que no caigamos en una celebración populista y fácil del cuerpo desterritorializador— cuando sugiere que "la novela gótica y los monstruos góticos en particular producen una monstruosidad que nunca es unitaria, sino siempre un agregado de raza, de clase y de género. [...E]l discurso antisemita decimonónico y el mito del vampiro comparten una especie de economía gótica en su habilidad de condensar en un cuerpo a muchas características monstruosas" (334).

American Tabloid (1994), de James Ellroy, presenta un breve retrato del reconocido "vampiro" capitalista Howard Hughes y sirve para representar aquí a la reciente ubicuidad de las imágenes de vampiros tanto en la literatura como en el cine, por ejemplo: *Mind of my Mind* (Butler 1977), *Almanac of the Dead* (L. Marmon Silko 1991), *The Informers* (B. Easton Ellis 1994), *Bram Stoker's Dracula* (Coppola 1992), *Interview with the Vampire* (Rice 1976 y Jordan 1994), y *From Dusk Till Dawn* (Robert Rodríguez 1996). *American Tabloid* ilustra, además, las resonancias contemporáneas intertextuales y transnacionales (en este caso sobre todo las de EE.UU.) de *Cronos*:

> Littell entró. El cuarto principal estaba lleno de heladeras médicas...
> El aire olía a avellana e insecticida.

Oyó a niños gritando. Identificó al programa infantil en el televisor. Siguió al ruido por el hall. Un reloj daba la hora 8:09–10:09 en Dallas. El ruido se transformó en publicidad para comida de perro. Lidell se puso contra la pared y miró por la puerta abierta. Una bolsa intravenosa le alimentaba con sangre. El se alimentaba con una aguja hipodérmica. Estaba acostado desnudo como un cadáver en una de esas camas de hospital con manivela. No pudo en una vena de la cadera. Se pinchó el pene y apretó. El pelo le tocaba la espalda. Sus uñas en curva le tocaban las palmas. El cuarto olía a orina. Bichos flotaban en un balde lleno de orina. Hughes se sacó la aguja. Su cama se hundía con el peso de una docena de máquinas tragaperras desarmadas. (Ellroy 583)

En *American Tabloid*, el apodo de Hughes es Drac, abreviación de Dracula (417). Quisiera poner al lado del retrato de Ellroy una cita, más conocida, de *El capital* de Marx:

Como capitalista es sólo capital personificado. Su alma es el alma del capital. Pero, el capital tiene únicamente una finalidad vital: valorizarse, crear plusvalía, absorber con su parte constante, los medios de producción, la mayor masa posible de plustrabajo. El capital es trabajo muerto que, como un vampiro, revive únicamente chupando trabajo vivo, y que vive tanto más cuanto más trabajo chupa. (Marx 220)

Resulta claro que el fragmento de *American Tabloid* puede fácilmente leerse al lado del fragmento de *El capital*. Drac, el capitalista internacional, pertenece, "desnudo como un cadáver", al reino de los muertos en vida, se nutre de sangre y, además, evoca algunas de las asociaciones "monstruosas" descritas por la crítica. En este sentido, la caracterización que hace Ellroy del célebre burgués paranoico y magnate del cine Howard Hughes —recostado después de su "hit" masturbatorio en un chalet de Beverley Hills para disfrutar el asesinato de J.F. Kennedy en la televisión en noviembre de 1963— subraya la bien conocida relación entre el capitalismo, la adicción y el vampirismo, así como también evoca los temas de *Cronos*, la película de vampiros de Guillermo del Toro.

Uno de los cuerpos cuya historia se narra en *Cronos* es el del industrial De la Guardia. Él posee el manuscrito y el libro de reglas escrito por el alquimista que manufacturó el artefacto "Cronos" en la Nueva España colonial. De la Guardia desesperadamente quiere el aparato que se encuentra en manos del anticuario Jesús Gris, y que ofrece a su poseedor vida eterna a cambio de sangre. Como el paranoico capitalista Hughes, el agónico y cada vez más viejo industrial vive en un ambiente sellado y desinfectado (un bunker debajo de una de sus fábricas, la cual, según se nos hace saber, ¡está "abierta toda la noche"!), con la mitad de su cuerpo preservado en una pecera. Como Drac, él también tiende a lo animal. Aunque todavía no es un vampiro inmortal, De la Guardia prefigura ya su deseo de serlo, y camina en cuatro patas, incluyendo dos muletas metálicas —lo que le da, usando otra de las imágenes espléndidas que Marx emplea para describir el capital, la apariencia de estarse "levanta[ndo] sobre [sus] patas traseras" para así "mirar al trabajador y confrontarlo" (Marx 1054) como un insecto voraz. El relato comienza con el deseo del industrial de obtener el aparato Cronos para hacerse inmortal, y por lo tanto convertirse en vampiro. Concluye con el auto-sacrificio de Jesús previniéndolo y destruyendo, primero, al industrial, y luego, al pequeño aparato mecánico.

La película de Guillermo del Toro es una fantasía sobre el cuerpo contemporáneo, la tecnología y el tiempo en la era acelerada del capitalismo transnacional tardío. La ciudad mexicana de la película no es, además, una capital "nacional" o "regional" en el sentido culturalista. Es, más bien, bilingüe a nivel del habla (español e inglés, siendo este último una clara alusión al poder económico estadounidense), y multilingüe al nivel de la representación de la escritura. Tanto el lugar del trabajo (la fábrica de De la Guardia) como el doméstico (la casa de Jesús) se han convertido en lugares globalizados, atravesados por varias escrituras superpuestas — visibles en los avisos y periódicos— que, como un palimpsesto (o como el libro misterioso del alquimista), requieren que sus secretos sean descifrados. Las referencias de Marx a las cualidades vampíricas del capital surgen en su discusión de las luchas por la jornada laboral (es decir, el paso de la subsunción formal a la subsunción real del trabajo al capital). Este proceso comporta no sólo el disciplinamiento del capital, sino también la subyugación del trabajo vivo, el cuerpo, a la máquina ("trabajo muerto") —el fordismo— y un incremento en la taza de explotación.[3] No hay por cierto coincidencia alguna en el hecho de que la re-emergencia de imágenes e historias de vampiros en los años ochenta y noventa haya coincidido con la desregulación masiva del capital que es asociada con la transnacionalización y con el reciente asalto neoliberal al Estado benefactor, así como con el rediseño posfordista de la relación tecnológica entre capital y trabajo. Desarrollos recientes en los medios de producción (incluida la tecnología informática) amenazan con reestructurar completamente la organización social del mundo del trabajo y su relación con la esfera de lo privado, y por lo tanto incidir en varias formas en la experiencia social del cuerpo. De hecho, en la década pasada una de las fantasías más persistentes —evidente en el cine y la literatura en la forma del *cyborg* — ha sido la de las nuevas tecnologías entrando en el cuerpo de manera tal que la línea divisoria entre máquina y carne se desvanece. La transición a formas de acumulación flexible, con sus tecnologías asociadas, se ha experimentado de forma desigual en América Latina. Durante las posdictaduras, por ejemplo, se ha experimentado como crisis de la deuda externa; y en el campo de la producción, impuesta casi siempre bajo la apariencia autoritaria de la "modernización." De manera sugerente, los años ochenta son ampliamente conocidos en Latinoamérica como la década del "capitalismo salvaje".

2. Fetichismo, memoria cultural, y acumulación originaria

Según Adorno y Horkheimer, la reificación genera el olvido (230). Acaso por la influencia del ensayo clásico de George Lukács "La reificación y la conciencia del proletariado" (1971), toda discusión sobre el fetichismo de la mercancía ha hecho énfasis en el proceso mediante el cual la forma mercantil, el dinero y el capital, enmascaran y naturalizan sus contenidos sociales e históricos al presentarse a la experiencia: "Sólo es la relación social determinada de los mismos hombres, la que adopta aquí para ellos la forma fantasmagórica de una relación entre cosas." (Marx 79) Desde este punto de vista —el fetichismo de la mercancía como reificación— el sentido de la cosificación predomina sobre la "forma fantasmagórica," con el efecto de que las teorías marxistas de la ideología más tradicionales se fundan en el proceso social que genera, y generaliza, el olvido. La crítica de la ideología implica, por eso, restaurar la historia y la sociabilidad olvidada a sus objetos. Surge, entonces, la pregunta de que si tal definición de la ideología no está también fundada en el olvido, del cual la figura del vampiro es un signo y, por ende, paradójicamente ideológico. Los objetos y sujetos, ¿acaso no se presentan a los críticos siempre ya marcados por la historia, incluso si ésta es la historia de su disimulación? Y ¿no sería el capital uno de estos objetos históricos? Gilles Deleuze y Felix Guattari sugieren algo así cuando hablan tanto del poder "milagroso" del capital como de su poder de grabación: "lo esencial es establecer una superficie encantada de grabación o inscripción que se arroga para sí a todas las fuerzas de producción y todos los órganos de producción, y que actúa como la cuasi-causa al comunicarles el movimiento aparente (el fetiche)" (11-12). Así, la sociabilidad capitalista no sólo produce, sino que también graba, llevando a cuestas (o archivadas) las huellas de su historia y sus orígenes al apropiarse de la historia de otros. Desde este punto de vista, la mercantilización como olvido no solamente borra, ni tampoco rearticula, más bien sobrecodifica. La pregunta ahora, entonces, podría ser: ¿cuál es el contenido social de dicha apropiación y olvido? Hace algunos años Gillian Rose señaló que la palabra "fantasmagórica" usada por Marx resalta la "personificación" —aunque sea vaga y espectral— de las mercancías, ahora revestidas de vida y poder propios (Rose 31), como "cuasi-causa". Es por esta razón que Marx compara el fetichismo de la mercancía con la religión:

> Por eso, para encontrar una analogía debemos buscar amparo en la nebulosa región del mundo religioso. Aquí los productos de la mente humana aparecen como imágenes autónomas dotadas de vida propia, relacionadas entre sí y con los hombres. Algo parecido ocurre en el mundo de las mercancías con los productos de la mano humana. Esto es lo que llamo fetichismo, que se adhiere a los productos del trabajo no bien éstos son producidos como mercancías. (Marx 79)

De hecho, en *Cronos* el aparato dorado y engastado en piedras preciosas que se engancha al cuerpo para intercambiar vida eterna por sangre, llega a las manos del anticuario Jesús, dentro de una estatuilla en forma de ángel, como si llegara del cielo. Tal milagrería fetichista aparece de manera similar en el voraz apetito imputado al capital (trabajo muerto) por el trabajo vivo en los pasajes de Marx ya citados. Sólo que ahora, para "relacion[arse]...con los hombres", la forma fantasmagórica del vampiro ha tomado el lugar de Cristo (Jesús). Recientemente, Etienne Balibar explícitamente ha opuesto fetichismo a ideología (y a olvido) para sugerir que el primero puede ser mejor pensado en cuanto "modo de sujeción", esto es, como el principal proceso involucrado en la formación de sujetos económico-jurídicos "subordinados a la reproducción del valor de cambio" (77); de manera crucial, en el despojo y disciplinamiento del campesinado y la creación del "trabajo abstracto". Mi propia hipótesis es que la figura del vampiro, al menos en uno de sus aspectos primordiales, representa no sólo el olvido, ni es simplemente una figura literaria gótica con la que Marx provee el capital con un "personaje", sino la huella fantasmagórica de sus orígenes; en otras palabras, la memoria cultural de la sujeción violenta de cuerpos y vidas a las leyes del mercado y del Estado-nación: la así llamada acumulación originaria.

En un capítulo de su novela *Almanac of the Dead* llamado "Vampiric Capitalists", Leslie Marmon Silko escribe que uno de sus personajes indígenas, Angelita La Escapía, "imaginaba a Marx como un narrador (*storyteller*) que trabajaba febrilmente para recolectar un conjunto mágico de historias para curar el sufrimiento y los males del mundo mediante la re-narración de historias" (316). Este tipo de interpretación articula, me parece, algo así como una aproximación subalternista a *El capital*, una que lee en la teoría del valor allí expuesta, las memorias y experiencias culturales de aquellos sujetos al dominio del capital. ¿No es posible que la imagen del vampiro de Marx emerja de dicha recolección de historias? Aquí Marx, el intelectual y crítico, toma casi la forma de un shamán o curandero —un anti-vampiro— que rearticula en *El capital* las historias de aquellos que han sufrido la experiencia de la "sujeción" al capital (no en la forma de una colección etnográfica de folclore popular, sino como crítica política).[4] Lo que Balibar llama "sujeción", es la llamada por Marx "acumulación originaria". El anverso de crear un nuevo sujeto económico-político es el proceso de su despojo:

> En los hechos, los métodos de la acumulación originaria son cualquier cosa menos idílicos [...] La expropiación que despoja de la tierra al productor rural, al campesino, constituye la base de todo el proceso [...] La historia de esta expropiación ha sido escrita en los anales de la humanidad con caracteres de sangre y fuego. (Marx 653-54)

Según el relato de Marx, el proceso histórico de la acumulación originaria produce las condiciones de existencia para la explotación capitalista, y comporta no sólo el despojo del campesinado, sino nuevos medios legales de coerción, la creación de nuevos mercados y formas estatales (el Estado-nación). Asimismo, las naciones europeas se beneficiaron del botín colonial, como el oro inca y azteca —del cual está hecho el aparato mecánico Cronos. Quisiera sugerir, sin embargo, que existe también una especie de acumulación originaria continua (lo cual, desde un ángulo historicista significaría que no es tan "originaria") que alimenta el fetichismo contemporáneo y acompaña el "dominio social del capital", extendiendo la lógica del valor de cambio al nivel transnacional. En otras palabras, los procesos de despojo continúan —visibles, por ejemplo, en el conocido fenómeno de la migración masiva— "liberando" trabajo para el capital, des-diferenciándolo a través de la abstracción real, y que se experimentan hoy como "modernización", "movilidad social" o "integración nacional". En Latinoamérica estos procesos han generado una serie de fantasías (basadas en la realidad) sobre el cuerpo violentado, el vampirismo, el canibalismo y la colección y tráfico de órganos y fluidos humanos. Estas historias, provenientes principalmente de Perú y Bolivia, pero presentes en toda la América Latina, además de proveer a *Cronos* con ciertas resonancias latinoamericanas, también ofrecen pistas sobre la emergencia histórica de imágenes populares de vampiros en Europa.

3. Vampiros latinoamericanos

"Y paulatinamente, a medida que habla, yo mismo me lleno de horror" (Wachtel 57). De acuerdo con el antropólogo Nathan Wachtel en su libro *Gods and Vampires: Return to Chipaya*, "la intrusión de la modernidad en el corazón de las comunidades andinas amenaza las propias raíces de sus identidades" (89), y es del proceso consecuente de reestructuración cultural que la imagen popular del vampiro emerge. El horror del antropólogo le acosa mientras escucha a un previo informante Uru contarle sus experiencias al haber sido acusado de ser *kharisiri* (conocidos en el Perú como *nakaq* o *pishtakos*):

> uno de los grandes espantos del mundo andino [...] personajes más o menos míticos quienes atacan a sus víctimas en calles desiertas, o entrando en sus casas al anochecer, haciéndolos dormir con varios polvos de su uso, se aprovechan de su estado inconsciente para extraer su grasa (o, en versiones más recientes, su sangre). Días después las víctimas se sienten débiles, sufren cierta apatía o anemia, y mueren. En la literatura etnográfica [...] los *kharisiri* generalmente aparecen con rasgos gringos, la encarnación diabólica del mundo de afuera. (52-53)

Para Wachtel, lo más significativo era que la víctima pertenecía a la misma comunidad, aunque ocupaba una posición marginal en ella. En 1978, se contaba, un número de personas de la comunidad había sido afectado

> con una extraña enfermedad, caracterizada por la repentina fatiga, un estado de postración que a muchos causó la muerte. Manchas sospechosas fueron encontradas en los cuerpos de los enfermos (en sus brazos y pechos), pequeños puntos que parecían haber sido causados por una aguja: estos rastros claramente demostraban que habían sido víctimas de *kharisiri*. (54)

El narrador Uru fue acusado de haberles sacado la sangre con una "pequeña máquina". Fue golpeado, torturado e incluso sangrado, y sólo se salvó por la intervención de unos soldados que primero lo encarcelaron y luego lo soltaron. Wachtel estaba horrorizado porque amigos suyos y otros informantes habían estado involucrados en la persecución. Según los registros locales, sin embargo, el número de muertes en la comunidad en 1978 había sido relativamente bajo.

Estos eventos ocurrieron en un momento de crisis local, cuando el narrador y víctima fue identificado con fuerzas extrañas: había sido siempre un miembro marginal de la comunidad, un huérfano, extremadamente pobre. Pero después enriqueció. Adquirió una tienda en la aldea con sus ahorros y se involucró en cargos públicos de la comunidad —en el sindicato campesino y en la educación— en posiciones que administraban procesos locales de modernización e integración nacional. De manera harto significativa, en la opinión de Wachtel, también hacía negocios con un extraño que había sido acusado de manera similar por su propia comunidad, y cuyo abuelo en los años cincuenta había también sido acusado de ser *kharisiri*, y muerto en consecuencia. La biografía de la víctima de esta fantasía popular se refiere también a ciertos conflictos intra-familiares en la comunidad, asociados primero con la propiedad de la tierra y, segundo, con la emergencia de nuevas prácticas religiosas anti sincréticas (es decir, anti "paganas": Uru y católicas). Wachtel sugiere que estos eventos de alguna manera produjeron un momento de unidad religiosa en la comunidad –la víctima funcionando, acaso de manera demasiado clásica, como un chivo expiatorio. Resulta interesante que una de las conclusiones de Wachtel es que la víctima vino a hablar con él de su experiencia por la propia posición marginal del antropólogo en la comunidad, y que él también, en su codificación de las tradiciones mágicas y religiosas andinas locales, era, en este contexto, un vampiro (es decir, interrumpe e interfiere en la circulación de relatos).

Una fantasía cultural similar surgió aproximadamente diez años después en el Perú, ahora en un ambiente urbano, subrayando la continuidad, mediante la rearticulación de "creencias mágicas". Por dos o tres semanas en noviembre y diciembre de 1988, cientos de mujeres en las poblaciones de Lima protestaron, exigiendo a las autoridades locales la protección de sus hijos de los "sacaojos" que los estaban secuestrando para vender sus ojos en el exterior. Otras versiones incluían la venta de órganos o de sangre y grasa a las metrópolis para las maquinas de fábricas y computadores (tradicionalmente —es decir, durante el periodo colonial— grasa humana fue supuestamente extraída para la fabricación de campanas), o para proveer comida para restaurantes especiales frecuentados por miembros de las fuerzas armadas (Portocarrero Maisch *et al*).

Los "sacaojos" son versiones modernas y urbanas del *pishtako* (o *kharisiri*) prehispánico y subsecuentemente colonial (Ansión): doctores blancos, a veces con asistentes negros, con documentos de identidad avalados por el entonces presidente de la república, Alan García. De hecho, un grupo de médicos fue casi linchado durante este período. Una versión se refiere de nuevo a una *máquina* "una caja transparente [...] con dos cables conectados a la cabeza por la nariz y oídos, y un botón que cuando era presionado sacaba los ojos [y los colocaba] en un recipiente redondo" (38). De acuerdo con Portocarrero y sus colegas, esta fantasía —que quisiera llamar "poscolonial"— sustituye a posibles protestas violentas y huelgas en contra de medidas de austeridad introducidas por el gobierno en medio de una crisis política y económica grave asociada, por una parte, con la deuda externa y, por otra, con las actividades de *Sendero Luminoso*. Los efectos incluyen una disminución del poder adquisitivo popular en más del 50%, la escasez de alimentos básicos, el desempleo y la incertidumbre. El contexto se caracteriza, entonces, por el miedo generalizado que se desplaza hacia los servicios de salud, y se condensa en el "sacaojos" (doctor) racializado (el *pishtako* ahora blanco y negro en vez de indio o mestizo). Hay un acuerdo general entre los comentaristas de que esta fantasía claramente política también funciona como una crítica de la esfera política tradicional, lanzando a nuevos sujetos políticos a las calles (madres y amas de casa). Se sugiere además —y esto coadyuva nuestra contextualización de *Cronos*— que los eventos fueron la culminación de un rumor regional "que parece haber circulado por Latinoamérica. En México en 1986 y en Brasil en 1988, donde se dijo que bandas de criminales secuestraban bebés para obtener sus órganos vitales que luego se vendían en Europa y los Estados Unidos con enormes ganancias" (35).[5] Tales fantasías populares de *kharisiri*, *pishtacos* y sacaojos son claramente signos poscoloniales y transculturales de procesos sociales contemporáneos, evocando la memoria cultural de cambios en la experiencia social del cuerpo y su percibida invasión y colonización por nuevas instituciones (médicas) y regímenes (tecnologías) —los médicos ocupando ahora el lugar de los sacerdotes coloniales en una historia continua de despojo. Desde este punto de vista subalternista, el vampiro se transforma en una especie de "anti-shamán," el curandero malvado del capital, equivalente al sacerdote colonial de la Iglesia: "convirtiendo" sujetos y cuerpos en nombre del nuevo orden.[6]

4. Jesús, El vampiro

"[M]e parece que lo que he contado es suficiente para horrorizarlo, de hecho, para ponerle el pelo de punta" (Jean de Léry, 131): así escribe Léry en su celebrada relación de canibalismo en el Brasil. Sus palabras revelan la intención retórica de su texto. Al renunciar al recuento de más "actos de crueldad", se dirige a sus lectores para recordarles de otros similares —incluyendo el canibalismo— en la propia Europa. De esta manera el horror a los caníbales del Brasil es inscrito en los asuntos europeos (Léry quiere que sus palabras queden escritas en el propio cuerpo de sus lectores) y la lógica política de su crónica revelada.

Por un lado, Léry moviliza su narración de la práctica "salvaje" del canibalismo para identificar y marcar a "nuestros grandes usureros [...] chupando sangre y tuétano, y comiéndose a todo el mundo vivo —viudas, huérfanos, y otra gente pobre, cuyas gargantas sería mejor cortar de una vez por todas, que mantenerlos en la miseria" (asociando así el canibalismo en América con imágenes de vampirismo); mientras que por otra parte el escritor hugonote ataca el "salvajismo" de un catolicismo institucionalizado (y a la defensiva en el ámbito continental)— mediante una serie de referencias a las guerras religiosas en Europa, y a prácticas cristianas contemporáneas, incluyendo el canibalismo simbólico de la liturgia católica. En resumen, el canibalismo "real" y el "simbólico", junto con la evocación del vampirismo, emergen como una constelación imaginaria en una región inmersa en guerras religiosas, hambre y miedo (ver Lestringant y Delumeau). El colonialismo constituye el escenario general de dichos procesos, y el beber o chupar sangre es lo que unifica a esta constelación fantástica de imágenes, en un momento en que la crisis de imaginarios sociales, asociada con la emergencia de estados absolutistas, empieza a configurar nuevas formas de vivir y morir, y de relacionar cuerpos a sus alrededores. En este sentido, es importante recordar que años después, *Drácula* (1897), la obra clásica de Bram Stoker, emerge de un encuentro imaginario de las fronteras culturales de Europa que reúne a su Lejano Occidente (más allá se encuentra la América) con su Lejano Oriente (antes la frontera del cristianismo, ahora la frontera de la ilustración): es decir, a Irlanda y Transilvania. En otras palabras, el circuito colonial del cual surge *Drácula* es el siguiente: Bram Stoker, el autor, emigra a Londres desde Irlanda, mientras que los viajes de su personaje Jonathan Harker le llevan (a él y a sus lectores) la otra mitad del camino, hasta Transilvania. Así, además, la novela reúne la memoria del hambre y el despojo con una "aristocracia decadente" en el contexto de un capitalismo industrial emergente (Eagleton 214-16). Y más allá de los límites de este mapa imaginario de la "civilización" europea existen los verdaderos caníbales "salvajes," quienes más que simplemente prenderse al cuello de sus víctimas por sangre, los asan o cocinan en ollas... antes de devorarlos.

William Pietz ha señalado cómo la idea de "fetichismo" surge de un proceso complejo de transculturación colonial y acumulación originaria. He tratado de mostrar que éste puede también ser el caso de las imágenes poscoloniales del vampirismo; y además, que las imágenes de la apropiación violenta de los fluidos y los órganos del cuerpo constituyen un componente cultural decisivo de la experiencia popular de la acumulación originaria continua. El "fetichismo" de la liturgia católica en el discurso protestante fue un momento clave de su historia como idea, como lo es también en cuanto componente transcultural de las imágenes de vampiros (y de *pishtacos*). Guillermo del Toro ha insistido en la importancia del catolicismo en su película, hecho que se hace muy claro en los nombres de dos de sus personajes centrales: Jesús Gris y Ángel de la Guardia. *Cronos* banaliza y melodramatiza el autosacrificio de Cristo al hacer de éste una mera historia de familia.

Hay dos aspectos de *Cronos* que deben resaltarse cuando examinamos las historias de otros de sus cuerpos, y del aparato mecánico mismo. Primero, que con la emergencia de un género popular y masivo de novelas y películas de vampiros, el sentido histórico y cultural de cada obra no depende simplemente de la relación con su contexto. Esta relación es mediatizada por la lógica de producción del género, el cual, por supuesto, tiene sus propios contenidos socio culturales, pero cuyo efecto aquí es el de *abstraerse de* los contextos particulares. *Cronos* es, en otras palabras, una película de género. El contenido creativo de cualquier obra particular de tal género se relacionaría, entonces, con la manera en que reflejara tal dinámica socio-cultural. Este punto más o menos obvio me lleva al segundo: en *Cronos*, no es el usurero/capitalista (aristócrata o burgués) quien es el vampiro "real," ni es tampoco un miembro del público general participando en la estructura simbólica canibalística y sacrificial del cristianismo (aunque ésta podría ser la historia de Aurora en la película), sino el propio Jesús, ahora *transformado* a través de la *banalización* en miembro del público general. En *Cronos* no hay "trabajo viviente" por así decirlo, ya que la maquinaria de la fábrica de de la Guardia está más o menos abandonada; ni se da un "giro" desenfrenado en el deseo sexual, más bien una obsesión narcisista con la juventud que modestamente reaviva y, eventualmente, reconfirma la familia a través del sacrificio. La película de del Toro, por lo tanto, opera una suerte de *doble abstracción*, tanto del contexto social como de la convención genérica, y al hacerlo, desplaza la experiencia cultural del capitalismo y canibalismo "real" y "simbólico" hacia el vampirismo-a-regañadientes *cotidiano* de Jesús (cuya única víctima real es de la Guardia, el capitalista que quiere ser un vampiro). No es de extrañar, entonces, que el cuerpo de Jesús sea literalmente arruinado por el peso de tan intensa condensación cultural e histórica. Desde este punto de vista, es posible interpretar la película como el desmantelamiento horrorífico de un mito.

"Yo soy Jesús Gris". La historia del cuerpo de Jesús es inseparable del aparato Cronos hecho —de oro probablemente azteca— por un alquimista en la Nueva España colonial. El cuerpo es filmado, al estilo David Lynch, como una "mini-fábrica" conectada con el organismo-insecto que lo habita y que vive de su sangre (el "verdadero" vampiro industrial). La continuidad entre la fábrica de de la Guardia y el aparato mecánico Cronos es explícita en tales tomas, identificando al capitalista y al organismo-insecto dentro del aparato. En este sentido, la identificación, mediante la adicción, de Jesús y la máquina es realmente una *mala* identificación mortal. Mientras la cámara explora las transformaciones que sufre el cuerpo de Jesús al transformarse, primero, en animal y, después, en mineral, la película narra cómo llega a encarnar su nombre mediante la muerte y la resurrección. También nos cuenta, mediante la adicción, cómo se produce en él una identificación siniestra con el aparato, y su incapacidad para calmar ("civilizar") su apetito. Dos escenas extraordinarias expresan la banalidad del hambre de Jesús. En una lo vemos lamiendo lentamente una gota de sangre en el piso de un baño público durante una fiesta de año nuevo; en la otra, lo vemos conducido al límite de la autofagia por una comezón que no puede controlar. Una escena, por supuesto, motiva la identificación con el ansia de Jesús, mientras que la otra funciona en sentido contrario para repeler. Jesús es brutalmente asesinado por Ángel, el sobrino de la Guardia, mientras busca la pequeña máquina. Cómicamente vestido y remendado por un dependiente de la funeraria, Jesús empieza a parecerse a una de las muñecas enmarañadas de su nieta. De hecho, en una parodia de las connotaciones clasistas de las películas clásicas de Drácula, interpretado al estilo aristocrático por Christopher Lee, Jesús logra regresar a casa con su traje blanco y negro puesto al revés, como si Aurora le hubiera volteado la cabeza 180 grados. Allí, escondido, pasa la noche en un cofre de juguetes (substituto del ataúd), convertido en un personaje del mundo de la niña. Con su ayuda, finalmente mata a de la Guardia y su sobrino en la fábrica. El cuerpo de Jesús está ahora desmoronándose, atravesado por vidrios rotos; está mudando su moribunda piel gris como una víbora, revelando su carne blanca —la cual debe ser alimentada. Se ha convertido en Jesús Gris, y como el alquimista antes de él, necesita sangre humana. Sin ella, él y el aparato morirán. Jesús también se animaliza, inclinándose hacia la inhumanidad del organismo. Finalmente, al darse cuenta de que Aurora es la que sigue en el menú, destruye el aparato y se entrega, sacrificándose, a la luz. Jesús, anticuario, muñeco desarreglado, y eventualmente estatua en ruinas, muere para que ella pueda vivir.

En una época dominada por las fantasías de un sujeto "pos-humano" rediseñado tecnológicamente, esta representación de un vampiro parece evocar una suerte de neo-animalización melancólica, incluso la ruina del cuerpo sin subjetividad. De hecho, la aparición simultánea del vampiro moderno y de Frankenstein —el cuerpo invadido y el cuerpo producido— ya ha dramatizado dichas experiencias opuestas de la transformación capitalista. Jesús, como hemos visto, es la víctima de un experimento *cyborg* colonial y pre-industrial terriblemente fallido. No sólo se ha convertido en un muñeco, sino incluso en animal y mineral. En *Cronos*, la brecha —ocupada tan a menudo por el canibalismo "real" o "simbólico" (el sacrificio)— que supuestamente separa lo humano de lo animal (y la naturaleza) se ha desmoronado con la banalización (desacralización) de la figura encargada precisamente de mantenerla, es decir, Jesús (como señala de la Guardia, también los insectos chupadores de sangre, como el mosquito, caminan sobre el agua). El vampiro es medio espectro, medio animal. Como los espectros de Derrida, es un *revenant*; una especie de "muerto-vivo", ha vuelto de la tumba para alimentarse de los vivos. Empero, a diferencia de los espectros de Derrida, el vampiro no es completamente "de espíritu" —un fantasma— porque tiende más bien hacia lo animal. Es la sangre lo que mantiene a Jesús (y a Drac) en ese entrelugar, en esa brecha que estructura el orden simbólico, ni muerto ni vivo, animal y humano.[7]

Por último, una historia más. Como mencioné arriba, Jesús eventualmente muere para que su nieta Aurora pueda vivir. Al ofrecer su propia vida a la luz (y al espíritu), sutura la estructura sacrificial de la familia y lo humano. Así se redime; pero sobre todo revela la dimensión melodramática de la historia de Cristo en la que la suya se basa. Todo lo cual nos remite a Aurora. ¿Qué hace ella en la película? Bueno, ella se porta como el espectador fascinado, cautivado por la ilusión icónica de la imagen en movimiento. Aurora observa el drama de Jesús al entregarse al aparato Cronos, a la adicción, al hambre, al rejuvenecimiento momentáneo y a la muerte. Por momentos es visiblemente furiosa, celosa, pasmada y temerosa, silenciosamente fascinada por el drama (o película) sangriento que ve. Cuida a su abuelo, lo hace uno de sus juguetes, y luego, por supuesto, cuando Jesús observa ávidamente la sangre que fluye de su mano, ella habla por primera vez y pronuncia su nombre. De manera clásica, ella reconoce y confirma la fundación mítica de un orden simbólico trastornado, cuya lógica de sacrificio, hasta ahora amenazada, se ha recuperado.

Pero otro tipo de fantasma también recorre a *Cronos*. ¿En qué sentido se narra la historia de Aurora en la película? Es decir, ¿qué es lo que dramatiza el relato de Jesús para ella? Al reconocerlo y nombrarlo ("abuelo"), y poner fin al drama, Aurora nos recuerda, súbitamente, que hay una generación perdida —la de sus padres— en las relaciones familiares que se reconfirman. En otras palabras, los padres de Aurora han desaparecido de su vida, y del texto fílmico. *Cronos* es una película en que se dramatiza el trauma de la desaparición. La identificación de Aurora con Jesús, el padre de su padre, es, por eso, una sutura, en que el orden simbólico, más que recuperarse, se cicatriza en el intento violento de recomponerse del "golpe", que es golpe de estado y "golpe a la lengua".[8] Desde esta perspectiva, se podría decir que Cronos es una película argentina; o que al menos, con su actor principal —Federico Luppi— y su música y baile principal —el tango— se ofrece como tal, inscribiéndose en la experiencia reciente de su capitalismo "salvaje". Para Aurora, la historia del presente, de su abuelo el vampiro, es una historia de desaparecidos.

Traducción: Carlos Jáuregui

NOTAS

* Quiero agradecer a Carol Watts, Roger Luckhurst, Peter Hulme y a Carlos Jáuregui, por su ayuda en la escritura de este artículo. Una versión anterior de este artículo fue publicado como "Cronos and the Political Economy of Vampirism: Notes on a Historical Constellation", en *Cannibalism and the Colonial World*. Francis Barker, Peter Hulme y Margaret Iversen, eds. Cambridge: Cambridge University Press, 1998. 142-157.

[1] De hecho, desde el punto de vista de la novela de la Revolución mexicana —comenzando con *Los de abajo* de Mariano Azuela (1915) hasta *La muerte de Artemio Cruz* (1963) de Carlos Fuentes— dicho pacto entre la clase dirigente y el "pueblo" no fue nunca más que retórica cínica. Por otra parte, en cuanto la novela de Rulfo implica que, en palabras de Walter Benjamin, "*incluso los muertos* no estarán a salvo del enemigo si gana", es decir, que la clase dominante hace la historia a su imagen, apropiándose de vidas y de muertes, también sugiere que la preferencia de Anderson por el "estilo" sobre la "adecuación" de los imaginarios nacionales tendrá que ser repensada desde el punto de vista de sus contenidos sociales. (Ver Benjamin 1973 y Anderson 1991).

[2] La idea del fetichismo de la mercancía como "dominio social del capital" proviene del trabajo de William Pietz ("The Problem of the Fetish" y "Fetishism and Materialism"). La imagen de Latinoamérica como un cuerpo que ha sido despojado y "desangrado" fue sistemáticamente presentada por Eduardo Galeano en su importante ensayo *Las venas abiertas de América Latina*. Mis reflexiones aquí también están influidas por la obra de Michael Taussig.

[3] Al respecto Marx hace una comparación histórica y geográfica interesante: "Hasta el momento hemos considerado el afán por prolongar la jornada laboral, el hambre insaciable de plustrabajo, en un terreno en que los abusos desmedidos —no superados [...] por la crueldad de los españoles contra los indios americanos— obligaron por fin a poner al capital las cadenas de la regulación legal" (Marx 229). Como de costumbre, Marx insiste en que las transformaciones en la estructura económica son acompañadas por nuevas formas legales de sujeción.

[4] "Marx fue el primer hombre blanco que La Escapía había escuchado llamar a su propia gente vampiros y monstruos. Pero Marx no se había parado en las acusaciones. Marx había sorprendido a los capitalistas del imperio británico con las manos ensangrentadas. Marx fundó cada afirmación con evidencia; reportes forenses con horribles historias de máquinas gigantes de engranajes que consumían los miembros y las vidas de pequeños niños en las fábricas. Marx una y otra vez

describe los pequeños cuerpos de niños que habían sido explotados en el trabajo hasta la muerte —sus cuerpos deformados para que cupieran en la maquinaria industrial y otros espacios estrechos" (Leslie Marmon Silko, 312).

[5] Un relato de la compra-venta de bebés en Guatemala se encuentra en la novela de Francisco Goldman, *The Long Night of White Chickens* (1994).

[6] Para el vampirismo como mal shamanismo, ver Marc Augé (129-48).

[7] Recientemente Derrida se ha interesado en temas como la estructura de sacrificio que ha definido históricamente lo "humano" ("Eating Well..."). Esta cuestión implica específicamente la comida de carne humana o animal. En otro artículo, Derrida se ha referido incluso al "carno-falogocentrismo" ("Force of Law").

[8] Véase Nelly Richard, "Las reconfiguraciones", en este volumen.

BIBLIOGRAFÍA

Adorno Theodor, y Max Horkheimer. *Dialectic of the Enlightenment.* Londres: Verso, 1979.

Anderson, Benedict. *Imagined Communities: Reflections on the Origins and Spread of Nationalism.* Londres: Verso, 1991.

Ansión, Juan (ed.). *Pishtacos: de verdugos a sacaojos.* Lima: Tarea, 1989.

Anzieu, Didier. *The Skin Ego: A Psychoanalytic Approach to the Self.* New Haven y Londres: Yale University Press, 1989.

Apter Emily y William Pietz (eds.). *Fetishism as Cultural Discourse.* Ithaca, Londres: Cornell University Press, 1993.

Augé, Marc. "Les métamorphoses du vampire d"un societé de consommation a l"autre". *Destins du cannibalisme, Nouvelle Revue de Psychanalyse* 6 (automne, 1972): 129-48.

Azuela, Mariano. *Los de abajo.* México: Fondo de Cultura Económica, 1974.

Balibar, Etienne. *The Philosophy of Marx.* Londres: Verso 1995.

Benjamin, Walter. *Illuminations.* Londres: Collins, 1973.

Bram Stoker's Dracula. Dir. Francis Ford Coppola, Columbia Pictures, 1992.

Butler, Octavia. *Mind of My Mind.* Nueva York: Warner Books, 1994.

Clarke, Ben y Clifton Ross (eds.). *Voice of Fire: Communiqués and Interviews from the Zapatista National Liberation Army.* Berkeley: New Earth Publications, 1994.

Craft, Christopher. "Kiss Me with Those Red Lips": Gender and Inversion in Bram Stoker's *Dracula*". *Representations* 8 (1984): 107-33.

Cronos. Guillermo del Toro (dir.). Madera Cinevideo, 1992.

De Léry, Jean. *History of a Voyage to the Land of Brazil, Otherwise called America.* Berkeley: University of California Press, 1990.

Deleuze, Gilles y Félix Guatari. *Anti-Oedipus: Capitalism and Schizophrenia.* Nueva York: The Viking Press, 1977.

Delumeau, Jean. *El miedo en occidente.* Madrid: Taurus, 1989.

Derrida, Jacques. "Eating Well..." *Who Comes After the Subject*. E. Cadava, P. Connor, J-L. Nancy, eds. Londres: Routledge, 1991. 96-119.

———. "Force of Law: The Mystical Foundation of Authority". *Deconstruction and the Possibility of Justice*. D. Cornell, M. Rosenfeld, D.G. Carlson, eds. Nueva York: Routledge, 1992. 3-67.

———. *Specters of Marx*. Londres: Routledge, 1994.

Donald, James. "The Fantastic, the Sublime and the Popular, Or, What is at Stake in Vampire Films". *Fantasy and the Cinema*. J. Donald, ed. Londres: British Film Institute, (1989): 233-51.

Eagleton, Terry. *Heathcliff and the Great Hunger*. Londres: Verso, 1995.

Easton Ellis, Brett. *The Informers*. Londres: Picador, 1994.

Ellroy, James. *American Tabloid*. Londres: Century, 1995.

Escalante, Evodio. "Texto histórico y texto social en la obra de Rulfo". *Toda la obra*. Juan Rulfo. México, Madrid: Archivos, 1992. 561-81.

From Dusk Till Dawn. Dir. Robert Rodríguez, Burbank, CA. Dimension Home Video, 1996.

Fuentes, Carlos. *La muerte de Artemio Cruz*. México: Fondo de Cultura Económica, 1973.

Galeano, Eduardo. *The Open Veins of Latin America*. Nueva York: Monthly Review Press, 1973.

Gelder, Ken. *Reading the Vampire*. Londres: Routledge, 1994.

Goldman, Francisco. *The Long Night of White Chickens*. Londres: Faber & Faber, 1994.

Halberstam, Judith. "Technologies of Monstrosity: Bram Stoker's *Dracula*". *Victorian Studies* 36/3 (1993): 333-52.

Interview with the Vampire. Dir. Neil Jordan, Burbank, CA. Warner Home Video, 1994.

Lestringant, Frank. *Le Cannibale: Grandeur et Décadence*. Paris: Perrin, 1994.

Lukács, Georg. *History and Class Conscioussness*. Londres: Merlin Press, 1971.

Marmon Silko, Leslie. *Almanac of the Dead: a novel*. Nueva York: Penguin, 1991.

Marx, Karl. *Capital* (Vol. 1). Harmondsworth: Penguin, 1976. *El capital* (Tomo 1), Moscú: Editorial Progreso, 1990.

Moretti, Franco. "The Dialectic of Fear". *New Left Review* 136 (1982): 67-85.

Pietz, William. "The problem of the fetish, I". *Res* 9 (1985): 5-17.

———. "Fetishism and Materialism". *Fetishism as Cultural Discourse*. E. Apter y W. Pietz, eds. Ithaca y Londres: Cornell University Press, 1993. 119-51.

Portocarrero Maisch, Félix et. al. (eds.). *Sacaojos: crisis social y fantasmas coloniales*. Lima: Tarea, 1991.

Rama, Ángel. *Transculturación narrativa en América Latina*. México: Siglo XXI, 1982.
Rice, Anne. *Interview with the Vampire*. London: Futura Publications, 1994.
Rose, Gillian. *The Melancholy Science: An Introduction to the Thought of Theodor W. Adorno*. Londres: Macmillan Press, 1978.
Rulfo, Juan. *Pedro Páramo*. México: Fondo de Cultura Económica, 1975.
Stoker, Bram. *Dracula*. [1897]. Harmondsworth: Penguin, 1993.
Wachtel, Nathan. *Gods and Vampires: Return to Chipaya*. Chicago: University of Chicago Press, 1994.

"I walked with a zombi"
placeres y peligros de la hibridez poscolonial*

Edna Aizenberg
Marymount Manhattan College

Este artículo tuvo su origen en un zombi. Si no hubiera sido por el zombi, no lo hubiera comenzado de la manera en que lo hice, ni hubiera dicho lo que estoy a punto de decir, ni comparar lo que estoy a punto de comparar. Hubiese escrito sobre poscolonialismo, pero quizás de manera menos comprometida o enérgica. Así que hay que dar las gracias al zombi, y espero que así lo harán.

He comenzado intencionalmente en un tono equívoco, en parte serio y en parte risible, porque pienso explorar pro y contra de la crítica poscolonial a través del zombi, doloroso símbolo de la esclavitud afroantillana, no obstante su frecuente sensacionalización. Para ser más precisa y académica, pienso explorar el modo en que retrabajar el zombi en diversos contextos culturales y políticos, en el Norte y en el Sur, deja al desnudo los placeres y los peligros del poscolonialismo.

> Valentín — ¿No te acordás de ninguna del tipo de la mujer pantera? Esa fue la que más me gustó. [...]
> Molina —*La vuelta de la Mujer Zombi...*
> V —¡Ésa! A ésa nunca la vi.
> M —Ay...cómo empezaba...
> V —¿Es yanqui?
> M —Sí. Pero la vi hace mil años.
> V —Dale entonces.
> M —Dejame que me concentre un momento. [...] —¿Cómo era?.. Ah sí. Ya me acuerdo. (*El beso de la mujer araña* 163)

En esta novela, se recordará, Manuel Puig entreteje el relato de dos hombres —Valentín, un revolucionario, y Molina, un homosexual— encarcelados por sus actividades "antisociales" y obligados a compartir una celda en la Argentina autoritaria y homofóbica de los años setenta. Para pasar el tiempo, Molina, una Scherezade contemporánea, obsequia a su compañero de celda con el relato de algunos de sus filmes favoritos, muchos de ellos películas clase B del Hollywood de los años cuarenta. *I walked with a Zombie*, el clásico filme de Val Lewton, de 1943, es uno de los más sobresalientes. El zombi de Puig tiene un pre-texto, entonces, y ambas —la versión de Hollywood, y la encarnación latinoamericana— son las primeras obras sobre zombis de las que voy a tratar.

Puig, no fue el único escritor que vio y luego rememoró el visualmente impactante filme de Lewton. Parece que Jean Rhys, autora de la obra maestra de 1966 *Wide Sargasso Sea*, también lo vio y, como Puig, lo inscribió en su novela (*The Ballistic*... 18). El libro de Rhys será entonces mi tercer texto: la versión anglocaribeña.

La cuarta y última obra viene de África, origen y matriz de fronteras cosmológicas porosas, donde la muerte-vida se codea con la vida-muerte, tal como lo hace el zombi. Esta obra trata sobre una figura liminal, una especie de pariente cercano del zombi: el niño *abiku* que muere y retorna, moviéndose constantemente entre el mundo espiritual y el mundo de los vivos (*Africa*... 62-63; "Beyond..." 35). Un niño *abiku* es el protagonista de la novela de Ben Okri de 1991 *The Famished Road*, ganadora del *Booker Prize* hace pocos años y el cuarto texto elegido para ensayar un examen.

Dudo que alguien haya puesto antes estos libros en contacto y ciertamente no de este modo particular. Pero ése es uno de los placeres del poscolonialismo. Una perspectiva poscolonial desafía la dirección Norte/Sur de los diálogos intelectuales, que ha reinado por tan largo tiempo. En cambio, propicia exactamente el tipo de diálogo intelectual que yo estoy intentando, un diálogo de culturas, literaturas y discursos críticos que raramente han hablado unos con otros (si alguna vez lo hicieron), a pesar del "tercermundismo" dominante de la boca para afuera en las décadas pasadas. Una perspectiva poscolonial desplaza el foco de estudio fuera de los centros imperiales, y ofrece instrumentos para comparar las políticas culturales oposicionales de los países previamente colonizados, desestabilizando e innovando las estrategias literarias. Una perspectiva poscolonial, asimismo, provee paradigmas para ensayar lecturas críticas de situaciones de poder, trayendo a la luz rasgos significativos pero ignorados de textos de —por ejemplo— América Latina y África, permitiendo una práctica crítica más penetrante y la construcción de alianzas entre intelectuales de carácter más liberador.

El poscolonialismo tiene sus peligros, es claro. Estos peligros han sido el tópico de copiosos discursos en los últimos tiempos. Puede examinarse, por ejemplo, la extensa discusión en el reciente volumen de Bart Moore-Gilbert *Postcolonial Theory: Contexts, Practices, Politics*. Es como si después del frenesí inicial por subirse de manera poco crítica al carro triunfal del poscolonialismo, los académicos hubieran comenzado a tomar distancia y cuestionar las grietas y las ansiedades mismas del poscolonialismo, del mismo modo en que antes lo hacían con el colonialismo. ¿Continúa el poscolonialismo reinscribiendo el discurso colonial? ¿Son sus modos de análisis profundamente eurocéntricos? ¿Le falta compromiso con historias de sufrimiento de clases, etnias, y géneros específicos, perdiéndose así en

Placeres y peligros de la hibridez poscolonial • 137

una masa globalizada de identidades subalternas, desplazadas y descontentas? Si todo el mundo es infelizmente diaspórico o intermedial, como el tropo prevalente del nomadismo o de la hibridez señala, ¿cuál es la utilidad del tropo, y adónde nos conduce? ("Relations..." 159)

Pero creo que este tipo de cuestionamiento, como asimismo la indicación de los peligros del poscolonialismo, es algo positivo ya que va a resultar en mejores instrumentos de análisis crítico con los cuales estudiar la naturaleza altamente compleja de las relaciones culturales, especialmente las relaciones culturales en situaciones de desigualdad. Éste es el modo en que pienso abordar el zombi: como un ejemplo del tropo de la hibridez por medio del cual podemos disfrutar de los placeres poscoloniales, explorar sus peligros, y crear un modelo crítico nuevo y más preciso.

Primero, entonces, la versión de Hollywood. En los años treinta y cuarenta, en medio de la producción masiva de melodramas, musicales, películas de *gangsters* y *westerns*, apareció una serie de películas de horror que los críticos ahora agrupan bajo la rúbrica "películas de mujeres zombis", dado que en ellas la heroína se convierte, o es amenazada con convertirse en zombi, situación que se da en conjunción con el esclavizamiento por parte de un villano ("Zombie Woman..." 54). El filme de 1932 *White Zombi*, protagonizado por Bela Lugosi, y el de 1943 *I Walked with a Zombi*, son clásicos del género que han sobrevivido hasta hoy. Lizbeth Paravisina-Gebert apropiadamente titula su estudio sobre el fenómeno "Eroticism and Exotism in the Representation of Woman as Zombie," ya que el fundamental componente de las películas es el deseo sexual —hombres poseyendo a mujeres— que se enmarca en un fondo de otredad tropical: plantaciones de azúcar caribeñas, especialmente haitianas, palpitando con amenazantes tambores de vudú y ceremonias nativas "fálicas" ejecutadas bajo las estrellas. Por medio de la mujer zombi, el Caribe, de una manera similar a lo que ocurre con el África de Conrad, se convierte en una pantalla contra la cual los norteamericanos pueden proyectar sus fantasías e inseguridades, las fuerzas neutras de lo libidinal, lo irracional, violento, peligroso, e incluso lo mestizado, mezclado o híbrido.

Tan grande es el horror, el horror de estas fuerzas, que la mayoría de los análisis cinematográficos se niega a abordar la crucial transposición del zombi, desde la víctima negra esclavizada y viciada por la civilización blanca, a la blanca virginal amenazada por los ritos eróticos negros. En estos sueños de celuloide, la reificación física y la aniquilación sicológica del ser africano —la zombificación, en otras palabras— se convierten en la encrucijada de estas "esclavas del amor" norteamericanas. (Denigrar a cualquier mujer es despreciable, pero éste no es el problema que nos interesa tratar aquí).

Algunas de las películas sugieren una relación entre zombificación y esclavitud, como ocurre en la presentación más matizada de Val Lewton. Pero el desplazamiento del sufrimiento de los negros a las mujeres blancas, y la elisión o la subestimación de las opresivas circunstancias históricas, permanecen como el núcleo ideológico y visual de los filmes.

Las películas, por ejemplo, no mencionan la ocupación norteamericana de Haití, que aún continuaba cuando *White Zombi* fue realizada, y que, en palabras de Michael Dash, reforzó las imágenes de lo haitiano y por extensión de lo caribeño como bárbaro, caníbal y animal, degradado en términos tanto sexuales como raciales. El libro de Dash *Haiti and the United States: National Stereotypes and the literary imagination* rastrea las imágenes textuales —tanto en ficción como en libros de viajes— que ayudaron a justificar los designios imperialistas de Estados Unidos y su "misión civilizadora" (22-36). Las películas de mujeres zombis trabajaban en el mismo sentido, y más poderosamente incluso, con su nítido juego de sombra y sol, silencio y sonido, piano y *tam tam*, vida y muerte. Éste es el modo en que Phil Hardy describe la creación de Lewton en su *Encyclopedia of Horror Movies*: "a haunting, nightmarishly beautiful tone poem of voodoo drums, dark moonlight and somnambulist ladies in floating white brought to perfection by direction [...] camerawork [...] and dialogue" (en *Fearing the Dark...* 161). No asombra que Manuel Puig, en la lejana Argentina, y Jean Rhys, en Europa, hayan recordado esta película y la hayan incorporado a sus novelas. El alcance de Hollywood era —y es— más potente que el de cualquier ficción o libro de viajes. Incluso, una de las áreas de estudios poscoloniales que precisa de mucho más estudio es la cultura popular: por ejemplo, el rol de los medios de comunicación de masas como el cine en la constitución simbólica de las identidades, y en este caso, de los estereotipos. A diferencia de otras aproximaciones críticas, entonces, una lectura poscolonial revela lo que los críticos *mainstream*, hechizados por hipnóticas sombras cinematográficas ignoran: el zombi de Hollywood está completamente entrampado en un discurso colonialista que usurpa la historia y la identidad. Aquí, la hibridez amenaza, desenmascarando el miedo del entrecruzamiento racial y sexual entre los blancos y los negros.

Ahora ¿qué podemos decir sobre Puig? ¿Qué revela su zombi? La narración de Molina en la celda de *I Walked with a Zombi* forma parte de una red cinematográfica que va mucho más allá del entretenimiento, funcionando como un discurso metafórico sobre la desesperada situación de los dos hombres. Los dos son *freaks* perseguidos o "híbridos," del mismo modo en que lo son el ser mitad mujer, mitad pantera de *Cat People* (otro clásico de Lewton, de 1942), los amantes alternativamente deformes y bellos de *The Enchanted Cottage* (1945), o la esposa muerta-viva de *I Walked with a*

Zombi. Molina también teje su telaraña a partir de películas inventadas que nunca existieron mas allá de las tapas de la novela, aunque podrían haberlo hecho, vista la manera tan efectiva en la que se mezclan películas de horror idiosincrásicamente recontadas con guiones inventados. Esta característica ha sido frecuentemente señalada por los comentadores de Puig. Lo que ellos no han observado, y una perspectiva poscolonial sí, es cómo Puig desplaza las localizaciones de la mayoría de las películas desde el gélido Norte —el New York de *Cat People*— al cálido y balsámico Sur de *I Walked with a Zombi*, y los espurios celuloides que lo rodean. El filme de zombis desborda sus fronteras, por decir así, con su localización —un lugar en el Caribe— y su situación— una historia de odio, amor e hibridez, convirtiéndose en la de casi todos los cinco filmes fabricados. (Uno de los filmes relatados, un espurio filme nazi, es localizado en la Francia ocupada). El zombi híbrido se convierte en un espacio simbólico de múltiples niveles, en el cual se cruzan las culturas y los discursos políticos de Estados Unidos, América del Sur, África y el Caribe, confluyendo y chocando en un ruidoso y revelador coloquio poscolonial.

El zombi de Puig también revela un alto grado de ambivalencia. En tanto argentino que escribe sobre su país en un momento extremadamente difícil, Puig está atrapado en la relación de amor-odio que la sociedad argentina ha tenido siempre con Occidente. Por un lado, Argentina se enorgullece de su "europeidad" y su "blancura" —en su mayor parte un resultado de la inmigración europea promovida por el gobierno durante el siglo XIX, y de guerras de frontera llevadas adelante con la clara intención de eliminar indios y afroargentinos (Lewis 11-13). Por otro lado, Argentina sabe que no es un país europeo sino una distante república poscolonial del sur, marcada por un desarrollo desigual, una población cuyas características raciales tienen más componentes africanos y mestizos de los que la mayoría de los argentinos quisiera admitir, y una cultura cuyo principal artículo de exportación, el tango, suena con el sonido de la *mulonga* o *milonga*, de inspiración africana (Castro 95-96). Los argentinos reproducen el horror occidental hacia lo híbrido y su exotización de lo "primitivo", y son en sí mismos el objeto de esa "otrificación". Véase la comercialización del tango, representado como las evoluciones sensuales y lascivas de latinoamericanos de piel oscura en los escenarios de las capitales occidentales.

La dictadura asesina que gobernó durante los años setenta —cuando un Puig exiliado escribió *El beso de la mujer araña*— defendía una Argentina "pura" en términos sexuales, raciales, políticos y religiosos, y encarcelaba o "desaparecía" lo "impuro". Ésa es la razón por la cual Valentín y Molina están en prisión, y es la misma razón por la cual Puig (y Molina) vindican lo híbrido y lo subalterno, incluyendo al zombi. A diferencia de las producciones de Hollywood, los filmes caribeños de Puig nombran sus espacios de manera inequívoca —países latinoamericanos colonizados— y ponen de relieve el oneroso legado de la colonización (125). La versión de Molina cuenta una rebelión de los peones negros que trabajan como siervos en una plantación de bananas, acto revolucionario que lleva a su zombificación forzada por parte de los dueños. El filme americano no dice nada sobre esta rebelión. Este énfasis en la injusticia, revolución e hibridez se derrama en las películas imaginadas.

Hasta aquí, todo está bien. Pero si el uso que hace Puig del zombi nos habla de un lugar de enunciación hibridado y no hegemónico, y de alguna conciencia de la penosa historia caribeña, también pone de relieve, como Molina señala, la imaginería estereotipada y negativa implícita en los filmes hechos en Hollywood y compartida por grandes sectores de la sociedad argentina. El Caribe de Molina tiene un evidente sabor a Hollywood: suaves brisas bajo palmeras ondulantes, dulces maracas, rítmicos bongos y mujeres sensuales, ¡ah cuán sensuales! en vestidos de lamé que se adhieren al cuerpo. "Todo bien tropical" tal como Molina describe con delectación. "Y los negros con sus ojos grandotes como huevos fritos; y esos tambores, gracias a Dios no siempre se oyen esos tambores, porque ellos son un mal agüero, y por supuesto, está ese maligno brujo y esa vieja negra, el ama de llaves. Ella es gorda y grande, y su pelo está completamente gris, pero es tan amable ..." Encontramos casi todos los clichés posibles, al tiempo que se lleva a cabo el desplazamiento ahistórico que desliga la zombificación de la esclavitud. Ahora el sitio de opresión no es la plantación caribeña, sino la prisión argentina, y la víctima substituta un hombre homosexual. El zombi continúa estando atrapado en una erótica ajena, no obstante la importancia de la posición de Puig en torno a la liberación gay. Si el *I Walked with a Zombi* de Hollywood traiciona un pánico colonialista ante la hibridez racial, *El beso de la mujer araña* proyecta una hibridez poscolonial menos aterrada, aunque aún atrapada en las maquinaciones coloniales que busca desplazar.

¿Es esto lo mismo que sucede con Rhys? Mientras que la novela de Puig apenas ha sido estudiada desde una perspectiva poscolonial, Rhys se ha convertido en una obra-clave de la poscolonialidad, un ejemplo eminente de la estrategia poscolonial de "re-emplazar el texto", como lo llaman Aschcroft, Griffiths y Tiffin (*Empire* 78). Rhys, como Puig, se apropia del texto metropolitano y trata de desmantelar su poder por medio de subversiones formales y desafíos temáticos (83). Es lo que la obra de Chinua Achebe *Things Fall Apart* hace con *Mister Johnson* de Joyce Cary y *Heart of Darkness* de Conrad, *Una Tempestad* de Aimé Cesaire hace con Shakespeare y "Pierre Menard, autor del *Quijote*", de Borges hace con *Don Quijote*. En el caso de Rhys, el texto canónico es *Jane Eyre*, de Charlotte Brontë, una relación intertextual que ha sido estudiada una y otra vez. No obstante, hasta donde sepa, sólo la monografía de Julie Newman *The Balistic Bard* asevera de manera convincente, por medio de sorprendentes similitudes en la trama y la imaginería, que Rhys, que comenzó a escribir en los años cuarenta, usó otra fuente "menos prestigiosa": nada menos que el inolvidable filme de Lewton, que él mismo describe como una versión antillana de *Jane Eyre*, con su anormal y poco casta primera esposa, su marido noble y sufriente, y su enfermera abnegada que se convierte en segunda esposa (Newman 18; Bansak 145-46).

La frase "menos prestigiosa" puede sugerir al menos parte de la reticencia crítica de explorar otras fuentes que no sean Brontë —queremos que nuestros textos poscoloniales tengan alcurnia— quizás como una respuesta defensiva a la denigración imperialista. Pero leer a Rhys junto con Puig subraya lo que noté antes: el rol crecientemente central de productos de la cultura pop —cine, vídeo, canciones— como nuevo canon metropolitano. Por ejemplo, parte del carácter innovador poscolonial de Puig y de Rhys deriva de este hecho, de su audaz "reemplazamiento" de *I Walked with a Zombi* junto con *Jane Eyre*.

Rhys tiene muchas ventajas con respecto a Puig. Es oriunda de la isla antillana de Dominica, más cercana a las fuentes, por así decir. Tiene un conocimiento mucho más directo sobre el *obeah*, el sistema de creencias de raíces africanas análogo al vudú e importante en el Caribe angloparlante (*Sacred Possessions*... 6). Su novela está ubicada en el Caribe en 1838, inmediatamente después de la emancipación de los esclavos negros por parte de los británicos, no en 1975 en una prisión sudamericana. Y sus protagonistas son la jamaiquina Antoniette Mason, no los argentinos Luis Alberto Molina o Valentín Arregui Paz. En otras palabras, Rhys desplaza menos, manteniendo la geografía, historia y política de la zombificación.

No obstante ello, Rhys comparte mucho con Puig. Ambos hablan desde zonas aún marcadas por las heridas de los viajes del Almirante (Cristóbal Colón). Si el Caribe fue conformado por la Plantación, como arguye de manera poética Antonio Benítez-Rojo, el Río de la Plata lo fue por la Estancia, la enorme extensión territorial en que los cuerpos oscuros trabajaban para una oligarquía terrateniente blanca. Ambas novelas tienen la intención de mostrar el otro lado de las narrativas canónicas (*master narratives*) y de minar su autoridad dando voz a las "monstruosidades" confinadas, repudiadas, esclavizadas, a las amenazantes identidades híbridas, a los zombis. ¿Qué decir sobre el homosexual en la celda, el revolucionario en la cámara de tortura, la loca en el ático? ¿Cuáles son *sus* historias? Como Puig, Rhys dispersa fragmentos de zombis a lo largo de su libro por medio de numerosas referencias a los muertos vivos y al *obeah*. Y como Puig, que usa al zombi para vincular lo personal con lo político, Rhys vincula la narración de la mujer zombi, hibridizada y sexualizada, con la narrativa de dominación imperial.

Antoniette Cosway, la reconfigurada Bertha Mason del clásico de Brontë, se ajusta a la definición de Paravisini-Gerbert porque se convierte en zombi, además de ser esclavizada por el villano. Sin pertenecer completamente ni al mundo de los blancos —al que tendría derecho por su nacimiento — ni al de los negros— cercano a ella por su amiga Tia y su querida enfermera Christophine— Antoniette sufre una zombificación adicional cuando su hermano adoptivo la "vende" en matrimonio a Rochester, hijo menor sin fortuna propia que debe casarse con una persona rica o permanecer pobre. La sexualidad y el mestizaje juegan un rol esencial en esta mezcla incendiaria desde el momento en que Rochester llega a percibir el placer que durante la luna de miel Antoniette deriva del sexo, que él entiende como la loca ninfomanía de una "oscura criatura extraña", una "negra blanca" imbuida, de manera demasiado peligrosa, de la erotizada negritud caribeña (*Wide Sargasso Sea* 67, 102). Para ganar control sobre ella —como los amos dominan a los esclavos— Rochester "zombifica" a Antoniette cubriendo su cara con una sábana como si ella estuviera muerta, rebautizándola, definiéndola como loca, transportándola más allá del mar, manteniéndola encerrada bajo llave. Antes de abandonar el Caribe, Rochester reflexiona:

> Very soon she'll join the others [...] they can be recognized. White faces, dazed eyes, aimless gestures, high-pitched laughter [...] Yes, they've got to be watched. For the time comes when they try to kill, then disappear. But others are waiting to take their place. It's a long long line. She's one of them. (172)

Enmarcada dentro de la política de la esclavitud —el origen del zombi— Antoniette se encuentra subsumida en el miedo imperialista a la rebelión de esclavos, de los africanos que amenazan a los europeos. Y ella reacciona del mismo modo en que lo hicieron los ex esclavos de su padre, incendiando la Casa Grande (Newman 15). Este retrato contrasta nítidamente con *I Walked with a Zombi*, donde la primera mujer nunca habla, nunca actúa, no hace más que caminar robóticamente a través del paisaje con ojos asombrados y gestos vagos.

Tan potente es esta reescritura poscolonial de Bertha Mason que ella, *à la Borges*, ha "creado" a su precursor. Como Patsy Stoneman ha indicado en su estudio *Brontë Transformation*, *Wide Sargasso Sea* tuvo un enorme impacto en las subsecuentes relecturas y producciones de *Jane Eyre*, inevitablemente en la dirección de un énfasis mayor en la dimensión afrocaribeña de la obra, y en una mayor africanización positiva de Antoniette (194). Rhys, podemos decir, ha alcanzado la cumbre del placer poscolonial, vaciando el texto canónico y llenándolo con una audaz reescritura revisionista, para hablar en los términos de Harold Bloom.

Pero no todo es color de rosa. No obstante su éxito, los problemas siguen, y son un eco de los de Puig. Gayatri Chakravorty Spivak los pone en evidencia claramente en su mordaz ensayo "Three Women's Texts and a Critique of Imperialism", cuando escribe que *"Wide Sargasso Sea* marks with uncanny clarity the limits of its own discourse in Christophine, Antoniette's black nurse [...] she cannot be contained by the novel which rewrites a canonical English text within the European novelistic tradition in the interest of the white Creole rather than the native" (190). Firdous Azim concuerda con ella: "Crucially in *Wide Sargasso Sea* it is a white Creole woman who represents the figure of the colonized double" (citado en *Brontë Transformations...* 190). En otras palabras, la novela de Rhys también exhibe el desplazamiento que convierte a la mujer blanca en un zombi híbrido que hace del mestizaje y del doble la herencia de los blancos. Spivak arguye que no podría ser de otra manera: "No perspective *critical* of imperialism can turn the Other into a self, because the project of imperialism has always already historically refracted what might have been the Other into a domesticated Other that consolidates the imperialist self" (253, énfasis en el original). Para decirlo de manera más directa: lo colonial inevitablemente socava lo poscolonial, que no puede escapar de sus garras y convertirse en verdaderamente liberador.

¿Pero deben ser las cosas siempre así? ¿Debe el espacio de la hibridez necesariamente convertirse en una serie de desplazamientos debilitantes y alteridades agónicas? ¿O puede apuntar a una zona más allá de aquélla de un tardío y defensivo contraste con Europa? ¿Puede apuntar a una hibridez que niegue la autoridad colonial? Aquí estoy parafraseando a Benita Parry, quien a diferencia de Spivak ve a Rhys de manera algo más positiva (42). Creo que es posible. *The Famished Road*, de Ben Okri, puede ilustrar cómo, devolviéndome a los placeres del poscolonialismo o de una práctica literaria y crítica que podría llamar con otro nombre, quizás *supracolonialismo*, siempre que decidamos dejar el "colonial" dentro de la denominación.

La novela de Okri, tal como se ha indicado más arriba, pone en escena un personaje que es un páriente cercano del zombi, el niño *abiku* que muere y vuelve de la muerte, muere otra vez y vuelve otra vez. Tanto el zombi como el *abiku* emergen del seno de la espiritualidad africana, con sus fronteras porosas entre lo material y lo inmaterial y con su creencia de que los muertos y los vivos están en comunicación constante. Del mismo modo que el zombi del Congo, el *abiku* yoruba (*ogbanje* en igbo) está al mismo tiempo vivo y muerto (*Passage of Darkness*... 57; en congolés *nzambi,* "espíritu de una persona muerta"). El poeta nigeriano Niyi Osundare le da a esta noción una pátina lingüística:

> La aglutinación morfológica en "*abiku*'" [...] refleja la misteriosa fusión en el niño de dos estados, el ser y el no ser. Crea una situación en la cual nacer y morir se convierten en un ciclo integrado. Con el pasaje del tiempo la secuencia específica de estas ocurrencias se convierte en irrelevante, toda vez que a + bi + ku ("uno nacido para morir") se convierte en sinónimo con a + ku+ bi ("uno muerto para nacer") un hecho cíclico que convierte al *abiku* en alguien sin tiempo ni edad. (95-96)

El *abiku* comparte muchos rasgos con el zombi, pero las palabras de Osundare sugieren las posibilidades *positivas* del *abiku*: intemporalidad e integración, posibilidades éstas que Okri emplea de manera maestra. Azaro, el protagonista y narrador de *The Famished Road*, es un niño *abiku* que es enterrado como si estuviese muerto, y luego "vuelve", como un zombi. De allí su nombre, Lázaro (8). Su hibridez parecería ser una metáfora perfecta para la anomia dualística poscolonial. De hecho, Okri apoda a la naciente nación-Estado de la novela "una nación *abiku*", y la representa con un grado de extrañamiento que supera todo lo que podemos encontrar en Lewton, Puig o Rhys, poblado como está de hombres sin pecho y con seis dedos; perros de dos patas; mutantes de ojos verdes, jorobados y desdentados; mujeres que tienen los senos en la espalda, y toda suerte de sombras, espíritus, extrañas invenciones mecánicas, bizarros matones políticos, alimentos envenenados (494). Herbolarios, *juju*, sacrificios, ceremonias y objetos mágicos pululan en sus páginas en un grado muy superior al de *El beso de la mujer araña*, la versión de Hollywood del vudú, o el *obeah* de Rhys.

Sí, cosas extrañas parecen estar pasando, pero —milagro de milagros— realmente no son extrañas, porque no estamos en el universo mestizado, desplazado y alienado heredado del colonialismo, y todavía medido conforme a patrones colonialistas. Estamos en un reino intemporal, realista-animista, donde el colonialismo y la herencia colonial son meras notas a pie de página (*Strategic Transformations*... 148). Esas formas y sonidos y olores que sentimos no provienen de las fuerzas extrañas e implacables de Conrad, llenas de intenciones inescrutables; son, por el contrario, la cacofonía de una realidad africana sólidamente comprometida con sus múltiples dimensiones, una realidad muerta y viva, espiritual y material, nueva y vieja, buena y mala, pacífica y violenta, una realidad asumida sin angustiantes disyuntivas o difíciles mediaciones. Azaro puede ser frágil y liminal, pero no es susceptible a la fragmentación de la identidad legada por el colonialismo, porque él le niega su autoridad, absorbiendo la historia y el tiempo colonial en la recurrencia intemporal y cíclica y en la transfiguración regenerativa provista por formas indígenas de conocimiento ("Beyond the Postcolonial..." 36). Innovando literaria y conceptualmente, Okri se adhiere al realismo animista por su carácter esperanzador, por su potencial para encontrar semillas de cambio en medio del desagradable panorama de las fracturas heredadas. "Nuestro país es un *abiku*", Dad le dice a Azaro. "Como el niño-espíritu, va y vuelve, va y vuelve. Un día se quedará" (478) Y Azaro decide quedarse, aceptando una existencia llena de paradojas, el "misterio de los nacimientos en medio de los nacimientos, muertes en medio de las muertes, nacimientos en las muertes, el desafío de dar a luz a la verdadera identidad", de ir más allá de la senda de "nuestro rechazo de ser", hacia "nuevas sendas" y "nuevos pactos" (487-88). Acepta la hibridez como un instrumento de avance a la manera del hombre con la bicicleta en la magnífica escultura yoruba que decora, como un inquietante y seductor emblema, la tapa del influyente libro de Kwame Anthony Appiah *In My Father's House*: contemporáneo, galán, provisto de autoridad, el hombre va camino a la ciudad, sentado sólidamente en la realidad inmediata de su bicicleta, vestido de una manera heterogénea y políglota (139). Él es un híbrido, es cierto, pero ¿qué hay? Es la creación, dice Appiah, de alguien, un artista a quien no le importa que la bicicleta sea una invención del hombre blanco; la máquina no amenaza su identidad Yoruba. Es la creación, dice Appiah de manera más erudita, de una inteligencia menos ansiosa que la de muchas de las novelas poscoloniales africanas (novelas, añadiría, que no son tan diferentes de *El beso de la mujer araña* o *Wide Sargasso Sea* a pesar de los contrastes históricos y geográficos en los cuales he insistido) (157). El *abiku* de la obra de Okri permanece en África, sin la esclavitud y el desplazamiento a tierras ajenas. Pero esto por sí mismo no puede explicar el cambio de tono, ya que la gran mayoría de las novelas poscoloniales africanas están tan escindidas por aventuras ambiguas y binarismos pesimistas —y la poesía poscolonial africana, agregaría yo, está igualmente desgarrada por torturados niños *abiku* (i.e. Soyinka, J. P. Clark).

No, yo creo que encontramos en Okri lo que Appiah deseaba para la novela africana futura: la poderosa visión de una creatividad despojada de ansiedad, del *abiku* con una bicicleta, híbrido, políglota, a quien no le importa si las bicicletas o los diccionarios o las cámaras son invenciones del hombre blanco. Esas invenciones no están allí para señalar la otredad del ser africano; no están allí para mantener atrapados a los hibridados en la lógica colonialista.

Me parece que tenemos aquí una nueva lectura del tropo de la hibridez que va más allá de la amenazante versión sexista, racializada y racista de Hollywood; más allá de las versiones poscoloniales de Puig y Rhys, contestatarias pero aún problemáticas. Los infortunios políticos, las aflicciones económicas, y las desigualdades sociales no han desaparecido: éste no es un universo edénico. Pero Okri rehúsa constituirse en el híbrido colonial o poscolonial: genérico, globalizado, sufriente y subalterno. Propone en su lugar otra hibridez, *supracolonial*, que hace de la posibilidad y la promesa sus rasgos definitorios.

Traducción: Juan Pablo Dabove

Nota

* Una versión de este ensayo apareció en inglés bajo el título "'I walked with a Zombie' The Pleasures and Perils of Postcolonial Hibridity" en *World Literature Today* 73/3 (1999): 461-66.

Bibliografía

Appiah, Kwame Anthony. *In My Father's House: Africa in the Philosophy of Culture*. Oxford: Oxford University Press, 1992.

Ashcroft, Bill, Gareth Griffiths y Helen Tiffin. *The Empire Writes Back: Theory and Practice in Post-Colonial Literatures*. London: Routledge, 1989.

Bansak, Edmund. *Fearing the Dark: The Val Lewton Career*. Jefferson: McFarland, 1995.

Benítez-Rojo, Antonio. *The Repeating Island: The Caribbean and the Postmodern Perspective*. Durham: Duke University Press, 1992.

Castro, Donald. *The Argentina Tango as Social History, 1880-1955*. San Francisco: Mellen Research University Press, 1990.

Cat People [1942]. Dir. Jacques Tourneur. Producer: Val Lewton. BBC, 1996.

Cézair-Thompson, Margaret. "Beyond the Postcolonial Novel" Ben Okri's *The Famished Road* and its 'Abiku' Traveler." *Journal of Commonwealth Literature* 3/2 (1996): 33-45.

Dash, Michael. *Haiti and the United States: National Stereotypes and the Literary Imagination*. New York/London: St. Martin's/Macmillan, 1997.

Davis, Wade. *Passage of Darkness: The Ethnobiology of the Haitian Zombie*. Chapel Hill: University of North Carolina Press, 1988.

Draper, Ellen. "Zombie Women When the Gaze is Male." *Wide Angle* 10/3 (1988): 52-62.

Fernández Olmos, Margarite, y Elizabeth Paravisini-Gevert (eds.) *Sacred Possessions: Vodou, Santería, Obeah and the Caribbean*. New Brunswick: Rutgers University Press, 1997.

Ha, Marie Paule. "Relations of Culture: A Review of Ali Behdad's *Belated Travelers*, Xiaomei Chen's *Occidentalism*, and Chris Tiffin and Alan Lawson's *De-Scribing Empire, Post-Colonialism and Textuality*". *Research in African Literatures* 28/4 (1997): 154-64

Hardy, Phil et al. *The Encyclopedia of Horror Movies*. New York: Harper Row, 1986.

I Walked With a Zombie [1943]. Dir. Jacques Tourneur. Turner Home Entertainment, 1991.

Lewis, Marvin A. *Afro-Argentina Discourse: Another Dimension of the Black Diaspora*. Columbia: University of Missouri Press, 1996.

Moore-Gilbert, Bart. *Postcolonial Theory: Contexts, Practices, Politics*. London: Verso, 1997.

Newman, Julie. *The Ballistic Bard: Postcolonial Fictions*. London: Verso, 1997.

Ogunyemi, Chikwenye Okonjo. *Africa Wo/man Palava: The Nigerian Novel by Women*. Chicago: University of Chicago Press, 1996.

Okri, Ben. *The Famished Road*. New York: Doubleday, 1993.

Osundare, Niyi. "The Poem as a Mytho-Linguistic Event: A Study of Soyinka's 'Abiku'". *African Literature Today* 16 (1988): 91-102.

Paravisini-Gebert, Lizabeth. "Women Possessed: Eroticism and Exoticism in the Representation of Woman as Zombie". *Sacred Possessions: Vodou, Santería, Obeah and the Caribbean*. Margarite Fernández Olmos y Elizabeth Paravisini-Gevert, eds. New Brunswick: Rutgers University Press, 1997. 37-58.

Parry, Benita. "Problems in Current Theories of Colonial Discourse". *The Post-Colonial Studies Reader*. Bill Ashcroft, Gareth Griffiths y Helen Tiffin, eds. London: Routledge, 1995. 36-44.

Puig, Manuel. *El beso de la mujer araña*. 1976. Buenos Aires: Seix Barral, 1991.

Quayson, Ato. *Strategic Transformations in Nigerian Writing*. Oxford/ Bloomington: James Currey/Indiana University Press, 1997.

Rhys, Jean. *Wide Sargasso Sea*. New York: Norton, 1966.

Spivak, Gayatri Chajravorty. "Three Women's Texts and a Critique of Imperialism". *Critical Inquiry* 12/1 (1985): 243-61.

Stoneman, Patsy. *Brontë Transformations: The Cultural Dissemination of Jane Eyre and Wuthering Heights*. London: Prentice Hall, 1996.

White Zombie. Dir. Victor Halperin. Per. Bela Lugosi. Halperin Productions, 1932.

II. Insurgencias, Estado e imaginarios alternativos

La utopía del robo: *Los bandidos de Río Frío*

Margo Glantz
UNAM-México

I. Payno y su México

Empecemos por el principio, ¿quién fue Manuel Payno, en qué época vivió y cómo y por qué escribió su magna obra *Los bandidos de Río Frío*? Por otra parte y con injusticia, es una novela casi desconocida fuera de México y publicada por entregas en España entre 1889 y 1891, bajo el seudónimo de "Un ingenio de la Corte", mientras el escritor mexicano ocupaba el cargo de cónsul interino en Santander durante el régimen del general Porfirio Díaz. Según las investigaciones publicadas en 1979 por Robert Duclas, investigador francés que vivió algunos años en la capital de la república, Manuel Payno no nació en 1810, como siempre se había afirmado, sino en 1820, fecha que nos hace pensar que los acontecimientos relatados y los personajes retratados con tanto rigor, penetración y sabiduría en su novela, los vivió cuando era apenas un adolescente, aunque las circunstancias extraordinarias por las que pasaba la nueva república obligaban a sus dirigentes a iniciarse en la vida activa desde muy jóvenes. A los diecinueve años Payno ingresa a la Aduana de Ciudad de México y poco después, junto con Guillermo Prieto, su gran amigo y destacado poeta, viaja a Matamoros a fundar la aduana marítima, iniciándose en este tipo de negocios que Payno conoció muy bien, como puede verse en sus escritos sobre economía y en su triple, breve y brillante actuación como Secretario de Hacienda. Puede asegurarse además, que en 1850 logró reducir la deuda pública, que venía siendo negociada por México desde 1821, desde después de la Guerra de Independencia contra España.

José Emilio Pacheco aclara en 1985, en su columna "Inventario", que desde hace mucho tiempo escribe para el semanario *Proceso*:

> El más hábil folletinista de México fue también el genial financiero que (un siglo antes de que hubiera escuelas de economía) logró, cuando el país estaba deshecho a raíz de la intervención norteamericana y sus incalculables pérdidas territoriales, que nuestros acreedores de Londres redujeran el interés del 5% al 3% el pago de intereses y dividendos se hiciera aquí y los réditos insolutos se rebajaran de diez a tres millones de pesos. ("Bandidos de ayer y hoy")

Desde muy joven, Payno viaja por su país y por el extranjero, Sudamérica y Estados Unidos, adonde es enviado por el gobierno de Santa Anna para estudiar el sistema penitenciario en Nueva York y Filadelfia; fue también administrador de rentas del estanco de tabaco, un cultivo muy codiciado, cuya distribución estuvo muchas veces fuera de la ley, como bien se demuestra en *Astucia, o los hermanos contrabandistas de la rama*, de Luis G. Inclán, otra de las grandes novelas mexicanas del siglo XIX. Combate la intervención norteamericana y publica, con Guillermo Prieto e Ignacio Ramírez, dos de los más radicales e ilustres liberales de su época, *Apuntes para la historia de la guerra con los Estados Unidos*, lo cual le vale la enemistad y la persecución del General Santa Anna. Durante la primera mitad del siglo XIX ocupó varios puestos importantes. No obstante, su participación en el golpe de estado del General Ignacio Comonfort contra la constitución liberal de 1857, su oposición a la desamortización de los bienes del clero, su apoyo al Plan de Guadalupe del político conservador Félix Zuloaga que derriba a Comonfort, y, más tarde –durante la intervención francesa– su colaboración con el Imperio de Maximiliano, lo separan definitivamente del partido liberal y acaban con su carrera política. Durante los gobiernos de Juárez y Lerdo de Tejada sólo es profesor de la preparatoria y tres veces diputado. Más tarde, durante la dictadura de Porfirio Díaz, recibe puestos de consolación, aunque cuando regresa de Europa es nombrado senador y es presidente del Senado.

Manuel Payno pasó un tiempo en prisión y estuvo a punto de ser ejecutado. El escritor liberal Manuel Ignacio Altamirano, importante autor de varias novelas durante el período llamado de la República Restaurada (*Clemencia*, *El Zarco* y *Navidad en las montañas*) pronunció el 2 de julio de 1861 un exaltado discurso en el Congreso. Allí pedía su cabeza:

> Se nos quiere aquí conmover con la perspectiva de las desgracias que han sobrevenido a este hombre y ¿no hemos presenciado y estamos presenciando los efectos de su crimen? ¿Cómo se pretende que pese más en la balanza de nuestra conciencia ese siniestro consejero del infame Comonfort, que la dignidad de la república ultrajada por él?
> ¿Payno es culpable?, sin duda. ¿Por qué? Porque ayudó a don Ignacio Comonfort a dar el golpe de estado; es decir, a violar las instituciones y traicionar a la república en diciembre de 1857. ¿Ha confesado su crimen? Aquí está su libro, y ahí está su confesión. ¿Qué nos falta pues? Declararlo culpable. Eso es obvio y no lo harán sólo los que, teniendo ojos no vean, teniendo oídos no oigan; o mejor dicho, teniendo alma no tengan valor, teniendo patria no tengan patriotismo. Y después, ¿qué falta todavía? Lo que ha faltado siempre, lo que falta aún hoy, lo que preveo con indignación que seguirá faltando, el rigor para castigar. Y lo temo porque

semejante conducta acabará por hundirnos; porque en casos como éstos, perdonar es suicidarse, es hacer la apoteosis del criminal en vez de condenarlo a la ignominia [...] Castiguemos a Payno y en vez de arrojar a los pies de Comonfort las flores de la adulación y las llaves de la república, arrojémosle la cabeza de su cómplice. (citado en "Las incertidumbres..." 149)

Para nuestra suerte, la amnistía de 1862 lo liberó. A pesar de estas violentas y quizá justas acusaciones de Altamirano, su labor como estadista, educador, economista, diplomático, periodista, jurista y escritor fue muy notable, aunque ahora sólo se le reconozca como el autor de la quizá más importante novela del siglo XIX mexicano, *Los bandidos de Río Frío*. Payno regresó a México a finales de 1893 o principios de 1894, y allí murió el 4 de noviembre de 1894.

II. LA NOVELA

Antes de entrar en materia creo pertinente subrayar que su conocimiento acerca de las instituciones penitenciarias, educativas, la propiedad individual y de las corporaciones religiosas en México le otorgan a la narrativa folletinesca de Payno un fundamento profundo y sólido y sitúan con autoridad varias de las aventuras que viven sus personajes, por ejemplo los problemas de la propiedad feudal de quienes habían heredado su riqueza desde los tiempos de la colonia y la presencia todavía vigente, durante las primeras décadas del México independiente, de los Juzgados de Capellanías, como puede advertirse en relación con las propiedades del Conde de Sauz y las propiedades que por deudas están a punto de ser enajenadas por la Iglesia en el caso del Marqués de Valle Alegre, así como los bienes que les correspondían después de la Conquista a los descendientes de Moctezuma II, es decir a su sucesor, Moctezuma III en *Los bandidos de Río Frío* (cf. Andrés Lira); asimismo, puede comprobarse la fidelidad con que en la novela se analizan las instituciones de la época, cuyo manejo hace posible los peores excesos a que nos ha acostumbrado la novela de folletín: la utilización de las leyes para favorecer las fechorías de los tutores y los abogados, con los consiguientes cambios de fortuna para las huérfanas encomendadas a su tutela como sucede en *El fistol del diablo o el penoso futuro de las mujeres*, cuyo destino es perder su dote entregada a maridos irresponsables o malhechores, como acaece con Doña Severa, la esposa de Relumbrón, el personaje principal de *Los bandidos*, obra esencial, repito, para entender la historia de esa primera mitad del siglo XIX en México. En suma, el folletín es posible porque la sociedad que lo engendra contiene en germen los excesos que aderezan sus escenas melodramáticas más extremas.

La temporalidad histórica de la novela abarca acontecimientos ocurridos durante el período de la anarquía, mejor conocido en México como el santanismo, época en que el dictador Antonio López de Santa Anna ocupó y desocupó muchas veces y de manera intermitente, la presidencia de la joven república. Durante su reinado, el país sufrió varias intervenciones extranjeras, entre ellas la francesa, conocida como la Guerra de los Pasteles (1838). Francia –apoyada en su armada anclada en Veracruz– reclamaba por una deuda de repostería. En esta guerra Santa Anna pierde una pierna, enterrada luego con gran pompa, y causa de un seudónimo que en México tuvo el presidente, conocido como "el Quince Uñas", título de una novela de Zamora Plowes. De consecuencias mucho más trágicas fue la derrota que sufrió el dictador en la guerra emprendida contra Texas, cuyo costo fue la pérdida de una gran parte del territorio nacional. Santa Anna, de triste renombre, es el mismo personaje que al frente de sus tropas rechazó, sin éxito, la invasión norteamericana de 1847, actuación que caricaturiza Don Ramón del Valle Inclán en su *Tirano Banderas* y Payno examina en sus *Apuntes para la historia de la guerra con los Estados Unidos* y en la segunda edición de su primera novela de folletín, *El fistol del diablo*, editada por entregas en la *Revista científica y literaria* entre 1845 y 1846 y reescrita entre 1858 y 1859.

Payno ha hecho coincidir en su novela más famosa diversos sucesos de épocas anteriores y posteriores al período que abarca la narración. En realidad podría decirse que la acción novelesca se desarrolla entre la década del treinta y gran parte de la década del cuarenta, aunque hay quienes piensan que abarca hasta el principio de la década del sesenta, pero nunca se habla en ella ni de la Guerra de Texas (1836) ni de la Intervención norteamericana (1847). Hay sí menciones de guerras intestinas, epidemias, ferias, invasiones de indios apaches, y multitud de cosas más, muchas de ellas revisadas en pasquines, uno de los estilos que se caricaturizan en esta novela al tiempo que se los utiliza para reafirmar su estructura. El primer capítulo de la novela está escrito en forma de pasquín, género habitual para hacer circular el rumor y propagar las calumnias. El personaje en quien se inspiró la narración, el coronel Juan Yáñez, conocido en el texto sólo por su apodo de Relumbrón, fue ajusticiado en 1839 junto con varios de sus cómplices y su causa fue tristemente célebre. En un fragmento del famoso libro de la marquesa Calderón de la Barca sobre México se lee lo siguiente:

Hablando de ladrones y robos, tema inagotable en la conversación, me contaba el otro día el Señor ... que en tiempo del presidente anterior, cierto caballero fue a palacio para despedirse antes de salir para Veracruz. Fue recibido por el presidente, que se encontraba solo con su ayudante el coronel Yáñez y le contó confiadamente que iba a llevar consigo una considerable suma de dinero, pero que estaba tan bien escondida en el doble fondo de un baúl, del cual le hizo una descripción, que aún en el caso de ser atacado por los ladrones era imposible que pudieran descubrirla, y que, en consecuencia, no creía necesario hacerse acompañar de una escolta. Este confiado caballero salió de México al día siguiente con la diligencia. Apenas había salido de la garita el carruaje, cuando fue asaltado por los ladrones, los que, por extraño que ello parezca, se fueron en derechura del mismo baúl que contenía el dinero, lo abrieron, rompieron el fondo y apoderándose de la suma allí escondida, se marcharon con toda tranquilidad. Fue una singular coincidencia de que el principal de los ladrones, aunque medio cubierto con un disfraz, tuviera un sorprendente parecido con el ayudante del presidente. Si esto no son coincidencias [...] (citado en Felipe Gálvez, v)

III. NO ES ORO TODO LO QUE RELUMBRA

Aunque en el prólogo se nos avise de inmediato que esa causa célebre instruida en contra de Yáñcz da origen a la novela, en ella se entretejen además múltiples historias y el famoso Relumbrón brilla por su ausencia hasta la segunda mitad de la novela. Por ella han deambulado innúmeros personajes entre los que se cuenta como fundamental a uno de los más característicos personajes de folletín, el niño expósito, que en esta novela es Juan Robreño, hijo ilegítimo de una condesita y de un administrador de hacienda. Su aparición en la novela desata la trama y provoca un parto súbito que interrumpe el increíblemente largo y folletinesco embarazo de doña Pascuala, la protectora de Moctezuma III, a su vez protegido de un pícaro licenciado o tinterillo conocido en la novela como Crisanto Lamparilla ("Huérfanos y bandidos"). Las aventuras de Juan Robreño nos permiten explorar uno a uno los lugares más importantes de Ciudad de México y pasar revista a todas las clases sociales e instituciones nacionales, entender el destino de las antiguas castas y los indios, visitar las iglesias y las casas más acaudaladas, bajar hasta los basureros, circular por los mercados, los canales, las acequias, las guaridas de malhechores, las madrigueras de los indios, cenar, jugar al tresillo y bailar en las mansiones más aristocráticas de la Capital, malvivir y malcomer en un orfanato, ir a los entierros, entrar a las pulquerías, las cárceles, los juzgados, bailar en las ferias, y jugar en los garitos. Entre esos personajes y en algunos de esos lugares podremos conocer a Evaristo el tornero, maestro del huérfano

Juan y asesino de su esposa Tules, ahijada de Mariana la madre del niño expósito y protectora del aprendiz. Antes hemos conocido a la guapa y decidida Casilda, amante de Evaristo, y a la simpática y sensual verdulera Cecilia que trae sus frutas y verduras desde Chalco a bordo de sus trajineras. Otro personaje importante sería el licenciado Don Pedro Martín de Olañeta, garbanzo de a libra, como vulgarmente se dice en México, cuando alguien es extremadamente valioso y además y por ello mismo extraño, pero con esta expresión se califica también a una piedra preciosa de tamaño excepcional y de magnífico pulido y oriente. Olañeta es, cosa extraña en el medio en que se mueve, un abogado honrado a carta cabal y el componedor más avisado de cualquier entuerto. Las ocupaciones rurales de varios personajes, la aparición de algunos miembros de la iglesia, curiosamente menos abundantes en el texto que otros estamentos de la vida nacional, y la actividad militar desplegada en la novela nos permiten recorrer varias regiones y conocer las costumbres de la entonces extensísima república mexicana. Y ya transcurridas cerca de 400 interminables páginas, para ser exactos en la página 454 de la clásica edición de Porrúa, trabamos por fin conocimiento con nuestro héroe, el coronel Yáñez, alias Relumbrón, a quien yo a mi vez les presento con estas palabras de su creador, por si no nos bastasen las muy elocuentes e irónicas de Doña Frances Calderón de la Barca:

> El jefe del estado mayor presidencial, con quien comenzaremos a hacer conocimiento, era un hombre de más de cuarenta años, con canas en la cabeza, patillas y bigote que se teñía; ojos claros e inteligentes; tez fresca, que refrescaba más con escogidos coloretes que, así como la tinta de los cabellos, le venían directamente de Europa; sonrisa insinuante y constante con sus labios gruesos y rojos, que enrojecía más con una pastilla de pomada, maneras desembarazadas y francas, cuerpo derecho, bien formado. Era, en una palabra, un hombre simpático y buen mozo, aún sin necesidad de los afeites. Vestía con un exagerado lujo, pero sin gusto ni corrección; colores de los vestidos, lienzo de las camisas, piel de las botas, todo finísimo, pero exagerado, especialmente en las alhajas, botones y prendedores de gruesos diamantes que valían tres o cuatro mil pesos; cadenas de oro macizo, del modelo de las de la Catedral, relojes gruesos de Toskell, botones de chaleco de rubíes; además, lentes con otras cadenas más delgadas, en fin, cuanto podía poner de piedras finas y de perlas, permitiéralo o no la moda, tanto así se ponía. Era notable su colección de bastones con puño de esmeralda, de topacio o de zafir; era la admiración y la envidia aun de los generales cuya fortuna permitía rivalizar con él. (*Los bandidos...* 454)[1]

La utopía del robo • 157

Casi sin excepción los que nacieron huérfanos en la novela –y Relumbrón es también un huérfano: aunque sepamos bien quiénes fueron sus padres, él nunca lo sabe–, acaban convirtiéndose en bandidos, pues, ¿cómo podía ser de otro modo en una sociedad productora de hijos ilegítimos y donde las desigualdades sociales son monstruosas? La presentación que Payno hace de Relumbrón pone de manifiesto la riqueza increíble de ciertos miembros de las clases encumbradas, es más, no sólo la pone de manifiesto sino que la exhibe. Hay que convenir en que no hay exageración alguna en esta aseveración: el personaje utiliza su cuerpo como maniquí de exhibición donde coloca las prendas que lo adornan como si estuviesen en la vitrina de una joyería. A mayor exhibición, mayor el prestigio de quien las porta, pues esa riqueza es objeto de rumor, de conversación y al mismo tiempo y, extrañamente, algo completamente natural. Así nos lo demuestra esta anécdota que relata la marquesa Calderón de la Barca, cuando describe el viaje que rumbo a la capital, después de desembarcar en el puerto de Veracruz, recién llegados de Europa, hace a la hacienda de Manga de Clavo junto con su esposo, el primer embajador de España en México después de la Independencia. Ese camino de Veracruz a México fue bautizado por Alexander von Humboldt como el camino del oro y la plata, porque por él pasaban las conductas cargadas de metales rumbo a la metrópoli. En esa hacienda reside Santa Anna cuando por razones políticas desocupa durante breves períodos la presidencia de su país. Los marqueses llegan a la hacienda justo a la hora del desayuno y la esposa del presidente los recibe graciosamente enfundada en un vestido de seda, cubierta de pies a cabeza con los más finos diamantes y las esmeraldas más vistosas. No es casualidad que la novela anterior de Payno lleve el título de *El fistol del diablo*, cuyo personaje principal es justamente Rugiero, el diablo, cuya prenda distintiva es un alfiler o fistol labrado en los más ricos metales, enriquecido con un enorme diamante amarillo, semejante a los que se confeccionan en la platería de don Santos Aguirre, el padre del coronel Yáñez. "¿No ve usted, compadre", le dice Relumbrón a quien en realidad es su padre, y además su socio, "¿no ve usted que es necesario mantener el aparato y la representación" (471). Sí, el padre de Relumbrón es un joyero, cae por su peso: el progenitor de un hombre tan brillante es necesariamente quien pule y engarza los diamantes. Podríamos hasta jugar con una clásica expresión, la que afirma que si alguien o algo puede brillar y no brilla es porque es todavía un diamante en bruto: para que brille es necesario pulirlo, es más, en este caso, el verbo adecuado sería tallar, es decir, un diamante en bruto se talla para realzarlo y darle un brillo que deslumbre. Y esta expresión nos viene como anillo al dedo, porque el vicio primordial que afea el carácter de Relumbrón, y también el de su Alteza Serenísima don Antonio López de Santa Anna, es la pasión por el juego, en verdad la pasión nacional en la primera mitad del siglo XIX mexicano. Quienes presiden el juego son los talladores, es decir los que tallan las cartas, semejantes por eso a los orfebres que tallan los diamantes.

IV. LA ALQUIMIA DEL JUEGO

> Hacía diez minutos que había comenzado la talla. González tenía en las manos las cartas; el oro, manejado por los *gurrupiés* que pagaban y los puntos que recogían, dejaba oír ese sonido seductor que no se parece a ningún otro sonido del mundo. El canto de las aves, la voz de una cantatriz, el cristal, la plata, nada es comparable con las monedas de oro cuando al contarse con una mano diestra chocan unas con otras y van despertando las más lisonjeras ideas de los placeres y las comodidades que se pueden disfrutar con ese que algunos necios, y seguramente muy pobres, han llamado *el vil metal*. (*Los bandidos*... 462)

Payno nos cuenta cómo Relumbrón, casi arruinado por su desorden y su ambición de lujo, decide tentar su última carta, es decir jugar a la baraja y hace quebrar al dueño del garito gracias a un golpe casi milagroso de suerte. Viraje del destino o del azar, su ganancia es tan fabulosa –treinta siete mil pesos, mientras la gente de buen vivir puede mantenerse con doscientos– que cuando sube con el oro obtenido al carruaje que ha de conducirlo a su mansión, casi lo desfonda. Y al llegar a su casa, ¡oh asombro! guarda su dinero en el ropero. La noticia de esta hazaña se difunde como reguero de pólvora y al día siguiente toda la ciudad conoce su fortuna. Sin embargo nadie intenta robársela, a pesar de los violentos contrastes de miseria y riqueza que constantemente se subrayan en la novela. Asombra esta familiaridad con el oro, metal que como digo se guardaba en los roperos, y no debajo del colchón, según la expresión vulgar; oro distribuido a diestra y siniestra, en escudos, en onzas, en gruesas cadenas, encima del tapete verde de la famosa casa de juego de Panzacola, situada en la calle que sigue llevando el nombre de Arenal, en el barrio de San Ángel, ahora sede, curiosamente, del Consejo Nacional de la Cultura y de las Artes. El oro se desplaza con la misma rapidez que los personajes se desplazan en la novela; su movilidad, como signo de la transformación vertiginosa de la riqueza es uno de sus rasgos sobresalientes. Daría la tentación de regresar a las crónicas de la conquista y especialmente a la de Bernal Díaz, releer los pasajes en que los embajadores de Moctezuma le ofrecen a Cortés objetos preciosos como muestra de respeto y deferencia hacia los recién llegados, pero con la evidente intención de que regresen a la costa, se embarquen de nuevo y vuelvan con sus naves o sus bártulos al lugar de donde habían venido. Esos invasores que en cuanto reciben el oro sólo se detienen a mirarlo por un momento, el necesario apenas para describirlo con admiración en sus crónicas, y luego proceden a fundirlo en gruesas barras que luego se encaminarán a la metrópoli como parte del quinto real o en ocasiones aisladas en su forma artística, es decir tal y como ha sido trabajado y entregado por los mexicas a los españoles.

Mariana, la condesita, la madre del niño expósito, nos relata Payno, obligada por su padre a casarse con el marqués de Valle Alegre, recibe las joyas que éste le trae como regalo de boda, y al abrir sin entusiasmo los cofres que las albergan, el novelista maravillado compensa con hipérboles su indiferencia (nota al margen, completamente folletinesca: no hay que preocuparse. Mariana guardará fidelidad eterna a su amado, el ahora capitán de bandidos, el falso Pedro Cataño, y la justicia poética del texto la recompensará, como esperan sus lectores, reuniéndola al final con su amado y con su hijo):

> Las joyas y diamantes que Mefistófeles presentó a Margarita y que la sedujeron y condujeron a su perdición eran cualquier cosa comparadas con las que contenían las arcas maravillosas que el marqués tenía delante, como si las hubiera adquirido de las misteriosas cavernas de Ali Babá. En efecto, las familias ricas de los tiempos anteriores a la independencia y que generalmente se designaban con el nombre de *Títulos de Castilla*, iban en el curso de los años reuniendo tales preciosidades y rarezas en materia de diamantes, perlas, piedras preciosas y esmaltes, que con el tiempo llegaban a formar una especie de museo de un valor crecido, que representaba un capital bastante para que una familia viviese con descanso. Zafiros, peinetas de carey, incrustadas de oro, con labores y cifras y piedras, verdaderamente una colección maravillosa de adornos y combinaciones distintas para la cabeza, los brazos y para los vestidos [...] Aretes de gruesos diamantes negros, anillos de brillantes y rubíes, collares de esmeraldas, adornos de topacio quemado, aguas marinas y rosas. El marqués sacó de su bolsillo una cajita de terciopelo azul que contenía un broche de una sola perla, ¡pero qué perla! Más grande que un garbanzo, perfectamente redonda, y un oriente que sin los cambiantes, era superior al de un ópalo. (299-300)

En nota a pie de página, Payno agrega:

> Un joven inglés que comerciaba en alhajas compró, entre otras cosas, en el Montepío, una perla más gruesa que un garbanzo, casi como una avellana, en 1000 pesos, y la vendió en Londres, para la reina Victoria,

en 1000 libras esterlinas. Esas alhajas pertenecieron a una de esas ricas familias que se habla en esta novela. (299)

La riqueza es tan extrema que sólo puede ser creíble describiéndola como si se tratase de una fantasía, como las narradas en los cuentos de hadas –al mencionar a Alí Babá, Payno nos remite a *Las mil y una noches*– o en el folletín, por ejemplo a *El conde de Montecristo* que él conocía muy bien. Pero lo más extraordinario es que es verdadera, mejor, es tangible, concreta, manejable, transportable, una presencia corroborada y resaltada en la nota a pie de página transcrita, donde se da cuenta de la distinta manera en que la riqueza es tratada en los imperios, pues ¿no era entonces Inglaterra la reina de los mares y la reina Victoria, la soberana más poderosa de la tierra?

La ambición de Relumbrón sobrepasa cualquier expectativa de vida desahogada o "descansada", como de manera por lo demás curiosa señala Payno al terminar su hiperbólica enumeración de joyas. A menos que "vida descansada" quiera decir una vida donde de manera adecuada se pudiera gozar con tranquilidad de esas inconmensurables riquezas, sin desear obtener más, cosa que resultaría imposible para quienes se enriquecen. Relumbrón, poseedor de mansiones, haciendas, joyas, carrozas, trajes, no puede mantener el lujo al que aspira, esa colosal voracidad que todo se lo traga, esa impudicia que lo conduce a exhibirse, a cargarse de oro y de diamantes, a colorearse las mejillas y los labios y a teñirse los cabellos.

Don Santos Aguirre –su compadre, su socio, en fin, su padre– maneja otra teatralidad, la de la religiosidad, la abstinencia, la mortificación y la modestia. Su casa es simple, sus enseres ordinarios, su único lujo es una virgen antigua albergada en un nicho de plata pura, como su cama, también de plata maciza y su servicio de mesa, del mismo metal. Don Santos Aguirre es un magnífico orfebre, en su yunque y con sus instrumentos transforma los metales y las joyas robadas que primero una corredora, doña Vivianita, y luego su hijo–compadre le consiguen. En su taller las prendas cambian totalmente de apariencia después de cambiar de dueño para luego redistribuirse quizá entre los mismos a quienes les habían sido robadas. Relumbrón y su padre alteran la circulación de la riqueza, estacionada durante mucho tiempo en las casas de las familias más pudientes y aristocráticas. Gracias a esa operación, el oro se desplaza y se transforma dentro de una sociedad en donde la movilidad social altera las antiguas estructuras coloniales. Don Santos trata las joyas robadas de la misma manera en que los alquimistas trataban el oro, las convierte en piedra filosofal.

En México sigue imperando esa polarización, la de la miseria y la riqueza extremas, pero ahora la riqueza se oculta, se guarda tras las rejas, se esconde en bancos y en cajas fuertes. Antes, en los tiempos paradisíacos de los que habla Payno, la riqueza se almacenaba literalmente dentro de las casas, donde a lo sumo se contaba con un espacio frágil y secreto que resguardaba las prendas más preciadas, secreto que conocían todos los miembros de la familia –y dentro de ella se contaban los mayordomos y criados de confianza. Las damas paseaban en coche y sus pechos, cabeza y manos iban cuajadas de joyas y sus vestidos eran de los más finos géneros. Casi podría decirse, utilizando un símil vulgar, que las joyas estaban engarzadas en la pobreza. Oigamos una descripción que hace Payno; se refiere a los indios que habitan cerca de la ciudad de México mostrándonos la otra cara de la moneda, esta vez ya no de oro sino de cobre:

> A poca distancia de la garita de Peralvillo, entre la calzada de piedra y la de tierra que conducen al santuario de Guadalupe, se encuentra un terreno más bajo que las dos calzadas. Sea desde la garita o desde el camino, se nota una aglomeración de casas pequeñas, hechas de lodo que más se diría eran temascales, construcciones de castores o albergue de animales, más que seres racionales [...] No deja de ser curioso saber cómo vive en las orillas de la gran ciudad esta pobre y degradada población. Ella se compone absolutamente de los que se llamaban *macehuales* desde el tiempo de la Conquista, es decir, los que labran la tierra; no eran precisamente esclavos, pero si la clase ínfima del pueblo azteca que, como la más numerosa, ha sobrevivido ya tantos años y conserva su pobreza, su ignorancia, su superstición y su apego a sus costumbres [...] Unos con su red y otros con otates con puntas de fierro, se salen muy tempranito y caminan hacia el lago o hasta los lugares para pescar ranas. Si logran algunas prendas las van a vender a la plaza del mercado, si sólo son chicas, que no hay quien las compre, las guardan para comerlas. Otros van a pescar *juiles* y a recoger ahuautle, las mujeres que por lo común recogen *tequesquite* y mosquitos en las orillas del lago, y los cambian en la ciudad, en las casas, por mendrugos de pan y por venas de chile. Las personas caritativas siempre les dan una taza de caldo y unas piezas de cobre. (8-9)

V. La utopía del robo

Relumbrón abandonado de la fortuna o quizá demasiado confiado en ella, tiene que remendar su suerte, porque la estructura de su riqueza es un tejido grosero, se rige por una filosofía que consiste en "tapar agujeros". Antes de dirigirse a Panzacola, "para probar fortuna", Relumbrón se encuentra milagrosamente a su amigo el coronel Baninelli, soldado valiente y honrado, otro garbanzo de a libra, que nunca asciende en el ejército ni tiene fortuna y que como tal puede servirle a nuestro pícaro como antídoto contra la mala suerte. Y en efecto, acompaña a Baninelli Moctezuma III, el supuesto heredero de las riquezas de los emperadores aztecas, quien ya en la sala de juego, sólo le apostará a las figuras, pálpito o corazonada que hará rico por un instante a Relumbrón. Antes de ese encuentro fortuito, Relumbrón está al borde de la quiebra:

> Por todo capital efectivo le quedaban veinte onzas y un par de cientos de pesos que había dejado en su casa para el gasto. Relumbrón sin embargo tenía casas en México, una hacienda, una huerta en Coyoacán, la casa que había cedido a Baninelli en Chimalistac y muchos otros negocios, y ganaba dinero por aquí y por allá; pero al mismo tiempo hacía cuantiosos desembolsos: pagaba libranzas por objetos comprados a crédito; sostenía tres casas con lujo; prestaba a los amigos y no les cobraba, hacía frecuentes regalos a los personajes influyentes; en una palabra, ningún dinero le bastaba, y desaparecía de sus manos como si un prestidigitador se lo quitase en uno de sus pases de destreza. No tenía orden ni contabilidad, un dependiente le llevaba meros apuntes en un libro de badana encarnada, y eso cuando estaba de humor de darle los datos. Lo que sí llevaba con mucha puntualidad era un registro, que cargaba en su bolsa, de la fecha en que debía pagar las libranzas que había aceptado. (459)

Relumbrón se gasta su nuevo capital en rellenar agujeros, es decir en pagar deudas viejas y en contraer nuevas y una vez hecho el balance, se da cuenta de que debe otra vez como doce mil pesos: "Eran para su situación, no un simple agujero, sino un ancho boquete que tenía urgencia de cerrar, pues de lo contrario podía irse por allí su fortuna y su crédito (474). El inmenso agujero, ese boquete por el que puede salirse su fortuna y con ella arruinar su *modus vivendi*, abre una nueva etapa en la vida de nuestro personaje, una etapa en donde el viejo desorden que regía su conducta se cancela para sustituirse por una organización ejemplar, un orden preciso, perfecto, envidiable, el de una utopía, la del robo: una intrincada red de ojos y orejas que penetrarán en los más secretos rincones de la ciudad, de sus mansiones, que vigilarán las carreteras y el tráfico de diligencias, ya amagadas por Evaristo, convertido en asaltante de caminos y nombrado inocentemente por Baninelli capitán de Rurales para escoltar las carreteras, bajo el falso nombre de Pedro Sánchez. También se fabricará moneda falsa, se asaltará a las haciendas, se robará en las casas, se asaltará a los carruajes, y se desmontará a los garitos con cartas compuestas. Relumbrón da cuenta de su plan a su compadre, el platero, quien se encargará como siempre de

La utopía del robo • 163

transformar las alhajas robadas y de falsificar la moneda. Oigamos sus palabras, podemos acercarnos y espiar, pues como muy bien dice el refrán, "las paredes oyen", justo lo que hace en ese momento Rafaela, la cocinera de don Santos, quien después le revelará a don Pedro Martín de Olañeta los intríngulis de la conspiración. Relumbrón explica su plan y también plantea sus justos motivos para organizar el régimen del robo. Dice que al fin y al cabo en su país todos son unos ladrones: "La mitad de todos los habitantes de este país ha nacido para robar a la otra mitad y esa mitad robada, cuando abre los ojos y reflexiona, se dedica a robar a la mitad que la robó, y le quita no sólo lo robado, sino lo que poseía legalmente" (505).

> Estamos hablando sin máscara, y la máscara de la honradez es la que usan de preferencia los que más roban. ¿Cree usted que no soy el primero que roba a la nación? Por una hora de asistencia diaria a Palacio, y una guardia cada quince días, trescientos y pico de pesos cada mes. Así son la mayor parte de los militares y empleados. Un oficio mal redactado y que no pasa de una cara de papel suele costar a la tesorería sesenta o setenta pesos, porque el escribiente no hace más que eso en un mes, o tal vez nada. Y de los que se llaman banqueros, y de los que el público señala con el apodo de agiotistas, ¿qué me dice usted? ¿Cree usted que esas fortunas de millones se pueden hacer en ninguna parte del mundo con un trabajo diario y honesto como el de usted, que se ha pasado dando golpes con el martillo y se ha enriquecido, pero se le han doblado las espaldas? ¿Qué le ha producido a usted más; las custodias y los cálices que ha hecho para la iglesia o el rescate de diamantes y de plata robada? (508)

La justificación permite pasar al acto, aunque cabe anotar que en este párrafo Payno se enmascara detrás de la máscara que Relumbrón se quita y explica la situación general del país en tiempos de la anarquía, pero también, en los tiempos en que escribe su novela, o, como diría o dice Carlos Monsiváis, en el país que ahora estamos viviendo, cuando afirma, en un ensayo sobre esta novela, que México sigue siendo una novela de folletín. ¿Cómo se urdirá la gran red que paradójicamente carecerá de agujeros? Démosle de nuevo la palabra a Relumbrón, quien nos explicará cómo ese tejido permitirá una impunidad total al tiempo que construirá la más aceitada y perfecta maquinaria:

> Se lo explicaré mejor [compadre]. Usted conoce mi buena posición en la sociedad; las muchas relaciones que tengo con las personas más distinguidas de la ciudad y de los estados; el respeto que inspira mi casa, gracias a la conducta irreprochable de mi mujer; tengo, además, dinero, aunque no siempre lo bastante para mis propensiones al lujo, al

brillo y a la elevación que deseo; pero pase por ahora; con todas esas circunstancias, ¿quién podrá creer en México ni en ninguna parte donde me conozcan que soy capaz de robarme un alfiler, como nadie creerá que usted, compadre, rescata por un pedazo de pan alhajas robadas de gran valor y estimación, y que usted mismo me ha vendido en lo que se le da la gana? Conque ya ve usted que lo primero y esencial, que es la impunidad, está asegurada, y tampoco vaya usted a figurarse que voy a ensillar mi caballo y a lanzarme al camino real a detener las diligencias, ni a salir por las noches puñal en mano a quitar el reloj a los que salen del teatro y se retiran por los rumbos lejanos y mal alumbrados de la ciudad; nada de eso; el robo se hará en grande, con método, con ciencia, *con un orden perfecto*; si es posible, sin violencias ni atropellos. A los pobres no se les robará, en primer lugar, porque un pobre nada tiene que valga la pena de molestarse, y, en segundo, porque eso dará al negocio un cierto carácter de *popularidad*, que destruirá las calumnias e injustas persecuciones de los ricos que sean sabia y regularmente desplumados. Yo seré, pues, el director; pero un director invisible, misterioso, y manos secundarias, que ni me conocerán ni sabrán quién soy, ni donde vivo, darán aquí y allá los golpes según se les ordene y las circunstancias se presenten, y así marcharán las cosas en los diversos ramos que abraza este plan. (509)

País de abundantes recursos, de maravillas naturales, de vasto territorio inexplotado e inexplorado, de gente emprendedora, y sin embargo país sujeto a exacciones internas e internacionales. ¿Cómo se compagina esta utopía del robo, organizada y fructífera, con las grandes carencias y las grandes deudas que aquejan al país y que lo van despojando poco a poco de sus caudales? Lo que se busca y se encuentra y además se roba porque cambia de manos y circula libremente es tan pródigo como parecía serlo el mismo país que aquí se nos describe. ¿Cómo se justifican entonces las deudas contraídas con otras potencias, esas potencias que invaden y amenazan con constancia inigualable al país durante el período en que se gesta la novela y se organiza el robo? Nombro algunas, la Guerra de los pasteles, la más ridícula de nuestras guerras, la más folletinesca, la causada por una deuda por daños a algunas pastelerías instaladas en el país por los franceses, deuda que le da licencia al gobierno francés para amenazar con sus barcos las costas de Veracruz, y le regala a Santa Anna la ocasión de convertirse en héroe; esa guerra en donde a cambio de unos pasteles se entrega como saldo una pierna. Y luego están esas famosas deudas, las que Payno ayudó a disminuir, deudas millonarias que más tarde ocasionarían la tripartita invasión de México por las potencias aliadas: Francia, España, Inglaterra, guerra que se resolvió transformando por breve tiempo a la República en un Imperio.

Debajo de todo el tramado, muy escondidos, mucho más enmascarados aún que Relumbrón y sus secuaces están los agiotistas, los financieros, los banqueros que piden los empréstitos o que los proporcionan para acumular las deudas, tanto la interna como la externa. Termino ya, advierto que también mi texto se está semejando peligrosamente a un libelo o un pasquín, pero así es el folletín y uno cae en sus excesos. Remato con otra cita de Payno:

> Pensaba –de nuevo Relumbrón, antes de construir su utopía y quizá inspirado por ellos–, pensaba en ese puñado de ricos que el público llama agiotistas, y le daba una rabiosa envidia la facilidad con que ganaban su dinero y el rango que ocupaban en la sociedad, formando una autocracia desdeñosa y egoísta, incapaz de hacer un servicio a nadie, ni aun de dar medio real a un ciego. Era un contrato de balas huecas, de tiendas de campaña, de fusiles de nueva invención, de cualquier cosa, y antes de que esos proyectiles se hubiesen entregado o los mercados construido, ya las cajas de fierro de los agiotistas, por este o por el otro artificio, estaban llenas de los sacos de a mil pesos salidos de la tesorería. (494)

NOTA

[1] La primera edición de esta obra se publicó sin nombre de autor y con el seudónimo de "Un ingenio de la corte" en Juan de la Fuente Parres, Barcelona (s.f.) Se reeditó en México en 1918 en las ediciones Manuel León Sánchez, corregida por los descendientes de Payno. El filólogo Manuel Sol ha hecho una nueva edición cotejando las que de Payno existen y nos devuelve a la primera que he citado, edición más descuidada, en cuanto a lenguaje, pero la única que corrigió Payno. Los manuscritos de esta obra fueron destruidos por las tropas revolucionarias que entraron a la casa de Payno en San Ángel. Esta edición cotejada y cuidada por Manuel Sol y en la que se consignan esos cambios será publicada por la colección Archivos de la UNESCO que yo coordino.

BIBLIOGRAFÍA

Castro, Tomás de y Antonio Alvarado. *Los verdaderos bandidos de Río Frío.* México: Ediciones Hispánicas, 1987.

Duclas, Robert. *Les bandits de Río Frío, Politique et littérature au Mexique à travers l'oeuvre de Manuel Payno.* México: Institut Français d'Amérique Latine, 1979.

Gálvez, Felipe. "Vereda de la verdad". *Los verdaderos bandidos de Río Frío.* Tomás de Castro y Antonio Alvarado. México: Ediciones Hispánicas, 1987. iii-xii.

Giron, Nicole. "Las incertidumbres del liberalismo". *Del fistol a la linterna, Homenaje a José Tomás de Cuéllar y Manuel Payno, en el centenario de su muerte*. Margo Glantz, coord. México: UNAM, 1997. 135-52.

Glantz, Margo (coord.). *Del fistol a la linterna, Homenaje a José Tomás de Cuéllar y Manuel Payno, en el centenario de su muerte*. México: UNAM, 1997.

____ "Huérfanos y bandidos". *Del fistol a la linterna, Homenaje a José Tomás de Cuéllar y Manuel Payno, en el centenario de su muerte*. Margo Glantz, coord. México: UNAM, 1997. 221-39.

Lira, Andrés. "Propiedad e interpretación histórica en la obra de Manuel Payno". *Del fistol a la linterna, Homenaje a José Tomás de Cuéllar y Manuel Payno, en el centenario de su muerte*. Margo Glantz, coord. México: UNAM, 1997. 1123-33.

Monsiváis, Carlos. "Manuel Payno, México, novela de folletín". *Del fistol a la linterna, Homenaje a José Tomás de Cuéllar y Manuel Payno, en el centenario de su muerte*. Margo Glantz, coord. México: UNAM, 1997. 241-52.

Payno, Manuel. *Los bandidos de Río Frío*. [1889, 1890 y 1891]. México: Porrúa, 1991.

____ *El fistol del diablo: novela de costumbres mexicanas*. [1845-1846]. México: n/p, 1887.

____ *Apuntes para la historia de la guerra entre México y Estados Unidos*. México: Tip. de M. Payno (hijo), 1848.

Pacheco, José Emilio. "Bandidos de ayer y hoy". *Proceso* 441 (18 de abril de 1985): 441.

La fiesta popular, la banda de bandidos, la "bola": la Revolución y sus metáforas en *Los de abajo*

Juan Pablo Dabove
University of Colorado-Boulder

> Just to be square, I'll have to report Juan Sanchez' remark:
> "Is there war in the United States now?" he asked.
> "No," I said untruthfully.
> "No war at all?" He meditated for a moment. "How do you pass the time, then...?"
> John Reed, *Insurgent Mexico*, 1914

I. INTRODUCCIÓN

El siglo XX mexicano ha estado "a la sombra de la Revolución".(*In the Shadows*...). Hasta apenas ayer, casi no hubo conflicto o manifestación cultural que de una manera u otra no se ubicara en un espacio en el cual la "Revolución" y su legado ocupen el centro exaltado o negado. El reciente conflicto en Chiapas es un ejemplo privilegiado. Ambos contendientes – el Estado Revolucionario y el EZLN – reivindicaban una legitimidad que provenía en ambos casos de establecer una relación más o menos exclusiva con el legado de la Revolución. Esta reivindicación de un legado es un fenómeno "discursivo", si se quiere, una "invención de tradición" (Hobsbawm y Rangel) pero fue operante en el modo en que los adversarios –sobre todo el PRI– manejaron el conflicto después de los choques armados iniciales.[1]

El carácter formativo de la experiencia revolucionaria obedece a varias causas. Una de ellas es el modo en que el Estado Revolucionario propició una "narrativa de la Revolución". Esta narrativa (que cruza la literatura, pero va mucho mas allá de ella) "crea" a la Revolución como un evento unitario "presente ante sí mismo" desde el inicio, que es protagonizado por un repertorio de sujetos internamente coherentes, sin fisuras: el "pueblo", la "reacción", la "patria." Esa reificación de una serie de eventos bajo la rúbrica omnicomprensiva de Revolución (Alan Knight, "Weapons and Arches" 27) ocurre a un nivel específico, *cultural*, toda vez que depende de modos sociales de simbolizar la experiencia, y hace de la Revolución el *punto culminante* de un proceso multisecular de emancipación. Este proceso puede ser la "Gran Tradición" liberal de México (Independencia, Reforma, Revolución),[2] o puede remontarse a una tradición prehispánica.[3] Este proceso hace de la Revolución el *evento fundacional* del propio Estado, que así se presenta como surgiendo de ella, y en ella basando su legitimidad, a la vez que la supera, convirtiendo la violencia revolucionaria en consenso institucional. La violencia revolucionaria es el "mito de origen" del Estado, pero asimismo aquello que el Estado debe negar como presente. La expresión "Revolución Institucionalizada" no es una paradoja ni una contradicción, sino el producto de una dialéctica de la que el Estado es la *Aufhebung*.

Esta narrativa se inicia en la década del diez. Adquiere coherencia y aliento durante los años veinte, y alcanza en los años treinta una forma estable, luego de la virtual cesación de las luchas internas de gran escala con la derrota de los Cristeros, y la formación en 1929 del Partido Nacional Revolucionario (eventualmente PRI), que aseguró un modo de sucesión presidencial relativamente libre de conflictos. La narrativa de la Revolución (la Revolución como narrativa) tiene manifestaciones diversas: monumentos (i.e. el *Monumento a la Revolución*, en México D.F.) espectáculos públicos y efemérides (el desfile del Aniversario de la Revolución), obras históricas o de bellas artes (la célebre experiencia del Muralismo) y literarias (la Novela de la Revolución).

En los últimos años hubo numerosos intentos de desmontar este concepto de la Revolución como evento único, reconstruyendo la complejidad de conflictos de *naturaleza heterogénea* que confluyen en lo que hoy llamamos "Revolución Mexicana." Entre ellos puede mencionarse a Alan Knight (*The Mexican Revolution* y "Weapons and Arches"); Joseph *et al* (*Everyday Forms of State Formation*); Aguilar Camín y Meyer (*In the Shadow of the Revolution*) y Jeffrey Rubin (*Decentering the Regime*). Otras aproximaciones, que abrevan en el seminal trabajo de James Scott *Weapons of the Weak* (1984), niegan el carácter "excepcional" implícito en el concepto de Revolución, reponiendo un *continuum* de opciones políticas, que van desde el rumor a la insurrección armada, y que piensan la ausencia de rebelión no como la negación de lo político sino como una opción política entre otras.

En la línea de esas indagaciones, el propósito de estas páginas es analizar la narrativa de la Revolución en el caso de una de sus piedras fundacionales, la novela *Los de abajo* (1915) de Mariano Azuela. Indagaré cómo una novela de bandidos escrita sin inspiración nacional y sin propósito celebratorio de una épica revolucionaria –que en el momento de su escritura no existía como tal– fue convertida en una narración sobre los orígenes del Estado revolucionario. Este proceso, por el cual el Estado se "apropia" de una forma artística que le es ajena es paralelo del proceso mismo que a otro nivel, vivió México, donde "the post-1915 'revolution from above' was built on the ruins of a prior (1910-1915) 'revolution from below'. which the carrancistas were ultimately able to contain and co-opt." (Knight, *The Mexican*

Revolution II:497). *Los de abajo* es la imagen de ese proceso por el cual el "sonido y la furia" revolucionaria se convierten en la potente pero disciplinada voz de la fiesta cívica, y el bandido, señor de la sierra, se convierte en el campesino que desfila silencioso en la efemérides estatal, bajo la mirada paternal del jefe político.

En su momento, *Los de abajo* fue canonizada como la novela mexicana por excelencia. Ese proceso de canonización implicó la sanción de una interpretación específica de la novela. La violencia de Demetrio y su banda de bandidos es construida como una imagen de la violencia "popular." Ello implica hacer de la banda de bandidos una metáfora del "pueblo" y, por consiguiente, dar una interpretación vagamente "clasista" al término "los de abajo", que la obra misma no confirma. De este modo, la obra se convierte en una "épica nacional" (ver Seymour Menton), y los *conflictos dispares* que la obra narra,[4] se convierten en *un único "fratricidio tranquilizador"*.[5] No obstante ello, como aún se trata de bandidos, esta violencia popular es interpretada como una violencia pre-política.[6] La muerte de los bandidos implica la desaparición *real* de la violencia popular, pero su supervivencia como mandato y como *símbolo* legitima el estado nacional en ciernes (Demetrio es asesinado por las ametralladoras carrancistas). La muerte del bandido es el origen de lo político, pero de una forma de lo político que existe exclusivamente asociada al Estado, que se desprende de toda relación "real" con el campesinado, excepto del otorgamiento de legitimidad que el campesinado hace, que ocurre en un tiempo ahora "mítico".

Por otro lado, indagaré el modo en que la novela pone en escena un exceso con respecto a ese proceso de apropiación estatal. Ese exceso se liga a características específicas de las rebeliones armadas campesinas y permite descubrir en la novela una dimensión política inédita.

II. NOVELA DE BANDIDOS, NOVELA "NACIONAL", NOVELA "NÓMADA"

Los de abajo es una novela de bandidos.[7] La historia de Demetrio Macías y su banda reúne todos los rasgos que para Hobsbawm definen al "bandido social" (ver *Primitive Rebels* y *Bandits*). Como en las historias "canónicas" de bandidos sociales, Demetrio –tipo intermedio entre el "vengador" hobsbawmniano y el "haidku", o bandido-guerrillero (Archer)–es un campesino obligado a "correr la sierra", a pasar a la ilegalidad, por su enfrentamiento con la arbitrariedad de un representante del Estado. En este caso, ese representante es don Mónico, el cacique local:

> [Cuenta Demetrio]
> Bueno ¿Qué pasó con don Mónico? ¡Faceto! Muchísimo menos que con los otros. ¡Ni siquiera vió correr el gallo! ... Una escupida en las barbas y pare usted de contar... Pues con eso ha habido para que me eche encima a la Federación. Usté ha de saber del chisme ese de México, donde mataron al señor Madero y a otro, un tal Félix o Felipe Díaz, ¡qué se yo!...Bueno: pues el dicho don Mónico fue en persona a Zacatecas a traer escolta para que me agarraran. Que dizque yo era maderista y que me iba a levantar. (41)

La banda de Demetrio no se constituye alrededor de un "programa". Se constituye alrededor de una *afrenta*, y del ánimo de vengarla (Hobsbawm, *Bandits* 42). Los modos de ligazón de la banda tienen menos que ver con un conjunto de reivindicaciones comunes, de largo o mediano plazos, que con lazos "tradicionales" de parentesco, compadrazgo o solidaridad:

> En la lejanía, de entre un cónico hacinamiento de cañas y paja podrida, salieron, uno tras otros, muchos hombres de pechos y piernas desnudos, oscuros y repulidos como viejos bronces.
> Vinieron presurosos al encuentro de Demetrio.
> –¡Me quemaron mi casa!–respondió a las miradas interrogadoras.
> Hubo imprecaciones, amenazas, insolencias
> [...]
> –Si Dios nos da licencia–dijo Demetrio–mañana o esta misma noche les hemos de mirar la cara otra vez a los federales. ¿Qué dicen, muchachos, los dejamos conocer estas veredas? (8)

El conflicto local se intersecta con el nacional, pero no se asimila a él. Así, la mala fe de Don Mónico *convierte* a Demetrio en Maderista, lo que no era. La ambición de Luis Cervantes[8] *convierte* a Demetrio en aliado de Natera, en Villista, lo que tampoco era y nunca llega plenamente a ser. En ambos casos, las definiciones políticas nacionales son exteriores, adventicias:

> Mi jefe —continuó Cervantes–, usted me ha simpatizado desde que lo conocí, y lo quiero cada vez más, porque sé todo lo que vale. Permítame que sea enteramente franco. Usted no comprende todavía su verdadera, su alta y nobilísima misión. Usted, hombre modesto y sin ambiciones, no quiere ver el importantísimo papel que le toca en esta Revolución. Mentira que usted ande por aquí por don Mónico, el cacique; usted se ha levantado contra el caciquismo que azota a toda la nación. [...] Somos instrumentos del destino para la reivindicación de los sagrados derechos del pueblo. (43)

La afiliación de Demetrio con Natera, el caudillo villista, no pasa tampoco por una causa común, sino por un modo de fidelidad personal.

> Bien [pregunta Natera], ¿y de parte de quién se va a poner? — Demetrio, muy perplejo, se llevó las manos a los cabellos y se rascó breves instantes.
> —Mire, a mí no me haga preguntas, que no soy un escuelante ... La aguilita que traigo en el sombrero usté me la dio ... Bueno, pos ya sabe que no más me dice: "Demetrio, haces esto y esto... ¡y se acabó el cuento! (122)

En la novela, a la *ilegalidad* sancionada desde el Estado, se contrapone la *legitimidad* de la que goza Demetrio a los ojos de sus "iguales" (en *El género gauchesco*, Josefina Ludmer prefiere hablar de dos registros de la ley: la ley escrita estatal, la ley oral, "popular"). Esa legitimidad es la condición de la fuerza de la banda:

> Y los serranos, después de estrecharles fuertemente las manos encallecidas, exclamaban:
> –¡Dios los bendiga! ¡Dios los ayude y los lleve por el buen camino!... Ahora van ustedes; mañana correremos también nosotros, huyendo de la leva, perseguidos por estos condenados del gobierno, que nos han declarado la guerra a muerte a los pobres (15)

Cuando esa legitimidad (siempre precaria) desaparece, el destino de la banda está sellado, por traición o por falta del imprescindible sustento material y estratégico que la comunidad campesina brinda:

> Cuando los soldados llegaron a una ranchería y se arremolinaron con desesperación en torno de casas y jacales vacíos, sin encontrar una tortilla dura, ni un chile podrido, ni unos granos de sal para ponerle a la tan aborrecida carne fresca de res, ellos, los hermanos pacíficos, desde sus escondites, impasibles los unos con la impasibilidad pétrea de los ídolos aztecas, más humanos los otros, con una sórdida sonrisa en sus labios untados y ayunes de barba, veían cómo aquellos hombres feroces, que un mes antes hicieran retemblar de espanto sus míseros y apartados solares, salían de sus chozas, donde las hornillas estaban apagadas y las tinajas secas, abatidos, con la cabeza caída y humillados como perros a quienes se arroja de la propia casa a puntapiés. (126)

Pocas páginas después, Demetrio y su banda son barridos por la metralla carrancista. Por último, es crucial notar que, el significante "bandido" está explícitamente puesto en juego por todas las partes, como modo de restarle entidad política al adversario: bandidos, siempre son los otros.

Con el correr de los años esta novela de bandidos fue acumulando calificativos superlativos: "épica de la mexicanidad", "obra maestra de la novela de la Revolución Mexicana" (al par que "novela revolucionaria", "revolución en la novela"). Fue, hasta el Boom, la "novela de América", la contraparte narrativa del *Ariel* (1900) de José Enrique Rodó. En 1950, Azuela recibió de manos del Presidente Alemán el Premio Nacional de Literatura, sanción estatal por excelencia. Azuela moriría dos años más tarde, lo que proveyó una oportunidad adicional para esta oficialización. Las exequias y honras fúnebres fueron majestuosas, atendidas por casi todos los secretarios de Estado y por las autoridades del Partido Revolucionario Institucional. El cadáver de Azuela fue inhumado en la Rotonda de los Hombres Ilustres, sitio especial del Cementerio de Dolores donde el Estado entierra a las figuras más distinguidas de su historia cultural (ver una excelente revisión de la recepción de la obra en Ruffinelli 251).

Los de abajo se convirtió en un ítem de enseñanza y adoctrinamiento[9] y Demetrio, un jefe local de bandidos que por un compromiso equívoco deviene revolucionario, se convirtió en un héroe *mexicano* por excelencia. En esa transformación del bandido al héroe épico[10] que se opera en la recepción de la novela, en el contexto de la Institucionalización de la Revolución, puede reconstruirse la historia de un *antagonismo* no resuelto (en el sentido que el término tiene en Laclau-Mouffe, *Hegemony*). El antagonismo ocurre entre un modo "estatal" de apropiación de la obra (el modo en el que el Estado Revolucionario interpretó el conflicto que *Los de abajo* narra) y un modo (que llamaré, metafóricamente, "nómada" [ver Dabove, "Las lanzas") que excede y descompone esas operaciones, y que da a la lectura un *plus* de sentido no apropiable por el paradigma identitario de la nación-estado.

Es necesario entonces ensayar un doble movimiento crítico-escriturario: (1) Recomponer el trabajo de "captura" estatal de la obra. Implícito está el hecho de que la "forma-Estado" (Deleuze y Guattari) supone un orden de representaciones específico[11]. Podemos formular ese orden de representaciones como la transformación de la "multitud" (en el sentido utilizado y diseñado por Paolo Virno y Michael Hardt) en "pueblo", movimiento correlativo a la representación totalizante de lo social a partir de una bipolaridad contradictoria simple: pueblo / no-pueblo; (2) "reestablecer" en el seno de la obra la insistencia de un "exterior" a la forma-Estado (Deleuze y Guattari),[12] exterior compuesto de sujetos y prácticas que exceden la contradicción pueblo / no-pueblo.

La banda no será considerada como una *protoforma* del sujeto popular, aun sin lenguaje o conciencia (que *a posteriori* le proveería el Estado) sino como lo que Deleuze y Guattari llaman una "máquina de guerra nómada"[13] o la novela misma llama "la bola." Me interesa insistir –y evidenciar en la obra– que Demetrio y su banda no son un fenómeno pre-político (Hobsbawm), pre-moderno, "transicional" (Guha, *Elementary*), que obtiene su sentido de aquello que no es (el Estado) o que no sabe que es (una clase) sino que en el sonido y la furia revolucionaria podemos vislumbrar un modo de intervención plenamente político. Y que el modo de su política pasa por resistirse a los modos de territorialización, de constitución de sujetos y prácticas característico de la ideología del Estado moderno. Esa resistencia apunta a un nuevo modo de pensar la Revolución, por fuera del marco de inteligibilidad de las narrativas de la nación-estado.

Quisiera arribar a la novela desde una digresión: el somero análisis de un mural de Diego Rivera, como *exemplum* del modo de concebir y metaforizar la guerra que *Los de abajo* a la vez reproduce y descompone, como una especie de *maquette* del funcionamiento del "aparato de captura" estatal, y de la irreductibilidad de los flujos que escapan a ese aparato.

IV. LA QUEMA DE LOS JUDAS: LA REVOLUCIÓN COMO FIESTA POPULAR

La quema de los Judas ilustra de manera ejemplar el modo en que el "poder constituyente" (Antonio Negri) es transformado en "pueblo". Ilustra el modo en que "la bola" es transformada en "Revolución Mexicana." Así, la conmoción que desestructura lo social y los modos de significar lo social, y de cuyo sentido por ende poco o nada se sabe se convierte en un jalón más en la historia de ese sujeto popular. Jalón decisivo tal vez, para el encuentro del sujeto "popular" consigo mismo.

La quema de los Judas es un mural de Diego Rivera en el Patio de Fiestas de la Secretaría de Educación Pública. Fue pintado entre 1924 y 1926 (contemporáneamente al "redescubrimiento" de *Los de abajo* por la crítica mexicana) por encargo de José Vasconcelos durante la presidencia de Álvaro Obregón. La "quema de los judas" es una festividad popular urbana, con un contenido carnavalesco. Originalmente consistía en la quema de efigies de Judas el día antes de Pascua, como parte de un ritual de limpieza y renovación. Con el tiempo, los Judas fueron reemplazados por efigies de personajes políticos impopulares.

El espacio representado en el mural está estructurado sobre la base de una nítida oposición arriba / abajo (como la que a primera vista nos propone *Los de abajo*). Esa oposición está constituida por una línea (la línea de las nubes provocadas por las explosiones –las figuras están rellenas de explosivos) que divide *sin resto*, sin medio, el "arriba" y el "abajo". Arriba, como monigotes colgados de un cable, tres personajes notoriamente individualizados: un clérigo, un militar, un capitalista (los tres criollos, los

tres con los atuendos de su "oficio"). Abajo, apenas emergiendo de una nube de origen incierto, una multitud indígena y/o mestiza que engloba a campesinos en indumentaria tradicional, obreros, clase baja urbana. El *background* de la obra es urbano.

La quema de los judas no es (no es sólo) un mural acerca de las expansiones populares de la ciudad de México. Entiendo que debe leerse también como una *alegoría nacional* (Jameson, "Third-World"). En el espacio representado se traduce una escena cuyo verdadero espacio es el de la Nación. La quema es una *metáfora de la guerra revolucionaria*, y la línea que separa el "arriba" del "abajo" es una interpretación activa del sentido y de los sujetos que pelean esa guerra.

La "guerra" (la línea de nubes), separa a los sujetos en la escena, da a "los de abajo" su identidad colectiva, y dota a "los de abajo" de su pasión única, indivisa: destruir a "los de arriba". "Los de abajo" –a diferencia de "los de arriba"– *sólo tienen una identidad colectiva*: las caras apenas se ven, son todas iguales, sin expresión individual. Todos los cuerpos de "los de abajo" están agachados, al resguardo de "los de arriba", o atacándolos (arrojando piedras, buscando piedras para arrojar). Ninguno tiene una posición que no esté en relación con las nubes y "los de arriba". Nadie en el mural ignora lo que está pasando, nadie actúa como si desconociera la línea y el sentido de la misma. La línea entre el abajo y el arriba, el espacio que diseña, es *totalizante*, no deja residuo de sentido.

La guerra (las nubes), no se da a la representación como un objeto separado, específico (sólo se trata de nubes, informes por ende), sino que *son lo que hace posible la representación* al dividir y organizar la escena, al asignar posiciones a los sujetos, en el espacio físico / axiológico del mural. Las nubes, al agruparse en una línea en la mitad de la escena, *sacan a la escena del caos*, establecen en el espacio de "lo nacional" representado una segmentación simple, sin distinciones internas (si las nubes se distribuyeran uniformemente en todo el mural, éste sería la representación fragmentada de múltiples escenas de conflicto. Así, sería imposible la asignación simple y totalizante de una "posición de sujeto popular" [Laclau-Mouffe]). La guerra popular se descompondría en las innumerables luchas de la multitud, y con eso, se descompondría el arriba / abajo esencial a la representación de "lo social" en el mural.

La guerra territorializa a "los de abajo" como "pueblo" (como unidad colectiva, indiferenciada) en el espacio nacional. Entiendo "territorializa", en el sentido en que Frantz Fanon, habla de lo que significa "matar a un europeo" en el contexto de la guerra colonial: matando a un europeo, el "nativo" se convierte en ciudadano y el paisaje del homicidio se convierte en Nación. La humanidad del ex-sujeto colonial nace como hija de la violencia anticolonialista.

Así, la división en el mural puede ser pensada en términos más radicales: las nubes (la guerra) dividen lo humano ("los de abajo") de lo inhumano ("los de arriba", los muñecos).

En el mural no hay mujeres. Podríamos aventurar que no hay gays. Asimismo, se obliteran todas las diferencias regionales, culturales, étnicas, en función de la determinación de un sujeto "nacional / popular", *como sujeto de esa lucha*. Inversamente, la lucha revolucionaria se especifica como misión única de ese sujeto.

Ésta sería una primera dimensión de sentido. Pero además, *la guerra es una fiesta*, y ésta es una *segunda territorialización*, en la que se introduce al tiempo como un factor significativo. Desde este segundo punto de vista, la guerra no es disruptiva, no inaugura un todo social de la nada, sino que –al contrario– se inscribe imaginariamente en un mecanismo de repetición inmemorial, se inscribe dentro de las *tradiciones del sujeto popular*.

La guerra como fiesta implica la *reversión del proceso identitario*. Ya no crea al sujeto popular como a su efecto, sino que se plantea como un *atributo de un sujeto popular preexistente*, plenamente constituido con anterioridad a esa guerra. Lo contingente (la identidad constituida a partir de un hecho histórico) se olvida, y se convierte en necesario, a-histórico. En la guerra, parece indicar el cuadro, el pueblo se "realiza", se "encuentra consigo mismo", descubre lo que siempre ha sido. La guerra, desde este punto de vista, no crea ni destruye: repone. Instaura la división de lo social, pero como modo de advenir a la conciencia de una división (y posiciones de sujeto correspondientes) que preexistían a la guerra.

Aquí se llega a una tercera dimensión de sentido: este mural ofrece una representación de un conflicto como si fuese inmediata, inequívocamente nacional. Pero las condiciones últimas de visibilidad son las *condiciones de visibilidad que ofrece el Estado revolucionario*: la pared de la institución estatal en la que el mural está, el propósito educativo que alienta en el mural (por medio del Estado, el pueblo accede a la "conciencia de sí mismo"). Podríamos decir que es, entonces, una representación estatal de la guerra, en la que el Estado encuentra su legitimidad, narra la historia de sus "orígenes" y constituye los sujetos de la guerra (el pueblo) en su relación última y unívoca (como uno y unívocos son el pueblo, parecería) con el Estado revolucionario. Así, el mural es verosímil en el seno de una cierta narrativa de la Revolución pensada desde el Estado Revolucionario.[14] Esa narrativa hace del Estado la *Aufhebung* (superación y preservación) de la guerra revolucionaria, como la superación de la *hybris* guerrera en favor de una esfera racional del deber legal y ético, plasmado en el Estado.

El mural es un relato de la insurgencia revolucionaria, es cierto, pero también puede ser pensado como una *narrativa de la contrainsurgencia* (utilizo y adapto aquí el término propuesto por Ranajit Guha en "The Prose of Counter-Insurgency"). El advenir-visible de la guerra implica como su condición de posibilidad que esa guerra sea negada como presente, y convertida en la prehistoria del Estado, en aquello que el Estado a la vez se apropia y relega al pasado, asignándole un carácter excepcional y transicional. Dado que se trata de una guerra revolucionaria, el conflicto que el mural obtura (y reconoce al obturar) es el conflicto entre el "poder constituyente" y el "poder constituido" (Negri), donde el poder constituido se eleva a razón última y única de la irrupción del poder constituyente. Esto no es azaroso: entre la guerra del cual el mural es una lograda metáfora y el mural mismo, ocurre un hecho jurídico fundamental: la Constitución de 1917, criatura del carrancismo triunfante. El mural es entonces una visión de la guerra desde la Constitución.

Pero el procedimiento es singular: la Constitución reinterpreta la guerra, convirtiéndola en una guerra "popular" (en una guerra que tiene a la constitución misma como causa final). Pero, por el procedimiento de inversión del que antes hablábamos, *convierte a la guerra en una mediación*. Si la guerra tiene un sentido –si puede ser representada– es porque está en el origen del Estado. Pero un origen que se conserva –imaginariamente– pleno en lo originado, que no se pierde en el proceso.

V. LOS DE ABAJO: LA REVOLUCIÓN COMO "FRATRICIDIO TRANQUILIZADOR"

Los de abajo parece estar atrapada también en ese espacio de visibilidad otorgado por la Constitución como acto jurídico. Precisamente la Constitución es lo que media entre la escritura y la primera publicación de la novela, y su "redescubrimiento" en 1924.[15] Este "redescubrimiento" no es azaroso, entonces, no es un acto de justicia literaria, o siquiera de transformaciones en el gusto: corresponde a un momento de sutura, de totalización, de borramiento simbólico de las diferencias. Este "redescubrimiento" pertenece menos a la historia de la literatura que a la historia del Estado Mexicano,[16] y de sus mecanismos de construcción de hegemonía. No por nada el "descubrimiento" de Azuela, *La raza cósmica*, de Vasconcelos, el masivo plan de educación básica rural, la constitución de un movimiento obrero sindicalizado afín al gobierno, la creación de una nueva burocracia, de un Partido que hegemoniza al Estado, y el proyecto del muralismo son fenómenos rigurosamente contemporáneos.

Una anotación filológica ilustra este punto: en las primeras ediciones de *Los de abajo*, aparece el siguiente subtítulo: "Cuadros y escenas de la Revolución actual" (Rufinelli, *Edición Crítica*, nota a, 3). En las *Obras Completas*, el subtítulo ya reza: "Novela de la Revolución Mexicana". Esta leve modificación puede ser leída como la evidencia de un *triple movimiento de totalización y sutura*:

(1) Del *"cuadro"* (esto es, del procedimiento estético-ideológico que –por su misma naturaleza fragmentaria– se resiste a la totalización espacial, temporal y psicológica) *a la novela* (entendido como modo moderno por excelencia de totalización de la experiencia social, en el sentido en que lo entiende Sommer, por ejemplo, en *Foundational Fictions*)[17]

(2) De la *"revolución actual"* (de la disrupción de los pactos, el "enloquecimiento" de los signos, el advenimiento de lo irrepresentable) a la Revolución Mexicana (la restitución de esa experiencia en una narrativa multisecular de emancipación). Esta idea es aún más explícita en un texto posterior de Azuela llamado *Precursores* (debe entenderse: precursores de la Revolución). El libro está dividido en tres partes que narran las historias de

tres bandidos: Andrés López Martínez ("el Amito"), Manuel Lozada y Antonio Rojas. En cada caso, identifica un tipo de componente que lo hace cercano a los posteriores "ideales" de la Revolución (reparto de la tierra, identidad campesina, etc.).

(3) Complementariamente: de El Paso, Texas –donde se publica la primera edición de la obra– a México D.F., y del folletín al libro. Ésta es la parábola de la novela y del novelista hacia el corazón de la cultura en la Revolución institucionalizada.

En "cuadros y escenas" el espacio de Demetrio y sus hombres es un espacio por fuera de –o contrario a– su inscripción real y/o imaginaria bajo la soberanía de la nación-estado. En la "Novela de la Revolución Mexicana" lo que se implica es que el espacio de la batalla no *devino* territorio del Estado mexicano merced a una específica victoria de un bando, a un proceso situado históricamente, *sino que ya era*, desde antes, desde siempre, territorio de la nación-estado mexicana. Pasar de "cuadros y escenas" a "Novela de la Revolución Mexicana", implica el "olvido" necesario a la constitución de la Nación. El olvido de la irreductibilidad de los oponentes, y la reinterpretación del conflicto como un conflicto entre hermanos, entre "ya-desde-siempre-mexicanos". No es casualidad que al mismo tiempo que se "redescubre" *Los de abajo*, Obregón acuña la feliz expresión "la familia revolucionaria", que Calles impondrá durante el Maximato, proyectando hacia el pasado la conciliación violenta conseguida en el presente (Benjamin 69). Un símbolo de esto es el traslado de los restos de Madero, Villa, Carranza y Obregón (enemigos enconados en vida) al Monumento de la Revolución, como hacia una suerte de Panteón familiar.

La novela misma provee un momento decisivo para esta reapropiación de la novela a la simbología de la nación-estado: la muerte de Demetrio Macías:

> El humo de la fusilería no acaba de extinguirse. Las cigarras entonan su canto imperturbable y misterioso; las palomas cantan con dulzura en las rinconadas de las rocas, ramonean apaciblemente las vacas.
> La sierra está de gala; sobre sus cúspides inaccesibles cae la niebla albísima como un crespón de nieve sobre la cabeza de una novia.
> Y al pie de una resquebrajadura enorme y suntuosa como pórtico de vieja catedral, Demetrio Macías, con los ojos fijos para siempre, sigue apuntando con el cañón del fusil (140)

Me interesaría reparar en la cuestión de las nupcias (la mañana de la muerte de Demetrio fue una verdadera "mañana de nupcias" [138]), lo estatuario, lo catedralicio, lo bucólico. Ese es el punto en que Demetrio pasa a ser un *símbolo*. La sierra se convierte en la ciudad (en el centro de la ciudad, en su catedral). Allí, una ceremonia cívica y religiosa está por ocurrir: la elevación de Demetrio, su *consagración*.[18] Esta consagración tiene un sentido cívico (la gloria), pero también un sentido religioso (el martirio). Símbolo de la Revolución frustrada o lograda, de los revolucionarios muertos, y de su *hybris* épica, de la herencia que el Estado revolucionario reclama para sí. El tema de la herencia no es azaroso: si se relee las últimas líneas de la novela, se verá cómo el final supone el paso a *otro tiempo* ("Los ojos fijos *para siempre*" dice la novela), que no es el de las acciones, sino el de los mitos.

Con esta elevación, Azuela deja de ser el coleccionista de "cuadros" erráticos, no totalizables, y pasa a ser el escritor idéntico a la Historia. Pasa a ser –para usar las palabras de Michelet– el que "escribe en nombre de los muertos", de los que con sus sacrificios habían hecho posible la aparición consciente de la nación, "aun cuando tales sacrificios no fueron percibidos así por las víctimas" (Anderson 95). Azuela pasa a ser "un Edipo que les [resuelve] su propio enigma, que para ellos carecía de sentido; uno que les [explica] el sentido no comprendido de sus palabras y de sus propios actos" (Anderson 95). En el caso de *Los de abajo* "cobramos conciencia súbita de una enorme campaña historiográfica desarrollada por el Estado a través del sistema de educación pública, para 'recordar' a cada [en nuestro caso] mexicano y mexicana, la serie de tragedias [...] que forman parte de la 'historia familiar'. El hecho de tener que 'haber olvidado' tragedias que luego deberán ser 'recordadas' sistemáticamente, es pues una característica en la construcción de las genealogías nacionales" (Anderson 98).[19]

La reversibilidad del significante "los de abajo"[20] une a los contendientes bajo la común epopeya de lo popular, la "Ilíada Descalza", a la que se refiere Carlos Fuentes al hablar de esta novela. Así, la descomposición de las segmentariedades (los federales, los villistas, los carrancistas, son todos "los de abajo") es reapropiada, "sobrecodificada" por el Estado, en función de subordinarla al significante mayor de la mexicanidad: el sentido del conflicto se reinterpreta como un conflicto entre mexicanos, *sólo posible entre mexicanos*, haciendo del conflicto un rasgo privilegiado de la mexicanidad. El conflicto, la rasgadura "real" de lo social, se resignifica como una sutura "simbólica" de lo social, en el mismo sentido en que Anderson habla de "el efecto tranquilizador del fratricidio".

Éste es un modo de interpretar el hecho de que *Los de abajo* sea a la vez una novela de bandidos y una novela fundacional de un "relato de lo nacional". Haciendo de Demetrio y su banda un momento del sujeto popular no consciente de sí, íntimamente contradictorio, contradicciones que se sintetizan y superan en el Estado Revolucionario, donde la violencia se convierte en razón.

VI. Los de abajo: de la Revolución Mexicana a "la bola"

Pero esto no es todo *Los de abajo*. En la novela hay algo más, algo que el sistema de determinaciones anterior no alcanza a nombrar. Precisamente, en la novela varias veces asistimos a una escena de *resistencia a la nominación*. Esa resistencia ocurre siempre que se trata de nombrar el sentido de la guerra que ocupa sus páginas. Reproduzco dos instancias:

> [Dice Luis Cervantes]
> –Yo he procurado hacerme entender, convencerlos de que soy un verdadero correligionario...
> –¿Corre...qué?–Inquirió Demetrio, tendiendo una oreja.
> –Correligionario, mi jefe..., es decir, que persigo los mismos ideales y defiendo la misma causa que ustedes defienden.
> Demetrio sonrió:
> –¿Pos cuál causa defendemos nosotros?...
> Luis Cervantes, desconcertado, no encontró qué contestar.(19)

> [Pregunta la mujer de Demetrio]
> –¿Porqué pelean ya, Demetrio?
> Demetrio, las cejas muy juntas, toma distraído una piedrecita y la arroja al fondo del cañón. Se mantiene pensativo viendo el desfiladero, y dice:
> —Mira esa piedra como ya no para... (137)[21]

La guerra es el lugar donde se aloja el hueco, la ausencia de sentido. Hay dos maneras de pensar ese "hueco":

(1) Como la *ausencia de una conciencia* de clase, como el testimonio de la imposibilidad de Demetrio y su banda de articular su descontento, de convertir el descontento con la serie de agravios que los arrojan a la ilegalidad primero, a la rebelión después, en un programa y una *praxis*. Demetrio y su banda, aunque convergen con expresiones plenamente políticas (la lucha contra el huertismo) permanecen fundamentalmente "pre-políticos".

Así interpretado este "algo más" sigue teniendo al Estado Revolucionario como a su centro, como el foco de sus exigencias, de su racionalidad. El excluido de la Revolución sería, otra vez "el pueblo", y el bandido-revolucionario sería algo así como un reverso oscuro del sujeto popular. Permanecemos en el espacio de representación estatal, y el modo de lo no-dicho sería el modo de lo "potencial", de lo que pudiendo haber sido la Revolución, no ha sido. *Los de abajo* ha sido leído de este modo, sin embargo, y es el modo en que la "Novela de la Revolución Mexicana" como género se desarrolló.

(2) El otro modo es pensar que ese "algo más" es exterior y anterior al Estado. Que está "plenamente" constituido ("pleno", en el equívoco sentido en que Spivak caracteriza la conciencia subalterna como una conciencia "plena" [ver "Subaltern Studies"]) y es heterogéneo al sentido de la guerra que el Estado promueve, y la imagen de pensamiento que la forma-Estado determina. Una tentación debe evitarse aquí, que es positivizar ese exceso, y hacerlo un nuevo sujeto trascendental de la Historia. Por el contrario, hay que pensar que *el exceso de lo estatal siempre es singular* (se resiste a las categorías), y no es nunca positivizable. Eso es lo que Barthes (*Ensayos críticos*) señala cuando dice que el trabajo de la crítica no es "decir lo no-dicho" (como una suerte de teología negativa, bajo la dinámica de lo oculto / lo expuesto), sino, por el contrario, "inexpresar lo expresable", lo "demasiado expresado" (Barthes, "Prefacio" a *Ensayos Críticos*). En nuestro caso, lo demasiado expresado es "lo popular".

Volvamos a la escena de la novela donde ocurre el diálogo entre Demetrio y Cervantes. El silencio de Demetrio, su pregunta torpe o maliciosa ("-¿Pos cuál causa defendemos nosotros?...") no es el establecimiento de una *ley*, de un espacio interior de soberanía o de fidelidades determinadas, personales o ideológicas (recordemos que sobre el final de la novela, su banda estaba compuesta por ex federales, y que realmente no había reglas para entrar o salir de la banda). La pregunta de Demetrio a Cervantes es el puro *acto de interrupción de una lengua mayor*, la de Cervantes, que viene de la letra, del centro, de la modernidad. Pensar esta interrupción en términos de la "bola", la máquina de guerra, es lo que permite escapar de los prejuicios que hacen a Demetrio sinónimo de la barbarie, la *hybris*, o la ausencia de un "verdadero" proyecto político.

El *resistirse a nombrar el sentido de la guerra* (el carecer de una "causa" diferente de la guerra misma) es entonces la *dimensión política específica* de los de abajo. Esto implica un diferente registro de lo político, como lo que en otro lugar ("*Las lanzas coloradas*") he denominado una *política nómada*: una política que excede los signos de la nación y sus formas de soberanía. Esta política no implica "ciudadanos" o "pueblo", porque no pasa por la representación. Quiero decir: no implica hacer de Demetrio y su banda "representantes": el primer momento de un proceso por el cual Demetrio se convierte en Aquiles. No implica tampoco hacer de Demetrio y su banda "representables" por los mecanismos de representación (ora política, ora simbólica) del Estado.

La "política nómada" no apela nunca a "México", como a la causa final de la guerra. De hecho, en toda la novela, sólo dos veces se escribe la palabra "México". Y el contexto en ambos casos es significativo. En el primer caso, es una referencia errónea a un hecho que no sucedió, la muerte de Félix

Díaz. En el segundo, es la carta que el jefe de los federales imagina que le escribe a Blanquet, impostando una victoria sobre una enorme fuerza de constitucionalistas:

> No obstante la superioridad numérica del enemigo, logré castigarlo severamente, inflingiéndole completa derrota. El número de muertos fue el de veinte y mayor el de heridos, a juzgar por las huellas de sangre que dejaron en su precipitada fuga. En nuestras filas tuvimos la fortuna de no contar con una sola baja.–Me honro en felicitar a Ud., señor Ministro, por el triunfo de las armas del Gobierno. ¡Viva el señor general don Victoriano Huerta! ¡*Viva México!* (56, énfasis mío)

En *Los de abajo*, "¡Viva México!" es el saludo de los asesinos (el capitán, realmente no sólo apoya, sino que participó en el acuartelamiento que fue el antecedente inmediato del golpe contra Madero [54]). "¡Viva México!" sólo se sostiene en la novela con una distancia irónica, como la puesta en escena de la falsa legitimidad de la falsa epopeya estatal.

La guerra de Demetrio no se inscribe en el orden de los medios (en función de las causas) sino que es *un modo de ser*. Esta "mezcla" o desaparición de la distinción medio / sujeto está implícita en la palabra que en la novela, define el proceso: la "bola"[22]

> [Dice Luis Cervantes] Mire, mi general; si, como parece, esta bola va a seguir, si la Revolución no se acaba, nosotros tenemos ya suficiente para irnos a brillarla (95) [...] –¡Cierto como hay Dios, compañero; sigue la bola! ¡Ahora Villa contra Carranza!–dijo Natera. (121)

La "bola" nombra a la guerra, pero asimismo nombra a los sujetos de esa guerra, la multitud.[23] *La "bola" es la máquina de guerra nómada (el exterior del Estado) como individuación*, que comprende el complejo de agenciamientos que la constituyen: hombres, caballos, armas, conocimientos, el espacio, los modos de relación de la banda con los medios económicos a su disposición, con las mujeres que se violan y con las mujeres que se roban, con las otras bandas, con los hombres sueltos que se incorporan a ella. La *bola* es el "protagonista" (no el "tema") de *Los de abajo*. Esto es, "los de abajo", claro pero no como "subjetividades" plenas, ejerciendo esa plenitud en el relato, sino puestos en relación con los movimientos de desterritorialización que los atraviesan, lo que en la novela va más allá de las coordenadas con las que solemos pensar las novelas: personajes (y su psicología y sus transformaciones en el tiempo), acciones (y su tramado, su causalidad y su ética), paisaje (y su connotación ética, estética o económica). La "bola", la máquina de guerra "compone" todo

La fiesta popular, la banda de bandidos • 183

eso, pero es una *nueva individuación*,[24] que obliga a pensarlos de *otra manera*, en relación a la cual el orden letrado suele "fracasar". Esto se evidencia en el modo de percibir la lógica (transformada en la ausencia de lógica) de Demetrio y los suyos: la guerra, cuando no es pensada desde el Estado (o mas bien: desde una conciencia afín al proyecto letrado estatal: Solís, Cervantes, aún Valderrama, con todo y su empatía con el proceso), es siempre caracterizada con metáforas entrópicas, como *catástrofes* que arruinan la representación:

> [Dice Solís]
> –[...] Me preguntará que por qué sigo entonces en la revolución. La revolución es el huracán, y el hombre que se entrega a ella no es ya el hombre, es la miserable hoja seca arrebatada por el vendaval... (62)
>
> [Dice Valderrama]
> –¿Villa?...¿Obregón?...¿Carranza?...X...Y...Z... ¿Qué se me da a mí? ¡Amo a la Revolución como amo al volcán que irrumpe! ¡Al volcán porque es volcán; a la Revolución porque es Revolución!...*Pero las piedras que quedan arriba o abajo, después del cataclismo. ¿qué me importan a mí?* (128, énfasis mío)

Incluso –como en el mural– las nubes reaparecen como metáforas de la insurrección. Pero significativamente, ahora ellas no organizan el espacio de la representación, más bien al contrario:

> Fue la sonrisa de Luis Cervantes tan despectiva, que Solís, amoscado, se sentó tranquilamente en una peña.
> Su sonrisa volvió a vagar siguiendo los espirales del humo de los rifles y la polvareda de cada casa derribada y cada techo que se hundía. Y creyó haber descubierto un símbolo de la revolución en aquellas nubes de humo y en aquellas nubes de polvo que fraternalmente ascendían, se abrazaban, se confundían y se *borraban en la nada*.
> –¡Ah–clamó de pronto–, ahora sí!... (72, énfasis mío)

Los sujetos de la bola, cuando no son pensados como ciudadanos devenidos combatientes, o protociudadanos, son siempre caracterizados con metáforas animales: mosquitos, abejas, hormigas, perros. Siempre son animales gregarios, o multitudinarios. Lo opuesto de la épica, cuya metáfora preferida es el animal solitario, individuado, heroico: el león, el águila.[25] Los revolucionarios atacan como una manada (70), suben las laderas ágilmente como venados (70), se reúnen en torno a la mesa de juego como mosquitos (120), recorren las tabernas de Aguas calientes como abejas en la boca de una colmena (120), marchan como una fila de hormigas (125), huyen de sus enemigos "como perros a quienes se arroja de su propia casa a puntapiés" (126).

La rebelión como catástrofe, o como retorno al "estado de naturaleza", la animalidad o la barbarie, es el modo clásico en que desde el Estado se interpretan las rebeliones campesinas, donde lo que se omite (lo que debe omitirse) es la dimensión política específica del proceso.[26]

Para el Estado, la guerra es una función más, subordinada y coordinada a otras: por un lado está la guerra (que ocurre en un "frente"), por otro (en la retaguardia) la extracción de recursos de la tierra, dada una división y tasación de la misma, la producción de insumos diversos para el sostenimiento de la guerra, la distribución de los recursos al frente (según una dinámica de centro / periferia), la formación de cuadros militares en las instituciones educativas del Estado.

Por el contrario, todas las funciones anteriores, en el caso de la banda de Demetrio, son inherentes al propio movimiento de la "bola", no están nunca puestas en relación con un "exterior" estatal: así, la obtención de armas ocurre por *captura* de las de los federales (cf. Primera parte III "Entre las malezas de la sierra"), la obtención de recursos tiene que ver con el saqueo y el "avance", la incorporación de cuadros y la promoción solamente con las diversas fortunas de la "bola".

La "bola" descompone el "espacio estriado" estatal, pasando a un "espacio liso", no segmentado. (Gilles Deleuze y Felix Guattari, *Mil Mesetas*) Esto permite comprender la naturaleza de la "errancia" de Demetrio y los suyos oponiendo la "velocidad" de la banda (como pura errancia) al "movimiento" (direccionado) de los ejércitos. Permite no hacer del nomadismo de la banda de Demetrio un vagabundeo insensato, derrotado de antemano.

> La gran alegría de la partida estriba cabalmente en lo imprevisto. Y es por eso que los soldados cantan, ríen y charlan locamente. En su alma rebulle el alma de las viejas tribus nómadas. Nada importa saber dónde van y de dónde vienen; lo necesario es caminar, caminar siempre, no estacionarse jamás; ser dueños del valle, de las planicies, de las sierras, de todo lo que la vista abarca (*Los de abajo* 138)

Detengámonos en la distinción entre el "espacio cerrado" y el "espacio abierto" nómada (385), en relación con la batalla como "unidad" de la guerra: la batalla en su versión estatal se piensa en relación constante y esencial con un centro –ciudad, polo productivo, río, pozo de petróleo– que debe ser resguardado. La batalla está incluida en una ordenación del espacio cerrado que no le es inherente, sino que está predeterminada de antemano.

La batalla pensada desde el Estado tiene un "adelante" y un "atrás", un "avance" y un "retroceso", una "victoria", y una "derrota". En el caso de la banda de Demetrio, si bien la misma interviene en batallas, esas batallas no son esenciales a su modo de constitución. La "bola" incluye batallas contra los ejércitos estatales, pero asimismo saqueos, violaciones, descansos, venganzas, *en un mismo orden de prioridades*. La banda es nómada por naturaleza, a diferencia de los ejércitos, que son sedentarios y se mueven hacia la batalla. La relación con el espacio en los dos casos es inversa: en el caso de la banda, es "el trayecto el que tiene toda la consistencia" (Deleuze y Guattari 384), mientras que en el caso de los ejércitos, el trayecto es lo que debe ser superado en aras de la meta. El ejército "representa" un Estado por el que lucha, la banda no.

La banda es indiferente a la victoria o a la derrota, porque "victoria" / "derrota" son en la novela términos relevantes sólo para alguien como Luis Cervantes, que piensa la guerra en relación con un centro a ocupar (México), y a unas ventajas a conseguir. Por el contrario victoria y derrota son indistintas para la banda:

> Allí vienen ya los gorrudos –clamaron con azoro los vecinos de Fresnillo cuando supieron que el asalto de los revolucionarios a la plaza de Zacatecas había sido un fracaso. [...] Les llamaban los gorrudos. Y los gorrudos [después de la derrota] regresaban tan alegremente como habían marchado días antes a los combates, saqueando cada pueblo, cada hacienda, cada ranchería y hasta el jacal más miserable que encontraban a su paso. (63)

Pero esta ausencia de distinción no hace de la insurrección un mero caos, una instancia puramente "negativa", "bárbara". Al discutir cómo la historiografía –burguesa o soviética– desconocen y desprecian a los pueblos nómadas, Deleuze y Guattari argumentan "Cómo explicar que los nómadas hayan intentado destruir las ciudades y los Estados, si no es en nombre de una organización nómada y de una máquina de guerra que no se definen por ignorancia, sino por sus características positivas, su espacio específico, su composición propia que rompía con los linajes y conjuraba la forma-Estado. La historia no ha cesado de negar a los nómadas." (397)

Con esto *in mente*, leamos el episodio de la máquina de escribir, después del fracaso del asalto a Zacatecas (también podemos pensar en la destrucción y venta de la biblioteca de la casa): destruir la máquina de escribir puede ser concebido "negativamente", como un acto bárbaro (el reverso de lo político), o como un *acto político específico* (aunque no acotado a la lógica de la *polis*, que en América Latina preferimos llamar "ciudad letrada"): la *desacralización* e *inversión* y *destrucción* del orden de los signos de la jerarquía letrada:

> –¿Quién me merca esta maquinaria?–pregonaba uno, enrojecido y fatigado de llevar la carga de su "avance".
> Era una máquina de escribir nueva, que a todos atrajo con los deslumbrantes reflejos de su niquelado.
> La "Oliver", en una sola mañana, había tenido cinco propietarios, comenzando por valer diez pesos, depreciándose uno o dos a cada cambio de dueño, La verdad era que pesaba demasiado y nadie podía soportarla más de media hora.
> –Doy peseta por ella– ofreció la Codorniz.
> –Es tuya– respondió el dueño dándosela prontamente y con temores ostensibles de que aquél se arrepintiera.
> La Codorniz, por veinticinco centavos, tuvo el gusto de tomarla en sus manos y de arrojarla luego contra las piedras, donde se rompió ruidosamente. (*Los de abajo* 62-63)

La máquina de escribir tiene dos "connotaciones" evidentes: modernidad y legalidad. El episodio narrado, además, no es un episodio inédito en la historia de la Revolución Mexicana, o, para el caso, en cualquier rebelión campesina. Knight cuenta cómo –en la ocupación de cada cabecera de distrito o ciudad de significación– era rutinario quemar los archivos de la ciudad, destruir toda huella de un orden letrado. Por su lado, uno de los primeros actos de los zapatistas, el 1 de Enero de 1994, al entrar en San Cristóbal de las Casas, fue destruir los registros de tierras archivados en las oficinas públicas. (Hayden, *The Zapatista Reader* 207)

Pero este odio contra la letra y sus manifestaciones tiene un componente político específico: la letra es la posibilidad del *registro de propiedad*, esto es, la garantía, la legalidad que se da al despojo del campesinado, incapaz por lo general de presentar un registro de propiedad en regla, toda vez que su posesión es ancestral (ésta es una de las causas centrales de la Revolución). Es también la condición de posibilidad de un *registro de los linajes, los impuestos, las ofensas*. Su destrucción es un acto eminentemente anti-ciudadano, pero enteramente motivado, coherente con la lógica que gobierna la "bola", y que se abre a "otra" sociabilidad, a "otra" ciudadanía.

La "bola", la máquina de guerra, descompone las segmentaciones sobrecodificadas por el Estado, de clase, raza y género. Al hacer esto, permite dejar de pensar el espacio social en la novela como definido (íntegramente y exclusivamente) por una contradicción de "clase" arriba / abajo, para reencontrar diversas líneas de fuga, y –decisivo para "nosotros"– una "heterogeneidad inmanente en el sujeto popular" (tomo y modifico la expresión de John Beverley, *Subalternity*).

Podemos mencionar –a modo de ejemplo– la diferencia en los roles de Camila y la mujer de Demetrio (exteriores a la banda) y la Pintada (que

La fiesta popular, la banda de bandidos • 187

pertenece a ella), y cuya definición de la feminidad es del todo inédita y previsiblemente representada como grotesca. Asimismo, la desaparición de las distinciones entre espacio público y espacio privado, entre tiempo libre y trabajo, entre robo y guerra. Asimismo, es notoria la "indistinción" racial de la banda (indios, mestizos y blancos conviven sin una jerarquía racial aparente). Esta falta de distinción no se confunde con el mestizaje, aunque lecturas posteriores de la novela lo hayan pensado en esos términos. Asimismo, es importante notar la destrucción de las distinciones de clase (sin el consiguiente acceso a una "sociedad sin clases", o a una "democracia guerrera"); la desaparición de la distinción entre exterior e interior (los caballos que entran a las casas y a las cantinas); de estado civil (las novias se compran, se regalan, se intercambian); de escalafones (los grados del ejército se ganan de manera azarosa, de inventan, se impostan).

En el centro mismo de la novela (81) hay una fiesta, en la que se celebra el ascenso (o se asciende) de Demetrio a general. Esta fiesta–que ocurre en un salón burgués devenido cuartel o guarida–puede caracterizarse acertadamente como un "mundo al revés" (Guha, a partir de Bajtin), como una deliberada reversión y/o destrucción de los signos que aseguraban el dominio de un orden letrado / burgués. Las cortinas sirven para monturas, los libros como combustible para alimentar hogueras, la sala como establo, la *Divina Comedia* se convierte en un repertorio de "viejas encueradas", la Pintada se viste con las mejores ropas de la ausente niña de la casa, la bella novia–comprada–de Cervantes termina la noche con el güero Margarito. Desde la perspectiva inaugurada en el siglo XIX por Sarmiento (*Facundo*) ésta sería una acabada imagen de la "barbarie" de la destrucción de los signos de la civilización urbana por las fuerzas ciegas del mundo rural. Pero esta destrucción está lejos de ser "ciega". Es, por el contrario, un modo de la política. Como recuerda Guha: "Such radical subversion, this *real* turning of tings upside down, which is only another name of rebellion, constitutes a semiotic break: it violates that basic code by which the relations of dominance and subordination are historically governed in any particular society" (*Elementary Aspects* 36).

Finalmente: la "bola", la "máquina de guerra" puede proporcionar una metáfora de la novela *en tanto que tal*. *Los de abajo*, se sabe, fue escrita durante los azares de la guerra, sin propósito celebratorio (ni deprecatorio), por fuera de los imperativos de una "causa nacional". Fue, como Demetrio con Natera y Villa, intersectada con esa causa. Pero permanece, como se ha intentado probar, fundamentalmente antagónica a ese orden, a la mitología del Estado revolucionario.

La novela fue convertida en un campo de conflicto entre dos "fuerzas" diversas. Por un lado, un "aparato de captura" que reduce todas las dimensiones de sentido de la obra a partir de un definido propósito de "estatización", en consonancia con una metanarrativa revolucionaria y con la constitución de una totalidad "popular" complementaria al estado revolucionario. Por otro lado, una fuerza "nómada" que resiste y descompone ese paradigma estatal, reivindicando al interior de la obra sujetos y prácticas políticas ajenas al paradigma de la nación-estado. "Reencontrar" ese conflicto es reencontrar la violencia –real y simbólica– detrás de la constitución de la nación-Estado, a la vez que revalidar una dimensión política específica para la violencia campesina, y para la literatura de Azuela como literatura política.

NOTAS

[1] Ver, por ejemplo, las "Declaraciones" desde la Selva Lacandona (en Hayden, *The Zapatista Reader* 217-249). George Collier y Elizabeth Lowery Quaratiello (*¡Basta!*) señalan que el zapatismo "clásico" no tuvo mucho asidero en Chiapas, y la ideología agrarista que caracterizó al zapatismo fue introducida *from the top down*, por el estado Revolucionario. Por ello, la ideología del zapatismo chiapaneco contemporáneo tiene como condición de posibilidad la mediación-totalización estatal del concepto de Revolución (iniciada por medio de la Constitución de 1917 y sus provisiones agraristas) *y en un segundo momento* la interpretación-transformación heterodoxa por parte del EZLN.
[2] Esta idea de una "gran tradición liberal" fue inaugurada como proyecto consciente durante el Porfiriato, que previsiblemente se consideraba a sí mismo el pináculo de esa tradición. La Revolución, reescribe esa trama, haciendo del Porfiriato un *desvío* que la Revolución vuelve a poner en marcha (*La Revolución...*)
[3] Así, la Emancipación sería un acto de justicia en relación con una "Nación Mexicana" preexistente a la dominación española. Este concepto está presente en la Constitución de 1824, en pensadores políticos como José María Luis Mora (*México y sus revoluciones*), Fray José Servando Teresa de Mier (*La Historia de la Revolución de Nueva España antiguamente Anahuac*) y Carlos María de Bustamante (*Cuadro Histórico de la Revolución de la América Mexicana*) y en novelistas de la primera mitad del siglo XIX, como a Juan Mateos (*Sacerdote y Caudillo, Los insurgentes*), y Juan Díaz-Covarrubias (*Gil Gómez, el insurgente*). Este legado prehispánico varía, dado que puede buscar su genealogía en los aztecas como el origen de la nación mexicana, en los tlaxcaltecas como origen de las tradiciones libertarias y republicanas, o en una indefinida identidad indígena o mestiza.
[4] Entre Demetrio y Don Mónico, entre villistas y huertistas, entre convencionistas y constitucionalistas, entre la banda de Demetrio y los campesinos que victimiza, etc. Estos conflictos convergen una y otra vez, pero no son nunca uno solo.
[5] En el sentido que Anderson da al término, y que desarrollaré luego.
[6] En el sentido que Hobsbawm da al término (*Bandits*), ya adelantado por Engels (*The Condition* 149, 242-3, 309), que hace del crimen una forma de "protesta primitiva".

⁷ En otro lugar (*Bandidos y letrados*) he discutido y reconstruido un paradigma representacional para el caso de las articulaciones literarias del tropo del bandido en América Latina.

⁸ Luis Cervantes es un periodista de México D.F. que se une a Demetrio en calidad de "secretario" de la banda. La novela pone constantemente en escena el contrapunteo entre su percepción letrada y urbana de la guerra, y la de los campesinos.

⁹ Comenta Azuela: "En el año 1927, Maples Arce, secretario del Gobierno de Veracruz, solicitó mi autorización para reeditar *Los de abajo*. Fue publicada y distribuida entre la clase proletaria, por órdenes expresas de ese gobernador, que había sido de los levantados en armas en la época de Madero [...] Sin excepción, los revolucionarios de ese tiempo acogieron mi novela con elogios y no hubo uno que hubiera objetado la verdad de la obra" (*El novelista y su ambiente* 1077).

¹⁰ Esto es, metáfora de una entera comunidad, en este caso una comunidad nacional.

¹¹ Deleuze y Guattari lo plantean de la siguiente manera: "[...] el Estado [en las sociedades "modernas"] deviene el único principio que establece la distinción entre sujetos rebeldes, que se remiten al estado natural, y sujetos dóciles, que de por sí remiten a [la forma-Estado]. Si para el pensamiento es interesante apoyarse en el Estado, no menos interesante es para el Estado apoyarse en el pensamiento, y recibir de él sanción de forma única, universal. [...] Pues por derecho, el Estado moderno va a definirse como la "organización racional y razonable de una comunidad": la única particularidad de una comunidad es interna o moral (*espíritu de un pueblo*), al mismo tiempo que su organización hace que contribuya a la armonía de un universal (*espíritu absoluto*)." (Deleuze y Guattari, *Mil Mesetas*, 380)

¹² Dicen Deleuze y Guattari: "El afuera [de los Estados] aparece simultáneamente en dos direcciones: grandes máquinas mundiales, ramificadas por todo el ecumene en un momento dado [corporaciones transnacionales, iglesias, complejos industriales]; pero también, mecanismos locales de bandas, márgenes, minorías, que continúan afirmando los derechos de sociedades segmentarias contra los órganos de poder del Estado. [...] tanto las bandas como las organizaciones mundiales implican una forma irreductible al Estado, y que la forma de esa exterioridad se presenta necesariamente como la de una máquina de guerra, polimorfa y difusa" (367).

¹³ La noción de "máquina de guerra nómada" como dispositivo que descompone segmentariedades, está introducida en la obra de Deleuze. Individuos y grupos estamos hechos de líneas de diversa naturaleza. Hay un primer tipo de líneas ("líneas molares", las llama Deleuze, o de segmentariedad dura), que dependen de máquinas binarias, diversas según los casos: de clases sociales, de sexos, de edades, de razas, de sectores, de subjetivaciones. Esas máquinas binarias, que nos "cortan" en todas direcciones no son meramente dualistas, y pueden actuar sincrónicamente: en el caso de las segmentariedades de clase, o diacrónicamente: como en el caso de las distinciones niño, joven, adulto, anciano. Los segmentos implican dispositivos de poder muy diversos entre sí: como en los casos de las segmentaciones locura / normalidad, delincuente / ciudadano: estas distinciones no pertenecen al puro campo de lo enunciable, sino que son producidas en el

190 • Juan Pablo Dabove

seno de órdenes materiales (la cárcel, el hospital psiquiátrico, las instituciones científicas). El Estado tiene una función en la medida en que *sobrecodifica* todos los segmentos, asumiendo algunos en tal o tal momento, y a la vez dejando otros fuera de sí. Las edades, las distinciones entre lo público y lo privado, los sistemas disciplinarios, etc. que tuvieron un origen exterior al Estado (ver Dario Melossi, *El Estado*), fueron "apropiados" por éste. La "máquina de guerra" funciona como una metáfora (basada en una realidad específica: la manera nómada de "hacer la guerra" que abarcaba todo el espacio de su sociabilidad que nombra las individuaciones (bandas, minorías, organizaciones) que descomponen estas líneas molares, y traza otro tipo de líneas, no sobrecodificadas por el Estado. A éstas, Deleuze las llama "líneas de fuga", o "devenires" (*Diálogos*).

[14] Barry Carr muestra la convergencia (que alguno llamaría complicidad) entre el Marxismo mexicano (sobre todo en la versión Lombardista), y el proyecto de los muralistas con ciertas narrativas "oficiales" (343). También se detiene en el aspecto *unificador* (bajo el signo de lo "popular-revolucionario") del proyecto de los muralistas: "The notion of a single, uninterrupted continuum of revolutionary heroes is also present; for example, in David Siqueiros's mural in the museo Nacional de Historia in México City, where Emiliano Zapata is presented marching beside Francisco Madero and Venustiano Carranza" (344).

[15] La novela estuvo en el "olvido" hasta 1924, donde la polémica en torno al vanguardismo puso a *Los de abajo* en el foco de atención, toda vez que los vanguardistas, reivindicando su carácter revolucionario y mexicano (contra las acusaciones de europeísmo), trazan una serie en la que se inscriben: "La revolución tiene un gran pintor: Diego Rivera. Un gran poeta: Maples Arce. Un futuro gran novelista: Mariano Azuela, cuando escriba la novela de la revolución". A este artículo ("La influencia de la Revolución en nuestra literatura") publicado en *El Universal*, y firmado por José Corral Raigán (seudónimo de Fenronio Ortega, Carlos Noriega Hope y Arqueles Vela) sigue la hostil respuesta de Julio Jiménez Rueda ("El afeminamiento en la literatura Mexicana"), y una viva polémica que duró varios meses, en la que intervinieron escritores como Monterde, Eduardo Colín, Victoriano Salgado Alvarez, Federico Gamboa, Salvador Novo, Enrique González Martínez, José Vasconcelos, el propio Azuela. Uno de los resultados de dicha polémica fue el "descubrimiento" de *Los de abajo* (debido sobre todo a Monterde, quien hace de Azuela el novelista de la Revolución por excelencia), su republicación, y la centralización de Azuela en el contexto literario-cultural mexicano (ver Monterde, Englekirk, Ruffinelli)

[16] Rama nos recuerda que esas historias no son nunca independientes (*La ciudad letrada*).

[17] Moisés Sáenz estableció en 1929 una distinción similar entre la Revolución (con mayúscula) y las revoluciones (con minúscula) (en Thomas Benjamin 13).

[18] Sería importante recordar que en *El Zarco* (1901), la novela nacionalista *par excellence* de Ignacio Manuel Altamirano, la escena consagratoria de las nuevas virtudes cívicas, el casamiento de Pilar y Nicolás, es literalmente una "mañana de nupcias" *que también presupone la eliminación del bandido*: [...] en una mañana de diciembre, templada y dulce en esta tierra caliente como una mañana primaveral,

el pueblo de Yautepec se despertaba alborozado y alegre, como para una fiesta. [...] Nicolás, el honradísimo herrero de Atlihuayan, se casaba con la buena y bella Pilar, la perla del pueblo por su carácter, hermosura y virtudes" (Altamirano, *El Zarco* 86).

[19] Esa campaña, señala Thomas Benjamin, fue iniciada por la dinastía de Sonorenses en el gobierno durante los años 20, y para fin de la década estaba básicamente finalizada (68). Este decidido esfuerzo de conciliación tiene manifestaciones visibles públicas, más allá de la órbita de la cultura "alta." A diferencia de otras revoluciones del siglo XX (como la Cubana, o la Soviética), la celebración pública del aniversario de la Revolución (el 20 de Noviembre) es una celebración casi por completo despojada de connotaciones militares (se trata de un desfile deportivo), haciendo así secundario en la memoria colectiva el aspecto de confrontación (110-115).

[20] El título de la novela aparece mencionado una vez en el decurso de la misma: el primer hecho de armas de la banda de Demetrio. En esa oportunidad, "los de abajo" son los federales, los huertistas: " — A los de abajo...A los de abajo —exclamó Demetrio, tendiendo su treinta-treinta hacia el hilo cristalino del río" (12). La novela termina con la muerte de Demetrio y los suyos en una emboscada de los carrancistas ("carranclanes"), en el mismo lugar donde ocurriera la emboscada a los federales que abre la novela. En esa circunstancia, "los de abajo" son los hombres de Demetrio.

[21] En "La Quema de los Judas" las piedras también están presentes: son las piedras que arrojan "los de abajo" a "los de arriba". Son piedras con una dirección (y una intención) clara, que cruzan una frontera (la línea de nubes). La piedrecita en *Los de abajo* cae sin dirección ni propósito.

[22] Un sentido cercano al de la "bola" como guerra que no se inscribe en un marco de inteligibilidad provisto por la nación-estado es el que Emilio Rabasa le da en su excelente novela, que se titula precisamente *La Bola* (México, 1887).

[23] Ruffinelli, en las notas a la edición crítica de la obra, define "bola", como "muchedumbre, multitud en desorden". Pero agrega: "a un levantamiento popular se le denomina popularmente "bola".

[24] Dice Deleuze: "What we are interested in, you see, are modes of individuation beyond those of things, persons or subjects: the individuation, say, of a time of day, of a region, a climate, a river or a wind, of an event. And maybe it's a mistake to believe in the existence of things, persons, or subjects. The title *A thousand Plateaus* refers to these *individuations that don't individuate persons or things*" (*Negotiations* 26, énfasis mío).

[25] Es importante recordar el episodio en que Solís parodia la aplicación de esto análogos a los revolucionarios, más específicamente, a Villa, "el Águila azteca. (*Los de abajo* 66)

[26] Lo que Guha, y el subalternismo denominan la "conciencia subalterna": "Yet this consciousness seems to have received little notice in the literature on the subject. [...] The omission is indeed dyed into most narratives by metaphors assimilating peasant revolts to natural phenomena: they break out like thunderstorms, heave like earthquakes, spread like wildfires, infect like epidemics" (Guha, "The Prose of Counter-Insurgency" 46).

BIBLIOGRAFÍA

Aguilar Camín, Héctor y Lorenzo Meyer. *In the Shadow of the Mexican Revolution: Contemporary Mexican History, 1910-1989*. Austin: University of Texas Press, 1994.

Altamirano, Ignacio. *El Zarco*. [1901]. México: Editorial Porrúa, 1999.

Anderson, Benedict. "El efecto tranquilizador del fratricidio: o de cómo las naciones imaginan sus genealogías". *El nacionalismo mexicano*. Cecilia Noriega Elío, ed. México: El Colegio de Michoacán, 1992. 83-103.

Archer, Christon. "Banditry and Revolution in New Spain, 1790-1821". *Biblioteca Americana* I/2 (1982) : 59-90.

Azuela, Mariano. *Los de Abajo*. [1915]. Jorge Rufinelli, ed. Nanterre: Archivos, 1988.

——— *El novelista y su ambiente*. *Obras completas de Mariano Azuela III*. México: FCE, 1958.

——— *Los de abajo*. [1915] London: Penguin Books, 1999.

——— *Miscelánea*. *Obras completas de Mariano Azuela III*. México: FCE, 1958.

Barthes, Roland. "Prefacio". *Ensayos Críticos*. [1964]. Barcelona: Seix Barral, 1967. 9-21.

Benjamin, Thomas. *La Revolución: México's Great Revolution as Memory, Myth and History*. Austin: University of Texas Press, 2000.

Benjamin, Walter. "Critique of Violence". *Reflections*. New York: Schoken Books, 1986. 277-300.

Beverley, John. *Subalternity and Representation: Arguments in Cultural Theory*. Durham y London: Duke University Press, 1999.

Carr, Barry. "The Fate of the Vanguard under a Revolutionary State: Marxism's Contribution to the Construction of the Great Arch". *Everyday Forms of State Formation. Revolution and the Negotiation of Rule in Modern Mexico*. Joseph, Gilbert M. y Daniel Nugent, ed. Durham/London: Duke University Press, 1994. 326-352.

Chakrbarty, Dipesh. "Postcoloniality and the Artífice of History: Who Speaks for 'Indian' Pasts". *A Subaltern Studies Reader 1986-1995*. Ranajit Guha, ed. Minneapolis: University of Minnesota Press, 1997. 263-293

Collier, George A. y Elizabeth Lowery Quaratiello. *Basta! Land & the Zapatista Rebellion in Chiapas*. [1994]. Chicago: Food First Books, 1999.

Dabove, Juan Pablo. "*Las lanzas coloradas*: Vanguardia, Nación y Guerra". Uslar Pietri. *Las lanzas coloradas*. Francois Delprat, ed. Nanterre Cedex: Colección Archivos, en prensa.

Deluze, Gilles. *Negotiations: 1972-1990*. [1990]. New York: Columbia University Press, 1995.

_____ y Claire Parnet. *Diálogos*. [1977]. Barcelona: Pre-Textos, 1980.
_____ y Félix Guattari. *Mil mesetas. Capitalismo y esquizofrenia*. Barcelona: Pre-Textos, 1988.
Dessau, Adalbert. *La novela de la Revolución Mexicana*. [1967]. México: FCE, 1972.
Engels. *The Condition of the Working Class in England*. [1845]. New York: The Macmillan Company, 1958.
Englekirk. "El descubrimiento de un narrador". Rogelio Rodríguez Coronel. *Recopilación de textos sobre la novela de la Revolución Mexicana*. La Habana: Casa de las Américas, 1975.
Fanon, Frantz. *The Wretched of the Earth*. [1963]. New York: Grove Press.
Foucault, Michel. *Discipline and Punish*. [1975]. New York: Vintage Books, 1990.
Guha, Ranajit. *Elementary Aspects of Peasant Insurgency in Colonial India*. [1983]. Delhi: Oxford University Press, 1994.
_____ "The Prose of Counter-Insurgency". *Selected Subaltern Studies*. Ranajit Guha y Gayatri Chakravorty Spivak, eds. New York: Oxford University Press, 1988. 45-86.
Hamill, Pete. *Diego Rivera*. New York: Harry N. Abrams Inc. Publishers, 1999.
Hayden, Tom (ed.) *The Zapatista Reader*. New York: Avalon Publishing Group, 2002.
Hobsbawm, Eric. *Primitive Rebels: Studies in Archaic Forms of Social Movements in the 19th and 20th Centuries*. [1959]. New York: The Norton Library, 1965.
_____ *Bandits*. [1969]. Revised Editions: 1981 y 2000. New York: Random House, 1981.
_____ y Terence Ranger. *The Invention of Tradition*. Cambridge: Cambridge University Press, 1992.
Jameson, Fredric. "Third-World Literature in the Era of Multinational Capitalism". *Social Text* 15 (1986): 65-88.
Joseph, Gilbert M. "'Resocializing' Latin American Banditry: A Reply". *Latin American Research Review* 26/1 (1990): 161-173.
_____ "On the Trail of Latin American Bandits: a Reexamination of Peasant Resistance". *Latin American Research Review* 25/3 (1990): 7-54.
_____ y Daniel Nugent (ed.) *Everyday Forms of State Formation: Revolution and the Negotiation of Rule in Modern Mexico*. Durham/London: Duke University Press, 1994.
Knight, Alan. *The Mexican Revolution*. Dos volúmenes. Lincoln/London: University of Nebraska Press, 1990.

_____ "Weapons and Arches in the Mexican Revolutionary Landscape". *Everyday Forms of State Formation: Revolution and the Negotiation of Rule in Modern Mexico*. Gilbert Joseph y Daniel Nugent, eds. Durham/London: Duke University Press, 1994. 24-66

Laclau, Ernesto y Chantal Mouffe. *Hegemony and Socialist Strategy*. London: Verso, 1985.

Leal, Luis. "*Los de abajo*: lectura temática". Mariano Azuela. *Los de abajo*. Jorge Rufinelli, ed. Nanterre Cedex: Colección Archivos, 1996. 223-236

Ludmer, Josefina. *El género gauchesco. Un tratado sobre la patria*. Buenos Aires: Editorial Sudamericana, 1988.

Martín, Gerald. *Journeys Through the Labyrinth*. London: Verso, 1989.

Melossi, Dario. *El Estado del control social: un estudio sociológico de los conceptos de estado y control social en la conformación de la democracia 1990*. México: Siglo XXI, 1992.

Menton, Seymour. "Texturas épicas de *Los de Abajo*". Mariano Azuela. *Los de abajo*. Jorge Rufinelli, ed. Nanterre Cedex: Colección Archivos, 1996. 238-250.

Monsiváis, Carlos. "No con un sollozo, sino entre disparos (notas sobre cultura mexicana 1910-1968)". *Revista Iberoamericana* LV/148-149 (julio-diciembre de 1989): 715-735.

Negri, Antonio. *Insurgencies: Constituent Power and the Modern State*. Minneapolis: Minnesota University Press, 1999.

Paul Arranz, María del Mar. "La novela de la Revolución Mexicana y la revolución en la novela". *Revista Iberoamericana* LXV/186 (1999): 49-57.

Rama, Ángel. *La ciudad letrada*. Hanover: Ediciones del Norte, 1984.

Renan, Ernst. "What is a Nation?" *Nation and Narration*. [1990]. Homi Bhabha, ed. London: Routledge, 1995. 8-22.

Robe, Stanley. "La génesis de *Los de abajo*". Mariano Azuela. *Los de abajo*. Jorge Ruffinelli, ed. Nanterre Cedex: Archivos, 1996. 199-230.

Rubin, Jeffrey. *Decentering the Regime: Ethnicity, Radicalism and Democracy in Juchitán, Mexico*. Durham/London: Duke University Press, 1997.

Ruffinelli, Jorge. "La recepción crítica de *Los de Abajo*". Mariano Azuela. *Los de abajo*. Jorge Rufinelli, ed. Nanterre Cedex: Archivos, 1996.185-212.

Rutherford, John. "The novel of the Mexican Revolution". *The Cambridge History of Latin American Literature*. Tomo II. Eds. Roberto González-Echevarría y Enrique Pupo-Walker. Cambridge: Cambridge University Press, 1996. 213-225.

Scott, James. *Weapons of the Weak: Everyday Forms of Peasant Resistance*. New Haven/London: Yale University Press, 1985.

Spivak, Gayatri Chakravorty. "Subaltern Studies: Deconstructing Historiography". *Selected Subaltern Studies*. Ranajit Guha y Gayatri Chakravorty Spivak, ed. New York: Oxford University Press, 1988. 3-32.

Sommer, Doris. *Foundational Fictions*. Berkeley: University of California Press, 1991.

Vanderwood, Paul. *Disorder and Progress: Bandits, Police and Mexican Development*. Wilmington: Scholarly Resources Inc, 1992.

Vázquez, Josefina Zoraida. "La Revolución Mexicana". *Revista Iberoamericana* LV/148-149 (1989): 693-713.

Virno, Paolo y Michael Hardt (eds.). *Radical thought in Italy: a potential politics*. Minneapolis: University of Minnesota Press, 1996.

Crímenes literarios, juegos de bandidos: la *literatura de cordel*

Nina Gerassi-Navarro
Mount Holyoke College

La figura del bandido evoca en el imaginario popular un mapa de fronteras. Situado en los márgenes políticos y geográficos del territorio nacional, el bandido surge como una sombra errante, peligrosa y violenta, que amenaza con irrumpir y desestabilizar el orden. Su presencia reconfigura el paisaje en términos de legitimidad, y este eje, el de la ley, es el que se impone como elemento estructurador tanto del territorio nacional como de su identidad. El bandido está fuera de la ley. Sin embargo, su amenaza es también un bien en la medida en que la imposición de la ley permite enmarcarlo en un lugar específico que a su vez ayuda a visualizar un mapa político y social particular del país. De allí que el estado afirme su presencia para censurarlo como criminal, pues en el acto de caracterizar a su enemigo se consolida el sistema político y legal que el bandido supuestamente desestabiliza. Este manejo de afirmación y negación del bandido a partir de su criminalidad es la estrategia a través de la cual la literatura de cordel evoca al bandido como figura independiente popular, burlándose de las categorizaciones impuestas por el estado.

En Brasil, el auge de los bandidos en el noreste del país se expande sobre todo a partir de la caída del imperio en 1889 y la reorganización del territorio nacional que se lleva a cabo con la creación de la Nueva República (cf. Magoli). A partir de esta última década del siglo el proceso de modernización se desencadena con gran rapidez: se elimina la esclavitud (1888), la iglesia y el estado se separan, se promulga una nueva constitución en 1891 afianzando un gobierno federal y republicano y la aristocracia rural es desplazada por el poder de los centros urbanos que impulsa la industrialización (E. Bradford Burns). El cultivo del café sustituye al del azúcar, trasladando el centro de la actividad económica del norte hacia el sur, en particular hacia Río de Janeiro, São Paulo y Minas Gerais.[1] Otro elemento que agrava la situación para el nordestino es el éxodo que se produce con la emigración hacia el estado de Pará y luego Amazonas a raíz del *boom* de la explotación del caucho. Esta rearticulación política y económica iniciada con la Nueva República impone además una serie de valores culturales que se originan con la expansión capitalista que termina por desplazar al norte convirtiéndolo en una zona periférica. Amenazada, la gran mayoría de la población rural desafía la expansión capitalista intentando aferrarse al sistema e instituciones monárquicas que representan para ella su pasado y sus tradiciones.

Una manera de articular la respuesta ante estos cambios fue la de los movimientos milenaristas como el de Antônio Conselheiro en Canudos (1896-1897) y el del padre Cícero, intendente de Juazeiro do Norte en Ceará (a partir de 1891). Conocida como la "Nueva Jerusalén", Canudos fue el lugar sagrado para la comunidad rural donde sus tradiciones, creencias y modo de vida podían existir libremente. Al conseguir autoabastecerse económicamente y resistir varios intentos represivos del gobierno, Canudos se convirtió en el símbolo máximo de rebelión organizada durante este período hasta que fue violentamente destruida por un ejército de ocho mil hombres.[2]

Otra respuesta importante por las consecuencias políticas y económicas que tuvo para el país fue el bandidismo. La presencia de bandidos en el noreste del país no era una novedad, pero a partir de 1889, al agudizarse la pobreza con la crisis económica en las zonas rurales y ante la falta de justicia, surge una serie de bandidos o *cangaçeiros*, quienes por enfrentarse a las autoridades locales y estatales se convierten en símbolos de verdadera oposición.[3] Frente a un paisaje inhóspito, de escasa vegetación, con un clima tropical y semi árido, acompañado por grandes sequías (en algunos casos devastadora como la de 1877) y copiosas lluvias, donde abunda el latifundio y la pobreza, y cuando los viejos modos estaban siendo suplantados, surge un nuevo tipo de bandido. Ya no son *cabras, capangas* o *jagunços* al servicio de un jefe político de la región; nace el *cangaçeiro*: independiente, rebelde, liderando su propio grupo.[4] Ahora viste sombrero de cuero con el frente levantado y decorado, pañuelo colorido y además de otras armas, lleva dos cartucheras cruzadas al pecho. Esta es la imagen de Antonio Silvino (1872-1944) y Virgulino Ferreira da Silva, mejor conocido como Lampião (1897-1938), dos figuras legendarias quienes en su independencia desafían y resisten la opresión de los terratenientes y el abuso del gobierno. Por ello, a pesar de sus brutales crímenes, su libertad emerge como un emblema de protesta.

El lugar del bandido, sobre todo el de estos dos individuos, en la cultura del noreste brasilero es lo que ha permitido que muchos historiadores coloquen al bandido como parte esencial de la identidad política y cultural de la región. Casi todos los estudios históricos y etnográficos subrayan la íntima conexión que existe entre el bandido y su medio ambiente, de allí que Gustavo Barroso en su estudio sobre héroes y bandidos declare la región comprendida entre el río San Francisco y el valle de Cariry el "hábitat del bandidismo" y afirme, invocando a Sarmiento, que el hombre que vive fuera de la civilización y se guía por la ley de la naturaleza "demuestra el poder de las inclinaciones primitivas porque no sabe disfrazar las pasiones y se entrega a su violencia". Barroso concluye que "el clima del sertão tiene la mayor culpa de producir el cangaçeiro" (20, mi traducción). El paradigma de civilización y barbarie que marcó la ideología del siglo XIX se continuaba en Brasil con la Nueva República. Y el sertão se destacaba como el territorio simbólico de la barbarie.

La historia de los bandidos del sertão se encuentra entremezclada con leyendas fascinantes que idealizan y exageran las aventuras y crímenes de sus personajes. Son las baladas y relatos populares, más específicamente la literatura de cordel, los que afirman y popularizan su imagen de figura rebelde.[5] Evocando épicas tradicionales e historias propias tanto del pasado como contemporáneas, los poemas de cordel reflejan los gustos del pueblo nordestino, su principal destinatario. Allí se encuentra reflejada la voz del pueblo, sus tradiciones, sus conceptualizaciones y su modo de vida.

El cordel es un género poético popular, originalmente de la tradición literaria de Portugal que se desarrolló en el noreste brasilero.[6] Publicados en forma de folleto (típicamente de cuatro pliegos) unidos por una soga o cuerda de la que se cuelgan – de allí su nombre – estos poemas narrativos también llamados "romances" o "historias" según su extensión versan sobre historias de amor, bandidos, aventuras de héroes locales o medievales, desastres naturales e inclusive sobre eventos históricos y políticos del momento. Es una forma de memoria popular que registra los eventos principales de una comunidad. La popularidad del cordel ha seguido creciendo y expandiéndose por el país a través de las migraciones de las poblaciones a las grandes ciudades. Así lo atestigua la enorme cantidad de recitados y de folletos que se venden en las ferias y plazas públicas desde Belém hasta Río de Janeiro. Además de ser un entretenimiento, los poemas funcionan como fuente informativa sobre los acontecimientos locales, estatales y hasta internacionales. De hecho su éxito y amplia difusión han captado la atención de psicólogos, médicos, políticos e inclusive religiosos quienes hoy día acuden a poetas para publicitar o comentar alguna medida política, de salud pública, disposición gubernamental o reclamo (Slater xvi). Como concluye Renato Campos en su análisis de la ideología del cordel, estos folletos son:

> Un verdadero documento de costumbres de nuestra gente rural [...] Es la manera de ver y analizar los hechos sociales, políticos y religiosos de la gente "ruda" del interior del noreste, fotografiada en las páginas de los folletos, denunciando las costumbres, actitudes, preferencias y juicios. Valiosa información de interés histórico, etnográfico y sociológico se

encuentra en ese medio de comunicación cada día más influyente, tan estimado por nuestra gente. (10)

Se ha escrito muchísimo sobre el cordel, en particular sobre el modo de clasificación de este vasto corpus poético.[7] Otros trabajos analizan determinadas figuras del cordel como la del padre Cícero, Lampião o Getulio Vargas, y otros aún más recientes se enfocan en las representaciones contemporáneas del cordel y su evolución como género, entre ellos el trabajo de Candice Slater y Mark Curran.[8] La variedad de enfoques y de disciplinas que trabaja con el cordel, sobre todo el etnográfico y el histórico, se debe al valor documental que se les asigna a estos poemas y porque revelan la mirada de una comunidad hacia sí misma. Pero más que una reproducción o "fotografía" de la vida del sertanejo, estos poemas son prácticas discursivas en la que los poetas utilizan estrategias poéticas que permiten que la literatura juegue con la historia para crear su leyenda. Partiendo de ese espíritu de juego, la literatura de cordel es más que un espacio de resistencia ante la cultura oficial y el proceso de modernización, es una mirada hacia la interioridad de una sociedad que está atravesando grandes cambios y que en ese sentido trasciende los confines geográficos, políticos y culturales de su territorio.

En su ensayo sobre el cordel, Linda Lewin subraya el paralelismo que existe entre el desarrollo del cordel como género literario y la figura de Antônio Silvino como bandido reconocido nacionalmente.[9] De todos los personajes retratados por el cordel, el *cangaçeiro* es el que goza de mayor popularidad y fascinación, aún hoy día. A diferencia de otros bandidos como Lampião, la historia de Antonio Silvino ha sido diseminada casi en su totalidad por el cordel (sobre Lampião, véase Billy Jaynes Chandler). Aparentemente el ciclo de los *cangaçeiros* se inaugura a mediados del siglo XIX y es con Silvino cuando se consolida la estructura de este tipo de cordel, a través de los poemas de Francisco das Chagas Batista (1882-1930) y Leandro Gómes de Barros (1865-1918), los dos poetas más importantes de la primera etapa. Estas dos figuras introducirían el cordel a un público mucho más amplio y perfeccionarían su estilo, integrando elementos de la tradición oral con determinadas estructuras y símbolos elitistas.[10] Es sobre todo a través de Chagas, quien se dedica a escribir sobre Silvino, que éste se destaca no sólo como el gran *cangaçeiro* rebelde sino como un ícono nacional. En su retrato, Chagas intercala una crítica al sistema político dominado por los terratenientes, que consecuentemente alude a los cambios políticos, económicos y culturales por los cuales estaba pasando el país. De allí que contar la historia de Silvino implique en cierta manera reflexionar sobre la nación.

> Leitores, eu vou contar-vos
> A minha biographia,
> Contar-vos que eu outr'ora
> Não fui quem sou hoje em dia.
> Fui un homen mui pacato,
> E sou una féra bravia!...
>
> Da minha vida de crimes
> Nada vos occultarei:
> Tudo quanto tenho feito,
> Vos juro que contarei,
> Quero que o mundo saiba
> Quem fui, quem sou, quem serei. (en Proença 1)[11]

Estos versos abren el poema de cordel titulado "La Historia de Antonio Silvino" escrito por Francisco das Chagas Batista en 1907. El poema narra en voz del mismo Antonio Silvino su experiencia como *cangaçeiro*: su infancia en el sertão, su conversión en bandido y los primeros crímenes que lo inmortalizarían posteriormente como el Rifle de Oro. El relato se detiene en 1907 con el aviso a los lectores de que la narración continuará cuando se tengan nuevos hechos para contar, lo cual sucede al año siguiente en el folleto "La historia de Antonio Silvino (nuevos crímenes)". Sin ser una crónica histórica, la narración poética reconfirma eventos documentados por la crónica policial y periodística, pero a la vez trasciende esa narración al ofrecer al lector una mirada más amplia de lo que es la vida del sertão y sus habitantes, una mirada que juega con la historia y los eventos políticos entretejiéndole un relato cuyo propósito es, además de mitificar la rebeldía del personaje y entretener al público, reconfigurar el mundo del sertão desde una perspectiva propia que ingeniosamente trasciende los límites que le impone la cultura letrada del estado.

Tanto la cultura oficial como la popular identifican a Silvino, a Lampião y a muchos otros como bandidos peligrosos. Según la ley del estado sus crímenes son graves y merecen castigo, mientras que para la cultura popular sus crímenes los transforman en héroes y merecen ser relatados como entretenimiento y memoria de un pasado heroico. La ley legitima la división de los mundos, enmarcando lo que queda fuera de su perímetro como marginal y condenable. Un intento de cuestionar esta división y de reivindicar la cultura popular por parte de la crítica ha sido la de rescatar su desplazamiento como un acto de resistencia. Pero esta lectura no logra romper la jerarquización implícita en la dicotomía de lo legal y lo ilegal, y tiende a visualizar la cultura popular como un todo homogéneo que se opone a la cultura letrada. Por otra parte, en su retrato del bandido el cordel desarticula las categorías de legalidad y marginalidad entrecruzándolas a través de un sutil juego de historia y ficción, seriedad y burla, desafío y acatamiento.

La constante territorialización de la cultura popular, la necesidad de enmarcarla en un espacio geográfico o en una clase social particular es una forma de jerarquizarla y de mantenerla aislada. Partiendo del modo en que la literatura de cordel relata los crímenes, podría decirse que hay una sofisticación o "disfraz" de esas pasiones que Barroso considera "primitivas". De hecho, el proceso de mitificación del bandido termina por desarticular su aspecto de criminal impuesto por el estado. Al presentarlo como héroe a pesar de, o justamente por, su vida de crímenes, el cordel entabla un diálogo con la cultura letrada y resiste su jerarquización al apropiarse de sus categorías, dotándolas de otro significado.

La historia de Antonio Silvino es paradigmática de la de muchos bandidos: frente a un caso de injusticia, el sujeto decide vengarse; y a partir de su primer crimen, un asesinato, es perseguido por el gobierno hasta su muerte o encarcelamiento. Mario Souto Maior, en su biografía de Antonio Silvino, presenta la siguiente receta para definir al *cangaçeiro*: "injustiça social + ignorância + influência do meio + outros temperos = Antonio Silvino". Antonio Silvino nace Manuel Batista de Morais en Pernambuco, en 1875 y cuando tiene alrededor de 20 años su padre es asesinado por dos hombres: un sub-delegado local y José Ramos da Silva. Da Silva es encarcelado pero nada le ocurre al sub-delegado. Y así, frente a la falta de justicia, Silvino toma su rifle y asesina al sub-delegado. A partir de ese momento cobra una nueva identidad, la de *cangaçeiro*. Siguen casi 20 años de crímenes y persecuciones, hasta 1914 cuando es sorprendido por la policía jugando una partida de cartas. Silvino recibe un tiro y sus compañeros lo dejan por muerto. Pocas horas después se entrega a la policía y lo encarcelan en Recife. Es condenado a 239 años y ocho meses de prisión. De haberse realizado todos los juicios pendientes de las comarcas de los estados de Paraiba, Ceará, Río Grande Do Norte y Pernambuco habría sido condenado a casi mil años de prisión. Pero en 1937 fue liberado por un indulto decretado por el presidente Getúlio Vargas. Silvino pidió indemnización y lo mandaron a trabajar a la rodoviaria Río-Bahia, donde trabajó por un tiempo hasta que volvió al noreste donde murió en 1944. Habiendo sido *repentista* (poeta popular que improvisa sus poemas) antes de ser bandido, a partir de su liberación Silvino recorre el noreste recitando sus aventuras para cualquiera que lo quisiera escuchar. Así, a pesar de su final anticlimático, Silvino mantiene su fama nacional retratándose como "víctima" de la sociedad.

La leyenda de Silvino continua siendo evocada hoy día a menudo con los mismos versos que fundaron su leyenda inmortalizada por Francisco Das Chagas Batista. Chagas conoce el oficio de poeta: la tradición de los desafíos orales, los cantos populares hasta las baladas y épicas caballerescas como la de Carlo Magno. Y esta tradición será en parte la que dará cuerpo al relato de asesinatos cometidos por Silvino. La información de los crímenes de Silvino la obtiene de la prensa local y de los datos que le dan los trabajadores ferroviarios con quienes él había trabajado anteriormente. En sus poemas abundan datos precisos siguiendo la crónica periodística acerca del lugar, fecha, número de heridos y hasta los nombres de los muertos involucrados en los enfrentamientos con Silvino. La información en los poemas está tan bien documentada que Barroso considera a Chagas "un cantador que jamás empaña la verdad de los hechos" (242).

A pesar de esta similitud con la crónica periodística que presentan los poemas hay una diferencia clave: el modo de retratar los crímenes. Estos no figuran como hechos terribles ni violentos, más bien son parte del destino que le toca vivir al *cangaçeiro*. En lugar de ofrecer un relato supuestamente imparcial, Chagas opta por darle voz directamente a Silvino para que él narre su vida. Esto permite que la historia de Silvino se presente desde su perspectiva. Silvino explica que él era un mozo honrado y tranquilo hasta que a los 20 años "el crímen quizo hacerlo desgraciado". Después del asesinato de su padre y la necesidad de vengar la falta de justicia, Silvino comete su primer crimen matando a Manoel Ramos Cabaceira:

>Manuel Ramos Cabaceira,
>De José Ramos sobrinno,
>S´tava junto a João Rosa;
>Encontrei-os n´um caminho,
>Matei a ambos só para
>Manoel não morrer sozinho. (3-4)

Su explicación irreverente descriminaliza el asesinato y se burla de la autoridad. Su acto no es brutal: la muerte de Manuel Ramos es merecida y no necesita justificación. João Rosa, en cambio, es asesinado casi como un acto de cortesía. Esta conceptualización de los crímenes como un impulso del destino desconoce la autoridad de la ley del estado. Es algo más fuerte que el decreto legal. Su crimen se presenta como respuesta a un crimen anterior cometido por la ley, hecho que termina por desautorizar el estado desde la posición de Silvino.

Paul Tappan explica que el crimen es la transgresión de una norma legal, una violación dentro de un sistema particular de control social; el criminal es, obviamente, el individuo que comete esa transgresión.[12] La explicación pone de manifiesto la relatividad que existe en la conceptualización del crimen en la medida en que depende de un pacto social institucionalizado a través de la ley. Para que un crimen exista y sea decretado como tal se tiene que establecer una normalización legal que depende de un aparato estatal (policías, fiscales, abogados, jueces, jurados, y el apoyo de la opinión pública). Según el delito, se establecerán diferentes medidas punitivas estatales que coexisten con las sanciones sociales que se ejercen informalmente contra el delincuente. El problema surge cuando hay una discrepancia entre el estado y la comunidad, cuando las medidas punitivas que se imponen desde la ley contradicen las sanciones sociales. Entonces no hay pacto que pueda asegurar el control ni el bienestar de la comunidad; hay, en cambio, un entrecruzamiento de contratos políticos y sociales que se enfrentan entre sí. Y aquí es donde se inserta el bandido. Puesto en estos términos, su desafío expone la falla del sistema y por extensión la falla del proyecto nacional, ya que no hay un pacto que pueda unificar al país.

Los poemas que reconstruyen la vida de Antonio Silvino ponen de relieve esta falla del sistema al relativizar sus crímenes. No hay ninguna queja explícita de la comunidad; las únicas críticas son las del estado verbalizadas por Silvino. Astutamente Chagas pone en boca de Silvino su historia, lo cual le da la oportunidad de justificarse. En estos poemas el bandido tiene la voz que el gobierno le ha negado sistemáticamente. Esto le permite explicarse y demostrar hasta qué punto él es parte del sertão, no un intruso. Sus crímenes no son un deseo, son una obligación por la injusticia que impone el gobierno. Silvino es un hombre considerado: no mata por dinero sino por venganza, y jamás roba más de lo que necesita. Sus asesinatos en todo caso sirven para exponer la falta de justicia que sufre el sertanero:

> Se eu fosse como dizem,
> Deshonrador e ladrão,
> Se offendesse a todo mundo,
> Não teria protecção,
> E talvez estivesse morto
> Ou condemnado á prisão.
> (Chagas, "A Vida de Antonio Silvino" 5)

El ser protegido por la comunidad supuestamente "amenazada" redefine en cierta forma el tipo de conflicto. El criminal visualiza las fronteras territoriales de la comunidad, consecuentemente su captura y castigo son esenciales para consolidar los límites internos de esa comunidad. La movilidad del bandido impide que se lo inserte en un espacio fijo, de allí que el predicar su ilegalidad sea de fundamental importancia para el estado desde donde se imponen los límites del territorio. El bandido no puede ser encasillado, su lugar es en cierta forma utópico, no existe. Éste es el mayor peligro que representa para el estado, cuya tarea es velar por el bienestar de la comunidad a través de la ley. Pero al ser protegido por la comunidad, la persecución de Silvino articula un conflicto mayor, interno del territorio nacional, que es el enfrentamiento entre dos sistemas políticos y culturales, el del sertão y el del estado.

Una vez que Silvino toma control de su historia, su personalidad invade el relato creando el retrato de una figura mítica. Es un hombre extraordinario: comete millones de crímenes y daños, no teme ninguna autoridad ni perdona ningún enemigo, es antojado y a veces mata arbitrariamente. Evocando las tradiciones épicas, el retrato de Silvino se magnifica a medida que avanza el relato por el vacío geográfico. Cada asesinato aumenta su poder y su visibilidad. Pero su imagen no es unidimensional porque a pesar de su violencia y brutalidad afirma también ser noble. Es un hombre honesto, que cumple su palabra y respeta los valores de familia:

> Confesso que sou homicida
> Mas não sou deshonrador;
> De mulher casada ou donzella
> Nunca offendi ao pudor
> E até me glorio em ser
> Da honra um defensor... (5)

Estas características definen a Silvino como hombre de buena ley. Él defiende los valores tradicionales, sabe cuál es la importancia de la palabra frente al estado que impone una reglamentación escrita que sólo responde a sus intereses capitalistas. El retrato de Silvino presenta un nuevo mapa del sertão, sin jamás entrar en su geografía. El sertão no es ese "otro" mundo, corrupto y bárbaro. Es un mundo duro, pobre, que exige grandes sacrificios, pero en el que hay jerarquías, valores y leyes, y en el que también hay moralidad y honra. La diferencia es que la formulación de esos valores no viene del estado, justamente están en conflicto con él. Ante la falta de justicia, Silvino toma la ley en sus manos, transformándose en un emblema del imaginario social. Su ilegalidad visualiza la injusticia social, enmarcando el espacio donde la ley del estado no tiene sentido. De allí que su lucha represente una defensa de los derechos e intereses del sertanero. Por ejemplo, ante la expansión de los capitales extranjeros que intentan reconfigurar el territorio nacional, Silvino se resiste:

> A companhia ingleza,
> Em construcção d'uma terra linha
> Aravessou uma terra
> De propiedades munha,
> Procurei-a para dizer-lhe
> ....
> —Venho aqui o avisar
> Que esta terra me pertenece;
> E para o trem nella passar
> E' preciso a companhia
> Primeiro me indemnisar.
>
> (Chagas, "A historia de Antônio Silvino" 27-28)

Atemorizados por su amenaza, los ingleses le exigen garantías al gobierno federal. El gobierno responde enviando dos batallones con un total de 132 soldados para proteger la compañía extranjera. Superado en número, Silvino "resuelve" retirarse y mantenerse a salvo. Si bien su resistencia es planteada en términos individuales —es su tierra y exige un beneficio para sí—, en la medida en que su desacato involucra a las autoridades federales, su reclamo personal se hace extensivo a la comunidad. El gobierno manda tropas, no sólo por temor a Silvino, sino porque su pedido de indemnización podría corresponder a todos los habitantes del área. Eso sería lo justo. Pero el estado sabe que si elimina el peligro de Silvino elimina también el peligro de que su reclamo se extienda a un público mayor. Silvino borra la diferencia entre los intereses individuales y colectivos. Se convierte en la bisagra que une lo individual y lo social, por ello debe ser paralizado.

A pesar del apoyo que supuestamente recibe de los sertaneros, la vida de Silvino es un infierno. Él mismo reconoce que matar es pecado e inclusive admite ser violento. Pero no se arrepiente de sus actos porque entiende que ése es su destino. Todo, dice, responde a una ley superior sobre la cual él no tiene ningún poder:

> Conheço apenas que sou
> Um instrumento de Deus
> Que p'ra castigo de muitos,
> Se serve dos actos meus
> Porque nada faz o homen
> De encontro aos disignos seus.
> ....

Mas, quando Dios destinar
O meu aniquilamiento,
Cairei como folha
Ajitada pelo vento.
(Chagas, "A historia de Antônio Silvino Novas empresas" 1)

La hoja revoloteando en el aire recuerda la imagen de la revolución mexicana evocada por Mariano Azuela en su novela *Los de abajo*. Un girar constante sin poder convertirse en un vendaval que transforme la sociedad. Lo que subsiste es la negación del estado de proteger a sus ciudadanos. El estado protege sus intereses, no sus habitantes y la población del sertão articula este hecho. Las leyes del estado son ineptas, arbitrarias e injustas. Ante este vacío, el sertaneo no puede más que recurrir a otro sistema legal, uno que desplaza la jerarquía del estado y a la vez le otorga una autoridad que la ley oficial no puede negarle: la ley divina. Y es el bandido quien articula e instrumenta este proceso de desplazamiento, al desafiar violentamente la autoridad legal pero al acatar delicadamente, cual hoja agitada por el viento, la sentencia de su destino.

Las leyes constituyen una especie de frontera detrás de la cual una comunidad se funda. En *Imagining Crime*, Alison Young afirma que la existencia de una comunidad se funda en la visualización y expulsión simbólica del criminal (11). De allí que las imágenes del crimen siempre se estructuren a partir de una lógica binaria. A su vez, cada uno de esos términos oposicionales (hombre/mujer, negro/blanco, racional/irracional, ciudad/campo, civilización/barbarie) constituyen un sistema de valor que torna uno visible y el otro invisible. La expulsión puede plantearse en términos de castigo o rehabilitación; lo importante es poder visualizar una diferencia que trace líneas divisorias claras separando lo propio de lo ajeno, lo legal de lo ilegal, como si ese mapa pudiera asegurar un bienestar absoluto. Lo imposible es visualizar dos sistemas opuestos conjuntamente, uno siempre debe reprimir al otro, así se mantiene la seguridad. Desde la cultura letrada, el mundo del sertão es claramente visualizado por su violencia, arbitrariedad, criminalidad. Pero en el sertão la ley del estado es lo que transforma a Silvino en *cangaçeiro*: "Debido a las persecuciones/ no pude más trabajar.../ Por eso me vi obligado/a no dejar de matar". Silvino es forzado a matar; en ese sentido sus crímenes exponen la arbitrariedad y la violencia que el estado impone en su territorio. El convertirse en *cangaçeiro* es la única vía que le otorga la ley oficial para defenderse, y es a la vez lo que justifica su persecución. En un mismo gesto el estado le confiere una identidad y lo condena por ello. Los poemas de cordel exponen esta arbitrariedad al retratar la vida del *cangaçeiro* con un tono que oscila entre juguetón y serio, contestario y resignado. Una vez que Silvino se convierte en *cangaçeiro* su suerte está echada y se sabe que acabará muerto o en la cárcel. De allí que lo que más importa es el relato de sus crímenes, los encuentros con la ley y sus desafíos, verbales y actanciales. Esto lo convierte en héroe. La ley del sertão, donde rige la brutalidad, está íntimamente ligada a la ley del estado. En sus poemas, Chagas enfrenta ambos sistemas en un mismo espacio. El cordel, lejos de ignorar la ley del estado la afirma y desplaza para crear su propia versión de héroes y traidores.

La originalidad de Chagas de crear una figura legendaria capaz de definir "quien fui, quien soy y quien seré" yace en un juego de géneros (el registro histórico y la creación ficticia) y en el retrato de un mundo que se enlaza con la cultura letrada a pesar de ésta. Para los habitantes del sertão el cordel ha sido y sigue siendo una forma de entretenimiento por burlarse de la autoridad del estado, una forma de memoria por evocar y glorificar parte de su cotidianidad y una forma de resistencia por insistir en verbalizar su propia historia. El estado ve al bandido como un mal externo (de allí su ilegalidad) que invade el territorio nacional, pero más que una fuerza externa es su propia sombra del pasado. La inteligencia de Chagas es haber entretejido junto a los juegos poéticos un juego ideológico y formal que reconfigura las fronteras tanto de lo popular y lo letrado, como de lo legal y lo marginal. Quizás la vigencia textual del cordel se explique por su permeabilidad genérica, esa capacidad de moverse a través de los géneros absorbiéndolos y redefiniéndolos, como el folleto colgando de la soga que reescribe en el aire su historia con cada brisa que lo mece.

NOTAS

[1] El *boom* de la explotación del café se convirtió en el epicentro económico del país rápidamente. Para 1901, la exportación del café equivalía al 46% de todas las exportaciones del Brasil.
[2] El número de habitantes de Canudos varía entre cinco y treinta mil. Euclides da Cunha retrataría la comunidad y su destrucción en su novela *Os Sertões* (1902).
[3] La región siempre había sufrido ataques intermitentes de bandoleros. Algunos, más conocidos como Jesuíno Brilhante (1844-1879), pero no es hasta comienzos del siglo XX en que realmente surge este nuevo tipo de bandido.
[4] El término *cangaço* aparece ya en 1830, originariamente de *canga* o *cangalho*, el yugo del buey, aludiendo al rifle que llevaba el bandido por encima de sus hombros, como el buey lleva su yugo. A partir del surgimiento de estas bandas autónomas como la de Antonio Silvino, el término *cangaçeiro* se populariza.
[5] En su análisis de bandidos, Eric Hobsbawm clasifica a los bandidos del *sertão* como "bandidos sociales". De hecho Hobsbawm afirma que el bandidismo social y el milenarismo son dos formas de reforma y revolución que van juntas históricamente (23).

⁶ El origen literario del cordel tiene dos trayectorias paralelas: por un lado surge un movimiento espontáneo de poetas populares que escriben y venden su poesía que antes circulaba en forma oral; simultáneamente se produce la adaptación en poesía de las historias en prosa (algunas también llegaban en forma poética) que vinieron de España y Portugal durante el siglo XIX. La "literatura de ciegos" en Portugal, los "pliegos sueltos" en España y la "litérature de colportage" en Francia son los antecedentes literarios más cercanos a la literatura de cordel que se desarrolla en el noreste brasilero (Curran 12).
⁷ Entre los numerosos trabajos figuran aquellos de M. Diégues Júnior, *Literatura de cordel*, Orígenes Lessa, *Getúlio Vargas na literatura de cordel*; Manoel Cavalcanti Proença *Literatura popular em verso. Antología* Tomo 1; Liêdo Maranhão de Souza, *Classificação popular da literatura de cordel*.
⁸ Véase Mark Curran, *História do Brasil em Cordel*. Teniendo en cuenta que al ser un género popular que se caracteriza por su reproducción oral y la continua reimpresión de los mismos poemas, muchas veces las versiones más antiguas son las primeras en perderse. De allí que el trabajo realizado bajo el auspicio de la Fundación Casa de Rui Barbosa de financiar muchos de estos estudios, además de fomentar la recopilación de los primeros folletos, ha sido una labor importantísima.
⁹ Véase Lewin quien inteligentemente rastrea la evolución de la poesía de cordel sobre bandidos, y enfocándose en los retratos de Silvino demuestra de qué modo estos autores articularon una crítica política a la oligarquía y transformaron a Silvino en una figura de trascendencia nacional.
¹⁰ Tanto Chagas Batista como Gomes de Barros vienen de familias educadas en poesía popular, canto y música; eran verdaderos bardos. Lewin traza la evolución histórica del cordel identificando sus distintas tradiciones, para marcar la transición entre la poesía cantada y la poesía popular escrita que define el cordel.
¹¹ Francisco das Chagas Batista, "A historia de Antonio Silvino" 1. Las citas de Chagas provienen de la recopilación: *Literatura Popular em Verso: Francisco das Chagas Batista*. Siguen al título del poema citado la página del folleto tal como aparece en la recopilación.
¹² Específicamente dice: "*Crime* is itself simply the breach of the legal norm, a violation within this particular category of social control; the criminal is, of course, the individual who has committed such acts of breach" (Tappan 32).

BIBLIOGRAFÍA

Barroso, Gustavo. *Héroes e Bandidos (os cangaçeiros de nordeste)*. Río de Janeiro: F. Alves, 1917.
Batista, Francisco das Chagas. *Francisco das Chagas Batista* (antología). Río de Janeiro : Ministério da Educação e Cultura, Fundação Casa de Rui Barbosa, 1977.
Burns, E. Bradford. *A History of Brazil*. New York: Columbia University Press, 1993.

Campos, Renato. *Ideologia dos poetas populares de Nordeste*. Recife: MEC-INEP, Centro Regional de Pesquisas Educacionais do Recife, 1959.

Chandler, Billy Jaynes. *The Bandit King: Lampião of Brazil*. College Station: Texas A & M University Press, 1978.

Cunha, Euclides da. *Os sertões: campanha de Canudos*. Walnice Nogueira Galvão, ed. São Paulo: Editora Atica; Brooklyn, NY: Luso-Brazilian Books, 2000.

Curran, Mark. *História do Brasil em Cordel*. São Paulo: Editora da universidade de São Paulo, 1998.

_____ *La literatura de cordel*. Recife: Universidade Federal de Pernambuco, 1973.

Diegues Júnior, Manuel. *Literatura de cordel*. Río de Janeiro: Ministério da Educação e Cultura, 1975.

Hobsbawm, Eric. *Bandits*. New York: Delacorte Press, 1969.

Lessa, Orígenes. *Getúlio Vargas na literatura de cordel*. Río de Janeiro: Editora Indumentário, 1973.

Lewin, Linda. "Oral Tradition and Elite Myth: The Legend of Antônio Silvino in Brazilian Popular Culture". *Journal of Latin American Lore* 5/2 (1979): 157-205.

Magoli, Demétrio. *O Corpo da Pátria: Imaginação geográfica e política externa no Brasil (1808-1912)*. São Paulo: UNESP, 1997.

Maranhão de Souza, Liêdo. *Classificação popular da literatura de cordel*. Petrópolis: Vozes, 1976.

Proença, Manoel Cavalcanti. *Literatura popular em verso. Antologia*. Tomo 1. Rio de Janeiro: Casa de Rui Barbosa, 1964.

Slater, Candice. *Stories on a String: The Brazilian Literatura de Cordel*. Berkeley: University of California Press, 1982.

Souto Maior, Mário. *Antônio Silvino: Capitão de trabuco*. Río de Janeiro: Arquimedes Edicões, 1971.

Tappan, Paul. "Who Is the Criminal?" *What Is Crime? Controversies Over the Nature of Crime and What to Do about It*. Sturat Henry y Mark M. Lanier, eds. Lanham: Rowman& Littlefield, 2001. 27-36.

Young, Alison. *Imagining Crime: Textual Outlaws and Criminal Conversations*. London: Sage Publications, 1996.

Imaginarios globales, miedos locales:
La construcción social del miedo en la ciudad[1]

Rossana Reguillo
*Departamento de Estudios de la Comunicación Social
Universidad de Guadalajara*

> Los hombres y las mujeres que vivieron hace mil años son nuestros antepasados. Hablaban casi nuestro mismo lenguaje y sus concepciones del mundo no estaban tan distantes de las nuestras. Existen analogías entre las dos épocas, pero también diferencias y éstas son las que más nos enseñan. Georges Duby

Muchos de los imaginarios de fin de siglo se acercan a las visiones milenaristas,[2] pero resulta insuficiente referir los miedos, la incertidumbre y el desconcierto actual a un regreso cíclico del "Apocalipsis", o de la idea del "fin", como explicación unívoca y directamente causal del conjunto de movimientos, prácticas y discursos sociales que en el umbral del año 2000 sacudieron a las sociedades urbanas. Es decir, no basta argumentar que la indudable reemergencia de las "religiones invisibles" (Berger y Luckmann) y el aumento en la búsqueda de alternativas de todo tipo para oponer al miedo y a la incertidumbre y el avance de las ideologías fundamentalistas que clausuran de entrada cualquier contacto con lo diferente, encuentran su explicación en una especie de continuidad histórica en la que inevitablemente se reproducen los temores ocasionados por el cambio de siglo.

Indudablemente, muchos de los imaginarios finiseculares están directamente vinculados a estas concepciones milenaristas. En el llamado "fin de siglo" hay un componente simbólico muy fuerte que opera un conjunto de procesos que "se montan" en la disposición y necesidad numinosa de los sujetos sociales, articulación que no es para nada simple ni automática. Pero discursos y prácticas sociales de fin de siglo no agotan su explicación en estas dimensiones mágico-religiosas. Ello no significa, sin embargo, que la construcción social de los miedos no tenga un componente subjetivo fundamental.

Quizás la insuficiencia de las explicaciones "milenaristas" estriba en que esas creencias, centradas en el temor, tenían un elemento esperanzador muy importante, "la gente esperaba que acabado un lapso de terribles penurias, la humanidad iría hacia el paraíso o bien, hacia ese mundo liberado del mal, que debería instaurarse después de la venida del Anticristo" (Duby 21). ¿Puede hoy día encontrarse esa misma esperanza y confianza entre la gente del año 2000?

Entre las diferencias que nos separan de los atemorizados habitantes de aquella época, destaca una desesperanza "informada" que sabe que, más allá de las fronteras, no hay una tierra prometida: un deterioro ambiental sin precedentes; el fracaso de un modelo económico-político de desarrollo como promesa de bienestar para todos; el doble rostro de una tecnología que al mismo tiempo que acrecienta los dominios del hombre, amenaza con volverse en su contra; la aparición de "nuevas" figuras que reconvierten el tejido social, como el narcotráfico o la delincuencia organizada, situaciones todas que configuran ciertamente un panorama apocalíptico, sin que parezca existir una alternativa utópica.

A todo esto se articula un discurso "deslocalizado" que, amplificado por los medios de comunicación y las industrias culturales, trasciende las fronteras nacionales en un efecto de globalización que señala la inutilidad de "la huida" y por el contrario, parece reforzar los anclajes locales y el valor de lo próximo. Es decir, se sostiene aquí, como una hipótesis, que en lo referente a la acción social, la mundialización genera nuevos sentidos de pertenencia, donde lo local cobra una importancia clave como el espacio próximo y "último reducto" frente a un caos que se percibe universal.

ALGUNAS NOTAS METODOLÓGICAS

En estas páginas se presentan avances de un proyecto de investigación que lleva por título "*Mitologías urbanas: La construcción social del miedo*",[3] cuya pregunta central se articula al conjunto de narrativas que se producen y circulan en la esfera pública en torno al miedo y la esperanza como formas de gestión y control social. Interesa indagar en las representaciones sociales, múltiplemente mediadas, de actores situados, para explorar cuáles son las figuras (personajes), los espacios, las prácticas, los relatos y las imágenes que activan en los habitantes urbanos, el miedo, el temor y el rechazo *a priori*, y encontrar los dispositivos (creencias y prácticas) que estos actores utilizan para enfrentar estos miedos.

Los resultados que aquí se analizan y se discuten provienen de una segunda fase de trabajo de campo[4] en la ciudad de Guadalajara.

MAPAS PARA ENTENDER UN FIN DE SIGLO

Según datos de la CEPAL, el número de latinoamericanos y caribeños en situación de pobreza —210 millones— es hoy más alto que nunca en

Imaginarios globales, miedos locales • 213

términos absolutos. Pese a las diferencias nacionales, en los primeros cinco años de la última década del siglo XX, 84 de cada 100 nuevos empleos en la región correspondían al sector informal y en este momento 56% de los ocupados en los países de la región, realizan actividades en este sector. La distancia entre los ingresos de profesionales y técnicos y los de los trabajadores aumentó entre el 40% y el 60%, entre 1990 y 1994. Estimaciones gruesas calculan el déficit regional de viviendas en 50 millones de unidades y se calcula que este déficit crece a razón de 2.7 millones por año, debido a la formación de nuevos hogares. Para completar este cuadro regional, la CEPAL ha calculado que para mejorar la educación preescolar y escolar, sería necesario una inversión adicional del 3.9% del Producto Interno Bruto, lo que a juicio de los expertos rebasa las posibilidades presupuestarias de los países de América Latina (CEPAL, 1995).

Así pues, en conjunto, América Latina ha producido más pobres en las últimas dos décadas que en toda su historia; tenemos más pobres, menos oportunidades de empleo formal, un crecimiento acelerado de las economías informales, y una brecha creciente entre la población con acceso a condiciones dignas de vida y los que viven en situación de pobreza. No hay empleos, no hay viviendas, no hay educación de calidad.

En el caso de México, la población en condiciones de pobreza extrema[5] aumentó. Según lo reconoce el gobierno a través de la Secretaría de Desarrollo Social, hoy existen 26 millones de pobres, de los cuales casi 11 millones pertenecen a pueblos indígenas.[6] Para el ciclo escolar 98-99, casi 100 mil jóvenes han sido rechazados en las principales universidades de la ciudad de México por falta de cupo, situación que se reproduce en las demás ciudades del país.

Junto a la tecnología de punta, de los tratados para el libre comercio, Latinoamérica se desliza hacia lo que la misma CEPAL denomina los escenarios de la "pobreza dura". Una pobreza que se expresa no sólo a través de indicadores económicos, sino especialmente a través de la biopolítica,[7] que traduce a exclusión social algunas categorías socioculturales vinculadas a la pobreza, como la dimensión étnica, la edad y el género. La discriminación racial, la segregación residencial y el incremento de la violencia en las ciudades son apenas algunos de los indicadores que señalan que el tejido sociocultural se está reconfigurando en sus formas de interacción, de integración y de gobernabilidad.

A este panorama hay que añadir la emergencia de unas fuerzas ubicuas y crecientemente poderosas, cuya actuación clandestina es, paradójicamente, visible en prácticamente todos los niveles y esferas sociales: el narcotráfico y el crimen organizado.

Actualmente el costo de la política mundial antidroga asciende a 3 mil millones de dólares, mientras que se calcula que el dinero blanqueado por el narcotráfico alcanza la cifra de 200 mil millones de dólares y se estima que las ganancias que genera el narcotráfico son del orden de los 500 mil millones de dólares que se mueven en los mercados de capitales internacionales.

Alrededor de 142 millones de personas en el mundo son consumidoras habituales de mariguana; más de 13 millones consumen cocaína, que según los expertos y diferentes encuestas sobre adicciones, es una droga que está sustituyendo rápidamente a la mariguana en las preferencias juveniles; sus costos directos han disminuido, lo que ha provocado que de ser una droga de élites, su uso se haya generalizado en todos los estratos socioeconómicos. En lo que respecta a los alucinógenos, los consumidores se estiman en 25 millones y medio de personas y el de consumidores de anfetaminas se calcula en 30 millones de adictos (PNUFID, 1998).

Pero ni las cifras del narcotráfico ni el número de consumidores, son, por sí mismos, los aspectos más relevantes del narcotráfico. Bajo la perspectiva social hay que entender la dramática afectación de la base social y de los patrones de vida asociados a la industria del "narco". Como lo ha señalado Alonso Salazar (*La cola*; y con Ana María Jaramillo, *Las subculturas*) en el caso de Colombia, el narcotráfico se monta sobre las estructuras tradicionales de relación social y desde ahí extiende sus dominios, que crecen en relación directamente proporcional al deterioro socioeconómico de nuestros países.[8] Pero a la miseria hay que añadir como "ayudantes" del narcotráfico a la corrupción y a la impunidad, que campean tanto en el sector privado como en el público.

Muchos medios de comunicación han encontrado en estas realidades una mina altamente productiva para explotar no sólo en los noticieros y espacios "informativos", sino en los géneros "nuevos" como el *reality show* y el *talk show*, que cuentan con impresionantes niveles de *rating*.

Sin embargo, no se trata aquí de hacer apología "de la catástrofe". Lo que se intenta mostrar con este panorama es el contexto en el que se producen y se reproducen diferentes narrativas sociales que intentan "domesticar" los miedos, concretos y difusos, que genera una realidad sacudida desde sus cimientos por un conjunto de problemas que parece confirmar que el Apocalipsis es mucho más que un relato bíblico. Así, pese al dramatismo de esta realidad, es este mismo contexto en el que emergen novedosas y ricas propuestas organizativas, se generan distintas solidaridades y el estatuto ciudadano adquiere nueva fuerza y vitalidad, como el elemento central que puede fortalecer las frágiles democracias, como espacio de convergencia para la voluntad colectiva de acción.

A continuación se presenta un análisis parcial de los principales aspectos que organizaron el discurso de los sujetos entrevistados, complementado con los datos obtenidos en la encuesta sobre figuras y personajes amenazantes.

La mitología del castigo: Sodoma y Gomorra en la ciudad

> En cualquier caso, este umbral de catástrofe se define siempre socialmente, y las catástrofes del uno no son las catástrofes de todos los demás.
> Niklas Luhmann, *Observaciones de la modernidad*.

Diferentes pensadores y analistas coinciden en el resurgimiento de un pensamiento conservador y de derecha (si la geografía política tiene todavía algún sentido). El discurso conservacionista, centrado en la pérdida de valores tradicionales,[9] apela a figuras superiores, atemporales y sustancializadas (Dios, familia, religión, buenas costumbres) que organizan el mundo en un deber ser, al que aparentemente no enturbia ninguna duda. Tanto el mal como el bien son transparentes e inmediatamente aprehensibles a través de una organización binaria del mundo.

Los representantes de este tipo de configuración cognitiva pertenecen por lo general a estratos socioeconómicos altos, practican la religión católica y cuentan con influyentes organizaciones sociales que les permiten difundir su ideología y presionar en el espacio público en torno a los temas a que son sensibles, entre los que sobresale la moral pública, cuyo deterioro es identificado como la fuente de los principales males que afectan a la sociedad. Sin embargo, es posible encontrar esta misma configuración en sectores populares poco escolarizados. La constante en esta matriz sociocultural es la adscripción a una religión católica no problematizada. Pero, me centraré aquí en los sectores con influencia en el espacio público.

En una etapa de grandes transformaciones socioculturales, con una circulación desregulada de imágenes que atraviesan las murallas colocadas por los censores,[10] los representantes de esta matriz cultural refuerzan su discurso y actuación en el ámbito local, al que piensan "rescatable" siempre y cuando se pueda resistir la influencia "maligna", que proviene de afuera, y que actúa sobre los más débiles y vulnerables (los niños, los jóvenes y las mujeres) sobre los que se ciernen las más diversas amenazas y cuyo comportamiento "desviado" es motivo de castigo. Pero como se trata de una configuración paternalista y autoritaria, estos sujetos sociales prefieren el control y los dispositivos de vigilancia, antes que el castigo.

En conjunto, muchos de sus argumentos no resisten el análisis. Pese a ello, su poder no es menor. En México han logrado desde boicotear el concierto de la cantante Madonna, hasta sacar del aire una telenovela "ofensiva" a los valores de la religión católica, pasando por la obstaculización del debate sobre la despenalización del aborto ¡en el país! Y, últimamente, en Guadalajara, han logrado influir en el reglamento de "policía y buen gobierno", para retirar de las calles a los limpiaparabrisas y vendedores ambulantes que "afean la ciudad, molestan a las mujeres y cometen delitos al amparo de una actividad supuestamente legal", como afirman los promotores de estos reglamentos (Reguillo, "Posmodisney").

Lo que destaca de esta configuración cognitiva es una organización del mundo dicotómica, en la que no existen umbrales ni matices. Herederos de una "verdad revelada", la ciudad es para ellos, blanca y negra, luz y oscuridad, buena y mala.

A continuación, a través de tres ejes (espacio, identidad/alteridad y alternativas), se presenta cómo estos sujetos construyen sus miedos, distribuyen culpas y proponen alternativas.

LA PERCEPCIÓN DEL ESPACIO O LA CIUDAD PROHIBIDA...

La relación con la ciudad está mediada por una representación "masculina" del uso del espacio público. Es decir, el "afuera" de la ciudad es para los hombres adultos, que son los únicos que pueden "resistir" las constantes tentaciones y enfrentar los múltiples peligros que acechan en las esquinas. Las mujeres y los niños deben permanecer bajo el resguardo del espacio privado y los jóvenes deben ser sometidos a constante vigilancia y, metafóricamente, sometidos a periódicas pruebas "antidoping", en tanto que son los más susceptibles de ser influidos por las voces de las sirenas.

La ciudad es exceso, perdición, pero esencialmente "peligro". El transeúnte, el automovilista, el vecino, no ofrecen garantías. El peligro disminuye cuando el territorio es conocido. Esto se traduce en una organización territorial entre lo conocido-seguro y lo desconocido-inseguro, mapa que se complejiza al cruzar los datos socioeconómicos, que reducen la franja de lo conocido-seguro a aquellos sectores de la ciudad en los que la pobreza no es visible, y que adquiere una mayor especificidad al trabajar con los elementos "morales" que acompañan el discurso de los entrevistados.

La ciudad "buena" es aquella físicamente hermosa, bien cuidada, en la que habita la gente "bien". La ciudad "mala" hace alusión a los sectores populares, las zonas de los mercados y por supuesto a las diferentes zonas de bares, discotecas y cafés. Sin embargo, el desordenado crecimiento urbano, la falta de un plan regulador de uso del suelo y especialmente la crisis económica, han mezclado las ecologías de la ciudad, por lo que resulta difícil mantener un mapa estable del espacio urbano. Si bien la escuela de Chicago (Wirth) propuso la imagen de "mosaico" y la categoría de gueto para referir con la primera a la mezcla de grupos y espacios, y con la segunda, al acuartelamiento de ciertos grupos en diferentes espacios urbanos, hoy, son nociones rebasadas por la dinámica, cambiante y compleja realidad urbana que reconfigura cotidianamente la ciudad.

Tal es el caso de la pobreza, que no sólo ha quedado "dentro" de la ciudad, sino que ahora se expande desordenadamente, mostrándose ahí donde no se supone que esté. Los diferentes vendedores ambulantes, pordioseros, payasos, tragahumos, limpiaparabrisas, niños de la calle, que han hecho de la calle lugar de trabajo y de habitación, forman parte del paisaje citadino de la mayoría de las ciudades de la región.

Conforme la pobreza avanza, se fortalece un discurso que ha terminado por convertirla en categoría de clasificación sociocultural, a la que se asignan un conjunto de atributos *a priori*, que tiene repercusiones sociopolíticas para el uso de la ciudad. Por ejemplo, crece la exclusión a través de mecanismos autoritarios y de represión policiaca; aumenta la sospecha y la desconfianza como forma cotidiana de vida; disminuyen los lugares de sociabilidad y de encuentro colectivo, lo que deriva en un "achicamiento" de la experiencia urbana.

Aunado a la amenaza de la "pobreza", para estos actores, la ciudad se deteriora por la existencia de "antros" y "lugares de perdición" que favorecen las conductas desenfrenadas. La ciudad como un símil de Sodoma y Gomorra, que alejada de la palabra de Dios, encierra en cada esquina una perversión y en cada encuentro, una tentación. La ciudad, para estos sujetos, está poblada de fantasmas y de monstruos, que incitan a los "débiles" y pobres pecadores a cometer todo tipo de excesos, principalmente en relación con la sexualidad y la drogadicción. Círculo que se cierra con los medios de comunicación que, con su discurso "extranjerizante", inciden de manera directamente causal en la "pérdida de las costumbres y valores" e incitan a la violencia.

Se construye así una geografía simbólica que prescribe los usos de la ciudad. El miedo se convierte en operador simbólico que a partir de ciertas creencias modifica el uso de la ciudad. Se trata de interpretaciones que dan origen a un horizonte posible de acción.

A los elementos objetivos de inseguridad (aumento de robos, asesinatos y otros delitos) se les reviste de un discurso moralizado que busca (y encuentra) a los "culpables" del caos social: homosexuales, drogadictos y "extranjeros", que designa tanto a los que vienen de otros países como a los que vienen de otras ciudades del país.

Para los portadores de estas creencias, el centro del problema radica en la pérdida de los valores, producto del ataque sistemático sobre la familia por parte de los medios de comunicación (otra vez extranjeros, a los que los medios locales hacen el juego), lo que a su decir genera una profunda confusión en los padres de familia.

Al hacer un análisis discursivo a los textos y el habla de los sujetos portadores de esta configuración cognitiva, se encontró como un dato particularmente relevante que la principal culpable de los excesos e inmoralidad de la sociedad actual es la mujer que trabaja, caracterizada como "irresponsable" e "incapaz" de proteger a la familia y de educar a los niños, a los que se define como "salvajes", "violentos" y "vulnerables". Esa mujer que trabaja tampoco es capaz de controlar a los jóvenes, definidos como "inmaduros" y "equivocados".

Lo que sucede en la ciudad es entonces un "castigo" por el abandono del rol tradicional de la mujer, que debe permanecer en el hogar como "formadora", "defensora" y "vigilante" del desarrollo armónico de una familia que vive en el "temor de dios", que se presenta como la única alternativa para oponer a la descomposición moral de la sociedad.

Esta concepción explica la pugna permanente que estos grupos conservacionistas y defensores de las buenas costumbres y de los valores tradicionales, mantienen en el espacio público con enemigos históricos y situacionales,[11] que con su existencia redefinen constantemente la disputa por el derecho a la ciudad.

La acción política sobre la ciudad se define entonces a partir de un programa de "catequesis" cuya misión última es "salvar" a los pecadores (¡que aunque no lo saben desean ser salvados!). Al igual que Abraham que intercede por la no destrucción de Sodoma y Gomorra, los herederos de la verdad revelada asumen que "los ruegos de un corto número de justos detienen la ira de Dios para que no descargue contra un pueblo" (*Génesis* XIX).

Frente a la anarquía, el caos, la degradación, sólo vale la institucionalidad familiar y religiosa, cuyo trabajo es movilizar al Estado para monopolizar la moral pública, valiéndose de la presión y en algunos casos, de la legislación.

Lo importante es someter estas creencias al análisis empírico, anclado en un contexto sociohistórico particular. Este análisis indicará las diferencias y el grado de "poder" real que esta "mitología del castigo" tiene en distintas ciudades y en distintas regiones. Se trata de analizar estas representaciones como "creencias operantes" cuya eficacia simbólica depende de su articulación mayor o menor con el grado de poder económico y político.

ÍCARO O EL FRACASO DE LA TECNOLOGÍA

> Sólo cuando los hombres se comunicaran sin coacciones y cada uno pudiera reconocerse en el otro, podría la especie humana reconocer a la naturaleza como un sujeto... Sea como fuere, las realizaciones de la técnica, que como tales son irrenunciables, no podrían ser sustituidos por una naturaleza que despertara como sujeto... La alternativa a la técnica existente... hace referencia a una estructura alternativa de la acción.
>
> Jürgen Habermas

La contingencia, el riesgo y la reflexividad se constituyen en conceptos clave para la discusión y la interpretación de la sociedad de fin de milenio. Los tres implican en sí mismos una dimensión activa[12] y suponen la movilización de competencias y recursos por parte de actores en el sistema social. Uno de los grandes temas que se debaten desde estas perspectivas es el de la tecnología, a la que se demanda que deje de pensar a la naturaleza como su objeto, para pensarla como interlocutora, lo que implicaría sustituir las relaciones de explotación con la alternativa que algunos designan como "desarrollo sustentable".

En su arraigo empírico esta preocupación se hace visible, entre otras concreciones, a través del conjunto de creencias y prácticas que proponen un "retorno al origen" y que han convertido a las cosmovisiones indígenas y a los "valores de la tradición", en la expresión más acabada de la convivencia armónica con la naturaleza, mientras que se culpa a la tecnología de los grandes problemas que enfrenta la sociedad y de manera especial, la ciudad, a la que se contempla como un "mal necesario" y como directamente opuesta a ese desarrollo armónico.

Para los portadores de estas creencias, ello deriva en un programa de acción encaminado a "borrar" la ciudad y a configurar un paisaje urbano de rostro amable.

La aparición constante en la ciudad de comunidades y urbanizaciones amuralladas en sus periferias, revela entre otras cosas la emergencia de grupos que promueven un rechazo selectivo[13] a la tecnología, que, al igual que sucede con los conservacionistas, es una posibilidad vinculada al poder económico de sus promotores.

En términos generales, se trata de una representación vinculada a la búsqueda y al autoconocimiento, lo que deriva en un planteamiento que va de lo individual a lo holístico, con la mediación de algunas instituciones intermedias (iglesias, grupos de terapia, centros de salud integral, entre otras) y el acompañamiento de una comunidad de sentido que refuerza al actor individual en su búsqueda.

Tomando como espacio representativo de toda la mancha urbana[14] al municipio de Guadalajara, en un mapeo exploratorio por ejemplo, se encontraron 92 centros de terapias específicas, 25 centros de prácticas oraculares y 21 centros terapéuticos integrales, todos ellos visibles. Suponemos, con sobradas razones, que muchos de estos centros no son fácilmente detectables, por lo que las cifras aquí referidas son indicativas y no exhaustivas. Además, existen 6 programas radiofónicos (5 en am y 1 en fm) que abordan distintos temas relacionados con las perspectivas "alternativas" que van desde el esoterismo y la adivinación telefónica hasta el análisis de la civilización actual. En televisión por cable se transmite todas las noches una barra de tarot en vivo, además de los avisos clasificados que promueven diferentes ofertas en la línea de la salud integral y los numerosos reportajes especializados o no, que sobre estos temas aparecen continuamente en los distintos medios de comunicación masiva,[15] tanto locales como internacionales.

Lo que en el proyecto de investigación hemos denominado "ofertas de sanación", a las que entendemos como el conjunto de servicios, disciplinas y religiones encaminadas a restablecer el equilibrio físico y emocional de las personas, reposan sobre el supuesto de que la armonía universal sólo es posible cuando cada persona aporta su armonía energética consigo misma. Como bien lo ha detectado Rojas (1998), "el individuo es concebido como el lugar de la acción universal y contiene en sí mismo los elementos necesarios para la restitución de la salud. Por ello las medicinas y terapias alternativas devuelven al sujeto un rol activo".

Cuando la validez sistémica ha entrado en crisis por el acelerado proceso de deslegitimización de las instituciones depositarias de los sentidos sociales, se abre la posibilidad de nuevos esquemas de interpretación, nuevos valores y cosmovisiones que entran en pugna con las representaciones dominantes. El desarrollo tecnológico y el dominio técnico, monopolizados por lo que Giddens denomina los "sistemas expertos",[16] han derivado en una extrema concentración de los saberes especializados que muy lentamente y a partir de las grandes catástrofes que se han producido en la última mitad del siglo, ha empezado a ser cuestionada por diferentes grupos sociales.

En el caso que nos ocupa, el de una matriz sociocultural anclada en "el retorno a lo natural", este cuestionamiento no pasa por una acción política sino por un retorno a lo individual y a la generación de un microclima cultural que favorezca un reencuentro con la naturaleza y sobre todo, le otorgue un papel protagónico al sujeto individual anclado en una amalgama de saberes que abrevan en distintas tradiciones indígenas, orientales y en los llamados nuevos paradigmas de la ciencia.

Los naturalistas actualizan perfiles diversos que van desde aquellos que son simplemente consumidores de servicios, hasta los que hacen de estas creencias una forma de vida integral. Si bien su visibilidad en términos de impacto no es determinante en la configuración del espacio público, por las razones ya señaladas de una opción por lo individual y lo comunitario, estas creencias se expanden cada vez más, principalmente entre los sectores medios ilustrados de la ciudad.

Para los portadores de estas creencias, los atributos que definen la ciudad son la "devastación", el "caos" y la "violencia", todos ellos vinculados al uso irracional de la tecnología. La alternativa para hacer frente al creciente deterioro en todos los órdenes, es la de un cambio de actitud que vaya de lo individual a lo colectivo, pero todo ello conectado con un orden planetario. La escala aquí es la del individuo-mundo que valora su espacio local al que entiende como una síntesis de la tierra. En este sentido, no existen para estos sujetos figuras que personifiquen el mal en la ciudad. Se trata de representaciones mucho más abiertas y tolerantes, aunque poco dispuestas a la interacción, lo cual resulta una contradicción interesante.

Sin embargo, hay un miedo constante que acompaña su discurso: el fracaso y el advenimiento del fin. De exacerbar el segundo, se encarga la gigantesca ola de ofertadores de salvación y profetas del Apocalipsis; de darle contenidos y ratificarla iterativamente, se encarga la misma realidad, reproducida y construida por unos medios de comunicación que se han convertido en los agoreros de fin de siglo. En los portadores de estas creencias se detecta una profunda experiencia de orfandad y de nostalgia que se traduce en la búsqueda constante de esquemas interpretativos que permitan hacer frente a la incongruencia persistente del mundo.[17]

Es importante señalar que no se trata de los grupos ecologistas, aunque muchos de los naturalistas "militen" en grupos de este corte. Tampoco resulta apropiado definir a estos actores sociales bajo la denominación *new age*, porque esta categoría ha terminado por ser demasiado amplia y heterogénea, además de haberse convertido en una palabra-emblema que la iglesia católica utiliza para descalificar a otras iglesias y religiones. Se trata más bien de actores sociales que pueden definirse a partir de un malestar difuso con el sistema de vida, colonizado por el poder de una tecnología que amenaza con acabar con la naturaleza, que no encuentran respuestas ni en los saberes ni en las instituciones tradicionales. Y aunque pareciera que su rechazo a la acción política los descalifica como actores en el espacio público, su creciente fuerza de reclutamiento señala la necesidad de entender en mayor profundidad cómo se articula la creencia a la acción.

En su dramática caída hacia el mar, mientras contemplaba sus alas derretidas, Ícaro debe haber pensado en que de tener otra oportunidad tomaría en consideración el sol; seguramente no se arrepintió de su deseo de volar y de escapar así del laberinto.

Retorno a Ítaca o las pasiones democráticas

> Cuando el cíclope estaba dormido, Ulises lo cegó [...]. Polyphemus, pidió ayuda a gritos a los otros y cuando los otros le preguntaron quién lo había herido, Polyphemus, contestó "Nadie", porque Ulises le había dicho que "Nadie" era su nombre. Y oyendo esto, los otros cíclopes se retiraron. *La Odisea*

A fin de siglo, la ciudadanía se convierte en la piedra de toque de los procesos de transición social hacia las democracias participativas. Mediante la culturalización de la política (Reguillo 1998), que señala el desborde de los lugares y dispositivos tradicionales de la misma, la ciudadanía se ha convertido en uno de los debates centrales en diferentes ámbitos sociales. En ella se han depositado las expectativas y esperanzas de transformación social. Ha venido a ocupar el lugar de las "viejas" y gastadas ideologías en un mundo en el que el debate por la integración y la exclusión se vuelve cada vez más central. La ciudadanía se ha convertido en una narrativa social que logra despertar las pasiones políticas que condensan el regreso de la utopía.

A partir de una concepción activa de la ciudadanía, emergen en la ciudad distintos y numerosos grupos, que levantan las más variadas banderas y causas sociales. Indudablemente la emergencia de las llamadas ONGs ha significado para los poderes en América Latina un verdadero dolor de cabeza, en la medida en que los espacios de lucha se han desplazado de esos lugares tradicionales que los distintos poderes gubernamentales, económicos, religiosos, pueden controlar y en muchas ocasiones cooptar.

Estas organizaciones de espectro amplio se han convertido en actores de peso completo y en interlocutores no prescindibles para los poderes. Una característica parece ya definitiva entre los sectores organizados de la sociedad civil: la formación de redes internacionales que amplifican su capacidad de intervención y transformación de situaciones locales. El "apellido" "sin fronteras", acompaña hoy muchas de las denominaciones más importantes de estos grupos organizados.

Estas redes que se activan o se desactivan según las necesidades son organizaciones mucho más "ligeras", ya que no poseen una estructura burocratizada como las instituciones más tradicionales de acción política (sindicatos o partidos). Y en un época de descrédito generalizado hacia estas instituciones, muchas personas interesadas en la participación social encuentran en estas redes un espacio idóneo.

Poco a poco han empezado a ganar espacio y visibilidad en los medios de comunicación. Unos medios incapacitados, en términos generales, para entender que la política no se reduce al "Palacio", a los actores tradicionales, ni a los procesos electorales. Es interesante hace notar que no existe una correlación directa entre visibilidad en el medio e impacto social, ya que ha sido posible detectar que a pesar de su "bajo perfil" en los medios, estas organizaciones se han convertido en referencia para muchos.

Los que se acercan y conforman estas redes de mediación en la ciudad son actores altamente escolarizados e informados que comparten una visión sumamente crítica del estado de cosas que priva en la sociedad.

Para estos actores las fuentes primarias del mal que aqueja a la ciudad se centran fundamentalmente en la pobreza, en la intolerancia y en la exclusión que encarnan y se concretizan principalmente en las figuras del político, del empresario y del policía.

El supuesto central que articula estas creencias es que la participación activa es la condición para transformar el orden injusto de la sociedad-mundo. La ciudad se convierte entonces en espacio de trabajo y de intervención intencionada.[18] Es decir, hay una relación "no inocente" con la ciudad que se negocia constantemente con los distintos poderes que sobre ella intervienen.

Los mapas cognitivos de estos actores, que se denominarán "activistas", se organizan a partir de una utopía que realice la equidad, la justicia y la inclusión, a la cual es posible acceder mediante la participación organizada, búsqueda que puede ser pensada como un viaje por distintos y peligrosos mundos, cuyo puerto seguro es el "regreso a Ítaca", representación de esa utopía local, del territorio propio, al que se llega después de enfrentar peligros y acceder al secreto de los dioses.

Pese a su politización explícita y a una racionalidad fundamentada en continuos análisis, "los activistas" experimentan –también– una profunda crisis de sentido. A partir del proceso de deslegitimación que, de manera particular después de la Guerra Fría, los ha convertido en "románticos trasnochados", han tenido que emprender una búsqueda dramática de nuevos referentes, nuevas banderas y lenguajes.[19] Exiliados de un mundo que prefiere la amnesia y las cuentas alegres del mercado, los activistas han sostenido, cuesta arriba, muchos de los procesos de transición democrática de nuestras sociedades.

Profundamente involucrados en el espacio público, la ciudad les ofrece continuas oportunidades de participación. La ciudad "buena", la que favorece las relaciones igualitarias, la justicia y la participación, sólo existe como utopía. La ciudad "mala" es el objeto continuo de su intervención, en la que se experimenta la opresión, la desigualdad y la arbitrariedad de los poderes. En tal sentido, comparten con los naturalistas la crítica al modelo de desarrollo, pero se separan en el nivel de la creencia y en el plano de la actuación, ya que para los activistas la dimensión colectiva es esencial. Es a través de esta dimensión colectiva como los activistas enfrentan el conflicto en la ciudad y desalojan de vez en vez, a los poderes hegemónicos del espacio urbano. Al señalar a través de su presencia los lugares de concentración del conflicto, es decir, desacralizando los discursos y centros de poder, los activistas, ese conjunto de hombres y mujeres que en lo individual son anónimos, amparados por ese cuerpo colectivo llamado "Nadie", pretenden neutralizar a los gigantes.

La ciudad y las relaciones en ella implicadas son vistas como resultado de un proceso de pérdida de sentido de la colectividad, de la desinformación y del fracaso de un modelo de desarrollo político-económico. Es esta percepción la que explica que pese a su acción localizada, los activistas conformen comunidades de sentido que trascienden el espacio, a través de redes e ideologías globalizadas.

ARQUEOLOGÍA DE LOS TEMORES

A través de cuatro analizadores, se presentan a continuación de manera muy esquemática los principales elementos que organizan el discurso de los sujetos entrevistados, agrupados bajo perfiles generales. Estos ejes son el resultado del entrecruzamiento de los propios relatos formulados por los entrevistados y de la teoría sociosemiótica.

1. En el plano discursivo aparece de manera recurrente el binomio seguridad/inseguridad, a veces referido de manera genérica y a veces concretizado en figuras, prácticas y espacios concretos. Aquí se plantean

aquellas formulaciones genéricas que permiten una apreciación general de dónde se concentran los elementos que brindan o amenazan la seguridad.

	SEGURIDAD	INSEGURIDAD
Conservacionistas	Confianza en orden divino; la familia, la institucionalidad; lo conocido	Descomposición social, pérdida de valores; anarquía; desconocido
Naturalistas	Confianza en orden interno; autoconocimiento	Deterioro urbano; caos
Activistas	Información.	Vulnerabilidad; pobreza; exclusión

2. En el siguiente cuadro, se presentan los elementos discursivos referidos al bien y al mal, como fuerzas operantes en el plano de lo social.

	BIEN	MAL
Conservacionistas	Conservación; valores religiosos; familia; control sobre los + jóvenes	Extranjeros; poderes laicos; "desviados"; medios de comunicación
Naturalistas	Libertad, naturaleza, equilibrio	Alteración del equilibrio
Activistas	Inclusión; bienestar; justicia	Intolerancia; exclusión; opresión

3. A partir del resultado de las primeras entrevistas, se decidió incorporar como un eje explícito la oposición enfermedad/salud. Los elementos que se desprenden de este análisis son los siguientes

	SALUD	ENFERMEDAD
Conservacionistas	El orden "natural" de las cosas	Perversión de las costumbres
Naturalistas	Naturaleza	Desarrollo tecnológico
Activistas	— —	Pobreza; marginación

4. Finalmente, un aspecto muy importante está representado por la oposición vida/muerte, que engloba los otros aspectos referidos. Se trató de indagar entre los entrevistados sobre aquellos elementos que son portadores de vida, y aquellos que son portadores de muerte.

	VIDA	MUERTE
Conservacionistas	Estabilidad; control; familia	Caos social; violencia; "abandonar a los niños"
Naturalistas	Aceptación; equilibrio; respeto; el conocimiento de los más antiguos	Irracionalidad; violencia; "cultura occidental"
Activistas	Resistencia; participación; rebeldía	Desesperanza; aislamiento; resignación; violencia

Cíclopes y gorgonas: las figuras del miedo

Pese a las diferencias entre las distintas matrices socioculturales, tanto los datos de la encuesta, las entrevistas y los grupos de discusión revelan temores compartidos. Miedos que se alimentan de fuentes diversas y que son construidos diferencialmente y siempre en referencia a la comunidad de sentido a la que se pertenezca.

El grado de avance en el análisis del material empírico, aunque no permite hacer afirmaciones concluyentes, sí permite adelantar algunos elementos que ratifican la tesis sostenida por Roger Bartra (1996), en el sentido de que hoy se enfrenta "una manipulación, refuncionalización y recreación de algunos conflictos seleccionados, que se convierten en un poderoso aparato cultural e ideológico de control de las expresiones más agudas de lucha" (*Las redes imaginarias*).

Sin duda, aunque Bartra se centra en un análisis sociopolítico, el aparato cultural al que se refiere no puede pensarse al margen de los medios de comunicación, que son hoy uno de los más fuertes e importantes centros de construcción-difusión de esa lucha.

Las tres figuras en torno a las cuales se encontró una mayor referencia compartida son continuamente tematizadas por la televisión, la prensa y la radio, se trata del "narco", del "migrante" y del "joven" (de los sectores populares).

El narco representa un enemigo difuso que se construye a través del "retrato hablado" proporcionado por los medios, que se "adapta" a los temores que se experimentan en función del tipo de creencias y adscripción identitaria. Se trata de un enemigo sólo representable a través de la actuación de "los buenos". En el análisis de los materiales provenientes de los medios,[20] se encontró por ejemplo que el discurso oficial sobre el narco, se encaminaba, peligrosamente, a construirlo como un enemigo invencible que justifica y legitima la militarización de la seguridad (en un momento en que el país está librando una batalla por transformar las relaciones Estado-Sociedad Civil).

Mientras que los migrantes y los jóvenes "pobres" representan al "enemigo" que proviene de los márgenes de la sociedad, la amenaza que proviene de "lo otro no normalizado" se expande y, al decir de Bartra, esta expansión actúa como mecanismo anulador de los conflictos profundos de la sociedad (59). Tanto los migrantes como la visibilidad de los jóvenes populares en la ciudad están directamente vinculados a la pobreza, pero ésta es anulada y desanclada de las condiciones que la producen. Al construir tecnológica y subjetivamente los miedos, lo que se pone de manifiesto es el conjunto de atributos que de manera aproblemática son asociados a estos actores.

El migrante actualiza el miedo al otro extraño, al usurpador, al portador de otros valores; el joven popular actualiza el miedo al exceso, al desorden, a la irrupción de lo popular en los espacios controlados y restringidos de la ciudad. Sin embargo, lo más interesante de los planteamientos de los entrevistados es que las tres figuras: narcos, migrantes, jóvenes, son construidas como los responsables directos de la violencia urbana, que en las tres matrices analizadas aparece como elemento portador de "muerte", es decir, como aquello que se opone al "retorno" de los "verdaderos" valores o a la transformación de la sociedad.

EL ARCA DE NOÉ O EL REPLIEGUE HACIA LO PRIVADO

> La calma de la política no es más que una apariencia, el curso tranquilo de la historia esconde una hoguera de la que se benefician aquellos que atizan las pasiones para roer mejor el hueso de la política.
> Olivier Mongin. *El miedo al vacío.*

La erosión de la vida pública y el declive de los metadiscursos totales y omnicomprensivos, el deterioro objetivo de la calidad de vida y el incremento de una violencia que desborda los márgenes de lo imaginable, genera diferentes respuestas. Pero es indudable que el desencanto generalizado fomenta un repliegue hacia lo privado y lo comunitario.

El cuerpo, la casa, la comunidad de sentido, el grupo de referencia, salvo contadas excepciones, se convierten en el espacio-tiempo que hay que preservar contra las violencias y los terrores apocalípticos que acechan más allá del intramuro. Cuando hay evidencias de que todo escape es inútil y toda defensa insuficiente, los actores tienden a elaborar esquemas de respuesta para enfrentar la incertidumbre.

En un mundo que hace apología de la diversidad y de la tolerancia, las evidencias empíricas señalan la emergencia constante de "islas de sentido" (Berger y Luckmann) que, concebidas como "ganancia" de una modernidad secularizada, amenazan con transformarse en *ghettos* incomunicados entre sí y sólo conectados a través de los miedos compartidos.

El análisis de los diferentes materiales empíricos permite trazar una primera imagen, que requiere por supuesto de un trabajo de mayor profundidad: la casa finisecular se convierte en un "dispositivo inteligente", que permite cada vez más conectarse hacia el exterior con seguridad. Enclavada en fortalezas urbanísticas[21] que la protegen de las amenazas, se transforma en el arca de Noé que preserva aquello que el urbanista del siglo XX considera importante en el viaje hacia el futuro, el propio grupo familiar y los grupos afines con quienes se comparte un lugar en la estructura social. Los "otros", los demás serán arrasados por lo que genéricamente los actores sociales designan como "crisis".

Los barrios o colonias urbanas que antes funcionaron como fronteras (y aduanas) para el acceso selectivo, han ido perdiendo sus contornos y en tal sentido ha cobrado fuerza creciente en algunas ciudades latinoamericanas una política de expulsión generalizada hacia los más pobres.

Frente a las tempestades y aguas turbulentas, la ciudad entera debe convertirse en Arca de Noé. Fuera de esta nave no hay salvación, como parece ratificarlo el imaginario de los migrantes y el endurecimiento de la política en el caso de las relaciones México-Estados Unidos. Lejos de ser un escenario de ciencia ficción, una mirada atenta al conjunto de leyes, reglamentos, dispositivos de seguridad en algunas ciudades, permite establecer que no se trata de "hechos aislados", sino de un discurso y una práctica que se extiende conforme avanza la lógica del mercado y se debilitan los Estados nacionales. La pregunta a plantearse es quién decide quién y qué se salva.

Finalmente, el cuerpo disciplinado de los buenos ciudadanos se homogeneiza y es elevado a la categoría de santuario que no debe exponerse a lo exterior. A los temores derivados del orden de lo visible se suman las representaciones de esos enemigos invisibles que acechan al ciudadano. El papel que en esto juega el mercado y sus grandes aliados, las industrias culturales, es central. Ni Foucault imaginó un dispositivo de vigilancia y control más sofisticado y eficiente.

El mensaje es claro, sálvese quien pueda.

Pero no todo apunta hacia el repliegue, ni a la asunción acrítica de los discursos individualistas y atemorizantes. En la identidad sociocultural actualizada por "los activistas", hay elementos que apuntan no sólo a la resistencia sino a la argumentación propositiva para una acción colectiva fundada en el acuerdo y en la inclusión de una diferencia que no se traduzca en desigualdad. El gran problema para que todo esto opere más allá de las buenas intenciones, es la falta de condiciones estructurales adecuadas que puedan soportar la elaboración crítica de nuevas representaciones.

La construcción social del miedo

Los temores finiseculares, algunos objetivos (el aumento de la delincuencia, las expresiones diversas de la violencia, el deterioro ambiental, la falta de empleos, etc.) y otros más producto de ideologías de clase o de grupo (el temor a los homosexuales, a "los pobres" como directamente responsables de los males que aquejan a las sociedades, por ejemplo) están vinculados a un sistema de *creencias* que hoy se ve tensionado por la existencia de unos *medios de comunicación* globalizados, que al tiempo que se alimentan del acontecer, proponen claves de lectura de la realidad, operando una *mediación* que fortalece o debilita el significado propuesto en función de la interacción cara a cara y la experiencia directa, que configura ámbitos de representación e interpretación en virtud de las diferentes *identidades sociales* en el espacio público, ancladas en *matrices socioculturales*. Desde estas matrices culturales se elaboran *discursos construidos*, cuya función es elaborar una "explicación" plausible del mundo, en relación a los *miedos* y a las *alternativas* que cada grupo portador elabora en forma de representaciones para la acción y que nutren a las identidades sociales, al reingresar (en relación al grado de poder implicado) al acervo colectivo –globalizado– por la mediación tecnológica. Todo ello deriva en la existencia de múltiples *mitologías* urbanas que expresan más allá de una verdad o una mentira, los nudos de tensión desde los que se negocian o se oponen en conflicto distintos *significados sociales*, en y sobre la ciudad y el mundo.

El esquema siguiente pretende recoger de manera articulada estos planteamientos.

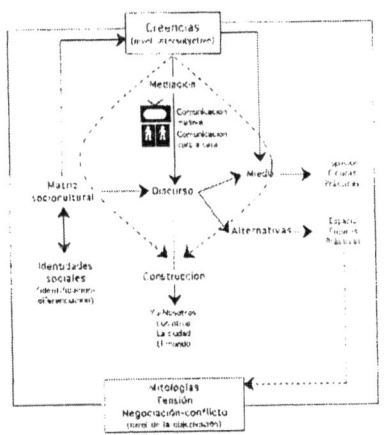

No se trata de un planteamiento acabado, sino más bien de regresar sobre la teoría y a partir de lo encontrado en el trabajo de campo a la manera de la teoría fundada (*grounded theory*). Los avances señalan algunas fortalezas del planteamiento general, pero sin duda también muestran varios problemas que deben ser resueltos en la siguiente fase del trabajo de campo.

NOTAS

[1] Este trabajo forma parte de la investigación en curso "Mitologías urbanas: la construcción social del miedo". En tal sentido, varios de los asuntos que aquí se discuten tienen un carácter provisorio y parcial en la medida en que la investigación se encuentra en la fase de articulación con los diferentes niveles que la constituyen. No obstante, los avances que aquí se discuten permiten adelantar algunos elementos clave para la comprensión de los procesos socioespaciales en su relación compleja con las narrativas crecientemente visibles en este fin de siglo. Debo no sólo agradecimiento sino reconocimiento al trabajo incansable de Arsinohé Quevedo y Alejandra Navarro, jóvenes profesoras e investigadoras que asumieron conmigo la conducción del Seminario de Cultura Urbana y Comunicación, del Departamento de Estudios Socioculturales del ITESO; a mis estudiantes-investigadores en este Seminario, que se lanzaron incondicionalmente a la aventura del conocimiento, de manera especial a Irene, Maga, Daniela y Afra. Los y las "informantes" todos, que nos abrieron sus casas, sus corazones, sus temores. A Rosa Esther Juárez, crítica implacable e interlocutora insustituible.

[2] Se conoce por milenarismo a la doctrina que planteó que el año 1000 coincidía con el fin del mundo. La espera del milenio se transmitió con los autores cristianos de los primeros siglos (Justino y Tertuliano) y animó distintos movimientos de carácter escatológico que sobrevivieron al paso de los siglos. Para una visión abreviada de esta doctrina, consultar Boni.

[3] Avances de este proyecto pueden ser consultados en los siguientes artículos (para la referencia completa ver la bibliografía): "Los mitos gozan de cabal salud: El horizonte de las creencias colectivas en la modernidad mexicana", "El oráculo en la ciudad: creencias, prácticas y geografías simbólicas", "Los lenguajes del miedo. ¿Nuevos escenarios, nuevos?".

[4] La investigación contempla tres etapas de trabajo empírico. Hasta ese momento se han realizado la etapa uno, que recoge datos exploratorios, cartografías y una encuesta a 500 personas; la etapa dos, que comprende una etnografía de algunas zonas de la ciudad, monitoreo y análisis de los medios de comunicación y 35 entrevistas en profundidad. Para más datos ver Reguillo, "Los mitos".

[5] A través del método de la línea de pobreza, se determina que una persona es pobre si el gasto total de su hogar no cubre el costo de una canasta básica de consumo. Una persona es pobre extrema si el gasto total del hogar no cubre el costo de una canasta básica de alimentos.

[6] Informe del Secretario de Desarrollo Social, Esteban Moctezuma Barragán, en la Cámara de Diputados. 16/07/98.

⁷ Por biopolítica se entiende, siguiendo a Foucault (1978), quien se refirió al "biopoder", principalmente al sometimiento del cuerpo a una disciplina que lleva a la optimización de sus capacidades y al incremento de su utilidad. Puede verse también a este respecto a Agnes Heller y F. Fehér (1995), y los planteamientos sociolingüísticos de Teun Van Dijk, a propósito del análisis ideológico (1996).

⁸ El último personaje que aparece en la sociedad asociado al narcotráfico, en sus niveles más bajos, es el llamado "bolero", reclutado para introducir la droga en Europa, vía España, en su mismo cuerpo. El "bolero", traga cocaína guardada en bolsas hechas con dedos de guantes de cirugía, con 10 gramos de contenido en promedio. Por cada una de ellas recibe en promedio 55 dólares. Debe ingerir después tres cápsulas de Leporamida (un antidiarréico) y emprender un viaje en avión que dura alrededor de 10 horas. Un "bolero" puede transportar en su intestino hasta 90 bolsas de cocaína, pero con frecuencia una de estas bolsas se rompe dentro del cuerpo, ocasionando una pavorosa muerte a su portador. En la excelente crónica publicada en *El País*, el 6 de julio de 1998, "Boleros, los parias del narcotráfico", de Winston Manrique, se consigna que de los 44 mil presos que existen en las cárceles españolas, el 70% ha sido consignado por delitos contra la salud; 1100 de ellos son colombianos.

⁹ "Valores tradicionales", se utilizará aquí de manera diferenciada a "valores de la tradición", para establecer una diferencia provisional entre aquellas creencias centradas en ciertos valores occidentales provenientes de la tradición judeo-cristiana, de aquellas que sustentan sus cosmovisiones en la defensa de los saberes y sensibilidades indígenas.

¹⁰ La industria cinematográfica, la televisión por cable y las estrellas de *rock* representan para estos conservacionistas un enemigo que promueve la degradación y la pérdida de las costumbres amenazando desde "el exterior" la pureza de lo propio. Contradictoriamente, muchos de estos sujetos resuelven sin problema sus vínculos económicos con el mercado global.

¹¹ Por enemigos históricos se entenderá todos aquellos grupos y fuerzas que atentan contra un *statu quo* católico, conservador y familiar (otras religiones, homosexuales, feministas, etc.); por enemigos situacionales se entenderá a aquellos grupos y fuerzas que coyunturalmente amenazan los territorios "bajo control" de los grupos conservacionistas (artistas, medios de comunicación, actores gubernamentales).

¹² Pese a las acusadas diferencias que los separan, tanto Anthony Giddens como Niklas Luhmann y Habermas han venido planteando en sus desarrollos teóricos que la etapa que vivimos puede caracterizarse a partir del principio de reflexividad, que supone la crítica a las categorías de pensamiento.

¹³ Se trata, en muchos casos de comunidades que mantienen vínculos "globales" a través del ciberespacio y cuentan por ejemplo con sofisticados dispositivos para hacer frente a la contaminación y para el aprovechamiento de la energía natural.

¹⁴ La ciudad de Guadalajara está conformada por cinco grandes municipios connurbados. Guadalajara, Zapopan, Tlaquepaque, Tonalá y Tlajoculco.

¹⁵ Estos datos fueron recabados por Irene Rojas, egresada de la Licenciatura en Comunicación y miembro del Seminario permanente de Cultura Urbana y Comunicación en el ITESO.

[16] El autor entiende por "sistema experto" al sistema de logros técnicos o de experiencia profesional que organizan grandes áreas del entorno material y social en el que vivimos (Giddens, *Consecuencias*).

[17] Una nota constante aparece en mi diario de campo, durante el trabajo de observación y entrevistas con estos sujetos: "La gente está triste. No importa cuanto sonrían, están tristes".

[18] Entre el conjunto de matrices socioculturales estudiadas, los portadores de las creencias "democráticas" son los que poseen una experiencia urbana más rica y un mapa de la ciudad mucho más vivencial, aunque no dejan de elaborar representaciones *a priori* sobre sujetos y espacios.

[19] Sin embargo, no puede eludirse la crítica a los discursos, formas de relación y de lucha, esclerotizados y reproductores de formas políticas tradicionales.

[20] Se analizó la telenovela de la productora independiente Argos transmitida por TV Azteca, "Demasiado Corazón", que trata sobre las redes del narcotráfico; un documental sobre la lucha contra el narcotráfico en México y análisis de la prensa escrita, trabajo bajo la responsabilidad de Alejandra Navarro y un equipo de seis estudiantes de comunicación.

[21] No deja de ser paradójico que en México, muchos de los "grandes" señores de la droga hayan sido capturados en este tipo de zonas habitacionales y generalmente en barrios de estrato socioeconómico alto o muy alto.

Bibliografía

Bartra, Roger. *Las redes imaginarias del poder político*. México: Océano, 1996.

Berger, Peter y Thomas Luckmann. *Modernidad, pluralismo y crisis de sentido. La orientación del hombre moderno*. Barcelona: Paidós, 1997.

Boni, Lamberto. *Enciclopedia de la filosofía*. Asesor Gianni Vattimo. Barcelona: Garzanti Editore, 1992.

CEPAL. *La brecha de la equidad. América Latina, el Caribe y la Cumbre Social*. México: Programa de Acción de la Cumbre Mundial sobre Desarrollo Social, Cepal, Oficina Regional, 1995.

Duby, Georges. *Año 1000, año 2000. La huella de nuestros miedos*. Santiago de Chile: Editorial Andrés Bello, 1995.

Giddens, Anthony. *Consecuencias de la modernidad*. Madrid: Alianza, 1993.

_____ *The Constitution of Society*. Berkeley: University of California Press, 1986.

Foucault, Michel. *Microfísica del poder*. Madrid: Ediciones La Piqueta, 1979.

Habermas, Jürgen. *Ciencia y técnica como ideología*. México: Rei, 1993.

Heller, Agnes y Ferenc Feher. *Biopolítica. La modernidad y la liberación del cuerpo*. Barcelona: Península, 1995.

Luhmann, Niklas. *Observaciones de la modernidad. Racionalidad y contingencia en la sociedad moderna*. Barcelona: Paidós, 1997.

Mongin, Olivier. *El miedo al vacío. Ensayo sobre las pasiones democráticas.* Buenos Aires: FCE, 1993.

ONU. *Programa de las Naciones Unidas para la Fiscalización Internacional de Drogas (PNUFID).* Oficina Regional para México y Centroamérica. *Boletín de Información* 1 (Junio, 1998).

Reguillo, Rossana. "Posmodisney y gobierno local". *Público* (23 jun. 1998).

_____ (1997): "El oráculo en la ciudad: creencias, prácticas y geografías simbólicas". *Diá-logos de la Comunicación* 49 (Lima: FELAFACS, 1997).

_____ "Los mitos gozan de cabal salud. El horizonte de las creencias colectivas en la modernidad mexicana". *Comunicación y Sociedad* 27 (Guadalajara, 1996).

_____ "Los lenguajes del miedo. ¿Nuevos escenarios, nuevos?" *Renglones* 35 (Guadalajara, 1996).

Rojas, Irene. "Reporte parcial de las ofertas de sanación en la ciudad de Guadalajara". Mimeo. Seminario de Cultura Urbana y Comunicación. Departamento de Estudios Socioculturales, ITESO, 1998.

Salazar, Alonso. *La cola del lagarto. Drogas y narcotráfico en la sociedad colombiana.* Medellín: Corporación Región/Enlace, 1997.

_____ y Ana María Jaramillo. *Medellín. Las subculturas del narcotráfico.* Bogotá: CINEP, 1996.

Touraine, Alain. *Diálogos.* México: Universidad Iberoamericana, 1995.

Van Dijk, Teun A. "Análisis del discurso ideológico". *Versión. Estudios de Comunicación y Política* 6. México: UAM-X, 1996.

Wirth, Louis. *Urbanism as a Way of Life. City Ways: A Selective Reader in Urban Antrhopology.* John Friedl y Noel Chrisman, eds. Nueva York: Thomas Y. Crowell Company, 1975.

III. Fábulas de disolución de la razón moderna

El 'Manifesto antropófago' o la contienda Sócrates-caraïbe*

Sara Castro-Klarén
The Johns Hopkins University

> First to posses his books, for without them
> he's but a sot [...] they all do hate him
> As rootedly as I. Burn but his books.
> William Shakespeare, *The Tempest* II

PREÁMBULO

El papel central que el tropo del caníbal ha jugado en el discurso y desplazamiento de las fuerzas coloniales no ha sido todavía suficientemente reconocido ni menos críticamente sopesado.[1] Unos cuantos recientes estudios empiezan a romper surcos nuevos sobre tierra antigua. Se muestra que la construcción del amerindio, en cuanto ser definido (otro) por "sus" prácticas antropofágicas, constituye una figura fraguada en la razón colonizadora de los europeos en el Caribe desde los primeros días de contacto con los taínos, arawak y caribes (1492) hasta fines del siglo dieciocho.[2] Nada parecido existe respecto a la elaboración de los tupí dentro del complejo caníbal, campo en el que estoy yo trabajando por el momento.

Tanto Peter Hulme como Philip Boucher establecen la indiscutible conexión del tropo del caníbal con la economía y la política de dominación colonial. Los lazos ingleses y franceses al tropo del caníbal quedan claramente delineados en las páginas que Boucher le dedica al discurso novelesco de la edad de la sentimentalidad (124-7). La mirada "civilizadora" que sostiene y a su vez se sostiene sobre la figura del caníbal aparece inmejorablemente naturalizada en *Robinson Crusoe* (1719), libro compañero de la niñez moderna en Europa y sus márgenes.

Demostrar que el despliegue del tropo del caníbal constituye el nervio cervical de la "misión civilizadora", es decir de la anexión de gentes, territorios, recursos naturales y culturas a la lógica imperial europea, ha sido obra de una tenaz lectura a contrapelo de un inmenso corpus de textos y maniobras. Conjuntamente, ha sido necesario desmantelar la bien cimentada agrupación de saberes disciplinarios con los que se conjuga el presente "significado" del "canibalismo" en América. Esa labor recién alcanza señales incipientes. Mucho nos falta por conocer sobre las zonas de carga y descarga en que, más allá del Caribe, el tropo del caníbal articula identidades, metáforas culturales y arquitecturas del saber. Se debe asumir, como lo muestra el caso de *Robinson Crusoe*, que esa enorme fuerza explicativa no se dispersó de inmediato una vez consolidada la conquista ibérica de América. El tropo del caníbal, como lo muestran Hayden White y William Arens, se mantiene a toda máquina en Europa a través de los siglos dieciocho y diecinueve ya sea en la imagen del noble salvaje o en tanto objeto deseado de la antropología, la literatura de viajes y los motivos del surrealismo. No llama pues la atención que el tropo del caníbal reaparezca, aunque con otro signo, resplandeciente, en el siglo veinte, en la obra de Oswald de Andrade (1890-1954), Mario de Andrade (1893-1945) y claro está en el *Calibán* de Roberto Fernández Retamar.[3]

A no dudar, la fuerza del tropo entró en rémora en varios de los muchos pliegues de la matriz cultural latinoamericana. Por el momento ignoramos las dinámicas de conservación y olvido implícitas en esa fuerza. Podría haber sido repujada a una especie de no-lugar, presionada en un espacio intersticial de por sí irreconocible por los métodos históricos. Su arrinconada habitación invita el interés genealógico.[4] La mirada genealógica se detiene ante los basurales de la historia en donde se acumulan los restos de un pasado soslayado por los discursos del poder de los muchos que entonces descartaron por inservibles aspectos constituyentes pero contradictorios a la lógica de su discurso. El *Manifesto antropófago* (1928) de Oswald de Andrade es precisamente un texto capital susceptible a la paciente y oblicua mirada genealógica que se nutre de los detalles dejados al olvido y al descuido. Una lectura genealógica estaría particularmente atenta al texto y a la cultura en que aparece inserto en cuanto campo heterotópico (Foucault, "Space, Power, Knowledge"). Se trataría de una empresa calibanesca guiada por el afán, no de quemar los libros de Próspero, sino mas bien de poseerlos para generar nuevas lecturas que den mejor cuenta de la constitución y los verdaderos alcances del discurso antropofágico. Es decir que el texto de Oswald marcó época y sigue pulsando porque, en cuanto meditación sobre el espacio heterotópico de la antropofagia, viene a ser uno de esos cráteres que afean la superficie homogénea del pensamiento histórico, uno de esos espacios sociales cuya función es contraria al campo de fuerza que por un lado los articulan, y por otro, articulan y desmontan.

Una lectura genealógica del aforístico y desde ya críptico *Manifesto* no sólo nos provee acceso a las re-escrituras del tropo del caníbal en las intersecciones del Modernismo brasileño y sus supuestas afinidades, sino que también podría ofrecer un punto de mira desde el cual observar las rupturas e intersticios creados por la estructura aforística del texto.[5] Cada aforismo escinde el texto y en la fractura que señala aparece un límite, que como una cicatriz, marca el corte y la sutura desde la cual surge el resto del texto. El *Manifesto* es así un texto sin comienzo ni fin. Carente de organización orgánica. No desarrolla nada. Se nutre de sí mismo, de los abismos que unen o separan los bordes de los textos que lo constituyen. Es un texto en que cada surco pide se le llene hasta nivelar su vacío con el punto más alto de su geografía surcada, marcada por cicatrices de varios grados y tamaños. En cada hondonada habita el silencio, un silencio que se levanta a manera de un no-lugar. Las carencias del *Manifesto* imantan una serie de posibilidades intertextuales, pero ninguna es más rica ni más hecha a la medida que la tesis doctoral de Oswald de Andrade, defendida casi veinte años después de la aparición del *Manifesto*, pero evidentemente, macerada con la misma problemática del *Manifesto*. En *A Crise da Filosofia Messiânica*, Oswald vuelve a su reflexión sobre la antropofagia. Esta lectura, un poco a contrapelo de lo que la crítica ha establecido sobre el *Manifesto Antropófago* y su significado dentro del modernismo brasileño, demostrará que la exploración de Oswald está en realidad reñida con la idea patriarcal de nación, contradice la idea de la antropofagia en cuanto metáfora de una síntesis cultural y poco o nada tiene que ver con el pensamiento tupí, aunque la idea de un acerbo cultural tupí le permite montar un punto de mira crítico.

EL TROPO DE LA NACIÓN

Se ha hecho ya un lugar común pensar en el *Manifesto antropófago* (1928) como una ejemplar y directriz metáfora al interior del discurso que produce la nación en cuanto entidad capaz de integrar en un todo heterogéneo pero coherente el legado del pasado. La nación reúne así los fragmentos, oposiciones y contradicciones heredadas por la formación colonial. En el manifesto de Oswald de Andrade se ha visto una versión adelantada del concepto de transculturación[6] propuesto más tarde por Fernando Ortiz en *Contrapunteo cubano del tabaco y el azúcar* (1940). La antropofagia, entendida a un nivel literal, genera la idea de asimilación de diferencias por medio de la deglución del otro por el sujeto. Así, el Brasil aparece capacitado para *devorar* todo material cultural proveniente de fuera. Haroldo de Campos dice que "se trata de una comilona crítica. De una forma de reducción estético-psicológica" ("Contexto y situación" xii). Al devorar, pasa la cultura colonial o subalterna de ser un ente pasivo a conquistar para sí una posición no sólo activa y agresiva sino también inusitadamente transformadora. Entre los intérpretes del *Manifesto*, Bendito Nunes es el más sensible a las implicaciones agresivas implícitas en la adopción de la metáfora caníbal. Nunes compara la antropofagia a una "pedra de escândalo para ferir a imaginação do leitor". Nunes lleva así la metáfora fuera del campo de la reconciliación y de la apropiación mutua en el que se basa la teoría cultural de la transculturación. La antropofagia entonces ya no transformaría "a lembrança desagradável do canibalismo [...] en posibilidade permanente da espécie". El *Manifesto* no reconcilia sino más bien hiere la imaginación homogeneizadora para desvelar los cráteres y fosas debajo de la reconciliación nacional (Nunes, "A Antropofagia" 15). El gesto de Oswald, sopesado en su agresividad, excede entonces los límites de la transculturación.

El *Manifesto* ha sido también leído dentro del contexto de la polémica localismo-cosmopolitismo, cuyo punto álgido tal vez se diera justamente en la época de las vanguardias latinoamericanas. A menudo se observa el punto de confluencia entre la vanguardia europea insuflada por el arte africano, la antropología de James George Frazer en *The Golden Bough* (1922) y el psicoanálisis de Freud en *Totem und Tabu* (1913) con una vanguardia americana informada por el redescubrimiento de sus "propias" culturas "primitivas". Sin embargo se da aquí una diferencia importante entre el contacto europeo con lo "primitivo", un mundo a la vez admirado y despreciado, pero sobre todo distante en el tiempo y en el espacio, y la vivencia con y de lo "primitivo" en el Brasil. Antonio Cândido observa con agudeza que: "No Brasil as culturas primitivas se misturavan à vida cotidiana.... As terríveis ousadias de un Picasso, um Brancusi ... um Tristan Tzara, eram, no fundo, mais coherentes a nossa herança cultural do que com à deles" (121).

A pesar de notar esta crucial diferencia espacio-temporal con la vanguardia europea y también a pesar de haber reconocido que el retorno de Oswald de Andrade hacia lo "primitivo" dista mucho de un neo-indianismo basado en la figura roussoniana del Buen Salvaje (Nunes, "A Antropofagia" 26; de Campos, xi), la crítica persiste en establecer una filiación intelectual entre el *Manifesto antropófago* y "Des Cannibals" de Michel de Montaige (1580). Se insiste además en interpretar la metáfora antropofágica a manera de un llamado sincretista capaz de facilitar una labor intelectual "propia", "a conquista de nossa autonomia intelectual" (Nunes, "A Antropofagia" 15) y por lo tanto devoradora de toda alteridad. Al respecto Jorge Schwartz apunta que entre las muchas preguntas que abordó la vanguardia en América Latina, la que más metáforas generó fue el interrogante: "¿Quiénes somos?"

Para Schwartz la propuesta antropofágica de Oswald, leída a la luz de *Pau Brasil* (1924), ofrece un nuevo "sentido ritualizado da identidade brasileira" (61). Inspirado en Montaigne, Oswald de Andrade redime o conceito de "barbaro" e lhe tira a carga preconceituosa e perojativa cristalisada no pensamento occidental. A floresta opõe-se à escola e o carnaval serve de contraponto para música clássica [...] *Pau Brasil* lança as bases de una brasilidade que procura a expressão estética en suas propias raizes, apostando numa modernidade futurista inerente as vanguardas históricas. (61)

Schwartz además sostiene que la llamada revolucionaria de Oswald implica una síntesis y una superación de todas las revoluciones previas. Schwartz reconoce que tal propuesta contiene una utopía. Ésta consiste en derrocar el orden patriarcal junto con el capitalismo para generar un nuevo hombre. Se trataría entonces de restaurar o inaugurar un antiguo orden matriarcal en Pindorama (62).[7] A mi modo de ver la idea de una utopía matriarcal en Pindorama nos pone tan lejos de la interpretación del canibalismo de Montaigne como del sueño de una identidad brasileña sin fracturas y tensiones. Si le seguimos los pasos a Montaigne, como se verá más abajo, no llegamos nunca a Pindorama. Lo que Montaigne produce es una *necesaria distancia* o punto de mira desde el cual comprender la cultura tupí como si fueran –tal vez– coevales con la antigüedad mediterránea. Es decir concebir un pasado cuya anexión al presente quede como un interrogante abierto a las necesidades del presente. El proyecto de Montaigne, como lo apunta Roger Célestin, es "permanecer en el centro mientras se escapa a sus códigos" (32).[8]

En esta coyuntura, la idea de que el despliegue del tropo del caníbal por parte de Oswald constituye parte fundamental del trabajo de pensar la nación en condiciones de emergencia desde su pasado colonial, llega a sus límites. Es insuficiente ya que el despliegue de Oswald imbrica dos maniobras contradictorias entre sí. Por una lado el *Manifesto* lanza la *antropofagia* a manera de un proyectil cargado de negatividad, y por el otro, adopta la "domesticación" que se dice Montaigne practica sobre el tropo del caníbal.

Por lo tanto, no me parece posible postular que la crítica al patriarcado ni tampoco el deseo revolucionario de Oswald desencadenen en la abolición del patriarcado (lógica o razón de Occidente, tiempo lineal del Cristianismo). Tampoco es posible pensar al mismo tiempo que el significado fundamental de la *Antropofagia* de Oswald consiste en formular los términos por los cuales sería posible alcanzar una síntesis entre lo foráneo (europeo) y lo local (Brasil, ¿lo "primitivo"?). La crítica que ha formulado estas dos vertientes como si confluyeran suavemente en una corriente común no advierte que la idea de una síntesis es en sí una metáfora patriarcal y figura por lo tanto en contradicción con todo orden matriarcal.[9]

Se descarta el valor metafórico de una dialéctica que conduce a la síntesis. Se ocluye que el descubrimiento de una "identidade brasileira", de "lo nuestro", contribuye a sostener los postulados del patriarcado puestos en cuestión por las tesis formuladas en el primer número de *Revista de Antropofagia* (1928).

Una lectura más consecuente con los reclamos, postulados y deseos cifrados del *Manifesto antropófago*, una lectura menos patriarcal y menos occidental, nos llevaría a reconocer que la síntesis es precisamente aquello de lo que una revolución matriarcal se apartaría o más bien negaría. Se trata nada más y nada menos que del desmantelamiento de la lógica de la razón patriarcal. Precisamente porque Oswald intenta cuestionar la lógica socrática de individuación desde la lógica del caraïbe tupí que postula la "filosofía antropofágica" me parece errado pensar que en el manifiesto "a consigna de alterirade é a incorporação do *outro* para fazer uma síntese capaz de gerar a superação e liberação de jugo exterior" (Schwartz 62-63) por medio de un totemizaje de todo aquello que fuera considerado tabú.

Mi objetivo en este ensayo es proponer una lectura genealógica–una identificación de fuerzas que operan para producir valores[10]–del *Manifesto antropófago* emparentándolo directamente con el ritual y la cosmogonía tupí y sobre todo con *A Crise da Filosofia Messiânica* (1950) texto al que considero la versión ampliada del pensamiento de Oswald sobre la imbricación de antropofagia y matriarcado. Con esa lectura intertextual espero demostrar que los alcances de la crítica a Occidente de Oswald son más que nada un rechazo de la nación-estado. Si éste fuera el caso sería muy difícil sostener la metáfora antropofágica como una posible vía para facilitar la resolución de conflictos por razonamientos dialécticos. Creo más bien que desde un punto de mira formado por una soterrada ambigüedad –la doble cara de la modernidad que David Harvey acusa (3-39)– Oswald intenta explorar territorio incógnito. Sustentado tal vez por un conocimiento vago pero emotivamente cargado sobre el pensamiento tupí, animado por las tesis de Nietzsche sobre el arte dionisíaco, Oswald indaga en la posibilidad de un orden —antropofágico— sin precedentes.[11] En este contexto el trabajo del tropo del caníbal se convierte en sí en un desafío a la figura del *"hombre" en el Centro* que Montaigne con sus ensayos sobre los tupí elabora precisamente porque él no viaja hacia la periferia sino que opta por quedarse y estabilizar el centro.[12] Es evidente que la intención de Oswald es inversa a la de Montaigne. El objetivo del *Manifesto Antropófago* es precisamente des-estabilizar el centro y tiene además la pretensión de efectuar una transvaluación.

Antropofagia y filiaciones

A diferencia de Montaigne, de cuya mirada humanista se dice que minimiza la ferocidad del "salvaje" al construir el duradero andamiaje del complejo de la venganza y la guerra del así llamado "canibalismo" Tupí,[13] Oswald realza el aspecto rebelde y devorador del caraïbe que ingiere al misionero cristiano. Este filo agresivo del antropófago de Oswald constituye el punto de entronque entre el manifiesto y *A Crisis da Filosofia Messiânica* en la que Oswald, atento al pensamiento de Nietzsche, trata de las crisis del sacerdocio europeo y su consecuente producción de una razón opresora. Con la metáfora de la antropofagia —devorar misioneros— Oswald realiza una operación contraria a la negación de coevalia que con Montaigne en el centro,[14] la antropología y el psicoanálisis de Freud efectúan sobre el salvaje o "primitivo" (*Totem and Taboo*).[15]

El planteamiento-deseo de Oswald no se conforma con el concepto de la antropofagia ritual por la cual se reafirma el tabú de la devoración intra-especie. Devorar a los misioneros para no ser devorado (culturalmente) por ellos no sólo rompe con la idea del tabú tal y como la elabora Freud sino que relocaliza el lugar de enunciación de la historia. Por medio del reclamo de la antropofagia, como signo y práctica brasileña específica, se establece al Brasil como sujeto de una historia vivida y comprendida de otro modo. Es más, el *Manifesto* así leído postula un interior y un presente "nuestro" directamente ligado a la faceta más exotizada de las culturas amazónicas por la mirada europea: la antropofagia. Invirtiendo el orden de las cosas, el orden creado por la razón conquistadora que excluye al salvaje del tiempo y del espacio de la historia, Oswald abraza el legado antropofágico para sí, y desafía al lector presentándole un claro dilema: "Tupy or not tupy that is the question" (*Obra escogida* 67). No se trata solamente de un juego de palabras bilingüe. "Tupy or not Tupy" emplaza, como se verá más claramente al final de este ensayo, un dilema epistemológico. Expresa las ansiedades que acompañan la ruptura con la razón europea y el abrazar la razón (subalternizada) Tupi. Es más, al interior de "Tupy or not Tupy" reside para el lector actual la respuesta al sentido último de la metáfora caníbal de Oswald y el lugar ambiguo del indio en el Brasil. Es decir, ¿qué entendemos por la lógica de la antropofagia (atribuida a la razón tupí) y qué tendría que ver ésta con el matriarcado en cuanto horizonte en donde se podría disolver la triple alianza: patriarcado-capitalismo-meta\física?

ELABORACIÓN Y DES-ENMASCARAMIENTO DEL CANIBALISMO

Para intentar una respuesta volvamos a la fragua del complejo caníbal. Además de los "informes" del Dr. Chanca sobre los caribes, llevados a cabo durante el segundo viaje de Colón, los textos que "fundamentan" el ritual antropófago entre los tupí son el de Hans Staden (1557) y el de Jean Léry (1578). A su vez éstos van a dar al conocimiento de Montaigne y constituyen la "base" de datos para "Des Cannibales" (1580).[16] En esta fragua aparecen varios tropos capitales abundantemente ilustrados por Theodore de Bry en su popular colección sobre América (1590-1634): la guerra organizada para proveerse de cautivos (enemigos) que luego serán sepultados en el estómago del enemigo; la lógica de la venganza; la presencia de mujeres jóvenes y bellas, amantes de los cautivos, que dan a probar la sangre de los sacrificados a sus niños de pecho; las mujeres a cargo de la preparación de los órganos; la cocción de las presas humanas en el *boucán*; las mujeres menopáusicas y de senos caídos que se chupan los dedos embadurnados con los jugos de la cocción. En esta comida aparecen las madres devorando a los hijos, las "esposas" devorando a los maridos y los niños de pecho degustando la sangre del cuerpo de los padres en alternancia con la leche de la madre. Los padres devoran a los hijos en plena juventud.[17] Aquí desaparecen todas las diferencias.

Montaigne, dudoso de la exactitud de sus "datos", esquiva la mirada sobre la cena de la familia (jerarquías de géneros y edades) antropófaga y escribe como si la escena caníbal sólo tuviera que ver con las relaciones políticas entre los hombres tupí. Para "Des Cannibales" lo que merece atención es la problemática de la venganza gobernada por un estrictísimo código de honor en una sociedad en que la moral no deriva de la idea de un dios trascendental. Sea cual fuera la veracidad de los datos lo que importa para Motaigne es juzgar con el ojo de la razón humanista y no fiarse de la voz común: "Il se faut garder de sátacher aux opinions vulgaires, et les faut juger par la voye de la raison" (*Les essais* 202). El proyecto de Montaigne no es asimilar la "razón" antropófaga a la naciente razón humanista. Por el contrario, su proyecto, como lo indica Célestin, es establecer la distancia para quedarse en el centro (33-39). Es decir que lo fundamental en su discurso sobre el canibalismo no es la veracidad de los datos ni menos el recobrar la razón tupí en relación con las prácticas que los viajeros europeos "observan", sino el saber razonar sobre los informes que traen los europeos y así crear "distancia" y objetivar. Así pues el canibalismo no es nunca histórico. Lo importante es hacer del canibalismo (posible) una ocasión de meditación entre las muchas otras a las que sus ensayos atienden. Esta maniobra es contraria a las intenciones de Oswald.

Montaigne incorpora la cultura tupí –sus supuestas prácticas guerreras, matrimoniales, funerarias– a las estructuras del saber europeo.[18] Así pues, la muerte de los prisioneros tupí, su contradictorio estatus de prisioneros "libres", su ritualizada ejecución, su desafiante discurso final, el consumo ritual del cuerpo del enemigo, admiten una única explicación desde la razón que la lee: se trata de una práctica *radicalizada* de un código de venganza en el cual todos los hombres hacen muestra de un valor (*varonil*) inimaginable.

Esta lectura produce por un lado lo semejante (el caballero medieval radicalizado) y por otro la diferencia (lo inconmensurable) en la devoración del cuerpo del guerrero. Nada tiene que ver esta interpretación con una posible razón matriarcal. Todo lo contrario. Montaigne asimila lo que puede al código *masculino y patriarcal* de la venganza y deja lo demás —la presencia femenina en el ritual— como material descartable o indigerible. Es este material, como veremos después, el que volverá a rearticularse en las preocupaciones de Oswald.

Llevado de su entusiasmo por los valientes tupí, Montaigne, el eterno viajero inmóvil, se imagina haciéndole un reporte a Platón sobre el hallazgo de una sociedad que excede en *naturalidad* a las condiciones de la Edad de Oro soñada por el filósofo griego. La Edad de Oro, recordemos, era una sociedad *sin* escritura, sin mentiras, sin metalurgia, sin pobreza, sin propiedad privada, sin ropa, sin agricultura, sin avaricia. Una sociedad que empleaba todo su tiempo —el ocio de Occidente— en hacer música y bailar. La Edad de Oro es la manifiesta ausencia del Estado. Es decir una sociedad imaginada en cuanto contrapartida de la Grecia clásica de Sócrates y Platón.

Sin embargo, apenas termina con su descripción de esta otra Edad de Oro, Montaigne recapacita y en vez de meditar sobre la posible asimilación de las prácticas sociales tupí a una razón europea, las rechaza. La repulsa se origina en la relación metonímica (la parte por el todo), detectada por Montaigne entre la Edad de Oro y la antropofagia. No sólo aparece la Edad de Oro como la negación del presente (moderno) orden europeo cuya superioridad sobre la propia antigüedad y los otros "primitivos" (contemporáneos pero no coevales) reclama la expansión imperial europea, sino que la idea de comprender la antropofagia tupí a manera de una *radicalización* de la economía de la venganza europea constituiría el establecimiento de una *continuidad* entre Europa (antigua) y esos otros cuyo barbarismo a lo más merece nuestra (civilizada) lástima. La idea de compartir conductas, creencias o lógicas culturales resulta intolerable. La idea de una posible comparación de igualdad entre el sujeto (en el Centro) y los otros queda descartada. Montaigne se inclina entonces por la disyuntiva, por la divergencia, por la diferencia. Para Montaigne la ferocidad del tupí ante la muerte y en especial su discurso desafiante ante el poder (legal) de su verdugo —a quien Montaigne confunde con el Estado— excede los parámetros de toda comparación.

La cuidadosa meditación ha producido una diferencia inconmensurable. O ellos son salvajes o nosotros somos salvajes:

> De vray, ils ne cessant jusques au dernier souspir de le braver et deffier de parole et de contenance. Sans mentir, au pris de nous, voilà des hommes bien sauvages; car, ou il faut qu'ils le soyen bien à bon escient, ou que nous le soyon: il y a une merveilleuse distance entre leur forme et la nostre. (212)

De ahí que si el pensamiento de Oswald parte de una reflexión sobre "Des Cannibals" no podría ser para proponer una lógica de asimilación y/o síntesis en emulación de Montaigne. La lógica del humanista francés no rescata al antropófago para Occidente. Por el contrario, el antropófago pasa a ocupar el lugar de la más apartada alteridad. Se trata de "ser o no ser francés" lo cual, especularmente, devuelve a Oswald la urgencia por su pregunta clave: "Tupy or not Tupy". En la zona del contacto cultural, las cargas y descargas sólo son disyuntivas. Cabe pues preguntarse, ¿qué entiende Oswald por la razón antropofágica?

EL CUERPO FEMENINO Y EL TROPO DEL CANÍBAL

La antropofagia de Oswald reclama que se restituya al centro de la escena antropofágica la figura de la mujer-madre en todas sus edades sexuales junto con una especial consideración del cuerpo como lugar del pensamiento tupí. En su meditación sobre la cultura tupí con la que se encuentra en la bahía de Guanabara, Jean de Léry, aunque perplejo ante el misterio de la antropofagia que cree haber oído narrar entre los tupí, no deja de notar que el prisionero no se convierte en "otro" o enemigo hasta que llega al villorrio y se le dan mujeres con las que sostendrá relaciones sexuales. Según Léry, animados con el *cahuín* que las mujeres preparan, el día de la ejecución del prisionero se convierte en un festín tan sólo comparable a las bacanales griegas.[19] El carácter dionisíaco de las escenas descritas por Léry es claramente captado por las ilustraciones de de Bry (Michèle Duchet 174-77, 182-89). Allí aparecen las madres, descuartizando, cociendo y devorando el cuerpo del perfecto y bello guerrero. Parecería que Léry hubiera intuido que el festín tupí, tal como lo elabora la imaginación humanista del misionero protestante, implicaría un orden matriarcal en que la energía sexual se dispensaría sin las distinciones y regulaciones impuestas por el orden patriarcal en que el deseo sexual femenino es apropiado por el poder del padre. En la escena de Léry impera el deseo femenino por las satisfacciones corporales en los cuerpos de los jóvenes guerreros. Ese deseo rompe con todos los amarres y distinciones impuestos por el patriarcado.

Es más, la construcción que nos entrega Léry del rito tupí re-escenifica, dentro del desplazamiento de su viaje al Brasil, el mito de las bacantes de Eurípides. En el texto griego las enloquecidas madres, a su regreso del bosque, acechan su presa. Las bacantes emboscan, desmembran y devoran los cuerpos de sus hijos; príncipes de la *res* política de la ciudad que las había expulsado extramuros para excluirlas del poder. El canibalismo de Léry, con el contradictorio lugar asignado a las madres —jóvenes, vibrantes y llenas de bebés y/o viejas, flacas y adictas a la carne masculina— articula el antiguo temor de ser devorado por la madre, el terror a perder la individuación que la razón socrática y patriarcal elabora.[20]

Es en esta versión palimpséstica de la fiesta antropofágica en cuanto bacanal en la que convergen tanto el interés de Oswald por el mito antropofágico tupí como sus lecturas en Nietzsche sobre Dionisio –dios despedazado por las extáticas mujeres de su culto.[21] A partir de la figura de Dionisio se abre el cuestionamiento de Sócrates en Nietzche. Ofelia Schutte nos recuerda que "the principal Dionysian truth [...] is the agony of individuation. The myth of Dionysus's being torn to pieces by the Titans symbolizes the essential tragic insight that individuation is the cause of human suffering" (13). El cuerpo del Dios de la vida representa la totalidad de cuanto existe y:

> The shattering of the totality into parts symbolizes the violent separation of the individual from the whole. Individuation separates one from the whole of life and, as it were, condemns one to death [...] Tragedy teaches that everything that exists is one and that individuation is the original source of evil. (13)

A partir de *Die Geburt der Tragödie* (1872) Oswald medita sobre las flaquezas de la meta/física de Occidente que divide la historia entre dos hemisferios culturales: matriarcado y patriarcado (177) y se pregunta por el destino de la indisputada herencia que el colonialismo le lega a la modernidad brasileña: la razón del sacerdocio patriarcal, es decir el estado patriarcal coercitivo.

A Crise da Filosofia Messiânica tendría que leerse como una larga posdata al *Manifesto antropófago* porque en este texto aparece con mayor rigor expositivo la influencia de Nietzsche sobre la meditación de Oswald en cuanto al matriarcado y la antropofagia. Sólo así ambos textos alcanzan su potencialidad. Oswald empieza con un retorno a la narrativa-filosofía de los griegos y a los pasos por los cuales Sócrates inaugura la razón patriarcal de la individuación a expensas de una razón matriarcal (antropofágica) de la disolución y continuidad dinámica.[22] En Homero encuentra Oswald la mención clave para conectar su pensamiento sobre la antropofagia tupí con la de los griegos (*A Crise* 101). Para Oswald, tanto entre los griegos como entre los amerindios se trataba de "un rito [...] da idea de exprimir un modo de pensar, uma visão do mundo, que caracterizou certa fase primitiva de toda a humanidade" (*A Crise* 101) y que nada tiene que ver con la interpretación "materialista e inmoral que dela fizeram os jesuitas" (*A Crise* 101). Tal vez animado por la idea del eterno retorno, alejado de la dialéctica de Marx,[23] Oswald encuentra que en vista del ocio que la modernidad produce sería posible y deseable volver a "otro matriarcado, à metafísica do ocio" (*A Crise* 106).

Pero mientras que Oswald por un lado encuentra en Nietzsche y su estudio del complejo de Dionisio entre los griegos los medios para criticar la razón coercitiva de Occidente, por otro no deja de pensar en el devenir de la historia en términos dialécticos. Oswald no advierte esta fundamental contradicción en su pensamiento histórico. Porque, como veremos más adelante, si termina por inclinarse por la crítica de Nietzsche a la razón socrática (esclavista) desde una supuesta razón antropofágica, no podrá sostener la idea de un hombre "natural tecnificado" como síntesis (*A Crise* 103) que resolverá las contradicciones entre el hombre "natural" (matriarcado, continuidad dinámica) y el hombre civilizado (patriarcado y la tragedia de la individuación).

Pensar que la vida es absoluta y pura devoración (*A Crise* 104), un devorar que amenaza a cada minuto la existencia humana, requiere para Oswald la transformación del tabú en tótem. Para totemizar al tabú —lo intocable, los límites— sería necesario, de acuerdo a Oswald, abandonar la idea occidental de Dios como supremo bien y adoptar en su lugar la escala de valores del hombre primitivo en la que Dios es el supremo mal (*A Crise* 101). Sólo así, piensa Oswald que el hombre "natural tecnificado" logrará librarse de los tabúes impuestos por el cristianismo. El punto de oclusión en este razonamiento lo constituyen "los valores del hombre primitivo". ¿Cuáles son? Vale aquí examinar un poco más detenidamente el concepto que Oswald tiene del hombre primitivo para después cerciorarnos si ese concepto guarda relación con los mitos tupí y su pensamiento "metafísico".

SÓCRATES Y LOS CARAÏBES

Oswald opera una identificación inseparable entre el mundo del hombre primitivo y el matriarcado cuando todavía la sociedad no se dividía en clases (*A Crise* 104). El matriarcado de Oswald y la Edad Dorada de los griegos parecen ser más o menos la misma cosa (*A Crise* 114). "O Matriarcado assentava sobre uma tríplice base: o filho de dereito materno, a propiedade comum do solo, o Estado sem classes, ou seja, a ausencia de Estado" (*A Crise* 104). La revolución patriarcal consiste precisamente en la instauración de las clases, el dominio de una sobre las otras por medio del Estado y la imposición del Derecho Positivo sobre el Derecho Natural. La clase que se impuso a todas las demás fue la clase sacerdotal y fue así que el hombre dejó de devorarse para convertirse en esclavo (*A Crise* 104-7). Del estado de promiscuidad sexual se pasó a la esclavitud monogámica (114) y el ocio (106) se consagró a los dioses (sacerd-ocio).

La visión de Oswald sobre el orden matriarcal está basada en la obra del suizo J. J. Bachofen[24] de la cual parece haberse enterado por sus lecturas en Nietzsche (*A Crise* 111). Tal versión sobre el matriarcado griego convierte a Sócrates en el arquitecto de una "militante impostura patriarquista" (*A Crise* 116) que depone a la Grecia dionisíaca. Sócrates se yergue contra el politeísmo y lanza el Dios único. "Contra o sentido precário da vida de Heráclito, ele lança a inmortalidade da alma. Contra a visão conflitual do mundo de Empédocles, lança a inmutabilidade del Bem [...].O que redime a Sócrates é a sua cabal sinceridade" (116). Sócrates representa la pérdida del carácter lúdico" (106).

En su denuncia contra las religiones del meridiano, hecha en el manifiesto de 1928, Oswald declara que sólo la "antropofagia nos une" (47). El "nos", en vista de las filiaciones arriba exploradas, podría referirse a un compartir de pasados antiguos entre europeos y brasileños más que una modernidad propia y devoradora. Así pues el corolario de este "nos" redefinido sería la revolución (universal) caraïbe.

Debido al carácter aforístico del *Manifesto antropófago* es necesario preguntar y hasta especular sobre qué entendía Oswald por la revolución caraïbe. Queda claro que es un llamado nietzscheano contra el cristianismo (51) en el que ve una "antropofagia envilecida aglomerada nos pecados do catecismo" (51). Pero, ¿por qué sería la revolución caraïbe y no tupí? La respuesta está en saber que Oswald *no está refiriéndose a los pueblos del mar Caribe* sino a los profetas de los tupí, los caraïbe del capítulo sobre religión en Jean de Léry y los catequistas portugueses.

El misionero calvinista siente una instantánea rivalidad con los caraïbe a quienes acusa de falsos profetas, aunque sucumbe a la "maravillosa harmonía" del rapsódico canto y danza de los caraïbe en coro con las mujeres y los niños del villorrio (Léry 141). Para Léry los tupinamba son unos "perros ateos" (139) que sufren el engaño de creer que no hay Dios ni menos resurrección de la carne. A pesar de no conocer la lengua tupí (144) se las arregla para recordar las canciones y describir la danza en que más de seiscientos caraïbes participan adornados de plumas. Doblado el cuerpo y marcando el ritmo con las maracas en espera de comunicación con las divinidades a través de la música, bailan rapsódicamente. Lo más extraño para Léry en este rito que él califica de bacanal, en esta "noche de brujas" (144), es el contenido de la canción de los caraïbe. No invoca al demonio. Es más bien un lamento por los ancestros muertos. Con el son de las maracas han de comunicarse las divinidades que no son otra cosa que los muertos. Las divinidades evocadas no son entonces ni totém ni tabú. Ante este cuadro cosmogónico cabe pues preguntar qué piensa la razón antropofágica de la muerte, de esa muerte como separación e individuación cuya angustia inaugura el pensamiento socrático.

Los caraïbes de los históricos tupí de la bahía de Guanabara desparecieron en menos de una generación de contacto con los europeos, pero la antropología ha continuado investigando las sociedades tupí sobrevivientes al holocausto de la Conquista. Es importante, en un abordaje genealógico, prestar atención a los tópicos desdeñados por los conocimientos establecidos. Por eso vale la pena comparar lo que Oswald entendía por epistemología tupí con los conocimientos actuales sobre el mismo problema. En especial porque, como afirma Benedito Nunes, Oswald "tirou do capitulo XXI dos *Essais* de Montaigne a propia idéia da vida primitiva [...o] gosto de ócio e o prazer da dança" (Nunes, "A Antropofagia" 19). Esto significaría que contrariamente a lo que sabíamos hasta hora, las ideas de Oswald sobre creencias o practicas tupí no se basaban sobre observaciones contemporáneas sobre los tupí y eso a pesar del hecho de que los mitos y leyendas coleccionados por el general Couto de Magalhães circularon libremente entre los modernistas.

El siglo veinte ha acumulado una inmensa bibliografía sobre el canibalismo y en especial sobre los tupí. Revisarla aquí está fuera de las posibilidades de este ensayo. Sólo me es posible trabajar con el reciente trabajo de Viveiros de Castro sobre los Araweté,[25] un grupo tupí contemporáneo. Esta etnografía nos permite una aproximación a la cosmogonía de los tupí. A pesar de la distancia temporal entre los tupí cuya etnografía escribe Léry y los actuales Araweté, el acceso a los Araweté es la única vía para considerar la meta\física tupí y por lo tanto evaluar algunos de los conceptos que Oswald atribuye a su pensamiento social y religioso.

En *Araweté: Os Deuses Canibais* Viveiro de Castro estudia los conceptos sobre la vida y la muerte, los seres humanos y las divinidades que animan la sociedad araweté. Como veremos, una compleja mitología sobre los dioses caníbales sirvió y ha servido de base para la construcción del complejo antropofágico. Se trata de un fenómeno discursivo más allá y más acá de cualquier práctica de devoración ritual de carne humana cuyo estatus empírico sigue en duda.

Para los Araweté la persona vive en un estado inherente de transición. El destino humano es un proceso de constante devenir hacia la alteridad (1). Esta meta\física de transformación dinámica subraya fenómenos aparentemente dispares: shamanismo, morfología social, canibalismo de los dioses. En la sociedad awareté, como en el matriarcado vislumbrado por Oswald, cunde una parsimonia de categorías e instituciones sociales. La sociedad da la impresión de ser una superficie llana marcada por la ausencia de diferenciaciones externas que incluye justamente la lista de ausencias que Montaigne compila para Platón. Esta ausencia real y virtual de aparatos de diferenciación imprime una gran llaneza a la vida material y social. El mundo social es igual en todas sus partes.

Sin embargo, esa homogeneidad social visible, esta quietud espacio-temporal esconde una invisible, intensa y amplísima discursividad. La palabra araweté produce una taxonomía espiritual sin límites. El mundo araweté, como el tupí, se da y transcurre en la palabra y la canción del shamán y los comentarios de las personas en la comunidad. Tal como lo hicieran los caraïbe que tanto impresionaran a Léry, los shamanes awareté, al amanecer, cantan con una voz exaltada, melancólica. Acompañan su visión con el cigarro y la "mïa maraca" o sea la música de los dioses (13).

Noche tras noche se repite el detallado conocimiento cosmológico en que las aventuras de los ancestros figuran con amplitud. Este conocimiento es democrático. Los niños y las mujeres conocen bien el mundo de los espléndidos Maï; el mundo de los que se fueron y viven una perpetua rejuvenización alimentándose con las "almas" de los muertos (66). Los Maï son el enemigo, lo cual quiere decir que los Maï son los awareté (71), ya que el enemigo como la persona araweté es tan sólo una posición en un universo siempre en flujo. Al respecto Viveiros de Castro explica que:

> The simplicity of Araweré society masks a complexity of another order [...] The Tupí-Guaraní method of constructing the person follows [a] non-Euclidean tendency. It has nothing to do with some mirror chamber of reflections and inversions between the Self and the Other that tends towards symetry and estability. Rather the Tupí-Guaraní construct the person through a process of continuous deformation of the person, where ego and enemy, living and dead, man and god, are interwoven,

before or beyond representation, metaphorical substitution and complementary opposition. We move into a universe where Becoming is prior to Being and unsubmissive to it. (4)

Por lo tanto, la lógica tupí no se presta al análisis estructural de Levy-Strauss ni menos a la comparación con el *bricolage*. La monumentalidad del desafío propuesto por la juguetona frase "Tupy or not Tupy" resulta en realidad sorprendente. Se incrementa al darnos cuenta de que para los araweté, como para sus ancestros tupí, el tiempo (ocio) se vuelca sobre un rico y suplementario ejercicio de un discurso cosmológico intenso y constante. La persona araweté, tal como los caraïbes que observó Léry, maneja una extenso mundo espiritual (2) a través de la palabra y el canto. En un mundo en que transformarse es anterior al ser y el ser es una proposición heraclítica, la muerte aparece como el evento más productivo del ser. La muerte no es la oposición a la vida. Una es la afirmación de la otra. En esta meta\física de doble afirmación –la vida y la muerte, el yo y el otro– no queda ningún lugar para el pensamiento dialéctico que Oswald ensayara en *A Crise*. Para la razón antropófaga todo es flujo. La meta\física tupí que tanta perplejidad ocasionara a los misioneros, propone una DISPERSIÓN de diferencias capaz de conducirnos al no-signficado, una propuesta que Oswald, a pesar de sus simpatías por la crítica de Nietzsche a la filosofía de Occidente, no estaba preparado para desarrollar en todas sus posibles consecuencias. De haberlo hecho, Oswald hubiera tenido que abandonar la idea central del movimiento dialéctico de la historia humana, concepto que le permitiera postular un "matriarcado" nuevo como final revolucionario en la serie teleológica de la historia. Definitivamente, es este error, el que permite la lectura del *movimento antropofágico* como fuerza revolucionaria. Benedito Nunes dice al respecto: "[este] seria o último [...] invertiriamos a direção da história" ("A Antropofagia" 19).

Radicalmente distante de toda dialéctica, en el pensamiento caraïbe la diferencia entre lo humano y lo divino es una diferencia para ser sobrepasada. Sostiene Viveiros de Castro que "Man equals God not dialectically but directly. Death is where the complex and ambiguious operation takes place" (14). De acuerdo a Viveiros de Castro el pensamiento tupí "posits the human subject as the object of divine anthropophagy" y por lo tanto el "canibalismo" es lo opuesto a una incorporación narcisista (254). Se trata más bien de una operación de alteración, es decir de tornarse, de devenir, de pasar a ser otro. El canibalismo tupí implicaría así la imposibilidad de toda síntesis. Uno no se come al otro porque uno sólo puede ingerir un no-yo [*non-self*]. El canibalismo tupí rompe con el espejo, con la función imaginaria de Lacan, destruyendo toda posibilidad de representación (270). El canibalismo de los dioses tupí sería un escollo formidable para el proyecto intelectual del *movimento antropofágico* de "deglutição inteletual" del cual resultaría (nacería) la cultura nacional brasileña.

CONCLUSIONES

La antropofagia no construye, como se esperaba por medio de la lógica occidental, sujetos integrados. Por el contrario, la antropofagia es un interminable pasaje hacia una alteridad infinita e INDETERMINABLE. Sería una meta\física en que la persona "appears as a pure limit, an imaginary congealing of a becoming, that is established between the captive and the slayer" (Viveiros de Castro 288). Es aquí donde encontramos las consecuencias últimas de un pensamiento que si Nietzsche vislumbró en su culto a Dionisio, Oswald no llegó a aquilatar enteramente. Al equivocar la antropofagia de los Maï Tupí con el orden matriarcal construido por Bachofen, Oswald perdió el olfato, equivocó el rastro. En vez de profundizar en el pensamiento tupí para con él lograr una ansiada transvaluación, Oswald se dejó seducir por el simulacro del orden matriarcal y la posible síntesis de un hombre natural tecnologizado proveniente de las propuestas de Keyserling.[26]

Llegar a una transvaluación hubiera abierto el camino a la posibilidad de pensar una historia en dimensiones que fueran más allá de la identidad y/o del ser. Un cambio revolucionario requeriría otro *locus* de enunciación. Una transvaluación implicaría un desvío que nos apartara del retorno (eterno) a un orden pre-socrático. Una revolución caraïbe, comprendida dentro del marco del pensamiento tupí, no podría jamás parecerse a la revolución sintética que la dialéctica matriarcado-patriarcado produciría. La dialéctica productora de una síntesis redentora no habría hecho más que reproducir la implacable razón socrática.

Presionando por medio de un abordaje genealógico que entrecruza las líneas europeas con las tupí, ha sido posible desplegar una lectura a contrapelo de la razón del propio *movimiento antropofágico*. Leída a contraluz de la epistemología tupí y colocada al interior de los reclamos del propio Oswald, la fuerza de la metáfora antropofágica arrastra consigo incontenibles poderes de alteridad y diseminación que des-estabiliza toda noción de integración de identidades individuales y/o nacionales. Ese pensamiento subalternizado arrastra hacia adentro la piel de la llana superficie de la prosa del mundo produciendo derrumbes y caídas. Deja en las zanjas del texto aforístico la huella profunda de un poder que succiona, que chupa, creando vacíos en los que palpita a manera de no-lugar. Precisamente porque la raigambre europea se superpone y sofoca a la metáfora antropofágica tupí en el *Manifesto Antropófago*, la disyuntiva que el texto articula desde una razón europea –"Tupy or not Tupy"– limita sus propias posibilidades de devenir. Quedan restringidas a dos respuestas igualmente negativas. Primero: Not Tupy (*Not to be*) brasileño, si por esa identidad se entiende la resolución amigable de todas las contradicciones legadas por el régimen colonial. Y segundo, Not Tupy, si por ello se entiende la lógica de interminable alteridad del pensamiento tupí como alternativa a la razón (coerciva) europea.

NOTAS

* Una versión primera de este ensayo se publicará en la edición de las obras completas de Oswald de Andrade, editada por Jorge Schwartz para la Colección Archivos, cuyo editor general es Amos Segala. Otra edición mas desarrollada se publicará en inglés en el segundo número de la revista *Nepantla: Views from the South*. Agradezco aquí el permiso de la Duke University Press para publicar esta versión en castellano. Mi versión original en inglés fue traducida del castellano al inglés por Greg Schelonka. Lo que se publica en *Nepantla* es un texto profundamente revisado de esa traducción. Como soy escritora bilingüe a menudo me traduzco y/o reviso libremente traducciones preliminares hechas por otros.

[1] Ver Hayden White 183-86; William Arens; Peter Hulme; Philip, P. Boucher; Sara Castro-Klarén.

[2] Ver "'As If No Such People Existed': Island Caribs in Decline, 1689-1763" en Boucher (95-10).

[3] Aquí me ocupo solamente de la obra de Oswald de Andrade. Me refiero pasajeramente a *Macunaíma*, la narrativa de Mario de Andrade publicada el mismo año en que saliera a la luz el "Manifesto Antropófago" (1928) de Oswald de Andrade. Para *Calibán*, ver Roberto Fernández Retamar, *Calibán: Apuntes sobre la cultura en nuestra América*. Es importante notar aquí el ensayo de Stephen Orgel "Shakespeare and the Cannibals" en donde se establece la relación entre imperialismo sexual y los presuntos renacentistas sobre exploración e imperio (40). A pesar de que Orgel no parece conocer el ensayo de Retamar, él va mucho más allá que Retamar en relación a los posibilidades discursivas de Calibán. Para Orgel, Calibán "is the other great poet in the play" (en Garber 57). Sin embargo, la consideración más provocadora del complejo caníbal en el discurso cultural europeo se encuentra en el ensayo de Stephen Greenblatt, *Learning to Curse: Aspects of Linguistic Colonialism in the Sixteenth Century*. Greenblatt dice que en *The Tempest* "the starling encounter between a lettered and an unlettered culture is heightened, almost parodied, in the relationship between a European whose entire source of power is his library and a savage who had no speech at all before the European's arrival" (23). Para mi genealogía de la antropofagia en Oswald, será importante recordar las indicaciones que Calibán les hace a los iletrados Stephano y Trinculo: "Remeber/First to posses his books" (en Greenblatt 23).

[4] Para Michel Foucault el método genealógico "operates on a field of entanglement and confused parchments, on documents that had been scratched over and recopied many times" (*Language, Counter-Memory, Practice* 135).

[5] Benedito Nunes en "A Antropofagia ao alcance de todos" observa que el Modernismo brasileño fue marcado por una "divisão ideológica latente na sua divergência con outras correntes de pensamento que então se confrontarem [...] O nacionalismo metafísico de Graça Aranha e o nacionalismo prático verdeamarelo"(6). Para Nunes, el *Manifesto* dividió las aguas del Modernismo brasileño (24) en parte porque estos grupos "se afastavam da realidade quanto mais parecia aproximálos a o tema do índio que lhes era comun [...]. Foi o sentido étnico invocado pelos dois grupos adversos, que os impeliu ao prazer do debate" ("A Antropofagia" 24).

[6] Haroldo de Campos ve en el "mal salvaje" de Oswald de Andrade no una sumisión al catequista "mas uma transculturação" ("Da razão antropofágica" 11). Ver también Benedito Nunes, *Oswald Canibal*.

[7] El tema de la relación intrínseca entre el matriarcado y la antropofagia en el pensamiento de Oswald lo traté ya en mi estudio "Corpo-rización tupí: Léry y el Manifesto Antropófago". Este estudio me sirve de base para mi discusión sobre la relación entre Montaigne y Léry y las lecturas que de sus textos aparecen en Oswald.

[8] Informado por el trabajo de Michel de Certeau sobre la literatura de viajes, pero en especial por una lectura minuciosa de Montaigne, Roger Célestin (28-62) afirma que Montaigne "weathers no (actual) storms, he makes his way through no (actual) tropical foliage, but he nevertheless succeeds in producing a (textual) rhetoric of distance that, modeled on (actual) travel, has the effect of both isolating him from the Center and creating the means to speak of it" (33).

[9] Esta oposición entre el orden patriarcal y el matriarcal es la tesis que Oswald de Andrade fundamenta en su *A Crisse da Filosofia Messiânica* (1950) texto que escribiera para su Doctorado en la Facultad de Filosofía, Ciencias y Letras de la Universidad de São Paulo (*A Utopia Antropofágica* 101-55). Usaré en adelante el signo "\" para indicar la co-presencia y no la oposición de dos conceptos. Así "meta\física" indica una doble presencia y no una excluyente oposición como en día/noche y hombre/mujer.

[10] Ver Foucault, *Language, Counter-Memory, Practice* 139-65. Para una discusión sobre el método genealógico véase: Ofelia Schutte (8,39, 105-07).

[11] En la bibliografía de su tesis doctoral (149-55) Oswald incluye escuetamente el título *Obras* en la entrada sobre Nietzsche. Un seguimiento a su ataque al sacerdocio en cuanto clase gobernante en Occidente, más el rescate a la figura de Dionisio, indican claramente que Oswald leyó con fruición *On the Geneaology of Morals* (1887) y *The Birth of the Tragedy* (1872).

[12] Roger Célestin sostiene que el viaje estacionario de Montaigne le permite estabilizar el *self* en el Centro (33). Montaigne se da cuenta de que no puede permanecer escondido "in his own society, a firmly contained identity within the Center, but neither will he completely shed the attributes of what he (after all) is. Montaigne will not go "out there", to the Periphery and become the cannibal.

Instead he 'nomadizes'. He writes his *Essays* as a means of remaining, while simultaneously looking to the outside [...] Thus the *Essays* in general, and the representation of the exotic in particular, are a project of containment, an attempt at *stabilizing*"(39).

[13] La idea de que los guerreros tupí se comían literalmente a sus enemigos –por venganza– aparece con los reportes de Hans Staden (1557), atraviesa el tratado de Jean de Léry (1578), informa a Montaigne (1580) y perdura –a manera de "explicación"– en la antropología moderna incluyendo la obra de Claude Lévi-Strauss, Florestán Fernández, Alfred Metraux (Sara Castro-Klarén, "What Does Cannibalism Speak?" 23-41; "Corporización Tupí" 193-211). La cuestión sobre el consumo ritual de carne humana entre los Caribe, los Tupí y otras sociedades amazónicas continúa debatiéndose. Lo que no es ya materia de debate es el hecho de que los misioneros y conquistadores formularon y utilizaron acusaciones de antropofagia en las sociedades amerindias como arma de conquista y justificación de las reducciones y eliminaciones de poblaciones amerindias (Hulme, Boucher, Arens).

[14] Roger Célestin dice que habiéndose posicionado en el centro, Montaigne puede, simultáneamente mirar desde una cierta distancia, tanto a los tupí como a las antiguas civilizaciones mediterráneas. Célestin dice que "this link between the exotic and the Ancients is, to a great extent, a generalized one in the Renaissance"(41).

[15] Freud explica por qué a pesar de la similitud entre las prohibiciones de los "primitivos" y las obsesiones del neurótico no es practicable asumir una identidad de casos: "The difference between the situation of a savage and one of a neurotic are no doubt of sufficient importance to make any exact agreement impossible and to prevent our carrying the comparison to the point of identity in every detail. In the first place it must be said that there is no sense in asking savages to tell us the real reason for their prohibitions –the origin of taboo. It follows from our postulates that they cannot answer, since their real reason must the 'unconscious'. Taboos, we must suppose, are prohibitions of primaeval antiquity which were at some time externally imposed upon a generation of primitive men...imposed on them by violence" (31).

[16] En 1562 se llevó a Rouen varios tupinambas. Se les hizo desfilar en una procesión organizada en honor de Enrique III. Montaigne se refiere a una entrevista que él tuvo entonces con los tupinambas. Aparentemente hubo ahí un informante que le sirvió de traductor a Montaigne. Ver Roger Célestin (29-30).

[17] Es claro que tanto en los textos de Hans Staden, el de Jean de Léry y en especial en sus "ilustraciones", son los mitos de Dionisio los que organizan la mirada que representa la escenografía Tupí. Para un examen de los ritos y manías devoradores del cuerpo del dios Dionisio véase Marcel Detienne (8,20, 44,59-60).

[18] En *La escritura de la historia*, Michel de Certeau examina con gran agudeza el ir y venir del saber etnográfico en el caso de Jean de Léry. En "la hermenéutica del otro" de Certeau apunta que el saber europeo no puede recuperar la palabra del otro (231). "Los seres salvajes repiten en ellos la escisión que divide el universo" en el mundo de allá (salvaje) y el de acá (Ginebra) que la operación del "regreso"

del civilizado salva para la escritura de la historia (239). Roger Célestin sostiene que Montaigne "strains to establish connections that, physically, do not exist. Ultimately his desire/nostalgia for an exotic/Ancient equivalency leads to a configuration that includes the exotic, Antiquity, and Nature, but excludes his contemporaires" (43-44).

[19] Es importante notar que el proceso por el cual el cadáver se convierte en comida, en el que Léry incluye el lavar del cuerpo con agua caliente como si se tratara de un chancho, y el subsiguiente orden de descuartización (capítulos XV y XVI), corresponden, como lo ha demostrado Bernardette Bucher (1981), a la práctica de las carnicerías francesas y no a ningún conocimiento etnográfico sobre los tupinamba u otro grupo americano.

[20] Entre los efectos que Dionisio tiene sobre los hombres y las mujeres está el de producir locuras epidémicas. Cuenta Marcel de Detienne que las tres hijas del rey Arglid al crecer se volvieron locas porque rehusaron honrar a Dionisio. Al no poder curarlas, la locura se apoderó de toda la población femenina. "Women left their homes, disappeared into the woods, killed their children" (3). Finalmente el rey obtuvo una cura, pero le costó gran parte de su reino.

[21] En *The Golden Bough* Frazer examina varias versiones del mito de Dionisio. Tal vez la más importante para nuestra discusión del palimpsesto elaborado por Léry entre los mitos Tupí y los rituales griegos sea la siguiente: Dionisio es perseguido de muerte por su padre, Zeus, quien contrata a los titanes para que den muerte a su hijo. Frazer cuenta que Dionisio fue "lured into an ambush [then] the Titans rushed upon him, cut him limb by limb, boiled his body with varios herbs and ate him"(451). En otra versión, aun más pertinente, Dionisio, cuya incorporación preferida es la del toro, es, en sus festivales, desmembrado por las Bacanales, mujeres encargadas de su culto (453). "When we consider the practice of portraying the God as a bull or with of the features of the animal, the belief that he appeared in bull form to his worshippers at the sacred rites, and the legend that in bull form he had been torn in pieces, we cannot doubt that in rending and devouring a live bull at his festival the worshippers of Dyonisus believed themselves to be killing the god, eating his flesh and drinking his blood"(453). Más importante aún es el hecho de que "in some places, instead of an animal, a human being was torn to pieces at the rites of Dyonisus. This was the practice at Chios and Tenedos [...] the human being was taken from the women of an old royal family [...] The legends of the deaths of Pentheus and Lycurgus, two kings who are sid to have been torn to pieces, the one by the Bacchanals, the other by horses, for their opposition to the rites of Dyonisus may be [...] reminiscences of a custom of sacrificing divine kings in the character of Dyonisus." (455)

[22] Schutte explica que "in place of ego-security, which demands the preservation of conventional barriers between people, the Dionysian experience offers the dynamic continuity of existence, whose natural rhythms cannot be substituted for extrinsically determined norms [...] The individual will perish in time [...]For the Dionysian-identified consciousness, on the other hand, life and death are continuous and necessary aspects of each other... The Dionisyan principle is interpreted as a principle of dynamic continuity" (15).

[23] A pesar de que Oswald formula una dialéctica finalista del hombre ("1. tesis: el hombre natural 2. antítesis: el hombre civilizado 3. síntesis: el hombre natural tecnificado" [103]), al coincidir con Nietzsche en la crítica del patriarcado incurre en una enorme contradicción ya que la crítica de Nietzsche haría imposible los términos de la síntesis que Oswald propone y desmontaría todo su edificio de convertir al tótem en tabú.

[24] Aunque en el siglo diecinueve la obra de Bachofen gozara de prestigio hoy sus teorías están más bien desacreditadas. Sus críticos han establecido que no existe evidencia histórica para respaldar su visión de las sociedades matriarcales. Benedito Nunes en *A utopia antropofágica* dice que Oswald tenía familiaridad con las ideas de Bachofen y que éstas informan a Friedrich Engels cuando éste especula sobre el origen de la familia. De acuerdo a Lewis S. Feuer, las ideas de Engels sobre la familia se basan más bien sobre la obra del antropólogo americano Lewis H. Morgan.

[25] La versión en portugués en la cual se basa esta traducción es *Arawete: Os deuses canibais*. Citaré de la versión en inglés.

[26] Benedito Nunes dice que la idea de la "barbarie técnica" la toma Oswald de sus lecturas de Hermann Alexander Keyserling y su voraz lectura de *O mundo que nasce* en la traducción francesa que leyeron los otros modernistas (en Andrade 20).

BIBLIOGRAFÍA

Andrade, Mario de. *Macunaíma, o herói sem nenhum caráter*. Edição Crítica de Telê Porto Ancona Lopez. Florianópolis: Coleção Archivos, 1988.

Andrade, Oswald de. "Manifesto Antropófago". *Obra Escogida*. Seleccción y Prólogo de Haroldo de Campos. Caracas: Biblioteca Ayacucho, 1981.

_____ "La crisis de la filosofía mesiánica". *Obra Escogida*. Selección y Prólogo de Haroldo de Campos. Caracas: Biblioteca Ayacucho, 1981.

_____ *Obras Completas de Oswald de Andrade. A Utopia Antropofágica*. Edição de Benedito Nunes. São Paulo: Editora Globo, 1990.

Arens. William. *The Man Eating-Myth: Anthropology and Anthropophagy*. Oxford: Oxford University Press, 1979.

Bachofen, Johann Jakob. *Myth, Religion and Mother Right*. Londres: Routledge y Paul Keagan, 1967.

Bucher, Bernadette. *Icon and Conquest. A Structural Analysis of the Illustrations of de Bry's 'Great Voyages'*. Basia Miller Gulati, trad. Chicago: The University of Chicago Press, 1981.

Boucher, Philip. *Cannibal Encounters: Europeans and Island Caribs, 1492-1763*. Baltimore: The Johns Hopkins University Press, 1992.

Bry, Theodore de. *Histoire de l'Amerique* (...), en treize parties. Francfort. 1590-1634.

Cândido, Antonio. *Literatura e Sociedade*. São Paulo: Companhia Editorial Nacional, 1973.
Castro-Klarén, Sara. "Viaje y desplazamiento del sujeto: Colón y Léry en los trópicos". *Crítica y descolonización: El sujeto colonial en la cultural latinoamericana*. Beatriz González Stephan y Lúcia Helena Cóstigan, eds. Caracas: Academia Nacional de la Historia, 1992. 49-66.
____ "What does Cannibalism Speak? Jean de Léry and the Tupinamba Lesson". *Carnal Knowledge: Essays on the Flesh, Sex and Sexuality in Hispanic Letters and Film*. Pamela Bacarisse, ed. Pittsburgh: Ediciones Tres Ríos, 1992. 23-41.
____ "Corporización Tupí: Léry y el *Manifiesto Antropófago*". *Revista de Crítica Literaria Latino Americana* 45 (Lima-Berkeley, 1997): 193-211.
Célestin, Roger. *From Cannibals to Radicals: Figures and Limits of Exoticism*. Minneapolis: University of Minnesota Press, 1996.
Colón, Cristóbal. *Viajes de Colón*. Ed. Martín Fernández de Navarrete. México: Porrúa, 1986.
de Campos, Haroldo. "Da razão antropofágica: A Europa sob o signo da devoração". *Boletim Bibliográfico Biblioteca Mario de Andrade* 44 (São Paulo, 1983): 10-25.
____ "Contexto y situación". *Obra escogida* de Oswald de Andrade. Selección y prólogo Haroldo de Campos. Caracas: Biblioteca Ayacucho, 1981. ix-xli.
de Certeau. Michel. *The Writing of History*. Tom Conley, trad. Nueva York: Columbia University Press, 1988.
de Detienne, Marcel. *Dionysus at Large*. Cambridge: Harvard University Press, 1989.
Defoe, Daniel. *The Life and Surprising Adventures of Robinson Crusoe*. J. Donald Crowley, ed. Londres: Oxford University Press, 1972.
Duchet, Michèle, Daniel Defert, Frank Lestringant y Jacques Gorge. *L'amérique de Théodore de Bry. Une collection de voyages protestante de XVI siècle. Quatre études d'iconography*. Paris: Centre National de Recherches Scientifique, 1987.
Fernández Retamar, Roberto. *Calibán: Apuntes sobre la cultura en nuestra América*. México: Editorial Diógenes, 1972.
____ *Caliban and Other Essays*. Edward Baker, trad. Foreword. Fredric Jameson. Minneapolis: University of Minnesota Press, 1989.
Feuer, S. Lewis (Ed. e introd.). *Marx and Engels. Basic Writings on Politics and Philosophy*. Nueva York: Doubleday, 1959.
Foucault, Michel. *Language, Counter-Memory, Practice: Selected Essays and Interviews*. Edited with an Introduction by Donald F. Bouchard.

Translated by Donald F. Bouchard and Sherry Simon. Ithaca: Cornell University Press, 1977.

_____. "Space, Power and Knowledge". *The Cultural Studies Reader*. Simon During, ed. Londres: Routledge, 1993. 161-69.

Frazer, James George. *The Golden Bough: A Study in Magic and Religion*. Nueva York: Collier Books, 1950.

Freud, Sigmund. *Totem and Taboo*. James Strachey, trad. Nueva York: Norton, 1950.

Greenblatt, Stephen J. *Learning to Curse: Essays in Early Modern Culture*. Londres: Routledge, 1990

Harvey, David. *The Condition of Postmodernity: An Inquiry into the Origins of Cultural Change*. Cambridge: Blackwell, 1989.

Hulme, Peter. *Colonial Encounters. Europe and the Native Caribbean, 1492-1797*. Londres: Routledge. 1986.

Kock-Grünberg, Theodor. *Von Roraima Zum Orinoco*. Stugart, 1924.

_____ *Del Roraima al Orinoco*. Traducción de Federica de Ritter. Coordinación de Oscar Zambrano Urdaneta. 3 vols. Caracas: Ernesto Armitano Editor, 1981.

Léry, Jean de. *Histoire d'un voyage fait en la terre du Brésil- 1577–*. Edition de Frank Lestrigant. Montpellier: Presses du Languedoc/ Max Chaleil Editeur, 1992.

_____ *History of a Voyage to the Land of Brazil, Otherwise Called America*. Trans. and Intro. by Janet Whatley. Berkeley: University of California Press. 1990.

_____ *Historia de uma viagem feita à terra do Brasil*. Tristão de Alencar Aripe, trad. Río de Janeiro, 1889.

Lévi-Strauss, Claude. "Guerra e Comercio entre os Indios da America do Sul". *Leituras de Etnologia Brasileira*. Egon Schaden, ed. Sao Paulo: Companhia Editora Nacional, 1976. 325-39.

Montaigne, Michel E. *Les Essais*. Livre I. Ed. Pierre Villey. Paris: Presses Universitaires de France. (1924) 1992.

_____ *The Essays*. Trans. Charles Cotton. Ed. W. Carew Hazlitt. Chicago: Encyclopedia Britannica. 1952.

Nietzsche, Friedrich. "On the Genealogy of Morals". Walter Kaufmann y R. J. Hollingdale, trad. *Ecce Homo*. Walter Kaufmann, trad. Edited with Commentary by Walter Kaufmann. Nueva York: Vintage Books, 1989.

_____ *El origen de la tragedia*. Madrid: Espasa, 2000.

Nunes, Benedito. *Oswald Canibal*. São Paulo: Perspectivas, 1979.

_____ "A Antropofagia ao Alcance de Todos". *Obras Completas de Oswald de Andrade*. São Paulo: Globo, 1990. 5-39.

Orgel, Stephen. "Shakespeare and the Cannibals". *Cannibals, Witches, and Divorce: Estranging the Renaissance*. Marjorie Garber, ed. Baltimore: The Johns Hopkins University Press, 1987. 40-66.

Ortiz, Fernando. *Contrapunteo cubano del tabaco y del azúcar*. Introd. de Bronislaw Malinowski. La Habana: Consejo Nacional de Cultura, 1963.

Schutte, Ofelia. *Beyond Nihilism, Nietzsche Without Masks*. Chicago: University of Chicago Press, 1984.

Shakespeare, William. *The Tempest. The Plays and Sonnets of William Shakespeare*. William George Clarke y William Aldis Wright, ed. Robert Maynard Hutchins, ed. *Great Books of the Western World*. Chicago: Encyclopedia Britannica, 1952.

Staden, Hans. *The Captivity of Hans Stade of Hesse in A.D. 1547-1555, Among the Wild Tribes of Eastern Brazil*. Albert Tootal, trad. Annotated. Richard F. Burton. Nueva York: Burt Franklin Publisher, 1874.

Schwartz, Jorge. "Um Brasil em Tom Menor: *Pau Brasil* e Antropofagia". *Revista de Crítica Literaria Latinoamericana* 47 (Lima-Berkeley, 1998): 53-65.

Thevet, André. *The New Found World, or Antarctike*. Londres: Thomas Hackett, 1568.

_____ *Viagem à terra do Brasil*. Tradução integral e notas de Sérgio Milliet. São Paulo: Livraria Martins, 1941.

Viveiros de Castro, Eduardo. *From the Enemy's Point of View, Humanity and Divinity in an Amazonian Society*. Catherine V. Howard, trad. Chicago: University of Chicago Press, 1992.

_____ *Araweté: Os Deuses Canibais*. Río de Janeiro: J. Zahar/ANPOCS, 1986.

White, Hayden. *Tropics of Discourse: Essays in Cultural Criticism*. Baltimore: The Johns Hopkins University Press, 1978.

Borges y yo. Primera reflexión sobre "El etnógrafo"

Mabel Moraña
University of Pittsburgh

I

Interrogar a Borges como al oráculo de la conflictiva modernidad latinoamericana es uno de los gestos que más ha fatigado el campo de la crítica literaria durante buena parte del siglo veinte. La obra del escritor argentino, situada en el pináculo de la "alta" literatura burguesa, ha resistido los embates de múltiples corrientes interpretativas, pre y pos estructuralistas. Ha salido indemne, también, de los asedios transdisciplinarios y de las aventuras seudofilosóficas inspiradas por la prosa enigmática y artificiosa del gurú porteño.[1] Pero su mirada "al sesgo", su visión elaborada "a contrapelo" de propuestas canónicas, su condición desplazada con respecto a los grandes centros europeos y norteamericanos, fue pocas veces justamente evaluada. Críticos de la talla de Paul de Man y Michel Foucault, Harold Bloom, Gerard Genette e Italo Calvino, construyeron a partir -por no decir a expensas- de Borges la imagen consagratoria del gran alegorista de las mitologías que sustentan el occidentalismo moderno, pero sólo en algunos casos vieron también la de su más implacable y paradójico desconstructor. Sacrificaron en esa lectura autorreflexiva justamente el rasgo más distintivo del pensamiento de Borges: el de una alteridad que lo sitúa en los arrabales -más que en los márgenes o en la periferia- de los grandes sistemas, entendiendo así sus creaciones como si éstas hubieran surgido *a pesar de* su irrenunciable condición rioplatense, y no justamente a raíz de ella.[2]

Refugiada en su falsa modestia escrituraria, atravesada obsesivamente por un repertorio de tópicos, recursos y estrategias probados una y otra vez -siempre exitosamente- sobre públicos vastos y variados, la obra borgeana está ahora a la intemperie, sola frente a la iconoclasia antiesteticista de los estudios culturales, indefensa -podría pensarse- ante la teorización poscolonial, a expensas de la desconstrucción posmodernista.

No tengo la pretensión de ensayar aquí ningún gesto hermenéutico para intentar salvar a Borges de estos riesgos, que se merece tanto por la brillantez de su prosa como por la insolencia de sus declaraciones, fraguadas como parte de su ficción autobiográfica. Deseo solamente ofrecer aquí un ejercicio ex-céntrico en el que un segmento de la escritura borgeana se desplaza de su espacio canónico para convertirse, vicariamente, en pre-texto de una reflexión *otra*, acerca del estado actual de ciertos aspectos del debate latinoamericanista, y de sus precedentes. Borges y yo (pero es un yo retórico) nos situamos, entonces, en una arena diferente o, mejor dicho, en la arena de la diferencia, en el "resto diferencial" que Sylvia Molloy localizara en las *Letras de Borges* hace ya más de veinte años.

II

En el menú teórico que el debate posmodernista ha ofrecido a la voracidad disciplinaria figuran, entre los platos principales, el del descubrimiento del Otro y el de la relación Norte/Sur, como versiones recientes, corregidas y aumentadas, de polémicas que tuvieron lugar en otras épocas a propósito del tema del colonialismo, la identidad y la penetración cultural. Los fenómenos de migración humana, los nomadismos disciplinarios, las imposiciones cada vez más urgentes de un mercado diversificado de bienes materiales y simbólicos, ha empujado procesos de conceptualización y apropiación de todo lo que excede los espacios propios y más cercanos de identificación cultural, volcando la atención hacia una ajenidad que se intenta conquistar teóricamente desde diversas posiciones. Nociones como multiculturalismo, subalternidad, hibridación, heterogeneidad, han sido ensayadas como parte de proyectos teóricos que intentan abarcar el problema de la *diferencia* cultural como uno de los puntos neurálgicos del latinoamericanismo actual.

Sin embargo, pronto se ha hecho evidente que la simple postulación del registro diferencial no hace, en muchos casos, sino invertir el esencialismo que caracterizara al discurso identitario de la modernidad en distintos momentos de su desarrollo. Como Ernesto Laclau advirtiera, el imaginario intelectual de la izquierda ha estado con frecuencia perseguido por la tentación de reemplazar, en un gesto no exento de populismo ético, "el sujeto trascendental por su otro simétrico [...] reinscribiendo así las formas múltiples y no-domesticadas de la subjetividad en una totalidad objetiva" (Laclau 93). La romantización de la alteridad, la absolutización de la otredad como lugar de un privilegio epistemológico reconocido casi como una concesión compensatoria, son algunas de las avenidas por las que se ha orientado este proceso de apropiación conceptual en las últimas décadas.

Para evitar los riesgos y excesos de estas estrategias, se ha recurrido al concepto de "posiciones de sujeto" el cual resulta, como Laclau explica, relativamente útil aunque insuficiente para captar el sentido de la Historia como totalidad. Para ser entendida como tal, ésta requiere de la existencia de un sujeto capaz de organizar experiencia y discurso para llegar al "conocimiento absoluto" –es decir, a la comprensión del sentido último–

de procesos totales.³ En muchas teorizaciones, sin embargo, podría alegarse que la reformulación de la dinámica entre identidad y alteridad se basa justamente en la crisis de la idea de totalidad histórica, y en su sustitución por el conjunto de microhistorias o historias "menores" abarcables, ellas sí, desde posiciones de sujeto variables y acotadas.⁴ Sin embargo, ninguna de las dos postulaciones elimina la problemática que obliga a repensar, en el contexto de las crisis de las ideologías y predominio neoliberal, las relaciones entre universalismo y particularismo. La vinculación entre estos dos aparentes extremos del espectro epistemológico es, evidentemente, central al debate sobre las posibilidades de un proyecto verdaderamente democrático en el contexto de la globalidad, donde se replantean cuestiones vinculadas a las asimetrías de poder y al ejercicio de las hegemonías tanto a nivel local como planetario.

¿Cómo recuperar, entonces, una temporalidad histórica amenazada por la preeminente espacialización y agresiva inmediatez de los fenómenos sociales sin una dimensión diacrónica e integrativa, donde los diversos fenómenos se comprendan como parte de una totalidad? ¿Cómo encontrar sentido a agendas locales o regionales y a particularismos sectoriales sin hacer referencia a un discurso universalista que abarque niveles racionales y relacionales de sensibilidad colectiva, discursos sobre derechos humanos y utopías de bienestar comunitario, por ejemplo, que puedan ser comunicados y compartidos no ya para lograr consenso en un nivel abstracto y sobredeterminante, sino para "organizar el conflicto" a nivel colectivo, como sugería José Joaquín Brunner?⁵ Para acotar más estas preguntas, que atañen al lugar del particularismo en debates actuales sobre globalidad y multiculturalismo, podemos preguntarnos también: ¿es posible una representación del *otro* o una teorización de la *diferencia* que no esté afectada, de alguna manera, por esas asimetrías de poder? ¿Es la *otredad* el dispositivo –el subterfugio– a partir del cual el sujeto de la modernidad se reinscribe dentro del horizonte escéptico de la posmodernidad refundando y refuncionalizando su centralidad como constructor/gestor/administrador de la *diferencia*? ¿Puede *escuchar* ese sujeto al *otro* y encontrar el lenguaje –la representación simbólica– a través de la cual comunicar ese conocimiento?

III

No voy a recurrir ni al expediente de la muy mentada "universalidad" de la literatura borgeana, ni al posible sentido oracular o premonitorio de su prosa, también enfatizado por quienes vieron en su obra una especie de anuncio de crisis inminentes de los mismos paradigmas que esa obra confirmaba. Quiero apoyarme, más bien, en el carácter "orillero" de su literatura, el mismo que Beatriz Sarlo elaborara en las conferencias que ofreciera en la Universidad de Cambridge, en 1992, y de las que surgiera una de las mejores aproximaciones que se han hecho al escritor argentino: *Borges, un escritor en las orillas*.[6] Así, invocar a Borges supone, entonces, una reflexión implícita sobre las continuidades y rupturas entre modernidad y posmodernidad, tanto como una evaluación de las interrelaciones complejas entre literatura y estudios culturales, estética y teoría de la cultura.

Podría decirse, sin demasiado riesgo –aunque quizá esto suene como un oxímoron– que "El etnógrafo" es un texto menor dentro de la cuentística borgeana. Muchos de los estudios dedicados a la prosa del escritor argentino apenas mencionan o simplemente pasan por alto este relato que fuera, de alguna manera, relegado por el propio autor al publicarlo como parte de un conjunto reducido y heterogéneo de textos en 1969, el año antes de que viera la luz *El informe de Brodie*.[7]

El cuento se refiere a la aventura epistemológica de un estudiante de antropología, Fred Murdock, quien pasa más de dos años en una reservación indígena al oeste de Estados Unidos donde intenta recoger datos para su tesis universitaria. Luego de familiarizarse con la cultura y aprender el idioma, Murdock pasa por "ciertos ejercicios de índole moral y de índole física" (II, 356) y el sacerdote de la tribu termina por revelarle "su doctrina secreta". Murdock regresa a la ciudad, donde anuncia a su profesor que se encuentra en posesión del secreto pero que no piensa revelarlo, con lo cual termina su carrera académica. Según el estudiante, lo más valioso del secreto son los caminos que lo condujeron a él, y la universalidad del conocimiento adquirido, que vale, según Murdock, "para cualquier lugar y para cualquier circunstancia". El relato, de escasas dos páginas, termina informando al lector que "Fred se casó, se divorció, y es ahora uno de los bibliotecarios de Yale" (II, 357).

En el prólogo a *Elogio de la sombra*, donde aparece incluido el relato que nos ocupa, Borges menciona, como parte de sus "astucias" literarias, el haber aprendido a "simular pequeñas incertidumbres" (II, 351) y "El etnógrafo" ejemplifica bien este recurso. El cuento gira en torno a la supuesta existencia del secreto de Murdock, que no llega a conocerse y sobre el fenómeno de creencia por el cual el lector acepta la veracidad de las versiones múltiples que mediatizan la historia que finalmente llega al narrador.[8] En todo caso, lo que importa señalar es que el cuento se mueve, en toda su estructura, en el *entre-lugar* que conecta una serie antitética: civilización/ primitivismo, ciudad/ pradera, pasado/ presente, secreto/ comunicación, conocimiento institucionalizado/ saber empírico, oralidad/ escritura, experiencia/ discurso, etc.[9] La espacialización del conflicto y la distribución compartimentada de zonas de saber: el espacio de la identidad y el espacio del otro, el lugar del narrador y el lugar del lector, cuestiona, como un *mise en abîme*, la noción moderna de temporalidad y la concepción de la historia como un continuum progresivo y totalizador cruzado por interrelaciones en las que se vinculan subjetividades, racionalidades y discursos. Borges trabaja primordialmente en el *entre-lugar*, pero sin hacer énfasis en él solamente como *zona de contacto* e intercambio productivo, sino en tanto momento de interrupción, desarticulación y fractura entre visiones y versiones del mundo que se tocan apenas, provisoriamente, en un momento determinado y bajo condiciones excepcionales. De acuerdo con la racionalidad iluminista que la obra de Borges testimonia incansablemente, el relato no niega la posibilidad del conocimiento intercultural. Pero aborta, con el recurso del secreto, su desciframiento y diseminación, ya que como sugiriera Doris Sommer, lo más importante es la existencia y anuncio del secreto –ese "resto diferencial" entre el yo y los otros– no su revelación.[10] No me interesa aquí, sin embargo, explorar el expediente de la reticencia en sí mismo o como parte de una poética de la otredad, sino analizar la solución "orillera" de Borges, su concepción y elaboración de la noción de frontera en relación con el tema de la comunicación y comunicabilidad de saberes locales, o sea la relación entre experiencia, conocimiento y lenguaje en el dominio de la *diferencia*.

IV

Como Sarlo advirtiera, a pesar de su indudable perfección formal y su innegable originalidad –o quizá justamente por ellas– "la obra de Borges tiene en el centro una grieta" (13) y es justamente ese lugar de la ruptura y eventualmente –como Sarlo sugiere apoyada en Deleuze– ese lugar del *pliegue* el que me interesa analizar. "El etnógrafo" no constituye, a mi juicio, una reflexión sobre la identidad o sobre la otredad, como extremos del espectro de la subjetividad individual o colectiva, sino sobre el problema de la mediación. Si el motivo del viaje instala al personaje –y a la problemática misma del relato– en el *no lugar* del tránsito y la desterritorialización, los ejercicios físicos y morales que debe atravesar el etnógrafo como parte de su iniciación, y la misma familiarización con la cultura indígena enfatizan ese desplazamiento, como si un viaje se emprendiera en el interior de otro, y el lector asistiera, desde la fijeza de su posicionalidad receptora, a ese distanciamiento progresivo. Pronto el lector descubre que la frontera es no sólo la marca que señala un "lugar antropológico"; es también un límite interno, cuya existencia se registra en la memoria colectiva y en la genealogía individual, la franja resistente que separa y vincula pasado y presente, civilización y cultura "natural," conocimiento académico, institucionalizado, y saberes locales. El narrador de "El etnógrafo" nos sugiere esa casuística de la actualización de instancias anteriores de la biografía individual en un presente habitado por sus fantasmas: un antepasado de Murdock "había muerto en las guerras de la frontera; esa antigua discordia de sus estirpes era un vínculo ahora" (II, 355).

Pero por encima de esta sugerida linealidad, la frontera se impone como demarcación y como límite. A partir de entonces, el relato se juega en el terreno de la transgresión, y en la necesidad de definir el *afuera* de la subjetividad. Murdock comienza el descenso del héroe por diversas etapas de iniciación e interiorización en el mundo del *otro*:

> tenía que lograr que los hombres rojos lo aceptaran como uno de los suyos (...) Más de dos años habitó en la pradera, entre muros de adobe o a la intemperie. Se levantaba antes del alba, se acostaba al anochecer, llegó a soñar en un idioma que no era el de sus padres. Acostumbró su paladar a sabores ásperos, se cubrió con ropas extrañas, olvidó los amigos y la ciudad, llegó a pensar de una manera que su lógica rechazaba. (II, 356)

La frontera entre el yo y los otros es una franja inestable, donde las identidades se desestabilizan. El relato sugiere apenas el escándalo del orden perturbado, atravesado por las intromisiones de una razón inoportuna e ineficaz, que emprende una vez más la búsqueda utópica de totalización y de armonía imposible, a través de una aventura intelectual destinada al fracaso y la melancolía. Es el lugar del pliegue, la zona de peligro entre dos superficies que se encuentran para confirmar los límites de la alteridad.[11]

V

Para el momento en que Borges escribe "El etnógrafo" la antropología moderna se encuentra en un proceso de fuertes transformaciones. La tradición abierta por la obra del antropólogo polaco Bronislaw Malinowski, quien publicara sus *Argonauts of the Western Pacific* en 1922, se quiebra definitivamente con el avance de la antropología estructural, representada fundamentalmente por las obras de Claude Lévi-Strauss, particularmente por *Tristes Tropiques* (1955), que se divulga fuera de Francia en la década de los años sesenta.[12] De la concepción de la disciplina como ciencia basada en la observación participativa (ej. Margaret Mead) se pasa a la reformulación metodológica que permite no ya avanzar de lo particular a lo universal, como había pretendido Malinowski, sino captar las variables y constantes que crean la *diferencia* cultural. El propósito sería diseñar, a partir de ese registro, una cartografía siempre provisional y relativista de la cultura, donde cada comunidad juega con sus reglas el juego de su propia, irrepetible civilización. El particularismo se ha instalado entonces disciplinariamente, fuertemente afincado en un pensamiento estructural, modelizado, fijado en los lenguajes de la ciencia como registros especializados de la *diferencia*, la cual será, en las décadas siguientes, superado el formalismo analítico del estructuralismo, la protagonista principal del pensamiento poscolonial.

Como mediador, testigo o intérprete, el intelectual –antropólogo o crítico de la cultura– se enfrenta desde entonces a los múltiples rostros de una profesión construida para jugar con la distancia, siempre sometida a la tensión que ubica al estudioso o al observador, como Susan Sontag advirtiera en su ensayo "El antropólogo como héroe", entre la fascinación y la repulsión que le provoca su objeto de estudio.[13] Primitivismo, otredad, subalternidad, diferencia, son límites externos e interiores, pliegues de la conciencia cultural y de la ideología. A partir de ese límite conceptual, el sujeto abisma la propia identidad al ubicar fuera de sí, en un movimiento catártico, las ansiedades y frustraciones derivadas de su propia aventura individual y colectiva.

En lucha con su imagen, el antropólogo revisa el archivo que le devuelve su propia práctica profesional, y se distancia progresivamente de cada una de sus modulaciones (objetividad y neutralidad científica, afán "misionero" civilizador y humanitarista, escepticismo relativista, autoritarismo profesional) proponiéndose más bien como un *testigo* que se debate entre las construcciones de la teoría y el peligro de la familiaridad.[14]

Hacia fines de la década de los sesenta Lévi-Strauss ha impulsado ya fuera de Francia el antihistoricismo que entiende la diferencia entre sociedades primitivas y modernas como un problema térmico: habla de sociedades frías y calientes, como si la mecánica del progreso incorporara en las culturas una fricción constante, erosionante y peligrosa, que un pensamiento utópico podría soñar con disminuir para llegar a la estructura casi "cristalina" y atemperada de ciertas sociedades primitivas (Sontag 80-1). Como "ciencia de lo exótico," la etnografía –también ciertas formas de la actual crítica cultural – se convierte cada vez más en una "antropología de lo cercano"– vinculada con esa "etnología de la soledad" de que habla Marc Augé en sus estudios de la "sobremodernidad." La exploración del *otro* ya no toma la forma de una cuasi- "necrología" (estudio de sociedades próximas a la desaparición) sino que se interesa en una otredad cercana en tiempo y espacio, en la línea de desarrollo de una misma cultura, que se actualiza de distintas maneras bajo condiciones históricas y materiales diferentes. Quizá el *otro* no es el que está afuera sino el que habita en la zona más recóndita de la cultura propia y de la conflictividad pública o privada, el que pudimos haber sido, el que fuimos, o el que seremos, o el que corremos el peligro de ser, como sugiere "El informe de Brodie", emparentado en más de un sentido con "El etnógrafo". Si en la nación de los Yahoos que describe "El informe" debe verse no la evidencia del primitivismo sino el resultado de la decadencia social ("... los Yahoos, pese a su barbarie, no son una nación primitiva sino degenerada") (Borges, II, 437) entonces hay un *otro* acechante en cada identidad cultural, y la antropología –y ciertas formas de la crítica cultural– serían la forma en que se manifiesta la impaciencia por descubrir antes de tiempo ese *alter ego* que espera en el futuro de la especie, o sea el impulso disciplinario por penetrar –colonizar– el pliegue que une y separa esas zonas limítrofes de la subjetividad y de la temporalidad social, y que falsamente divide observación e imaginación histórica.[15] Como dice Clifford, "La ciencia de lo exótico [ha sido] repatriada" (*Writing Culture* 23).

VI

"El etnógrafo," sin embargo, reprime el impulso especulativo y opta por el silencio. En efecto, el relato detiene la excursión hacia el *otro* justamente en los umbrales de la teorización y la hermenéutica, neutralizando en el narrador toda tentación de aventurar hipótesis sobre la naturaleza del conocimiento adquirido. Fred Murdock no es Brodie, misionero escocés presbiteriano que se adentra en tierras remotas impulsado por un afán catequizador, para divulgar su "verdad". Carente de toda grandeza, Fred Murdock es apenas un estudiante graduado de personalidad aún indefinida dispuesto a realizar un trabajo de campo, y en quien Borges destaca solamente la juventud, el laconismo y la falta de singularidad. Sobre él, como sobre la aventura misma que da base al relato, no hay certidumbres sino versiones más o menos verosímiles, posibilidades, preguntas.

Murdock –homónimo, quizá casual, de un conocido antropólogo norteamericano autor de una guía metodológica publicada en los años cuarenta– no representa la pasión científica, ni la duda antropológica, ni la moderación racionalista, ni parece propenso a forma alguna de heroísmo intelectual.[16] Murdock no se deja asimilar por la *otredad*, como el personaje de Droctulft, el longobardo que en "Historia del guerrero y la cautiva," fascinado por la ciudad que iba a destruir, cambia de bando, y dejando a los suyos, pelea del lado de los defensores de Ravena. Tampoco es un converso al estilo de la mujer inglesa que elige vivir en "la barbarie," seducida por "la fuerza simbólica del primitivismo" (Sarlo 103). Quizá más cercano al Dahlman de "El Sur", Murdock se adentra en una cultura *otra* para descubrir códigos de conducta, lenguajes, secretos o misterios, que lo acercan a los límites entre la identidad y el *no-lugar* de una alteridad que en realidad es otra forma de sí mismo, una cifra escondida en la genealogía personal que de pronto se activa, y lo hace traspasar la frontera interior.

Lo cierto es que en el caso de Murdock, Borges elude todas las soluciones anteriores y deja al lector solo con el silencio de su personaje. Quizá ese silencio contiene la explicación de todas las otras transgresiones y conversiones culturales, pero Borges y Murdock rehúsan revelarlo, instalando entonces el relato en el corazón mismo del conflicto de la antropología actual –y de cierta crítica cultural– donde la práctica disciplinaria reproduce las imágenes de un sujeto descentrado –el practicante de la disciplina–, teórica e ideológicamente desterritorializado, que inquiere sobre la legitimidad de su posición, la perdurabilidad de su poder y la eficacia de sus instrumentos conceptuales, mientras habla del Otro.

(Una posibilidad distinta, más escéptica, sería la de que ese silencio no contuviera, en realidad, ningún secreto, y fuera solamente la forma desalentada y melancólica –quizá también arrogante y premeditadamente engañosa– a través de la cual se expresa el fracaso del individuo o de la disciplina: Murdock no oculta nada, lo que ha fracasado es la aventura del conocimiento y es esa ineficacia la que resulta incomunicable. Ficción y mentira se encuentran, entonces, en una zona imprecisa de la literatura, que se nutre de ambas).

VII

De todos modos, el relato se detiene en el límite mismo del lenguaje: el que lo instala como dispositivo de proximidad o de distanciamiento, de acceso o de rechazo del contenido potencial de la comunicación. Murdock se coloca a resguardo de la codificación lingüística, aunque Borges entiende que toda conducta es lenguaje y todo lenguaje huella y ocultamiento de la subjetividad, que no puede manifestarse por completo a través de la palabra, ni apartarse de ella. Luego de la primera experiencia de identificación cultural y traducción enunciativa, Murdock se niega a reproducir ese mecanismo. Después de todo, como Borges indicara, la transcripción de la realidad es sólo una ilusión de la literatura realista, porque la realidad no es verbal (Molloy 62). La aventura del conocimiento es, en Murdock, la historia de estas amputaciones: primero toma notas ("field work accounts") que son un sucedáneo de la escritura etnográfica y que constituyen, como Clifford ha notado, un subgénero autorreflexivo, ingenuo y confesional, donde el antropólogo es personaje de su propia ficción. Pero rompe estas notas en un gesto autocorrectivo propio de los géneros menores (el "escribo y rompo", "tejo y destejo" que caracteriza a cierta escritura femenina, privada, provisional, exploratoria).

> Durante los primeros meses de aprendizaje tomaba notas sigilosas, que rompería después, acaso para no despertar la suspicacia de los otros, acaso porque ya no las precisaba. (II, 356)

Luego el relato propone un corto diálogo –el único del cuento– donde al tiempo que se avanza la anécdota se detiene el proceso comunicativo. El contraste entre la ingenuidad del profesor y la casi arrogante reticencia del estudiante no ocultan la ironía de Borges hacia el saber institucionalizado. El profesor inquiere sobre las razones del silencio de su estudiante:

> – ¿Lo ata su juramento?– preguntó el otro
> – No es ésa mi razón– dijo Murdock–. En esas lejanías aprendí algo que no puedo decir.
> – ¿Acaso el idioma inglés es insuficiente? –observaría el otro.
> – Nada de eso, señor. Ahora que poseo el secreto podría enunciarlo de cien modos distintos y aun contradictorios. No sé muy bien cómo decirle que el secreto es precioso y que ahora la ciencia, nuestra ciencia, me parece una mera frivolidad.
> Agregó al cabo de una pausa:
> – El secreto, por lo demás, no vale lo que valen los caminos que me condujeron a él. Esos caminos hay que andarlos. (II, 356)

La "etnología de la soledad" hace aún más reducido y próximo el "lugar antropológico," y el profesor es ahora el *otro*, situado del lado opuesto de la orilla –del pliegue– que lo separa de una verdad inaccesible.

Empeñado en descubrir el secreto del silencio en la dimensión performativa del lenguaje (algún juramento que ate la lengua), el profesor –situado en una modernidad que es la de Borges– teme por la inadecuación del instrumento lingüístico: "¿es el inglés insuficiente?," aunque Borges respetaba la lengua anglosajona como a ninguna otra. Si *diferencia* implica pluralidad de códigos, ¿qué significa esta inversión de la hegemonía lingüística a través de fronteras culturales? Como ha sugerido James Clifford, la traducción de culturas por medio de la escritura etnográfica tiene lugar en relación a lenguas débiles y fuertes –frías y calientes, en la concepción de Lévi-Strauss– que gobiernan el flujo del conocimiento, y que rearticulan relaciones de poder. Si un mapa puede sólo dibujarse abarcando una región desde arriba, ¿desde qué lugar –desde qué posición lingüística, ideológica, institucional– puede mirarse hacia abajo para descubrir culturas *otras* – primitivas, marginales, subalternas– y realizar su cartografía? Si la antropología más actual ha discutido obsesivamente la imagen del etnógrafo (si debe representárselo dentro o fuera de su tienda, en actitud autoritaria o distendida, jugando con los niños del poblado o escribiendo sus notas para una futura publicación) es porque en esta imagen está cifrada la naturaleza del secreto, la transparencia u opacidad de la representación y, finalmente, el problema del método y quizá, el futuro de la disciplina. La antropología actual parece estar de acuerdo sobre el carácter artesanal (escriturario) de la construcción etnográfica. También sobre el carácter parcial y provisional de todo conocimiento, en el que siempre se conserva una zona oscura –un "resto diferencial"– que asegura el poder del otro justamente por las elipsis y reticencias de sus comunicaciones. Así, la fragmentación del mensaje mantiene espacios discretos, de sentido no colonizado, resquicios de autonomía, intimidad o pureza.[17] Todavía imbuido de una nostalgia *moderna* de totalidad, Borges parece sospechar de la posible función corruptora que lo particular puede tener respecto de lo universal. ¿O es que, como Laclau ha sugerido, puede ser anulada esa antinomia eludiendo los juegos de lenguaje que definen y legitiman ambos dominios como espacios enfrentados, existentes en distintas orillas del conocimiento?[18] La simetría espacial que marca en "El etnógrafo" –dos culturas que existen en lados opuestos de la frontera comunicativa– indica al mismo tiempo la asimetría de poder entre ciudad y pradera, conocimiento institucional y saberes locales. Abortada la mediación del joven antropólogo, que ha traspasado para sí, pero sólo para sí, la frontera hacia el otro, queda solamente un posible secreto, y el búfalo que en sueños pasa de los espacios abiertos del colonizado al imaginario cerrado del colonizador.

VIII

Pero la heteroglosia que complica definitivamente los dominios identitarios y mina desde adentro el ideal moderno de culturas nacionales orgánicas, no es el único problema que plantea "El etnógrafo", al mostrar lo que Appiah ha llamado "las vicisitudes de la traducción" intercultural (150). "El etnógrafo" aborda tanto el problema de la lengua y la transmisión oral como la instancia de la escritura, o sea el registro de la fijación y diseminación del mensaje, momento en que autoría, autorización y autoridad se funden en la práctica textual. Publicado hacia finales de los años sesenta, el relato borgeano es anterior a la crisis de "autoridad etnográfica" que la disciplina experimentaría en décadas posteriores, que desemboca en los ochenta en el reconocimiento pleno del papel fundamental que juega la escritura en el proceso de interpretación y comunicación antropológica. El relato de Borges problematiza justamente los márgenes de esa dimensión retórica, en la que se cifran tanto la política como la poética de la representación etnográfica.[19]

Fred Murdock expone así el drama del mediador, que habita entre palabra escuchada y palabra muda, que se niega a recorrer el camino inverso por el cual el héroe regresa del viaje paradigmático por los dominios de la otredad, para devolver a su comunidad el conocimiento adquirido.[20] La cancelación de la escritura como instancia de apropiación discursiva –lingüística, retórica, ideológica– mantiene ese saber en el *no-lugar* de la memoria, dejando a la antropología en la etapa primera de su modernidad, limitada a los niveles de la experiencia participativa y el reconocimiento empírico-conceptual de la diferencia. Borges parece sugerir una desconfianza radical en la existencia de una gran narrativa y de una lengua –de una epistemología– capaz de englobar a un tiempo la verdad del colonizador y del colonizado. Apuesta, entonces, a la representación de un vacío, ese "Tercer espacio" de que ha hablado Bhabha, conservando así el microrrelato dentro de sus coordenadas y condiciones de existencia, y dejando el contenido del mensaje encapsulado en el lugar preservado del saber local, y en la memoria individual del mediador que ha interrumpido –intervenido– provisionalmente el espacio del otro.[21] Desde una perspectiva wittgensteiniana, la comunidad indígena queda representada como una *Gemeinschaft* (comunidad cerrada) donde el lenguage funciona íntimamente, como una red simbólica ligada a idiosincrasias, valores y relaciones afectivas que la convierten en un espacio autosustentado de significaciones, un misterio que no puede ser captado más allá de sus límites.[22]

La "solución" de Borges parece sugerir que la sola enunciación de la "doctrina secreta" fuera de los códigos de la cultura propia, pero aún más su traducción escritural significan una apropiación indebida, una violencia, una perturbación similar al colonialismo interno que invadiera la pradera de los búfalos y fijara con sangre los límites territoriales. La clave capaz de descifrar las contradicciones y exorcizar los demonios de la modernidad reside justamente en el *entre-lugar* que separa y une las distintas culturas, lugar inaccesible como territorio pero concebible como horizonte del conocimiento. "Lo social", como conjunto de experiencias comunitarias que se dan al margen de las formas culturales institucionalizadas, excede los límites y redes de *la sociedad* y de la visibilidad burguesa y requiere estrategias de conocimiento, lógicas interpretativas y prácticas disciplinarias no previstas desde el contexto de la modernidad.[23]

La ausencia de escritura crea entonces un margen de silencio que rodea al secreto pronunciado en una ceremonia iniciática, pero que no se presta a la decodificación/recodificación antropológica, como si Borges estuviera indicando la imposibilidad de pasar, en términos de Bhabha, de la experiencia empírica de la diversidad cultural a la enunciación de la *diferencia* como conocimiento adquirido acerca de esa misma cultura.[24] Murdock rompe sus notas, no escribe una novela, ni un relato de viajes, ni un informe oficial, ni una disertación universitaria, no describe, ni prescribe, ni especula, sino que permanece como "un nativo de su propia cultura" (Augé), responsable de haber roto la cadena del conocimiento en el eslabón clave de su diseminación. Pero, ¿existió, en realidad, conocimiento, o sólo hay, cuando se trata del discurso del *otro*, presunción, creencia, falsa conciencia? Murdock afirma que ahora que posee el secreto "podría enunciarlo de cien modos distintos y aun contradictorios" (356), como si se hubiera producido el salto del particularismo a la universalidad y ésta perteneciera a un dominio pos-lingüístico, pos-ideológico. Y el lector es invitado a creer en la existencia y la magia de ese mensaje desconocido, cuya existencia permite preservar el lugar hegemónico de la ciencia moderna, sus bases racionales, su lógica social.

IX

"La literatura de Borges es de frontera; vive la diferencia" (Sarlo 108). Podemos preguntarnos, sin embargo, por el alcance de esa visión particular de *diferencia* desde la *posición de sujeto* asumida por Borges, que imagina a partir de la homogeneidad culturalista y eurocéntrica de la Argentina moderna, una alteridad *otra* en una construcción en la que no se perfila la culpa política del colonialismo interno que estaba ya en discusión a finales de los sesenta, ni se cuestiona el privilegio de epistemologías hegemónicas dentro del gran concierto del humanismo burgués. Pero a pesar de sus certezas y de las limitaciones de su visión histórica, Borges hace a la conciencia inmadura de Murdock preguntarse si hay un uso legítimo del *otro*, y responder negativamente.[25]

Desde la orilla Sur, el texto borgeano se ubica en un particularismo en el que se conjuga una doble ajenidad: la de Estados Unidos, y dentro de ella, una otredad indígena provista de un exotismo que excede los límites de la alteridad propia y previsible en América Latina: la de raíz prehispánica, cuyos vestigios se prolongan en los márgenes de la cultura criolla. Desde su periférica modernidad, Borges enfoca, en un gesto también, a su manera, antropológico, *otra* periferia, *otro* producto residual que el occidentalismo codifica como el afuera de la subjetividad burguesa, nacionalista, liberal.[26] Quizá la razón de su elección está en su idea de que la ética protestante ha permeado a la sociedad americana como a ninguna otra, propiciando soluciones más "puras" a conflictos sociales.[27] Lo cierto es que "El etnógrafo" está recorrido por un controlado exotismo que se basa en la propuesta de lo que Appadurai ha llamado etnopaisaje (*ethnoscapes*), o sea en el constructo perspectivista –y, en este caso, imaginario– que conjuga la idea de localidad con la de pluralidad étnico-cultural y movilidad social, apuntando a la irregularidad y variabilidad que presenta todo panorama social aun cuando esté enfocado en un lugar y en un espacio determinados.[28]

El texto borgeano dramatiza, en la configuración del etnógrafo, lo que Marc Augé ha llamado la mirada estrábica, que obliga al sujeto a observar a un tiempo el contexto inmediato y las fronteras que demarcan el espacio exterior.[29] Pero su etnopaisaje no releva la precariedad de las posiciones culturales que representa, sino que ofrece una visión compartimentada de la totalidad social, donde cada cultura ocupa un sitio fijo dentro de su dominio territorial y de acuerdo con coordenadas identitarias que existen fuera de la historia, en un *statu quo* que no parece conveniente perturbar. Aunque el relato problematiza suficientemente la idea de identidad nacional al exhibir la heterogeneidad constitutiva de lo americano, y aunque enfatiza la potencialidad epistemológica de los bordes identitarios, sugiriendo que ellos existen en un equilibrio inestable, el concepto de negociación –espacial (territorial) y temporal (histórica)– es ajeno al relato, que representa el *resto diferencial* de la otredad sin perturbar las bases de la moderna sociedad burguesa. Es indudable, sin embargo, que ésta contiene inquisiciones –grietas– que son el germen de la destrucción de sus certezas, hasta grados que la conciencia históricamente determinada de Borges no puede imaginar.

X

Cautivo de su propio secreto, Murdock no pertenece ya a ninguna parte, y Borges lo relega al *no-lugar* de la biblioteca, espacio intermedio donde las interrelaciones culturales y las tensiones ideológicas existen sólo en estado de suspensión.[30] En esa equidistancia filosófica, el espectáculo de la diferencia se subsume en el ámbito de la palabra muda y el viaje se prolonga sin límites de espacio ni de tiempo, en esa representación del infinito que Borges asimila a la acumulación en un recinto de incontables volúmenes que son, en realidad, uno y el mismo. La antropología, que no existe fuera de las trampas de la representación y de la artesanía escritural, es destinada al espacio escriturario por antonomasia, al reino del relativismo, celebración, monumento y archivo de la racionalidad burguesa.

La imagen del sedentario lector que nos presenta "La biblioteca de Babel" viene a la mente inevitablemente: la alegoría del escritor sentado en el *toilet* (único lugar estable en el laberinto de pasillos y galerías que Borges nos describe) tratando de lograr la imposible combinación entre lo místico y lo aleatorio, lo universal y lo particular, en la que se escondería el secreto del universo (Rincón 163).

Pocos años antes de la publicación de "El etnógrafo" Susan Sontag había advertido –en sus reflexiones acerca de la concepción disciplinaria de Lévi-Strauss– sobre la enajenación del antropólogo: un crítico de su entorno pero un conformista en otras partes; nunca un "ciudadano" sino siempre, obligatoriamente, un disidente; un apolítico vocacional; un distanciado ("detached"), que nunca puede sentirse "en casa" en parte alguna; psicológicamente, un amputado (Sontag 74).

La biblioteca es el lugar común por excelencia, un lugar de paso, público y privado, íntimo y despersonalizado, que puede sustentar cualquier doctrina, apoyar cualquier agenda, ocultar cualquier secreto. Es lugar del silencio y la escritura, dos direcciones que asedian contradictoriamente la conciencia intuitiva de Murdock. Es en la biblioteca, entonces, donde Borges sitúa el ojo del etnógrafo, o sea en el lugar del pliegue, en el panóptico que permite una visibilidad total pero que al mismo tiempo reabsorbe las dinámicas concretas, los microrrelatos que desestabilizan las grandes narrativas del occidentalismo y la modernidad y dejan al descubierto sus políticas de exclusión.

Como Sontag nos recuerda en la década de los años sesenta, para el etnógrafo la historia presente inspira melancolía y sustenta la "duda antropológica," que es la instancia filosófica en la que se cuestionan los verdaderos alcances del conocimiento y el verdadero sentido de la alteridad. ¿Qué idea nos entrega, entonces, "El etnógrafo" acerca de la visibilidad y representabilidad de la otredad desde el horizonte de la modernidad? Quizá, principalmente, la idea de que la construcción de una "retórica –y, eventualmente, de una poética– de la impureza" (donde lo particular contamina y coloniza, definitivamente, a lo universal) resulta irrealizable desde la homogeneidad del occidentalismo hegemónico, que puede sólo refugiarse en la utopía o en la visión panóptica reduciendo la otredad a la dimensión del deseo, y a la necesidad de apropiar al otro –domesticarlo, narrativizarlo– como el afuera que sustenta aquella hegemonía. Lo que

Clifford aludía como "la transparencia y el eco de la presencia" del otro (*Writing Culture* 14), como el objeto siempre efímero de una disciplina enfrentada a un sujeto que constantemente se disuelve en el aire, es representado por Borges bajo la forma de la imposibilidad del conocimiento y la irreductibilidad de la otredad, o sea por una negatividad no colonizable ni aprehensible en su cualidad particular y en su determinación histórica.[31] Después de haber puesto en entredicho –sin mencionarlas– la validez del contrato social, la función y misión del Estado y la presunta unidad de una cultura nacional, Borges deja al lector ante la inmensidad del Otro, en medio de un sentimiento de impotencia, frustración y curiosa desconfianza, una especie de "malestar en la cultura", que nos recordaría, desde la perspectiva freudiana, que lo que une y define a una comunidad no es el amor, ni la pura atracción o deseo por el otro, ni el vínculo racional o la elección colectiva, sino la culpa compartida.[32]

El autor de "El etnógrafo" parece sugerir que la culpa del colonialismo no puede ser expiada de manera definitiva –no, al menos, a través de la cultura, no a partir de lo que Clifford llama "la arena carnavalesca de la diversidad" (*Writing Culture* 246), no por las seducciones de la polifonía ni por las promesas de la heteroglosia, ni por la que Homi Bhabha llamara "anodina noción liberal de multiculturalismo" (Bhabha, "Cultural Diversity" 206). La "solución" de Borges opta por un silencio cuya huella se dispersa entre los anaqueles de la biblioteca de Yale, en los vericuetos de la memoria individual y en los misterios de la genealogía colectiva. El *otro* queda del lado opuesto de la orilla o del pliegue, como si no fuera posible o no valiera la pena articular su historicidad en nuestro discurso. Permanece, entonces, restringido a lo que desde afuera se percibe como el *no-lugar* de la lengua fría y de la lengua débil, la cual sólo alcanza su verdadera fuerza y su temperatura en el espacio que naturalmente le corresponde y a cuyos límites ha sido relegada. Borges renuncia a articular *para* el otro y *por* el otro una posición de discurso y sobre todo renuncia a teorizar acerca de su condición y su cultura, y aunque le reconoce cualidad enunciativa, afirma con la borradura de la voz la inutilidad –quizá la improcedencia– de toda traducción.[33] En un gesto sin duda irónico, escéptico, autoparódico, en un guiño premonitorio a los debates de la posmodernidad, Borges nos devuelve a la soledad y a la promesa de la biblioteca. Deja afuera, esperándonos, la otra orilla de la subjetividad, la culpa del colonialismo y la ilusión vana e imprescindible del conocimiento.

Notas

[1] Aparte de que el concepto es compartido por muchos críticos y lectores de Borges, Rodríguez Monegal llama "gurú" a Borges en su *biografía literaria* ("El anciano gurú" 403-11).
[2] Sobre la evaluación de esta alteridad, ver estudios como los de Rincón y las alusiones que hace de la Campa a la obra del escritor argentino (31-34).
[3] Laclau explica algunas de las derivaciones de esta posición: "If History as a totality is a possible object of experience and discourse, who could be the subject of such an experience but the subject of an absolute knowledge? Now, if we try to avoid this pitfall, and negate the terrain that would make that assertion a meaningful one, what becomes problematic is the very notion of 'subject position'. What could such a position be but a special location within a totality, and what could this totality be but the object of experience of an absolute subject?" (94).
[4] Sobre este punto abunda todo el debate sobre posmodernidad, partiendo del informe de Lyotard, que pusiera en cuestión la vigencia de las "grandes narrativas" en el actual contexto cultural.
[5] Discutiendo el tema de la heterogeneidad cultural en la posmodernidad, Brunner indica que una de las formas posibles de pensar el problema de la integración social *en* la diversidad, es reconocer que las sociedades actuales de América Latina mantienen, a pesar de esa heterogeneidad, y sobre la base de formas locales y parciales de consenso, un grado suficiente de integración. "Such a perspective might allow us to consider our societies as societies without the need for a basic consensus, without an agreement over foundations, with scarce possibility (and necessity) of conceiving themselves as 'totalities'; as societies that, *more than consensus, need to organize conflict* [énfasis mío] and give rise to agreements of interests; as societies that, more than recuperating a political system legitimized by a nucleus of values, need to construct and live with a necessarily unstable one, which reflects agreements over the rules of government capable or inspiring mutual respect and of avoiding the war of each against all" (Brunner 47).
[6] El libro fue publicado primero en inglés, bajo el título *Jorge Luis Borges. A Writer on the Edge* (London: Verso, 1993). La traducción al español permite recuperar el sentido del término "orillero" definido por Sarlo, que la expresión inglesa "on the edge" no comunica con precisión, aunque trasmite la idea de límite y frontera, que también se vincula con la utilización del término orillero en este trabajo. Según indica Sarlo, "Borges trabajó con todos los sentidos de la palabra 'orillas' (margen, filo, límite, costa, playa) para construir un ideologema que definió en la década del veinte y reapareció hasta el final, en muchos de sus relatos. 'Las orillas' son un espacio imaginario que se contrapone como *espejo infiel* a la ciudad moderna despojada de cualidades estéticas y metafísicas (...) En aquellos años, el término 'orillas' designaba a los barrios alejados y pobres, limítrofes con la llanura que rodeaba a la ciudad. El orillero, vecino de esos barrios, con frecuencia trabajador en los mataderos o frigoríficos donde todavía se estimaban las destrezas rurales de a caballo y con el cuchillo, se inscribe en una tradición criolla de manera mucho más plena que el compadrito de barrio (...) El orillero arquetípico desciende del

linaje hispano-criollo, y su origen es anterior a la inmigración..." (52-53). Pero lo que principalmente interesa a los efectos de este trabajo es el sentido metafórico que Sarlo sugiere: la idea de orilla como lugar crítico y construcción imaginaria, como "línea de frontera que marca los lados de un pliegue" (94).

[7] "El etnógrafo" aparece en el libro titulado *Elogio de la sombra* (1969), que incluye otro cuento breve, titulado "Pedro Salvadores," y algunos poemas. En el corto prólogo que Borges agrega a la tercera edición del libro, dice que "tales divergencias [genéricas] [le] parecen accidentales" y que "desearía que este libro fuera leído como un libro de versos" (352). Quizá supone, o finge suponer, que esta prosa escueta no se sostiene por sí misma y que la ingeniosa indulgencia del título puede sugerir una estrategia de lectura asociativa, capaz de abarcar y proteger, oscuramente, las partes que componen el pequeño volumen. Algunos críticos, advirtiendo esta debilidad, han sugerido que los dos relatos solitarios de *Elogio de la sombra* deberían ser, más bien, parte de *El informe de Brodie*, publicado en 1970. El aludido prólogo de Borges advierte también que la ética, al igual que la vejez, son temas nuevos que *Elogio de la sombra* agrega al de "los espejos, laberintos y espadas que ya prevé [el] resignado lector" en su prosa (352). El problema de la vejez no aparece en "El etnógrafo," y aunque es indudable que hay una latencia ética en el relato, ésta es una vertiente subterránea –subtextual– a la que el lector llegará, eventualmente, llevado por la intriga de lo que no se sabe.

[8] Este recurso de la veracidad incomprobable es el que guía también, por ejemplo, la apertura de "La intrusa": "Dicen (lo cual es improbable)...".

[9] Tal polarización indicaría un planteamiento esencialista característico del discurso identitario de la modernidad, donde se trata el problema de construcción de subjetividades colectivas de acuerdo con la dicotomía adentro/afuera, civilización/barbarie que marca las construcciones nacionales desde sus orígenes.

[10] Como indica Sylvia Molloy, siguiendo a Lotman, podría decirse que la obra de Borges "intenta incorporar, mediante la imprecisión y la selección –mediante ese resto diferencial que siempre queda, como elemento inquisidor– la infinitud del mundo o su ilusión especular, dentro de un modelo finito que mina perpetuamente" (109).

[11] Sarlo dice: "En las ficciones de Borges, la 'solución del pliegue' muestra su inestabilidad en el momento mismo en que se pasa de una superficie a otra: el pliegue es el lugar de peligro entre las dos superficies (las dos culturas) que une separando y separa uniendo" (95).

[12] La obra de Bronislav Malinowski (1884-1942) se considera todavía como el hito definidor de la antropología moderna. De fuerte influencia en el ámbito británico, el funcionalismo antihistoricista de Malinowski modifica los paradigmas de su contemporáneo James Frazer, que sustentaba un empiricismo acumulativo, donde los datos aparecían en muchos casos presentados fuera de contexto, dentro de un esquema fuertemente evolucionista. Para el antropólogo polaco, el pasado tiene importancia no sólo como testimonio de culturas extinguidas, sino por su proyección hacia el presente. La historia –o el mito– son "cartas de privilegio" que legitiman prácticas actuales. Sobre la importancia de Malinowski en la antropología actual, ver Gellner (30-36 y 116-23).

[13] Sigo aquí la idea de Susan Sontag: "... always anthropology has struggled with an intense, fascinated repulsion toward its subject. The horror of the primitive (...) is never far from the anthropologist's consciousness (...) Essentially [the anthropologist] is engaged in saving his own soul, by a curious and ambitious act of intellectual catharsis." (75).

[14] Respecto a las imágenes del antropólogo y su relación con el tema de la escritura y la "verdad" etnográfica, ver Clifford (*Writing Culture* 1-26).

[15] El evolucionismo que invierte esa noción consiste en proyectar el pasado de la especie –o formas culturales consideradas anteriores o resistentes al proceso modernizador– no ya sobre el presente sino sobre el futuro de nuestra cultura. La dirección habitual es la que enfoca la relación evolutiva entre pasado y presente; dice, al respecto, Gellner, resumiendo la noción dominante: "La atracción que ejerce en [la antropología] el salvaje, tiene sus raíces en el hecho de considerarlo un ancestro –social, institucional o intelectualmente hablando– aun cuando ese salvaje sea, biológicamente hablando, más un primo que un antepasado" (117).

[16] La crítica no ha indicado la coincidencia entre el nombre del etnógrafo de Borges y el del antropólogo norteamericano. Ya que estos guiños son frecuentes en Borges, no parece caprichoso insinuar la posibilidad de que el autor argentino haya utilizado un "nombre significante" en este caso: el de un antropólogo no particularmente brillante –George Peter Murdock– que se dedica a aspectos metodológicos, quizá un futuro posible para Fred Murdock en una etapa posterior a la que el relato representa, y como complemento de su experiencia como bibliotecario. Aprovecho para agradecer al antropólogo peruano Carlos Ossa, quien me ayudó a establecer la conexión entre el personaje de Borges y el etnógrafo norteamericano, conexión que me fue sugerida por una referencia de Marc Augé, en su citado libro. Respecto al nombre del personaje, aprovecho para señalar el error de Naomi Lindstrom, quien en su libro sobre la cuentística de Borges se refiere al estudiante de "El etnógrafo" como "Murdoch." De paso, también encuentro curiosa su consideración de que los cuentos incluidos en *Elogio de la sombra* parecen cuentos de fantasmas o "fireside tales."

[17] Al comentar *First-Time: The Historical Vision of an Afro-American People* (1983) de Richard Price, Clifford discute el tema de las verdades parciales y los secretos que integran la escritura etnográfica. Indica, por ejemplo, que "These strategies of elipsis, concealment, and partial disclosure determine ethnographic relations as much as they do the transmission of stories between generations" (*Writing Culture* 7). Así, Price mina la posible totalización de su relato al ofrecer un texto que es en realidad una serie de fragmentos, "an inherently imperfect mode of knowledge, which produces gaps as it fills them" (Clifford, *Writing Culture* 8). Sobre el tema del secreto en el discurso del *otro* ver Sommer.

[18] Pregunta Laclau: "Is particularism thinkable just *as* particularism, only out of the differential dimensions that it asserts? Are the relations between universalism and particularism simple relations of mutual exclusion? Or, if we address the matter from the opposite angle: does the alternative between an essentialist objectivism and a transcendental subjectivism exhaust the range of language games that it is possible to play with the universal?" (95)

[19] Éste es justamente el subtítulo del libro de Clifford, *Writing Culture. The Politics and Poetics of Ethnography*. Sobre el concepto de "crisis de la autoridad etnográfica" que es frecuente en los estudios actuales de antropología, remito aquí a Clifford, quien indica lo siguiente, comentando los interesantísimos juicios que tuvieron lugar en la Corte Federal de Boston, en 1977, en los que descendientes de los indios Wampanoag que habitan en Mashpee debían probar su identidad tribal y la continuidad de su genealogía desde el siglo XVII como apoyo a su reclamo por tierras perdidas: "In the conflict of interpretations, concepts such as 'tribe', 'culture', 'identity', assimilation', 'ethnicity', 'politics' and 'community' were themselves on trial (...) I began to see such questions [about modes of cultural interpretation] as symptoms of a pervasive postcolonial crisis o ethnographic authority. While the crisis has been felt most strongly by formerly hegemonic Western discourses, the questions it raises are of global significance. Who has the authority to speak for a group's identity or authenticity? What are the essential elements and boundaries of a culture? How do self and other clash and converse in the encounters of ethnography, travel, modern interethnic relations? What narratives of development, loss, and innovation can account for the present range of local oppositional movements?" (*Predicaments* 8). El primer capítulo de este libro está dedicado al desarrollo e historización de este problema. Sobre los juicios a que Clifford se refiere, ver "Identity in Mashpee" (*Predicaments* 277-346).

[20] Sobre el viaje paradigmático del héroe en la tradición occidental, ver Campbell.

[21] Bhabha define el "Tercer Espacio" como un tránsito, un pasaje "which represents both the general conditions of language and the specific implication of the utterance in a performative and institutional strategy of which it cannot 'in itself' be conscious [...] The intervention of the Third Space, which makes the structure of meaning and reference an ambivalent process, destroys this mirror of representation in which cultural knowledge is continuously revealed as an integrated, open, expanding code" ("Cultural Diversity" 208).

[22] Sobre el concepto de *Gemeinschaft* en relación con la filosofía del lenguage de Wittgenstein y con la antropología de Malinowski, ver Gellner 29-36.

[23] Sigo aquí la distinción de Arditi entre "la sociedad" (que expresaría el sueño moderno de homogeneización de las experiencias y prácticas de la comunidad en nombre de una única racionalidad) y "lo social" (referido al flujo constante y "nomádico" de prácticas que intersectan sólo ocasionalmente con las formas institucionales [ej. formas de vida y de cultura alternativas o "subculturales," etc.] y que requerirían nuevas formas de interpretación).

[24] Bhabha dice al respecto: "Cultural diversity is an epistemological object –culture as an object of empirical knowledge– whereas cultural difference is the process of the enunciation of culture as '*knowledgeable*', authoritative adequate to the construction of systems of cultural identification" ("Cultural Diversity" 206).

[25] La pregunta alude al apartado de T. Todorov, con ese mismo título, en su libro *On Human Diversity*. Sobre la relación entre sujeto, escritura y diferencia cultural, ver Kadir, particularmente el capítulo dedicado a Borges, donde se analiza la experiencia escritura/ lectura y algunas de sus alegorizaciones en la obra del escritor argentino (45-54).

Borges y yo. Primera reflexión sobre "El etnógrafo" • 283

[26] Según Carlos Rincón, "Borges is an intruder in Euro-American modernism in the sense of a cultural *extopia* of a peripheral marginality, of a modernity that is not yet and never will be completed" (168).
[27] En su "biografía literaria" de Borges, Rodríguez Monegal cita trozos de la autobiografía del escritor argentino, en los que éste indica sus opiniones sobre ese país al relatar su primera visita a la nación del Norte: "En cierto sentido, y debido a mis lecturas, yo había estado siempre allí [...] De hecho, Estados Unidos había adquirido tales proporciones míticas en mi mente que me asombró sinceramente comprobar que hubiera cosas vulgares, como yerbajos, barro, charcos, caminos sucios, moscas, perros sueltos" (citado por Rodríguez Monegal, 400). "Descubrí a Estados Unidos como el país más amistoso, más tolerante y más generoso que nunca hubiera visitado. Los suramericanos tenemos tendencia a pensar en términos de conveniencia, mientras la gente en Estados Unidos enfoca éticamente las cosas. Esto es lo que yo –un protestante aficionado– admiré sobre todo" (citado por Rodríguez Monegal 401).
[28] Appadurai define lo que aquí traduzco como "etnopaisajes" al indicar que "By *ethnoscape*, I mean the landscape of persons who constitute the shifting world in which we live: tourists, immigrants, refugees, exiles, guest workers, and other moving groups and individuals constitute an essential feature of the world and appear to affect the politics of (and between) nations to a hitherto unprecedented degree" (33). Uso en este trabajo la categoría de Appadurai de manera laxa, refiriéndome a la construcción de un paisaje étnico que incluye tanto la presencia del otro como la intervención "turística," mediadora, del etnógrafo, que funciona como testigo de la diferencia, ayudando así a complicar la fijeza y homogeneidad del paisaje habitual. En todo caso, el concepto sirve para resaltar la importancia de lo local, en los términos que han definido Clifford y Geertz: "Like sailing, gardening, politics, and poetry, law and ethnography are crafts of place: they work by the light of local knowledge" (Geertz167).
[29] "El etnólogo está condenado al estrabismo metodológico: no debe perder de vista ni el lugar inmediato que está observando ni las fronteras correspondientes a ese espacio exterior" (Augé 120).
[30] Como Marc Augé explica, el *no-lugar* no es un espacio de identidad ni puede definirse como relacional ni como histórico; son sitios de paso, relacionales, y se reiventan continuamente, como el itinerario de un viajero (81-116).
[31] Respecto a esto, Sommer discute varias teorías, pero particularmente la posición de Levinas sobre la negatividad del Otro y los límites del conocimiento, en términos que son pertinentes para este análisis. Sommer cita, por ejemplo, la siguiente consideración de Levinas, que atañe al relato de Borges en su aplicación al tema del multiculturalismo: "The real must not only be determined in its historical objectivity, but also from interior intentions, from the secrecy that interrupts the continuity of historical time. Only starting from this secrecy is the pluralism of society possible" (Levinas 57-47, cit. por Sommer 274 n.10).
[32] Me baso aquí en la elaboración de Gellner en "El contrato social de Freud" (Gellner 83-115). Sobre el tema de la relación entre culpa colonial, posmodernidad y lenguaje, ver Bhabha ("Postcolonial Authority").

[33] De alguna manera, Borges se niega también a orientar su relato en la dirección que podría haberle fijado un exotismo prescriptivo, que lee al otro como un texto, y que convierte su vivencia en discurso, escritura, mercancía simbólica. Es como si Borges se rehusara –*avant la lettre*– a transformar "demandas de reconocimiento" que están llamadas a culminar en políticas identitarias y multiculturales (Taylor) en una "política de compulsión" (Appiah) que obliga al otro a asumir la identidad que le ha sido socialmente construida y asignada por su condición étnica, sexual, política, etc.

Bibliografía

Appadurai, Arjun. *Modernity at Large. Cultural Dimensions of Globalization*. Minneapolis: University of Minnesota Press, 1996.

Appiah, K. Anthony. "Identity, Authenticity, Survival. Multicultural Societies and Social Reproduction". *Multiculturalism*. Charles Taylor y Amy Gutmann, eds. Princeton: Princeton University Press, 1994.

Arditi, Benjamin. "Una gramática postmoderna para pensar lo social". *Cultura, política y democratización*. Norbert Lechner, ed. Santiago: FLACSO/ CLASCO/ICI, 1987. 169-87.

Ashcroft, Bill, Garet Griffiths y Hellen Tiffin, eds. *The Post-Colonial Studies Reader*. Nueva York: Routledge, 1995.

Augé, Marc. *Los no-lugares. Espacios del anonimato. Una antropología de la sobremodernidad*. Barcelona: Gedisa, 1998.

Bhabha, Homi. "Postcolonial Authority and Postmodern Guilt". *Cultural Studies*. Lawrence Grossberg, Cary Nelson y Paula Treichler, eds. New York: Routledge, 1992. 56-68.

_____ "Cultural Diversity and Cultural Differences". *The Post-Colonial Studies Reader*. Bill Ashcroft, Garet Griffiths y Hellen Tiffin, eds. 206-09.

Bloom, Harold, ed. *Jorge Luis Borges*. Nueva York: Chelsea House, 1986.

Borges, Jorge Luis. *Prosa completa*. 2 Vols. Barcelona: Ed. Bruguera, 1980.

Brunner, Jose Joaquín. "Notes on Modernity and Postmodernity in Latin American Culture". *The Postmodernism Debate in Latin America*. John Beverley y José Oviedo, eds. Special Issue. *boundary 2* (1993): 34-54.

Calvino, Italo. *Sei proposte per il prossimo millenio*. Turin: Einaudi, 1988.

Campbell, George. *The Hero with a Thousand Faces*. Princeton: Princeton University Press, 1968.

Clifford, James and George Marcus. *Writing Culture. The Poetics and Politcs of Ethnography*. Berkeley/Los Angeles: University of California Press, 1986.

_____ *The Predicament of Culture. Twentieth-Century Ethnography, Literature, and Art*. Cambridge: Harvard University Press, 1988.

de la Campa, Román. *Latinamericanism*. Minneapolis: University of Minnesota Press, 1997.
de Man, Paul. "A Modern Master". *New York Review of Books* (March 1964): 9.
Foucault, Michel. *Les mots et les choses*. Paris: Gallimard, 1966.
Geertz, Clifford. *Local Knowledge. Further Essays in Interpretative Anthropology*. Nueva York: Basic Books, 1983.
Gellner, Ernest. *Antropología y política. Revoluciones en el bosque sagrado*. Barcelona: Gedisa, 1997.
Genette, Gerard. *Palimpsestes*. Paris: Seuil, 1982.
Grossberg, Lawrence, Cary Nelson y Paula Treichler, eds. *Cultural Studies*. New York: Routledge, 1992.
Kadir, Djelal. *The Other Writing. Postcolonial Essays in Latin American Writing Culture*. West Lafayette, IN: Purdue University Press, 1993.
Laclau, Ernesto. "Universalism, Particularism, and the Question of Identity". *The Identity in Question*. John Rajchman, ed. Nueva York: Routledge, 1995. 93-110.
Lévi-Strauss, Claude. *Tristes Tropiques*. Paris: Plon, 1955.
Lindstrom, Naomi. *Jorge Luis Borges. A Study of the Short Fiction*. Boston: Twayne Publishers, 1990.
Levinas, Emmanuel. *Totality and Infinity: An Essay on Exteriority*. Pittsburgh: Pittsburgh University Press, 1969.
Lyotard, Jean Francois. *The Postmodern Condition: A Report on Knowledge*. Minneapolis: University of Minnesota Press, 1984.
Man, Paul de. "A Modern Master". *Jorge Luis Borges*. Harold Bloom, ed. Nueva York: Chelsea House, 1986. 21-27.
Molloy, Sylvia. *Las letras de Borges*. Buenos Aires: Ed. Sudamericana, 1979.
Murdock, George Peter. *The Cross Cultural Survey*. n.p 1940. Reimpreso de *American Sociological Review* V/3 (1940).
_____ *Ethnographic Atlas*. Pittsburgh: University of Pittsburgh Press, 1967.
Rincón, Carlos. "The Peripheral Center of Postmodernism: On Borges, García Márquez, and Alterity". *boundary 2*. Special Issue (1993): 162-79.
Rodríguez Monegal, Emir. *Jorge Luis Borges. Biografía literaria*. México: Fondo de Cultura Económica, 1987.
Sarlo, Beatriz. *Borges, un escritor en las orillas*. Buenos Aires: Ariel, 1995.
Sommer, Doris. *Proceed with Caution When Engaged in Minority Discourse in the Americas*. Cambridge: Harvard University Press, 1998.
Sontag, Susan. "The Antropologist as Hero" [1963]. *Against Interpretation and Other Essays*. Nueva York: Octagon Books, 1978. 69-81.

Taylor, Charles y Amy Gutmann, eds. *Multiculturalism*. Princeton: Princeton University Press, 1994.

_____ "The Politics of Recognition". *Multiculturalism*. Charles Taylor y Amy Gutmann, eds. Princeton: Princeton University Press, 1994.

Todorov, Tzvetan. *On Human Diversity. Nationalism, Racism, and Exoticism in French Thought*. Cambridge: Harvard University Press, 1993.

Las reconfiguraciones del pensamiento crítico en la posdictadura

Nelly Richard
Revista de Crítica Cultural – Chile

El golpe militar no sólo destruyó materialmente la regularidad del orden social y político que sustentaba la tradición democrática en Chile sino que aconteció también –simbólicamente– como "golpe a la representación" (Patricio Marchant), al desencadenar una sucesión de quiebres y rupturas en todo el sistema de categorías que, hasta 1973, formulaba una determinada comprensión de lo social en base a reglas de inteligibilidad compartidas. El golpe militar tuvo el carácter –fuerte– de un "acontecimiento" (irrupción, disrupción) que trastocó no sólo el desarrollo lineal de la continuidad histórica sino la racionalidad misma de la historia: sus encadenamientos lógicos y sus pactos de comprensión. Ese trastocamiento de todo el sistema de entendimiento que, antes del golpe, organizaba el pensar y el nombrar lo social, fue vivido –según el filósofo Marchant– como "pérdida de la palabra",[1] como suspensión traumada del habla debido a las múltiples trizaduras de la identidad y de la representación causadas por el brusco choque de lo *familiar* (la normalidad simbólico-institucional y comunicativa del orden social; sus hábitos de significación y de participación) con lo siniestramente *desconocido* (la violencia homicida y sus destrozos).

Las figuras del trauma, del duelo y de la melancolía, pasaron a ser las figuras emblemáticas de un cierto pensamiento crítico de la posdictadura en tanto figuras que connotan la sensación de *irreconocimiento* y de *desamparo* que afecta al sujeto del quiebre histórico cuando este sujeto ya no cuenta con nombres y conceptos suficientemente fiables para verbalizar su experiencia –la radicalidad catastrófica de su devastada experiencia. Trauma, duelo y melancolía (el golpe como trauma, el duelo como pérdida de objeto y la melancolía como suspensión irresuelta del duelo[2]) son las figuras que –extraídas del repertorio freudiano– le prestaron su tonalidad afectiva a la expresión de lo posdictatorial como expresión marcada por la problematicidad de una tensión entre *pérdida del saber* (de la confianza en el saber como fundamento seguro), y *saber de la pérdida* (la reivindicación crítica del desecho, del *resto*, como condición de un pensamiento del "después" ya irreconciliable con los anteriores modelos de finitud y totalización de la verdad). Esta tensión que rodea la pérdida se inscribe, a su vez, en un presente social dividido –en sus extremos– entre, por un lado, la recordación fija del pasado (la contemplación nostálgica de un recuerdo petrificado en el tiempo: monumental) y, por otro lado, la completa disipación de las huellas de ese pasado histórico hoy sometido a la borradura electrónica de los flujos comunicativos de la actualidad mediática que operan en sintáctica complicidad con la globalización capitalista.

Trauma, duelo y melancolía fueron dibujando un estado de melancolización del pensamiento de/en la posdictadura que encontró uno de sus más finos motivos de productividad filosófico-estética en la alegoría benjaminiana: devastación histórica, arruinamiento del sentido y trabajo sobre las ruinas de una totalidad desfigurada que contiene la promesa redentora de una historicidad rota que sigue vibrando en cada pliegue de su caída. Según Avelar, "la primacía epocal de la alegoría en la posdictadura" se debería a que es "el tropo de lo imposible": a que ella "responde a una imposibilidad fundamental, un quiebre irrecuperable en la representación" (*Ficción y posdictadura*).[3]

Es este *quiebre de la significación* (que Avelar emblematiza en la figura de la alegoría) el que somete –en posdictadura– a saberes, categorías y lenguas a la condición de lo roto, de lo herido, de lo incompleto, de lo desintegrado, de lo convulsionado. Fueron distintas las respuestas a este quiebre de la significación que formularon los principales sectores del campo artístico, político y cultural chileno. Algunas hablas de la posdictadura (fue, por ejemplo, el caso de las ciencias sociales) denegaron, ocultaron o disfrazaron estas marcas de desarme del pensamiento para reconstruir –como si nada– *discursos eficientes*: discursos capaces de poner en orden los desórdenes de lo social gracias a la tecnicidad de ciertos instrumentos –cuantitativos, estadísticos– que procesaran el dato de la violencia pero sin dejarse perturbar por malestares de conciencia o desajustes de sentido. Otros relatos trataron desesperadamente de reintegrar lo desintegrado (los emblemas rotos de lo histórico-nacional y de lo popular) a totalidades nuevamente orgánicas y sintetizadoras de grandes visiones de mundo: fue el caso de las narrativas ideológicas de la izquierda militante. Mientras tanto, ciertas poéticas críticas se valieron de la fragmentación y del estallido, del residuo pos-simbólico, para confesarse vulnerables y heridas, es decir, solidarias del arruinamiento histórico de los vocabularios caídos en desintegración social y política pero, también, interesadas en reestilizar estos fragmentos con técnicas –de corte y de montaje– afines a sus roturas y sobresaltos.

Sabemos de los efectos que el duelo no procesado genera en el sujeto: bloqueos psíquicos, repliegues libidinales, paralizaciones de la voluntad y del deseo frente a la sensación de pérdida de algo irreconstituible (cuerpo, verdad, ideología, representación). El duelo no procesado suele generar el síntoma melancólico-depresivo que inmoviliza al sujeto en la tristeza de una contemplación ensimismada de lo perdido, sin la energía suficiente para construir salidas transformadoras a este drama del sinsentido. Según Julia Kristeva, el efecto melancólico-depresivo proviene no sólo de la tristeza frente a la irrecuperabilidad de lo perdido sino de la alteración destructiva de los *nexos significantes* que bloquea la capacidad de representar y de comunicar, es decir, de generar equivalencias simbólicas que transformen el síntoma de la pérdida en palabras e imágenes recreadoras (*Soleil noir*, 13-78). Según Kristeva, salir del duelo implica poner en acción mecanismos de *sustitución* (gracias a los cuales lo perdido es cambiado por la representación de la pérdida) y también mecanismos de *transposición* que desplacen la experiencia a registros de figuración y expresión donde se redibuje tal experiencia mediante artificios metafóricos.[4] La lectura de Kristeva realiza una apuesta a la creación artística y literaria como el registro privilegiado de una reconfiguración expresiva del valor traumático de las experiencias límite. Esta apuesta se hace confiando en las *redes de polivalencias semánticas* que la metáfora genera en torno a lo suprimido,[5] al rodear imaginariamente lo ausente con una multiplicidad expresiva de connotaciones de sentido que desplazan la carencia hacia una pluralidad exenta de imágenes.

Si trasladamos esta lectura al escenario de la memoria social, ella nos señala la importancia de confiar en las estéticas críticas para que las zonas más estremecidas del recuerdo encuentren fuerza, valor e intensidad en el trabajo *sobre las formas en trance de significación* con las que trabaja el arte.[6]

Las operaciones de la memoria que han predominado en el escenario de la Transición se dividen entre el recuerdo como *monumento* (celebración ritualista de una memoria heroicamente congelada en el símbolo histórico: la reificación del pasado en un bloque conmemorativo sin ninguna fisura que lo abra a sus contradicciones) o bien el recuerdo como *documento* (la objetivación de la prueba mediante la descriptividad neutral del comentario y sus retóricas institucionales de la información; la simpleza monorreferencial del dato que se agota en lo denotativo-informativo). El arte y la literatura son, felizmente, contrarios a este doble manejo citacional de la memoria operado por la Transición, y es gracias a los estallidos plurisignificantes de su trabajo sobre las formas (imágenes, relatos y narraciones) que el gesto estético logra intensificar la memoria a través de una batalla de simbolizaciones. Es gracias a estos estallidos que el arte y la cultura se convierten en los registros más afines a la exploración de lo disgregado, de lo escindido, de lo residual, de lo convulso (de todo lo que vibra, fragmentariamente, en la singularidad del detalle que confiesa la muerte del símbolo orgánico).

Pero volvamos al pensamiento crítico y a los desafíos de su reconfiguración en posdictadura, cuando no sólo se trata de compartir el duelo con el enlutado sino de comprometer a ese sujeto del duelo histórico en un trabajo activo, participativo, de *resignificación*: ¿Cómo dar cuenta de lo que trastocó nuestras formas de vida y conocimiento en un lenguaje que acuse "el golpe" –y que reconozca el *accidente* de la pérdida– pero sin renunciar a la tarea de *reformular conceptualmente* los significados de la experiencia? ¿Cómo articular una *distancia reflexiva* que se aleje del simple realismo testimonial de lo vivenciado afectivamente, sin que la jerarquía del concepto borre al mismo tiempo la textura subjetiva de lo vivido y de lo sufrido? ¿Cómo retramar articulaciones significantes y conexiones operativas para que el pensar crítico se active como tal, pero sin que esta voluntad de acción deje atrás la negatividad de una falla que no puede acomodar ninguna reparación de saber ¿Cómo expresar la *pérdida de sentido*, pero sin renunciar a reconjugar críticamente los *sentidos de la pérdida*?

El desastre categorial y experiencial del golpe ha remecido subjetividades y conciencias de tal manera que un pensar o un hablar sensibles al desastre no podrían sino resentir los cortes y las heridas de la precariedad. Por eso la sospecha hacia las racionalidades científicas cuyos marcos de investigación y léxicos profesionales se siguen exhibiendo sin fallas ni roturas, indemnes.[7] Por eso también el valor crítico de los temblores expresivos que recorren aquellos lenguajes que se dicen no conformes con el dominio del saber de la competencia técnica y de la formalidad académica. Por eso la necesidad de que lo socialmente roto entre en equivalencias figurativas con las marcas de la discontinuidad que dibujaron ciertas poéticas críticas, al explorar las brechas y fisuras de la representación. Pero, ¿cómo conjugar, por un lado, el señalamiento de tales brechas y fisuras en la desgarrada trama del decir con, por otro lado, la no-renuncia a la acción crítica que debe ser capaz de operar saltos conceptuales y mutaciones subjetivas que transformen en otra cosa las sufrientes imágenes del pasado de la derrota? Una insinuante línea de trabajo desplegado en el campo filosófico chileno de la posdictadura subraya la necesidad de "no perder la pérdida",[8] es decir, de no borrar el peso y la gravedad de las huellas que quedan como *restos* de la descomposición, de no traicionar la fragilidad temblorosa de esas huellas recurriendo a las máquinas de la razón crítica (y a sus políticas del sentido) que siempre amenazarían con ejercer control y dominio argumentales sobre lo que, según esta línea de trabajo, debe permanecer vibrando como *torsión catastrófica*. El giro filosófico-desconstructivo de ese pensar en/de la posdictadura que busca retener y mantener la catástrofe del sentido radicaliza así su desconfianza hacia la instrumentalidad de los saberes explicativos; hacia las administraciones del conocimiento que traducen el dato traumado de la pérdida a una lengua simplificadamente reconstructiva y, por tanto, normalizadora. Tales sospechas y desconfianzas manifestadas desde la filosofía contribuyen sin duda a reforzar el valor metacrítico de un pensar en/la posdictadura, actuando como su condición *necesaria*. Pero no se constituyen al menos para mí en una condición *suficiente*, si el desafío es recobrar la palabra después de "la pérdida de la palabra" (salvar dicha palabra del naufragio de lo indecible; no naufragar en el puro discurrir sobre la imposibilidad del nombrar) sino –muy por el contrario– "encontrar nuevas formas de incidencia operativa en el presente" (Moreiras 29).

Rastrear las señas de la melancolía como figuración alegórica del duelo en el imaginario social e histórico de la posdictadura no debería ser equivalente a tener que complacer el vocabulario final de una completa y definitiva "pérdida de capacidad para transformar críticamente lo real".[9] Recuperar esta capacidad perdida implica, de una u otra manera, "clausurar el duelo por el pasado, o empezar a considerarlo como una inscripción relativa, sintomática, y así subsumible en una región mayor" hacia donde trasladar las marcas de "una herida todavía abierta en los órdenes experienciales de lo socio-político" que, aunque siempre "espectralmente presentes", deben efectuar algún "trance de separación" con la escena anterior para escapar de lo que era en ella parálisis o mudez (Galende 47). Me parece que esta tensión –insuprimible– entre los destrozos de la representación, por un lado y, por otro lado, la necesidad de recrear nuevas formas de operatividad crítica que contengan la imagen de estos destrozos pero sin permanecer contemplativamente adheridas a su pasado, condensa uno de los más arduos desafíos del campo intelectual de la posdictadura –al menos, para quienes creemos que no basta con examinar rigurosamente las condiciones negativas del pensar (para llegar, a veces, a una completa suspensión del acto de sentido) sino que hace falta, también, diseñar nuevos modos de intervención que aspiren a no dejar el presente tal cual. No dejar el presente tal cual (inafectado) supone tareas de *producción de sentido* y de *inserción del sentido* en los contextos polémicos de la actualidad, donde sean capaces de ocasionar roces de enunciados y fricciones institucionales.

Preguntarse por las condiciones de intervención crítica de la práctica teórica en los debates del presente nos enfrenta al problema del "límite", en dos sentidos. *Límites internos* al campo académico, en cuanto las limitaciones impuestas por las fronteras de especialización disciplinaria podrían ser culpables de restringir los desplazamientos de objetos que deberían movilizar nuevas energías de lectura en torno a procesos sociales y formaciones discursivas de renovada complejidad. Y *límite externo*, en cuanto hablar de una intervención crítica en el presente *vivo* supone recorrer la brecha entre el universo discursivo de lo académico y los territorios de acción de lo extra-académico, como dos zonas que se encuentran regidas por leyes –específicas y desiguales– de competencia, validez y eficacia social.

Si atendemos la pregunta sobre los límites internos que fijan el reparto de las disciplinas, deberíamos revisar los actuales procesos de *descentramiento y transversalidad* mediante los cuales determinadas prácticas como los estudios culturales o la crítica cultural quieren afectar los criterios de autonomía, pureza y no-interferencia del saber académico tradicional, y también revitalizar los archivos del conocimiento con la lectura no canónica de prácticas socialmente extendidas. Dejo aquí pendiente la evaluación de lo ocurrido con tales descentramientos y transversalidades. Dejo también pendientes las respuestas a la pregunta de si los estudios culturales han producido efectivamente un saldo emancipador en relación a las jerarquizaciones y clasificaciones del saber de antes, o bien si su extremo particularismo y segmentarismo de las diferencias; si su ilimitada yuxtaposición de objetos y conocimientos indiscriminadamente válidos en el supermercado académico de las marginalidades y subalternidades reclasificadas, están sólo conduciendo a obscenas promiscuidades y a sospechosos relativismos valorativos.[10]

Pero incluso si decidimos rescatar el efecto pluralizante de las descanonizaciones actualmente en curso, pudiera ser que las contaminaciones y diseminaciones de textos que propone la crítica cultural se muestren sólo capaces de producir "cambios de relación entre las disciplinas del campo intelectual", sin afectar en nada las relaciones "entre socialidad, política y cultura" (Rowe 42).

Dejo de lado, entonces, el primer límite entre disciplinas y transdisciplinariedad que ya habría cruzado la crítica cultural –o cualquier otra máquina híbrida de lectura– para ocuparme de la frontera entre interioridad y exterioridad académica: entre *cultura académica* (el universo profesional del pensar discursivo) y *práctica intelectual*: las redes de intervención social y de debate público del acto crítico.[11] Las dificultades para pensar tal sitio o localización que supone el hacerse cargo de tensiones heterogéneas entre el "adentro" y el "afuera" de la cultura académica (y quizás sea éste el punto de menor unanimidad en la discusión nuestra sobre intelectualidad y posdictadura[12]), tienen que ver con los riesgos del presente (de la relación con el presente) y con los conflictos entre *actualidad* y *lengua crítica*:[13] entre mercado cultural y resistencia de la palabra crítica a la estandarización de la comunicación; entre *asimilación cultural* e *irrecuperación crítica*.

Son muchas las razones que tenemos para convencernos de que el presente no es otra cosa que el reino factual de lo *dado*: una burda trama de redundancias mediáticas que se basa en la mezcla trivial de sentido común y de efectos de opinión para reducirlo todo, simplificadamente, a una leyenda descriptiva que se agota en la coyunturalidad de los hechos. ¿Cómo atreverse entonces a creer en una crítica de la actualidad que sea capaz de zafarse de este banal estado de cosas, de romper con la trivialización del sentido a la que estaría condenada la palabra de la crítica al ser puesta en circulación por las redes públicas de la actualidad? ¿Cómo tomar "distancia"[14] con esta actualidad que se hace pasar por presente y que confunde el presente con el realismo oficial de un "hoy" trivialmente recortado por los medios de comunicación?

Pero, a la vez, y éste es el problema que a mí me interesa, no podemos abandonar el presente a su suerte. No podemos no acordarle el beneficio de que no todo lo que se formula en él habla en concordancia de tono con los lugares comunes de esta actualidad demasiado simple e irreflexiva. No podemos desechar la posibilidad de que, en las brechas de los vocabularios oficiales, ciertas voces estén modulando sentidos alternativos, discordantes y, de ser así, tenemos que responsabilizarnos por ellas *tomando partido a su favor* en los conflictos de significación que las oponen, contingentemente, a las definiciones hegemónicas.

Lo "actual" es también, en el sentido foucaultiano, lo que señala potencialmente el "devenir-otro" del presente: un "devenir-otro" que se juega en cada disidencia de códigos, es decir, cada vez que la emergencia contestataria de lo diferente debe disputarle terreno a los ordenamientos capitalistas del mercado que busca poner la realidad en completa equivalencia de formas y actitudes con la sutura neoliberal. El presente no está sellado por una gramática uniforme de signos que se integran todos por igual al Todo del mercado, sin que ciertas rupturas o desequilibrios de planos y funciones tengan la oportunidad de accidentar las rutinas de lo programado. El presente se compone de una estratificación de enunciados –en relaciones de fuerzas siempre inestables– que presentan zonas menos sólidas o coordinadas que otras, por donde *ensayar* la diferencia. Y estas zonas de ensayo donde lo que está en formación (modos de ser, de ver y de leer) no coincide todavía con un significado completo o definitivo, designan uno de los lugares donde la crítica cultural afina y refina sus armas para tratar de modificar en algo la configuración ideológica del presente.

Introducirse en los pliegues de no-coincidencia que separan significados y significantes para subrayar el carácter de *montaje* que posee la actualidad; desocultar los pactos discursivos de los que se sirven las ideologías culturales para naturalizar el sentido, sigue siendo una de las tareas de la crítica que le permite ejercer una "contrainterpretación vigilante" sobre lo que Derrida llama la "artefactualidad" de lo real.[15] Estos pliegues de no-coincidencia le sirven también a la crítica para distinguir el presente de la actualidad que lo simula, y además, para insertar entre ambos las paradojas de lo inactual y sus residuos: cualquier desecho que opaque la lisura y transparencia operacional del hoy y que, haciéndolo, vuelva ese presente extraño a sí mismo, "intempestivo", descalzado –en tiempos y modos– de las convenciones perceptivas que formulan el acuerdo mayoritario de los signos.[16]

Romper la pasividad de este acuerdo implica restituir en los sistemas de valores y legitimación de la cultura dominante los *conflictos de puntos de vista* que siempre insisten en borrar el pluralismo conformista del mercado de la diversidad para que no alteren su paisaje de indiferenciación de las diferencias. Reintroducir estos conflictos de puntos de vista en los sistemas de valoración dominantes para sacudir e inquietar las definiciones hegemónicas supone, de parte de la crítica cultural, ocupar ciertas rendijas en las sistematizaciones oficiales por donde interrumpir y desviar sus programaciones de enunciados.

Desentenderse del presente o de la actualidad bajo el pretexto de que sólo son reductividad y traductividad oficiales equivale a renunciar "a la lucha por el sentido, a la consideración de la cultura como *campo de batalla*" (Grüner 23) donde, diariamente, lo emergente y lo residual deben pelear contra los bloques de formalización dominante. Si la crítica intelectual se abstiene de intervenir en estas peleas bajo el pretexto (aristocrático) de que el presente es demasiado promiscuo, ¿desde dónde esperar que se produzcan, entonces, los *choques de acentuaciones* que van a hacer estallar la falsa consensualidad de los arreglos con los que la actualidad mantiene sus signos en orden?

Totalidad y fragmentos; equivalencias abstractas y singularidad de la diferencia; homogeneidad de la ley general del sistema (neoliberalismo, globalización) y heterogeneidad local de sus agenciamientos concretos; saturación capitalista y puntos de rotura del diagrama a través de los cuales ponerlo, intersticialmente, en contradicción. Lo irresoluble de estas tensiones (a menos que un determinado gesto las *ponga a prueba*[17]) enfrenta el pensamiento crítico de la posdictadura al dilema de si atreverse o no a poner en circulación social teorías e interpretaciones, ficciones críticas, que buscan desencajar los verosímiles dominantes de la cultura estandarizada, sin nunca saber –a ciencia cierta– si su *pulsión de otredad* va a lograr abrirse camino (o no) en medio de lo uniforme y de lo conforme que la domestican mediática, política y académicamente. Por un lado, al arriesgarnos a intervenir en la red pública de la cultura, corremos el peligro de que la voz crítica termine subsumida en la actualidad y se mezcle con sus desperdicios, sin lograr hacer notar su "diferencia" con el régimen comunicativo de trivialización dominante.[18] Por otro lado, al despreciar la red pública (al replegarse en el ejercicio autocrítico de la negación pasiva; al renunciar a intervenir en la facticidad de lo actual por exceso de vigilancia epistémica del saber), entramos en silencio cómplice frente a los abusos del presente desde el refugio académico –un refugio convertido en una cómoda zona de no-intervención desde la cual evitar todo riesgo de compromiso social con la heterogeneidad y resistencia de las fuerzas vivas y en desorden que luchan diariamente contra múltiples agencias de control.

Varias tesis finiseculares nos advierten que "la alteridad, como todo lo demás, ha caído bajo la ley del mercado, de la oferta y la demanda"; que "el discurso de las diferencias" sólo fabrica simulacros de alteridad como parte circulante de un sistema abstracto de "intercambio regulado" (Baudrillard 138) que ya nada lograría desregular (ni exceso ni residuo), porque la máquina capitalista se ha vuelto experta en incorporar transgresiones y desequilibrios a la producción de multiplicidad y de heterogeneidad con la que se reactiva la lógica de diversificación del mercado. Pero no existe una ley de apropiación cuyo dominio resulte tan hermético –en su capacidad de reunificación *total* de las fragmentaciones capitalistas– como para que todos los tiempos y los modos de la subjetividad vayan a ser inexorablemente convertidos por ella a la serie-mercado.[19] La lucha de tendencias entre los procesos de *serialidad-repetición* y de *alteridad-transformación* que se dan en el interior de los cuerpos de discursos y de su lógica de los hechos, no está nunca decidida de antemano, entre otras razones porque el juego de la diferencia –antes de saber si va a quedar o no subordinado a un régimen de traducción y equivalencia oficial– vibra como potencialidad *en acto*, como apertura y aventura singulares. Es precisamente la vibración crítica de estas zonas de incertidumbre lo que desafía el modelo de "subjetividad imaginaria" característica del capitalismo "que postula una Totalidad sin faltas, sin diferencias, clausurada bajo la forma de un múltiple sistema universal de equivalencias abstractas" (Grüner 50). A menos de suponerse infalible, ninguna construcción de saber podría certificarnos que no existen –dentro del presente y de la actualidad– líneas de fuga y disidencia que se zafan de la absoluta predictibilidad del sistema.

Todo esto para decir que convertir el presente y la actualidad en una de las zonas de trabajo de la crítica no implica rendirse a sus pragmáticas de la simpleza, sino leer –a destiempo, a contratiempo– lo que recorre ese presente como ambivalencia, desacuerdo o resistencia. Sin esta lectura atenta a lo que, en el presente, trabaja en su contra, no tendríamos cómo percibir las formulaciones inconclusas de lo nuevo. No tendríamos cómo rescatar lo que está todavía en proceso de invención (obras, textos, ficciones críticas) para salvarlo de los estados de consolidación normativa destinados a fijar su valor. Mantener ese valor oscilante y en suspenso; tornar ese valor contradictorio en el aventurado hacerse y deshacerse de la significación son modos de trabajar con los textos y la cultura que contradicen las reificaciones tanto conceptuales como mercantiles de un dispositivo capitalista sin fallas. Detectar cómo y dónde se formulan grandes o pequeñas insurrecciones de sentido (rebeldías sociales pero, también, poéticas de la escritura y torsiones del pensamiento); movilizar sus fuerzas de alteridad-alteración, es tarea de una crítica intelectual que recorre los pliegues de desobediencia que estrían el presente para, desde la incompletud y la no-certeza de lo que se juega en ellos, oponerse al cierre antiutópico de lo real que rematan tanto el neoliberalismo de fin de siglo como los vocabularios finales de la impotencia.

Es cierto que el paisaje de la Transición se ha visto marcado por la pérdida de la historia y de la política como objetos de una anterior lucha por el sentido hoy desvanecida, y es cierto también que dicha pérdida se ha visto acompañada por el deslizamiento de sujetos y objetos en un mundo donde *consenso* y *mercado* trazan un paisaje ya carente de toda vibración intensiva. Sin embargo, como toda formación de enunciados, la realidad de este presente de la Transición (lo homogéneo del consenso, lo serial del mercado) muestra fisuras y descalces que exponen las gramáticas del orden a imprevisibles zonas de agitación y turbulencia desde donde la crítica intelectual puede rescatar lo que no quiere dejarse asimilar a los idiomas funcionarios de la cultura y de la política institucionales. El pensamiento de la posdictadura requiere de la crítica intelectual que practique ese rescate de lo otro (de lo que tuerce las reglas de comprensión del verosímil dominante de la actualidad) para que la memoria no se parezca al recuerdo, es decir, para que las materias sedimentadas del pasado tengan la oportunidad de moverse hacia nuevas construcciones de sentido que entren en conexiones activas y transformadoras con los procesos de subjetividad que se inventan de manera contingente.

NOTAS

[1] En su prólogo a *Escritura y temblor*, Pablo Oyarzún y Willy Thayer –coeditores del libro de Marchant- sitúan a la escritura de éste bajo la toma de conciencia de esta "pérdida de la palabra", teorizada por el mismo autor como "zona de temblor" de desastre experiencial y de catástrofe de los nombres.
[2] Dice Idelber Avelar: "Al oscilar entre las posiciones de objeto y sujeto del duelo, la literatura posdictatorial se encuentra, entonces, perennemente al borde de la

IV. POLÍTICAS/POÉTICAS DEL CUERPO

melancolía. En su sentido freudiano estricto, la distinción entre duelo y melancolía estriba en el locus de la pérdida, situada ya sea fuera del sujeto, ejerciendo en él un profundo impacto pero siendo al fin y al cabo comprensible como la pérdida que sufre uno de algo o alguien (duelo), o ubicua hasta el punto de incluir al sujeto doliente en la pérdida misma, de modo que desaparece la separación entre sujeto y objeto de la pérdida (melancolía) [...] La melancolía emerge así de una variedad específica del duelo, de aquel duelo que ha cerrado un círculo que incluye al propio sujeto enlutado como objeto de la pérdida. En este sentido, la melancolía no es otra cosa sino un síntoma privilegiado de un bloqueo en la resolución del trabajo del duelo"(*Ficción y posdictadura*).

[3] La lectura que hace Avelar de la alegoría, opone esta figura a la de la metáfora, en cuanto la metáfora no haría sino asimilar el resto a las cadenas sustitutivas de un presente uniformado por los códigos de traducción homogénea del mercado.

[4] Dice Kristeva: "trans-poner, en griego *métaphorein*: transportar, el lenguaje es de partida una traducción, pero en un registro heterogéneo al registro en el que se opera la pérdida afectiva, la renuncia, el quiebre". La traducción metafórica "saca los signos de su neutralidad significante", rompe con la "asimbolía: la pérdida de sentido" multiplicando las redes de traducción y conversión figurativas en torno a lo perdido (53-54).

[5] Aquí, la "metáfora" no se enfrenta a la "alegoría" tal como ocurre en la lectura de Avelar que concibe a la metáfora como un procedimiento críticamente devaluado frente a la alegoría ("Alegoría y posdictadura" 22). La importancia del tropo de la metáfora radica, según Kristeva, en su retoricidad: en la figuratividad de lo simulado y de lo oblicuo que la metáfora opone a la literalidad del sentido denotativo y a la transparencia monorreferencial de los lenguajes comunicacionalmente empobrecidos.

[6] Jean Louis Déotte señala la importancia del rol de "poner en palabras y en imágenes, de proporcionar representaciones" del escritor y del artista que deben "tomar partido por el resto, por lo aniquilado, por lo desaparecido, por los vencidos" (150). A su vez, Franco Rella destaca las "modalidades de pensamiento, otros modos de entrar en una relación cognoscitiva con lo real: la de las artes, la poesía y la narrativa" para crear nuevas formaciones de sentido y nuevas disposiciones de sujeto (215).

[7] Dice Marchant: "Un día, de golpe, tantos de nosotros perdimos la palabra, perdimos totalmente la palabra. Otros en cambio -fuerza o debilidad-(se) perdieron esa pérdida: pudieron seguir hablando, escribiendo, y, si cambio de contenido, sin embargo, ningún cambio de ritmo en su hablar, en su escritura" (*Sobre árboles y madres*).

[8] Releyendo a Marchant, dice Iván Trujillo: "De golpe, el pensamiento y la pérdida aparecieron juntos. Y al parecer, ni la pérdida del pensamiento se puede pensar ni el pensamiento de la pérdida se puede perder. El pensamiento de la pérdida lo es de ella, de la pérdida. En tanto es ella la que arrastra todo hacia la desaparición, hay una enorme dificultad en que un pensamiento se ponga a pensar [...] Metonimia errante: el pensamiento de la pérdida es la pérdida que ya no se puede perder" (Trujillo, *Pensar la pérdida*).

[9] "La melancolía es la pérdida de capacidad para transformar críticamente lo real", dice Federico Galende en el marco de una reflexión sobre cómo la crisis de recomposición de la tradición de la izquierda "sobreviene de la imposibilidad de duelo, de un golpe que, a través del trauma, removió todos los espejos en los que un cierto campo podía recomponerse" ("La izquierda ..." 47).

[10] Remito para esta discusión a cuatro intervenciones –entre las varias escritas y publicadas– que, en muy distintos tonos y matices, se preguntan por los "límites" de los estudios culturales: Federico Galende, "Un desmemoriado espíritu de época"; Beatriz Sarlo, "Los estudios culturales y la crítica literaria en la encrucijada valorativa"; Eduardo Grüner, "El retorno de la teoría crítica de la cultura"; Willy Thayer, "Tercer espacio e ilimitación capitalista".

[11] A propósito de esta distinción entre trabajo académico y práctica intelectual, Edward Said hablaba de "escoger los riesgos y los resultados inciertos de la esfera pública –una conferencia, un libro o artículo, que circulan sin trabas– por encima del espacio cómplice controlado por expertos y profesionales" (94).

[12] Al decir aquí "nuestra", me refiero sobre todo a un espacio de reflexión y discusión colectiva que nos mantuvo por tres años reunidos en el Seminario de Crítica Cultural de la Universidad Arcis organizado en el marco del proyecto de la Fundación Rockefeller "Posdictadura y Transición democrática 1997-1999". Muchas de las reflexiones aquí elaboradas son producto de la experiencia inédita de ese seminario que reunió a estudiantes y profesores de filosofía, de sociología, de arte y de literatura. Agradezco la calidad y el estímulo de los aportes de quienes fueron parte de esta discusión.

[13] Thayer resume lo complicado de estas relaciones entre "crítica" y "actualidad" de la siguiente manera: "Antes que un objeto de análisis, ésta ('nuestra' actualidad) es un 'estado de cosas' general donde toda práctica y quehacer analítico [...] se inscribe y hunde sus condiciones de posibilidad. La erección de un 'discurso' contra la actualidad, cuenta ya con la actualidad como el suelo, el presupuesto desde el cual se erige, así como el nadador que intenta avanzar contra la corriente, requiere de la corriente y la presupone en cada brazada que da contra ella [...] La crítica de lo actual no se originaría en un afuera trascendido de la actualidad. Pero tampoco en un simple adentro. Y aquí comienzan los problemas" ("Cómo se llega a ser lo que se es" 62).

[14] Sabemos de las complicaciones que rondan esta palabra "distancia" que parece seguir reclamando un "corte" o una "separación", ahí donde prevalecen las acumulaciones indiferenciadas de signos que se encuentran sumergidos en la inmediatez, la profusión y la confusión, la indiscriminación. Esta "separación" entre actualidad y crítica ya no respondería a la simbólica territorial de la distancia. Tendría más que ver con *descalzar* códigos, legibilidades y comprensiones, mediante fisuraciones críticas que desuniformicen las significaciones estandarizadas del pluralismo institucional y de mercado.

[15] Jacques Derrida insiste en la necesidad de una "contrainterpretación vigilante" capaz de demostrar que "la actualidad, precisamente, está *hecha*": de que "está activamente producida, cribada, investida, performativamente interpretada por numerosos dispositivos *ficticios* o *artificiales*, jerarquizadores y selectivos, siempre

Las reconfiguraciones del pensamiento critico en la posdictadura • 299

al servicio de fuerzas e intereses que los 'sujetos'"y los agentes [...] nunca perciben lo suficiente" (15).

[16] Horacio González deja abierta la posibilidad –para la crítica cultural– de salvar al presente de sí mismo debido a la "heterogeneidad de la actualidad", diciendo que "el presente contiene siempre identidades culturales, pero *presencias difusas;* imperativos éticos, pero *inestabilidad valorativa;* hegemonías temáticas, pero *dispersión argumentativa;* visibilidad de novedades, pero *persistencia de arcaísmos*" (González citado en Podlubne 77).

[17] Dice Bové: "la crítica debe ser siempre concreta y específica..No puede tanto definirse o teorizarse como ponerse en práctica. Para captar algo de la fuerza de un acto crítico "de oposición" se debe ver éste, antes que nada, como *un acto y en acción,* se debe ver éste encajado críticamente con algún elemento de la estructura autorizada de la sociedad y de la cultura a la que se enfrenta" (83–85).

[18] El desafío consistiría en saber cómo replicarle a la actualidad en términos suficientemente explícitos como para que las agencias de signos que la coordinan se sientan tocadas por ella sin que la voz de la crítica se vuelva cautiva de la comprensión mediana de los medios, de su sentido común. ¿Cómo desfamiliarizar ese sentido común, desde una voz que no se vuelva para él enteramente extraña, irreconocible? ¿Cómo criticar a la actualidad sin usar su misma retórica de habla pero haciéndose escuchar por ella? ¿Cómo producir ciertas disonancias (cambios de puntuación y rupturas de acento) que separen –idiomáticamente– la crítica del objeto a criticar, pero sin que la distancia de esta separación se pierda en la intraducibilidad? (ver Thayer, "Cómo se llega a ser lo que se es").

[19] Decía Raymond Williams: "No importa cuán dominante sea un sistema social, el significado mismo de su dominación incluye un límite y opciones sobre las actividades que engloba, de modo tal que, por definición, no puede agotar toda la experiencia humana, la que, en consecuencia, abre un espacio potencial para los actos y las intenciones alternativas, aún no articuladas como proyectos o instituciones culturales" (252).

BIBLIOGRAFÍA

Avelar, Idelber. *Alegorías de la derrota: la ficción postdictatorial y el trabajo del duelo.* Santiago : Editorial Cuarto Propio, 2000.
_____ "Alegoría y posdictadura: notas sobre la memoria del mercado". *Revista de Crítica Cultural* 14 (1997): 22-7.
Baudrillard, Jean. *La Transparencia del Mal.* Barcelona: Editorial Anagrama, 1991.
Bové, Paul. *En la estela de la teoría.* Madrid: Cátedra, 1996.
Déotte, Jean Louis. *Catástrofe y olvido; las ruinas, Europa, el Museo.* Santiago: Editorial Cuarto Propio, 1998.
Derrida, Jacques. *Ecografías de la televisión.* Buenos Aires: Eudeba, 1998.
Galende, Federico. "La izquierda entre el duelo, la melancolía y el trauma". *Revista de Crítica Cultural* 17 (1998).

_____ "Un desmemoriado espíritu de época". *Revista de Crítica Cultural* 13 (1996).

Grüner, Eduardo. "El retorno de la teoría crítica de la cultura: una introducción alegórica a Jameson y Zizek". *Fredric Jameson, Slavoj Zizek: Estudios Culturales, reflexiones sobre el multiculturalismo*. Buenos Aires: Paidós, 1998. 11-67.

Kristeva, Julia. *Soleil noir, dépression et mélancolie*. Paris: Gallimard, 1987.

Marchant, Patricio. *Escritura y Temblor*. Santiago: Editorial Cuarto Propio, 2000.

_____ *Sobre árboles y madres: poesía chilena*. Ediciones Gato Murr, 1984.

Moreiras, Alberto. "La exterioridad de la no-liberación: subalternismo y práctica teórica". Manuscrito inédito.

Podlubne, Judith. "Beatriz Sarlo / Horacio González: perspectivas de la crítica cultural". *Las operaciones de la crítica*. Alberto Giordano y María Cecilia Vásquez, eds. Rosario: Beatriz Viterbo Editora, 1998.

Rella, Franco. *El silencio y las palabras, el pensamiento en tiempo de crisis*. Barcelona: Paidós, 1992

Rowe, William. "La crítica cultural; problemas y perspectivas". *Nuevo Texto Crítico* 14/15 (1994-1995): 37-47.

Said, Edward. *Representaciones del intelectual*. Barcelona: Paidós, 1996.

Sarlo, Beatriz. "Los estudios culturales y la crítica literaria en la encrucijada valorativa", *Revista de Crítica Cultural* 15 (1997): 32-8.

_____ y Pablo Oyarzún. *Escritura y temblor*. Santiago: Editorial Cuarto Propio, 2000.

Thayer, Willy. "Tercer espacio e ilimitación capitalista". *Revista de Crítica Cultural* 18 (1999): 58-60.

_____ "Cómo se llega a ser lo que se es". *Revista de Crítica Cultural* 15 (1997): 62-4.

Trujillo, Iván. *Pensar la pérdida*, documento-sin publicar-presentado en el Diplomado en Crítica Cultural de la Universidad Arcis, Marzo 1999.

Williams, Raymond. *Politics and Letters: Interviews with New Left Review*. Londres: New Left Books, 1979.

IV. Políticas/poéticas del cuerpo

La violencia del género y la narrativa del exceso: notas sobre mujer y relato en dos novelas argentinas de principios de siglo

Sylvia Molloy
New York University

> No hay disturbio patológico en sí. Lo normal sólo se puede evaluar en términos de una relación.
> Georges Canguilhem, *Lo normal y lo patológico*

LA ESCENA DEL RELATO

Durante un largo, brumoso, verlainiano otoño, un narrador visita regularmente a una mujer y, en cada visita —en cada sesión— le narra una historia. El ejercicio narrativo asegura la continuidad de la relación, mejor, el ejercicio narrativo constituye la relación. Poco o nada se sabe del narrador, menos de la mujer, aunque su autoridad es obvia. Dueña del espacio donde se desarrolla el ejercicio, ya jardín melancólico a fines del verano, ya salón decadente al acercarse el invierno, es ella quien, "ávida de fábulas" (Chiáppori, *Borderland* 19), marca el ritmo, *exige* (45, 72). El narrador, Sherazada transvestido, obedece: cuenta, se detiene cuando la mujer se lo indica (como las terapias, estas sesiones se interrumpen, no se terminan), y se despide, marchándose para volver, la vez siguiente, con un nuevo relato. La ceremonia narrativa es de y para la mujer, su propósito es colmar una nunca satisfecha necesidad, un "ansia enfermiza" (19) de historias cuyo objetivo, calculado, es el *frisson* del placer y del miedo. El narrador conoce bien estos gustos particulares de la mujer, "la sugestión del horror que es en usted una de esas predilecciones inexplicables" (106).

La mujer, solitaria, reclusa, permanece anónima. Físicamente, aparenta un ícono prerrafaelita: "Alta, fina, singularmente pálida, tenía las manos afiladas y expresivas y el aire pasmado de esos niños trágicos que pasan con ojos atónitos por los cartones de miss Kate Greenaway" (19), descripción que recurre a lo largo del texto como una suerte de mantra. Sorprendentemente (puesto que apenas habla) se la llama "la interlocutora", como si su silencio, su "postura tendida de esfinge" (20) fuese, en sí, acto de locución y parte del diálogo. Cuando habla, es para provocar el relato al comienzo; pero no habla nunca al final, es decir no *reacciona*: interrumpe. También se la llama "Ella", universalizándola genéricamente, como en ciertos poemas de Darío, y —en las escasas ocasiones en que el narrador hace una acotación que requiere la interpelacion directa — se la llama, con el respeto debido, "Señora". No se trata de una seducción amorosa sino del pago de un tributo al soberano. Una vez más este desnivel jerárquico recuerda al sultán y Sherazada, con una diferencia importante: la interrupción definitiva del relato lleva no a la muerte de quien cuenta sino a la muerte del receptor.

La escenificación del acto de narrar —como marco de relato y a la vez su anécdota misma— es fundamental en la literatura latinoamericana finisecular. Signada casi exclusivamente por lo masculino, es escena de homosociabilidad por excelencia: en la amena *causerie* del club, la charla de café, el encuentro en el *atelier* de pintor, la sobremesa —escenas a las cuales pueden añadirse el intercambio de opiniones clínicas en el gabinete diagnóstico o la redacción del prontuario en el departamento de policía— colaboran exclusivamente hombres, arman relatos acerca del *aquello* marginado, fascinante y amenazador, que es lo femenino. Por lo menos dos textos del modernismo se titulan *De sobremesa*, la novela de José Asunción Silva y un poema de Darío. La expresión es densa, con sus ricas connotaciones de exceso, de suplementaridad: la sobremesa es lo que está más allá de la satisfacción inmediata, lo que supera el límite de la incorporación necesaria y dilata la clausura, es el derroche, acaso el desorden, que supera y por ende cuestiona el límite de la convención.

Si elijo centrar mi comentario en *Borderland* (1907) y *La eterna angustia* (1908), novelas del argentino Atilio Chiáppori, es porque rompen precisamente con ese esquema homosocial, por lo menos en apariencia. ¿Qué ocurre, quiero preguntarme, cuando el relato pasa no de hombre a hombre sino de hombre a mujer? ¿Cuando no se da en el ámbito institucional o institucionalizado (el club, el gabinete, el café, el consultorio) sino en el margen? Además: ¿qué desplazamientos de sentido se operan a nivel del enunciado, qué nuevas formulaciones ideológicas favorecen el cambio? Más concretamente: ¿qué pasa con la representación de lo femenino, por lo menos compleja (cuando no misógina) en el discurso masculino cuando el objetivo de la transacción narrativa ya no es la complicidad entre hombres, cuando el destinatario de esa representación es una mujer? Las notas que siguen intentan, en parte, contestar a esas preguntas a la vez que reflexionar, de manera más general, sobre la ansiedad que suscitan ciertas representaciones de "lo femenino" en el fin de siglo hispanoamericano.

UN RELATO DE FRONTERA

Escritor de principios de siglo, colaborador de *La Nación*, más tarde crítico de arte de *La Prensa*, profesor de estética, organizador cultural, director del Museo Nacional de Bellas Artes, académico: si las glorias oficiales no eludieron a Atilio Chiáppori no bastaron para asegurarle la sobrevida. Hoy nadie lo recuerda particularmente ni se leen sus libros. Sin embargo, sus dos sorprendentes novelas, *Borderland* y *La eterna angustia* —como tantos otros textos modernistas llamados "secundarios" menos por sus cualidades estéticas que por su resistencia a la fácil clasificación, su caracter "no canonizable"— son material ideal para una lectura que, al revisar categorías estrechas y desarmar presupuestos simplistas, aspira a una revisión de las culturas hispanoamericanas del fin de siglo.

Borderland, la primera novela de Chiáppori, se presenta como una serie de relatos sueltos.[1] Proporciona el marco narrativo la situación a la que me he referido, la visita ritual de un narrrador a una mujer a quien ofrece, cada vez, un nuevo relato. Los mismos personajes, principalmente masculinos, aseguran la unidad de la anécdota. Miembros de la clase alta argentina, "verdadero[s] y típico[s] representante[s] del arrogante argentino de buena raza" (como escribe Osvaldo Magnasco, sin ironía, de Ramos Mejía [Ramos Mejía *A martillo* 61]), están relacionados además, con una notable excepción, por uno de los vínculos de mayor eficacia *aglutinante* entre hombres de la clase dirigente: la común asistencia a un colegio para élites, en este caso el colegio del Salvador.[2] El doble recorte —un selecto grupo masculino solidario dentro de otro grupo ya selecto e igualmente solidario— es de tenerse en cuenta. *Borderland* es, entre otras cosas, una reflexión sobre lo que Josefina Ludmer ha llamado la "coalición cultural" de fines del diecinueve. Pero *Borderland* es también, como señala Emilio Becher, acatando las connotaciones del título, relato de frontera que explora los bordes, las tensiones, los desvíos de esa coalición.

En cada uno de los relatos, un compañero de colegio cumple el papel protagónico. En cada uno de ellos, ese protagonista victimiza sistemáticamente a una mujer y en varios casos la destruye. En todos, el personaje masculino responsable directa o indirectamente de esa violencia enloquece o muere. En "Un libro imposible", de atmósfera pesadamente gótica, Augusto Caro, novelista experimental, a fin de superar el esquematismo con que suele retratar a sus personajes femeninos, emprende un largo entrenamiento psíquico que le permite descubrir y cultivar otras vidas y luego proyectarlas en una mujer real, una "modelo" a quien logra hacer vivir las existencias virtuales que ha imaginado (63): "No puedes siquiera presentir la voluptuosidad de penetrar en un alma, asistir a sus más íntimas transmutaciones y regirla, envolverse en ella, desaparecer en ella y ser otro ..." (65). Augusto subyuga a Anna Maria al punto de hacerle vivir, espontáneamente, todas sus fantasías. Una noche, "un deseo incontenible" (69) lo lleva a pedirle que represente lo que pasaría si él la estrangulara: la mujer, sin que él la toque, muere por estrangulación. En "La corbata azul" otro condiscípulo, Máximo Lerma, obsesionado con la idea de ahorcar a Luisa, su mujer, con una corbata azul de ésta, ve en un tranvía un cuello de mujer que le recuerda a Luisa. Preguntándose "¿Por qué serán tan frágiles los cuellos femeninos?" (74) regresa a casa y, luego de asistir al lento, sensual desvestirse de su mujer que se apresta a hacer el amor, la estrangula. En "El pensamiento oculto" el pintor Saúl Berthenoi, enloquecido por celos infundados, arroja a su mujer al río. En "La mariposa" Roberto Esprelo, un escritor, se separa de su mujer para emprender la escritura de una novela. Pero cuando "luchaba por hacer inteligible una imagen rebelde" una "repulsiva" "aterciopelada mariposa negra" (109) se empeña en posarse sobre las cuartillas. Esprelo la caza y al arrojarla al fuego oye un grito humano y ve surgir el rostro de su mujer, "¡Ojos de locura que me miraban perdidamente, que miraban hasta dentro del cerebro, registrándolo! Después fue un beso frío, un beso que no terminaba nunca; después no sé..." (111). Amanece vampirizado, con labios exangües y marcas de mordedura.

"El daño", relato final de *Borderland*, si bien reitera la victimización de lo femenino, difiere de los anteriores. Por lo pronto, Chiáppori —médico fallido, que había cursado la carrera hasta el quinto año— introduce la mirada diagnóstica y el mundo de la clínica. El narrador cuenta a la interlocutora la historia de Irene Caro, la "tan pálida, tan frágil, amorosa y buena" (117) hermana del protagonista del primer relato, que sufre de hemofilia. Pablo Beraud, el médico que, con "complicado vendaje" (115), logra restañar una primera hemorragia ocasionada por un rasguño en el brazo, se enamora de ella y ella de él. Piensan casarse, pese a las inquietudes del novio, escindido entre el amor y la conciencia de que "como médico, tenía un deber ineludible que cumplir: un deber que exigía el sacrificio inmediato de su ensueño" (116). En efecto, nos dice el texto haciendo alarde de conocimientos médicos y de conciencia eugenésica, el Dr. Beraud lleva un "aforismo fatídico" grabado en la memoria: "Sin excepción, debe prohibirse el matrimonio a los hemofílicos" (116). Pese a ello, no se atreve a romper el compromiso y la fecha de la boda se ha fijado, como desafío, en el aniversario de la primera herida.

El "aforismo fatídico", con su tajante interdicción, no especifica el género de los enfermos. Sin embargo la hemofilia es enfermedad que toca, de manera diferente y específica, a hombres y mujeres. Afecta principalmente a los primeros; es transmitida por las segundas. La atribución directa de la enfermedad a una mujer es por lo tanto insólita. El fundamento del aforismo también merece examen: en una época tan obsesionada con la herencia como lo es el final del siglo diecinueve, el riesgo de comprometer la descendencia, de *degenerarla*, es un aviso para el enfermo *hombre*: que no se case, que no procree. En el texto de Chiáppori, donde la enfermedad ha cruzado la barrera del género, el riesgo que se teme es otro: "En el primer beso nupcial —piensa el médico— esa existencia preciosa podría extinguirse en un soplo, como una llama que se apaga" (117). En la mujer, el peligro no reside en la procreación sino en el acto sexual mismo, en una penetración violenta que ha de provocar, fatalmente, el desangramiento.

Con notable inventiva, este relato de Chiáppori complica más aún los desvíos genéricos y sexuales. Aparece un tercer personaje, Flora Nist, ex-amante de Pablo Beraud, una de las creaciones femeninas más notables (y menos notadas) de la literatura finisecular. Encarnación local de la "mujer nueva", atlética, independiente, culta y bisexual, concentra en su ambigua figura rasgos contradictorios. De ella también se nos dice que es gran lectora, "educada con todas las libertades masculinas" (125), que en la biblioteca de su padre científico ha leído sobre todo estudios de patología mental, que conoce la práctica del hipnotismo y la sugestión, y que se interesa por sobre todo en una muy criticada y censurada monografía de un tal doctor Biercold en la que se propone que el hipnotizador puede programar al hemofílico para que sangre en un momento determinado por el lugar que el hipnotizador elija y marque, durante la hipnosis, con un leve rasguño. Flora consigue que Irene acuda sola a su casa y la hipnotiza, dictándole su "aciago mandato muy de cerca, como si la estuviese besando" (130). El desenlace acaso se prevea. La noche de la boda Irene se desangra en el lecho nupcial y su marido, echándose la culpa, enloquece.[3]

Las implicaciones de este crimen erótico por desplazamiento son notables, la incitación al voyeurismo, patente: ¿por qué herida (previa o actual, visible o invisible) se desangra Irene y en qué momento? ¿Por desfloración, por hipnosis, o por la desfloración de la hipnosis? Este relato, que interrumpe las sesiones narrativas, cierra la novela: es el único que logra suscitar una *reacción*. Presa de una "extraña palidez" (131), la Señora por fin *habla*, formula esas mismas preguntas: "¿Fue por la antigua cicatriz que se desangró la pobre Irene?" A lo cual responde el narrador: "No, Señora, ningún médico se atrevió a mencionar el sitio de la herida..." La desproporción entre las dos lecturas posibles —la más pedestre, que Irene se desangró al ser desflorada por Pablo, o la más llamativa, que Irene se desangró por una herida secreta, *indecible*, una des-*flora*ción previa practicada por *Flora* y reavivada por la hipnosis — favorece evidentemente la segunda. Así lo entiende la interlocutora, como una *intrusión*, aberrante y definitiva, que clausura para siempre la ceremonia narrativa: al igual que la osada y maligna lesbiana, el narrador ha traspasado límites: "Jamás volví a verla. Esa tarde cerráronse, también para mí, las puertas" (131).

La entidad de origen

No se cierra en cambio la inventiva de Chiáppori: un año más tarde publicaba otra novela, *La eterna angustia*, descrita en el prólogo como "historia cuya esencia está llena de horror" y "crónica de sensaciones más bien que de hechos" (137), declaraciones sin duda prometedoras para los lectores de *Borderland* quienes verían satisfecha una vez más, como la interlocutora, su "ansia enfermiza" de relatos. Aquí un narrador — el mismo de *Borderland* — cuenta las vicisitudes de Leticia Dardani, la antigua interlocutora anónima, vicisitudes "que hacen pensar en el estigma litúrgico del anatema" (137). Queda claro que a Leticia, vuelta ahora personaje y no meramente escucha, no le espera nada bueno.

Con habilidad, la nueva novela vuelve sobre *Borderland* y reinscribe esa historia — o más bien esas historias — en un marco temporal a la vez más preciso y más amplio. La novela comienza con el rescate de un pasado anterior a *Borderland*, evoca la estrecha amistad que unía al narrador adolescente con la joven mujer mayor que él, el desencanto de éste cuando Leticia inesperadamente acepta casarse con otro, el inexplicable suicidio del marido de Leticia a las dos semanas de la boda, la reclusión de Leticia viuda, reclusión sólo interrumpida — y aquí empalma *La eterna angustia* con *Borderland* — por el narrador cuyas visitas tolera Leticia a condición de que acepte tratarla formalmente y no tutearla. El narrador recuerda la interrupción de esas visitas rituales después del último, traumático relato, y luego pasa a describir su posterior trato con Leticia. A la ceremonia narrativa sucede una relación epistolar: de nuevo remedando la novela por entregas, la segunda novela de Chiáppori acumula cartas como antes relatos, cartas intercambiadas entre el narrador y Leticia, cartas donde Leticia expresa (luego se entenderá por qué) su creciente angustia y miedo a la muerte. Culmina esta correspondencia en una última carta enviada por Leticia al narrador antes de suicidarse, carta que va acompañada de un legajo enviado por el doctor Biercold (el mismo médico cuya perversa lección de hipnosis había causado la muerte de Irene al final de la novela anterior) justo antes de, él también, suicidarse. Como se ve, la novela no elude el recurso fácil, antes bien lo solicita. La lectura de la última carta de Leticia y del legajo de Biercold proveen, como es de esperarse, la clave de las muertes y, por fin, del misterio de la interlocutora.

El "extraño e incoherente legajo", compuesto de papeles sueltos escritos con "pulso alterado" (202), que el doctor Biercold envía a Leticia antes de morir y que determina a su vez el suicido de ésta, es un documento híbrido que combina varios géneros: carta de suicida, confesión de un crimen, autobiografía, denuncia social, y, principalmente, descripción de un experimento quirúrgico. Reproduce *in nuce* la estructura de relatos en serie cara a Chiáppori en tanto se presenta como un conjunto de páginas sueltas, de fragmentos narrativos en primera persona a los que el narrador, vuelto compilador, provee ilación, llevando a cabo "todo un minucioso trabajo de reconstrucción" (202). El documento de Biercold, a semejanza de los relatos anteriores de *Borderland*, narra una vez más la violencia de un hombre contra una mujer que lo rechaza y, coincidentemente, la violencia de un individuo contra una sociedad que no lo admite. Biercold, hijo de inmigrantes que no cabe del todo dentro del proyecto nacional, portador de un nombre extranjero, menos hijo de la patria que "hijastro" (203), es el profesional *self-made* que se destaca por su ambición y esfuerzo, superando "aquel apellido de 'brasserie'" (204), y "mi traje color aceituna" (203).[4] Pero su "lucha sorda y tremenda hasta llegar al tipo de profesional correcto y de buen tono" (203) de nada sirve para conquistar a Leticia, la mujer que ama y que no retribuye su amor. Su venganza, como la de Flora Nist, es médica; Biercold, "el mejor especialista para mujeres" (140), es llamado a operar a Leticia de un quiste dermoide en el vientre:

> Advertí a sus padres y a los médicos de consulta que para no lacerar aquel cuerpo joven y blanco, iba a tentar la oblación del tumor, sin abrir el vientre, por otra vía ... Eso lo supieron mi practicante —un muchacho enfermizo que murió tuberculoso, afortunadamente— y el encargado de la anestesia. Y al parecer, todo se hizo así. ¡Lo que nadie supo, lo que nadie sabe, y ahora yo lo digo aquí con todas las palabras, es que no sólo extirpé el tumor, sino también *todos los órganos*! ¡En mi vida me salió tan bien una histerectomía completa! (208)

> La desexué en sus raíces, en su entidad de *origen*. En eso nada más. El que viniera después, el indigno [...] tendría lo único que deseaba: el cuerpo sin un rasguño, pero frío, ¡frío y estéril para siempre jamás! Aquel cuerpo quedó blanco e intacto como al nacer. Pero la palpitación de vida, la posibilidad de las sensaciones, [...] lo eterno, *lo mío*, me lo llevé yo solo, silenciosamente... (209)

La lectura del legajo determina el suicidio de Leticia y el final de *La eterna angustia*. Póstumamente, el narrador ofrece a Leticia su último homenaje, su último relato: "Después, como estaba seguro de que nadie lo leería, por único epitafio le hice grabar este verso de Samain: *Dors sans comprendre même un peu mon sacrifice*" (210).

El desafuero de lo femenino

Hasta ahí, las novelas de Chiáppori. El mero resumen de sus peripecias —el mero intento de resumir sus peripecias— revela la naturaleza desaforada de estos relatos y lo que a primera vista podría juzgarse su facilidad temática. Éstas no debilitan, sin embargo, su riqueza ideológica, antes bien la refuerzan. No se trata de relatos alusivos o irónicos sino de relatos que practican la sobredeterminación a cada paso y cuya estrategia, aun cuando recurran al truco del "secreto", es por fin el excesivo decir. Como otros textos olvidados del modernismo, los relatos de Chiáppori, al igual que el melodrama analizado por Peter Brooks, "deben su existencia misma a la posibilidad, y necesidad, de decirlo todo" (Brooks 42). *Borderland* y *La eterna angustia* (los títulos mismos lo dicen) recurren a la exageración, al efecto *grand guignol*. Representan con lujo de detalle, en una suerte de histriónico *acting out* ideológico, lo que el "buen" modernismo reprime: en particular construcciones de lo femenino y de lo sexual llevadas a un límite donde rozan, de hecho, la parodia y dejan percibir los encontrados impulsos que las animan. En textos como *Borderland* y *La eterna angustia* se revelan, mejor que en los relatos que la crítica ha canonizado, las tensiones de las construcciones de género, sus aspectos más problemáticos, sus intersecciones con otros discursos (médico, legal, cívico, político), sus puntos de fricción ideológica que desbordan, de hecho, en un campo cultural infinitamente más rico que el que suele reconocérsele a la literatura de fin de siglo. El hecho de que Chiáppori haya dedicado estas complejas figuraciones de lo femenino "A mi madre, religiosamente" no deja de añadir espesor a estos textos.

De las figuras que ilustran la compleja figuración de lo femenino en Chiáppori, sin duda Flora Nist es la más llamativa. Encarnación local de la "mujer nueva", es hija de un científico inglés y de una criolla.[5] Atlética, independiente, culta —es universitaria, ex-alumna del Smith College y libre y bisexual en sus amores— concentra en su figura rasgos divergentes. Por un lado es la intelectual asexuada, viste "con la elegancia rectilínea de las institutrices, habitual en las americanas del norte", con un "*waterproof* color ceniza que, desde el seno algo bajo, caía sin modelar un contorno hasta los finos tobillos" (119). Pero al continuar la descripción, en una suerte de *strip-tease* ideológico, el texto desecha significantes para revestir otros, en representación claramente conflictiva, como si Chiáppori lidiara con diversas y contradictorias figuraciones de lo femenino al mismo tiempo.

La violencia del género y la narrativa del exceso • 311

Así, esta "institutriz" informe y neutra, al desprenderse del impermeable "lo mismo que si se desnudase" (119), se sexualiza a ultranza. La cabellera cobra un "peso excesivo", las caderas se liberan, los pechos se turgen, los muslos se comban, la figura cobra dimensiones mitológicas:

> [S]u cuerpo adquiría ese contorno ofídico de la Venus Florentina. [...] Completaban ese aspecto extraño, las manos bárbaramente enjoyadas y su tez blanca, con esa blancura icteroide de las pelirrojas, dorada de antiguas manchas cicatriciales producidas por la explosión de una retorta en la que destilara el ámbar de sus perfumes raros. Bajo el amplio bucle frontal rojocobrizo, resaltaban sus grandes ojos verdes que, como las cimófanas, tornasoleaban la glauca pureza del berilo con los tonos sanguíneos del rubí. (120)

La construcción va de la negación de la feminidad convencional a una hiperfeminidad casi monstruosa: se pretende aunar, en un mismo sujeto, a la intelectual anglosajona desfeminizada con la universal mujer fatal hechicera, en lo que resulta a las claras una figuración inestable, compuesta de imágenes hasta cierto punto excluyentes, en todo caso difícilmente reconciliables. Propongo que la crisis de representación que ofrece este retrato doble no es casual, que lo que el texto procura plantear, sin del todo saber cómo hacerlo, es una disidencia sexual carente de imagen — la lesbiana — que el texto no nombra pero construye mediante alusiones y que claramente no sabe dónde ubicar. Por ejemplo, al saludar a Irene, se nos dice que Flora la besa "muy cerca del cuello" (119): beso inadecuado, *distinto*, que sin duda remite a una tradición vampírica de indudables connotaciones homoeróticas.[6]

También se nos dice que la camarera Peggie, "morocha y musculosa", de mirada dura, "gruesos lentes", "rostro hombruno", y "poblado bozo" (124) cuida a Flora desde la muerte de su madre, y la acompaña "en todas sus correrías" (119). Desplazada excesiva y caricaturalmente sobre la marginalidad del subalterno, por añadidura extranjero (Peggie es sin duda anglosajona, posiblemente americana, y ha reemplazado a la "buena" madre criolla), la homosexualidad de Flora no por ello queda menos "dicha". Si la lesbiana no existe aún como categoría *social* y apenas existe como categoría médica,[7] sin duda existe como entidad fluida, a la espera del nombre, y así, por su indeterminación misma, resulta tanto más amenazadora, tanto más pasible de encarnar múltiples desvíos, tanto más difícil de *hacer visible* sin recurrir a la exageración, la parodia, la teratologización que permiten, a un tiempo, exhibirla y enjuiciarla.[8]

"Ambigua en su perversidad de libertinaje extenuado y alquimia clandestina": tal describe Emilio Becher a Flora Nist (16). De hecho, hay algo "clandestino" en todas las mujeres de Chiáppori, notablemente en las otras dos que cumplen papeles centrales en sus novelas, Irene Caro, "la más pura y noble de las mujeres imaginadas por el escritor" (Becher 11) y la enigmática interlocutora Leticia Dardani. Irene, dechado de virtudes, esconde una enfermedad incontrolable y vergonzosa; Leticia, la belleza prerrafaelita, un abominable quiste en el vientre. En ambos casos se trata de males secretos, "suelen pasar desapercibidos [...] Luego no duelen, ni se contagian" (184). Son anomalías *que no se ven*, que sólo la mujer y el agente de su destrucción conocen. En los dos casos la penetración médica —ya del doctor Biercold, ya de Flora Nist, su discípula— revela la verdad de la enfermedad vaciando al sujeto. El *locus* de la enfermedad es la sexualidad misma: la sangre uterina de Irene, los órganos de Leticia (*"lo mío, me lo llevé yo solo"*) son los tristes trofeos de esta contienda. En los dos casos, por fin, la intervención médica ocurre en vísperas de un casamiento, obstaculizando la heteronormatividad que ese casamiento sancionaría: la verdad del secreto femenino se hace patente a los maridos y destruye la viabilidad del matrimonio. Notablemente, a medida que la psiquiatría europea, a partir de Charcot,[9] se empeña en disociar los males "femeninos" y en particular la histeria del origen genital que se les solía atribuir, el imaginario social en cambio refuerza ese vínculo. Irene y Leticia están enfermas, más que de hemofilia y de quistes, de su propia sexualidad: de ahí la necesidad de extirparla. En otras palabras: a medida que las representaciones de lo femenino se vuelven más complejas y menos estables, aumentan los esfuerzos por genitalizar el género, domiciliarlo "en su entidad de *origen*" (209), como aumenta, proporcionalmente, la necesidad de controlar las manifestaciones de ese género, cuando no castigarlas.

Especialistas en mujeres

La figuración del médico como *protagonista* finisecular, ya como personaje de ficción, ya como actor influyente en la escena sociopolítica; la patologización del ejercicio literario; la concepción de la medicina como práctica cultural y, significativamente, el recurso continuo de la medicina a prácticas culturales estéticas (literatura, teatro, artes plásticas), "contaminando" la misma especificación científica que por otra parte busca establecer, son aspectos primordiales de las culturas finiseculares y cobran especial relieve en Hispanoamérica (ver Molloy, "Diagnósticos"). La importancia de la medicina en las novelas de Chiáppori es evidente. Ya por interpósita persona en la figura de Flora Nist al final de *Borderland*, ya directamente en la intervención de Biercold al final de *La eterna angustia*, la práctica médica, si se quiere aberrante pero no por ello desprovista de pretensiones "científicas", clausura el texto a la vez que destruye, en ambos casos, a la mujer. En este sentido, es particularmente interesante que el médico en estas novelas no sea el neurólogo o psiquiatra habitual en relatos de este tipo sino el ginecólogo, "especialista para mujeres" (140). Sólo después de la ginecología — podría decirse que llevado por la ginecología — Biercold se hace psiquiatra.

El hombre (o la mujer) de ciencia maligno, posiblemente diabólico, también es lugar común de buena parte de la literatura decimonónica. Chiáppori aprovecha el estereotipo y carga las tintas tanto con el doctor Biercold como con Flora, su aprendiz. De Biercold, sabemos que después de operar a Leticia deja la ginecología para dedicarse a una práctica perversa de la psiquiatría, que se vuelve bohemio, cae en el alcoholismo y en momentos de melodramático *delirium tremens* se hace pasar por el diablo: "Soy Roberto de Grandmont, poeta, y tengo mil años" (195). De Flora, sabemos que practica "caprichosas alquimias de *boudoir*" (124) y tiene fama de hechicera, fama justificada por su aspecto exótico y bárbaro. De ella escribe Chiáppori en un relato ulterior, donde reaparece como personaje, que "era de esas mujeres de las que uno se aparta porque el miedo que infunden sobrepasa la ansiedad del deseo" (165). Pero más allá de estas concesiones al cliché amenazador, Chiáppori adecua el estereotipo a contextos locales, se hace eco de los pánicos y desconfianzas de una época, construye a sus "científicos" como peligros reales. Predomina, en este trabajo paranoico, la idea de mezcla sospechosa: mezcla de nacionalidades y de clases sociales (Flora anglocriolla, de padre extranjero y madre cubana, Biercold hijo de inmigrantes pobres); mezcla de sexualidades (Flora lesbiana o bisexual, Biercold de impulsos igualmente ambiguos),[10] mezcla de actividades (Biercold ginecólogo, psiquiatra, erudito, bohemio, poeta; Flora amazona, alquimista, estudiosa, *femme fatale*), son los dos, por sobre todo, sujetos inestables, no confiables aunque — a diferencia de la típica figura de inmigrante en la ficción de la época, pongamos por caso el Genaro de *En la sangre* de Cambaceres— no carecen de cierta grandeza. No son ridículos: *pasan* socialmente (como no pasaba Genaro ni tampoco el doctor Biercold cuando aspiraba a ser "discreto"[11]) pero pasan como *raros*: sus desvíos, su extravagancia misma ratifica la norma social que, necesaria y complejamente, los tolera.

Si los actos de destrucción en estos textos se deben a un gesto médico, es importante notar que ese gesto está estrechamente relacionado con la lectura y la escritura; que los dos agentes de muerte, Flora y Biercold, son ellos mismos lectores y escritores y sus respectivas intervenciones son, a su manera, escrituras. Así, la muerte de Irene Caro se inspira en la lectura que hace Flora Nist de un escrito del doctor Biercold: el texto proporciona la receta del crimen. Así, la muerte de Leticia resulta de la lectura del "documento" del doctor Biercold: el texto proporciona la motivación al suicidio. Además, ambas intervenciones exigen una *marca*, la inscripción secreta sobre un cuerpo. En el caso de Irene, se autosugestiona a la mujer para hacerla sangrar, pero se necesita una marca física previa, un rasguño, para que brote la sangre. En el caso de Leticia, se efectúa una histerectomía manual sin marca exterior, es decir dejando la página en blanco — "para no lacerar aquel cuerpo joven y blanco" (208); "Aquel cuerpo quedó blanco e intacto como al nacer" (209) [12] — pero *tocando* el interior de tal manera que la intervención se vuelve descifrable (el marido de Leticia *lee* la marca secreta y se suicida).

ENGENDRO/EN GÉNERO

Vuelvo sobre la disparatada operación del doctor Biercold — la excisión de un quiste dermoide "por otra vía" que culmina en una histerectomía manual — para detenerme en la naturaleza misma de la afección, tanto por su morfología como por sus proyecciones simbólicas. Según definición de diccionario médico, quiste dermoide es un "tumor formado de tejido embrionario, consistente en membranas fibrosas revestidas de epitelio y una cavidad que contiene materia grasa, pelo, dientes, fragmentos de hueso y cartílago" (*Mosby*). El texto de Chiáppori, si bien coincide con ciertos elementos de esta definición, le añade (le inventa) otros detalles:

> [S]on especies de formaciones que contienen todos los tejidos, todos, del organismo vivo, al punto que, de haberse desarrollado, podrían constituir un nuevo ser. [...] [S]e atestigua la presencia en tales quistes de cartílagos, huesos, músculos, glándulas, uñas, cabellos y hasta órganos de los sentidos y materia encefálica. Es decir: la existencia en un cuerpo de otro cuerpo detenido en su perfección. (184-5)

La idea del embarazo monstruoso y de una partenogénesis fallida (el "ser" en potencia es una *malformación*, un conjunto aberrante pero sensible, con "sentidos y materia encefálica") complica desde luego la descripción científica cruzándola con discursos de lo fantástico y lo gótico. No me interesa detenerme tanto en esos cruces como en la presentación de la afección misma, en su materialidad repulsiva. Lucrecia no padece una enfermedad finisecular prestigiosa — digamos lo que Bram Dijkstra llama el "*consumptive sublime*", la sublimidad tísica (29) o la misma, estetizada hemofilia de Irene — sino una deformidad explícita y resueltamente antiestética. Como en tantos otros textos finiseculares, podría decirse que en *La eterna agustia* el misterio gótico ha sido reemplazado por el voyeurismo clínico, el *frisson* metafísico por la curiosidad patológica. No fascina tanto la idea de un cuerpo dentro de otro como que ese *cuerpo*, en el sentido físico del término, sea una masa precisa, un conjunto repugnante de pelos, uñas, huesos, y *que ese conjunto repugnante esté dentro del bello cuerpo de una mujer*. Acaso mejor: *que ese conjunto repugnante sea, de algún modo, la mujer*. Por manipulación del médico, Leticia sin saberlo *alumbra* un doble secreto: el de su enfermedad (el quiste dermoide) y el de su sexualidad: "no sólo extirpé el tumor, sino también *todos los órganos!* [...] La desexué en sus raíces, en su entidad de *origen*" (208-9).

CONTAR, CORTAR, CONTROLAR

Las novelas de Chiáppori pueden leerse —y se han leído— como otras tantas novelas sensacionalistas de fin de siglo que buscan el escalofrío barato. Si bien tal lectura no es impertinente (ni tampoco frívola), no toma en cuenta debidamente el cruce provocador que propone Chiáppori entre intervención médica e intervención narrativa en lo tocante a lo femenino. Regreso a la escena del relato para detenerme, una vez más sobre su estructura. En *Borderland* cada una de las narraciones independientes que el narrador trae a su interlocutora reproduce la situación de enunciación del marco, es decir, en casi todos hay un cuento que se cuenta, o una carta que se escribe a otro, como si a través de esa reiteración se buscara recalcar el carácter eminentemente narrable, repetible, de estas anécdotas que evidencian el desasosiego, la violencia del género. Esta reiteración no es infrecuente en el relato modernista, donde se privilegian las situaciones de transmisión, de relevo narrativo: el relato sobre la mujer, previamente contado al narrador por otro, pasa de éste a sus escuchas en un gesto desinteresado, el puro, fluido placer de narrar —de lucirse— entre y para hombres. En cambio en *Borderland* esa fluidez se corta. Desde el comienzo sabemos que la serie de relatos ha de interrumpirse: "La tarde en que presintió que estaba a punto de adivinar su secreto, cerráronse para mí también las puertas" (19). Truco narrativo para crear suspenso, la declaración es algo más. Confirma, desde un principio, el fracaso de la transacción cuando se cambian las reglas del juego: no es la escena de relato habitual del modernismo, aquí pasa *otra* cosa.

En la escena que plantea Chiáppori, el relato no pasa a la mujer para que ella, a su vez, eventualmente lo narre, sino que se detiene, se aposenta en ella, la *marca*. El desnivel jerárquico al que apunté al principio —la mujer es figura de autoridad, es dueña del espacio, ritma la ceremonia narrativa — se invierte: la interlocutora no asumirá nunca la pasajera autoría de la narración, no asegurará nunca la transmisión del relato. ¿A quién se lo contaría? La transacción narrativa entre hombre y mujer no se basa en la complicidad y en la potencial reversibilidad de roles sino en un enfrentamiento, un doble desafío: el narrador cuenta para penetrar, a través de los sucesivos relatos, el secreto que esconde la mujer, para provocar su respuesta; la mujer calla para mantener intacto el secreto, para no reaccionar ante relatos que aluden a ese secreto muy de cerca, tanto que el narrador llega al borde mismo del descubrimiento. La impavidez y el silencio de la interlocutora constituyen, en efecto, su goce narrativo, su placer de *no* contar. No en vano, "con vaga sonrisa ocultadora", suele citar a Samain: "Elle vivait pour la volupté de se taire" (106-7).

Del narrador poco se sabía en *Borderland* salvo que era proveedor de relatos. Aparentemente cumplía funciones de subordinado en todos los respectos menos uno: era dueño de la narración. La segunda novela, al aclarar los lazos que lo unen a la interlocutora desde mucho antes, permite ver la relación de modo muy distinto, ya no sólo como transacción narrativa sino como historia de amor frustrado. Porque el lector de *La eterna angustia* se entera de que el narrador es diez años menor que Leticia, que carece del prestigio del hombre con quien Leticia eventualmente se casa, que ocupa el lugar del suspirante desplazado y disminuido: es confidente, nunca amante. En suma, y salvadas las distancias sociales, ocupa un lugar casi tan deslucido como el del resentido doctor Biercold. Tanto más notable, entonces, es el hecho de que sea ese mismo narrador quien recomiende a Leticia, en un gesto de cuestionable inocencia, que se haga operar de su "quiste dermoide" por el doctor Biercold porque "era el mejor especialista para mujeres [...]" (140). Esta información obliga, por cierto, a una relectura de las dos novelas, y a una interpretación más compleja de la ceremonia narrativa que las estructura. Piénsese que, en el momento en que comienzan las visitas rituales del narrador a la interlocutora, ésta *ya ha sido operada*, es decir desexuada, "en sus raíces, en su entidad de *origen*" (209) por el "especialista para mujeres" recomendado por el propio narrador. Piénsese también, que ni el narrador ni la interlocutora saben a qué extremos ha llegado esa intervención; desconocen la extensión de ese "vacío" secreto que ambos sin embargo intuyen en el "ansia enfermiza", la "avidez" de la mujer por llenarse de fábulas, su necesidad de defender lo indecible. Piénsese por fin en el cuidado que Chiáppori ha puesto en construir esta perversa escena de relato en que un narrador, incapaz de conquistar a una mujer pero no incapaz de narrarla, sistemáticamente colma de relatos a la que indirectamente ha contribuido a vaciar de su (repugnante) feminidad, de relatos que reiteran, con variantes, la violencia misma de que ha sido víctima. El gesto de reconocimiento del narrador, al terminar de leer la confesión de Biercold, es significativo: "Al pasar frente al espejo, tuve miedo de mi fisonomía" (210). Las novelas de Chiáppori dejan en claro que el relato del género, tanto en el nivel del narrador como en el del autor, no difiere tanto de la intervención quirúrgica: que es otro gesto ansioso, violento, de "especialista para mujeres" empeñado en controlar el desorden, en reclamar, como Biercold, "lo suyo".

Notas

[1] De hecho, estos relatos se publicaron por separado en periódicos antes de ser reunidos en libro. No he podido establecer secuencias dentro de un mismo periódico que permitiera considerarlos relatos por entrega, aunque la estructura misma de la novela juegue con esa forma. De hecho parecen haberse publicado en periódicos diversos, donde habrán creado extrañas expectativas. Así por ejemplo el primer capítulo, titulado "La interlocutora", donde se plantean por así decirlo las reglas de juego que habrá de seguir la novela, se publicó aislado en el primer número de *Nosotros*, agosto de 1907, revista que no volvió a publicar más capítulos de *Borderland*.
[2] Sobre la eficacia del colegio en la formación de esa conciencia de grupo, ver también Molloy, "Una escuela de vida: *Juvenilia* de Miguel Cané".
[3] La obsesión con ver fluir la sangre de la mujer es sin duda parte del imaginario de la época y cruza varias culturas. Piénsese en las manos cercenadas de Hipólita en *El triunfo de la muerte* de D'Annunzio o en el poema "Le Mani" del mismo autor. Chiáppori era sin duda lector de D'Annunzio, como lo atestigua la referencia a *La hija de Iorio* (otro texto de violencia misógina y delectación morbosa) en *Borderland* (40). Para ejemplos concretos de desangramientos estetizados en otras literaturas hispanoamericanas, ver Rubén M. Campos, "Pecado de amor" (Zaïtzeff 79) y Bernardo Couto Castillo, "Blanco y rojo" (Couto Castillo 57). En el primero, el desangramiento coincide con la confesión que hace una mujer de sus pecados. En el segundo, el desangramiento es una manera de acceder a un interior vedado. En los dos se vacía a la mujer de su secreto "contenido".
[4] La burla de la indumentaria del extranjero, o hijo de extranjero, es frecuente. Un buen ejemplo es el caso de Ingenieros, de cuyos trajes se burlan varios contemporáneos. Gálvez habla de "una espantable y descomunal levita gris" y observa que "el portador de semejantes horrores se creía elegantísimo y los ostentaba por todas partes con desparpajo sonriente" (Molloy, "Diagnósticos" 183). Lo mismo ocurre con el apellido. No falta quien siga llamando a Ingenieros "Ingegnieros", aun después de la modificación del apellido, para recalcar el origen italiano. Cabe especular que el propio Chiáppori acaso haya padecido burlas similares. *Chiappa* en italiano significa nalga.
[5] Como ejemplo de ansiedad ante la "mujer nueva" en Hispanoamérica, cito de Darío: "Lo que no es aceptable son [...] la *snob*, la decadente, la wagnerista, la partidaria del amor libre, la Eva nueva, la doctora escandinava ibseniana y la estudiante rusa que tira balazos" ("A propósito de Mme. de Noailles" 305). El

artículo, entra otras cosas, alaba a aquellas intelectuales francesas como Mme. de Stael y Mme. de Sévigné quienes, además de escritoras, fueron "muy plausibles mujeres de su casa" (305). Para un comentario general sobre el temor ante la "mujer nueva" en Francia, ver Silverman. La relación escandalosa y amenazadora de la "mujer nueva" con la nueva tecnología, observada por Silverman, es evidente en la descripción del automóvil que conduce Flora Nist: "En eso sonó de nuevo y muy cerca aquella bocina que gemía como una boca humana, y densa nube de polvo se levantó en el recodo de la alameda" (129).

[6] Para un buen comentario de la identificación de la lesbiana con el vampiro, ver Case.

[7] Los estudios psicopatológicos de la época (Ingenieros, Veyga, Lugones) se refieren sobre todo a homosexualidad o "inversión" masculina (ver Salessi). Hay aisladas trabajos sobre "uranismo" femenino, como el de Víctor Mercante.

[8] Una vez que la ha vuelto visible, parecería que a Chiáppori le cuesta deshacerse de Flora Nist. Un relato muy posterior, "El último vals" (*Prosa* 159-75), retorna al personaje y resume toda su historia. En ese nuevo relato, Flora se casa por conveniencia y en vísperas de la boda "su camarera y confidente, Peggie murió de modo extraño" (167). Por fin (y como si ya no supiera cómo desembarazarse de ella), Chiáppori la hace desaparecer de manera adecuadamente hiperbólica: en una fiesta Flora conquista a un joven apuesto y, enlazados los dos en un frenético vals, ante la mirada reprobatoria de la concurrencia, se desploman al vacío desde una terraza.

[9] Para una evolución de la historia de la enfermedad y de sus causas, ver Gilman et al. *Hysteria Beyond Freud*, en especial los trabajos de Roy Porter y Elaine Showalter.

[10] Se describe a Biercold emborrachándose con su joven ayudante, "un muchacho lampiño y ambiguo", y terminando la noche de bebida "con un enternecimiento lloricón y de tuteos" (183). Cabe recordar que la "inversión" sexual es, para muchos críticos sociales de la época, metáfora del desorden y la inadaptabilidad (y consiguiente razón de rechazo) de ciertos inmigrantes. Así Ramos Mejía describe al italiano *guarango* como "un invertido del arte [que] se parece a los invertidos del instinto sexual que revelan su potencia dudosa por una manifestación atrabiliaria de los apetitos" (*Multitudes* 257). También describe los hábitos de los prestamistas judíos como "las mieles nauseabundas de sus procedimientos de seducción [que] acaban de caracterizar su verdadera índole moral enrolándolos en la larga protervia de los invertidos" (*Simuladores* 167).

[11] Esto bien lo sabe Biercold, quien tiene conciencia de haber perdido a Leticia por discreción: "Ah! ¡si hubiera sido feo, feo con ganas, o a lo menos hubiese tenido el gusto de lo excéntrico —chalecos llamativos, sombreros enormes—, o simplemente, mal gusto! En cambio, para vestirme tenía buen gusto, un correcto, discreto buen gusto ... Concíbese que tanta regularidad, corrección y timidez me disminuyera.." (205). Es imposible no ver en esta declaración una alusión a las excentricidades de vestuario de José Ingenieros. Ver Molloy, "Diagnósticos".

[12] El mantener el cuerpo femenino "intacto", sin marca exterior de destrucción, es idea cara a los lectores de Chiáppori. Así Emilio Becher, en su prólogo a *Borderland*, aprecia que en el caso de Irene Caro, "la muerte la fulmina sin deformarla" (11).

Bibliografía

Brooks, Peter. *The Melodramatic Imagination: Balzac, Henry James, Melodrama, and the Mode of Excess*. [1976]. Nueva York: Columbia University Press, 1984.
Canguilhem, Georges. *The Normal and the Pathological*. Introducción de Michel Foucault. Nueva York: Zone Books, 1989.
Becher, Emilio. "Prólogo" a Chiáppori, Atilio. *Borderland. La eterna angustia*. Buenos Aires: Editorial Kraft, 1954.
Case, Sue-Ellen. "Tracking the Vampire". *Differences* 3 (1991): 1-20.
Chiáppori, Atilio. *Borderland. La eterna angustia*. 1907-1908. Prólogo de Emilio Becher. Buenos Aires: Editorial Kraft, 1954.
____ *Prosa narrativa*. Noticia preliminar de Sergio Chiáppori. Buenos Aires: Academia Argentina de Letras, 1986.
Couto Castillo, Bernardo. *Asfódelos*. [1897]. La Matraca, 1984.
Darío, Rubén. "A propósito de Mme. de Noailles". *Obras completas I*. Madrid: Afrodisio Aguado, 1950-55. 300-8.
Gilman, Sander, et al, comp. *Hysteria Beyond Freud*. Berkeley-Los Angeles-Londres: University of California Press, 1993.
Dijkstra, Bram. *Idols of Perversity: Fantasies of Feminist Evil in Fin-de-Siècle Culture*. Nueva York y Oxford: Oxford University Press, 1986.
Ludmer, Josefina. "Introducción" a Miguel Cané. *Juvenilia y otras páginas argentinas*. Buenos Aires: Austral, 1993.
Mercante, Víctor. "Fetiquismo y uranismo femenino en los internados educativos". *Archivos de Psiquiatría, Criminología y Ciencias Afines* (1905): 22-30.
Molloy, Sylvia. "Una escuela de vida: *Juvenilia* de Miguel Cané". *Acto de presencia: La escritura autobiográfica en Hispanoamérica*. México: Fondo de Cultura Económica y El Colegio de México, 1997. 133-45.
____ "Diagnósticos del fin de siglo". *Cultura y tercer mundo*, vol. 2. *Cambios de identidades y ciudadanías*. Beatriz González, ed. Caracas: Ediciones Nueva Sociedad, 1996. 171-200.
Mosby's Medical, Nursing, and Allied Health Dictionary. 5th edition. Saint Louis, Baltimore, New York, etc.: Mosby, 1998.
Ramos Mejía, José María. *A martillo limpio. Estampas y siluetas repujadas*. Introducción de Osvaldo Magnasco. Buenos Aires: Compañía Impresora Argentina, 1959.
____ *Las multitudes argentinas*. [1899]. Buenos Aires: Talleres Gráficos Argentinos L.J. Rosso, 1934.
____ *Los simuladores del talento*. [1904]. Buenos Aires: Editorial Tor, 1955.

Salessi, Jorge. *médicos maleantes y maricas*. Rosario: Beatriz Viterbo, 1995.
Silverman, Deborah. "Amazone, Femme Nouvelle, and the Threat to the Bourgeois Family". *Art Nouveau in Fin-de-Siècle France: Politics, Psychology, and Style*. Berkeley y Los Angeles: University of California Press, 1989.
Zaïtzeff, Serge. *Rubén M. Campos. Obra literaria*. Guanajuato: Ediciones del Gobierno del Estado de Guanajuato, 1983.

Diagnósticos del *raro*.
Cuerpo masculino y nación en Osvaldo Lamborghini

Gabriel Giorgi

> ... hasta el día en que surgen sobre la superficie lisa del individuo análogo a los demás, trazados con una tinta invisible hasta entonces, los caracteres que componen la palabra cara a los antiguos griegos....
>
> Marcel Proust, *Sodoma y Gomorra*

La anormalidad resulta, en gran medida, de un esfuerzo perceptivo: los detalles y las variaciones que se conjugan como "anomalía" surgen a partir de la conjunción entre lo visible del cuerpo y otro cuerpo, invisible, hecho de "teoría" y ciencia. Quizás más que la superposición o conjunción, mejor sería hablar de fusión: el anormal nace del cruce entre su cuerpo y el ideal normativo. La escritura de Osvaldo Lamborghini trabaja insistentemente sobre ese espacio o ese momento de fusión, donde el ejercicio perceptivo se vuelve, de alguna manera, sobre sí mismo: los cuerpos y los nombres de esos *raros* se tornan allí fabricación, procedimiento, efecto.

Las historias de esos cuerpos desviados, que los textos de Lamborghini repetidamente cuentan, reinscriben un saber "originario" cuyas consecuencias piensan y que, a su vez, es una de sus condiciones de escritura –el higienismo, con sus reglas de percepción sobre los cuerpos y los sujetos, y con sus voces hechas de biologismo (y por lo tanto "arcaicas" en 1970 ó 1980, cuando Lamborghini escribe). Esos médicos y sus lenguajes son protagonistas de una historia hecha de cuerpos en la que se leen identidades y pertenencias subjetivas y colectivas. Tal historia encuentra, a fines del siglo XIX, un momento de cristalización –un momento en que el cuerpo recibe un nuevo status, como materia de reinscripción dentro del nuevo paisaje de lo normal/anormal y sus políticas y sus técnicas de identificación. Ese "origen" retorna en los textos de Lamborghini como un momento a la vez teórico e histórico: una hipótesis alrededor de las relaciones entre cuerpo y representación (o identidad), y a la vez una narrativa alrededor del Estado moderno.[1] En lo que sigue, me propongo revisar algunos fragmentos de la obra de Lamborghini donde este retorno parece especialmente denso; antes, sin embargo, quiero detenerme en algunos efectos alrededor del higienismo finisecular para luego analizar su conexión con la escritura lamborghiniana y sus anormales.

CUERPOS NORMALES: ENTRE VARONES

El debate por la normalidad que se especifica después de la segunda mitad del siglo XIX tiene lugar, entre otras dimensiones, alrededor del género y la sexualidad: es en el espacio de las políticas de lo normal y lo anormal, con sus autoridades y saberes, donde se elaboran definiciones de la diferencia genérica, y donde una nueva visibilidad del cuerpo masculino encuentra un lugar de emergencia privilegiado. En este proceso, desde luego, la sexualidad aparece como materia de intervención crucial, y como universo en el que se trazan cuerpos, identidades y sentidos. De esa conjunción entre género y sexualidad a partir de la normalización surge la construcción moderna de lo masculino (Cohen; Mosse).

En esos debates, que provocan una tensión y una articulación entre el discurso médico y los discursos estéticos, el cuerpo masculino es reinscripto en articulaciones de género y sexualidad en las que insistentemente se elaboran narrativas y significados del futuro nacional –y, desde luego, en América Latina esta insistencia adopta tonos singulares, puesto que el discurso médico encarnó, al menos desde 1880 aproximadamente, una de las más poderosas intervenciones sobre la sociedad para producir nuevos ciudadanos y para renovar o regenerar los cuerpos nacionales, funcionando así como uno de los rostros del Estado moderno y su voluntad de modelar las poblaciones y los individuos (Salessi, *médicos maleantes y maricas*; Molloy, "Voice Snatching"; Montero, "Escritura y perversión"). Los ejemplos de tensiones entre el nuevo aparato normalizador (en sí mismo muy complejo y diverso) y diferentes tipos de disidencias y resistencias son múltiples; muchas de esas tensiones articulan un diálogo entre literatura y medicina, y entre modernismo e higienismo, cuyos choques, guerras y usos recíprocos resultan decisivos para la formación de las culturas modernas latinoamericanas.

Quiero detenerme brevemente en una escena ejemplar entre discursos médicos y discursos culturales, que la literatura de fin de siglo XIX produjo, porque, creo, tiene la capacidad de iluminar tensiones entre masculinidades alrededor de la "salud", instaurando un debate entre medicina y arte y un ejercicio de percepción e identificación sobre el cuerpo. En esa escena, extraída de *De sobremesa* (1896) de J. A. Silva, Max Nordau, el famoso crítico finisecular (el autor de *Degeneración*, donde incorpora el vocabulario y las ideas higienistas al terreno cultural) se pasea por un museo lleno de obras de los artistas decadentes o modernos, como "un esquimal miope por un museo de mármoles griegos" (Silva 47). Allí, el crítico camina entre las obras de arte, llevando "sobre los ojos gruesos lentes de vidrio negro y en la mano una caja llena de los tiquetes con los nombres de todas las manías clasificadas y enumeradas por los alienistas modernos". La escena de contemplación artística se convierte en escena de diagnóstico:

> Detiénese [*Nordau*] al pie de la obra maestra, compara las líneas de ésta con las de su propio ideal de belleza, la encuentra deforme, escoge un nombre que dar a la supuesta enfermedad del artista que la produjo y pega el tiquete clasificativo sobre el mármol augusto y albo. Vistos a través de sus anteojos negros, juzgados de acuerdo con su canon estético, es Rosetti un idiota, Swinburne un degenerado superior, Verlaine un medroso degenerado de cráneo asimétrico y rostro mongoloide. (47)

Las gafas negras de Nordau son la condición de un *efecto óptico* que rige toda la escena: "ve" deformaciones allí donde, se supone, impera la nitidez de la forma (el Museo) y naturaliza esa deformidad a través de la diagnosis médica, que atribuye el origen del mal a una falla o una contaminación de la herencia. Las obras de arte cambian de naturaleza al ritmo del paseo de Nordau por esa galería estatuaria: de encarnar el arte sublime se transforman en materia de identificación médica y criminal, cambian de registro y de lenguaje; pasan del Museo al Hospital. En ese terreno en el que el discurso médico no está restringido a una esfera específica, *sino que sale a reconocer o identificar a los "enfermos" en el espacio público como "crítico cultural", donde el crítico actúa como médico* (puesto que tiene una nueva función social que cumplir), arte y medicina se enlazan y se enfrentan de una forma sin precedentes, se pliegan o se distancian en luchas estratégicas por el poder simbólico de la representación del cuerpo individual pero también por la definición del cuerpo nacional. Literatura y medicina, en sus conjunciones y sus rupturas (y su fascinación recíproca) trazan mapas entre el cuerpo y lo social, e inventan continuidades y saltos entre ambos y, en esas operaciones, piensan la construcción de lo nacional, de la nación como cuerpo y de la identidad nacional como cuerpos a corregir y a formar. Literatos y médicos debaten no sólo la autoridad para nombrar los cuerpos, sino el poder simbólico para interpelar al o desde el Estado y por lo tanto influir en el desarrollo –o la invención– de las naciones modernas.

En ese terreno, el cuerpo masculino adquiere una nueva visibilidad y una nueva sintomatología. La operación de Nordau en el "Museo" de Silva distribuye arte de enfermedad, instituyendo una diferencia y una división allí donde no estaba, sobre una serie que se percibía como continuidad. Esta diferenciación ya no se dirige solamente a los subalternos (las mujeres, los "colonizados", los "sujetos étnicos", los delincuentes) sino que afecta eventualmente a los "iguales". Es en ese espacio donde la *masculinidad se torna objeto de vigilancia e instancia de redefiniciones*: los estilos, los gustos, las performances corporales y las prácticas sexuales entran a formar parte de los indicios de la salud individual y colectiva, y de las narrativas de su agotamiento y su pérdida. Los artistas modernos y decadentistas encarnan, pues, un espacio de visibilidad alrededor de una crisis de lo masculino, una visibilidad constituida alrededor de la degeneración y sus estigmas: sus cuerpos entran en la escena del discurso de la salud de la "nación" para ser separados y diferenciados del nuevo universo de lo normal.[2] Es en esa escena entre salud, cuerpo y nación –o Estado-nación– donde la masculinidad se torna instancia de una intervención desde los aparatos e instituciones modernos.

RAREZAS MASCULINAS

El fin del siglo XIX es, en este sentido, en Argentina como en muchos países de América Latina, un espacio inaugural de múltiples ansiedades y violencias jugadas alrededor de la masculinidad y las sexualidades legítimas en el momento de consolidación y modernización de los Estados nacionales, cuando muchos proyectos se apoyaron sobre la categoría "salud" como rasgo definitorio de las nuevas naciones. Allí la relación entre virilidad y salud cumplió un rol decisivo; la centralidad de los discursos médicos, su poder simbólico y su fuerza de codificación sobre distintas áreas de lo social y lo cultural, los propuso como un territorio hegemónico con respecto al cual toda identificación nacional debía medirse (Salessi, *médicos maleantes y maricas*; Molloy, "La política de la pose"; Ludmer, *El cuerpo del delito*). Ese juego se traza en gran medida entre varones, entre cuerpos y miradas masculinas y en sus pactos y repudios: el universo homosocial burgués (que eventualmente se proyecta e impone sobre otros grupos sociales). En este sentido, ciertos textos del fin de siglo XIX (como *De Sobremesa*, entre otros), hacen posible pensar que muchas de las identidades nacionales y continentales han sido afectadas (si no elaboradas) desde un mecanismo de identificación genérica por el cual los varones se ponen a sí mismos y/o a otros en el centro de la escena y desde allí regulan las definiciones de masculinidad y sus límites. Esa operación tiene lugar entre aquéllos que están *habilitados desde el género* para ser "iguales", y dominantes sobre las mujeres y los niños. Aunque atravesada por desigualdades y jerarquías de todo tipo, la pertenencia al género masculino funciona (al menos) como una promesa o una virtualidad de "igualdad" alrededor de ciertos privilegios sociales y culturales. Masculinidad, en este sentido, es un pacto que puede producir borraduras estratégicas sobre un campo diverso de tensiones y desigualdades (clase, etnia, cultura, religión, etc.) para obtener un cierto "efecto" de igualdad, reuniendo a los que se encuentran en el género (y en los ecos simbólicos que se conjugan alrededor del género) para reconocerse como "iguales". La idea de *fraternidad*, fuertemente marcada a nivel del género, y sus usos en la elaboración de imaginarios nacionales y políticos, es un efecto central de esa producción.[3]

Por eso es interesante el momento en que el cuerpo masculino se expone ante otra mirada masculina: cuando lo masculino se vuelve "objeto" de sí mismo. Ese momento es cuando se produce identidad alrededor de lo masculino y a la vez se generan fragmentos y divisiones *allí donde no había diferencias, donde "no parecía" haberlas*, o al menos donde existía el presupuesto de la "igualdad". Las representaciones del cuerpo masculino pueden ser, en este sentido, una *performance* en la que se retrazan los límites cambiantes de su definición y sus sentidos. Es allí donde la normalidad se constituye en un régimen en el que los sujetos son categorizados y referidos a un destino social. Pasando esas fronteras trazadas alrededor de lo normal, el "mismo" se torna "otro", se pierde y se altera, y abandona (es decir, pierde) las marcas y los signos de su privilegio –de su "derecho" a ser dominante, un privilegio y un derecho que sin la performance y su repetición de lo masculino se tornan inaccesibles. La masculinidad es una "naturaleza", un "ser" innato, un "atributo" de los sujetos, cuya marca principal es estar perpetuamente en riesgo de perderse, su ser precario – y esa pérdida se registra como alternativas o accidentes del cuerpo. La luz médica y psiquiátrica sobre el cuerpo masculino cumple así una operación de *diferenciación interna*: traza un área donde ya no "me" (o "nos") reconozco en ese otro cuerpo –el *efecto óptico* de la identificación, la encarnación de la línea invisible que demarca el "nosotros", el cambio de "lugar", de pose y de punto de vista, sobre el que se sostiene la violencia de la identidad.

Esto interesa porque permite pensar en un mecanismo de construcción del imaginario nacional que determina y produce un cuerpo viril definido como la norma para la población, a la vez que alegoría de la identidad nacional. Al mismo tiempo "real" y simbólico, normativo y alegórico, el cuerpo masculino es quizá el más "trabajado", y el más vigilado, precisamente por ser, desde este punto de vista, el más "valioso": de allí provienen los modelos de subjetividad, pero también físicos, iconográficos, del ciudadano. Ciertos contextos de representación del cuerpo masculino, y de la "masculinidad", se conectan con el universo de lo nacional a partir de una operación que Foucault analizaba como *"guerra de razas"*, que él asociaba directamente con la producción de identificación racial y de racismo pero que se extiende a otros modos de identificación corporales como el género y la sexualidad. Se trata de un mecanismo de determinación y producción de diferencias en el seno de la sociedad: para que la sociedad se amalgame alrededor de una identidad, es misión crucial del Estado y sus agentes producir (o legitimar y reforzar) límites, *fronteras interiores* que demarquen aquello que se considera como amenaza para la integridad, específicamente la salud del cuerpo social. La determinación de esas zonas es relativamente azarosa y queda siempre sujeta a estrategias; pero siempre señala o marca áreas interiores alrededor de las que se demarcan jerarquías y que resultan, eventualmente, candidatas a la persecución, la "cura", la aniquilación.[4]

Más recientemente, Antonio Negri y Michael Hardt caracterizaron al Estado-nación como una máquina biopolítica de producción de "pueblo" a partir de una sobrecodificación –especialmente racial y sexual– de los cuerpos de la "multitud". Esos mecanismos de control se intensifican, se multiplican y se derraman sobre nuevas áreas de lo social, produciendo modos jerárquicos de diferenciación, en el momento en que el Estado-nación se debilita como fuente de soberanía y comparte con el mercado, las corporaciones y nuevos aparatos institucionales el disciplinamiento de los cuerpos, en la era transnacional que los autores llaman "Imperio". Entre el Estado-nación y el Imperio trasnacional, entre la disciplina y el control, las "diferencias" resultan siempre de una producción, de una codificación, desde aparatos de dominación que tatúan sobre el cuerpo las reglas de la pertenencia.

Los momentos de exposición y mirada entre varones, sus juegos de luz y de secreto y las narrativas de sus identificaciones, marcan alrededor de sus despliegues anormales, las alternativas de lo masculino en sus articulaciones entre el género y la sexualidad. Esos momentos encuentran en la mirada médica un escenario clave, porque ahí se regulan las relaciones entre cuerpo y "normalidad"; de estas visitas al o del médico, la "homosexualidad" –quizá el nombre más perdurable, insistente y público entre las anormalidades– va a emerger como uno de los efectos privilegiados.[5] Es a ese médico, su saber y su autoridad que se proyecta hasta bien entrado el siglo XX argentino, al que los textos de Lamborghini van a citar y reinscribir en contextos de divergencia y desvío.

El cuerpo como evidencia

Entre el fin de siglo y Lamborghini hay, para tomar la expresión de David Halperin, "cien años de homosexualidad", que son también un siglo de masculinidad jugada o definida alrededor del límite y la frontera del "homosexual". Me interesa aquí ver cómo el texto de Lamborghini inscribe y lee esa genealogía, y cómo la voz médica funciona como una materia central en el montaje entre sexo, género y representación, que su escritura permanentemente inventa y elabora. Ciertos fragmentos de la obra de Lamborghini -extraídos de *El pibe Barulo* y "El niño proletario" especialmente- exhiben algunas torsiones entre sexualidad y nación alrededor del saber médico, un saber que la escritura de Lamborghini reinscribe para diferenciar y desplazar. En lo que sigue, quiero interrogar algunos efectos de esa repetición y ese desplazamiento alrededor de la categoría "identidad".

El pibe Barulo, un texto escrito por Lamborghini alrededor de 1983 (*Novelas y cuentos*), es una fábula, muy fragmentaria pero con una narrativa implacable, acerca de la "producción" social de homosexualidad o, mejor dicho, del "homosexual". Es un lugar donde la teoría y el chiste se continúan y juegan ecos recíprocos, dando por resultado unos fragmentos que desafían las narrativas culturales de la identidad, las "dan vuelta" repitiéndolas y trazando espacios de choque y fusión entre los cuerpos y las palabras. En este texto hay una historia que reescribe, a partir de la burla y la ironía, el lugar del médico como productor de identidad e identificación al servicio de la nación. El doctor "Del Solar", a cargo de un instituto de menores -en el que ha sido designado por el presidente militar del turno, y con asistentes de formación psicoanalítica- decide poner a prueba su teoría de la homosexualidad, según la cual algunos varones tienen unas "células" en el ano que reaccionan al contacto del semen masculino. A partir de esa fusión poderosa, el individuo se vuelve "homosexual". Entonces, el director del instituto resuelve averiguar si los internados "son o no", sometiéndolos a repetidas violaciones diarias (a cargo de presidiarios de una cárcel) que detectarían la presencia de esas células de locura homosexual. El mapa celular dice, nombra al sujeto; pero ahora hay que irse al fondo del cuerpo, a su universo interior, a ese programa biológico del que brotará, cuando el sujeto encuentre su "destino", el homosexual (o, en el caso del pibe Barulo, la *loca*) como una suerte de aparición o de posesión, de una naturaleza o un ser contenido y finalmente liberado. Esas células ocultas son el efecto óptico, el lugar del límite o la frontera entre los iguales o los que parecen iguales: de allí saldría la diferencia, allí se trazaría la distancia *natural* con lo abyecto. Cuenta el testigo y víctima del "experimento" (a quien, luego, llaman "El proletario", e intercala consignas marxistas en el medio del relato, lo cual, en el contexto de la dictadura militar, lo deja en el lugar del loco, ya que no de la loca):

> Como el Director, cuando le convenía, apelaba a argumentaciones "progresistas", decía que sólo luego de un período de tres meses podía

saberse si tales células existían o no en un individuo, para lo cual había que tirar por la borda -y le juro que no estábamos en un barco- muchos prejuicios para que se encargaran de encontrar en los infantes masculinos (cuento lo que vi y experimenté en mi sala) las células (...) Hablando entre nosotros, Noel, vivían rompiéndonos el culo. El Director, mientras ocurría el hecho, se paseaba de cama en cama observando nuestras reacciones faciales. (*Novelas y cuentos* 288)

El espacio en el que circula este relato está atravesado por violentas "escenas de familia":[6] Noel, el que escucha el relato, es el hermano del protagonista, Barulo, quien acaba de hacer un *coming out* altamente teatral como "loca" -una tragedia que, para Noel, reclama una muerte: ya que no por el suicidio, opta por asesinar a otro homosexual, el "Gordo Sonrisa". A su vez, el que cuenta este relato es amigo del padre de estos hermanos, y su revelación dispone al Padre en una posición -sexual- insospechada, puesto que recibió este "tratamiento". El relato del saber y de los experimentos del doctor Del Solar tiene lugar en esta "crisis" de los lazos fraternos y de los reconocimientos masculinos, *en el momento en* que la homosexualidad se torna "identidad". La identificación del "homosexual" es en sí misma un ejercicio de violencia sobre el cuerpo: una marca o una diferencia que debe desaparecer apenas se torna visible -y, a la vez, una visibilidad requerida, demandada, producida.

El doctor Del Solar, o como lo re-bautiza el texto, "*Para Noico (que quiere decir "nazi" en castellano)*", se constituye como dueño de un laboratorio humano alrededor de la sexualidad de los sujetos: donde la sexualidad no es sólo un elemento a vigilar o controlar, sino sobre todo a descubrir y producir. El Instituto de menores se convierte en un escenario de experimentación e investigación desde el Estado, y por lo tanto "legítimo" o autorizado, sobre la población a partir de sus márgenes más exteriores, de los lugares límites de la sociedad. Allí el cuerpo enuncia, en su configuración anatómica, las diferencias entre los sujetos: es el terreno donde las diferencias se tornan no sólo visibles sino instancia de certeza. Es esa certeza, y su producción, lo que la ironía de Lamborghini despliega alrededor del doctor Del Solar, y su mirada entre la observación científica y el espectáculo *hardcore*.[7]

La hipótesis paranoica del médico "nazi" de Lamborghini no difiere, al menos en términos formales, de la hipótesis de un médico alemán antinazi, Magnus Hirschfeld, quien, como se sabe, a principios del siglo XX defendió la hipótesis de la homosexualidad como un "tercer sexo" fundado en la conformación hormonal y biológica de los cuerpos. De esa hipótesis surgieron algunos debates teóricos, y fue decisiva en la conformación del

Diagnósticos del *raro* • 329

primer momento del movimiento gay contemporáneo en las sociedades occidentales. El determinismo biológico, *y el carácter innato de la diferencia*, sirvieron como estrategias de legitimación en el debate acerca de las sexualidades y su control por parte del Estado, porque permitieron sacar la orientación sexual del discurso moral y ponerla en el espacio de la biología y la medicina, y además recortaron estrictamente el campo de "expansión" de la homosexualidad a un número restringido de sujetos. Tanto en Magnus Hirschfeld como en el otro teórico de la "inversión sexual", Havellock Ellis, la diferencia entre homosexuales innatos y homosexuales "por sugestión" (es decir, por influencia del medio ambiente, como en los colegios para varones, las cárceles o los internados) era central porque demarcaba una zona minoritaria respecto de la sociedad en general y sus estándares de normalidad. Esa zona, una vez reconocida, parece proteger de todo contagio: la minoría *"nace"*, se lleva en el cuerpo. Y son los médicos los que saben reconocerla.

Hay una historia acerca de la autoridad para saber reconocer la diferencia biológica del homosexual. En medio de un debate político entre socialdemócratas y derechistas en la Alemania de Weimar, un socialdemócrata había acusado de "invertido" a un enemigo derechista, y fue llevado a juicio. El propio Hirschfeld (quien tenía simpatías por la socialdemocracia) fue llamado a declarar ante el tribunal en tanto autoridad acerca del "tercer sexo" y de sus marcas invisibles en el cuerpo. Allí Hirschfeld identifica y confirma al supuesto homosexual, argumentando que el "carácter homosexual" no necesita de "actos homosexuales" sino que es una condición innata. El "acusado" contraataca, y argumenta que de esa manera todo sujeto masculino se torna sospechoso de "carácter homosexual": quizá ésta sea la primera escena de "pánico homosexual" colectivo de la historia, porque todo el mundo (masculino) rápidamente se pone del lado del acusado y Hirschfeld se tiene que retractar (ver Hekma, Oosterhius, y Steakley; Rosario, y Oosterhius). La historia es interesante porque pone en escena, desde su origen mismo, las ambivalencias de la identidad homosexual como "minoría", y su función finalmente disciplinaria como encarnación de lo abyecto, de lo que debe ser expulsado. Si por un lado la minoría parece contener el deseo en un espacio demarcado (el bendito "ghetto" gay, su estado de censo permanente), por el otro sus signos son tan inestables e inciertos que las confusiones y las mezclas entre la "minoría" y la "mayoría" están siempre presentes (al menos virtualmente) y por lo tanto generan la necesidad de marcar y remarcar a perpetuidad las diferencias, las fronteras entre "normales" y homosexuales.[8] El cuerpo, desde luego, será el mejor garante de esta diferencia; si no es en su espectáculo de género, será en su mundo interior, en sus genes, en esas células del doctor. Para Noico, alojadas *atrás*, secretas incluso para el mismo sujeto. *Y esta certeza física es necesaria tanto para los "demócratas" como para los "nazis", porque produce unos cuerpos señalados para la tolerancia o para el exterminio, alrededor de los cuales se regulan sistemáticamente la normalidad y sus diferencias.*

Los textos de Lamborghini juegan con esas certezas físicas como instancia de identificación de los sujetos: un rastreo físico, biológico, material, de la diferencia sobre la que se funda la identidad. Las taras de la herencia, las células, las nalgas (como en el "caso" del Pibe Barulo, cuyo destino queda cifrado en su exceso nalgón)... la sentencia freudiana acerca de la anatomía como destino llega en Lamborghini a un punto de inversión y de parodia: la anatomía sostiene todo el edificio del sujeto, que queda como estampado a su cuerpo y a las marcas que los otros ven o han dejado en él. Todo el campo de las identificaciones deseantes, y la estrategias de desciframiento de la identidad, se reencuentra aquí con un fondo persistente –el cuerpo, el estigma físico, el mapa de las células. La "identidad" va a fundar o encontrar su raíz en el cuerpo; la tarea de los otros, especialmente los médicos, es la identificación de esa diferencia física –ver y nombrar lo que marca y cifra el destino del sujeto.

Por eso la escritura de Lamborghini hace permanentemente referencia al lenguaje del higienismo y de su rol en la construcción de las identidades nacionales modernas, incluso más allá de su momento de influencia y poder simbólico, cuando son un elemento "arcaico". Y por eso traza un capítulo importante en la historia que se cuenta entre la literatura y la medicina. El higienismo adquiere un valor fundacional en Lamborghini, como momento originario de lo moderno y de sus sujetos porque describe el punto en el que el Estado toma el cuerpo y lo modela, lo forma o lo fabrica siguiendo el modelo de la identidad abyecta. Del lenguaje positivista Lamborghini extrae una teoría de la identidad y de la violencia de la identificación que le permite leer desde cierta distancia al lenguaje y al saber contemporáneo sobre el "deseo", el psicoanálisis. El psicoanálisis, autodefinido como saber superador del biologismo, es puesto "al lado" de sus antecedentes positivistas como una narrativa de origen en la que las continuidades y las rupturas no son precisas.

La escena de los internados violados para determinar la identidad sexual es un espacio de producción de cuerpos, como lo es el laboratorio de identidades de género en *Los Tadeys*, donde viriles jóvenes son secuestrados y "tratados" para obtener de ellos perfectas mujeres, o la Mujer, por medio de una serie de técnicas y experimentaciones. La repetición es, en estos experimentos, decisiva: tanto la repetición de conductas como la repetición de palabras trazan una red de ecos en la cual el sujeto se forma. Esa red es originada desde esos laboratorios del cuerpo, que son siempre figuraciones del Estado, y sistemáticamente reproducida por la sociedad, la familia, etc. Esa continuidad entre "sociedad" y Estado asegura y sostiene la repetición infinita, coral, desde diversos lugares, del nombre y/o de la performance que cifra el futuro del sujeto, como una maquinaria anónima e imparable. La identidad, en este sentido, es un elemento exterior que se interioriza, y se vuelve visible en el cuerpo según la adecuación a unas reglas previas. Por eso la "identidad" es aquí un *modelo* capaz de "*abismar al individuo*", de reinventarlo (y de reinventarle el cuerpo) a partir de una pura artificialidad, según "*un método político que roza la verosimilitud absoluta, el anudamiento del sujeto y el modelo –indiferenciables ya, en algunos casos*" (*Tadeys* 88).

En los textos de Lamborghini hay un didactismo que apunta a registrar e iluminar ese proceso de *invención* de los sujetos y sus posiciones a partir de los aparatos de identificación: el momento en el cual una diferenciación emerge entre los cuerpos y es usada para marcar e identificar a los sujetos que se constituyen alrededor de ese proceso. El componente didáctico tiene que ver, creo, con la artificialidad de todo este movimiento por el cual se saca una "identidad" desde donde no había marca previa específica, el momento en que un continuum de cuerpos es interrumpido por una diferenciación y rearticulado y categorizado a partir de un "modelo". Esa operación siempre tiene que ver con la creación de un saber, de una teoría, de una explicación –no hay "modelo" ni identificación sin explicación acerca de la naturaleza, las marcas, los modos de existencia de la identidad. Ese suplemento de teoría y enseñanza aparece siempre en los textos de Lamborghini como naturalización de la violencia pero también como su origen mismo. En ese lugar aparecen los médicos modernos, su lenguaje y sus técnicas.

NARRATIVAS DE LA HIGIENE

> Desde que empieza a dar sus primeros pasos en la vida, el niño proletario sufre las consecuencias de pertenecer a la clase explotada. Nace en una pieza que se cae a pedazos, generalmente con una inmensa herencia alcohólica en la sangre [...] Con el correr de los años el niño proletario se convierte en hombre proletario y vale menos que una cosa. Contrae sífilis y, enseguida que la contrae, siente el irresistible impulso de casarse para perpetuar la enfermedad a través de las generaciones [...] Me congratulo por eso de no ser obrero, de no haber nacido en un hogar proletario. ("El niño proletario" 64)

La voz higienista que abre "El niño proletario" (en *Sebregondi retrocede*, publicado en 1973) no solamente remite a lo arcaico de los saberes modernos, para medir su distancia respecto del "presente", sino a la fundación misma (en "presente") del "nosotros" de la clase social. El texto "explica" qué es y cómo se forma un "proletario" a partir de una serie de alteraciones del medio ambiente y de la herencia física, que producen un cuerpo cuyas marcas son las que definen la identidad proletaria. Una vez cumplida la identificación, los otros tres niños se reconocen como "burgueses" y proceden *lógicamente* a la violación y asesinato del niño proletario, en una escena que tiene lugar en la frontera entre el barrio de clase media y el de los obreros y desocupados. La identidad sale del cuerpo como una efusión orgánica: como una enfermedad. Esa "enfermedad" es la herramienta del discurso positivista para llevar adelante la operación de naturalizar y corporalizar las identidades sociales, haciendo de la observación un mecanismo de detección/producción de cuerpos. Por eso Lamborghini lo lleva al origen mismo de la producción de sujeto, como una suerte de discurso originario de la sociedad moderna –allí entran esos niños que pueblan los textos de Lamborghini (el "proletario", los "burgueses", el "puto", etc.), que son siempre ejemplares del proceso de constitución subjetiva, porque son el escenario donde la identidad, el "significante", hace el cuerpo. Por eso su lenguaje es el vocabulario higienista, más que el de las alternativas de la vida psíquica y las identificaciones del "yo". La "internalización" no es psíquica sino física: el cuerpo se vuelve *referente* de la identidad. Esta invención del referente en el que la identidad se encarna, es lo que produce esas "narrativas didácticas", ese saber expansivo, en los textos de Lamborghini.

"*La execración de los obreros también nosotros la llevamos en la sangre*" (64) dice el narrador del nosotros de la burguesía. "El niño proletario" reinscribe la escena de la lucha de clases en términos de una guerra de cuerpos donde lo que se enfrenta no son relaciones con el capital, sino el cuerpo y su salud (según Foucault, la lucha de clases transcribe un tema anterior que era la guerra de razas, y siempre vuelve, de alguna manera, al cuerpo). Es el derecho a la existencia (y no la preservación/subordinación de la fuerza de trabajo) lo que se narra, y por eso emerge como una lógica de exterminio. La clase y la sangre se fusionan precisamente allí en el "acto" o la ceremonia del asesinato (y en el acto o la ceremonia de narrar). De esa ceremonia sale una fraternidad masculina –o masculinista– en la que la mujer (la Madre) sirve como mediador entre varones, como pasaje entre lo ideal y lo abyecto (el pañuelo de batista bordado con el rostro áureo de la madre sirve también para limpiar la sangre y los excrementos), y que finalmente queda afuera del circuito de los hermanos: "Porque la venganza llama al goce y el goce a la venganza pero no en cualquier vagina y es preferible que en ninguna" (67). La mujer pasa, circula, se intercambia entre los cuerpos masculinos, pero no tiene lugar en el circuito; su lugar se regula desde la economía fraterna, dentro de la cual resulta a la vez imprescindible y subordinada: subalterna. Por eso los momentos de *devenir-mujer* en el interior de la fraternidades marcan límites no sólo alrededor del cuerpo y el género, sino alrededor de la existencia social misma. El cuerpo que atraviesa el límite de género atraviesa un límite del lazo social.

Esa fraternidad es el pacto en el que la identidad –la clase, eventualmente la nación– se hace cuerpo. Se funda no sólo en un "acto violento", sino desde su mismo origen en un saber, una teoría práctica de la identidad. Un saber que se aprende en la escuela: "*En mi escuela teníamos a uno, a un niño proletario*". La escuela y el hospital emergen así como los escenarios de la identificación, su teoría y su práctica fusionadas. Tal visibilidad física procede según un conteo de la diferencia: *un* "niño proletario", *un* "homosexual", esos *unos* que van a mostrar en la evidencia de su anatomía los límites del nosotros (que no se cuentan, no son materia de censo). Los saberes del hospital y la escuela apuntan a rellenar de marcas de identidad a esos cuerpos para exacerbar la pureza de su pertenencia, su *verosimilitud*, la proximidad (y eventualmente su fusión) con el modelo. En ese procedimiento las identidades se tornan cuerpo: materia de biología, de familia y de raza o etnia. Es ésa la operación que Lamborghini narra en el lenguaje del higienismo, donde lo simbólico se demarca alrededor de unos cuerpos contados, censados.[9]

La historia del protagonista de *El pibe Barulo* es otro recorrido didáctico, entre la escuela y el hospital, pero esta vez alrededor de la producción del homosexual. Es el relato de un azar biológico por el cual unas nalgas "se adhirieron" al cuerpo del niño –"*su culo era otro, se lo habían pegado con cola al resto de su cuerpo*" (251)– y de un azar simbólico por el cual ese niño sirve como candidato para esa magia del lenguaje que cambia "culón" por "puto" –y produce una identidad y un sujeto. De allí el deseo de todos por convertirlo en su destino, que no es sino el deseo permanente de pronunciar la frase "*gordo puto*", haciéndole, literalmente, el cuerpo en un proceso que despliega la "iterabilidad" del género de la que habla Judith Butler (*El pibe Barulo* no es, en cierto sentido, sino la ocasión para la repetición de la fórmula "*gordo puto*"). Lo abyecto es el resultado de una producción ritualizada, hecha de repeticiones constantes donde el cuerpo y el sujeto son constituidos por esas repeticiones. Esa repetición fija y nombra el destino del "nalgudo", la inevitable fatalidad de su goce.

En el caso de *El pibe Barulo* las operaciones de identificación se revelan más arbitrarias y violentas, y más "teóricas", porque involucran un espacio homosocial donde los actos homosexuales no tienen nada que ver con la identidad "homosexual". Es precisamente ese pasaje del "acto" a la "identidad" el origen de la categoría "homosexual" en el discurso médico de fin de siglo XIX, promoviéndola como el ser de ciertos individuos, y como tal útil para regular y disciplinar las intensidades de las formaciones homosociales masculinas (Sedgwick; Foucault). En un universo masculino donde todos desean a todos (y donde la distinción entre "activos" y "pasivos" tampoco es tan clara), hay *uno* que se torna "objeto" de las estrategias de identificación y que resume el modelo y la abyección. Ese *uno* queda constituido en el cuerpo: literalmente encarna, vuelve cuerpo su identidad, se vuelve él mismo todo cuerpo (*"todo culo"*, dice Lamborghini), hipervisible bajo la luz escandalosa de su misma existencia. El cuerpo no es el origen sino el efecto de la identificación; la identidad se lleva así como un estandarte, una insignia: lo que no puede no ser visto.

"Proletario", "homosexual": realizaciones del modelo, momentos de "perfección" donde el significante de la identidad se encarna sin resto, sin desplazamiento, como la repetición infinita del Mismo. Es un momento absoluto del laboratorio social: "Desde este ángulo de agonía la muerte de un niño proletario es un hecho perfectamente lógico y natural. Es un hecho perfecto" (68).

HOSPITAL LAMBORGHINI

El "chiste" del instituto de menores y su doctor Para Noico equivale a otro "chiste", al momento en el que la ficción del Estado se torna producción de realidad y de sujetos nacionales. La escena del internado de menores diseña un territorio en el que los aparatos de Estado se encuentran con la "población" para hacerle el cuerpo "investigándolo" y nombrándolo. La sexualidad inducida, calculada, supuestamente exterior al goce (pero por eso perversa), entre presos y menores (y médicos) es la zona que, desde esos "márgenes" sociales que son los que el Estado toma a su cargo y define, encarna el laboratorio de lo social.

La escena del internado podría integrarse quizá a algún repertorio de la biopolítica como uno de sus momentos más extremos, un momento donde el saber sexual es expuesto en su capacidad para convertirse en pura autorreferencia. Vuelto pura representación, el poder de la ciencia no es descriptivo sino performativo, productivo, con capacidad de instituir límites y sujetos. Es esa naturaleza formal lo que lo torna interpelación y lo obliga a darse un referente. La "homosexualidad", en general, ha sido, y es, un punto de privilegiada autorreferencialidad: las evidencias de lo biológico, lo psíquico, lo social se mezclan, se dan vuelta, y producen efímero sentido al querer explicar las etiologías de la "homosexualidad" o cualquiera de los nombres que se asociaron a ella. "Homosexualidad" genera cierta fuerza deconstructiva en tanto significante sin referente estable: nombra una especie de clon hecho de "desvíos" genéricos (que van del afeminamiento a la hipermasculinidad), reconfiguraciones genéticas u hormonales, diversas prácticas sexuales, deseos y fantasías alternativas, sociabilidades y comunidades secretas o semisecretas, etc.; es una categoría que funciona más en negativo -nombrando lo que "*no somos*" los que se posicionan desde lo normal- que diseñando un referente estable. Su fuerza reside en su capacidad para regular el área siempre cambiante de la abyección. *El pibe Barulo* es la fábula de esta operación: el que nunca había mantenido prácticas homosexuales *ya era*, en virtud de su anatomía, el "homosexual". Por eso la homosexualidad traza momentos de mucha inestabilidad en los saberes y las representaciones de la sexualidad, y es esa inestabilidad lo que Lamborghini usa para exponer el lugar epistemológico del Estado como un lugar al mismo tiempo demencial ("Para Noico"), y legítimo -con poder para definir el nombre y el lugar de los sujetos. El didactismo en Lamborghini tiene que ver, creo, con estos discursos, estas "teorías" acerca de la sexualidad, los sujetos, la herencia (el higienismo es, evidentemente, el momento privilegiado) que dejan de ser "teorías" y pasan a ser "realidad" cuando se encuentran con el poder performativo del Estado y las encarnaciones de su autoridad. Lamborghini pone estos discursos a distancia de su fuente de autoridad: allí emergen en el umbral de su lógica interna, de su ironía y de su violencia.

Ese saber sexual es producido desde los cuerpos "bajos" de la población -los presos, los proletarios, los internados, los que están o quedan en el límite de la ciudadanía y del nombre propio. Desde esas áreas proviene el rumor médico y policial del que está hecha la sexualidad moderna, su corpus de delito y enfermedad. Ese espacio ofrece el material para producir las diferenciaciones que regulan el resto de la vida social: son fábricas de abyección que no se especifican tanto en la clase como tal sino en cierto diseño del cuerpo masculino (que puede reinscribir o no el cuerpo de clase, como en "El niño proletario"). Sobre esos residuos se trazan los límites del cuerpo de los "iguales", la igualdad fraterna donde se inscriben las alegorías de nación a partir de ciertos repudios. La identidad, cuando debe ser nombrada y atribuida, es siempre la identificación del otro -el pacto entre los iguales no necesita ser nombrado, porque el pacto y sus integrantes son el resultado y el efecto silencioso del nombre y la identidad malditos del otro. Por eso la identificación es necesaria y ritual: performativa.

Lamborghini escribe estas operaciones de identificación en un mundo de varones, y donde el cuerpo de las mujeres –ya que no *lo femenino*– parece no tener lugar ("Un hombre –escribe en otro momento– es para otro (y así de pronto) la mujer que falta: esa mujer que nunca falta"). Dentro de este universo *homo*, entre los iguales, se generan esas microscopías de la diferencia de las que salen las identidades y las identificaciones. La producción de la marca visible, del *estigma*, por el cual los cuerpos se señalan a sí mismos en el paisaje social y permiten la exclusión sobre la que se funda el "nosotros" masculino –ese efecto óptico de la política como cuerpo– es constitutiva de la nación moderna en tanto que imaginario fraterno. Los relatos alrededor de esa marca cuentan el hallazgo, o el descubrimiento, de la frontera de ese "nosotros" que se narra a través del "yo", y su retórica siempre se tiñe del miedo y la fascinación por la proximidad de lo abyecto. Los narradores de estos textos son los que *ven* la diferencia entre el "nosotros" y los *unos* que están en ese umbral donde el cuerpo se altera, exhibe su diferencia, eventualmente "desaparece"; pero nunca son *directamente* el sujeto de la abyección –aunque siempre están "muy cerca" del límite con lo abyecto, en una proximidad que produce la distancia. Más que un relato en primera persona, es el proceso en el que esa primera persona (y sus ecos en plural) se forma a distancia de lo abyecto, o "forma su distancia" poniendo el límite pero al mismo tiempo reflejándose en ese "otro". "*¿Acaso, o tal vez, para decir que el miedo, si bien **pánico** sería más exacto, a la historia que cuenta lo lleva de las riendas hacia un deliberado fracaso ...?*" (296), dice el narrador, al final de *El pibe Barulo*, cada vez más "cerca" del "nalgudo" y su transformación final. Precisamente al final de *El pibe Barulo* es donde emerge "*Elizabeth*", la voz resucitada desde la muerte social, después, como señala Adriana Astutti, de que todos los pactos han sido rotos y queda "aquello que de la escritura sobrevive a la muerte, al acontecimiento, al devenir menor, muerto, mujer, escritor, del escritor" (Astutti 43). El salto de género, el devenir-mujer –que sigue sin ser el *cuerpo femenino*–, refiriendo el lugar subalterno, arrastra la narrativa hacia una cierta exterioridad, hacia un *más allá* que tensa al máximo los lugares de cuerpo y de voz, y desde allí la voz emerge des-autorizada, ilegítima, en una resurrección a distancia de los pactos de la identidad.

Estos narradores se constituyen en relación a ciertas instituciones nacionales (el hospital, la escuela) y desde esos lugares exhiben el trazado de los límites interiores de la nación –son las ficciones de un Estado que tatúa "nación" o "pueblo" en los cuerpos, producidas en un momento histórico límite del Estado como aglutinador hegemónico y unificante de los códigos de la identidad.[10] Desde estos espacios la voz del médico diseña, o provee el lenguaje para esas narrativas de los reconocimientos y su crisis, esas microscopías de la identificación. Sus relatos registran las evidencias de la identidad sobre esos cuerpos sin nombre –o que "cambian de nombre" en la operación– para naturalizar las fronteras internas del orden político y para reinventar entre los cuerpos las líneas invisibles que separan, por todos lados y de manera constante, identidades, jerarquías, pertenencias, alrededor de altercados –siempre públicos y siempre secretos– de las sujeciones y los controles. Desde ese espacio anormal, *desde este otro hospital*, se escribe la violencia y la burla de los saberes legítimos y las instituciones de la identidad.

Alrededor del "homosexual", las ciencias sexuales elaboran estrategias de identificación, modos de reconocimiento, explicaciones y etiologías, suspicacias y evidencias; y reaparece como la pasión (siempre secreta, "reprimida", y a la vez siempre hipervisible) de aquellos que no saben repetir "bien" los modos de "su" género: su límite interior, y el mecanismo de producción y de regulación de la norma masculina y sus modos de encarnar la pertenencia colectiva. Las tensiones y los lugares que se trazan alrededor de esas diferencias no son meramente definitivos: generan figuraciones y lenguajes disidentes, son condición de escritura. En relación a ese poder simbólico del médico y sus lenguajes para delimitar los espacios sociales y sexuales del cuerpo masculino, la literatura buscó delimitar espacios y construir lugares de deseo y de género desde donde los saberes normalizadores sean reinscriptos, para ponerlos a distancia o para hacer un uso excesivo, para desplazarlos o, en todo caso, para permitir que de ellos surjan las rarezas del cuerpo masculino. Porque esta literatura, escrita alrededor de un cuerpo que corroe las marcas que lo constituyen, es siempre el ejercicio de una respuesta, el ensayo de una pose impropia, una enfermedad sin nombre, un género que se vacía y se altera.

NOTAS

[1] John Kraniauskas ha escrito, desde un punto de vista diferente, acerca de la relación entre la escritura de Lamborghini y las figuraciones del Estado, a propósito de *El Fiord*.
[2] Ed Cohen analiza como la figura de Oscar Wilde articula todo un conjunto de tensiones alrededor de la formación de una masculinidad moderna, cristalizando, de alguna manera, el proceso de disciplinamiento del sujeto masculino "normal". En este sentido, la construcción del "homosexual" en el juicio a Oscar Wilde es decisiva en este proceso. Ver Cohen. Para una historia de la formación de la masculinidad moderna, ver Mosse. La construcción de un sujeto masculino "normal" no implica que las mujeres o "lo femenino" no hayan sido objeto de extrema vigilancia y esfuerzos correctivos y formativos; por el contrario, sabemos que el cuerpo femenino ha sido instancia de repetidas intervenciones

normalizadoras, tendientes a controlar tanto su deseos como sus "actos" y su performance. Mi objetivo en este trabajo, sin embargo, es poner un énfasis en algunos efectos jugados alrededor de lo masculino a partir de su inscripción en tecnologías de normalización, dejando de lado efectos de diferenciación genérica que sin duda forman parte de esas tecnologías.

[3] George Mosse analiza el carácter burgués de la construcción moderna de lo masculino, señalando que abre un espacio de movilidad social opuesto a los códigos de casta previos. Analiza especialmente el *duelo masculino* como momento inaugural, entre los siglos XVIII y XIX, puesto que funciona como mecanismo de reconocimiento del valor masculino y su estatus, más allá de las diferencias de clase. El género se constituye así en un espacio no-aristocrático, de pacto entre sujetos de procedencias diversas. *Fraternidad* parece describir adecuadamente este espacio en el que las "hermanas" no entran y que se funda en la noción (y el ideal) de la igualdad (en oposición, en este sentido, al patriarcado, con su rígida jerarquía paternalista y arcaizante). Ver *The Image of Man*, especialmente el capítulo 2.

[4] Hablando de la biologización del discurso estatal en el siglo XIX, Foucault señala la aparición de la "*guerra intestina como defensa de la sociedad contra los peligros que nacen en su cuerpo y por su propio cuerpo. Se trata de la gran inversión de lo histórico-biológico en el pensamiento social de la guerra social, del paso de lo jurídico a lo médico*" (224). Es en el contexto de este discurso donde la nación asume como su función no sólo rivalizar con otras naciones sino administrarse a sí misma en el Estado. Ver Foucault, *Genealogía del racismo*, especialmente la "Décima Lección, *Totalidad nacional y universalidad del Estado*". Ver también Stoler, *Race and the Education of Desire*. Las relaciones entre raza y masculinidad son extremadamente complejas. El valor compensatorio de la virilidad respecto de la subordinación racial no impide, desde luego, la codificación racial de enfermedades o anomalías. Entre estos dos lugares la raza queda marcada en el juego entre varones. Precisamente porque "masculinidad" articula cuerpo y estatus social, permite una flexibilidad estratégica donde los sujetos pueden ocupar distintas posiciones.

[5] La categoría "homosexualidad" cumple su rol disciplinario principal en relación a las formaciones modernas, "fraternas" y homosociales (cuyo modo de dominación es la normalización) del tipo del Estado-nación, más que en relación al patriarca y su régimen más "arcaico" (fundado en el "Padre" y su imposición: en la excepcionalidad y la fuerza); precisamente porque regula *anormalidades diversas* es que "homosexual" puede designar diferentes, y contradictorias, rarezas de lo masculino. "Homosexualidad", como identidad, está principalmente ligada a la homosociabilidad burguesa y su régimen normalizador; resulta, en cambio, dificultoso explicarla exclusivamente en relación a percepciones ahistóricas de la dominación masculina –típicamente, en América Latina, el "machismo" y su cuasi universalidad como clave interpretativa para múltiples fenómenos culturales e históricos.

[6] Adriana Astutti ha analizado muy productivamente las escenas de familia y escritura en este texto de Lamborghini.

[7] El experimento excesivo del doctor del Solar no impide (por el contrario, facilita) encontrar ecos en otros discursos cuya autoironía los convierte en un suplemento

inevitable. En un artículo publicado en el año 1944, evidentemente en un contexto de mucha preocupación por el porcentaje de prácticas homosexuales en los internados argentinos, se lee: "*Al menor se le examina sexualmente por diversos motivos. Se le examina en el momento de su ingreso al instituto o reformatorio, con el fin de dejar constancia del estado actual y poder seguir su comportamiento mientras dure su estada. Se le examina en exámenes clínicos generales del establecimiento que todo médico, nuevo, debe hacer con el objeto de conocer la totalidad de "sus muchachos", confeccionar el fichero privado personal y, partiendo de esta base y en colaboración con la Dirección, tomar las medidas de profilaxis que mejor convenga. Se le examina también a raíz de haber sido encontrado en posición o situación equívoca. En esos casos son dos los examinados, el pasivo y el activo. La Dirección solicita aquí la certificación del hecho, previo examen anal de los inculpados con el fin de tomar las medidas disciplinarias correspondientes...*" Todos los exámenes y revisaciones se juegan, como se adivinará, alrededor del ano de los "muchachos" del doctor, para lo cual el artículo provee las mejores técnicas y una extensa clasificación de indicios. Dicho examen, como se adivinará, *reproduce* de alguna manera el acto que persigue."*Es decir* –concluye el autor– *el 98% con signos de pederastia. Podemos ya ir vislumbrando algo sobre la etiología de lo que los autores han caracterizado y llaman, como propio de los menores asilados, "la psicología del asilado"* (Raffaelli, Alfredo 178-92).

⁸ Todo sujeto masculino debe probar que no es "homosexual": ese es el origen de la homofobia, como tal constitutiva de la construcción moderna de la masculinidad en el universo homosocial y burgués, según Eve K. Sedgwick.

⁹ Benedict Anderson ve al censo como condición de un tipo de politización basada en lo que él llama identidades "limitadas" (*bound*). Los censos de las naciones modernas apuntan a registrar las diferencias dentro de la población a partir de criterios étnicos o filo-étnicos, produciendo minorías contables a partir de las cuales se regula la distribución de poder y de soberanía de la sociedad electoral. Anderson opone esta lógica del censo a la prensa escrita, capaz de producir identidades "ilimitadas" (*unbound*) que no se basan en marcas visibles y cuerpos contables sino en categorías abstractas, como "anarquista", "argentino", "trabajador": son identidades (supuestamente) abiertas a cualquiera que quiera reconocerse en ellas puesto que tienen una plasticidad muy grande; de allí proviene el carácter universalizable de estas categorías (en cambio, no cualquiera puede ser "negro" o "mestizo"). Unas son performativas, aprendidas, las otras son (o pretenden ser) ontológicas. Los modos de configuración de las identidades nacionales, e incluso globales, van a estar, dice Anderson, determinados por las encrucijadas entre, por así decirlo, el censo y el periódico. La idea es interesante, sobre todos por sus zonas de ambivalencia: la contabilidad/incontabilidad de "homosexuales", o el estatuto de las identidades de género. La historia del niño proletario puede ser vista, en este sentido, como la conversión violenta de la serie ilimitada a la limitada, del *n* del proletariado al *uno* del niño proletario en la escuela, donde se responde a la pregunta "*¿cuántos hay?*". Ver Anderson.

¹⁰ En un texto muy reciente, la voz de Lamborghini, o una voz lamborghiniana, reaparece para continuar (y quizá como una suerte de cierre) el relato de las relaciones entre salud, sexualidad y Estado-nación. En *Vivir afuera*, de Fogwill,

un manuscrito mecanografiado anónimo, escrito por un paciente recientemente muerto, circula entre los médicos de una fundación dedicada a pacientes con sida. El estilo de la escritura exhibe las inflexiones y los tonos de Lamborghini. Las hojas *"le recordaron* [a Saúl, el médico lector] *los apuntes de la universidad de los años setenta"* : la voz viene del pasado, de los setenta como "el pasado". La lectura del manuscrito (el único material escrito de la novela) produce un efecto inquietante porque hace escuchar la voz del muerto. Este registro póstumo, casi espectral, de la voz parece constituir la tradición literaria: el *corpus* escrito cuya voz viene de otro tiempo para quebrar la evidencia del presente. El Lamborghini de Fogwill parece encarnar ejemplarmente las fobias de la salud y la pureza del cuerpo nacional: aparece como homosexual, judío y HIV positivo. Es un paria del Estado-nación, un nítido personaje de la biopolítica que conecta las persecuciones antiguas y las contemporáneas, las operaciones más sistemáticas de la "salud" y la "pureza" de la nación moderna. A partir del sida, el texto de Fogwill fija un presente y construye su propia tradición, su propio "corpus del hospital". Lamborghini, que había narrado y parodiado las voces y los textos del hospital nacional, se fusiona a él y así entra a la tradición como la voz disidente más poderosa en un presente en el que el lugar de lo político tiene lugar alrededor de la crisis del Estado-nación. Desde los noventa, en el momento en que las instituciones del Estado-nación se achican y eventualmente algunas (como la "salud pública") se extinguen, la voz de Lamborghini se despide: *"Lo dije al comenzar: yo soy el judío errante, soy un error flotante en un barrio de tango, de fango, de costureras con zuecos que se arrastran pajizas como en un cuadro de Van Gogh. Pero, ahora, les ruego sepan disculparme porque debo partir: voy a morir de sida. Y a este encuentro de amor no hay pija tucumana que pueda hacer llegar ni un minuto después"* (203). El *"error flotante"*, ese cuerpo erróneo y sin lugar, con su pasión por los tucumanos y el tango, encuentra su lugar en el Hospital. Desde ahí escribe y ahí es leído, ahí encuentra a sus lectores futuros. En ese nuevo Hospital la voz de Lamborghini se escucha en dos lenguas : Saúl *"escuchaba nítida la voz del gordo destacándose contra el murmullo de los pacientes..."* y luego *"Volvió a escuchar la voz del gordo, esta vez en hebreo"* (210, 215). El Hospital se convierte así en el lugar de la memoria, en memoria de la tradición literaria y de las tradiciones culturales, pero también en archivo del saber y las imágenes que el Estado elaboró sobre los cuerpos raros y enfermos. Como en una película melancólica, que forma nuestra memoria y nuestro archivo de la sexualidad, esos cuerpos hechos de marcas raciales, de diagnosis médica, y de anomalía retornan bajo la luz del deseo: *Negritos caprichosos. Capricornianos. Osos en el horóscopo chino. Braquicéfalos en el catálogo alemán. Picnicos en la somatografía de Lubeck. Polisíndricos ambivalentes para la frenología de Lombroso y Matera. Inolvidables y pijudos en mi memoria de rusita triste y descocada..."* (214).

BIBLIOGRAFÍA

Aira, César. "Prólogo" a Lamborghini, O. *Novelas y cuentos*. Barcelona: Del Serbal, 1988. 7-16.
Anderson, Benedict. "Nationalism, Identity, and the World-in-Motion. On the Logics of Seriality". *Cosmopolitics. Thinking and Feeling beyond the Nation*. Pheng Cheah y Bruce Robbins, eds. Minneapolis: University of Minnesota Press, 1999. 117-32.
Astutti, Adriana. "Osvaldo Lamborghini: *El Pibe Barulo*". *Boletín/8* (2000): 23-43.
Butler, Judith. *Bodies that Matter. On the Discursive Limits of "Sex"*. Nueva York: Routledge, 1993.
Cohen, Ed. *Talk on the Wilde Side: Towards a Genealogy of a Discourse on Male Sexuality*. Nueva York: Routledge, 1993.
Derrida, Jacques. *Politics of Friendship*. Londres: Verso, 1997.
Fogwill. *Vivir afuera*. Buenos Aires: Sudamericana, 1998.
Foucault, Michel. *Genalogía del racismo*. Madrid: La Piqueta, 1990.
_____ *Historia de la sexualidad vol.1 – La voluntad de saber*. México: Siglo Veintiuno, 1986.
Halperin, David. *One Hundred Years of Homosexuality*. Nueva York: Routledge, 1990.
Hardt, Michael y Antonio Negri. *Empire*. Cambridge, MA-Londres: Harvard University Press, 2001.
Kraniauskas, John. "Revolución-Porno: *El Fiord* y el estado Eva-peronista". *Boletín/8* (2000): 44-55.
Lamborghini, Osvaldo. *Los Tadeys*. Barcelona: Ediciones del Serbal, 1996.
_____ *Novelas y cuentos*. Barcelona: Ediciones del Serbal, 1988.
Ludmer, Josefina. *El cuerpo del delito. Un manual*. Buenos Aires: Perfil, 1999.
_____ *El género gauchesco. Un tratado sobre la patria*. Buenos Aires: Sudamericana, 1988.
Molloy, Sylvia. "Voice Snatching: *De sobremesa*, Hysteria, and the Impersonation of Marie Bashkirtseff". *Latin American Literary Review* 50 (1997): 11-29.
_____ "La política de la pose". *Las culturas del fin de siglo en América Latina*. Josefina Ludmer, comp. Rosario: Beatriz Viterbo, 1994. 128-38.
Montero, Oscar. "Escritura y perversión en *De Sobremesa*". *Revista Iberoamericana* LXIII/178-179 (1997): 249-61.
_____ "*Modernismo* and Homophobia: Darío and Rodó". *Sex and Sexuality in Latin America*. Daniel Balderston y Donna J. Guy, eds. Nueva York: New York University Press, 1997. 101-17.

Mosse, George. *The Image of Man. The Creation of Modern Masculinity*. Nueva York: Oxford University Press, 1996.
Nordau, Max. *Degeneration*. Lincoln y Londres: University of Nebraska Press, 1993.
Oosterhius, Harry, Gert Hekma y James Steakley, (comps). *Gay Men and the Sexual History of the Political Left*. Nueva York: The Haworth Press, 1995.
Oosterhius, Harry. *Homosexuality and Male Bonding in Pre-Nazi Germany*. Nueva York: Haworth Press, 1991.
Rafaelli, Alfredo J. "La inversión sexual en los menores varones". *Archivos de Medicina Legal* XIV (Buenos Aires, 1944): 178-92.
Rosario, Vernon. *The Erotic Imagination: French Histories of Perversity*. Nueva York: Oxford University Press, 1997.
_____ *Science and Homosexuality*. Nueva York: Routledge, 1996.
Salessi, Jorge. *médicos maleantes y maricas*. Rosario: Beatriz Viterbo, 1995.
Sedgwick, Eve. *Between Men: Male Homosocial Desire and Literature*. Nueva York: Columbia Univesity Press, 1985.
_____ *Epistemology of the Closet*. Berkeley: California University Press, 1990.
Silva, José Asunción. *De sobremesa*. Bogotá: Hiperión, 1996.
Sinfield, Alan. *The Wilde Century*. Nueva York: Columbia University Press, 1994.
Stoler, Anne. *Race and the Education of Desire*. Durham: Duke University Press, 1995.

Reescribiendo lo abyecto desde el inmigrante: SIDA y *mariconería latina* en el imaginario cultural

Alberto Sandoval-Sánchez
Mount Holyoke College

A Kevin McCaffrey, él sabe por qué.

Los recuerdos son archipiélagos de islas que aparecen en el horizonte esperando ser revisitadas. Con la epidemia del SIDA, mis recuerdos están anclados en cementerios que flotan en un océano de placer y muerte, reminiscencia y olvido, *suspiros y cenizas*. Donde voy llevo *mis muertos conmigo, en mis recuerdos*,[1] una generación de gays latinos que en un s/exilio autoimpuesto emigraron a EE.UU. desde el Caribe y América Latina en busca de independencia y sexo, satisfacción y amor. La fiesta gay que empezó con la revuelta de Stonewall en 1969 terminó alrededor de 1982 con la irrupción del SIDA. Todos fuimos testigos del momento en que Tánatos mató a Eros con la bola de espejo en la pista de la disco. Con ello se fueron los haces de luz que penetraban los corazones al ritmo de la cadencia erótica de Donna Summer cantando "I love to love you baby". Con ello se fueron, también, los cuerpos que bailaban cubiertos en sudor, oliendo a sexo, deseando un orgasmo que resultaría una llamada fatal.

Uno tras otro sucumbieron al SIDA. Enrique de Cuba, Hernán de Colombia, Comrado de Puerto Rico, Orlando de Venezuela, Manuel de El Salvador, José de México, Luis de Panamá.

Nombra tus propios muertos.

El silencio es muerte.

Y ahora aquí, todos llevamos *nuestros muertos* en nuestra piel, en nuestros ojos, en los labios, en las lenguas, en los *culos* y en las *pingas*, en *nuestros corazones*, en *nuestra sangre*, "hasta que la muerte nos separe". Desde 1981, con el SIDA, *vivimos* inmersos en lo abyecto. Los que permanecieron vivos sobrevivieron con el miedo al contagio, el horror a la contaminación, con la agonía de la memoria de jóvenes casi muertos que se volvieron a sus patrias a morir o cuyos cuerpos sin vida, o sus cenizas, fueron llevados a casa para que sus familias los despidieran ¿Cuántos cajones y secretos permanecieron sellados para ocultar los cadáveres desfigurados y descompuestos? ¿Cómo fueron explicadas esas muertes tempranas *en una sociedad latinoamericana que vive del qué dirán*, donde la homosexualidad y el SIDA son tabú? ¿Cuántos corazones y sueños destruidos dejaron atrás? ¿Cuántos fueron forzados a volver en la inminencia de su muerte? Todavía sufro por ellos.

Luego de mi propio diagnóstico de SIDA en 1990, no tuve escapatoria. O me quedaba o me rendía. Me rebelé. En un clamor de rabia y de supervivencia, abiertamente decidí no volver ni ser enterrado en mi Puerto Rico natal. Decidí quedarme y hacerme cargo de mi enfermedad, mi carrera, *mi vida y mi cuerpo*. No podía dejar atrás a mi pareja. Ni *mi familia* que había formado de la nada.² No podía resignar la libertad que la emigración me había dado, y en especial la oportunidad de configurar una identidad gay articulada a una conciencia latina. Con el SIDA, exactamente igual que después de emigrar, tuve que, una vez más, reinventar mi vida y mi noción de "casa". Esta vez bajo la sombra de la muerte, *en las entrañas del monstruo*.

En tanto gay latino, y en tanto investigador, de ninguna manera puedo trazar una divisoria entre mi cuerpo y mi investigación: mi cuerpo me empuja siempre hacia el límite, y mi escritura siempre me fuerza a poner en práctica la dependencia recíproca entre cuerpo y mente. No puedo privilegiar lo intelectual sobre el cuerpo. *Con el SIDA*, debo constantemente desafiar el dualismo cuerpo / mente predominante en Occidente. Soy un cuerpo, luego soy. A pesar de la lucha constante con complicaciones físicas causadas por un sistema inmunológico deteriorado, y por un proceso sin fin de negociaciones con un cuerpo dañino, siempre me las arreglé para pensar con mi cuerpo, a través de mi cuerpo. Para sobrevivir, hago espacio para el SIDA mientras escribo con mi cuerpo, y, en tanto escribo sobre mi cuerpo, hago física mi investigación.

Tanto mi cuerpo como mi investigación están marcados –esto es, tatuados– por la violencia de enfermedades, cirugías, infecciones, efectos colaterales, dolores, pérdidas y duelo. El SIDA está inscripto en mi piel, en mi pecho donde las cicatrices son el residuo de catéteres instalados en él para inyectar medicamentos que me protegen de una ceguera inevitable debida a CMV. A veces cuando miro mi pecho en el espejo sólo veo *cicatrices* de heridas que sólo pudieron haber sido hechas por cóndores que arrancaran pedazos de carne, *mi carne*. Ahora que me sacaron el ojo derecho, mi rostro mutilado está cara a cara con los monstruos de un solo ojo que se esconden detrás de todos los espejos. Buuuuuuu! Supongo que perder un ojo es el precio que se paga por no morir; la ironía es una destreza de superviviente. A pesar de las mejorías y los bajones, de los períodos de hospitalización y de recuperación, la escritura me mantiene vivo. Mantiene mi cuerpo en marcha. Buuuuuuu! Todavía estoy aquí. *Todavía existo*.

Me fascina el cuerpo abyecto: de lo contrario, ¿cómo podría ser capaz de seguir viviendo con SIDA? *El SIDA* es la encarnación total de la abyección; como acertadamente George Whitmore dijo en 1988, el SIDA es enteramente "acerca de mierda y sangre" (*Someone* 24). ¿Es posible un ser "más abyecto" que un latino maricón con SIDA? Todo en el mismo paquete. ¿Qué significa tener un monstruo debajo de la piel? ¿Cómo puedes querer tu cuerpo abyecto cuando te traiciona? ¿Cómo sentirse en una sociedad que expulsa al enfermo, al latino, al raro/ *queer*, al migrante, al Otro? Desde mi diagnóstico de SIDA, he tenido que lidiar diariamente con un cuerpo que alberga lo abyecto. Al comienzo no había lenguaje; el pánico y el dolor hacían insuficientes e inciertas las palabras. En tanto inmigrante *queer* con SIDA, la abyección me vuelve innecesario / descartable: una vez arrojado al reino de los muertos vivientes, el SIDA incuba mi propio cadáver –"la máxima abyección" (Kristeva 11), un cadáver esperando su envoltorio para ser tirado a la basura. En mi s/exilio, donde la muerte se convierte en el último exilio, lo abyecto gobierna:

> Al comienzo
> Simplemente me sentaba ahí.
> Me exilié
> En un laberinto de miedo
> Y calles sin salidas.
> Simplemente me sentaba, me levantaba, me acostaba, y trataba
>   de dormir.
> No podía.
> ¿Podía simplemente cerrar la puerta y dejar entrar a la muerte?
> No era la muerte sino el fantasma de la muerte
> Abriendo una puerta
> Haciéndome dar vueltas y vueltas
> En una puerta giratoria que daba al vacío:
> En el exilio
> No hay vuelta atrás.
> El tiempo no está medido
> Cuando esperas la muerte.
> La vida no tiene aliento.
> Los colores son ceguera.
> La música es sordera.
> Los seres en exilio son una masa de memorias sin forma.
> Las palabras carecen de sonido y sentido.
> Lo real no es otra cosa que fragmentos.
> La vida es caos.
> No hay orden en las cosas. Ninguno.
> El pasado es resbaladizo.
> La nostalgia es porosa.
> Es un sentimiento de pérdida final
> De todo lo que queda atrás.

La vida se vuelve ruina. Igual que el cuerpo.
Lo peor es el insomnio y la amnesia
Cierras los ojos y no puedes dormir.
Abres los ojos y sólo hay oscuridad.
Estás en un ostracismo perpetuo.
Lejos, lejos en el horizonte, ves tu cuerpo errante
En un territorio crepuscular. Perdido. Perdido.
Y no puedes recordar ni siquiera de dónde vienes o a dónde vas.
No puedes decidir.
Entonces eres un *homeless*
Un errante.
Perdido en el cementerio sin encontrar una tumba.
Viniendo de ningún lado la sombra de un vampiro
Te ofrece un vaso de sangre.
Tienes sed.
Así que persigues el olor.
Me despierto. Mi sangre está hirviendo.
Tengo miedo de la luz.
Corro al espejo.
No hay ninguna imagen: mi rostro desapareció.
No tengo recuerdo de cómo era yo.
Mi carne está tan pálida que no se refleja.
Mis ojos no tienen pupilas. Son dos esferas blancas perdidas
En la blancura de la oscuridad.
Huyo de mi cuerpo.
Pero ni siquiera puedo reconocer mi cuerpo.
¿Dónde está?
Mi cuerpo ya no es mi cuerpo.
Mi piel ya no es mi piel.
Mi carne ya no es mi carne.
Mi sangre ya no es mi sangre.
Tengo que repartirla en tests de sangre.
Gota tras gota.
Sólo los vampiros pueden tocarla.
Me buscan.
Algo está creciendo dentro de mí
Lo siento.
Mis amigas mujeres se ríen de mí.
Les cuento que tengo náuseas, que siento mareos, y debilidad.
Dicen "debes estar embarazado".
Lo siento así.
¿Puede un varón dar a luz?
Sé que algo está creciendo dentro de mí
Lo siento.

Se mueve como un feto entre mi estómago y mis pulmones.
Nada en mi sangre intentando nacer.
¿Qué es esto dentro de mí? ¿Qué es?
¿Es que a veces las mujeres tienen miedo de dar a luz a un monstruo?
Yo lo incubo.
Lo alimento.
Lo cuido.
Lo acaricio.
Lo atesoro.
No me hace sentir bien.
Sea lo que sea. Está creciendo. Dentro de mí. Lentamente.
Lentamente.

Me duele el pecho. Me pica. Mi respiración se acorta.
Toso continuamente.
Tengo fiebre constantemente.
No aguanto nada en el estómago.
Después de semanas de enfermedad,
No hay alivio.
Su aliento me despierta en el medio de la noche.
Sólo puedo pensar en películas de horror.
Me siento en el borde de la cama.
En la pared veo todo tipo de seres extraños brotando.
En mi cuerpo.
Mis pulmones están a punto de explotar.
Mi pecho está por abrirse en dos.
Alguna especie de criatura extraña debe estar dentro de mí.
Grito con fuerza.
Le grito a los ecos de mi grito.
Mi propio grito ensordecedor me despierta.
Me duele el pecho.
Mi sudor es una cascada de sangre
Mi saliva es lava hirviente
Estoy en erupción
Estoy quemándome
Estoy incendiado
Me tomo la temperatura: 104.8 grados
Grito: la criatura está dentro de mí
¿Qué es esto dentro de mí? ¿Qué es?[3]

    Este texto no es un ejercicio poético meramente narcicista. Más bien, refleja el lado oscuro, abyecto, del narcicismo, como John Lechte observó brillantemente: "es precisamente lo que Narciso no querría haber visto cuando se miró en el estanque" (*Julia* 160). Esta reflexión de un latino gay con SIDA constituye un sistema de representación donde el cuerpo es la fundación de un proyecto teórico en el cual la escritura, en tanto una práctica cultural crítica, facilita una política de supervivencia sumida en las aguas barrosas, turbulentas y profundas, de lo abyecto, una abyección entramada con *mi maricatnería y mi latinidad*. Y puesto que hago investigación con mi cuerpo, mi escritura es el cordón umbilical hacia la abyección, hacia mi emigración, hacia mi *mariconería*, y hacia mi *latinidad*. En semejantes términos, lo abyecto es la única vía para recuperar mi corporalidad en un sistema de saber que siempre procura trascender o sublimar la materialidad del cuerpo, sus procesos biológicos, la experiencia del sufrimiento y la realidad de la muerte.

La definición de lo abyecto que Julia Kristeva propone en *Poderes de la perversión*, como "aquello que perturba una identidad, un sistema, un orden. Aquello que no respeta los límites, los lugares, las reglas [...]" (Kristeva 11), permite la indagación de una dinámica muy especial entre "mismo" y "otro" alrededor del cuerpo masculino "queer" en determinadas relaciones de poder que aceitan la maquinaria de la homofobia, el racismo, la xenofobia, el machismo y la fobia al SIDA [*AIDSphobia*]. Lo abyecto es repulsivo porque pone de manifiesto una confusión de límites, que puntúa, fractura y fragmenta la supuesta unidad, estabilidad y cierre identitarios de los sujetos hegemónicos y del cuerpo político de la nación. Aunque la abyección es "vértigo de ambigüedad" (Kristeva 18), todavía tiene el poder de hacerse sentir somática y simbólicamente; infecta / afecta tanto el cuerpo material como el sujeto. La teorización sobre lo abyecto propuesta por Elizabeth Grosz es productiva aquí para hacer visible su dimensión existencial: "Es el lado oscuro de la identidad subjetiva estable, un abismo en el borde de la existencia subjetiva, un hueco en el que el sujeto puede caerse cuando su identidad es puesta en cuestión" *(Sexual* 72). Por esta razón, debe ser siempre vigilada, puesta fuera de la vista, expurgada, para evitar cualquier erosión y/o travesía entre límites.

Las personas de color, los homosexuales, las personas que viven con SIDA, los inmigrantes –como los latinos en EE.UU.-, amenazando contaminar el orden simbólico, deshaciendo tabúes culturales alrededor del cuerpo, y poniendo en juego todos los sistemas de orden y lógica cultural, deben ser mantenidos a distancia y relegados a los márgenes, de la misma manera en que los fluidos corporales, las secreciones, y los desperdicios son expelidos. Expulsado del cuerpo político de la nación, ese "otro" impuro y fuera de lugar es reinscripto como un extraño, un monstruo, un exceso o una carencia que provoca ansiedad, horror, disgusto.

Quiero sugerir que ese sujeto abyecto, localizado en un emplazamiento privilegiado entre fronteras, puede extraer poder de su posicionalidad entre exclusión e integración. El gay latino, en esta zona liminal de abyección, es capaz de transgredir límites abriendo así posibilidades de subversión y emancipación. De esta manera, el "otro" abyecto es peligroso porque desafía los frágiles límites del "orden de las cosas" y de las jerarquías sociales. La política de lo abyecto que propongo tiene raíces en ese cuerpo gay, latino, con SIDA –un cuerpo marcado por la raza, la etnia, la clase, la sexualidad, el SIDA, la migración, un cuerpo que pone en peligro y desordena la cohesión del orden social al desestabilizar los límites entre lo normal y lo desviado, entre sujetos integrados y marginales, entre identidad y diferencia, salud y enfermedad, vida y muerte. Este cuerpo es el lugar donde lo abyecto opera para validar su diferencia y su alteridad. Es a través de lo abyecto como condición –esa lucha continua entre el sujeto y lo abyecto– que una subjetividad en proceso es articulada en toda su performatividad. Centrándose en cómo lo abyecto es experimentado *en carne y hueso* permite percibir lo abyecto como un acto performativo, "una acción y una cosa hecha" (Diamond, *Performance* 1), un devenir que tiene poder para interrumpir lo normal. Es a través de actos no clausurados de abyección performativa que el "otro" marginalizado puede obtener agencia [*agency*], subvertir y resistir.

Quiero indagar específicamente cómo los cuerpos latinos *queer* materializan y "actúan" lo abyecto como una *performance* estratégica en la que la identidad está siempre haciéndose para demostrar su diferencia y para desplegar una nueva política de la identidad en todas sus inconsistencias y paradojas. Estoy interesado en investigar qué modalidades de abyección operan en los proyectos culturales latinos *queer*, y cómo lo abyecto moldea nuevas formas de producción cultural. En efecto, ¿hasta qué punto las *performances* culturales de latinos/as *queer* materializan un lugar discursivo de/hacia lo abyecto, capaz de amenazar la estabilidad y homogeneidad de la cultura y la identidad hegemónicas, y sus ansiedades que mantienen aprisionado en "su lugar" al *queer*, al sobreviviente con SIDA, al latino inmigrante, al otro étnico/racial? Puesto que lo abyecto problematiza cuerpos e identidades una vez que los límites son atravesados, lo que está en juego es la construcción dramática de subjetividades en proceso y formaciones identitarias en transformación, siempre en riesgo de disolución y marginalización más profunda. Privilegiando y reclamando la propia abyección, el "otro" habita un espacio liminal e intersticial que reconoce la provisionalidad de la identidad y la naturaleza procesual de las prácticas culturales. En palabras de Kristeva: "¿Dónde estoy? Más bien que ¿Quién soy? Ya que el espacio que preocupa al *arrojado*, al excluido, jamás es *uno*, ni *homogéneo*, ni *totalizable*, sino esencialmente divisible, plegable, catastrófico. Constructor, de territorios, de obras, el *arrojado* no cesa de delimitar su universo, cuyos confines fluidos [...] cuestionan constantemente su solidez y lo inducen a empezar de nuevo" (*Poderes*... 16). Esta aceptación de lo abyecto resiste el racismo, la vergüenza, la homofobia, el miedo a la muerte, dando origen a una fuente de poder y decisión personal y a una fuerza contrahegemónica de cuerpos en revuelta que corporalizan la diferencia y la heterogeneidad, con el potencial de un incesante "desafío al Amo" (*Poderes*... 9), con una crisis de límites, la inestabilidad del sentido, la interrupción del orden.

Traducción: Gabriel Giorgi

NOTAS

[1] Las itálicas indican palabras y expresiones en español en el original en inglés.
[2] Doy eco a las palabras de Cherríe Moraga: "make familia from scratch" (*Giving*, 58).
[3] Fragmento de *Side Effects*, performance poético puesto en escena en el departamento de teatro en Mount Holyoke College, en 1993.

BIBLIOGRAFÍA

Diamond, Ellin, ed. *Performance & Cultural Politics*. Nueva York: Routledge, 1996.
Groz, Elizabeth. *Sexual Subversions: Three French Feminists*. Sidney: Allen & Unwin, 1989.
Kristeva, Julia. *Poderes de la perversión*. Viviana Ackerman y Nicolás Rosa, trads. Buenos Aires: Catálogos, 1988.
Lechte, John. *Julia Kristeva*. Nueva York: Routledge, 1990.
Moraga, Cherríe. *Giving Up the Ghost*. Los Angeles: West End Press, 1986.
Sandoval-Sánchez, Alberto. *Side Effects*. Manuscript, 1993.
Whitmore, George. *Someone Was Here: Profiles in the AIDS Epidemic*. Nueva York: Nal Books, 1988.

La utopía excremental de Juan Goytisolo, escritor latinoamericano. Maneras de defecar(se) en la cultura occidental

Andrés Zamora
Vanderbilt University

Dos curiosos grabados transitaban Europa en la primera mitad del siglo XVI. El primero ilustraba una de las numerosas ediciones de las cartas atribuidas a Vespucci, el más afortunado inventor de América. El grabado, que apareció en la edición alemana de Estrasburgo del año 1509, llevaba el siguiente pie: "Bochornosas costumbres americanas". En él, y junto a las perpetuas escenas de desnudez y antropofagia, aparecía un hombre meando vigorosamente y sin empacho alguno delante de toda una concurrencia de indios y, por supuesto, del espectador europeo [il. 1]. La escena era una indudable glosa visual de las supuestas afirmaciones de Amerigo Vespucci en cuanto a la repugnante y desvergonzada propensión de los indios americanos a orinar en público (143). El segundo grabado pertenecía a la famosa *Cosmographia Universalis* publicada por Sebastian Münster en 1544, y se trataba de un mapa antropomórfico de Europa en que el perfil geográfico de España hacía los oficios de cara y cabeza, una noble cabeza coronada. El resto del real cuerpo, convenientemente vestido y ataviado, se extendía majestuoso hasta los confines asiáticos del continente [il. 2].[1]

Il. 1. Carta de Vespucio a Solderini, Starassburg (1509)

Siglos más tarde, Octavio Paz anotaba en *Conjunciones y disyunciones* una afirmación que también haría fortuna a juzgar por la frecuencia con que ha sido posteriormente repetida, citada o invocada: "La cara se alejó del culo" (29). Paz, que evidentemente se refiere a la progresiva sublimación y represión de los instintos y el cuerpo en la cultura occidental, atribuye a la Reforma y al desarrollo del capitalismo un papel esencial en la intensificación o consumación de ese cisma anatómico. Por su parte, Norbert Elias asegura que tras la Edad Media, justo en el momento en que las monarquías europeas se centralizaban, se consolidaba el poder absoluto, se creaban los estados modernos, se incrementaba la importancia de las clases medias, crecía la formación de capital y prosperaba el espíritu racionalista, también aumentaban de manera notoria las regulaciones con respecto al cuerpo (1:71; 2:231, 235-6, 292). Considerando que ese es precisamente el momento histórico en que se dieron a la estampa los dos grabados aludidos con anterioridad, me gustaría arriesgar la siguiente hipótesis: el descubrimiento o la invención de América también habría posibilitado esa escisión entre la cara y el culo (Paz mismo afirma que "para el Occidente cristiano las sociedades extrañas fueron siempre la encarnación del mal; vieron en ellas el enemigo del *no cuerpo* [...] eran manifestaciones del mundo inferior: cuerpo" 113). De repente, Europa habría encontrado un solar óptimo hacia donde desplazar sus instintos, donde exorcizar o exiliar las partes más "viles" y "animales" del cuerpo sin hacerlas desparecer del todo, un lugar remoto en el culo del mundo: las ignotas tierras recientemente descubiertas.[2] Quizás sea pertinente recordar aquí que, en "La sexualidad infantil," Freud afirma que las dos organizaciones pregenitales de la vida sexual son, precisamente, la oral o caníbal y la anal, y que ambas suponen "regresiones a primitivos estados zoomórficos" (*Tres* 104). Al ser América completamente culo, Europa podía empezar a considerarse entera y exclusivamente cara: mientras los mapas del viejo continente tenían rostro humano, las cabezas animales, la acefalía y el monstruoso descenso de los rasgos faciales en la geografía corporal se convertían en motivos iconográficos típicos en la representación de los habitantes del otro lado del océano [Il. 3 y 4].

Il. 2. Mapa antropomórfico de Europa en *Cosmographia Universalis* de Sebastian Münster (1544).

La utopía excremental de Juan Goytisolo • 353

Il. 3. Caníbales con cabeza de perro (1527), en *Uslegung der Mercarthen oder Cartha Marina* Strasburg, 1527, Lorenz Fries.

La afirmación de Octavio Paz no pretendía constatar neutralmente un hecho, sino más bien lamentarlo. Sin embargo, será Juan Goytisolo, que lo hizo epígrafe inicial y propiciatorio de su libro *Juan sin Tierra*, quien perpetrará esa crítica de una forma más minuciosa e implacable. Goytisolo, que años antes había sido sorprendentemente considerado por Carlos

Il. 4. Jodocus Hondius. Sudamericanos acéfalos. *Brevis et admiranda descriptio...* (Nuremberg 1594).

Fuentes como un genuino escritor latinoamericano (*Nueva* 78-84) y que a raíz de *Juan sin Tierra* sería confirmado como tal por Severo Sarduy y José Miguel Oviedo, arremete contra aquello o aquellos que habían seccionado tajante y asépticamente el culo de la cara, demonizando el primero y canonizando la segunda, y lo hace a través de un doble proceso. En primer lugar, el libro ataca, zahiere y ridiculiza inmisericorde las sublimadas maneras de defecar consagradas por la civilización occidental, al paso que descubre los prejuicios sociales, ideológicos, religiosos, raciales y geográficos que las motivan, las justifican y las instrumentalizan. En segundo término, propone una suerte de utopía excremental e igualatoria basada en una vindicación del cuerpo, del culo, y articulada en torno al motivo de la gozosa y festiva deposición acuclillada en la zanja común. El escenario elegido, tanto para la rebelión escatológica inicial como para la futura utopía excretora, no es otro que Cuba, América.

Probablemente se pudiera decir que lo único que hace Goytisolo es invertir los valores atribuidos a los dos polos de una oposición clásica sin modificar sustancialmente los contenidos y corolarios de ésta. Europa, junto a sus sosias, sus sucursales o sus fabulosos epígonos (Pynchon llama a su América, la del norte, "a message from Europe, continent-seized" 722) representaría una vez más la civilización, la técnica y el progreso, y América, la otra América, continuaría ocupando el territorio de la naturaleza, el instinto y lo primitivo; sólo que en esta ocasión la primera, junto a sus correlatos, sería por entero despreciada, y la segunda, con los suyos, enaltecida sin reparos ni fisuras. Goytisolo habría creado una utopía más entre las muchas localizadas por los europeos en América, aunque en este caso los argumentos para esa ubicación no fueran los tradicionales — la inocencia paradisíaca, la bondad natural e incontaminada de sus habitantes o la maleabilidad de un territorio virgen en donde poder escribir el futuro — sino sus otros atributos, los opuestos y complementarios, los de la cara maldita de la América construida por el imaginario europeo: animalidad, desenfreno sexual, ausencia de moral y desvergüenza corporal. Incluso se podría añadir que el planteamiento de Goytisolo constituye meramente la revelación explícita o la victoria temporal de una fascinación vergonzante que habría existido desde el principio, de un permanente deseo oculto de la cultura europea hacia lo que ella misma motejaba vociferantemente de bajo o vil, rechazándolo con repugnancia por imperativos políticos, un proceso que Peter Stallybrass y Allon White han descrito con precisión (5-6). Utilizando una aguda reflexión de Georges Balandier (Stallybras y White 14), podemos decir que tal vez el texto de Goytisolo sea como el carnaval, una instancia o momento en que el poder central se deja impugnar ritualmente para afianzarse de manera más efectiva. Como digo, creo que sería lícito argumentar sobre el texto todo lo anterior, pero la realidad es que *Juan sin Tierra* va mucho más allá de la sencilla inversión de una oposición o una jerarquía de valores. De manera sumaria, los elementos textuales que nos advierten de este hecho son los siguientes. En primer lugar, el motivo axial de la obra, el excremento, adolece de una naturaleza constitucionalmente ambigua y oximorónica: es algo que está dentro y fuera, algo que pertenece al yo pero también a lo otro. Segundo, la utilización concreta que hace el texto de ese motivo parece conducir a la sospecha de una ineluctable reversibilidad entre el excremento y el excretor. Álvaro Mendiola, contrafigura de Goytisolo en la novela, y América, el espacio elegido por éste para sus rebeliones y utopías defecatorias, son presentados como evacuaciones europeas, españolas, materias fecales expulsadas o despreciadas por el viejo continente. Pero, simultáneamente, el texto también insinúa la posibilidad de que Europa sea una excreción, una deposición de América. En tercer lugar, de acuerdo a influyentes escritores y críticos locales, Goytisolo ostenta en este texto una paradójica identidad latinoamericana, la cual semeja tener como condiciones suficientes la posesión de una personalidad excremental o el ejercicio de una cierta traición; y el traidor siempre habita un territorio fronterizo, una zona inevitablemente mestiza, jánica, quizá también excremental en última instancia. Por último, el texto, como ha anotado en parte la crítica, ofrece una serie de contradicciones internas irresolubles, las cuales, entre otras cosas, cuestionan el concepto tradicional de autor como centro unificador y racional de un texto. Quiero adelantar mis conclusiones finales. La verdadera audacia de *Juan sin Tierra*, el mayor desafío arrojado por la configuración textual de su utopía, consiste en mostrar la imposibilidad de identidades y polarizaciones absolutas, en llevar a la bancarrota la viabilidad misma de construir taxonomías y clasificaciones de acuerdo con la lógica occidental. De ahí que esa utopía sea americana y excremental. Ambas cosas, según los textos examinados, los de Goytisolo y los de sus exégetas, se implican mutuamente y son signos ejemplares de lo abyecto de acuerdo con la descripción que Julia Kristeva hiciera de su funcionamiento: "La causa de la abyección no es la falta de limpieza o de salud, sino aquello que perturba una identidad, un sistema, un orden. Lo que no respeta fronteras, posiciones, reglas. Lo que está en el medio, lo ambiguo, lo mixto. El traidor, el mentiroso, el criminal con buena conciencia, el violador desvergonzado, el asesino que se proclama salvador" (12).[3]

George Yúdice señala lúcidamente cómo a lo largo de la historia y a lo ancho de la geografía las diferentes prácticas alimenticias han servido para discriminar civilizaciones, grupos e identidades (15). En *Juan sin Tierra* se imputa a la civilización occidental el haber fundamentado sus sistemas de clasificación humana no tanto en las maneras de comer, como en las de cagar. De manera irónica, la civilización occidental habría empleado por tanto el típico método animal de acotar sus territorios: orinando o defecando, mediante fronteras excrementales. La voz de un rey, tal vez la del monarca del mapa europeo de Sebastian Münster, lo dice con traicionera elocuencia en el texto de Goytisolo:

> el fundamento científico de nuestra indiscutible aunque benévola superioridad [se basa] en un quintaesenciado y primoroso sistema digestivo que excluye ab initio cualquier emisión visceral hedionda o abyecta evacuación de sentina: ¿o acaso creen [...] que mi real persona y la de los miembros de su reverenciada familia defecan en apestosas zanjas y limpian luego su horado con una lata de agua? [...] mientras el ojo republicano y plebeyo secreta corrupción e impureza, el de vuestra dinastía exhala armonía y fragancia. (191-93)

A continuación, la voz real dilucida el sistema de estratificación social vigente en sus dominios, un sistema jerárquico que desciende desde su augusta persona hasta la "plebe soez y acuclillada", y cuyos criterios de ordenación están constituidos por el volumen de materia evacuada (cuanto menos, más alto y mejor en la escala), el lugar y sistema elegido para realizar la deposición ("pulcro y recoleto excusado", "humilde cabinet à la turque", "zanja maloliente y corrupta"), y el tamaño o el perfil de las zonas anatómicas interesadas en la deyección (de nuevo, cuanto menos mejor) (195-96). Por supuesto, el rey de Goytisolo formula a lo bufo lo que Mary Douglas, en su clásico *Purity and Danger* (115, 121), Stallybras y White, en *The Politics and Poetics of Transgression* (2-3), o Tomás Pollán, en un número especial de la revista *Hiperión* titulado *El excremento* (18, 25-6), describen a lo científico o a lo erudito: la utilización del cuerpo, de sus orificios y del excremento como símbolos o reflejos de la sociedad, de su estructura y de sus márgenes. De hecho, el texto de Goytisolo, según ha observado parcialmente Brad Epps (166), acumula un enciclopédico compendio de las múltiples hipóstasis del cuerpo y sus oposiciones, también parcialmente señaladas por los textos respectivos de Douglas, Stallybrass, White y Pollán. La antítesis cultural que separa la cara del culo y la axiología de las diferentes manera de defecar tienen, según denuncia *Juan sin Tierra*, correlatos sociales (la aristocracia o la burguesía frente a las clases bajas), religiosos (el cristiano contra el infiel), teológicos (Dios en lucha contra el Diablo), morales (justos ante pecadores), económicos (el ahorrativo en contraposición al dispendioso, el capitalismo frente a la ausencia de propiedad), ideológicos (autoritarismo y jerarquía versus anarquía), raciales (el blanco sobre cualquier otro tipo de color), ontológicos o zoológicos (el espíritu sobre la materia, el alma sobre el cuerpo, el hombre sobre el animal), epistemológicos (sujeto/objeto, el que mira/lo mirado), y geográficos (Europa, el centro o el imperio en contraste con la periferia, con las colonias, con América). Esta tupida red de conexiones y simetrías le permite a Goytisolo acometer con éxito lo que, según él mismo declaraba en una entrevista a Julián Ríos, era su principal propósito en la obra: "una serie de transgresiones simultáneas" (12).

El espacio geográfico y cultural seleccionado por el texto de Goytisolo para dar comienzo a su polimorfa transgresión es un ingenio azucarero de la Cuba decimonónica y esclavista. Tras el epígrafe de Paz, el texto comienza con una reflexión sobre la vida "beata y contemplativa", "horra de pasiones", de los gurús indostánicos, los cuales son inmediatamente contrapuestos a la avalancha carnal de una rumbera gorda y mulata, todo cuerpo, todo pecho y colorido oropel, que, con fondo de batey, mira al narrador desde la carátula de un disco e "incita a penetrar al forastero en los arcanos del terrenal paraíso" (13-14). Este gesto inicial, que incluso cabría interpretar como una suave admonición al propio *Conjunciones y disyunciones* de Paz —a la postre más ocupado en culturas asiáticas y europeas que americanas a pesar del tenor de sus prolegómenos— o como una variación cimarrona a las alegorías de América tan pródigas en los primeros años de la colonia, sirve para introducir la escena primordial del libro. En concreto, la escena (término teatral intencional) presentada tras la descripción de esa esfinge americana, es la siguiente: el bisabuelo de Álvaro Mendiola, blanco, burgués y español, se dispone a probar junto a su familia el último invento de la tecnología británica, un *watercloset* astutamente instalado bajo lujosos sillones que esconden de la vista y del oído la faena excretora, y lo hacen encaramados en un estrado desde el que pueden dejarse admirar por toda la muchedumbre de esclavos negros y desde donde pueden ver a algunos de ellos defecando ruidosa y ostensivamente en una zanja común.

A partir de la doble alternativa defecatoria planteada en las primeras páginas del texto, comienza un feroz y sarcástico ataque que atraviesa fulminantemente toda la red de asociaciones de la oposición excremental básica enumeradas antes. En este proceso, los valores sufren, o disfrutan, de una completa inversión: los que hasta ahora eran los elementos negativos de la serie son reivindicados y encumbrados. Cuando posteriormente el texto formule su utopía, la localizará también en Cuba y utilizará como emblema de la misma otra ceremonia ritual y escatológica: el "modesto comité directivo" de la comunidad utópica sube a un nuevo estrado a ejercer sus necesidades o desahogos excrementales frente a una alborozada multitud que puede ver perfectamente sus anatomías posteriores mediante unos ojos de buey ingeniosamente practicados en la parte trasera de los artilugios destinados a la operación excretora. Esta celebración sería el símbolo y la prueba de una sociedad fraternal, carente de jerarquías, que asume gozosa y absolutamente el cuerpo, en la que el culto a la personalidad ha sido sustituido por la igualdad y la anonimia, en la que los enormes carteles no despliegan el rostro inconfundible de los líderes, sino lo mostrenco de unos ojos inferiores que pueden pertenecer a cualquiera (218-24).

Como decía en mi introducción, cabría la posibilidad de considerar que Goytisolo es de nuevo el europeo, el forastero empeñado en producir una utopía americana más, tal vez incluso más ofensiva y mistificadora que otras, una utopía en la que los contenidos tradicionales de ese paraíso han sido sustituidos por sus exactos e igualmente tópicos reversos. Sin embargo, hay una serie de razones que exigen la atribución de una singularidad y un mayor alcance al caso de Goytisolo. Por una parte, el proceso inversor del que resulta su utopía no es tan monótonamente homogéneo y regular como pudiera parecer. Los fundamentos y cualidades de la utopía textual de Goytisolo no son siempre el resultado de una mecánica, simultánea y simétrica inversión de valores en todo el conjunto de oposiciones inventariado anteriormente, sino que a veces, a manera de excepción o escándalo interno, se producen también modificaciones en el contenido de uno de los polos enfrentados. La utopía propuesta es americana, excremental, corporal, natural, pecadora, paria, demoníaca, pródiga, comunal y anárquica, pero, en el principio, el primer conato de rebeldía consiste en que lo oprimido desafía y devuelve la mirada que le infligía el opresor; lo que era objeto adquiere las propiedades del sujeto que lo objetivaba y se enfrenta a él: el culo del esclavo que defeca en la zanja común cobra el sentido de la vista y mira de hito en hito a la cara que lo contempla; esto es, parafraseando un título clásico de la crítica poscolonial,[4] "the ass gazes back": "La oscura pero armoniosa sucesión de salvas, sí, salvas sean esas mil benditas partes que os contemplan a ti y a la humilde y resignada masa como si quisieran retrataros y se rieran a su vez de vosotros del mismo modo que os reís de ellas"; y todo esto "bajo la mirada reprobadora de la familia" (17). Páginas después, merced a las ilimitadas posibilidades del discurso, un "hechicero trujumán" pone al bisabuelo y a todos los miembros de su familia a sudar, babear, menstruar y excretar incontinentemente frente a la sorprendida y riente asamblea de sus esclavos, los cuales escapan tras la contemplación del espectáculo. Este tipo de infracciones en el esquema general del conjunto de "transgresiones múltiples" de la novela provoca una cierta fractura o crisis en el riguroso sistema de inversiones aparentemente seguido por el texto; no es que el sujeto sea vituperado como tal y el objeto alabado *qua* objeto, según la mecánica de lo que sucede en los otros pares binarios, sino que ambos empiezan a usurpar, compartir o sufrir características del otro. Por decirlo de una manera gráfica, es como si el excremento (americano) mirara de repente al excretor (europeo), se riera por reconocerse en él o por haberlo convertido en su reflejo y lo retara echando a andar, lo cual, por supuesto, supondría la asimilación mutua de cualidades, la difuminación de las diferencias entre uno y otro y la consiguiente complicación de la exhaustiva lógica maniquea supuestamente utilizada por *Juan sin Tierra*. De otro lado, al margen de esta contradicción interna en la estructura de inversiones de la novela, hay un hecho incontrovertible que certifica la especificidad de la articulación de Goytisolo dentro de la serie de utopías transatlánticas: un conjunto de prestigiosas voces latinoamericanas ha admitido como propio el texto, refrendando, en consecuencia, la felicidad de localizar en América su peculiar utopía o, *mutatis mutandis*, reconociendo la idoneidad de la figura excremental como un tropo cultural o *heterotropía* legítima de esa América.

En uno de los artículos más famosos suscitados por la publicación de *Juan sin Tierra*, "La desterritorialización" de Severo Sarduy, el escritor cubano afirma que el protagonista y narrador de la novela mira y habla desde "el sitio del *expulsado*", es decir, "no desde un exterior indiferente y transferible, sino desde un exterior preciso: el sitio de lo *evacuado*" (54). Sarduy sugiere la americanidad y africanidad de esta posición enunciativa adoptada por Goytisolo mediante una inmediata referencia histórica a dos expulsiones coincidentes relacionadas con ella: la de los moros de Granada y la del descubrimiento de América. "Tres galeras ca(r)gadas de indeseables", dice el artículo de Sarduy sobre el primer viaje de Colón al nuevo continente (54). Para Sarduy, por consiguiente, tanto el artífice de *Juan sin Tierra* como América parecen compartir una misma identidad: ambos son evacuaciones, excrementos del "cuerpo de la metrópoli y su máquina opresiva" (54).

La visión de América como lugar excremental o simplemente como excremento puede obedecer a diferentes causas. Por un lado, y como ya dije, su descubrimiento deparó a los europeos la posibilidad de aliviarse de su vertiente más indignamente corporal e instintiva mediante el procedimiento de transferirla antonomásticamente a los habitantes de las nuevas tierras, de asignarles el monopolio absoluto del culo y sus corolarios. El descubrimiento de vastas cantidades de oro en los nuevos territorios no habría hecho sino confirmar por la vía simbólica su carácter fecal: Paz, apoyándose en las asociaciones entre oro y excremento advertidas por

Freud y otros, califica a América de "letrina fabulosa" (32). Por otro lado, y ampliando el donaire de Sarduy sobre las "tres galeras ca(r)gadas de indeseables", la excrementalidad de América también tendría su origen en la calidad marginal de sus nuevos pobladores. Por supuesto, la relación entre margen y excremento es casi un lugar común en teoría y crítica contemporánea. A este respecto es interesante recordar un comentario de Eric Graff sobre el inminente viaje de Pablos a las Indias en la conclusión del *Buscón*, una obra cuya obsesión excremental ha sido analizada en detalle por el propio Goytisolo. Dice Graff: "Así la colectividad española ejecuta una suerte de excreción cultural en la cual evacua su suciedad moral: los arribistas o los codiciosos *conversos*" (66). Por otro lado, la dimensión excremental de América Latina se intensificaría aún más a raíz del mestizaje entre lo que podríamos llamar el tesoro fecal autóctono —según la percepción europea— y el evacuado por la metrópolis. El resultado de ese mestizaje sería una especie de marginalidad o excrementalidad a la segunda potencia: las heces expelidas por España habrían engendrado con la ayuda del habitante local un linaje todavía más periférico a la sociedad peninsular; simultáneamente, los nativos habrían creado, o habrían sido forzados a crear, un nuevo cuerpo social que constituiría una corrupción de su pureza e integridad original y que además, a manera de compensación, apartaría todavía más hacia los márgenes a aquellos de los suyos que aún conservaban esa pureza. Como complemento final, la llegada, de grado o por fuerza, de futuros y muy diversos contingentes de nuevos evacuados llevaría a América a unas cotas excrementales en verdad superlativas. Esa parece ser la idea que alienta el "Manifesto coprofágico" proclamado por el brasileño Glauco Mattoso en los años setenta, a su vez extensión o culminación lógica del "Manifesto antropófago" de Oswald de Andrade (1928). El poema de Matosso, que invoca la mezcolanza y diversidad excremental "na latrina / daquele bar da esquina", concluye con estos versos:

> merda comunitária cosmopolita e clandestina [...]
> Tu és meu continente terra fecunda onde germina
> minha independência minha indisciplina
> és avessa foste cagada da vagina
> da américa latina. (16)

A la luz de lo anterior tal vez habría que concluir que la ecuación metafórica de la madre patria y su prole americana no es la que mejor expresa la relación de Europa —más concretamente España y Portugal— con sus antiguas colonias. A juzgar por ciertos textos, la pareja excretor-excremento, con valor crítico o apologético, sería un símbolo más exacto de esa dinámica transatlántica. De hecho, Freud ha anotado que en una cierta etapa de la infancia se establece una identificación, una confusión, entre defecar y parir, entre el paquete fecal expulsado y el recién nacido, la criatura ("On Transformation" 128). Profundizando en esto, la nota más característica del comercio establecido entre el excretor y el excremento es la ambigüedad óntica que embarga al primero ante la contemplación de lo segundo, y viceversa si el excremento tuviera consciencia e inconsciencia, que en este caso las tiene puesto que el culo del esclavo americano mira, ríe, desafía y huye hacia su liberación. Martín Pops lo resume con concisión en "The Metamorphosis of Shit": "La mierda, la primera extensión del yo, es también la primera instancia de lo otro" (50). El propio Goytisolo recurre a Leach y Larry Grimes al principio de su estudio sobre el excremento en Quevedo para incidir en la misma idea: las "deyecciones corporales" pertenecen a las "categorías intermedias entre el 'yo' 'lo mío,' y el 'no yo,' 'lo ajeno'" (119-20). De manera significativa, añade además que el incesto, esa continua y casi patológica obsesión temática de la literatura latinoamericana surgida en el siglo XIX, incurre de igual forma en la ambigüedad radical de esas categorías intermedias. Entre éstas también incluye la homosexualidad, pero por mi parte y en este instante quisiera contribuir a la lista proponiendo que en esa zona anfibia entre lo propio y lo ajeno también caben la traición y el traidor, y lo hago porque esos son precisamente el diagnóstico y la calificación que Fuentes y Oviedo utilizan como argumentos de la indiscutible latinoamericanidad de *Juan sin Tierra* y de Goytisolo.

La novela anterior de Goytisolo, *Reivindicación del conde don Julián*, es precisamente eso, una vindicación del traidor. Desde su atalaya tangerina, donde "la nefanda traición dulcemente florece" (126), el proteico narrador de la obra declara en una ocasión: "La patria es la madre de todos los vicios: y lo más expeditivo y eficaz para curarse de ella consiste en venderla, en traicionarla [...] por un plato de lentejas o por un Perú, por mucho o por nada [...] por el simple y suficiente placer de la traición" (134). Ante los calificativos que Fuentes y Oviedo tributan a *Reivindicación del conde don Julián* y a su hiperbólica secuela, *Juan sin Tierra*, no parece quedar ninguna duda de que Goytisolo consigue llevar a cabo con la mayor felicidad y eficacia sus planes de traición. Fuentes elogia la obra de Goytisolo acogiéndose a expresiones como "destrucción de una España sagrada" (*Nueva* 79) o "hispanicidio" ("Goytisolo" 74). Oviedo lo hace mediante "una bofetada en el rostro paralítico de España", "traición e injuria contra España", "parricidio" que "se implica en el furor antihispánico", o "ha dejado, felizmente, de ser español" (191, 193, 195, 198). Lo curioso es que ambos críticos encuentran en esa larga lista de delitos la razón principal para incluir a Goytisolo en la nómina de la literatura o la cultura latinoamericana. De manera voluntaria o involuntaria, Goytisolo parece haber vendido la patria efectivamente "por un Perú", por una Cuba o por una América, si se me permite el juego de palabras. Oviedo concluye su artículo de esta manera: "Y así, *Juan sin Tierra* realiza su última y más atrevida escisión: la de ser una novela hispanoamericana —lo que equivale a una nueva traición a España— y una reivindicación de lo periférico. No hay un escritor español vivo que haya concebido mayor insolencia" (200). En estas palabras del crítico hay dos asuntos íntimamente vinculados que creo necesario dilucidar. Primero habría que resolver la contradicción entre "No hay escritor español vivo que haya cometido mayor insolencia" y el previo "ha dejado de ser español". En segundo lugar, ¿por qué la traición a España ha de otorgar a Goytisolo unas señas de identidad latinoamericanas?

En la traición no sólo cabe una posible ambigüedad moral, como prueba ejemplarmente Borges en "Tema del traidor y del héroe", otra historia de nacionalismos e identidades, sino que en ella existe una anfibología esencial. El traidor no pertenece del todo ni a un bando ni a otro; no cesa de ser completamente un miembro de uno y, por eso, tampoco llega a incluirse definitivamente en el opuesto. No habita la periferia, como dice Oviedo, sino la frontera. El mismo Oviedo reconoce de forma explícita que en verdad Goytisolo no puede desligarse del todo de su condición de español, no puede, lamentable o felizmente, dejar de serlo: "Su acto de agresión es tan salvaje que su violencia recae finalmente sobre él y lo mancha: el que niega es también un español, un maldito que maldice a los suyos —porque son como él" (191). Igual conclusión ha de deducirse de los escritos de Fuentes. Este termina aludiendo a Goytisolo mediante el sintagma "exaltado español" ("Goytisolo" 76) y no sólo nombra su hazaña con el ya visto "hispanicidio", sino que también usa la caracterización "ejemplar suicidio" (*Nueva* 79), lo cual implica que las identidades se confunden, que no hay una clara delimitación entre victimario y víctima, entre traidor y traicionado.

El texto de *Juan sin Tierra* justifica cumplidamente esta ambigüedad sugerida por sus célebres lectores latinoamericanos. En la novela, el narrador recuerda al niño Alvarito resistiéndose heroicamente a defecar en un hermoso orinal con un ojo pintado en el fondo y la frase "te veo" junto a él. La razón de esa resistencia es que la criatura está empeñada en ser un dechado de espiritualidad, santidad y blancura (*Juan* 203-06). Más adelante, "la imagen del blondo, angelical infante majestuosamente posado en su dompedro" le revela al narrador, a Álvaro, la solución del problema y la identidad de España: "un país (el suyo) secularmente estreñido [... lo cual] aclararía por fin la indigencia y parvedad de sus frutos [...] esas obras indigestas, compactas, recias, amazacotadas que caracterizan desde siempre su producción literario-científica" (210-11). Como reacción a estos dos hechos, Álvaro produce un discurso excremental, casi se podría decir que diarreico dada su abundancia y fluidez, en el que se resarce de su continencia infantil y nacional a través de una apropiada y brutal traición: descubriéndoles el culo a los suyos o cagándose en ellos, en la patria y en el mismo Dios (el ojo que lo miraba desde el fondo del orinal) y su corte celestial: al principio del texto el cielo es calificado como *el ingenio de arriba*, Dios Padre como un *hacendado azucarero*, y la Virgen, agraciada con un "ojo dulce, nacarado, risueño" que jamás expelió "materias fecales", como la quintaesencia y el desiderátum de las señoritas sacarócratas (20-7). Sin embargo, a pesar de la contundencia con la que Álvaro intenta injuriar a su origen, abjurar y extrañarse de él, apenas dos páginas antes de finalizar la novela todavía especula con la posibilidad de donar su propio cuerpo a "futuros galenos" para que puedan diagnosticar "las razones del colectivo estreñimiento ancestral" (302). Álvaro no consigue desgajarse del todo de su estirpe, sigue siendo uno de ellos.

"Las materias fecales", dice Julia Kristeva, "significan, de cualquier manera, lo que nunca cesa de separarse de un cuerpo en permanente estado de pérdida purificadora para convertirse en *autónomo, distinto* de las mezclas, alteraciones y podredumbres que lo recorren" (127). Si intercambiamos "materias fecales" por "traidor" y añadimos que el deseo de autonomía y separación no sólo afecta al excretor o al grupo traicionado, sino, especularmente, también al mismo excremento o a ese traidor, las palabras de Kristeva describen a la perfección el dilema de Álvaro Mendiola, vicario de Goytisolo en *Juan sin Tierra*, o la radical ambigüedad de la "identidad latinoamericana," genuinamente representada por personaje y autor según se deduce de la lógica utilizada por Fuentes y Oviedo en sus respectivos artículos. Sólo resta especular sobre qué subyace esa lógica, cuáles son las razones de que la traición sea un emblema oportuno de identidad latinoamericana. Con respecto a esto, únicamente puedo pensar en una hipótesis. En algunos discursos parece sugerirse que la creación de Latinoamérica es el resultado de una doble y heroica traición: la que nativos e invasores cometen mediante el proceso de mestizaje (en cada miembro del grupo resultante convivirán las víctimas y victimarios de la conquista), y la de la independencia, dirigida y construida en buena parte por los sectores más europeos de la población, los cuales, aun esgrimiendo a veces como emblema de su causa la América precolombina o indígena, frecuentemente no conseguirán (o no querrán) eliminar del todo su adscripción a la metrópolis contra la que se habían rebelado. De hecho, tal vez sea posible leer uno de los incidentes de *Juan sin Tierra* como una parábola de esta paradoja de la independencia americana. En la novela, Álvaro intenta aprovechar las libertades del discurso para nacer de nuevo. Con este fin utiliza el mito de la Anunciación —él sería el Mesías de los parias— pero lo somete a abundantes alteraciones: la madre, la Virgen, es una esclava cubana, la "negra cachonda del disco" (51); San José es "un cabronazo de blanco" (54); la paloma del Espíritu Santo es aniquilada y triturada por Changó quien ha irrumpido en la estancia (55-6); la concepción del nuevo vástago no es precisamente inmaculada, pues la mujer negra se transforma en Yemayá, y Changó, su hermano, con el que Álvaro parece haberse confundido para hacerse padre de sí mismo, la posee ambiguamente por detrás (doble incesto —cohabitación con la hermana y violación de la madre— y más que probable sodomía) (56-7). Sin embargo, para desesperación del narrador, el fruto, la criatura o lo excretado (como digo, la posesión se produce ambiguamente por detrás con la consiguiente y fantástica posibilidad de una concepción y un alumbramiento anales), es un "blanco de mierda" (59).

Además de refrendar la ecuación establecida entre el excremento, la traición y la esencial ambigüedad de la identidad latinoamericana, la fábula incestuosa y escatológica de Álvaro, Changó y Yemayá apunta, por una parte, a un correlato de esa triple serie y, por otra, a un importante corolario de ella. El correlato tiene que ver con las concepciones de la escritura y su sujeto, el autor, expresadas en el texto de Goytisolo. El corolario consiste en el contagio de la anfibología constitutiva del traidor al grupo traicionado, que también queda aquejado de una insidiosa ambigüedad; o dicho en otras palabras, en la reversibilidad entre excretor y excremento: América —Changó y Yemayá— haría ahora las funciones del primero y Europa adquiriría la condición del segundo.

Empezaré con el correlato escritural y autorial. La vertiginosa inestabilidad ontológica del personaje narrador en ese episodio de la novela —Álvaro es padre y criatura, Changó y "blanco de mierda", hermano, hijo, esposo y excremento de la "negra del disco" o de Yemayá —representa un ejemplo notable de una de las tendencias fundamentales de *Juan sin Tierra*: el intento de aniquilar al autor como agente unificador del texto, como conciencia superior que armoniza y da sentido a sus diversos elementos, como identidad que se nos impone minuciosa, exacta e inconfundible a través de su lectura. *Juan sin Tierra* propende a disolver esa concepción del autor. De ahí que el mismo Goytisolo confesara que su novela, en cuanto escritura, constituía "un suicidio ejemplar" (Ortega 22), la misma expresión que Fuentes había utilizado para explicar la especial relación del autor con España y su latinoamericanidad resultante. En la novela, esta operación disolvente se lleva a cabo mediante la asunción de múltiples personalidades y voces por parte del narrador, a través del aprovechamiento de la esencial indefinición referencial de los pronombres "yo" y "tú", y merced a la flagrante irresolución de toda una serie de contradicciones. Estas últimas atraviesan todos los niveles de la novela, desde lo que algunos considerarían trivial o anecdótico hasta lo que otros motejarían de fundamental, aunque por supuesto un texto de estas características también tiende a abolir esas jerarquías. En cualquier caso, dentro del primer grupo se podría incluir el hecho de que en este feroz ataque a la sublimación de las partes bajas y posteriores del cuerpo o de sus necesidades y funciones, muy raras veces usa el narrador el término soez y popular de éstas y aquéllas, prefiriendo, por aparente voluntad de estilo, el eufemismo, la metáfora o la perífrasis (una referencia intertextual al artículo del mismo Goytisolo sobre el excremento en Quevedo agudiza aún más esta contradicción: "La abundancia de lances y alusiones escatológicas a lo largo del libro –dice el escritor aludiendo a *El Buscón*– me exime de la enojosa tarea de enumerarlos" 126). Todavía más banal cabría considerar el que en esta apología de la naturalidad excremental el narrador vaya sólo dos veces y muy discretamente al baño, no a la zanja común; la segunda vez, además, únicamente a orinar y, después, a lavarse pulcramente las manos (239, 291). En el lado de lo normalmente conceptuado como más trascendente, Jerome Bernstein y sobre todo Bradd Epps han inventariado una abundante nómina de contradicciones o ambigüedades textuales en la novela: presencia de las críticas al estreñimiento junto a defensas de la autorreferencialidad y el hermetismo textual (Bernstein 169), dificultad de armonizar entre los impulsos creadores y críticos del texto –otros críticos como Díaz Migoyo (64) y Castellet (264), han hablado de su indefinición y sincretismo genéricos–, confluencia de ataques a Unamuno y sorprendentes concurrencias con él, propensión a una paradójica centralización autoritaria de los márgenes y, sobre todo, tensión entre un texto onanista (hermético, autónomo, autosuficiente, individualista, solipsista) y uno coprofílico (expresivo, expulsivo, comunal), entre la preferencia por el culo (igualitarismo, América Latina) y la inclinación hacia el falo (jerarquía, despotismo, poder, violencia, propiedad privada, el norte de África o la cultura islámica) (Epps 160-3; 166 73). Pero, incluso se podría anotar un nivel todavía más primario de contradicción: la que resulta de reivindicar el cuerpo, la materialidad, el excremento, precisamente por medio de un texto escrito. Escribe Savater en un alucinado ensayo sobre la novela de Goytisolo: "Soy el escriba, el que sentado sobre sus posaderas permitió que el rostro se alejase definitivamente del culo, el que jerarquizó las partes del cuerpo...el jurídico denostador de los metecos, de los híbridos, de los dudosos en sexo o en trabajo, de los errantes y leprosos" (195, 196). El filósofo sugiere que Goytisolo se alza contra esas actitudes del escriba, pero también reconoce las limitaciones y contradicciones inevitables en dicha rebelión textual. Por su parte, Martin Pops apunta lo siguiente sobre la costumbre de leer mientras nos ocupamos en tareas excretoras: "La lectura disfraza una baja función corporal con una excelsa actividad mental, una necesidad natural con un lujo de la cultura" (46). Con razón es legítimo sospechar la existencia en Latinoamérica de una inherente y connatural posmodernidad, una época o una disposición surgidas esencialmente de la muerte del sujeto (Dainotto 138) y cuya cultura o literatura han sido calificadas como "excrementales" (Kroker) o "de contención y evacuación" (Dainotto 133). Y digo que con razón, porque Sarduy, que conecta la calidad excrementicia del texto de Goytisolo con lo latinoamericano, y que destaca en aquél "la continua exhibición de dos actos, no del todo inconexos, que el hombre oculta: la escritura y la defecación" (54), concluye casi al final de su famoso artículo:

> La voz [...] no tiene propietario, ningún sujeto centrado la imposta, ningún productor psicológico de signos; se ha liberado, descolonizado — la conciencia como metrópoli de la voz y el sexo —; asimismo, el texto que discurre o que recrea, no tiene autor, no pertenece más que al gesto desterritorializante de la escritura, significante nómada, mimético y escurridizo "balladeur".
> La Historia, vista finalmente desde la periferia móvil, se "vira al revés", historia sodomizada, leída por atrás. (56)

De manera oportuna, los textos de Fuentes y Oviedo también incluyen esta actitud subversiva ante el lenguaje, ante la literatura y ante su propio discurso como una de las razones, además de su traición a España, que hacen de Goytisolo un escritor latinoamericano. De esta manera, la serie formada por Goytisolo, el excremento, Latinoamérica y el traidor, se extiende mediante la incorporación de otros elementos concomitantes como la muerte del sujeto o el autor, la postmodernidad, la desterritorialización, la periferia móvil o el nomadismo del significante, todos ellos enlazados por incurrir o solazarse en lo intermedio, lo impenitentemente contradictorio, lo que desafía y se resiste a una identidad concreta y homogénea.

Por lo que respecta al corolario anunciado, éste aparece como una posible sugerencia de la concepción anal y el posterior alumbramiento o excreción de ese "blanco de mierda" fruto de Changó y Yemayá. Este suceso textual no sólo apunta a la fatal contaminación occidental o española de la identidad latinoamericana, sino también a la sospecha de que Europa es al mismo tiempo el fruto o el excremento de América, al menos en el contexto de esa "historia sodomizada, leída por atrás" de la que habla Sarduy. Sin duda la ambigüedad del excremento ha de afectar de manera simétrica a su excretor: tras la expulsión de aquél, este último queda siempre mutilado, fragmentado, incompleto, aunque pretenda disimular lo contrario amparándose en la consecución de una cierta pureza. Además, siempre cabe la duda insoluble de si el excretor crea al excremento o viceversa. Estas simples consideraciones habrían de llevarnos a la conclusión de que el carácter excremental de América, su radical ambigüedad, aflige de igual modo a Europa con la imposibilidad de definirse de manera autónoma o en contraposición absoluta al otro. Pero Goytisolo, invirtiendo las formas, haciendo de Europa la excreción de América, lleva este proceso hasta su último límite, hasta el extremo de mayor pánico para la cultura occidental: el miedo fundamental del europeo ante el americano no es probablemente la antropofagia, el ser devorado, sino más bien la posibilidad de ser defecado después. El texto entero de *Juan sin Tierra* constituye un enorme y completo festín: ingestión, digestión y excreción; un festín, si aceptamos las reflexiones de Dainotto, también absolutamente posmoderno (146). En sus páginas, la metrópolis, sea ésta la conciencia de que hablaba Sarduy o España, o ambas cosas a un tiempo, es devorada y excretada; al menos sus signos, textos, emblemas, jerarquías, oposiciones, ideas, clasificaciones e identidades lo son, y eso es lo que cuenta, pues al fin y al cabo, América también fue inventada o creada por medio de semejantes materiales y mecanismos semióticos. Ya lo había advertido Kessel Schwartz al señalar que, en *Juan sin Tierra*, Goytisolo expulsa "simbólicamente en las heces de su escritura [... a] la madre y el padre" (83-4). Pero mejor lo ha expresado Fuentes: "Ha de tragarse las palabras que odia para excretarlas con placer coprófilo" ("Goytisolo" 73). Esas palabras, sigue diciendo Fuentes, regresan a la tierra y la fertilizan volviendo a nacer (74).

La metabolización y deyección de esos signos metropolitanos, su paso por el vientre y el recto del traicionero escritor español o por los del continente americano del que parece ser emblema, engendran una España que también adolece de la esencial perplejidad ontológica del excremento. En alusión a la portada de *Juan sin Tierra*, Oviedo hablaba de "ese par de dunas, o de hemisferios, o de nalgas, asomados contra un horizonte purísimo" (194) [Il. 5]. Sin duda esos semicírculos dibujan las dos simétricas mejillas de la cara inferior del hombre, pero también podrían ser leídos precisamente como eso, como hemisferios geográficos, como Europa y América, las dos mitades inseparables de lo que en justicia se podría llamar un *culo transatlántico* en medio del cual nace la imposibilidad de identidades o diferencias absolutas.

El paciente de uno de los casos más célebres de Freud aseguraba tener la continua sensación de que el mundo estaba oculto para él tras un velo, un velo que sólo se rasgaba momentáneamente cuando le administraban un enema y conseguía defecar tras largos períodos de estreñimiento ("From the History" 75). El latinoamericano Juan Goytisolo provee en *Juan sin Tierra*, con la ayuda de una serie de escoliastas del mismo apellido ("latinoamericanos" o "sin tierra"), todos los ingredientes necesarios para ese género de vislumbres excrementales, aunque lo que se distinga con claridad sea precisamente la inevitabilidad de la ambigüedad. En ese contexto, Latinoamérica sería ese ser anómalo del que habla Tomás Pollán en su artículo sobre el excremento, el ente o no-ente que supone "la muerte del sistema clasificatorio" (33), una muerte, he de precisar, temporal y cíclica pues sistema y anomalía perviven en constante

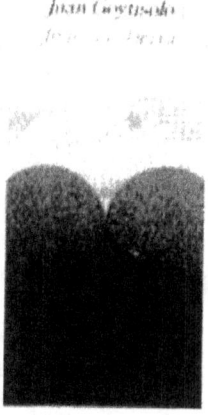

Il. 5. Portada de *Juan sin Tierra* (1975).

antagonismo. O dicho mediante otra imagen, Latinoamérica vendría a ser el pangolín cultural del mundo, un animal inclasificable y sagrado como el de los Lele, el cual, según cuenta Mary Douglas, obliga a su secta de iniciados a "una meditación sobre las limitaciones y falsedades de las categorías del pensamiento humano" (168,173). Con justicia afirma Todorov que en el año 1492, en el momento en que España intenta expulsar de su cuerpo social, o de su proyecto de nación, a los elementos heterogéneos, el otro se introduce irremediablemente dentro a causa de la conquista de América (50), una conquista que, según este autor, fue clave en el establecimiento de "nuestra" presente identidad (5). Algunos han reconocido en la obra de Goytisolo esa identidad moderna de proveniencia y calidad americanas. Sarduy la denomina "periferia móvil." Carlos Fuentes asegura que debido a ella "todos somos contemporáneos porque todos somos excéntricos" (*Nueva* 84). Álvaro Mendiola, el narrador de *Juan sin Tierra*, la llama utopía, traición, excremento, exultante e inquietante, gozoso y confuso, amotinado y justiciero, libertador y reparador.

Notas

[1] Por lo que respecta al grabado que historia el texto de Vespucci, tomo la referencia del libro de John F. Moffitt y Santiago Sebastián (161-2), y reproduzco la xilografía

del de Ricardo Alegría (59). En cuanto al mapa de Münster, lo reproduzco del estudio de Graff (70).

[2] En realidad, Vespucci había anotado laudatoriamente, justo antes de su referencia a la desvergonzada manera de los habitantes del Nuevo Mundo de hacer aguas menores, que éstos tenían especial cuidado y discreción en que nadie los viera cuando habían de hacer aguas mayores, cuando tenían que defecar (143). Sin embargo, tanto el anónimo ilustrador de la edición de Estrasburgo, como Moffitt y Sebastián en su libro o Ricardo Alegría en el suyo, prestan mucha más atención a la acusación que al elogio, el cual es ignorado. Lo cual prueba suficientemente que América se convirtió en la antonomasia de las partes bajas y ruines del cuerpo no sólo debido a los escritos de exploradores auténticos o espurios, sino merced a la decidida colaboración de sus receptores, que seleccionaron de esos escritos justamente lo que querían leer u oír.

[3] Todas las traducciones son mías, a menos que se indique lo contrario.

[4] *The Empire Strikes Back: Race and Racism in 70s Britain.*

BIBLIOGRAFÍA

Alegría, Ricardo. *Las primeras representaciones gráficas del indio americano. 1493-1523.* San Juan: Centro de Estudios Avanzados de Puerto Rico y el Caribe, 1986.

Andrade, Oswald de. "Manifiesto antropófago". *Las vanguardias latinoamericanas. Textos programáticos y críticos.* Jorge Schwartz, ed. Madrid: Cátedra, 1991. 143-53.

Bernstein, Jerome. "Cuerpo, lenguaje y divinidad en *Juan sin Tierra*". *Juan sin Tierra.* Madrid: Fundamentos, 1977. 151-69.

Castellet, J. M. "*Juan sin Tierra*: una opinión". *Juan sin Tierra.* Madrid: Fundamentos, 1977. 239-42.

Dainotto, Roberto María. "The Excremental Sublime. The Postmodern Literature of Blockage and Release". *Essays in Postmodern Culture.* Eyal Amiran y John Unsworth, eds. Oxford: Oxford University Press, 1993. 133-72.

Díaz Migoyo, Gonzalo. "*Juan sin Tierra*: La reivindicación de Onán". *Juan sin Tierra.* Madrid: Fundamentos 1977. 59-80.

Douglas, Mary. *Purity and Danger. An Analysis of the Concepts of Pollution and Taboo.* Londres: Ark Paperbacks, 1984.

Elias, Norbert. *The Civilizing Process: The History of Manners. 1; Power and Civility 2.* Nueva York: Pantheon Press, 1978.

Epps, Bradley. *Significant Violence. Oppression and Resistance in the Narratives of Juan Goytisolo, 1970-1990.* Oxford: Oxford University Press, 1996.

Freud, Sigmund. "From the History of an Infantile Neurosis". *The Standard Edition of the Complete Works of Sigmund Freud.* James Strachey, ed. Londres: Hogarth Press, 1971. 17: 2-123.

_____ "On Transformation of Instinct As Exemplified in Anal Erotism". *The Standard Edition of the Complete Works of Sigmund Freud.* James Strachey, ed. Londres: Hogarth Press, 1971. 17: 125-35.

_____ "La sexualidad infantil". *"El yo y el ello," "Tres ensayos sobre teoría sexual" y otros ensayos.* Luis López Ballesteros, trad. Barcelona: Orbis, 1983. 84-112.

Fuentes, Carlos. "Goytisolo or the Novel as Exile". *The Review of Contemporary Fiction* 4/2 (1984): 72-6.

_____ *La nueva novela hispanoamericana.* México: Joaquín Mortiz, 1969.

Goytisolo, Juan. *Juan sin Tierra.* Barcelona: Seix Barral, 1975.

_____ "Quevedo: la obsesión excremental". *Disidencias.* Barcelona: Seix Barral, 1977. 117-35.

_____ *Reivindicación del conde don Julián.* Barcelona: Seix Barral, 1988.

Graff, E. C. "Escritor/Excretor: Cervantes's 'Humanism' on Phillip II's Tomb". *Cervantes* 19/1 (1999): 66-95.

Kristeva, Julia. *Pouvoirs de l'horreur. Essai sur l'abjection.* Paris: Seuil, 1980.

Kroker, Arthur and David Cook. *The Postmodern Scene. Excremental Culture and Hyper-Aesthetics.* Montreal: New World Perspectives, 1986.

Mattoso, Glauco. "Manifesto coprofágico". *Jornal Dobrabil* (1977): folha 16.

Moffit, John y Santiago Sebastián. *O Brave New World. The European Invention of the American Indian.* Albuquerque: University New Mexico Press, 1996.

Oviedo, José Miguel. "La escisión total de Juan Goytisolo: Hacia un encuentro con lo hispanoamericano". *Revista Iberoamericana* 42/95 (1976): 191-200.

Ortega, Julio. "Entrevista con Juan Goytisolo". *Revista de Occidente* 133 (1974): 16-28.

Paz, Octavio. *Conjunciones y disyunciones.* México: Joaquín Mortiz, 1969.

Pollán, Tomás. "Exploración de una metáfora". *Revista Hiperión. El Excremento* 4 (1980): 18-40.

Pops, Martin. "The Metamorphosis of Shit". *Salgamundi* 56 (1982): 26-61.

Pynchon, Thomas. *Gravity's Rainbow.* Harmondsworth: Penguin, 1987.

Ríos, Julián. "Juan Goytisolo-Julián Ríos. Desde *Juan sin Tierra*". *Juan sin Tierra.* Madrid: Fundamentos, 1977. 7-25.

Sarduy, Severo. "La desterritorialización". *Plural* 48 (1975): 54-57.

Savater, Fernando. "Un caso de conciencia". *Juan sin Tierra.* Madrid: Fundamentos, 1977. 7-25; 93-200.

Schwartz, Kessel. "*Juan sin Tierra*, esperpento anal". *Juan sin Tierra.* Madrid: Fundamentos, 1977. 81-93.

Stallybrass, Peter y Allon White. *The Politics and Poetics of Transgression.* Londres: Methuen, 1986.

The Empire Strikes Back: Race and Racism in 70s Britain. Londres: Center for Contemporary Cultural Studies-University of Birmingham, 1982.

Todorov, Tzvetan. *The Conquest of America. The Question of the Other.* Norman: University of Oklahoma Press, 1999.

Vespucci, Amerigo. *Lettera di Amerigo Vespucci delle isole nuovamente trovate in quattro suoi viaggi. Il mondo nuovo de Amerigo Vespucci.* Mario Pozzi, ed. Milano: Ediziones dell'Orso, 1993. 135-75.

Yúdice, George. "Feeding the Transcendent Body". *Essays in Postmodern Culture.* Eyal Amiran y John Unsworth, eds. Oxford: Oxford University Press, 1993. 13-36.

V. Fundamentos imaginados de la identidad: lengua y raza

¿Quién es Enjolrás?
Ariel atrapado entre Víctor Hugo y *Star Trek*

Hugo Achugar
Universidad de la República, Uruguay

Al intentar responderme: ¿cómo leer el *Ariel* de José Enrique Rodó en este fin de siglo?, tuve muchas dudas.[1] ¿Debía proponer mi lectura teniendo en cuenta que se producía en un ámbito académico internacional circunstancialmente localizado en Estados Unidos? ¿Debía recoger el debate académico latinoamericano, el uruguayo o el de un sector de la comunidad académica anglo-norteamericana preocupado con los llamados estudios poscoloniales, estudios subalternos, etc.? ¿Debía devolver el texto al momento de su producción y despreocuparme de los cien años de lectura que lo acompañan? O simplemente ¿debía olvidarme de mi localización en una pequeña ciudad del exótico Cono Sur, ignorar el debate académico parroquiano, desconocer autores que la academia norteamericana desprecia o nunca ha leído y proceder a leer *Ariel* desde la hegemonía de Homi Bhabha y Gloria Anzaldúa que muy posiblemente no sepan ni tengan obligación de saber siquiera de la existencia de José Enrique Rodó?

1. Links, enlaces o diálogos, uno

En un principio este ensayo se iba a llamar "Rodó a la vuelta del siglo", luego "Acerca de las lecturas de *Ariel* en la vuelta del siglo". Finalmente, y sin mucho entusiasmo, decidí titularlo ¿Quién es Enjolrás? *Ariel* atrapado entre Víctor Hugo y *Star Trek*.

La idea inicial era realizar una lectura en función de la guerra hispanoamericana del '98 y del debate acerca de la función del intelectual a fines del siglo xx como un modo de dar cuenta de la discusión teórica en relación con la posmodernidad, el poscolonialismo, los estudios subalternos y el latinoamericanismo contemporáneo. Lo que ahora sigue mantiene ese horizonte en mente aunque no trate todos esos temas. Voy a comenzar por el final.

Navegando en la Internet en busca de *links* o enlaces que me informaran acerca del significado del personaje de Enjolrás, encontré lo siguiente:

¡Bienvenidos a bordo del USS Enjolrás NCC-24608! El Enjolrás, una nave científica del grupo Hugo, fue diseñada para expandir los alcances tanto del conocimiento como de la exploración de la Federación. Su actual capitán es Lera Éponine Lana t'Resan, primera capitana Rihannsu del *Starfleet*, la misma que antes sirvió en el Valjean, el USS Enterprise, así como en el USS Farragut. Su primer oficial es el Comandante Mulder, uno de los mejores oficiales del *Starfleet* y quien cree absolutamente en los principios que constituyen la Federación. [...]. La nave ha sido nombrada Enjolrás en homenaje al líder de los estudiantes de la insurrección estudiantil de 1832 en Francia tal como ha sido descrita en *Les Misérables*. Su fe en la "Libertad, igualdad, y fraternidad" encarna muchos de los principios que constituyen a la Federación. Los sacrificios que él hizo son, quizás, los mismos que los oficiales de la Starfleet deben estar preparados para hacer en defensa de la Federación y de todo lo que ella apoya. "Otros se levantarán en lugar nuestro hasta que la Tierra sea libre", dijo Enjolrás justo antes de morir en las barricadas durante la insurrección. Creía firmemente que la gente debe ser libre y estaba dispuesto a hacer todo lo que fuera necesario para conseguir y mantener esa libertad. (mi traducción, *Continuum Online*)

Los pasajes que acabo de citar provienen de un *website* llamado *Continuum OnLine* (COL) inspirado en *Star Trek* y con alguna que otra guiñada a *X-Files*. Según se afirma en el documento de Internet, el sitio "está constituido por gente de todo EE.UU. quienes se han asociado con una común visión del futuro". Lo que acabo de consignar no parece tener ninguna relación con Rodó y su *Ariel*. Después de todo el *Continuum OnLine* no es más que un juego originado en la cultura de masas en el que se simula la guerra y la aventura del conocimiento en un ámbito interestelar de ciencia-ficción. La conexión entre Enjolrás, el personaje de Víctor Hugo, y la nave USS Enjolrás parecería estar en la común aspiración a la libertad y en el hecho de que en ambos casos se trata de la lucha armada. En cierto modo, se podría quizás afirmar que uno y otro pertenecen a distintos subgéneros del relato bélico. Pero, ¿qué pasa o cómo se relaciona esto con *Ariel* y con Rodó? O mejor, ¿en qué medida lo anterior me permite leer o se conjuga hoy con mi lectura del *Ariel* de Rodó?

2. *Ariel* O LA DERROTA COMO MATRIZ DISCURSIVA

Ariel ha sido leído de muchos modos.[2] Los casi cien años de su publicación han permitido que distintos horizontes ideológicos vieran en ese ensayo diferentes mensajes.[3] Hoy, necesariamente, la lectura también es otra. Lectura que se da —es imprescindible señalarlo a pesar de ser evidente— en tiempos de globalización económico-financiera y de mundialización de la cultura. Como dice Felipe Arocena en su "Introducción" a *El complejo de Próspero: Ensayos sobre cultura, modernidad y modernización en América Latina* (1993):

Cuando vivimos un momento de triunfalismo del capitalismo, que intenta hacer brillar su andamiaje filosófico, político y ético más que sus éxitos materiales, vale la pena recordar a Rodó, aunque sólo sea de *cachete*, utilizando este término ahora popularizado para el ámbito futbolístico uruguayo por uno de los cronistas deportivos. (II)

Recordar a Rodó, "aunque sólo sea de *cachete*", en estos tiempos de "triunfalismo del capitalismo" podría parecer a un sector vinculado con los estudios poscoloniales y con los estudios subalternos, no sólo anacrónico sino propio de una nostálgica ingenuidad presente entre ciertos miembros de la elite letrada que lamentan la pérdida de su antiguo poder frente a la globalización; al menos eso es lo que se infiere de los más recientes planteos de John Beverley (*Subalternity and Representation*) y de Alberto Moreiras.

Las cosas no son tan simples. Así como *Ariel* y Rodó se convierten en armas para cuestionar el rechazo de un amplio sector académico latinoamericano a las propuestas de algunos críticos pertenecientes a lo que he llamado el "Commonwealth teórico" (Achugar, "Local/Global Latin-Americanisms"), también *Ariel* y Rodó son reinterpretados dentro del debate intelectual y, sobre todo, político del Uruguay de la posdictadura. La puesta a punto del debate brasileño sobre el libro de Morse publicada en 1993 por Arocena, y la posterior publicación en 1997 de *Uruguay y su conciencia crítica: Intelectuales y política en el siglo XX* por Gustavo de Armas y Adolfo Garcés,[4] deben ser entendidos como parte del debate de la posdictadura entre posiciones neoliberales, posiciones sesentistas y posiciones de la nueva izquierda en el marco del proceso de integración del Mercosur.

La operación de Garcés y de Armas coloca tanto a Rama como al conjunto de la producción intelectual uruguaya en un *continuum* desde 1900 hasta el presente; es decir, en el *continuum* del imaginario de una modernidad periférica que, a pesar de reformulaciones como la representada por el semanario *Marcha* y la figura de Carlos Quijano, se mantiene hasta la dictadura. El corte que se produce en la década del setenta del siglo XX con la dictadura y la nueva reformulación del imaginario uruguayo en la posdictadura indicaría, para estos autores, la obsolescencia del modelo interpretativo de la llamada "generación crítica" o "de *Marcha*".

El debate tiene que ver con la instalación del neoliberalismo en el Uruguay, con el surgimiento de una nueva derecha y con el debate político e ideológico tanto en la esfera pública como en la más restringida academia universitaria. Frente a esa lectura uruguaya, la lectura de *Ariel* por parte de algunos sectores de la academia norteamericana, como un discurso que construye y justifica al intelectual elitista conservador al servicio del orden hegemónico es un modo válido de leer a Rodó. No sólo es válido sino que es el mismo que fuera realizado durante varias décadas por intelectuales latinoamericanos. Sin embargo, parafraseando lo anotado por Felipe Arocena,

> No parece fácil, hoy día, alzar a Calibán o a Ariel como símbolos culturales de nuestra América y difícilmente ésta pueda sintetizarse en un símbolo único. Más interesante y representativo de la situación cultural latinoamericana sea quizás partir del reconocimiento de la dificultad de condensar su multiplicidad cultural. (183)

Frente a la opinión de Arocena, está la de de Armas y Garcés quienes ven en Rodó, a diferencia de Vaz Ferreira, convertir la duda "en impulso vigoroso: ¡No importan tanto nuestras limitaciones! ... parece decirnos, una y otra vez... siempre estamos a tiempo de cambiar!" (15). Paradójicamente, esta suerte de rescate de Rodó realizada por de Armas y Garcés es un modo de cuestionar el modelo interpretativo de Ángel Rama para la sociedad uruguaya.

La lectura de de Armas y Garcés comparte, involuntariamente, con la de Arocena algo que estaba presente en la reacción de Rubén Darío y de José Enrique Rodó frente al triunfo de Estados Unidos en la guerra hispano-norteamericana: todos son, de un modo u otro, discursos desde la derrota. Derrota que se convierte, tal como suele afirmar el historiador José Pedro Barrán, en "la venganza intelectual y cultural del derrotado".

En el fin de siglo XIX "el triunfo de Calibán" tenía la forma de la derrota militar del imperio español. Hoy, el "triunfo del capitalismo", como plantea Arocena —y del neoliberalismo, agrego yo— si no es exactamente una situación vinculable a la de la derrota del '98, sí presupone un escenario donde los valores humanistas estarían siendo derrotados por los materialistas. Es cierto que se podría contra-argumentar que los antiguos valores del humanismo constituyen el ropaje ideológico del europeísmo hegemónico que justificó todas las conquistas imperiales y que por lo tanto no sería "políticamente correcto" proponer la defensa de tales valores humanistas; cosa que sin embargo realiza Edward Said. Mientras tanto, la actual globalización neoliberal estaría cumpliendo, de un modo similar al que Napoleón efectuó en el siglo XIX, una labor de diseminación democrática radical y modernizadora.

La propuesta de leer *Ariel* como el discurso de una derrota apunta no a rescatar los "principios" elitistas del arielismo, sino su condición de discurso de resistencia. Resistencia de una cultura que se siente amenazada, resistencia de lo local frente al nuevo embate globalizador y neoliberal; el discurso de una cultura que junto con la derrota militar confirma la amenaza ideológica bajo el primer nombre de la globalización que fue el de la "nordomanía". Es ese discurso del vencido y del amenazado lo que atrae en su momento a muchos. *Ariel* intenta devolver o preservar el orgullo a quien acaba de ser derrotado. Un discurso que intenta defender los valores locales y propios frente a la derrota militar y la amenaza cultural. Tendrán la fuerza, parece decir *Ariel* pero jamás tendrán la razón. Una idea similar anima la "Oda a Roosevelt" de Rubén Darío.

3. ACERCA DE INTELECTUALES Y FIN DE SIGLO

No me interesa, en este momento, analizar el esteticismo elitista y antidemocrático que fundamenta el cuestionamiento de la cultura norteamericana y la crítica a la "nordomanía" que realiza Rodó. Hay otro ángulo particularmente relevante para estos tiempos que vivimos; me refiero a la posición del intelectual y muy especialmente del intelectual latinoamericano en tiempos de globalización económico-financiera y de mundialización de la cultura (Renato Ortiz) o en épocas de la Internet y de norteamericanización de una parte del mundo (Appadurai 32).

Parece claro que el papel de los intelectuales en el fin de siglo XIX era muy distinto a la del fin de siglo / fin de milenio. En la ciudad letrada el intelectual o el letrado que describe Ángel Rama tenía poder. En Beatriz Sarlo, ha sido destronado; al menos el intelectual tradicional y el intelectual orgánico. Para Beatriz Sarlo, frente a la "celebración neo-populista de lo existente y de los prejuicios elitistas que socavan la posibilidad de articular una perspectiva democrática," existe otro lugar, otro discurso, un lugar para el que sin embargo y como ella dice:

> Difícilmente haya demasiada competencia para apropiarse del lugar desde donde ese discurso pueda articularse. A diferencia del pasado, donde muchos querían hablar al pueblo, a la Nación, a la Sociedad, pocos se desviven hoy por ganar esos interlocutores lejanos, ficcionales o desinteresados. (Sarlo 197-98)

Son pocos los intelectuales que lo intentan pues la audiencia es interpelada por ese otro discurso hoy hegemónico que es el del mercado. ¿El triunfo de Calibán ha acabado con el intelectual? ¿Ha muerto el intelectual, sea tradicional o revolucionario? ¿Se trata del triunfo de Calibán o de una nueva derrota a manos de nuevos Prósperos? O planteado de otra manera, ¿Mantienen ya sea Ariel o Calibán, alguna función? ¿Tiene alguna función el intelectual, cualquier intelectual incluida Miranda, en esta sociedad y en la que viene? ¿Debe tener una función el intelectual? ¿Es lo mismo intelectual que profesor o investigador, o en palabras de Said el "intelectual profesional" y el "intelectual aficionado"? ¿De cuál Calibán estamos hablando? ¿Del Calibán de Rodó o del de Fernández-Retamar? Las respuestas varían según el lugar desde donde se enuncia tanto la pregunta como la respuesta. Puedo formular la pregunta mientras navego en la Internet o mientras miro la televisión o incluso mientras preparo mi clase; puedo también formular esas preguntas mientras debato si debe haber reforma del Estado, reforma de la Universidad o incluso mientras argumento en torno a la privatización de ciertas empresas del Estado o a la neoliberalización de la educación. De hecho, preguntar o responder éstas u otras cuestiones es un acto que realiza una gran parte de los ciudadanos. ¿En qué sentido puede entonces hablarse de una tarea específica o propia de los intelectuales? ¿En qué sentido *Ariel* sigue teniendo algo que decir? ¿En qué sentido *Ariel* debe ser enterrado en el mausoleo de la historia periclitada?

Ya fue establecido hace mucho tiempo que la condición del intelectual no es exclusiva de un sector de la población sino que es una tarea que todo individuo realiza o puede realizar; el tema —y esto también es sabido— tiene o tuvo que ver con una nueva distribución del trabajo dentro de la sociedad. De la época en que Darío dijo "si hay política en mis versos es porque hay un clamor continental" o de cuando escribiera "El triunfo de Calibán" al presente, ha pasado mucha agua bajo los puentes. Me pregunto si la actual lectura de *Ariel* no está condicionada no sólo por los cien años que pasaron desde la derrota de la guerra hispano-norteamericana y los ensayos de Ponce, Fernández Retamar y tantos otros, sino también por el hecho de que estamos viviendo la derrota más que de un tipo de intelectual, del intelectual como se lo conoció a lo largo del siglo xx. Me pregunto si los viejos intelectuales —tanto tradicionales como orgánicos— no han sido sustituidos por los técnicos de mercadeo, los analistas de encuestas, los científicos que manipulan DNA y los que informatizan nuestra vida cotidiana o nos hablan desde el aparato de televisión; me pregunto si los profesores universitarios no sienten, sobre todo en algunos países, que han sido jibarizados de intelectuales a explicadores de textos y enseñantes de idioma, que ya no pueden anunciar la buena nueva del evangelio transformador de las sociedades y entonces echan junto con el agua de la bañera, al bebé. Me pregunto si el discurso de la derrota de *Ariel* no implica para muchos la comprobación de que, en el error o en el acierto, formaba parte de una época en que los intelectuales tenían un papel a cumplir.

4. La defensa de la "ñ" y el papel de los intelectuales

Es posible que el discurso de la derrota explique en parte la escritura de *Ariel* y es posible también que el mesianismo intelectual de Rodó haya sido tributario del clima cultural del *affaire* Dreyfuss en que los intelectuales creyeron haber descubierto su función fundamental. En este sentido, *Ariel* para Rodó habría sido el discurso de una derrota coyuntural pero no fundamental. Es posible también que el discurso que Próspero-Rodó dedicara a la juventud de América presuponga un sujeto inexistente. La juventud de América en la que Próspero-Rodó pensaba era en primer lugar letrada; letrada, blanca, masculina y heterosexual. Y sobre todo, culturalmente euro-latina. No hay una sola referencia al pasado indígena de América ni tampoco a la presencia cultural de los descendientes africanos. No hay en Rodó siquiera la exaltación del pasado americano que Darío realizara al decir "si hay poesía en América ella está en las cosas viejas, en Palenque y Utatldé". El discurso de Próspero-Rodó es, de hecho, un discurso de la Unión Latina para quienes se descubrían como herederos de la estirpe latina. ¿Qué le puede ofrecer *Ariel* a un joven salvadoreño o mexicano que hoy arriesga su vida cruzando la frontera para vivir en las tierras de Calibán?[5] O en la otra punta, ¿Qué le dice la celebración de la tradición latina a un joven brasileño, paraguayo, argentino o uruguayo cuyos padres acaban de migrar de Palestina o de otro país árabe y que día tras día oran en la mezquita de alguna ciudad sudamericana?

El discurso de *Ariel* no sólo fue un discurso de la derrota, fue además el discurso de un intelectual que sentía amenazado su poder por la invasión que la inmigración de la época estaba efectuando de sus tierras. Fue un discurso que intentó conservar una tradición amenazada. En este sentido, *Ariel* además de un discurso frente a la derrota fue también el discurso frente a la amenaza del Norte. "¿Tantos millones de hombres hablaremos inglés?", se preguntó profético Rubén Darío en "Oda a Roosevelt". Pero también frente a la amenaza de los nuevos migrantes iletrados que distorsionaban el perfil de su sociedad; al menos en el Río de la Plata.

El discurso frente a la amenaza no parece haber terminado en el fin de siglo XIX. Hoy, en el ámbito de la cultura hispanoparlante, sintomáticamente, hay movimientos en defensa de la lengua, emblemáticamente representada por la defensa de la "ñ", así como una parte importante de los debates y las negociaciones en los foros internacionales como el de la OMC en Seattle o antes en el del GATT tienen que ver con la circulación de bienes culturales, los reclamos del capital internacional para abatir las barreras aduaneras y los intentos de algunos gobiernos por preservar las culturas nacionales. Del mismo modo, resulta significativo que la Unión Europea se proponga lanzar junto con varios países de América Latina un satélite que emita las 24 horas producción audiovisual de ambas zonas como un modo de contrarrestar la emisión de productos norteamericanos.

Sin duda *Ariel* puede ser leído como el discurso de la derrota, pero también como una de las primeras respuestas frente a lo que hoy podríamos denominar la primera irrupción de la globalización. Una respuesta elitista, pero de todos modos una respuesta. También puede ser leído de otro modo, como el discurso frente a la tradición amenazada. Pero nuevamente cabe preguntarse, ¿defensa de cuál tradición? ¿La tradición de una nación o de una cultura que supuestamente debe defender o modificar el intelectual? O ¿la tradición de un sector y de una clase hegemónicos?

Rodó ficcionaliza su *Ariel* como el discurso que un maestro realiza para despedirse de sus alumnos. De algún modo, Rodó efectúa una suerte de asimilación entre intelectual y maestro o académico. Pero, académicos e intelectuales no son sinónimos, o no lo han sido siempre.

Esto nos lleva a la consideración final: Próspero habla a sus alumnos desde una posición de poder sobre el poder. En este sentido, el discurso de Próspero y por ende el de Rodó en *Ariel* puede ser leído no sólo como el discurso frente a la derrota y frente a la amenaza de la homogeneización globalizante sino como el discurso desde un poder y sobre otro poder. Es esta última lectura la que quizás explique la permanencia de este texto, su vigencia mayor. *Ariel* es el discurso que desde la derrota y ante el poder del enemigo se realiza sobre el poder de quien habla. Sobre el poder de aquel que maneja la palabra; es decir, sobre el poder del letrado.

Y sin embargo, la interpretación de *Ariel* como un discurso desde la derrota de los letrados y ante el poder del enemigo no soluciona todos los problemas. Leamos una vez más el final de *Ariel*.

5. L*INKS*, ENLACES O DIÁLOGOS, DOS

El cierre de *Ariel* desplaza la atención del discurso de Próspero a los jóvenes que han estado escuchando el discurso del maestro. De la descripción del conjunto, el texto pasa a centrarse en la figura de uno de los jóvenes, Enjolrás. Éste es quien tendrá la última palabra.

¿Quién es este personaje al que Rodó otorga la responsabilidad de cerrar su *Ariel*? — ¿De dónde surge?

> Enjolrás era un joven encantador, capaz de ser terrible. Era angélicamente hermoso. Era Antinoo, feroz. [...] Se hubiera dicho, al ver su pensativa mirada, que, en alguna etapa previa de su existencia, ya había atravesado el apocalipsis revolucionario. [...] Era un oficiante y militante; desde el

punto de vista inmediato, un soldado de la democracia; por encima del movimiento contemporáneo, sacerdote del ideal. [...] Tenía sólo una pasión, la justicia y un sólo pensamiento, derribar el obstáculo. En el Aventino hubiera sido Graco, en la Convención, hubiera sido Saint Just. [...] Sus ojos evitaban todo lo que no fuera la República. Era el marmóreo enamorado de la libertad. [...] Enjolrás, [...] representaba la lógica de la Revolución [...] (*Les Miserables* 663-64; mi traducción)

Así presenta Víctor Hugo al joven revolucionario radical que lidera la insurrección de 1832 y que termina siendo fusilado por un escuadrón del gobierno en *Les Miserables*.[6] ¿Por qué eligió Rodó establecer una conexión entre el privilegiado joven que cierra *Ariel* y el revolucionario obsesionado con la justicia de 1832? Antes de responder esta pregunta veamos qué dice el Enjolrás de Rodó en el cierre de *Ariel*:

Y fue entonces, tras el prolongado silencio, cuando el más joven del grupo, a quien llamaban Enjolrás por su ensimismamiento reflexivo, dijo señalando sucesivamente la perezosa ondulación del rebaño humano y la radiante hermosura de la noche:
—Mientras la muchedumbre pasa, yo observo que, aunque ella no mira el cielo, el cielo la mira. Sobre su masa indiferente y oscura, como tierra del surco, algo desciende de lo alto. La vibración de las estrellas se parece al movimiento de unas manos de sembrador. (50)

Rodó elige a Enjolrás para terminar *Ariel*, es decir, lo elige como el que tiene la responsabilidad de enunciar el mensaje que al cerrar el texto, abre el futuro. Es Enjolrás quien tiene la visión de que "algo desciende de lo alto. La vibración de las estrellas se parece al movimiento de unas manos de sembrador". La visión del sembrador, lejos de ser inocente, apuesta a la continuación.[7] Pero si Enjolrás es elegido como quien es capaz de articular y resumir el discurso de Próspero, es presumible pensar que Rodó espera que el lector asocie la condición revolucionaria del personaje de Víctor Hugo, si no con el discurso de Próspero, con su filosofía. Es decir, con el discurso de quien se levanta, en este caso, contra el poder del Estado.

El que ese "algo descienda de lo alto," la vibrante fuerza estelar cuyo movimiento es asociado con el de un sembrador, refuerza la idea de que en Rodó estaba presente una suerte de "iluminismo" o de un "accionar iluminado". Iluminismo presente en la doble condición de sacerdote y hombre de guerra que se puede encontrar en el Enjolrás de Víctor Hugo. El intelectual es entonces un hombre de guerra, un hombre de acción y no de contemplación. Ése es el tipo de intelectual que Rodó entendía o parecía entender al final de su *Ariel* como necesario en tiempos en que tanto los extranjeros inmigrantes como el utilitarismo nordomaníaco se desbordaba sobre el continente americano como la inevitable cara de la nueva modernidad democrática. El discurso de Próspero saluda el triunfo sobre la materia que la sociedad norteamericana ha realizado pero cuestiona la falta de ideal. El Enjolrás de Hugo, poco antes de ser fusilado, en un discurso que resume su credo revolucionario y su fe en el progreso científico y moral de la sociedad, dice que: "Dominar la materia, es el primer paso; realizar el ideal, es el segundo" (Hugo, 1213, mi traducción).

La elección de Enjolrás por parte de Rodó, lejos de ser sólo una guiñada erudita,[8] es un elemento fundamental en la construcción del discurso de Próspero en tanto discurso de la derrota. Una respuesta cultural y culturalista que no quiere limitarse al aspecto reactivo sino que aspira a constituirse en una apuesta de futuro en el horizonte inmediato configurado por la guerra hispano-norteamericana. De ahí la elección de Enjolrás, un personaje que es a la vez, un intelectual y un hombre de guerra. Posiblemente, la misma conciencia de que el personaje era un intelectual y un hombre de guerra llevó a los participantes del *Continuum Online* a homenajear a Enjolrás nombrando una de sus naves espaciales.

¿Estoy diciendo que Rodó termina *Ariel* pasando la palabra a un hombre que es a la vez un hombre de pensamiento y un hombre de acción? ¿Estoy diciendo que el intelectual diseñado al final de *Ariel* no es sólo un intelectual tradicional sino un revolucionario? ¿Será que estoy haciendo en los albores del siglo XXI una lectura propia de los sesenta?

6. FINAL

Ricardo Piglia comenzaba un ensayo publicado en 1974 preguntándose: "¿Para quién escribir? ¿Desde dónde? ¿Quién nos puede leer?" (119). Las preguntas de Piglia, más de un cuarto de siglo después, parecen seguir en pie. No otra cosa parece estarse debatiendo en el presente fin de siglo. La pregunta por el posicionamiento y la localización de la enunciación está en el centro del debate académico: en el poscolonial y en el subalterno pero también en el de los *Queer Studies* y en el feminista. Sin embargo, es muy posible que Piglia no suscribiera hoy el resto del artículo que publicara en 1974 bajo el título de "Mao Tse-Tung: Práctica estética y lucha de clases". Muchas transformaciones sociales, económicas y tecnológicas han ocurrido, mucha elaboración teórica ha perdido su encanto y mucha otra ha comenzado a "tentarnos con sus frescos racimos", como decía el poeta. A pesar de todo, creo encontrar un hilo conductor entre las preocupaciones de Piglia en 1974 y las que hoy nos ocupan, si no a la sociedad sí a una parte de la academia universitaria y de los intelectuales latinoamericanos.

La reflexión sobre el posicionamiento o el lugar desde donde se habla es, en rigor, similar. La diferencia está en la determinación del lugar desde donde se habla y en la identidad o el posicionamiento de quien habla. Obviamente, hoy no es en el seno del pueblo ni en la lucha de clases donde se establece el *locus de la enunciación* o de la praxis. Más aún, categorías como "pueblo", "lucha de clases" y similares han sido desmontadas y el macro discurso marxista ha sido presentado como "una estrategia más de la voluntad de Occidente por dominar que desarma el potencial de otros conocimientos" (Robert Young 173, citado en Sara Castro-Klarén 49).

Podría continuar hilvanando preguntas, introduciendo dudas, salvedades, matices. Para terminar, sin embargo, quiero volver sobre un tema con el que he comenzado el presente ensayo y que lo ha atravesado.

La derrota de Próspero no sólo tiene que ver con la insurrección poscolonial. El discurso de Enjolrás con que se cierra *Ariel* cifraba en esa "arma cargada de futuro" que era la "vibración de las estrellas" su apuesta al porvenir. Del mismo modo, al concluir su discurso final, el Enjolrás de Hugo dice: "Hermanos, quien muere aquí muere en el despuntar del futuro, y nosotros entramos en una tumba penetrada por la aurora" (1210).

Es el discurso de quien sabe que está a punto de morir, de alguien que ha sido derrotado. Muerte y futuro alimentan su discurso. ¿Por qué no entender el final de *Ariel* como penetrado de ese doble sentimiento de muerte y futuro?

Ambos Enjolrás, el de Rodó y el de Hugo, son o aparecen como iluminados, como miembros de un grupo que se siente depositario de la verdad, como parte de la elite que cree entender cuáles son las necesidades de la sociedad. Ambos, por otra parte, se saben en un momento de inflexión. El discurso del Enjolrás de Hugo, aunque referido a la insurrección de 1832, fue escrito con posterioridad a los acontecimientos de 1848, cuando empezaba a resultar claro que la sociedad francesa había sufrido una transformación radical. El Enjolrás de Rodó, luego de la guerra hispano-norteamericana.

Desde esos momentos históricos, desde esos respectivos espacios simbólicos hablan. Es decir, hablan desde distintos momentos instancias de los procesos de instalación de la o las modernidades en sus respectivas sociedades. Más aún, hablan desde un horizonte histórico e ideológico en el que todavía era posible para los letrados pensar que existía una única verdad revelada y que ellos eran portadores de dicha verdad. Un horizonte histórico e ideológico en el que la letra era reina y señora.

"El Enjolrás, una nave científica del grupo Hugo, fue diseñada para expandir los alcances tanto del conocimiento como de la exploración de la Federación," dicen los responsables de COL, deudores todavía de una lógica tributaria de la misma fe en el progreso científico e intelectual que los Enjolrás de Hugo y Rodó. Pero la nave espacial USS Enjolrás de la clase Hugo es una metáfora nacida de un juego en el que se combinan la actual revolución tecnológica, la cultura de masas y la vieja tradición de la alta cultura. En más de un sentido, se trata de un producto de la cultura posmoderna y en más de un sentido supone un entretenimiento de las nuevas elites contemporáneas.

En el relato que he construido, en la genealogía que he diseñado, en la argumentación que he desarrollado, el *Ariel* de Rodó ocupa una situación intermedia. Aparece como una instancia intermedia en el proceso histórico de la modernidad. Es decir, aparece atrapado entre Víctor Hugo y *Star Trek*. ¿Desde dónde leer el *Ariel* de Rodó hoy? Entonces, antes de contestar, hay un último aspecto a considerar. La nave espacial Enjolrás es una nave de guerra y de conquista del espacio sideral y no sólo una máquina de conocimiento intelectual. *Máquina de guerra* – no en el sentido deleuziano, en tanto instrumento de una instancia estatal que es la Federación – y máquina lúdica, la nave Enjolrás aparece como un símbolo de aquéllos que siguen entendiendo que su verdad es la verdad universal.

Los discursos de los tres Enjolrás comparten el ser instancias de un diálogo establecido con o por la guerra. ¿Es posible pensar que el discurso intelectual es siempre un discurso en relación con la guerra? Y si es así, en el fin de siglo globalizado, posmoderno, poscolonial y, para muchos latinoamericanos, fundamentalmente, posdictatorial ¿cuál es la guerra desde la que hay que leer el *Ariel* de Rodó?

Así como me costó mucho titular este ensayo, ahora me cuesta terminarlo. Sé que hay preguntas que no respondí. Sé que, entre otras muchas cosas, he dejado a medio terminar la consideración de la tensión entre alta cultura y cultura masiva. Ariel y Rodó no fueron derrotados sólo por su enemigo Calibán o por el Calibán diseñado por Retamar sino también por Archie Bunker, por Madonna y por el tándem Lucas-Spielberg. La comprobación de esta derrota no implica nostalgia alguna ni rechazo de la cultura mediática, sólo es una lectura. ¿Puede Rodó o, a los efectos, los intelectuales latinoamericanos, evitar hoy quedar atrapados entre Victor Hugo y *Star Trek*? ¿Pueden evitar, como dice Sarlo, caer en la "celebración neo-populista de lo existente" y abandonar "los prejuicios elitistas que socavan la posibilidad de articular una perspectiva democrática"? (197-98) ¿Existe otro lugar, otro discurso?

La única respuesta que se me ocurre es la guerra contra el olvido, la lucha por la memoria. Y ése quizás es el lugar desde donde elijo leer el *Ariel* de Rodó: el de la lucha por la memoria. La memoria local frente al imperialismo de la memoria globalizada. La memoria de una lengua local frente a la *lingua franca* de la globalización. Es el discurso del derrotado, ya lo sé. Pero es el discurso de la resistencia. Y quizás ésa sea la única labor que le queda al intelectual tradicional, revolucionario o científico-técnico: la resistencia en defensa de ciertos valores, aun cuando sepa que sus valores no son universales. Posiblemente, la única respuesta sea concluir parodiando una cita clásica y estar consciente de que, entre las estrellas de los Enjolrás intelectuales y la tierra de hoy en día, hay algo más que mi filosofía no puede imaginar, que entre mi memoria y mi olvido, existe siempre otra memoria, otro olvido.

NOTAS

[1] Una versión de este ensayo fue leída en el Simposio "*Ariel* y el arielismo a los cien años" organizado por la Universidad de Texas en Austin en febrero de 2000.
[2] La lista incluye, entre muchos otros, textos como *Calibán* (1971) de Roberto Fernández-Retamar o debates como el producido en Brasil a partir del ensayo de Richard Morse, *El espejo de Próspero* (1982), como antes los de Aníbal Ponce *Humanismo burgués y humanismo proletario* (1935), Dominique Octave Mannoni *Próspero y Calibán: la sicología de la colonización* (1950), Leopoldo Zea *Discurso desde la marginación y la barbarie* (1988) e incluso José David Saldívar *The Dialectics of Our America: Genealogy, Cultural Critique, and Literary History* (1991) Para una lectura desde la academia norteamericana, ver el *Caliban* de Harold Bloom (1992).
[3] Para ver un análisis de la recepción contrastada entre América Latina y EE.UU. hasta los sesenta ver el ensayo de Carlos Real de Azúa al respecto.
[4] El libro de de Armas y Garcés intenta revisar la interpretación de Ángel Rama acerca de la cultura uruguaya contemporánea entendida, según los autores, como "un extenso movimiento cultural de demolición ideológica de la 'cultura batllista' que abarcaría (el período que va) de 1939 a 1969" (8) y donde se propone "interpretar a los críticos... como nietos del novecientos, insospechados discípulos del decisivo magisterio, de Vaz Ferreira y Rodó", autores, según ellos, centrales en la configuración de la tradición intelectual uruguaya (8).
[5] Un matiz a lo implicado en mi pregunta se puede ver en una ponencia presentada por Oscar Montero en el Simposio sobre Rodó organizado por la Universidad de Austin, Texas. Al respecto y como testimonio de una experiencia particular que mostraría la "vigencia' del *Ariel* de Rodó, vale la pena consultar dicha ponencia, presentada por Montero que da cuenta, entre otras cosas, de la recepción del texto entre estudiantes de origen latino en Nueva York.
[6] Según Maurice Allem, responsable del establecimiento del texto y de las notas de la edición de *Les Misérables* en La Pleyade: "Victor Hugo pudo tomar el nombre de Enjolrás entre los personajes de una causa criminal que tuvo gran repercusión

en 1831. Se trató del proceso de los alberguistas asesinos [...] de Peyrebeille. Una de sus víctimas, fue un viejo campesino, que habiendo perdido una ternera que acaba de comprar la buscó, no la encontró, se extravió y tuvo que pernoctar en el albergue de Peyrebeille. Fue asesinado y fue una de las circunstancias de este crimen lo que permitió descubrir y detener a los criminales. Este campesino se llamaba Eujobras" (1610-1611, nota. 5; mi traducción).

[7] José Martí cierra "Nuestra América" con la imagen del Gran Semí como un sembrador. Al parecer la imagen del sembrador estaba presente en el espíritu de la época. En el Coloquio de Austin ya mencionado, Lily Litvak recordó que Zola termina una de sus novelas también con la imagen de un sembrador.

[8] Es más que probable que *Les Misérables* fuera un texto ampliamente difundido en la época en que escribe Rodó y que el uruguayo no sintiera necesidad de mencionar su fuente y que la referencia a Enjolrás funcionara como una "guiñada' entre los lectores de la "ciudad letrada" presupuestos por el autor.

BIBLIOGRAFÍA

Achugar, Hugo. "Sobre el 'balbuceo teórico' latinoamericano: a propósito de Roberto Fernández Retamar". *Roberto Fernández Retamar y los estudios latinoamericanos*. Elzbieta Sklodowska y Ben A. Heller, eds. Pittsburgh: IILI-Serie **Críticas**, 2000. 89-115.

Appadurai, Arjun. *Modernity at Large. Cultural Dimensions of Globalization.* Minneapolis/Londres: University of Minnesota Press, 1997.

Arocena, Felipe y Eduardo de León. (eds.) *El complejo de Próspero. Ensayos sobre cultura, modernidad y modernización en América Latina.* Montevideo: Vintén Editor, 1993.

Beverley, John. *Subalternity and Representation.* Durham: Duke University Press, 1999.

Bloom, Harold (ed.) *Caliban.* Nueva York: Chelsea House Publishers, 1992.

Castro-Klarén, Sara. "Writing Sub-Alterity: Guaman Poma and Garcilaso, Inca". *Borders and Margins. Post Colonialism and Post Modernism.* Fernando de Toro y Alfonso de Toro, eds. Vervuert: Iberoamericana, 1995. 45-60.

Darío, Rubén. "El triunfo de Calibán". Edición, introducción y notas Carlos Jáuregui. *Revista Iberoamericana* 184-185 (1998): 441-55.

de Armas, Gustavo y Adolfo Garcés. *Uruguay y su conciencia crítica: Intelectuales y política en el siglo XX.* Montevideo: Trilce, 1997.

Fernández Retamar, Roberto. *Calibán: Apuntes sobre la cultura en Nuestra América.* México: Diógenes, 1971.

Hugo, Víctor. *Les Misérables.* Edición, establecimiento del texto y notas de Maurice Allem. Paris: Bibliothéque de la Pleyade, NRF, 1964.

Mannoni, Dominique Octave. *Psychologie de la colonisation.* Paris: Editions du Seuil, 1950.

Martí, José. "Nuestra América". *Nuestra América*. Prólogo de Cintio Vitier, notas y cronología de Hugo Achugar. Caracas: Biblioteca Ayacucho, 1970.

Montero, Oscar. "*Ariel* 2000: Rodó en el aula latina". Texto manuscrito inédito, 2000.

Morse, Richard. *El espejo de Próspero: un estudio de la dialéctica del Nuevo Mundo*. México: Siglo XXI, 1982.

Ortiz, Renato. *Otro territorio: ensayos sobre el mundo contemporáneo*. Buenos Aires Universidad Nacional de Quilmes, 1990.

Piglia, Ricardo. "Mao Tse-Tung: Práctica, estética y lucha de clases". *Literatura y Sociedad*. Louis Althusser et al. Buenos Aires: Editorial Tiempo Contemporáneo, 1974. 119-37.

Ponce, Aníbal. *Humanismo burgués y humanismo proletario*. México: Editorial América, 1938.

Rama, Ángel. *La ciudad letrada*. Hanover: Ediciones del Norte, 1984.

Real de Azúa, Carlos. "Elites y desarrollos en América Latina". *Escritos*. Selección y prólogo de Tulio Halperin Donghi. Montevideo: Arca, 1987. 287-310.

Rodó, José Enrique. *Ariel. Motivos de Proteo*. Caracas: Biblioteca Ayacucho, 1976.

Said, Edward. *Representaciones del intelectual*. Barcelona, Buenos Aires, México: Paidós, 1990.

Saldívar, José David. *The Dialectics of Our America: Genealogy, Cultural Critique and Literary History*. Durham: Duke University Press, 1991.

Sarlo, Beatriz. *Escenas de la vida posmoderna: intelectuales, arte y videocultura en la Argentina*. Buenos Aires: Ariel, 1994.

USS Enjolras. *The Continuum OnLine*. Star Trek Simulation at Their Best. << members.aol.com/cpntresan/enjolras.html >> (Enero, 2000).

Young, Robert. *White Mythologies: Writing History and the West*. Londres: Routledge, 1993.

Zea, Leopoldo. *Discurso desde la marginación y la barbarie*. Barcelona: Anthropos, 1988.

En busca de la cubanidad: el negro en la literatura y la cultura cubana

William Luis
Vanderbilt University

Para mis hermanos Elio y Eloy

I

Los afrocubanos son parte integral de la cultura y la literatura cubana; y lo son a pesar del intento sistemático de negarles ese reconocimiento, de borrarlos de la escena cultural.[1] La sociedad y la cultura cubana se desarrollan por medio del esfuerzo del afrocubano, a comienzos del siglo XIX, en relación con los tres mayores productos agrícolas de la Isla: azúcar, café y tabaco.[2] El azúcar sustentó una enorme y despiadada industria esclavista; el café instituyó una versión benévola del sistema anterior; y el tabaco estuvo asociado al proceso de erradicación de la esclavitud. En el campo de la política se debatía el estatus de la Isla (colonia, anexión o república) y el tipo de esclavitud que resultaría mejor para Cuba (la promovida por el azúcar o el café).[3] Durante las primeras décadas del siglo XIX, los productores del café y del azúcar compitieron por la misma tierra. El triunfo de la industria azucarera creó incesantes luchas entre amos y esclavos, blancos y negros. Ambos se encontraron entrampados en una dialéctica que caracterizaría lo que después sería la cultura cubana. Los orígenes de la cubanidad se encuentran en esa tensión, entre la presencia negra y el intento sacrocrático de borrar esa presencia, sin la cual no es posible ni el azúcar, ni el ingenio, ni la cultura cubana.

La presencia del negro en la literatura y la cultura cubana ha sido dinámica y continua desde el momento en que llegaron los primeros esclavos a la Isla, con sus religiones, música, bailes y tradiciones orales, hasta el gobierno actual de Fidel Castro. Los afrocubanos, en sus roles de autores o personajes literarios, son parte integral de la literatura nacional.

Se inicia la narrativa cubana con el tema y el "problema" del negro. Bajo las directrices y el financiamiento de Domingo del Monte se produjeron varios textos que documentan y describen el sistema esclavista y el tratamiento a los esclavos. La obra del esclavo, poeta y narrador Juan Francisco Manzano de alguna manera marca el nacimiento de una literatura de asuntos cubanos.

Manzano luchó contra su condición de esclavo y publicó dos colecciones de poesías, *Poesías líricas* (1821) y *Flores Pasageras* [sic] (1830).

Sus poemas también aparecieron publicados en *El Álbum, El Aguinaldo Habanero* y *La Moda o Recreo Semanal* y otras revistas de la época. Entre sus escritos se encuentran tres poemas que describen al negro esclavo y sugieren sentimientos antiesclavistas: "Treinta años", "A la esclava ausente" y "La visión del poeta escrita en un ingenio de fabricar azúcar". Los dos últimos sólo se dieron a conocer recientemente.[4] "A la esclava ausente" es de particular interés porque Manzano se apropia de la voz de la esclava para describir los aspectos inmorales de la esclavitud. En el poema de Manzano la voz poética es símbolo del desafío a su amo y al sistema esclavista; su amo puede controlar su cuerpo pero no su alma. En este poema, el amo no es presentado como un ser privilegiado por su posición social o económica, o por su raza; al contrario, es un salvaje, especialmente cuando castiga a su esclava para dominarla en cuerpo y alma.

La desigualdad entre el amo y el esclavo, el oprimido y el opresor, es poetizada a través de una perspectiva femenizada. Quizás Manzano experimentaba con una voz diferente, quizás quería distanciarse de la esclavitud y atribuir las injusticias del sistema esclavista a otros individuos o quizás suponía que las mujeres eran más sensibles que los hombres y capaces de describir con precisión las intensas exaltaciones del amor. Sin embargo, es también posible que así, Manzano pudiera señalar con más claridad las desigualdades de la esclavitud, técnica que después sería usada por aquellos escritores pertenecientes a la tertulia de Domingo del Monte como Anselmo Suárez y Romero con *Dorotea*, Félix Tanco y Bosmeniel con *Petrona y Rosalía* y Cirilo Villaverde con *Cecilia Valdés*. Este recurso sería más tarde utilizado por escritores como Antonio Zambrana con *Carlota* y Martin Morúa Delgado con *Sofía*. Para Manzano, la esclava era más vulnerable y débil frente al amo blanco; pero a pesar de su posición inferior como esclava y mujer, su determinación era firme y conmovedora. Así, la mujer es también una representación metafórica del origen, tradición y cultura africana, de Cuba.

Manzano escribió su autobiografía en 1835, dando a conocer sus increíbles éxitos literarios. A pesar de su condición de esclavo, logra aprender a leer y a escribir copiando las cartas y la letra de su amo Don Nicolás de Cárdenas y Manzano. Manzano evidencia los males de la esclavitud, como se lo había pedido del Monte (ver las cartas de Manzano a del Monte), pero también para dar a conocer su situación privilegiada y desmentir la idea de que un esclavo era incapaz de leer o escribir. No obstante, la escritura también representaba, para él, libertad física y espiritual. Mucho antes de que circulara su autobiografía en el salón literario delmontino, Manzano ya era un poeta exitoso. Cuatro años después de terminarla, y un año después de leer su poema autobiográfico "Treinta años" en una sesión del círculo literario, los miembros del salón reunieron 800 pesos y compraron la libertad de Manzano.[5]

La *Autobiografía* de Manzano es la primera narración de la literatura cubana. Al lado de la obra de Manzano encontramos también *Francisco* (escrita en 1839, 1880) de Anselmo Suárez y Romero, *Escenas de la vida privada en la isla de Cuba* (escrita en 1839, 1925) de Félix Tanco y Bosmeniel y *Cecilia Valdés* (1839, 1882) de Cirilo Villaverde, que inscribieron al negro o al mulato como protagonistas de sus relatos. Por su temática, *Sab* (1841), de Gertrudis Gómez de Avellaneda, publicada en Madrid, se incluye en este grupo de textos, aunque la autora no perteneció al círculo delmontino. La posición moral y política de estos primeros autores con respecto a la esclavitud ha sido tema de intensos debates por críticos literarios contemporáneos dentro y fuera de Cuba (ver Jackson).

Este primer grupo de narrativas es de carácter antiesclavista. Allí él, el protagonista negro, es descrito como una víctima incapaz de liberarse del injusto y brutal tratamiento del amo, y por consiguiente, de amenazar la sociedad blanca. Más bien, estas obras apelan a la sensibilidad moral del lector e invierten los valores de la sociedad colonial. Mientras que dicha sociedad considera al blanco como bueno y al negro como malo, las narrativas antiesclavistas presentan al blanco poderoso como abusador y malvado y al negro como su víctima. Más aún, en ellas, los negros poseen mayores virtudes morales y religiosas. Tales caracterizaciones raciales provocaron la censura de estas primeras publicaciones antiesclavistas por presentar una fuerte amenaza a los valores culturales de la sociedad colonial.

Manzano fue el primer negro en escribir durante el período inicial de la literatura y la cultura cubana, pero no fue el único. Otros escritores fueron: Ambrosio Echemendia, Baldomero Rodríguez, Antonio Medina y Céspedes, Juan B. Estrada, Vicente Silveira, José del Carmen Díaz, Manuel García, José Mercedes Betancourt, Juan Antonio Frías y, por supuesto, Gabriel de la Concepción Valdés, mejor conocido por el nombre de Plácido.[6] De todos ellos, Plácido fue el más célebre. A los doce años ya escribía poemas y a los veinticinco escribió "La siempreviva", en honor al poeta español Francisco Martínez de la Rosa. Esta última composición le brindó vasto reconocimiento tanto en Cuba como en México y España (Loló de la Torriente 139-48).[7]

La irrupción literaria de elementos afrocubanos constituía un cuestionamiento del discurso esclavista homogeneizador. Por un lado, el discurso de la época era controlado y representado por los esclavistas y traficantes de esclavos que ocupaban posiciones políticas y económicas importantes. Por otro, la temática negra y antiesclavista constituía una amenaza directa al establecimiento político y económico de los blancos en el poder. En el tiempo en que del Monte servía de consejero a sus amigos escritores, oponerse a la esclavitud resultaba ser una ofensa mayor contra el gobierno que criticar el estatus colonial de la Isla. De esta manera, la aparición del negro, como escritor y como personaje literario, marca el comienzo de un contradiscurso anticolonial y antiesclavista. A mi entender, el miedo a los negros y el deseo de silenciar su posible contribución a la emergente literatura y cultura cubana se convirtió en una parte constitutiva de la psique del cubano blanco.

La Revolución en la actual Haití (1791), ciertamente inspirada por el triunfo de la Francesa (1789), pero con un horizonte más radical, fue utilizada en Cuba como una advertencia a los blancos sobre la posibilidad de rebelión y por consiguiente sobre la necesidad de mayor control y opresión de los afrocubanos y de sus organizaciones. La amenaza de una rebelión de afrocubanos, se convirtió así en una metáfora política y cultural a través de la historia de Cuba. Por ejemplo, a pesar de que hubo blancos que participaron en la Conspiración Aponte de 1812, ésta fue interpretada como una rebelión de negros con el fin de matar a los blancos y transformar a Cuba en "otro Haití". Para los blancos en el poder, la amenaza de rebelión en Cuba y el resto del Caribe aumentó considerablemente durante y después de la rebelión de 1791, de la fundación de la república haitiana en 1804, y después de la invasión de la parte Oriental de la Española por Jean Pierre Boyer, quien controló la Isla de 1822 a 1844.

Después de "liberados", los negros fueron relegados a los márgenes de la historia cubana. Cuando aún era esclavo, Manzano fue castigado injustamente por la Marquesa de Prado Ameno, y una vez obtenida su ansiada libertad, como le ocurrió a Plácido y a otros negros conocidos, se convirtió en víctima de la represión tras la Conspiración de la Escalera de 1844. Bajo tortura, Plácido acusó a del Monte y a Manzano de haber participado en el levantamiento. Tras la acusación, del Monte, quien se encontraba fuera del país, permaneció en el exilio y Manzano fue encarcelado por un año. Nunca más volvió a escribir. Plácido fue identificado como líder de la conspiración y sentenciado a muerte.

La conspiración sirvió como excusa para eliminar a un creciente grupo de negros y mulatos que adquirió cierto éxito económico y profesional bajo el propio sistema esclavista. Algunos de ellos incluso tenían esclavos. Por ejemplo, Francisco de Paula Uribe, a quien Villaverde menciona en su novela, fue sargento del Batallón de Pardos Leales de La Habana; su fortuna personal excedía los 7.000 pesos, tenía dos casas y doce esclavos (Deschamps Chapeauz, 144-48).

La Conspiración de la Escalera provocó una interrupción en la contribución artística de los negros y mulatos a la cultura literaria nacional cubana. Pero, la cultura excede lo literario. Por ejemplo, las religiones afrocubanas lograron sobrevivir clandestinamente durante la esclavitud y los afrocubanos mantuvieron su legado de manera persistente. Una década después del trágico evento, surgieron nuevos escritores afrocubanos que continuaron el trabajo de los escritores y artistas anteriores. Entre ellos están el periodista Juan Gualberto Gómez, Manuel García Albuquerque y el periodista y escritor Martín Morúa Delgado. Estos y otros contribuyeron al "progreso" de los negros en la sociedad y al desarrollo de la cultura cubana. Morúa llegó a ser un escritor distinguido. Criticó fuertemente la novela de Cirilo Villaverde e hizo un esfuerzo valiente por ofrecer su versión de lo que según él debería ser *Cecilia Valdés*. Publicó dos novelas relacionadas con la cultura cubana: *Sofía* (1891), reescritura de *Cecilia Valdés* y continuadora del tema de la narrativa antiesclavista, y *La familia Unzúazu* (1901), que trata el tema de la independencia. Morúa también trabajó como político y senador bajo el gobierno de su amigo José Miguel Gómez y fue presidente del Senado en 1909. Una vez convertido en funcionario del gobierno, Morúa abandonó sus preocupaciones raciales y acogió la definición abarcadora de la nación ya propuesta por el patriota José Martí. Su obra política se recuerda fundamentalmente por la Ley Morúa, una enmienda a la Constitución que prohibió la formación de partidos políticos sobre la base de líneas raciales o del color de piel. Después de su muerte, la Ley Morúa fue utilizada para oprimir a los afrocubanos.

II

Con la masacre de los miembros del Partido Independiente de Color en 1912, se repitió la cruel represión contra los negros ejecutada en 1812 y en 1844. Los líderes del Partido, Evaristo Estenoz y Pedro Ivonnet,[8] y otros de sus miembros, exigían la asistencia política y económica prometida, y luego negada a los soldados de la guerra de independencia cubana (1895-1898). El partido también se oponía a la Ley Morúa. Con la Guerra de 1912, una vez más, se frenó en la literatura por muchos años la presencia de los afrocubanos al clima político y cultural de la Isla.

La Guerra racial de 1912 constituye, efectivamente, un trauma cultural que pocos individuos se han atrevido a investigar, lo que apunta a la subyacente crisis racial aún existente en la cultura cubana. En palabras de Rafael Fermoselle:

Ni a la derecha ni a la izquierda política les ha convenido que se revelen ciertos datos sobre la experiencia de 1912. Después de todo, algunos negros cubanos pedían la intervención de Estados Unidos en Cuba, porque a pesar de la segregación y la discriminación racial en ese país, se sentían más protegidos y seguros bajo una administración norteamericana que bajo el clima político y social en la República de Cuba. Por otro lado, otros intereses quieren esconder que en Cuba sí existían serios problemas raciales y se discriminaba a la gente de piel oscura, no sólo a los negros. (12)

Esteban Montejo, el protagonista de la *Biografía de un cimarrón* (1966) de Miguel Barnet, dice haberse sentido discriminado por su raza durante tres períodos distintos de la historia cubana: la esclavitud, la emancipación y la República. Para él y para otros afrocubanos, la discriminación racial y la violencia que ésta acarrea no terminó una vez abolida la esclavitud en 1886, ni formada la República de Cuba en 1902. Durante la República, Montejo fue testigo de la Guerra racial; él le relató esta experiencia a Barnet durante las entrevistas, pero el etnógrafo suprimió de su novela testimonial estas anécdotas referentes a la guerra entre blancos y negros. Aún así, pasados algunos años, Barnet incluyó una parte de estas conversaciones con Montejo en *Canción de Rachel* (1969), su segunda novela testimonial. Estas fueron las palabras de Montejo en referencia a su participación:

> ¿Y qué carajo creían ellos, que nosotros íbamos a entregarnos mansitos, que les íbamos a dar las armas y bajarnos los pantalones? De eso nada. Y se lo demostramos. Nos decían salvajes, negritos de charol y mil insultos más, pero, ¿cuándo en este país se elevó al pueblo un programa más democrático que el de Los Independientes de Color, cuándo aquí se luchó a brazo partido por lograr beneficios para los negros, que salíamos de la guerra descalzos y harapientos, con hambre, como el propio Quintín Banderas, y que luego lo mataron mientras sacaba agua del pozo en su casa? Que no vengan con habladurías. Que ahora sí llegó el momento de su justicia. Y ninguno de los que nos jugamos el pellejo en aquella guerrita vamos a quedarnos con la boca cerrada.
> Al menos, el que venga adonde estoy yo a decirme que si el racismo, que si los negros eran sanguinarios, le voy a dar un sopla mocos que va a saber quién es Esteban Montejo. Yo no sé lo que piensan los periodistas, los escritores y los políticos de eso. Pero yo, como hombre, como ciudadano y como revolucionario, creo que aquella lucha fue justa. Con sus egoísmos y sus fallos, pero necesaria. Los negros no tenían adonde agarrarse, no podían ni respirar y habían sido generales y hombres de letras, como Juan Gualberto Gómez. (58-9)[9]

Algunos cubanos blancos vieron en el Partido Independiente de Color una inmediata e inminente rebelión como la haitiana. En *Canción de Rachel*, Rachel, la protagonista, quien representa el discurso dominante de la época, canta y le dedica dos coplas al líder de la rebelión cubana que percibe como repetición de la haitiana. Una de estas coplas habla de Ivonnet y lo describe en un uniforme haitiano:

Aquí tienen a Ivonnet,	Luce uniforme haitiano
trigueño cubo-francés	de su rango y jerarquía
y jefe rebelde que es,	y piensa ser cualquier día
quien pone a Cuba en un brete.	mariscal afrocubano.

Otra, sobre la figura de Estenoz, hace referencia al líder haitiano, Henri Christophe y alude a la lucha por convertir a Cuba en otro Haití:

Este bravo general	al verlo así
de color independiente	con su uniforme brillante
se proclamó Presidente	hay que decir al instante
y Emperador Tropical;	si estaremos en Haití (58)

Los versos de Rachel recogen la histeria que muchos blancos sentían hacia los negros de aquel momento, y que persiste a través de la historia cubana.

Después de varios años de silencio, la presencia negra en la literatura cubana reaparece con los estudios de Fernando Ortiz como *Los negros brujos (apuntes para un estudio de etnología criminal)* (1906), *Los cabildos afrocubanos* (1921) y *La fiesta afrocubana del "Día de Reyes"* (1925), y con la poesía negrista de Emilio Ballagas, José Zacarías Tallet y los escritos de Alejo Carpentier durante la segunda y tercera década del siglo XX. Aún así, en la poesía, la expresión afrocubana más significativa surge con escritores afrocubanos como Nicolás Guillén, Marcelino Arozarena y Regino Pedroso, quienes muestran una comprensión más profunda de los afrocubanos. Entre ellos, Nicolás Guillén es el más conocido; en sus primeros poemarios negros encontramos sus mejores composiciones.

Desde el comienzo, en *Motivos de son* (1930) y *Sóngoro cosongo* (1931), Guillén logró una expresión genuina (basada en su conocimiento personal) de la raza, la cultura y la religión afrocubanas, que lo distinguía del mero exotismo literario de temática negra de moda en Europa y Cuba durante el período vanguardista. En algunas composiciones de su primera colección de poemas, como en "Mulata", Guillén escribe sobre el orgullo racial al reproducir el habla afrocubana y rechazar el concepto de "mejorar la raza".

Esta última expresión está basada en la ideología integracionista de "blanqueamiento" racial con el fin de facilitar el progreso e incorporación de los negros a la sociedad dominante. El sentimiento de orgullo racial de los negros es un elemento importante en el poema. La última estrofa, que veremos a continuación, favorece a la negra sobre una mulata sensual al estilo de Cecilia Valdés: "Si tú supiera, mulata, / la veddá; / ¡qué yo con mi negra tengo, / y no te quiero pa na!" (I, 104).

Aunque también considero importante estudiar la forma en que la mujer es representada en el poema, me parece necesario enfatizar en estos momentos la manera en que la voz poética resuelve su crisis de identidad de manera afirmativa de "lo negro". Guillén sitúa sus poemas dentro del contexto social y político de la época en que vive, una época en que el extranjero ha sustituido al amo esclavista del siglo anterior. El poema "Caña", de su segundo libro, representa el nuevo curso que ha tomado la historia, a través de una relación triangular y sangrienta entre el negro, el yanqui y la tierra. Específicamente, la violencia entre los negros y los yanquis produce el derramamiento de la sangre negra sobre la tierra cubana:

El negro	La tierra
junto al cañaveral.	bajo el cañaveral.
El yanqui	¡Sangre
sobre el cañaveral.	que se nos va! (I, 129)

En la estructura del poema, el negro se encuentra al principio, es decir, en una posición superior, por encima del yanqui y de la tierra, pero al final queda físicamente en una posición inferior, en el fondo, tal vez debajo de la tierra. La sangre del negro alienta la tierra y la producción del azúcar. Independientemente de los cambios históricos, los negros continúan siendo oprimidos.

III

Después del triunfo de las fuerzas rebeldes en 1959, la presencia del negro en la literatura cubana aumentó en complejidad. Desde ese momento, el gobierno revolucionario ha tenido una política explícita de eliminar las injusticias económicas y raciales asociadas con el capitalismo prevaleciente bajo la dictadura de Batista. La presencia de *temas* relacionados con la cultura negra en el arte y la literatura recibió un impulso innegable. Se vuelve a editar las novelas decimonónicas de tema antiesclavista y se publican obras como *Biografía de un cimarrón* (1966) de Miguel Barnet, *Los*

En busca de la cubanidad • 399

guerrilleros negros (1976) de César Leante y *Cuando la sangre se parece al fuego* (1971) de Manuel Cofiño. En el ámbito cinematográfico encontramos los siguientes largometrajes: *El otro Francisco* (1974) de Sergio Giral, *La última cena* (1976) de Tomás Gutiérrez Alea y *Cecilia* (1982) de Humberto Solás. Por otra parte, a pesar de su importante contribución, estas obras se remontan al período de esclavitud y/o anterior a la revolución, y dejan de lado la vida de los negros bajo el gobierno de Castro. Más aún, la limitada cantidad de artistas y escritores afrocubanos tiende a indicar una escasa o casi nula participación o existencia de los mismos, lo cual nos conduce a la pregunta: ¿Hay escritores y artistas negros en Cuba?

El libro *Quiénes escriben en Cuba: responden los narradores* (1985), de Jorge L. Bernard y Juan A. Pola, es una importante muestra de un nuevo borramiento de los negros en la literatura cubana. La obra consiste en cuarenta y seis entrevistas con escritores cubanos de diferentes generaciones, comenzando con Dora Alonso y José Soler Puig hasta llegar a la generación más reciente de Jesús Díaz (que residía en Madrid, donde falleció recientemente) y la de Miguel Barnet, generación que desarrolló sus destrezas bajo la Revolución. Si tomásemos este libro como guía representativa de los narradores cubanos más conocidos, estaríamos inclinados a pensar que, aparte del escritor de historias de detectives, Ignacio Cárdenas Acuña, no existen otros escritores de ascendencia negra importantes en Cuba. La pregunta correspondiente debe ser, ¿por qué no encontramos escritores negros en el libro? De haber extendido su recopilación al género de la poesía, los editores hubieran fácilmente podido incluir el trabajo de la poeta y crítica literaria Nancy Morejón, cuya obra abarca más de tres décadas y es, a su vez, reconocida en Cuba, Estados Unidos y otros países. Es necesario indicar que la obra de Morejón no recibió el apoyo oficial cubano hasta que asumió una voz revolucionaria en *Parajes de una época* (1979) y particularmente en la colección de poemas *Octubre imprescindible* (1983), cuyo título recuerda la crisis cubana de los misiles y la invasión de Granada por Estados Unidos. Pero, en su trabajo posterior, *Piedra pulida* (1986) Morejón abandona la retórica política y se concentra en los intereses estéticos y personales que caracterizan su obra más temprana, un cambio que quizás no ha sido bien recibido por los guardianes de la cultura y la ideología revolucionaria. Dada la calidad de sus publicaciones y su reconocimiento literario dentro y fuera de Cuba, no puedo dejar de expresar mi perplejidad ante la ausencia de Nancy Morejón en *Quiénes escriben en Cuba*. La falta de mención de Nicolás Guillén, de quien se han publicado dos volúmenes de *Prosa de prisa, 1929-1972* (1975, 1976) y fuera considerado Poeta Nacional de Cuba, en el momento de la recopilación, también es notoria. Igualmente se percibe la ausencia de

Marta Rojas, cuya obra testimonial es suficientemente conocida tanto dentro como fuera de Cuba. Sus libros documentan diversos momentos de la Revolución (i.e.: *Moncada 1960; El juicio de Moncada 1966; Tania, la guerrillera inolvidable* 1960; *Escenas de Vietnam* 1971 y *La cueva del muerto* 1983, etc.). La obra de Bernard y Pola aparenta reflejar una posición generalizada de la cultura cubana en la sociedad revolucionaria de la actualidad.

La política integracionista del gobierno revolucionario creyó necesario el desmantelamiento de las organizaciones afrocubanas preexistentes que les servían a los mismos afrocubanos de apoyo cultural, económico, social y religioso. Según Juan René Betancourt, estas doscientas cincuenta y seis organizaciones afrocubanas fueron suprimidas al subir Castro al poder, pues, exceptuando al Partido Socialista (PSP), eran las mejor organizadas y podían ser vistas como amenazadoras para el nuevo orden. Aunque los negros no conformaban el único grupo racial o étnico en Cuba, puesto que también había una organizada presencia de chinos y judíos, los negros provocaban un "miedo histórico". La política racial del gobierno revolucionario no era completamente novedosa, pues se asemejaba a la Ley Morúa de medio siglo antes: la supresión de las sociedades negras con la Revolución fue similar a la del Partido Independiente de Color durante los primeros años de la República. Si la prohibición y supresión de dichas organizaciones ocurrió para asimilar a los negros a la sociedad cubana en general, la política no fue aplicada a otras comunidades étnicas o raciales como la china, cuyas sociedades continúan hasta el día de hoy.

Mientras que los seguidores de Castro enfatizan el rol de la Revolución en el desarrollo de la salud y educación insular, han dejado de reconocer la contribución de los negros en estas áreas y particularmente en otras, como en la literatura. Juan René Betancourt no ha sido el único negro que ha escrito sobre el prejuicio racial contra los afrocubanos en la Cuba contemporánea. Los críticos afrocubanos Walterio Carbonel y Carlos Moore también han documentado la discriminación contra este grupo en la Cuba revolucionaria. En su políticamente controvertido trabajo *Crítica: cómo surgió la cultura nacional* (1961), Carbonel subrayó la importancia de los afrocubanos en la historia cubana y acusó a los revolucionarios de ser burgueses. Posteriormente, en su también controvertido trabajo *Castro, the Blacks and Africa* (1988) Carlos Moore enfatizó la participación de los afrocubanos en la Revolución. Tres años después del estudio de Carbonel, Moore escribió:

> La población afrocubana no ha tomado las armas y derramado su sangre –a través de la historia cubana– para conseguir un mero acceso a las playas, sino para algo (por una causa) muy distinto. Han luchado por

su derecho a gobernar, a participar de una manera efectiva en el poder que dirige el destino de la nación cubana; una nación construida sobre el trabajo libre de esclavos negros, sus ancestros; liberados, a su vez, de la dominación colonial española, por la sangre derramada de sus abuelos; y liberados del imperialismo norteamericano, gracias a la participación *indispensable* y *decisiva* de su población negra. ("Le peuple noir" 209)

La escasa cantidad de líderes e intelectuales negros en posiciones de importancia bajo el gobierno revolucionario es innegable. Algunos críticos, entre ellos Carbonel y Moore, acusan a Castro de no haber erradicado el prejuicio racial contra los negros en la Isla. No obstante, como en tiempos pasados, la presencia negra continúa emergiendo y distinguiéndose en la literatura y la cultura cubana. Específicamente, Moore menciona a Rogelio Martínez Furé, poeta, ensayista y etnólogo; Nancy Morejón, poeta, ensayista y lingüista; Sara Gómez y Nicolás Guillén Landrián, autores cinematográficos; Pedro Deschamps Chapeaux y Alberto Pedro, etnólogos; Juan Manuel Casanova, escritor y periodista; Eugenio Hernández y Gerardo Fulleda León, dramaturgos; Luis M. Saenz, periodista y escritor de ficción y, novelistas y poetas tales como Ana Justina, Serafín Quiñones, Manuel Granados, Wichy el Negro y Pedro Pérez Sarduy (309).[10] Mientras que, por un lado, la Revolución promovió la impugnación de los males racistas del capitalismo por parte de los afroamericanos en los Estados Unidos, por otro, intentó mantener a los afrocubanos "integrados" a la Revolución y a la Nación: primero cubanos y revolucionarios, para usar la formula de Martí. El tema del racismo en Estados Unidos recibió considerable atención en Cuba. Ya, durante los primeros años de la revolución el periódico *Revolución*, del Movimiento 26 de Julio, y su suplemento literario *Lunes de Revolución*, publicaban noticias sobre la tensión racial en Estados Unidos. *Lunes de Revolución* le dedicó el número 66 a "los negros en USA", publicado el 4 de julio de 1960, día de la independencia de ese país. Algunos líderes afroamericanos, miembros del Movimiento de las Panteras Negras, rechazaron el sistema capitalista, se fueron a vivir a Cuba y se identificaron con el gobierno de Castro, entre ellos Eldrige Cleaver, Robert Williams, Stokely Carmichael y Andrew Ferrell. Pero, pasado un tiempo, estos mismos afroamericanos, que una vez defendieron la Revolución Cubana, terminaron denunciando el racismo que encontraron dentro de la misma sociedad que intentaba forjar al *Hombre Nuevo*. Aunque es posible suponer que estos visitantes intentaban imponer una interpretación de la sociedad norteamericana en otra que tuvo su propio desarrollo social e histórico, las experiencias de ellos coincidieron con las de sus compañeros afrocubanos. La visita de afroamericanos y otros militantes como Angela Davis a Cuba, junto a la publicidad del movimiento norteamericano en Cuba, influenciaron a los afrocubanos quienes pasaban a identificarse con sus hermanos norteamericanos y creían aceptable expresar su identidad, historia y valores raciales.

Los funcionarios cubanos apoyaban la posición de igualdad racial de los activistas visitantes pero intentaban mantener a los cubanos desligados de la "tradición africana". Tal fue el caso del ministro de Educación José Llanusa Gobels quien suprimió un "Manifiesto Negro" que Gómez, Carbonell, Martínez Furé y Hernández tenían preparado para presentar en el Congreso Cultural Mundial a celebrarse en enero de 1968 (Moore, *Castro* 308-10; Howe 431). Después de una reunión entre el ministro e intelectuales negros, Carbonell, Wichy el Negro y Guillén Landrián fueron arrestados. Después, algunos obtuvieron la oportunidad para "rehabilitarse". Otros sucesos de represión similar ocurrieron con la formación espontánea de los "Grupos de Estudios Afrocubanos" en 1974. En éstos, una creciente cantidad de jóvenes afrocubanos se unía para celebrar su cultura, leer libros, escuchar música, discutir sobre su herencia racial y divertirse. Limitados en tamaño al comienzo, los grupos fueron creciendo y se extendieron a través de La Habana y otras provincias. Los intelectuales afrocubanos asumieron el riesgo de desafiar la difícil posibilidad de diálogo con el gobierno tras el fracaso de la zafra de los diez millones de toneladas de azúcar en 1970 y del arresto de Herberto Padilla en 1971.[11] Ocurrió lo esperado. Los grupos se vieron infiltrados por informantes y en 1975 intervino la policía, interrogando a muchos afrocubanos, amenazándolos con sentencias de prisión altas y arrestando a los supuestos líderes (*Castro*, 313-16).

IV

Las propuestas de *Perestroika* y *Glasnot* de Mikhail Gorbachev tuvieron un profundo impacto en la Unión Soviética y en otros países socialistas. Cuba no fue la excepción. La decisión del gobierno revolucionario cubano de corregir las políticas antirreligiosas condujo a una retórica de tolerancia hacia las prácticas religiosas y culturales de los afrocubanos. Esto lo podemos ver con la reinstauración de los peregrinajes a la Iglesia de San Lázaro en Rincón (cuyo santo es conocido como *Babalú Ayé* en el lenguaje religioso afrocubano) durante el mes de diciembre de 1989. A pesar de que Cuba fue uno de los pocos países que logró mantener su sistema gubernamental intacto con la caída del bloque soviético, el gobierno de Castro se vio obligado a implementar cambios imprevistos. Más recientemente, con la visita del Papa Juan Pablo II a Cuba en febrero de 1998, se ha cuestionado la interpretación marxista adoptada por Castro en torno a la religión y creado un ambiente de mayor tolerancia y aceptación religiosa que será difícil de controlar. También ha surgido un creciente grupo de escritores y artistas afrocubanos que crean sus obras desde una perspectiva cultural y religiosa propia. A continuación, quisiera estudiar el trabajo de tres escritores afrocubanos: Elio Ruiz, director, periodista y escritor de cuentos cortos; Eloy Machado Pérez (El Ambia), poeta, y Daisy Rubiera Castillo, investigadora y narradora.[12]

En el XI Festival Internacional del Nuevo Cine Latinoamericano, llevado a cabo en diciembre de 1989, tuve el privilegio de conocer y conversar ampliamente con los escritores Ruiz y Machado Pérez. Allí, Ruiz presentó el video documental, *Los que llegaron después*, coproducido junto a Lizette Vila. El video consiste en un conjunto de entrevistas con jóvenes nacidos y criados en la Revolución. Su extraordinario testimonio, exento de gratitud hacia el cambio revolucionario, presenta un sentimiento de aislamiento y marginación social dentro de la Revolución y ofrece una crítica de las políticas sociales y educacionales del gobierno. El video documental expone la experiencia personal de Ruiz, a quien despidieron de la Universidad por haber dicho, abierta pero ingenuamente, que la Unión Soviética había reemplazado el dominio que Estados Unidos tenía sobre Cuba. Durante la ceremonia de entrega de premios, llevada a cabo en el Teatro Carlos Marx, se le otorgó un muy comentado premio Coral a *Los que llegaron después*, con gran satisfacción del público allí presente. Para sorpresa de los participantes en el proyecto, el premio fue dado exclusivamente a Lizette Vila, ignorando la esencial participación de su coproductor Elio Ruiz. Al ser galardonada con un segundo premio Coral, Lizette Vila pidió que se reconociera el trabajo de Ruiz y que se invitara a subir al escenario.

En una conversación con Ruiz el día después de la ceremonia, éste expuso que la falta de reconocimiento a su persona se debía al prejuicio racial de personas en el poder, que no querían reconocer el trabajo artístico de un afrocubano. Por ejemplo, a pesar de su esfuerzo intelectual, y de los numerosos premios otorgados a *Los que llegaron después* (1988), Ruiz aún no había sido invitado a ser miembro de la Unión Nacional de Escritores y Artistas de Cuba (UNEAC). Sin duda alguna, *Los que llegaron después* marcó un período de conflictos que llevó a su escritor y coproductor a salir de Cuba hacia México, donde reside desde 1991. Mientras, Lizette Vila fue nombrada vicepresidente de la UNEAC.

El siguiente video de Ruiz, titulado *¿Quién baila aquí? (La rumba sin lentejuelas)* (1989) también fue reconocido, recibiendo esta vez, el Premio

Caracol Especial del Jurado de la UNEAC, el Premio Pitirre de Documental del II Festival de Cine en San Juan, Puerto Rico, y el Premio Coral de Documental del XII Festival Internacional del Nuevo Cine Latinoamericano. En ¿*Quién baila aquí?*, Ruiz le quita el brillo de espectáculo a la rumba y traza su historia, comenzando con las religiones afrocubanas yoruba y congolesa. El elemento oral complementa al baile, alternándose entre el solo y el arreglo coral. Su estilo artístico posee elementos de diversos bailes como el *yambú*, baile lento que asemeja el movimiento de los ancianos; y el *guaguancó*, de ritmo más apresurado y fluido que el yambú y con mayor participación oral. En este último, el bailarín persigue a la mujer e intenta "vacunarla", es decir, hace un movimiento pélvico que simula una posesión sexual. Ruiz estudia la rumba desde una perspectiva mayormente afrocubana, pero no se limita a la misma. En su video, Ruiz también documenta el impacto que la rumba ha tenido en la música contemporánea, y menciona las colaboraciones entre Chano Pozo y Dizzy Gillespie, las canciones de la *nueva trova* de Pablo Milanés y las del grupo musical popular conocido como Van Van. En el documental, Milanés reconoce el racismo existente en la Revolución. Además Elio Ruiz ha producido *El país de los orichas* (1990) y ha escrito el guión cinematográfico "El paganini negro" (1989), basado en la biografía del violinista cubano José Claudio Brindis de Salas.

Elio Ruiz también se destaca por su obra narrativa. Entre sus trabajos de ficción sobresale "La niña blanca". En este cuento, describe el impacto que la religión y cultura afrocubana tienen sobre el proceso de socialización de una niña blanca, que es criada por una nodriza negra. La historia hace alusión a *Cecilia Valdés* e invierte el argumento. Mientras que en *Cecilia Valdés* la protagonista mulata desea escapar de su condición de mestiza y casarse con un joven de piel más blanca (su medio-hermano Leonardo Gamboa, que goza de prosperidad económica y apostura física) la niña blanca de la historia de Ruiz se siente atraída por el mundo de los negros, considerado salvaje e inferior por sus padres y otros personajes blancos. De esta forma, el cuento de Ruiz se asemeja más a *Sofía* de Morúa Delgado, una reescritura de *Cecilia Valdés*. Morúa, como se dijo antes, escribió su propia versión de la novela nacional, como respuesta a la errada caracterización de los personajes afrocubanos en la novela nacional de Villaverde. A pesar de que Sofía sufre los dolores de la esclavitud reinante durante el siglo XIX y se comporta como negra, la joven es de raza blanca. A diferencia de la caracterización de Villaverde, Morúa se aleja del determinismo biológico propio del positivismo. De esta manera, Morúa argumenta a favor de un condicionamiento social a partir del personaje de Sofía, quien se percibe a sí misma como negra y esclava y, por consiguiente, actúa, habla y deviene negra. Ruiz lleva su historia un poco más lejos. En "La niña blanca", la joven es escogida por los dioses afrocubanos como mediadora entre ambos mundos. Al igual que en *El reino de este mundo* (1949) de Alejo Carpentier, la vida en la tierra se encuentra controlada por los *orichas*, deidades afrocubanas de quienes el ser humano es puro instrumento. De esta manera, la criatura no pertenece a sus padres, a quienes desconoce, sino a los dioses. El esfuerzo del obispo por exorcizarla durante una reunión pública de esclavos, recuerda a su vez la quema de Mackandal en la novela de Carpentier; y la abeja que protege a la niña parece aludir a la transformación del mismo en insecto. Más aún, el canto, "¡Mafere fun Oloif!" ("Protégeme Dios de otras religiones") que profieren los esclavos tiene su equivalente en el "Mackandal sauve" de *El reino de este mundo*. Existen también algunas diferencias notables entre ambos textos. La novela de Carpentier se desarrolla en el país vecino de Haití y, por consiguiente, los negros haitianos matan a los franceses. Son los blancos de allí los que interpretan la muerte de Mackandal desde su referente cultural. La obra de Ruiz tiene lugar en la misma Cuba donde los cubanos blancos son testigos de los poderes sagrados y espirituales de la niña, su dominio sobre el obispo y el uso de su liderazgo para establecer las comunidades cimarronas de *Oyá* y *Changó*. La cultura afrocubana se encuentra poderosa y presente en todos los aspectos de la vida en la Isla.[13]

Al igual que Ruiz, Eloy Machado Pérez es un escritor prominente. Contemporáneo de Morejón, Barnet y Díaz, Machado Pérez se distingue por sus orígenes humildes. Hijo de una familia pobre residente de un barrio marginal de La Habana, sólo pudo asistir al colegio hasta el sexto grado de primaria. Tras el triunfo de la Revolución se manifestó como obrero en labores de construcción. También trabajó como plomero en el Hospital Hermanos Almeijeiras, donde participó en el taller literario "Rubén Martínez Villena" y comenzó a explorar sus habilidades poéticas. En alguna ocasión, Eloy ha confesado que su poesía está basada en las experiencias personales de su propia vida, que la sociedad considera como marginal.

Sus poemas, "Chancho Sandunga", "Meferefún Che", "Asere digo yo" y "Tautaya, remember, compota no va" están llenos de metáforas, ritmos e imágenes afrocubanos; específicamente de nombres, palabras, pensamientos, historias, eventos, países africanos y voces de dioses afrocubanos. Otros poemas, tales como "Flaco" y "Ecue" presentan una unidad entre la Revolución Cubana y los afrocubanos y surgen como resultado de la reciente política cubana que permite la práctica de las religiones afrocubanas.[14] Ciertamente, la presencia de las tropas cubanas en los países africanos de Angola y Etiopía justifica la síntesis entre "lo negro" y la Revolución. Por otro lado, su poema "Brindo" hace alusión a su pasado y venera la figura de su madre como origen y como protectora de la cultura afrocubana.

La expresión poética de Machado Pérez ofrece una visión de la vida basada en la tradición oral, sin precedentes en la literatura cubana. Esta cualidad recoge la fuerza de su poesía. El estilo de su escritura carece de profundos conocimientos formales y por lo tanto se ajusta a las características de la oralidad. Así lo reconoce Machado Pérez cuando dice: "Yo escribo como un niño de tercer grado de escuela primaria". De esta forma, su "escritura" está dirigida hacia un público afrocubano que entiende las expresiones lingüísticas particulares y el contexto religioso, y no hacia un público occidental perteneciente a la elite (marxistas inclusive). Sus tropos simples provienen del habla común del afrocubano, pero penetran en lo más íntimo de la cultura y religión afrocubana.

A pesar de reconocer la importancia literaria de Efigenio Almeijeiras y Froilán Escobar como modelos a seguir, Machado Pérez no siente haber sido influido por ningún escritor en particular. Aun así, me parece poder apreciar la presencia literaria de Nicolás Guillén en sus composiciones. Aunque Machado Pérez no haya leído directamente a Guillén,[15] éste pudo haberlo influido indirectamente a través de la divulgación escolar de la obra poética del "poeta nacional" fomentada durante la Revolución. Este parece ser el caso de su poema "Nicolás y yo, yo y Nicolás" donde Machado Pérez establece similitudes y diferencias entre ambos. Su poema termina con los siguientes versos: "Nicolás, tú como algo cierto/que corona la nube/ y yo, como el caminante/diáfano, que encuentra la nube/del árbol de la hoja" (*Vagón de mezcla* 11). Los pronombres intercambiados en "Nicolás y yo, yo y Nicolás", también recuerdan el "No sé por qué piensas tú que te odio yo" de Guillén donde se reproduce la diferencia que, según la voz poética, el soldado desea establecer entre ellos dos, a pesar de revelarse las grandes similitudes que los unen.

La ansiedad de Machado Pérez frente a la influencia literaria de Guillén y de otras figuras literarias, y su necesidad de declararse o sentirse independiente a ellos se hace evidente en "Casa de chocolate":

El negro con su gallardo,
El blanco con su té
de porcelana,
no vamos comparseando juntos
porque él ve el alacrán
desde el balcón.

ahora es el té
ahora pesamos menos
que un comino.
¡Ay! Santa Fidelia,
¿acaso tú tomas té?
el lenguaje, el lenguaje carabalí

La ausencia de la campana
ya no suma ahora,
no se preguntó de qué tribu
eres o eras,
sólo hacía falta
la voluntad y un caballo
un sueño y una manigua.
¡Ay! Santa Fidelia,
qué vergüenza
ya no vamos juntos
a tomar café
es una ofensa
al vocablo,
hay que escuchar a Beethoven
no es menos cierto,
a Franz Liszt, leer a Lezama
o Carpentier
y a Sóngoro Cosongo
¡Ay! Sóngoro Cosongo
solavaya pá mi casa
no vaya. (*Autogiro* 94)

    El poema señala un cambio, tal vez otro más, que se le impone al negro. Si en un momento el negro tomaba café, ahora, y por imposición del blanco, tiene que tomar té, de procedencia extranjera, dado que el café se ha convertido en producto nacional. Si en otros tiempos el café apaciguaba el hambre, ahora sufre de una aguda desnutrición. La diferencia entre el negro y el blanco también está presente de modo espacial; el blanco se encuentra en la posición superior, representada por el balcón, mientras que el negro ocupa la posición inferior, baila en la comparsa de la calle. Sin embargo, el verso "no vamos comparseando juntos" sugiere que en un momento ellos comparseaban juntos pero ahora no. Si ése es el caso, entonces algo ha sucedido que los ha separado. "La ausencia de la campana" implica que ya no se oirá el toque de la rebelión y libertad, aunque la necesidad de oír la campana seguirá siendo una esperanza inextinguible. El poema termina reemplazando el lenguaje africano por el de Occidente, aunque éste también tuviera su representación en la literatura cubana de Lezama, Carpentier y Guillén. Me parece de particular interés el estribillo "¡Ay! Santa Fidelia", porque su correspondencia masculina sería "¡Ay! San Fidel", aludiendo así a la figura de Fidel Castro. Esta feminización podría ser una manera de reducir la posición sagrada de Castro pero también sugiere que en lo materno se encuentra el origen de la cultura cubana. Asimismo se aprecia un cambio en Santa Fidelia, porque parece que ya no toma café o se rehusa a tomar té mientras que los demás tienen que tomarlo por obligación. Luego cambia el tercer estribillo de "¡Ay! Santa Fidelia" a "¡Ay! Sóngoro Cosongo", aludiendo así a la presencia de Guillén en su poemario. Dicho cambio señala un divorcio entre la tradición oral y la escritura, aunque sea la del propio Guillén y corresponda a una interpretación de la voz afrocubana.

    La presencia de la cultura afrocubana en la poesía de Eloy Machado no sólo nos recuerda al Guillén joven, sino que nos traslada al sentimiento de orgullo racial promovido por los movimientos de los derechos civiles y de las Panteras Negras en la década de los sesenta en los Estados Unidos. Más que a José Martí o a Antonio Maceo, Eloy Machado venera la figura del afroamericano Malcolm X. Si tuviera la oportunidad de viajar a los Estados Unidos, Eloy Ruiz visitaría la tumba del líder negro para rendirle honores. Los afrocubanos no se sienten ajenos a los ideales defendidos por el Movimiento de las Panteras Negras. Al contrario, dicho movimiento les sirvió como *aide memoire*; un modo de recordar los valores vigentes en el pasado durante el siglo XIX y las primeras décadas del veinte, defendidos por las sociedades afrocubanas y por el Partido Independiente de Color. Más aún, ayudó a establecer mayores lazos comunicantes entre los afrocaribeños en general y los africanos. No es la primera vez que este efecto de solidaridad cultural y política ocurre en el Caribe. Por ejemplo, a finales del siglo XVII, en su libro *Nouveaux voyage aux isles de l'Amerique (Antilles) 1693-1707*, Pere Labat describe la unión rítmica que él mismo presenció entre los afrocaribeños (Benítez Rojo 4). De manera similar, Elio Ruiz observa cómo los jóvenes afrocubanos aprendieron a bailar "break dance", movimiento rítmico que se origina entre los afroamericanos de Estados Unidos. De raíces africanas, este baile ha llegado hasta la juventud afrocubana de hoy que, sin la oportunidad de estudiar los movimientos de los bailarines, ha logrado realizarlos sin dificultad debido a una "memoria corporal" que los une. A su vez, los jóvenes cubanos han adaptado los movimiento propios del "break dance" a las formas particulares de los bailes de origen cubano tales como el *cha cha chá*, el *mambo* y el *son*. De origen afroamericano, el *rap* también ha influido sobre los músicos cubanos. En los Estados Unidos el *rap*, y en particular el *gangster rap*, representa un contradiscurso contra el poder hegemónico. Aunque en Cuba el *rap* se mezcla con el son, la rumba y otras composiciones nacionales, y por tanto adquiere un sabor muy propio de la Isla, también cobra un sentido de delación contra los males de la sociedad. Los jóvenes, que por lo general suelen ser afrocubanos, afirman con orgullo su ascendencia africana y denuncian los supuestamente conocidos logros de la Revolución que nunca llegaron a los sectores periféricos hartamente marcados por el concepto racial que todavía se maneja en la Cuba revolucionaria. El reconocimiento que hace Machado Pérez de la figura de Malcolm X contribuye a pensar en una versión cubana del "Black Power" y mantiene lazos comunes entre los afrocubanos y los afroamericanos. Machado Pérez apoya este movimiento racial, a pesar de que su radicalismo político es repudiado por muchos escritores y críticos blancos, y algunos negros, y las autoridades gubernamentales. A través de su propaganda, Machado puntualiza su posición marginal dentro de la Revolución.

Conocí a Rubiera Castillo en el Centro de Literatura y Lingüística en septiembre de 1999, mientras yo realizaba una investigación sobre *Lunes de Revolución*. Se celebraba una conferencia relacionada con la mujer y Castillo asistía a un reconocimiento por su *Reyita, sencillamente* (1997), una narrativa testimonial de las experiencias de su madre. Este trabajo es de gran envergadura histórica por ser la primera obra narrativa en ofrecer una historia personal y colectiva desde la perspectiva de una mujer afrocubana. Por ejemplo, en su juventud Reyita deseaba casarse con un hombre blanco para poder evitarle a sus futuros hijos el sufrimiento que ella padeció por su color. Esta razón se diferencia de la explicación tradicional que reduce el asunto a un deseo de "mejorar la raza". De gran interés son también las menciones que Reyita hace sobre cuestiones y hechos poco investigados, como por ejemplo, la Guerrita del Doce (también mencionada por Esteban Montejo en *Canción de Rachel*) y la influencia de Marcus Garvey en Cuba.

Similar a *Biografía de un cimarrón*, *Reyita, sencillamente* es una narrativa testimonial basada en entrevistas posteriormente organizadas y transcritas por la entrevistadora, en este caso Rubiera Castillo. Los eventos se desarrollan en el texto de acuerdo a una lógica perteneciente a la tradición oral; o sea, los sucesos no aparecen narrados en orden cronológico y a su vez están sujetos a las inconsistencias de la memoria. Sabemos que, aunque Reyita haya sido honesta con su hija, sus respuestas se vieron dirigidas o influenciadas por las preguntas hechas. El caso más evidente aparece al final de la narración cuando Reyita le revela a su hija un secreto familiar. Esta información adquiere una doble importancia, no sólo en el ámbito personal sino también en el narrativo, ya que ignoramos si el secreto fue revelado al final de las entrevistas, como parecería ser dada su ubicación en el texto, o si sucedió en otro momento.

El texto finaliza con algunos comentarios de Rubiera Castillo, donde menciona que, en su deseo por corroborar la información ofrecida por sus padres, consultó el archivo de Cárdenas. En la misma ciudad visitó a su prima Justa Julia. De la información provista por ella, Rubiera Castillo encontró una discrepancia con el testimonio dado por Reyita, quien había contado cómo había sido rechazada por Carlota, la madre de Antonio Rubiera, en una visita que le hiciera en 1923. Según Justa Julia, esto era imposible pues Carlota había muerto en 1915. A partir de esta conversación, Rubiera aprende también que Carlota era cubana y no dominicana.

Ésta y otras equivocaciones condujeron al descubrimiento de otras omisiones y errores, tales como las relacionadas con la fecha de nacimiento de Reyita. En la narración, Reyita declara el 6 de enero de 1902 como la fecha de su nacimiento. Al ser éste el año de la fundación de la República de Cuba, Reyita se posiciona a sí misma como símbolo (negro) de la incipiente nación. A su vez, en esta fecha se conmemora la Epifanía y se celebra en Cuba el Carnaval. Según el antropólogo cubano Fernando Ortiz, durante el Día de Reyes los esclavos no tenían que trabajar y celebraban con bailes, música y con la elección de un rey y una reina (*La fiesta afrocubana del "Día de Reyes"*). Por esta razón, la fecha del cumpleaños de Reyita provee una interpretación católica y afrocubana de la cultura cubana. No obstante, las investigaciones de la propia Rubiera Castillo parecen revelar que su madre no nació en el día reportado, ya que su certificado de bautismo registra la fecha del 6 de enero de 1901, mientras que el certificado de nacimiento señala el 6 de noviembre de 1904 como la fecha correcta. En todo testimonio hay una economía de "la verdad" que debe indagarse.

Como también ocurre en *Biografía de un cimarrón*, las omisiones de datos biográficos crean una sospechosa ausencia de información de hechos relacionados con la vida de Reyita durante la Revolución. Cualquier información sobre el estatuto y la vida de la mujer negra bajo el gobierno de Castro (de gran valor e interés documental) son muy limitadas. Las pocas alusiones se remontan a la participación de su hijo Monín en la lucha revolucionaria en las montañas, como miembro del Movimiento 26 de Julio y a su muerte, como resultado de la explosión de La Coubre en 1960. Reyita tuvo otras oportunidades para hablar sobre su vida durante el gobierno vigente, como por ejemplo al abundar en el relato de su participación en la Campaña de Alfabetización en 1961. Pero las referencias a la Revolución están reducidas a un párrafo que aparece al final de la sección sobre Chicharrones, nombre del pueblo en que su familia vivía.

> Cuando triunfó la Revolución yo vivía en aquel mismo reparto. Durante la Campaña de Alfabetización alfabeticé a unas cuantas personas. Tuve que hacerlo en el barrio, yo no podía ir al campo. Lo hice con mucho amor; a mí, que me gustaba tanto aprender, ¡cómo no iba a enseñar a los demás! Tú sabes cuáles fueron mis primeras alumnas, las vecinas que ya mencioné. La Crisis de Octubre también me cogió en aquel barrio. Trabajé mucho junto con los compañeros del Comité de Defensa de la Revolución, en la recogida de palas, picos y machetes. También pasé un curso de primer auxilio: había que estar preparado para lo que viniera. Aquellos fueron momentos de mucha tensión, pero estábamos firmes y decididos a defender nuestra independencia y nuestra soberanía. (113)

Por otro lado, mientras que el discurso revolucionario es casi inexistente, la narración provee vasta información sobre las fuertes creencias espirituales que Reyita aún acoge. En su testimonio, Reyita explica que cuando joven, predijo el comienzo de la Guerrita del Doce y que tanto San Lázaro (Babalú-Ayé) como la Virgen de la Caridad del Cobre (Oshún) siempre contestan a sus rezos. Las entrevistas en que se basa esta obra testimonial concluyeron después de la caída de la Unión Soviética pero antes de la visita del Papa Juan Pablo II a Cuba, evento que marcó una mayor libertad religiosa en la Isla, al dejar de ser considerada la religión como "el opio del pueblo".

Dada la participación explícita de Rubiera Castillo en la construcción de la narración, no queda claro si el texto que citamos anteriormente surge de la concepción que la madre o la hija tienen sobre la Revolución en el presente político cubano. Esto se debe a que aparecen más datos sobre la vida política de la Revolución en las notas al pie de página creadas por Rubiera Castillo, que en la narración del texto testimonial. Por ejemplo, en las notas que van de la 40 a la 47, Castillo provee información explicativa sobre el Movimiento 26 de Julio, la Sierra Maestra, la Campaña de Alfabetización, la crisis de Octubre, los Comités de Defensa de la Revolución, el huracán Flora y las Milicias Nacionales Revolucionarias.[16] Las notas al pie de página y al final del texto añadidas por Rubiera Castillo dejan de ser meras huellas de su participación en la construcción del discurso narrativo y se convierten en parte integral del texto al funcionar como correcciones y clarificaciones y al ser leídas de manera forzada junto al texto de Reyita. No obstante, durante las primeras entrevistas, al comentar sobre asuntos raciales, Reyita hace referencias al tiempo presente de su vida y de la Revolución:

> Yo soy muy observadora y me doy cuenta de que hay pocos negros actores y los que hay nunca han sido protagonistas de una novela o de un cuento. Siempre son los criados, los trabajadores de los muelles, los esclavos; en fin, depende del tema de que se trate. Al principio de la Revolución eso era lógico, nosotros no teníamos mucho o ningún conocimiento, ¡pero ahora!, después de todos estos años... ¿Será que a los escritores no les gusta hacer novelas donde los protagonistas sean negros, o es otra cosa? Es por lo que pienso que los que continúan manteniendo vivos los problemas discriminatorios hacen mucho daño. En ese sentido ¡queda mucho por hacer! (27)

Es posible que Reyita desconociera los problemas que se han desarrollado en torno a los escritores en general y los afrocubanos en particular. Pero según ella, la vida para los negros ha cambiado poco en Cuba, independientemente del gobierno en cuestión.

Aunque *Reyita* es una narrativa testimonial, su contenido se manifiesta al margen de los cánones de la ficción cubana, confundiendo las diferencias que distinguen a ambos géneros. El texto hace referencia a la mezcla de razas y al cuestionamiento de los orígenes como entidades fijas y determinadas. Por ejemplo, tanto la abuela de Reyita, Isabel, como ella misma, forman parte del proceso de blanqueamiento generacional delineado en *Cecilia Valdés*, restándole atención a la explotación de las mujeres negras y mulatas por hombres blancos. Hechavarría rechaza a Tatica y el matrimonio de Reyita con Antonio se mantuvo a escala extraoficial. A pesar de que Reyita quería casarse con un hombre blanco, para que sus hijas no tuvieran que sufrir por ser negras, su supuesto esposo la engañó y nunca se casó con ella, secreto que la hija descubre en sus conversaciones con la madre. Si la narrativa testimonial y la ficción se unen en este texto, también se unen las voces de Reyita y de Daisy Rubiera Castillo al crear *Reyita, sencillamente*.

Ruiz, Machado Pérez y Reyita incorporan discursos afrocubanos en sus obras. Ellos no participan como meros espectadores o narradores de una realidad o un ser Otro. Como afrocubanos, hablan desde su propia realidad cultural y marginal dentro de la siempre cambiante sociedad revolucionaria, utilizando su lenguaje propio. De esta manera, Ruiz, Machado Pérez, Reyita y Daisy Rubiera Castillo vienen a formar parte de una larga tradición de escritores de temas afrocubanos que tuvo su origen con Juan Francisco Manzano durante la fundación de la cultura cubana a principios del siglo XIX y continuó en el siglo XX con el Guillén joven. Estos escritores son descendientes de una tradición vibrante arraigada a una cultura que se dirige y habla tanto a dioses como a practicantes. La contribución afrocubana pasa a ser el elemento más dinámico y novedoso de la cultura y literatura cubana actual.

Traducción: Teresa Peña-Jordán

NOTAS

[1] Ver, por ejemplo, *The Cuban Condition* de Pérez-Firmat, donde se traza el origen de la cultura y la literatura cubanas desde el establecimiento de la República de Cuba en 1902, y a la vez se ignora el componente y la influencia africana en la cultura y la literatura misma.

[2] A pesar de que en su *Contrapunteo cubano del tabaco y el azúcar* (1940) Fernando Ortiz sólo reconoce dos de estos tres.

[3] Luis, "Cuban Counterpoint".

[4] Adriana Lewis Galanes publicó estos poemas por primera vez en su *Poesías de J.F. Manzano, esclavo de la Isla de Cuba*, en 1991, 99-102 y 105-15.

[5] Para un análisis de la autobiografía de Manzano, ver Luis, *Literary Bondage* 82-100.

[6] Francisco Calcagno recoge las obras de estos poetas negros en *Poetas de color*.
[7] Ver también Gabriel de la Concepción Valdés, "Plácido". *Poesías escogidas*.
[8] Para un estudio en profundidad de la "Guerrita del Doce" ver Fermoselle (uno de los pocos estudios sobre tan importante asunto).
[9] Para un análisis de *Biografía de un cimarrón*, ver Luis, *Literary Bondage*, capítulo 5.
[10] Para una discusión actual sobre los negros en la Revolución, basada, en parte, en entrevistas con intelectuales afrocubanos, ver Howe.
[11] Para un recuento del "caso Padilla", ver Lourdes Casal.
[12] En un viaje a Cuba en mayo de 1998, Marta Rojas me invitó a asistir a una lectura de su última novela, *Santa Lujuria*, sobre la esclavitud cubana durante el siglo XIX. Rojas trabaja como periodista para el periódico "Granma" y ha escrito varios libros a favor de la Revolución. Pero es sólo en esta última época cuando Rojas aborda el tema del negro. Con la publicación de su última novela en 1998, Rojas se convertiría en una de las pocas narradoras negras que ha publicado en la Revolución.
[13] Ver mi entrevista "Cultura afrocubana en la Revolución: Entrevista a Elio Ruiz".
[14] Los poemas mencionados se encuentran en el libro *Poesía VI* de Machado Pérez. Además, el autor ha publicado *Caimán lloró*, *Vagón de mezcla*, *El callejón del suspiro*, *Jacinta ceiba frondosa* y *Del 1 al 6: la vida*.
[15] Recordemos la escasa educación formal y literaria del autor.
[16] Información adicional sobre la Revolución aparece también, directa o indirectamente, en *Reyita*, 176-9.

Bibliografía

Barnet, Miguel. *Biografía de un cimarrón*. México: Siglo XXI Editores, 1968.
_____ *Canción de Rachel*. Barcelona: Editorial Estela, 1970.
Benítez Rojo, Antonio. *La isla que se repite*. Hanover, NH: Ediciones del Norte, 1989.
Bernard, Jorge L. y Juan A. Pola. *Quiénes escriben en Cuba: responden los narradores*. La Habana: Editorial Letras Cubanas, 1985.
Betancourt, René. "Castro and the Cuban Negro". *Crisis* (1961): 273.
Calcagno, Francisco. *Poetas de color*. La Habana: Imprenta Militar de V. de Soler y Compañía, 1887.
Carbonel, Walterio. *Crítica: cómo surgió la cultura nacional*. La Habana: Ediciones Yaka, 1961.
Carpentier, Alejo. *El reino de este mundo*. México: Compañía General de Ediciones, S.A., 1971.
Casal, Lourdes (ed). *El caso Padilla*. Miami: Ediciones Universal, 1971.
Cofiño, Manuel. *Cuando la sangre se parece al fuego*. La Habana: UNEAC, 1975.
de la Concepción Valdés, Gabriel. *Poesías escogidas*. La Habana: Editorial Arte y Literatura, 1977.

de la Torriente, Loló. *La Habana de Cecilia Valdés*. La Habana: Jesús Montero, 1946.
Deschamp Chapeaux, Pedro. *El negro en la economía habanera del siglo XIX*. La Habana: UNEAC, 1971.
Fermoselle, Rafael. *Política y color en Cuba: La guerrita de 1912*. Madrid: Editorial Colibrí, 1998.
Franco, Franklin J. *Santo Domingo: cultura, política e ideología*. Santo Domingo: Editorial Nacional, 1979.
Giral, Sergio. *El otro Francisco*, 1976.
González del Valle, José Zacarías. *La vida literaria en Cuba*. La Habana: Publicaciones de la Secretaría de Educación, 1938.
Guillén, Nicolás. *Obra poética: 1920-1972*. La Habana: Editorial de Arte y Literatura, 1974.
_____ *Prosa de prisa: 1929-1972*. 2 vols. La Habana: Editorial de Arte y Literatura, 1975, 1976.
Gutiérrez Alea, Tomás. *La última cena*, 1976.
Howe, Linda. "Afro-Cuban Intellectuals: Revolutionary Politics and Cultural Production". *Revista de Estudios Hispánicos* 33/3 (1999): 407-39.
Jackson, Richard. *The Black Image in Latin American Literature*. Albuquerque: University of New Mexico Press, 1976.
Leante, César. *Los guerrilleros negros*. La Habana: UNEAC, 1976.
Luis, William. *Literary Bondage: Slavery in Cuban Narrative*. Austin: University of Texas Press, 1990.
_____ "Cuban Counterpoint: Coffee and Sugar and the emergence of Cuban Culture in Cirilo Villaverde's *Cecilia Valdés*". *Publication of the Afro/Latin American Research Association* 2 (1998): 5-16.
_____ "Cultura afrocubana en la Revolución: Entrevista a Elio Ruiz". *Afro-Hispanic Review* 13/1 (1994): 37-45.
Machado Pérez, Eloy. *Del 1 al 6: la vida*. La Habana: Ediciones Unión, 1999.
_____ *Vagón de mezcla*. La Habana: Ediciones Unión, 1998.
_____ *El callejón del suspiro*. La Habana: Ediciones Unión, 1993.
_____ *Jacinta Ceiba Frondosa*. La Habana: Editorial Letras Cubanas, 1991.
_____ *Poesía VI*. La Habana: Ediciones Unión, 1989.
_____ *Caimán lloró*. La Habana: Ediciones Unión, 1984.
_____ "Casa de chocolate". *Autogiro* 1 (1998): 94.
Manzano, Juan Francisco. *Autobiografía, cartas y versos de Juan Francisco Manzano*. José Luciano Franco, ed. La Habana: Municipio de La Habana, 1937.

_____ *Poesías de J.F. Manzano, esclavo en la isla de Cuba*. Adriana Lewis Galanes, ed. Madrid: Betania, 1991.

Moore, Carlos. *Castro, the Blacks and Africa*. Los Ángeles: Center for Afro-American Studies, University of California, 1988.

_____ "Congo o carabalí? Race Relations in Socialist Cuba". *Caribbean Review* 15/2 (1986): 12-15.

_____ "Le Peuple noir a-t-il sa place dans la revolution cubaine?" *Présence Africaine* 52 (1964): 226-30.

Morejón, Nancy. *Piedra pulida*. La Habana: Letras Cubanas, 1986.

_____ *Cuaderno de Granada*. La Habana: Casa de las Américas, 1984.

_____ *Octubre imprescindible*. La Habana: UNEAC, 1982.

_____ *Parajes de una época*. La Habana: Letras Cubanas, 1979.

Morúa Delgado, Martín. *Obras completas*. 5 Vols. La Habana: Ediciones de la Comisión Nacional del Centenario de Martín Morúa Delgado, 1957.

Ortiz, Fernando. *Contrapunteo cubano del tabaco y el azúcar*. La Habana: J. Montero, 1940.

_____ *La fiesta afrocubana del "Día de Reyes"*. La Habana: Imp. El Siglo XX, 1925.

_____ *Los cabildos afrocubanos*. La Habana: Imp. La Universal, 1921.

_____ *Los negros brujos (apunte para un estudio de etnología criminal)*. Madrid: Librería Fernando Fé, 1906.

Pérez Firmat, Gustavo. *The Cuban Condition: Translation and Identity in Modern Cuban Literature*. Cambridge: University of Cambridge Press, 1989.

Rojas, Marta. *Santa lujuria o papeles en blanco*. La Habana: Letras Cubanas, 1998.

Rubiera Castillo, Daisy. *Reyita, sencillamente*. La Habana: Instituto Cubano del Libro, 1997.

Ruiz, Elio. *En el país de los orichas*. Documental. La Habana, 1990.

_____ *¿Quién baila aquí? (La rumba sin lentejuelas)*. Documental. La Habana, 1989.

_____ "El paganini negro". Guión de largometraje. La Habana, 1989.

_____ "La niña blanca". *Afro-Hispanic Review* 13/1 (1994): 46-51.

_____ y Lizette Vila. *Los que llegaron después*. La Habana, 1988.

Solás Humberto. *Cecilia*, 1982.

Villaverde, Cirilo. *Cecilia Valdés*. La Habana: Editorial Letras Cubanas, 1982.

VI. Desterritorialización e "Identidades en tránsito"

Una utopía degradada: notas sobre Miami

John Beverley
University of Pittsburgh

David Houston
University of Pittsburgh

Miami, para tomar prestado el título del que quizás es el mejor libro sobre su reciente metamorfosis, es una "ciudad al límite" (Alejandro Portes y Alex Stepick, *City on the Edge*), es un nuevo tipo de espacio urbano, en la intersección de América del Norte, América del Sur y el Caribe, atravesado por nuevos flujos demográficos, culturales y económicos entre esas áreas. Su imagen de ciudad posmoderna por excelencia (imagen en gran medida auto-promovida) se debe, en parte, al hecho de que la ciudad no posee una etapa "moderna" en sentido estricto, que hubiese sido superada en su encarnación presente, un drama que, por contraste, forma el sub-texto del libro de Mike Davis sobre Los Ángeles, *City of Quartz*.

A diferencia de las otras grandes ciudades del Caribe, Miami no tiene sus raíces en el período colonial. De hecho, la colonización americana en la región no comenzó hasta mediados del siglo XIX, luego de una serie de guerras con las comunidades indígenas locales, y el despegue de Miami como ciudad no se dio hasta el final de ese siglo. El ferrocarril que ligaba Florida con el norte industrial de Estados Unidos se extendía en los años noventa del siglo pasado sólo hasta Palm Beach, unos 200 kilómetros al norte de Miami. En el invierno de 1894-1895, una helada destruyó la mayor parte de la cosecha de naranjas en Florida, pero no en Miami (que disfruta de un clima más moderado que el resto del estado). Julia Tuttle, una matrona burguesa de Cleveland, había comprado un lote de tierra al norte del río Miami y se mudó allí luego de la muerte de su esposo. Durante la helada, invitó a visitarla a Henry Flagler, el magnate ferrocarrilero de Florida que había sido socio de John Rockefeller en la Standard Oil, enviando un bouquet de azahares frescos junto con la invitación. Quería persuadir a Flagler de las ventajas de extender el ferrocarril hacia el sur. Flagler entendió el mensaje y el primer tren arribó a Miami el 15 de abril de 1896, saludado jubilosamente por unos trescientos residentes locales. Miami estaba en marcha.

La ciudad floreció inicialmente, y de manera más bien modesta, como centro turístico y colonia de retiro — y, a pesar de su nueva imagen rutilante, en algunos aspectos Miami es todavía básicamente eso. Después de un frenético *Boom* inmobiliario en los años veinte, sufrió catastróficos huracanes en 1926 y 1935 y fue duramente golpeada por la depresión y la Segunda Guerra Mundial, que virtualmente aniquilaron su economía turística. El turismo retornó con el fin de la guerra y la región de Miami comenzó un período de crecimiento firme, si bien no espectacular, que se extendió hasta los años sesenta, cuando comenzaron a arribar los cubanos.

Como meca turística, Miami siempre fue en algún sentido suplementaria a los valores y a las líneas principales del desarrollo de la modernidad americana —en los veinte y treinta, Miami se denominaba a sí misma "el porche de América". Lo que impulsó su transformación no fue su conexión endógena con el "largo ciclo" de la economía de posguerra, sino su proximidad con el Caribe y con América Latina, su habilidad para absorber las olas inmigratorias producidas por la revolución cubana, los movimientos revolucionarios de los ochenta en Centroamérica y los efectos de las políticas económicas neoliberales en los ochenta y noventa. Esta habilidad ha hecho de Miami, en menos de una generación, una ciudad predominantemente hispana y, en algunos sentidos, latinoamericana.

La historia de la fundación de Miami es una historia específicamente anglo-estadounidense. Por contraste, entender Miami hoy significa trabajar con un espacio transnacional. Implica considerar los desarrollos y flujos del capital en América Latina y el Caribe, el resultado posible de la crisis de la Revolución Cubana y las luchas de poder en Haití y en América Central, el turismo de masas japonés y alemán, el NAFTA, los carteles de cocaína de Medellín y Cali, los remolinos y flujos del narcotráfico, las oscilaciones en los precios del petróleo y los humores de los inversionistas de Venezuela y Argentina, como así también las variedades más dispares de *crossovers* lingüísticos y culturales. Al reunirse con amigos cubanos en una parrilla nicaragüense en Dadeland Mall, uno se pregunta si el *maître*, con su cara ligeramente siniestra, fue un contra. No obstante, el joven mozo, usando Doc Martens debajo de los pantalones de su uniforme, es probablemente un recién llegado de Puerto Rico o de la República Dominicana, que vive con algún pariente y gana un salario mínimo.

Dada la hispanización de la ciudad y su posición intermedia entre América Latina y Estados Unidos, Miami es sin duda alguna una "zona de contacto", de desterritorialización e hibridización, en el sentido en que teóricos culturales como Néstor García-Canclini o Homi Bhabha entienden estos procesos. Pero no es nada claro si debemos sentirnos particularmente entusiastas acerca de los resultados.[1] Se ha derramado mucha tinta en torno a las posibilidades de un "posmodernismo de resistencia". Pero no es ningún secreto que ha sido la derecha —o, más exactamente, la Nueva Derecha— la que ha sido capaz de sacar provecho exitosamente de los cambiantes escenarios articulados por el concepto de posmodernismo. En América Latina, ha florecido, particularmente en el período entre 1975 y finales de los años ochenta —el cual es también el período de emergencia de Miami como una ciudad a la altura de las grandes ciudades del mundo–, un posmodernismo de derecha, similar a lo que Stuart Hall denominó, para el caso inglés, el "populismo autoritario" de Thatcher, representado ideológicamente, por ejemplo, por la variante casera del neoconservadurismo de Mario Vargas Llosa y Octavio Paz, el "autoritarismo blando" de Fujimori y Menem, Zedillo y el NAFTA en México, el manifiesto económico neoliberal de Hernando de Soto, "El otro sendero", los "Chicago Boys" de Chile, y por la compleja y cambiante economía política del narcotráfico.

Miami, tradicionalmente un santuario para dictadores y sus bien provistos colaboradores, prófugos de gobiernos populares en América Latina, se ha convertido, sobre todo, en la capital de este posmodernismo de derecha. Con muy poco capital productivo propio, la ciudad está atrapada en el circuito del capital financiero, sirviendo al mismo tiempo como sede, puesto de tránsito, y centro de acumulación para sectores claves del capital latinoamericano. Si Los Ángeles es una ciudad que pertenece a la Cuenca del Pacífico, ligada en algunos modos más estrechamente con Tokio y Hong Kong que con Chicago o Detroit, Miami tiene una relación similar con el Caribe y ciudades como Caracas, Medellín y Buenos Aires. Miami sirve a sus clases dominantes simultáneamente como un centro bancario y como un patio de juegos, coordinando estrategias económicas y políticas en el Caribe, la zona atlántica de América del Sur y América Central (fue desde Miami, por ejemplo, que se orquestó la guerrilla de los Contras contra el gobierno Sandinista de Nicaragua). La conexión con Caracas es particularmente estrecha, y los negocios minoristas de Miami y los mercados inmobiliarios tienden a fluctuar en relación directa a los altibajos en la bolsa venezolana (en Venezuela hay una palabra nueva para designar a las personas abiertamente entregadas al consumo conspicuo, al estilo norteamericano: "mayameros"). La utilidad de Miami como un santuario seguro y como una plataforma de inversión para el capital latinoamericano pos-nacional es reforzada por la influencia política y cultural de su comunidad cubana, que, en general, ha permanecido como el grupo étnico de preferencia electoral derechista más consistente en Estados Unidos.

Pero Miami está atravesada también por fuerzas sociales y políticas contradictorias. Tiene una clase trabajadora grande y amorfa, concentrada en la pequeña manufactura, los servicios y la construcción, que es casi de manera paradigmática pos-fordista, ya que nunca ha disfrutado de una etapa fordista. No obstante, esta clase se encuentra crecientemente organizada y sin dudas está destinada a jugar un rol importante en la región (tal como detallamos más abajo, una de las épicas batallas obreras de la época de Reagan fue la huelga del Sindicato de Maquinistas contra Eastern Airlines, cuyas operaciones estaban concentradas en el área de Miami). La población afro-americana de Miami, acorralada entre las olas inmigratorias y la fragilidad económica de la ciudad, se encuentra entre las más inquietas y oprimidas económicamente de Estados Unidos, estalla en cuatro grandes levantamientos urbanos en los últimos veinte años. Algunos años atrás, organizó un exitoso boicot a la industria hotelera y de convenciones para protestar por el rechazo del Consejo Municipal de la ciudad —dominado por cubanos— a extender una bienvenida oficial a Nelson Mandela cuando visitó la ciudad. Dada su popularidad como centro de retiro, la región de Miami, y Miami Beach en particular, tradicionalmente ha sido un importante centro de población judía, quizás sólo inferior a Nueva York y Los Ángeles (no azarosamente, se dice también que es el área metropolitana después de Nueva York que concentra la mayor cantidad de ex-miembros del Partido Comunista de los Estados Unidos).

Los efectos de la era Reagan —restauración contrarrevolucionaria y economía neoliberal en América Latina y el Caribe— han acelerado enormemente el proceso de hispanización de Miami, al provocar nuevas olas inmigratorias. Hoy día, la mayoría de la población de la ciudad, o al menos de su área metropolitana, es hispanohablante, y un rasgo central de la escena política local son los conflictos en torno a cuestiones de lenguaje y cultura con una población anglo en retroceso, como asimismo complejas y cambiantes alianzas relacionadas con estos conflictos. La dominación de los cubanos en la ciudad ha sido diluida por nuevos inmigrantes de Colombia, Nicaragua, Perú, Brasil, Puerto Rico y Haití. Los haitianos, en particular, se están convirtiendo en una presencia significativa en la ciudad y en la región del sur de Florida en general, aunque no tienen ni el tamaño ni el poder económico y político de los cubanos o los nicaragüenses, favorecidos a la vez por la política contrarrevolucionaria del gobierno norteamericano y el racismo sureño.

Miami se ha convertido en el punto de entrada y el destino principal (junto con Disneyworld y Orlando) de un vasto circuito de turismo internacional, tal como hace unos años la serie de asesinatos de turistas europeos la pusieron en escena de manera dramática. Como en el caso de Hong Kong, el redivivo atractivo turístico de Miami es paralelo a su función como centro de capital transnacional: combina un tipo de tropicalismo tercermundista con la estabilidad de las instituciones estadounidenses, ofreciéndoles a los sectores medios y profesionales del nuevo sistema internacional una mezcla manuable (y económica) de lo abyecto y lo familiar, violencia azarosa y baños limpios.

En tanto que ciudad posmoderna, Miami encierra una crisis de los códigos tradicionales de representación urbana, crisis explotada como un tipo particular de sublime urbano en la dilatada serie televisiva *Miami Vice*, en filmes como *Scarface* (1985) de Brian de Palma, en el *noir* de Miami (Elmore Leonard, Carl Hiassen, Edna Buchanan –y sobre todo Charles Willeford, cuyas maravillosas novelas del ciclo de Hoke Mosely capturan algo del alma amarga de las comunidades trabajadoras de Miami, como Hialeah, algo que los turistas raramente llegan a ver), en la promoción mediática en torno al distrito hotelero neo-Art Deco de South Miami Beach (SoBe en la jerga local), en el posmodernismo tropical de la firma Arquitectonica, en el "New Journalism" del libro de Joan Didion *Miami* o el de T.D. Allman *Miami: City of the Future*.[2] Está implícito en todas estas representaciones está el reconocimiento de que las genealogías familiares del espacio urbano como centro de un mercado o industria nacional o regional, y las correspondientes consideraciones en lo relativo a identidad y protagonismo de clase o etnia ya, no parecen funcionar. Lo que hace a Miami diferente no es el tamaño de la inmigración hispánica como tal —un fenómeno que comparte con New York, Los Ángeles, Houston y Chicago— sino más bien la ruptura de una establecida narrativa de aculturación inmigratoria y movilidad social ascendente. En este sentido, Miami combina lo que Alejandro Portes y Alex Stepick llaman "aculturación al revés" (*acculturation in reverse*)[3] con nuevas y aún no teorizadas formas de proletarización y estratificación social. A pesar de la imagen de éxito pequeño burguesa que la comunidad cubana proyecta, los verdaderos resortes del poder económico y político en la ciudad permanecen en manos de una vieja elite WASP, y la mayoría de los cubanos, y en particular los inmigrantes más recientes, tienen más posibilidades de ser empleados en los sectores de bajos salarios de la construcción y los servicios, o en las maquiladoras que proliferan alrededor del aeropuerto de Miami, que de convertirse en exitosos empresarios o profesionales. Casi el noventa por ciento de los trabajadores en las fábricas de ropa, en particular, y casi un cuarto de los trabajadores sindicalizados en el área de Miami, son cubanos.

Respondiendo a la crisis en la representación de poder de gestión en un espacio urbano descentrado como Miami, la literatura en torno a la ciudad ha tendido a celebrar la comunidad cubana como un nuevo sujeto social, en una suerte de variante posmoderna de una narrativa más antigua del "devenir americano": éste es el tema, por ejemplo, del libro de David Rieff *The Exile: Cuba in the Heart of Miami* (1992), y, en un modo menos optimista, la re-narración de De Palma de *Scarface* como la historia de un gangster marielito, brillantemente interpretada por Al Pacino.

No hay duda de que la comunidad cubana, y en particular la *Cuban American National Foundation*, que ha dominado las políticas americanas hacia Cuba, tanto bajo administraciones republicanas como demócratas, son factores decisivos en la adquisición de una identidad propia para la ciudad. Pero la supuesta unidad de la comunidad cubana como sujeto se encuentra crecientemente deconstruida por las fuerzas sociales y económicas que Miami condensa, una de las cuales es una reconfiguración de las relaciones de clases a nivel local y regional, que cortan a la comunidad por el medio.

EL ESPACIO DE MIAMI

Miami ofrece bolsones de seguridad, encanto, belleza y actividad rodeadas por una cantidad de espacios abiertos baldíos —nada atractivos, a menudo desagradables, peligrosos o al menos intimidatorios, estresantes debido a la contradicción entre el poder del automóvil (casi nadie anda a pie) y la congestión y el frustrante tedio de un viaje real. Estos espacios son lugares indefinidos, un purgatorio entre los bolsones hacia los que uno siempre —en el mejor de los casos— se dirige. Los bolsones son fáciles de identificar: incluyen South Beach, Bal Harbor, Bayshore, el aeropuerto, Coconut Grove, Coral Gables, Aventura Dadeland Mall. Ellos encarnan el entretenimiento, el escapismo, y un espacio quintaesencialmente consumista. Los mercaderes de la ciudad los hacen pasar como si fueran todo Miami, cuando de hecho, son la jurisdicción de una fracción limitada de la gente de la ciudad —turistas, miamenses en breves salidas de compras, y los ricos. Las áreas residenciales de los ricos y famosos proveen otros bolsones, pero el estar allí sin una razón definida u obvia no es algo que se estimule, y en muchos casos ni siquiera que se permita. El auto mismo es una parte vital del espacio urbano de Miami, un reducto móvil de confort, seguridad, y placer con aire acondicionado, música, drogas y sexo.

El otro Miami, el vasto espacio dentro del cual dos o tres millones de miamenses viajan cada día, consiste en autopistas, casas, y franjas de programas de desarrollo urbano, en un esquema de damero esencialmente ininterrumpido desde el océano hasta los Everglades, (los pantanos que limitan la ciudad por el oeste). La diferenciación entre los vecindarios de clase media y los de clase baja es más imaginaria que real. Incluso, muy a menudo los barrios son nombres, pero no entidades sociales reales. En el extremo inferior del espectro social, hay barrios que son potencialmente letales, y todo el mundo —turistas y nativos— pone especial atención a las señales de tránsito que indican que un giro equivocado puede tener consecuencias fatales, tal como los desprevenidos turistas extranjeros descubrieron tratando de salir del laberinto del aeropuerto hacia el centro de la ciudad o Miami Beach. Dado que hay muy pocas alternativas — muy poca gente vive a una distancia de su trabajo o de uno de los bolsones de bienestar que le permita caminar hasta él— la mayoría de la gente pasa cantidades significativas de su tiempo trasladándose de un lado a otro, o esperando en congestiones de tráfico, a través de este desierto urbano.

El contrapeso a la desolación de este espacio de factura humana es la naturaleza: la playa, el mar y el cielo. Más que cualquier otra cosa, el océano y la bahía alivian la monotonía del calor, el polvo y el indiferenciado paisaje urbano. La contribución de la naturaleza al paisaje urbano de Miami es importante no solamente como un factor causal en su mera existencia en tanto que ciudad, sino también como una promesa. La proximidad a esta riqueza, a este botín, está por supuesto distribuida de acuerdo a la riqueza, a la clase y a la raza, pero aún restan algunas áreas que todo el mundo puede disfrutar —aunque, tal como Miami Beach ha demostrado, el desarrollo desbocado puede ser a la vez destructivo y excluyente en lo que hace al acceso a la naturaleza.

Sin embargo, cuando el carácter tropical de Miami se combina con la pobreza, aparece una genuina calidad de vida tercermundista. En los barrios pobres de la ciudad, adultos jóvenes y maduros –desempleados o subempleados– y ancianos sobrellevan en completa ociosidad interminables días tórridos, en un lugar que les ofrece pocas posibilidades de disfrute o diversión. Estos espacios son como estaciones donde los trenes nunca pasan, habitadas por gente con vidas desesperadas, pasivas, esperando que el capitalismo los alcance, pero sin ningún optimismo al respecto. Son el reverso de Calle Ocho, South Beach, Brickell Avenue, y el resto de los "milagros" urbanos.

Miami, entonces, puede ser concebida como un inmenso desierto poblado por millones de personas, cada una de las cuales posee su propio "oasis" (hogares, lugares de trabajo, de placer y consumo), que deben trabajar largas distancias y perder mucho tiempo cruzando el desierto, y que ocasionalmente vislumbran la belleza del mar o de los barrios elegantes. Es un lugar donde, irónicamente, la naturaleza es al mismo tiempo abrazada como *raison d'être* y experimentada como una causa de incomodidad.

DEMOGRAFÍA

Como tantos otros espacios urbanos contemporáneos, Miami resiste una definición precisa. Por un lado está la ciudad misma, con algo así como medio millón de residentes. Por otro lado, está Dade County, con alrededor de dos millones. Dade County incluye, de hecho, la mayor parte de lo que la gente tiene en mente cuando piensa en Miami. El Buró del Censo lo designa como el Área Metropolitana Estadística de Miami (MSA). El condado fue establecido hace casi cuarenta años como gobierno metropolitano —Dade-Metro— para consolidar servicios, lo que se suponía iba a implicar significativas economías de escala. Al norte de Dade County está Broward County, con otro millón de habitantes aproximadamente. Las fotos LANDSAT de Florida del Sur indican que los condados de Dade y Broward forman una mancha urbana continua, única. El Buró del Censo agrupa los dos condados como el Área Estadística Metropolitana Consolidada Miami-Fort Lauderdale (CMSA). El Área Consolidada es la décimo primera en tamaño en Estados Unidos, con una población total de más de tres millones de personas.

Como señalamos antes, uno de los aspectos más distintivos del área Dade-Metro es que alrededor de la mitad de su población es hispana. Y de esa mitad, casi el sesenta por ciento es cubana. Dentro del área metropolitana, las ciudades de Miami y Hialeah son abrumadoramente hispanas, y otras áreas no incorporadas pero populosas de Dade, como Kendall y West Kendall —enormes suburbios que se extienden hacia el oeste y el sur a partir del centro de Miami y Hialeah hasta alcanzar tierras de labor agraria, en el borde de los Everglades— son enclaves hispanos. En contraste, Broward County tiene una distribución poblacional más parecida a los suburbios estadounidenses. Los datos sugieren que los blancos, los negros y los hispanos no cubanos están migrando fuera de Dade County y estableciéndose en Broward. En realidad, mirando hacia atrás en el tiempo, la población blanca no hispánica (anglos) de Dade-Metro alcanzó un pico hace treinta años y tiene ahora un cuarto menos del tamaño que tenía en 1970. En el mismo período, la población total de Dade-Metro casi se duplicó. La población negra de Dade-Metro en 1980 era de 280.000, y para 1990 había crecido hasta alcanzar los 400.000. Parece, no obstante, que los afro-americanos nativos de Miami están abandonando la ciudad en números significativos, y que el aumento de la población negra en el área se debe predominantemente al fenómeno de la inmigración, legal o ilegal, principalmente de Haití.

Por su parte, la población hispánica de Dade-Metro creció en 370.000 personas —de 580.000 a 950.000— en los ochenta. En 1980, Miami era básicamente una ciudad anglo, con una pequeña población negra e hispánica que añadía un elemento de "color local". En 1990, Miami es una ciudad hispána con minorías anglo y negra.

En Miami, lo colonial y lo poscolonial coexisten. La ciudad es, en cierto sentido, un retroceso a una ciudad colonial del Imperio Británico en el siglo diecinueve: una pequeña población anglo que domina a los "nativos". Pero la hegemonía de la clase dominante es incompleta y los "inquietos nativos" tienen derechos, poder y riqueza propia, creando desafíos, conflictos e inestabilidad en la estructura social. Mientras que la economía de Miami —particularmente en los ochenta— exhibía crecimiento, esto era acompañado por niveles de desempleo más altos, niveles de salarios y de ingresos familiares más bajos que los usuales (en términos de Estados Unidos), y una creciente desigualdad en la distribución del ingreso. El incremento del empleo en particular fue robusto durante los setenta y los ochenta, pero los noventa han presenciado niveles de empleo estable o estancados, alrededor de 900.000 puestos de trabajo.[4] Esto, apareado con el carácter pos-industrial de los negocios en Miami, y el continuo influjo de inmigrantes extranjeros provenientes de áreas de relativa inestabilidad económica y bajos salarios, ha producido tasas de desempleo más altas que el promedio estadounidense.

Miami en general, no es atractiva para trabajadores norteamericanos (incluyendo afro-americanos), pero sí es atractiva para trabajadores e inmigrantes de clase media y/o profesionales que vienen de áreas de salarios bajos y/o alto desempleo en América Central, el Caribe y Sudamérica. Si Miami es, de hecho, un modelo de lo que es una economía posmoderna, lo que ejemplifica es un modelo de crecimiento pos-fordista (*on the low road*): crecimiento asociado a la incapacidad estructural del capitalismo de proveer niveles de salarios, beneficios y servicios sociales que previamente se consideraban un hecho dado. La continua atracción de Miami para los inmigrantes se debe al fracaso del "capitalismo real" a lo largo de América Latina en lo que se ha dado en denominar la "década perdida" de los ochenta para generar los altos niveles de crecimiento y movilidad social ascendente de los cincuenta y los sesenta.

LA ECONOMÍA POLÍTICA DE MIAMI

Si Miami es la ciudad posmoderna por excelencia, su economía política debería ser entonces a la vez un generador y un reflejo de esa posmodernidad. Hay una cantidad de características que definen espacios económicos urbanos que se pueden denominar posmodernos.

La clase trabajadora, de notoria presencia en la vida urbana, es no obstante, heterogénea en términos demográficos en las tareas económicas que lleva a cabo, en la naturaleza de sus lugares de trabajo, y en la fuerza y magnitud de su organización. Esto contrasta agudamente con la clase trabajadora homogénea, orientada a la manufactura, con movilidad social ascendente, desarrollada en los períodos del capitalismo competitivo y monopólico.

La ciudad posmoderna ni intenta ni logra el "crisol de razas" en el que diversos grupos étnicos pierden su identidad en tanto que tales y "devienen americanos" (y proletarios). En lugar de ello, toma todas las dimensiones preexistentes de la diferencia —raza, sexo, edad, lenguaje, religión— y las exacerba, creando un coctel de muchos ingredientes, que es al mismo tiempo exótico y explosivo. Pero si las líneas de diferenciación son a menudo exageradas en la ciudad posmoderna, también pueden transformarse en borrosas. La falta de predictibilidad social se convierte en una amenaza y en una prueba a la habilidad para sobrevivir y salir adelante en la posmodernidad urbana. Miami provee un ejemplo poderoso, aunque de ningún modo único, de este proceso, que promueve al mismo tiempo disturbios raciales, emigración anglo, la quimera europea de SoBe, la rabiosa insistencia en las raíces étnicas por parte de cada grupo nuevo, apareado con un chauvinismo pro-norteamericano y anti-comunista sin precedentes.

El puesto de trabajo posmoderno también se ha transformado. De hecho, los conceptos mismos de trabajo, puesto de trabajo, carrera y empleo toman formas nuevas y variadas. El empleo contingente –que incluye trabajo por contrato, a medio tiempo, suplencias, y trabajo informal– representa una transformación sustancial de la fuerza de trabajo en el contexto posmoderno. Las familias posmodernas son diferentes, también. No sólo no hay más un único trabajador de tiempo completo por familia, generalmente el hombre, sino que puede no haber un trabajador masculino en absoluto, o puede haber un trabajador de tiempo completo que sea el único integrante adulto del hogar. La clase obrera de Miami se ajusta a estos patrones tanto por razones históricas como coyunturales.

Entre los rasgos primarios del capital posmoderno, se ha señalado su carácter internacional o supranacional, la supremacía del capital financiero por sobre el capital industrial, el cambiante carácter de los capitalistas mismos y de su clase (aunque la magnitud de este cambio puede estar siendo sobredimensionada), la ubicuidad del capital, tanto en términos espaciales (con la caída del comunismo y la globalización, es virtualmente móvil en términos galácticos) como funcionales (la velocidad de rayo del circuito del capital en la era informática permite la transformación instantánea tanto del dinero como del capital productivo y mercantil, de modo tal que el capital adquiere un carácter casi etéreo, fijado sólo por un momento en una forma particular). La economía de Miami se beneficia y sufre de todos estos rasgos.

Una utopía degradada • 429

La estructura de empleo y de ocupaciones refleja el carácter de la economía de Miami, orientado hacia la especulación, el comercio y el tráfico. La industria manufacturera es modesta. Los trabajadores para actividades productivas, calificados o no, son poco requeridos, y predominan las ocupaciones profesionales, técnicas, directivas y de ventas y servicios. Añadamos a esto el impacto de las leyes del estado de Florida en lo relativo al poder sindical –un nivel de sindicalización históricamente bajo, y un exceso de oferta de trabajo generada por la continua inmigración– y no resultará sorprendente, como vimos, que Miami se caracterice por niveles de ingreso por debajo de la media, y niveles de pobreza por encima de la media en los Estados Unidos. Con su historia de explosivo, convulso desarrollo especulativo (incluyendo la frenética especulación inmobiliaria), la economía política de Miami puede ser adecuadamente mediante una variación del viejo adagio: "que todo cambie, para que todo siga igual".

LOS CIELOS NO TAN PROTECTORES: LA HUELGA DE EASTERN AIRLINES

La huelga de Eastern Airlines de 1989 ilustra muchas de las características de la lucha de clase y de acumulación de capital asociadas con el modo de acumulación del capitalismo posmoderno que hemos delineado arriba. Eastern Airlines era uno de los empleadores más grandes de la región de Miami y, lo que es quizás más importante, un oasis de trabajos sindicalizados y bien pagos en un desierto de bajos salarios. Los empleados de Eastern estaban representados principalmente por el Sindicato de Maquinistas, de la AFL-CIO. Sus ejecutivos y comité de directores estaban estrechamente relacionados a los intereses bancarios e inmobiliarios de Miami, y la imagen corporativa de la compañía era parte de la auto-imagen de Miami como una ciudad en marcha.

Eastern Airlines era la creación de Eddie Rickenbacker, un as de la Primera Guerra Mundial y uno de los pioneros de la industria de la aviación. La empresa comenzó bajo el nombre de Florida Airways Corporation en 1926, en la cúspide del *boom* de tierras de Miami, y se convirtió en una gran corporación internacional y una de las principales impulsoras de la economía de Miami después de la Segunda Guerra Mundial. Pero Eastern encontró los setenta difíciles de atravesar. Confrontada con una flota ineficiente de naves devoradoras de combustible, en medio del *shock* de la crisis petrolera, la competencia extranjera y una fuerza de trabajo sindicalizada y de altos salarios, arrojaba continuamente enormes pérdidas y parecía dirigirse a la bancarrota. En un esfuerzo para revertir la situación, el comité directivo de la compañía trajo a Frank Borman, el ex-astronauta, como CEO en 1975. La estrategia de Borman fue comprar aviones con menor consumo de combustible, y al mismo tiempo reducir los costos laborales. En los siguientes siete años, la compañía exigió y obtuvo, de manera reticente, significativas concesiones salariales de parte de sus trabajadores, a cambio de participación en las ganancias.

El año decisivo fue 1983, que trajo la desregulación de las aerolíneas domésticas y la reestructuración de la industria por la administración Reagan. En los años anteriores Eastern había comprado demasiados aviones y, a pesar de las crecientes ganancias, estaba sobrecargada de deudas. A comienzos de 1986, la compañía ofreció a los trabajadores y a los accionistas una opción: la bancarrota o encontrar un nuevo comprador para la compañía. Un comprador apareció de manera casi inmediata (y misteriosa) en la figura de Frank Lorenzo, un poderoso inversor con base en Texas, dueño de Texas Air, y que había comprado y llevado a la bancarrota a Continental Airlines. Ante la posibilidad de un pronóstico similar, los trabajadores de Eastern ofrecieron a la compañía una reducción salarial de un quince por ciento. La mesa directiva, no obstante, votó en favor de la venta.

Fue obvio desde el comienzo que Lorenzo y los maquinistas y los otros sindicatos que representaban a los empleados de Eastern (pilotos y sobrecargos) iban a chocar. Lorenzo era un hombre de juego duro. Sus tácticas eran claras y despiadadas. El trato paternalista entre la parte empresarial y los empleados de los años de Borman habían terminado, y otro modelo estaba en vigencia: atacar a la fuerza de trabajo, exprimir la corporación mediante la venta de sus actividades rentables, y luego declarar la bancarrota. Lorenzo despidió de manera inmediata a dos mil empleados, rescindió aspectos claves del pacto de productividad previamente alcanzado y prohibió al sindicalista Charley Bryan entrar a las instalaciones de la compañía. Eastern estaba declarando, en realidad, que "el mercado mandaba".

Hacia 1989 era claro que Lorenzo no estaba interesado en negociar de buena fe con el sindicato. Parecía creer que los maquinistas finalmente deberían aceptar los términos que estaba dictando. Un mediador federal fue enviado y recomendó un arbitraje obligatorio. El sindicato aceptó, mientras que Eastern rechazó la recomendación. En febrero, el mediador propuso que el Comité Nacional de Mediación llamara a un panel presidencial de emergencia para estudiar y recomendar una solución para el atolladero, pero el Presidente Bush —que tenía lazos personales con Lorenzo (ambos provenían de la burguesía de Texas)— declinó activar los mecanismos necesarios.

El 3 de marzo los maquinistas entraron en huelga. Al día siguiente, los pilotos y sobrecargos hicieron lo mismo. Los maquinistas tenían un noventa y ocho por ciento de votos a favor de la huelga, y en las etapas iniciales, menos de un tres por ciento de sus miembros ignoraron los piquetes de huelga. La huelga duró veintidós meses, exhibiendo, niveles extremadamente altos de militancia y solidaridad obreras (es interesante notar que un porcentaje significativo de los huelguistas, incluyendo dirigentes del sindicato, eran cubanoamericanos, desmintiendo la imagen usual de ese grupo étnico como republicanos exclusivamente orientados a los negocios). Pero para noviembre de ese mismo año, la lucha había concluido. Los sobrecargos y pilotos fueron obligados por decisión judicial a volver al trabajo el 22 de noviembre. Y como regalo de Acción de Gracias para los trabajadores en huelga, Bush vetó la legislación que declaraba a la huelga como una emergencia nacional y reclamaba conciliación obligatoria, aduciendo que no deseaba interferir con el sector privado. Es muy probable que la conexión tejana fuera un factor decisivo en esta postura (el hijo de Bush, Jeb, estaba comenzando en ese momento a introducirse en los círculos bancarios y políticos de Miami: seguidamente, iba a lanzar su candidatura para la gobernación de Florida. Su hermano, George W., comenzaba la carrera política).

Es justo decir que ambos lados juzgaron erróneamente la decisión y fortaleza de sus oponentes. Aunque indudablemente sorprendido por la militancia y unidad de los trabajadores, Lorenzo estaba preparado –incluso puede haber llegado a planearlo desde el comienzo– para llevar a Eastern a la bancarrota. Ésa era una de sus más poderosas armas en la lucha. Para los trabajadores, la destrucción de Eastern parecía un resultado inimaginable. No sólo sería un desastre para ellos a nivel personal, sino que era impensable que la nave insignia de la economía de Miami pudiera ser borrada del mapa de un día para el otro. Los trabajadores no van a la huelga para destruir las empresas para las que trabajan, sino para extender o proteger sus salarios y beneficios. Pero Lorenzo, capitalista sin lazos orgánicos con el área de Miami, podía fácilmente obtener una ventaja económica de la bancarrota de Eastern.

Como ocurre en la mayor parte de las luchas posmodernas entre el capital y la fuerza de trabajo, los trabajadores de Eastern perdieron. Miami perdió también. Los efectos de la bancarrota y la huelga aceleraron la recesión económica de finales de los ochenta, deprimiendo aún más los valores inmobiliarios y contribuyendo a la generalizada emigración de anglos y afro-americanos mencionada arriba. Lorenzo, no obstante, no escapó indemne de la huelga. La comunidad de negocios local, que le había dado la bienvenida como a una fuerza dinámica, se resintió amargamente cuando vio su deliberada destrucción de un componente esencial de la economía local (la desilusión con el fracaso de Bush para intervenir en la disputa puede haber sido un componente en la decisión de algunos prominentes hombres de negocios cubanos de apoyar a Clinton en las elecciones de 1994). Los maquinistas comprometidos en la huelga creen que la resistencia militante de los trabajadores de Eastern envió un mensaje que incluso los capitalistas posmodernos tuvieron que escuchar: el capital sin trabajadores puede no ser capital en absoluto.

La "cara accesible del poder": la arquitectura de Miami [5]

La bancarrota de Eastern selló la hegemonía del crecimiento posfordista en una región estructuralmente orientada en esa dirección. Pero no fue el único desastre corporativo de proporciones que tuvo lugar en la historia reciente de Miami. Los nuevos rascacielos (como el inmenso CenTrust Tower) al norte y al sur del Miami River –que forman el distrito financiero de Miami y le dan a la ciudad su imagen de centro transnacional de corporaciones–, pasan de un dueño a otro con una asombrosa rapidez, al tiempo que los esquemas especulativos que dieron cuerpo a su construcción inicial prosperan o se desinflan. Esto le da a la arquitectura del "Nuevo Miami" un carácter hasta cierto punto provisional, abstracto o vacío. Con pocas excepciones, no hay conexión entre el estilo arquitectónico de los edificios mismos y una imagen corporativa estable. Los edificios son simplemente "puestos" por el capital a su paso por la ciudad, más o menos como los trajes de Armani preferidos por los *yuppies* del distrito financiero. Miami es una ciudad de ruinas instantáneas: edificios incompletos o que se han comenzado a desintegrar incluso antes de ser terminados. Al mismo tiempo, a donde sea que uno mire hay resabios de utopías arquitectónicas fallidas, como la villa "Morisca" de fantasía de Opa-locka, de los años veinte, ubicada junto al mayor mercado abierto de droga y prostitución de la zona de Dade-Metro.

La arquitectura de Miami se ve bien desde las autopistas que van hacia Miami Beach o Key Biscayne, o desde un bote en Biscayne Bay —la combinación de luz y espacio, cielo y mar, es un gran lienzo para los arquitectos— pero a medida que uno se acerca a los edificios mismos, uno se da cuenta de que no son tan impresionantes como parecían. A pesar del *boom* de la construcción de los ochenta, hay muy pocos edificios contemporáneos de primera clase en Miami —nada, en cualquier caso, que pueda aproximarse a los mejores edificios de Chicago del modernismo tardío o del posmodernismo, sólo por dar un ejemplo. Es más bien en las viviendas privadas y en la decoración de interiores que se ha ejercido la verdadera originalidad de su arquitectura. Esto refleja una vez más el modelo pos-fordista del capitalismo de Miami y la naturaleza especulativa del mercado inmobiliario y de construcción. El huracán Andrew al destruir una gran cantidad de casas y edificios reveló la baja calidad de la construcción de Miami y las innumerables violaciones de los códigos zonales y de construcción (muchas de las empresas de construcción son de propietarios cubanos).

Si la burguesía de Miami no está dispuesta a invertir en edificios de clase, la situación es aun peor en lo que respecta a la arquitectura pública. Probablemente, el edificio público nuevo más importante de Miami es el Centro Cultural de Dade County, de Philip Johnson y John Burgee, ubicado en el centro de Miami, y completado en 1984. Es una copia de un *palazzo* renacentista —reflejando el estilo seudomediterráneo de la arquitectura del sur de Florida desarrollado por pioneros como Arthur Mizner en los años veinte— enfrentando una gran plaza elevada y edificios exteriores que contienen un auditorio y un museo. Una de las características del estilo mediterráneo, tomado de la arquitectura colonial española, es su uso de espesas paredes de stucco, pero el Centro Cultural es, en este sentido, el simulacro de un simulacro, con algo de Disneyland o de escenario. Su construcción es lo más barato imaginable: yeso industrial sopleteado sobre madera aglomerada, pintado por encima en color ocre o terroso —el mismo color usado para los condominios baratos de dos o tres pisos de la construcción suburbana de Miami (todos los cuales exhiben algún toque falso de "autenticidad" arquitectónica española —un friso de techo de tejas rojas, por ejemplo, o rejas en las ventanas, lo cual es también útil para disuadir a los ladrones). Si uno golpea fuerte las paredes resuenan con un sonido hueco y hay enormes grietas que están comenzando a aparecer en la fachada. Gente sin hogar se congrega en las escaleras cubiertas que desde la calle llevan a la plaza (normalmente desierta).

Si el Centro Cultural de Johnson-Burgee es generalmente visto como un fracaso, el edificio del que simboliza exitosamente el Nuevo Miami es el condominio de apartamentos *Atlantis* en Brickell Avenue, diseñado por Bernardo Fort Brescia y Laurinda Spear, de Arquitectonica International. Brickell es una calle grande que corre a lo largo de la costa de la bahía de Miami desde Coconut Grove hacia el distrito financiero. En los viejos tiempos, Brickell estaba flanqueada por grandes mansiones construidas al estilo "mediterráneo" (Madonna era la dueña de uno de los pocos ejemplos sobrevivientes, cerca de la autopista a Key Biscayne). Pero con el *boom* de la cocaína, y la popularidad de Miami como lugar de entretenimiento y compras para los latinoamericanos de clase alta en los años setenta, los condominios se convirtieron en la cosa de moda. Arquitectonica, cuyos fundadores son latinos (Fort Brescia es peruano, Spear, cubana americana), debutó en 1978 con una espectacular residencia en Miami Shores, *The Spear House*, o la casa "rosa", por el color de sus paredes (la casa aparece a menudo en shows de TV o películas sobre Miami). Sobre la base de su éxito con la Casa Spear, la firma recibió el encargo de construir una serie de condominios a lo largo de Brickell. El *Atlantis*, completado en 1982, fue su segundo intento.

El edificio es un prisma rectangular alto y delgado, enfrentando Biscayne Bay, construido en la propiedad de Mary Tiffany Bingham (de la famosa joyería), y enmarcado por vegetación tropical (la mansión Bingham ha sido preservada y restaurada como sede de club). La severidad de la construcción de placas es contrapunteada por un juguetón esquema en rojo, blanco, azul y amarillo. El extremo del edificio que enfrenta a la bahía es una pared de vidrio curvo, que sugiere la proa de un barco (de allí el nombre náutico). En el techo, una estructura piramidal roja disimula el sistema de aire acondicionado. En el lado norte, cuatro balcones triangulares amarillos salen de la pared del rectángulo. En la mitad superior, un cubo de 50 x 50 x 50 pies ha sido quitado, creando un hueco de lado a lado que aloja un jacuzzi y una palmera. Es este espacio vacante el que se ha convertido en la imagen icónica de la posmodernidad de Miami.[6]

En las hermosas oficinas de la firma en SoBe, Fort Brescia nos confió que él y su esposa son básicamente gente "de los sesenta", y que asocian el posmodernismo arquitectónico con la política de Reagan. Pero si Arquitectonica no se piensa a sí misma como posmoderna, es claro que su éxito se deriva del hecho de que ofrece al capital posmoderno algo así como un Nuevo Estilo Internacional: colorido, distintivo y (relativamente) barato al mismo tiempo. La firma tiene una sorprendente relación sinérgica con la globalización: cuando hablábamos con él, Fort Brescia se preparaba para partir en un largo viaje a Asia para supervisar los muchos proyectos de Arquitectonica en esa región. También hay proyectos en curso en Holanda, Luxemburgo, Francia, Portugal, México, Venezuela, Perú, el Caribe, California, y hoteles para Disney tanto en Orlando como en París.

Los antiguos socios de Fort Brescia en Arquitectonica, Elizabeth Plater-Zyberk y Andreas Duany, dividen la arquitectura de Miami en tres períodos o "tradiciones" principales: *Cracker* (casas de dos pisos, de madera, con tejados que sobresalen y porches para combatir el calor)[7], *Revival Mediterráneo* (el estilo seudo-español de Coral Gables y las mansiones de Brickell Avenue, que Johnson y Burgee quisieron poner en escena en el diseño de su Centro Cultural), y lo que ellos llaman *Modernismo Frívolo* (ver "The Three Traditions of Miami", en *Architecture in the Tropics*). Ellos ven el trabajo de Arquitectonica esencialmente como una continuación del Modernismo Frívolo. Pero no es tanto el modernismo frívolo (que puede incluir, junto con edificios como el *Atlantis*, el Art Deco restaurado de los hoteles modernos de SoBe y el Hotel Fountainbleu, de Morris Lapidus —un escenario favorito en las películas sobre la Mafia) lo que domina la reciente arquitectura de Miami. Es más bien un *Modernismo Feo*— siendo el ejemplo más espectacular el deprimente conjunto de grises edificios de cemento del Jackson Medical Center, entre el centro de Miami y el aeropuerto. En los condominios de Brickell Avenue, Arquitectonica trabajó teniendo en cuenta el espacio circundante: parte del atractivo visual y de la elegancia de los edificios es que ellos no exceden el espacio —los largos y delgados terrenos con frente a la bahía de las mansiones previas. Por contraste, el estilo de construcción en el sur de Florida está dominado por la consigna de obtener tantas unidades o pies cuadrados de construcción como se pueda en cada propiedad. Los encargados del desarrollo inmobiliario del área de Miami son propensos a sobornar o coaccionar a los comités zonales para obtener el "mejor rendimiento" de sus propiedades, y favorecen por ende enormes condominios carentes de personalidad, o centros de compras o edificios de oficinas, que tienden a obliterar en lugar de destacar su entorno natural (como si fueran pensados para que sus propietarios miren *desde los edificios*, en vez de que el público que pasa mire *a los edificios*).

Plater-Zyberk y Duany se fueron de Arquitectonica en 1980 para iniciar su propia empresa. Junto a los profesores de la Escuela de Arquitectura de la Universidad de Miami, ellos forman lo que se conoce como la "Escuela de Miami", que propicia el denominado Nuevo Urbanismo. Rechazan la concentración de Arquitectonica en edificios individuales de índole espectacular, en favor de comunidades modelo cuidadosamente planeadas, en las que casas de diferentes diseños y estilos pueden funcionar juntas a partir de una matriz común. La más conocida de éstas es la ciudad costera de Seaside, en el Florida Panhandle (donde se rodó *The Truman Show*). Sus propios edificios —sus casas de playa en Seaside, sus casas de CocoPlum, el edificio de su propia firma en Little Habana (una fábrica de motores de aviación remodelada) —intentan de manera deliberada una hibridación de las tres tradiciones que ellos identifican en la arquitectura de Miami. Piensan en términos de vecindarios, de su sedimentación histórica y sus elementos vernáculos, de las regulaciones del uso del terreno y consideraciones zonales. Aunque son propulsores de los suburbios, son enemigos de la transformación del espacio urbano en centros comerciales (*mallification*) y el crecimiento rizomático, no planificado que representan comunidades dispersas como Kendall. Prefieren los esquemas utópicos de la arquitectura temprana de Miami, como por ejemplo las villas de tema nacional —Chino, sudafricano, español colonial, francés de provincias, etcétera— de Coral Gables (la propia casa de Plater-Zyberk y Duany es una casa restaurada en la villa sudafricana). Su objetivo es esencialmente redimir a través de una combinación de diseño individual y zonal, y una cuidadosa planificación, un espacio urbano o suburbano degradado.[8]

A pesar del marcado carácter idealista del proyecto, Duany y Plater-Zyberk creen que, en los Estados Unidos, "algo construido es más revolucionario que algo dibujado" (*Architecture in the Tropics*, 106). Ellos prefieren edificios reales a la lucidez de la teoría y su estrategia es trabajar estrechamente en colaboración con agentes inmobiliarios, en lugar de oponerse a ellos. Uno tiene la sensación de que son para la arquitectura lo que Richard Rorty es para la filosofía contemporánea americana: liberales pragmáticos que trabajan en un idioma igualitario, singularmente americano. Del mismo modo que anteriores progresistas de la arquitectura, no obstante, se encuentran en la situación paradójica de construir esencialmente para la burguesía y para la clase media profesional. Incluso donde su intención es crear comunidades integrales con una mezcla de diferentes tipos de casas y clases y grupos poblacionales, sus proyectos, terminan modificados por la especulación como enclaves de *yuppies* y de la clase alta.

Entonces más que el Centro Cultural de Johnson-Burgee o el Atlantis de Arquitectónica, o los luminosos planes de Plater-Zyberk y Duany, los símbolos reales de la arquitectura de Miami hoy en día son los condominios de mal gusto, los centros comerciales y las casas en barrios que se extienden rizomáticamente desde la bahía y el océano hacia el oeste y hacia el sur, en lugares como Kendall o Hialeah Springs. En estos nuevos suburbios no hay un desorganizado límite urbano, hay simplemente una última estación de combustible o un último condominio (Lakeside Estates), e inmediatamente comienzan las granjas, con pequeños grupos de trabajadores mejicanos o salvadoreños con gorras de béisbol y jeans esperando al lado de la carretera para ser llevados al trabajo. Los suburbios han crecido por encima del límite previo de la ciudad y lo han incorporado del mismo modo que una hiedra puede crecer por sobre una vieja pared. Son las mecas que atraen a los nuevos inmigrantes latinoamericanos fuera de los más densamente poblados espacios urbanos dentro de la ciudad, como Little Havana y Hialeah.

CUBA Y MIAMI

No es posible, contar la historia de Miami sin contar la historia de la Revolución Cubana, la cual en algún sentido es su negativo dialéctico. A pesar de signos de descuido, La Habana —no por nada llamada la París del Caribe en el siglo diecinueve— aún tiene el aire de una ciudad

Una utopía degradada • 437

sofisticada y cosmopolita. Miami, por contraste, no ha encontrado todavía su imagen; hay en ella algo provinciano, falto de estilo, "sureño". Uno tiene la sensación de que para algunos parciales de Miami el *non plus ultra* de la cultura es Gloria Estefan y la *Miami Sound Machine* (ver, por ejemplo, el ya citado libro de Pérez-Firmat, *Life on the Hyphen*). Si hay una escena de arte interesante en Miami hoy en día, es en gran parte debido a los artistas que migraron hacia allí desde Cuba en los ochenta, usualmente más por razones profesionales que políticas (Miami les da acceso al mercado de arte de América Latina y la posibilidad de hacer una carrera a nivel internacional). Y los edificios de Arquitectonica no se parecen a nada tanto como a versiones mejoradas de las "Nuevas escuelas" que la Revolución Cubana comenzó a construir en el campo en los años sesenta. Comparten una raíz común en el constructivismo soviético de los años veinte, que es algo así como su "inconsciente político". La diferencia, por supuesto, es que Arquitectonica, que ha ligado su suerte a la globalización capitalista, está en un estado floreciente, mientras que la Revolución está en serios problemas, en un "período especial en tiempos de emergencia", según la caracterización oficial.

La relación de odio entre Cuba y Miami es real (y a menudo fatal), como demostró el caso Elián, pero también es susceptible de exageraciones, como todo en Miami. Aunque el fin de la Guerra Fría no ha traído el fin de los conflictos entre Estados Unidos y el gobierno de Castro, ha debilitado la fuerte oposición binaria que existía entre Miami y la Habana. Las películas cubanas están disponibles desde hace mucho en los negocios de video de Hialeah. El gobierno cubano liberalizó su política de viajes y visitas para cualquiera con familia en Estados Unidos, por períodos de hasta varios meses (muchos de estos visitantes no se molestan en usar su pasaje de vuelta y permanecen en Miami como inmigrantes semi-ilegales). A pesar de las dificultades impuestas por el embargo, miles de cubanoamericanos viajan a la isla cada año y/o transfieren cientos de millones de dólares a parientes allí —una de las razones del gobierno cubano para "dolarizar" su economía.[9]

Es difícil pronosticar cuál será el resultado de la crisis de la Revolución Cubana, que comenzó con el colapso de la Unión Soviética en 1989. Sería justo decir que la completa desintegración económica, que fue una posibilidad hace algunos años, ha sido evitada, pero la situación se ha estabilizado en un nivel crítico en que todas las alternativas son problemáticas. Se presentan dos escenarios principales: el primero implicaría aún más erosión de la infraestructura social y del control político del Partido, la derrota de Fidel Castro y un cambio hacia la privatización y la restauración de las estructuras prerrevolucionarias, al modo de Alemania

Oriental. La otra alternativa, la alternativa "china", consiste en que importantes componentes del *ethos* político-cultural socialista y de la estructura económica de la revolución permanezcan intactos, junto con alguna forma de hegemonía del Partido, dentro de una integración mucho más amplia de la economía cubana en el marco de la globalización. De allí la actual promoción del turismo de masas, que ha producido una situación de "apartheid turístico", donde los cubanos ordinarios ya no tienen acceso a algunas playas y centros de recreo. El régimen está vendiendo al capital extranjero —principalmente español— grandes porciones de propiedad inmobiliaria y grandes empresas del país.

El primer escenario es el que quisieran ver los sectores más reaccionarios de la comunidad cubanoamericana —que apoyan la continuidad del embargo comercial— incluso al riesgo de una ruptura social.[10] El segundo es el escenario que quisieran ver los jóvenes ambiciosos del Partido Comunista Cubano y los aparatos del Estado y *think tanks*, junto con la emergente burguesía y pequeña burguesía en la misma Cuba —aquellos que se han beneficiado de la liberalización del mercado y la dolarización— algunos sectores *yuppie* cubanoamericanos, el *Wall Street Journal*, muchas de las más grandes corporaciones norteamericanas (y nosotros). Lo que impide un cambio de rumbo en Cuba tanto como en las relaciones Cuba-Estados Unidos es la intransigencia de la comunidad anti-castrista de Miami.

"ELIANISMO"

En el punto más álgido del conflicto entre el gobierno de Clinton —que apoyaba el retorno de Elian González con su padre— y los parientes de Elian en Miami, una suerte de culto religioso comenzó a aparecer entre los manifestantes frente a la casa de los parientes de Elian en Miami, en el vecindario de la "Little Havana" (clase media baja y clase trabajadora). Elian, se decía, era un niño de Dios, una suerte de salvador. Su rescate del mar después de la muerte de su madre era un milagro, anunciando la redención tanto de los cubanos pobres de Miami como de Cuba misma (presumiblemente en el último caso, su redención de Fidel Castro).

El caso de Elian condensa el *impasse* en las relaciones entre Estados Unidos y Cuba. El fenómeno de los balseros —los cubanos que arriesgan su vida, y a menudo, como en el caso de la madre de Elian, la pierden, tratando de cruzar las noventa millas de océano que separan la costa norte de Cuba del punto más al sur de Florida en Key West— tiene sus raíces en el hecho de que la política estadounidense hacia Cuba todavía está regulada por la quimera de la caída del régimen de Castro. Según algunas

Una utopía degradada • 439

estimaciones, hay algo así como 500.000 cubanos que elegirían inmigrar a Estados Unidos si pudieran hacerlo de manera legal. En general, el gobierno cubano ha estado dispuesto a dar permiso a aquellos que quieren abandonar el país; el problema ha venido del lado americano. En un esfuerzo para mantener la presión sobre el régimen de Castro por medio del estímulo a las fuentes de descontento dentro de la sociedad civil cubana, el gobierno americano ha establecido un límite anual artificialmente bajo para la inmigración desde Cuba de aproximadamente 30.000 personas. Al mismo tiempo, sin embargo, en una concesión a la comunidad cubanoamericana, establece que cualquier cubano que sea capaz de poner pie en territorio estadounidense está habilitado para permanecer (esto ha resultado en algunos incidentes televisados chaplinescos con la policía de fronteras tratando de evitar que los balseros naden o caminen hasta la costa). Esta peculiaridad de ley de inmigración (que se aplica sólo a los cubanos) y la diferencia entre el número de personas que realmente quiere inmigrar y aquellos que son capaces de hacerlo legalmente es lo que produce a los balseros.

La intensidad de los sentimientos en la comunidad cubana de Miami generada por el caso de Elian tiene que ver con una contradicción en su sicología política y personal. Los cubanos en Miami tienden no sólo a ser conservadores políticamente, sino también en términos de moral familiar. Como muchos comentaristas notaron en su momento, esto los debe haber inclinado a preferir ver a Elian reunido con su padre y sus abuelas en Cuba (los parientes de Miami son parientes lejanos). La muerte el año pasado de Jorge Mas Canosa, el poderoso e influyente dirigente de la Cuban American Foundation y, de acuerdo con todos los testimonios, el "Padrino" de la comunidad cubana de Miami, dejó una suerte de vacío. Los hijos de los inmigrantes de los sesenta y los setenta tienden a estar menos obsesionados que sus padres con Castro y el retorno a Cuba. Los nuevos inmigrantes del "período especial" nacieron y fueron educados bajo la Revolución y tienden a ser menos "ideológicos" que la generación de Mas Canosa y sus seguidores (sus razones para emigrar son a veces más económicas que políticas). Elian ofreció la oportunidad a la vieja dirigencia de tratar de reafirmar su influencia y control sobre la comunidad de Miami. No hay duda de que esta dirigencia "histórica" fue ideológica y financieramente la principal fuerza detrás de la decisión de los parientes de Miami de mantener a Elian en su poder.

Casi sin excepción, los cubanos de Miami han tenido que hacer tremendos sacrificios personales (y en el caso de los balseros, aceptar un grado considerable de riesgo personal) para inmigrar a Estados Unidos. Su convicción más profunda es que no hay futuro para ellos en la Cuba de

Castro, que la emigración era su única opción. Devolver a Elian a un padre que había indicado que estaba satisfecho de continuar viviendo en Cuba, hubiera significado que una vida decente es aún posible en Cuba, a pesar del comunismo y las severas dificultades del "período especial", y esto hubiera socavado su propia decisión de buscar una nueva vida en Estados Unidos (una nueva vida que, como señalamos antes, pudo y puede implicar para muchos de estos nuevos inmigrantes dificultades o desengaños en términos económicos, debido a que están colocados, en general, en el extremo inferior de la pirámide económica de Miami). La quimera de la comunidad de Miami, que hubiera reconciliado su apego a valores patriarcales tradicionales y afirmado a la vez su identidad anti-fidelista, era que el padre de Elian hubiese abandonado Cuba por Estados Unidos y entonces (y sólo entonces) reunir a Elian con él.

Más que nada, el caso de Elian reveló la bancarrota de una política que aún está guiada por presupuestos de la Guerra Fría. Si hubiera relaciones normales entre Estados Unidos y Cuba, no hubiese habido un "caso Elian". Su madre podría haber inmigrado legalmente, su padre podría haberse postulado para visitar a su hijo en Estados Unidos en cualquier momento, o viceversa, Elian hubiese sido libre para viajar a Cuba para visitar a su padre. La política del gobierno de Clinton para recuperar a Elian para su padre fue, en un sentido, una respuesta a un problema que ella misma había creado al permitir que su política hacia Cuba estuviese dirigida por su sueño de deponer a Castro. Al mismo tiempo, la comunidad cubana de Miami permaneció atrapada en un odio a Castro que perjudicó su propia capacidad de maniobra política en Estados Unidos.

Lo que esto significa es que la lucha política para aliviar o terminar el embargo va a tener consecuencias no sólo para el futuro de Cuba sino también para el futuro de Estados Unidos — particularmente, si Cuba es capaz de retener al menos algunos elementos de su naturaleza socialista al mismo tiempo que ingresa en el sistema interamericano. Uno no debiera esperar demasiado aquí: en el futuro que puede preverse, la Revolución va a ser más un mendigo que un dador. Pero ha creado una de las poblaciones mejor educadas y técnicamente más capacitadas de América. La reticencia de sectores importantes de esa población de aceptar la reimposición de un estatus neocolonial se deriva de una comprensible ansiedad acerca de los resultados de la "transición" en Europa del Este y en la ex-Unión Soviética, y un sentido prudente de la despiadada lógica económica del neoliberalismo.

El otro de Elián

La antropóloga cubanoamericana Ruth Behar cuenta la siguiente historia (que agradezco que me permita reproducir):

[En Cuba] a menudo me encuentro en largas conversaciones con el diseñador de libros y artista Rolando Estévez, que vive en Matanzas y trabaja como director artístico de la revista artesanal *Vigía*. Estévez tiene un inusual sentido de la compasión por nosotros, tipos de segunda generación que fueron llevados de Cuba durante los años tempranos de la Revolución y así sentimos que dejamos atrás nuestras infancias en Cuba. Su compasión se deriva de una experiencia de pérdida y duelo diferente, y bastante más devastadora. El nunca dejó Cuba; fue su familia la que lo dejó a él. Sus padres y su hermana menor emigraron a Miami cuando el tenía quince años. Para la ley cubana, Estévez no se podía ir porque estaba en edad militar. Forzado a tomar una terrible decisión —como tantas otras familias cubanas— acerca de o bien "sacrificar" ambos hijos o "salvar" uno al menos, sus padres optaron por irse, con el plan de llevarse a Estévez más tarde. Pero cuando los padres de Estévez finalmente fueron capaces de sacarlo de Cuba, él se negó a irse. Estaba profundamente herido por haber sido abandonado, y se había propuesto nunca dejar Cuba, no importara qué tan desesperada la situación se tornara.

Sentados uno al lado del otro en su viejo sofá cama soviético, la grabadora entre nosotros, dice: "Yo también me considero un exiliado. Un exiliado de mi familia. Aquellos que se van se llevan cosas. Y esas cosas, si no las tienes, te convierten en un exiliado. Yo conocí a mi hermana cuando tenía cuarenta años y ella tenía treinta y dos. Tenía sólo ocho años cuando se fue". De repente hace una pausa. Estamos haciendo esta cinta no sólo en mi beneficio académico, sino también como una suerte de carta abierta a su hermana, en la cual Estévez está tratando de expresarle las conexiones entre su vida y su trabajo artístico. "Es tan difícil para mí decir esto. Ella me está escuchando y quiero que ella me escuche con oídos bienintencionados, porque es difícil para mi creer que ella es mi hermana". Más tarde, Estévez me pedirá que no copie esta parte de la cinta para su hermana, que eliminara estas palabras que en ese momento aún piensa que le gustaría dirigirle. "Viviendo juntos tú creas lazos, ideas en común, puntos de identificación, mientras que la distancia crea dolor, especialmente cuando la distancia te ha sido impuesta, cuando es de tal magnitud. No puedo obtener una visa para visitar los Estados Unidos y ella se niega a venir a Cuba porque no quiere dar dinero al gobierno cubano... han sido quince años desde la última vez que vi a mi madre. Diez años desde que vi a mi padre... El dolor de aquellos que se quedan es enorme. Ver que alguien se va es como morir y verte a ti mismo desde arriba, mutilado, perdido... Quedas con la

ausencia de aquellos que te formaron, de aquellos que te deformaron también. Repentinamente, estás tan solo".
"Pero", le interrumpo, "Tú perdonas a tus padres, ¿no?". Él contesta: "El perdón existe y no existe ¿Para qué sirve el perdón? Mi madre es un alma lastimada. Yo sé que ha sufrido. Y me imagino que ha sufrido más de lo que yo puedo saber. Ella necesita ser perdonada, no porque sea mi madre sino porque es un ser humano. En el caso de mi padre, es diferente. Mi padre es una persona mucho mas fuerte. Tenía aspiraciones, o al menos una aspiración muy concreta: que su única hija, la hija de su edad madura, no fuera educada en Cuba, que no cortara caña, que no participara en grupos de trabajo, que no estuviera en buses con negros, que alcanzara una carrera digna, y él ha conseguido todo eso. Pero mi madre está mucho más frustrada —ella dejó a su madre, a su hijo, hermanos y hermanas, su barrio... Recuerdo a mi madre bailando, cantando, entreteniendo a las señoras viejas de su casa... yo no sé como se las arregló en un país donde no se puede salir de noche, donde no se puede estar conversando con los vecinos constantemente."

La madre de Estévez volvió a Cuba en 1978, durante un programa de reunificación de familias, dos años antes de que la hija de Estévez naciera. Durante este tiempo Estévez había ido, de vivir con sus padrinos, con quien sus padres lo habían dejado, a vivir con su esposa de entonces, una artista. "En un sentido me había reinventado una familia, y ello me ayudó a recibir a mi madre. No te puedo describir el impacto emocional de su retorno... Mi madre llegó llena de píldoras, de la cabeza a los pies. En los Estados Unidos se había convertido en una persona enferma. Nunca había tomado una píldora para los nervios en Cuba. Pero después de 1969 se convirtió en una psicópata. Ella misma me dijo: 'no podría haber llegado aquí si no hubiese sido por las píldoras. Tuve que tomar una en el avión y otra cuando te venía a ver'. Se había tenido que preparar para verme, Ella no tenía ninguna otra arma que no fueran esas píldoras. Y en la cocina se puso a llorar, diciendo que ella se había purgado a sí misma de haber dejado Cuba, de haberme abandonado. Purgado a sí misma, nunca olvidé esas palabras..."

Después de un segundo viaje a Cuba, la madre de Estévez cayó en un coma, y cuando despertó seis meses después estaba en peor forma tanto física como psíquica. Nunca volvió a Cuba. Más tarde, la vida de Estévez tomó un curso completamente diferente, al entrar en una relación con un hombre, un enfermero que lo había cuidado durante su convalecencia por hepatitis, y con el que ahora vive en una relación abiertamente gay. Los padres de Estévez y sus hermanas no saben acerca de esta parte de su vida. Yo debo mantener la boca cerrada cuando visito a sus padres en su apartamento subsidiado en el norte de Miami. "Usted ve qué pobres somos" me dice su madre cuando la veo "Todo lo que tuvimos fue para Cuba. Para enviar a Cuba. Es por eso que no nos quedó nada para nosotros" Y entonces, cuando pregunta, "¿Cómo está mi hijo?", le

Una utopía degradada • 443

digo que está muy bien, y que la extraña mucho y desearía poder verla. Y cuando pregunta "¿Cómo está mi nieta, a la que ni conozco, siquiera?", de nuevo le tengo que decir que está bien, que todo está bien. Pero por supuesto todo no está bien. La hija de Estévez acaba de cumplir quince años —la misma edad que Estévez tenía cuando sus padres se fueron de Cuba— y esto lo ha hecho tener que enfrentar su pasado y el futuro de su hija. Una de las cosas que me dice Estévez es que quiere hacer todo lo que esté en su poder para evitar que su hija pase por lo que él tuvo que pasar. "Tengo que creer que estar aquí con ella es más importante que mandarle doscientos dólares por mes desde los Estados Unidos", dice. Pero con menos seguridad, añade, "Tengo muchos miedos. Estoy luchando de manera tal que mi hija no me reproche más tarde, no use contra mí el hecho de que ella se quedó en Cuba".

Yo sé qué tan duro Estévez está luchando. Siempre que voy a Cuba le llevo papel, tintas y pinturas, porque ya no tiene insumos con los cuales trabajar como artista. Le gusta pintar lo que considera como su verdadero trabajo artístico —su trabajo *macho*, como jocosamente se refiere a él— exclusivamente en blancos, negros y grises; todas sus pinturas son variaciones del mismo tema —la insoportable tristeza de la soledad. Pero también ha comenzado a hacer témperas en colores, con los insumos que le llevo, según me los pide. Estas son escenas brillantes, alegres, fantasiosas en su cualidad chagallesca, trabajos comerciales que venden bien en las galerías de arte de Varadero y que le proveen con dólares muy necesarios. A esto, jocosamente otra vez, él se refiere como su obra *pajarito*, su arte "marica".

Cada paquete que le llevo lo ayuda a mantenerse en Cuba con la dignidad que teme tanto perder. Ayuda a mantenerlo a él y a su hija en Cuba, la hija que yo, una absoluta desconocida, conozco, y su abuela no.

Coda

En el final de *Scarface*, la mansión del gangster marielito es atacada por narco-guerrilleros enviados por los jefes del cartel boliviano para ajustar cuentas. Los guerrilleros lucen no muy lejanos a la imagen americana del revolucionario latinoamericano tipo Che Guevara, completos con bandanas rojas, sombreros y barbas. La escena es una metáfora de un país crecientemente permeable y permeado por explosiones de población y violencia revolucionaria en el Tercer Mundo. Nos recuerda que la fascinación con Miami en la cultura norteamericana contemporánea no carece de relación con una ansiedad acerca de la inmigración, que ha reemplazado una fantasía paranoica anterior a la infiltración comunista. En las películas sobre la guerra de Corea de los años cincuenta el comunismo siempre era representado como una multitud —los ataques de "muralla humana" del ejército chino— que amenazaba desbordar la singularidad del sujeto occidental que se les oponía. Miami encarna tanto la derrota del comunismo como la incorporación de la peligrosa multiplicidad que el comunismo representaba metonímicamente en el espacio del cuerpo político americano.

No es claro en estos términos si Miami será, como prefiere llamarse a sí misma, la "Ciudad del Futuro" —el avatar de un estadio nuevo del capitalismo, multicultural y pos-nacional. Pero no es solamente en Cuba donde una "gran narrativa" tradicional ha entrado en crisis. Como muestra el epílogo del caso Elian, la política de Miami se está convirtiendo en corrupta, dispersa e incoherente. Hay aún la posibilidad para una coalición política progresista en Miami, al estilo de la "Coalición Arco Iris" de Jesse Jackson a finales de los ochenta. Implicaría unir a la mayoría de clase media baja y la clase trabajadora de las comunidades latinas y cubanas, los afroamericanos y los haitianos, la clase trabajadora blanca, y los yupies liberales. Los obstáculos para que esto ocurra son obvios y quizás imposibles de superar. Para comenzar, esta posibilidad tendría que desafiar y ofrecer una alternativa creíble al modelo de crecimiento pos-fordista para la economía de Miami (como ya notamos, parte de la estrategia de la dirigencia cubanoamericana en el caso de Elian fue mantener a la comunidad burguesa orientada hacia la derecha, a pesar de sus problemas económicos y sociales). Lo que es más probable, entonces, es que Miami continúe funcionando como —para tomar prestada la descripción de Louis Marin de Disneyland— la "utopía degradada" del capital globalizado y de la hegemonía neoliberal en las Américas.

Traducción: Juan Pablo Dabove

Notas

[1] Ver Gustavo Pérez-Firmat, él mismo es un producto de lo que llama "la generación y media" de cubanoamericanos (nacidos en Cuba, pero educados principalmente en los Estados Unidos), en su *Life in the Hyphen: The Cuban-American Way.*
[2] "*City of the Future*" es el slogan oficial del área metropolitana de Miami.
[3] "La superposición de sistemas sociales paralelos en el mismo espacio físico ha dado origen a la aculturación al revés–un proceso en el cual las costumbres extranjeras sus instituciones y lenguaje se difunden entre la población nativa. Como consecuencia, el biculturalismo ha emergido como un proyecto de adaptación alternativo para lograr la completa asimilación en la cultura americana (Portes y Stepick, 8)
[4] En la práctica, la economía de Miami ha estado en recesión desde 1989. El Huracán Andrew, en 1992, produjo resultados confusos en términos económicos,

estimulando los precios de las propiedades inmobiliarias y la industria de la construcción, pero al mismo tiempo forzando el cierre de muchos negocios.

[5] "En gran medida la arquitectura posmoderna [...] encuentra su lugar en la economía de mercado dada su imagen visual, su fachada, que nos exhibe una cara accesible del poder" (Sharon Zukin, *Landscapes of Power*, 241).

[6] Fort Brescia nos dijo que al crear este espacio, quería reproducir de manera vertical el principio de la plaza, tan importante en la arquitectura italiana o española colonial.

[7] "Cracker" es el nombre de los campesinos habitantes iniciales de la región.

[8] El colega de Plater-Zyberk y Duany en la Escuela de Arquitectura de la Universidad de Miami, Jean-François Lejeune, señala en su proyecto: "la reinvención de la ciudad-jardín norteamericana en la época de las metrópolis que se desparraman es un signo de posmodernismo. Ya no se concibe con la visión utópica y jeffersoniana de una unidad productiva ligada a la artesanía o a la producción agrícola, sino que es inherentemente dependiente de la economía de servicios y de las redes de computadoras [...] Los urbanistas de Miami no participan de una nostalgia anti-urbanista de "retorno al campo". Desde el momento en que intenta resolver los problemas de la expansión urbana antes que luchar contra ellos, su trabajo es fundamentalmente urbano" (*Architecture in the Tropics* 106).

[9] La novela de Cristina García *Dreaming in Cuban*, es una buena introducción a las complejas, pero profundas relaciones que persisten entre los cubanos y los cubanoamericanos en Estados Unidos.

[10] Es una poderosa ironía que no debe ser pasada por alto el hecho de que el "milagro cubano" en Miami, tan entusiasta y ruidosamente proclamado por los de la "línea dura", muy probablemente desaparecería si la amenaza del socialismo en el hemisferio occidental se desvaneciera. Sin esa amenaza, Cuba sería sólo otra isla paradisíaca pero subdesarrollada, y los cubanos de Miami sólo otro grupo de inmigrantes hispanos en situación desventajosa.

BIBLIOGRAFÍA

Dade County Planning Department. *Hispanics in Dade County*, 1990, 1994.
García, Cristina. *Dreaming in Cuban*. New York: Random House, 1992
Pérez Firmat, Gustavo. *Life on the Hyphen: The Cuban-American Way*. Austin: University of Texas Press, 1994.
Plater-Zyberk, Elizabeth y Andreas Duany. "The Three Traditions of Miami". *Miami: Architecture in the Tropics*. Maurice Culot y Jean-François Lejeune, eds. Miami: Center for Fine Arts, 1993. 79-89.
Portes, Alejandro y Alex Stepick. *City on the Edge: The Transformation of Miami*. Berkeley: University of California Press, 1993.
Zukin, Sharon. *Landscapes of Power*. Berkeley: University of California Press, 1991.

Laberintos narrativos de la contemporaneidad

Jesús Martín-Barbero

Hasta hace unos pocos años, que un investigador social estudiara el melodrama o la canción popular era casi un suicidio académico, pues esos "objetos" representaban todo lo contrario de un objeto noble, y su indignidad contagiaba al estudio mismo. Eso fue lo que experimenté durante largo tiempo en la mayoría de las universidades de América Latina a donde llevé "mi cuento": una mueca que juntaba desdén con desconcierto. En realidad, el desdén académico remitía al afuera de la universidad, a esa "ciudad letrada" que ha sido incapaz de entender todo lo que no ha podido fagocitar o someter a su *gramática de clase*. Despreciar el vallenato o la telenovela ha sido uno de los modos como la elite se distingue/distancia de los *humores* del populacho.

Entre la larga duración de las historias y la fragmentación visual de los relatos

> Realidad contradictoria y desafiante la de una sociedad de masas que, en la lógica perversa de un capitalismo salvaje, de lo viejo forma lo nuevo y con lo nuevo rehace lo viejo, haciendo coexistir y juntarse, de modo paradójicamente natural, la sofisticación de los medios de comunicación de masa con masas de sentimientos provenientes de la cultura más tradicionalmente popular.
>
> Marlyse Meyer

Lo que la crítica académica no parece capaz de captar es que el éxito de la telenovela remite –por debajo y por encima de los esquematismos narrativos y las estratagemas del mercado– a las transformaciones tecnoperceptivas que posibilitan a los sectores populares urbanos apropiarse de la modernidad sin dejar su cultura oral. Pues la novela o el dramatizado en televisión son expresión de una "oralidad secundaria" (Ong 130) en la que se mestizan la *larga duración* del "relato primordial" (Frye 71) –caracterizado por la *ritualización de la acción* y la *topología de la experiencia* que imponen una fuerte codificación de las formas y una separación tajante entre héroes y villanos obligando al lector a tomar partido– con la *gramática de la fragmentación* (Sánchez-Biosca) del discurso audiovisual que articulan la publicidad o el videoclip. La ligazón de la telenovela con la cultura oral le permite *explotar* el universo de las leyendas de héroes, de los cuentos de miedo y de misterio que desde el campo se han desplazado a la ciudad –a unas ciudades ruralizadas al mismo tiempo que los países se urbanizan– en forma de "literatura de cordel" brasileña (hoy vertida al formato de cómic o fotonovela), de corrido mexicano (que canta las aventuras de los capos del narcotráfico) o de vallenato colombiano (hoy mestizado con instrumentos del *rock* y ritmos del *reggae*). Lo que en la hibridación de viejas leyendas con lenguajes modernos mueve la trama – tanto o más que las peripecias del amor– es el *drama del reconocimiento* (Brooks 343), esto es el movimiento que lleva del des-conocimiento –del hijo por la madre, de un hermano por otro, del padre por el hijo– al re-conocimiento de la identidad, convirtiendo así al drama en una lucha contra las apariencias, contra todo lo que oculta y disfraza, una lucha por hacerse reconocer. De ahí que los enredos de parentesco, las peripecias y los golpes teatrales no sean exteriores a los golpes morales pues en el melodrama los efectos dramáticos son expresión de una exigencia moral, que des-cubre a su vez la *continuidad que la estética mantiene con la ética en el universo de lo popular*.

¿No estará ahí, en el *drama del reconocimiento,* la secreta conexión del melodrama con la historia cultural del "sub"-continente latinoamericano? ¿Con su mezcla de razas que confunde y oscurece su identidad, y con la lucha entonces por hacerse reconocer? Pero también con su des-conocimiento del contrato social entre gentes que se reconocen en una otra *socialidad primordial,* la del parentesco, las solidaridades vecinales o la amistad. A donde esa socialidad remite, según Zonabend, es al *tiempo familiar* que es "ese tiempo en que el hombre se piensa social, un hombre que es antes que todo un pariente. El parentesco funda una sociabilidad, una solidaridad. De ahí que el tiempo familiar haga parte del tiempo de la colectividad" (308). Lo que reafirma Hoggart al afirmar que en la cultura popular "los acontecimientos no son percibidos mas que cuando afectan la vida del grupo familiar" (76), ya que la familia media la sociabilidad, esto es la presencia ineludible y constante de la colectividad en la vida. Entre el tiempo de la *Historia* –que es el tiempo de la nación y del mundo, el de los grandes acontecimientos que vienen a irrumpir desde fuera en la comunidad –y el tiempo de la *vida*– que es el tiempo que va del nacimiento a la muerte de cada individuo, y que jalonan los ritos de iniciación a las diferentes edades –el tiempo *familiar* es el que media y hace posible su comunicación. *Socialidad* de los sectores populares que la mercantilización

Laberintos narrativos de la contemporaneidad • 449

del tiempo de la memoria y del espacio colectivo han tornado *anacrónica*. Pero una anacronía que resulta preciosa, pues desde ella, melodramatizando todo, las gentes se vengan a su manera de la abstracción impuesta por la mercantilización a la vida, de la exclusión social y la desposesión cultural. Alejo Carpentier quizá no habla de otra cosa cuando escribe:

> Viviendo como vivimos en pleno melodrama –ya que el melodrama es nuestro alimento cotidiano– he llegado a preguntarme muchas veces si nuestro miedo al melodrama (como sinónimo de mal gusto) no se debía a una deformación causada por las muchas lecturas de novelas psicológicas francesas. Pero la realidad es que algunos de los escritores que más admiramos jamás tuvieron miedo al melodrama. Ni Sábato ni Onetti lo temieron. Y cuando el mismo Borges se acerca al mundo del gaucho o del compadrito, se acerca voluntariamente al ámbito de Juan Moreira y del tango arrabalero. (en García Riera 16)

En América Latina el melodrama resulta ser entonces, como afirmé en otro lugar (*De los medios* 242-59), algo más que un género dramático: es una matriz cultural que alimenta el reconocimiento popular en la cultura de masa, territorio clave para estudiar la no-contemporaneidad y los mestizajes de que estamos hechos. Como en las plazas populares de mercado, en el melodrama está todo revuelto, las estructuras sociales y las del sentimiento, mucho de lo que somos –machistas, fatalistas, supersticiosos– y de lo que soñamos ser, la nostalgia y la rabia. En forma de tango o de telenovela, de cine mexicano o de crónica roja, el melodrama trabaja una veta profunda del imaginario colectivo, y no hay acceso a la memoria ni proyección al futuro que no pasen por el imaginario.

A mediados del siglo XIX en Inglaterra y Francia, el *folletín* trasladó el melodrama del teatro a la prensa ensanchando el público lector a la "masa del pueblo" e inaugurando una nueva relación con la escritura a medio camino entre la novela y el cuento: la del relato por episodios y series. En la Argentina de 1870, Eduardo Gutiérrez escribe por entregas en el periódico *La Patria Argentina* el primer gran folletín gauchesco, *Juan Moreira*, en el que se funden lo rural y lo urbano y los personajes y aventuras que vienen de las coplas de los payadores, que circulaban en cuadernillos y gacetas, con los sucesos sacados de los archivos policiales (Jorge Rivera, *El folletín*). Pero más que en la prensa el verdadero desarrollo del folletín latinoamericano ocurrirá en la radio. Y sus mediadores serán el circo en Argentina y la lectura colectiva de las fábricas de tabaco en Cuba. El circo criollo (Seibel, *El teatro "bárbaro" del interior*) –esa modalidad especial de circo que resulta de juntar bajo la misma carpa pista y escenario, acrobacia y representación dramática– será el ámbito en que se funden la mitología gaucha de los folletines con la escena de los cómicos ambulantes ámbito en el que hallará su origen el radioteatro. Si en Argentina la radionovela se llamó *radioteatro* fue justamente porque las compañías de actores que hacían radio provenían del circo y recorrían las provincias presentando los dramas radiales *para que la gente viera lo que escuchaba*. En Cuba, desde finales del siglo XIX los talleres de las tabaquerías eran escenario de la 'lectura en voz alta' de libros de historia y relatos folletinescos que aportarían temas y formas a la radionovela. Esa práctica, oriunda de conventos y cárceles en Europa, es introducida en las galeras del Arsenal y de allí pasará a las tabaquerías de Azcárate y Partagás. A partir de 1936 convivirán en las tabaquerías el lector y la radio, en la que Cuba fue pionera, "hasta que la máquina venza al lector de tabaqueros por medio de la radiofonía que le comunicaba por los aires la lectura" (Fernando Ortiz 127). La radionovela (verdadera madre de la telenovela latinoamericana) nace así incorporando la escucha popular a la conformación de una expresividad sonora de la que hará parte *la dimensión corporal del arte de narrar*, esto es la exploración de los efectos –tonos y ritmos– sensoriales del relato. De la radionovela, la telenovela conservará la predominancia del *contar a*, con lo que ello implicará de redundancia estableciendo día tras día la continuidad dramática. Y conserva también la *apertura indefinida* del relato, su apertura en el tiempo –se sabe cuando empieza pero no cuando acabará– y su porosidad a la actualidad de lo que pasa mientras dura el relato. Texto dialógico –o según una versión brasileña de la propuesta bajtiniana– *género carnavalesco*, la telenovela es un relato "en el que autor, lector y personajes intercambian constantemente sus posiciones" (Roberto da Matta 196). Intercambio que es confusión entre relato y vida, que conecta en tal modo al espectador con la trama que éste acaba alimentándola con su propia vida. Pues *de lo que hablan las telenovelas,* y lo que le dicen a la gente, no es algo que esté dicho de una vez en el texto de la telenovela ni en lo que revelan las respuestas a las encuestas. Es un decir fuertemente cargado de silencios: los que tejen la vida de la gente que "no sabe hablar" –y menos escribir– y aquellos otros desde los que se mira y se construye el diálogo de la gente con lo que pasa en la pantalla: definitivamente la telenovela habla menos desde su texto que desde el intertexto que forman sus lecturas. De ahí que en los sectores populares la telenovela se disfrute mucho más contándola que viéndola, porque es en lo que se cuenta que se produce la confusión entre relato y vida. En esa confusión, que es quizás lo que más escandaliza a la mirada intelectual, se cruzan bien diversas lógicas: la mercantil del sistema productivo, esto es la de la estandarización, pero también la del cuento popular, del romance y la canción con estribillo, es decir "aquella serialidad propia de una estética donde el reconocimiento y la repetición fundan una parte importante del placer, y es en consecuencia norma de valor de los bienes simbólicos" (Beatriz Sarlo 25).

IMAGINARIOS DE LA TELENOVELA Y MEMORIAS DEL PAÍS

> Las líneas del mensaje televisivo tienden a comportarse como materiales de un tejido. La comunicación visual intercepta una tupida red de hábitos mentales y residuos muy profundos: lo visual establece un juego misterioso con el terreno de la imaginación, del inconsciente y el sueño.
>
> Furio Colombo

El verdadero encuentro de la telenovela con el país tendrá lugar a comienzos de los ochenta, en un nuevo modo de telenovelar[1] cuyo punto de arranque se halla en la burla del género que inauguró *Pero sigo siendo el Rey*: una telenovela en la que los colombianos se encontraron riéndose a la vez de las reglas del género, y de la forma de verse a sí mismos en la caricatura sentimental de la ranchera. La veta irónica, que recogía una vieja tradición satírico-costumbrista de estirpe neogranadina (Ramírez Lamus), comenzó a horadar la grandilocuencia y las rigideces del melodrama, liberando la trama del peso del destino y permitiendo *respirar* al relato, esto es permitiendo que las acciones pudieran tener espesor espacio-temporal y los personajes cuerpo. Del mundo costeño de *Gallito Ramírez* al submundo urbano y bogotano de *Las muertes ajenas* se nos abre acceso al entramado de las humillaciones y las revanchas de que está hecha la vida de los que luchan no sólo por sobrevivir sino también por ser *alguien*. Y para ello se auscultará el opaco tejido en que *las clases se tocan*: las perversiones de los ricos que los conectan con los bajos fondos, y las tácticas de los pobres "explotando" los vicios de los ricos. Ampliando el horizonte de lo telenovelable hacen su aparición en el relato nuevas profesiones, o mejor nuevos *mundos de vida*. Artistas, boxeadores, gentes del rebusque develan nuevos modos de relación social, turbias relaciones de solidaridad y complicidad, brechas morales y culturales que agrietan la mentirosa normalidad de nuestra sociedad.

Abierta sobre el presente y porosa a los movimientos de la actualidad social, la telenovela colombiana de los ochenta se aleja de los grandes símbolos del bien y del mal para acercarse a las ambigüedades y rutinas de la vida cotidiana y a la *expresividad cultural de las regiones* que forman el país. Frente al engañoso mapa sociocultural de la dicotomía entre progreso y atraso que nos trazó la modernización desarrollista, telenovelas como *San Tropel* o *El divino* nos mostraron un mapa expresivo tanto de las discontinuidades y destiempos como de las vecindades e intercambios entre modernidad y tradiciones, entre el país urbano y el país rural. Con *pueblos* donde las relaciones sociales ya no tienen la elementalidad –la estabilidad y transparencia– de lo rural, y con *barrios* de ciudad donde se sobrevive sobre la base de solidaridades y saberes que vienen del campo. Un mapa en que se mezclan, tanto más que se oponen, verticales servidumbres de feudo con horizontalidades producidas por la homogenización moderna y las informalidades del rebusque urbano, en que conviven la hechicería con el biorritmo, y arraigadas moralidades religiosas con escandalosas liberaciones de la afectividad y la sensualidad. Ante los asombrados ojos de muchos colombianos se hizo por primer vez *visible* una trama de intercambios y rupturas que, aun con su esquematismo y sus inercias ideológicas, hablaba del modo como sobreviven o se pudren unas formas de sociabilidad, de las violencias que se sufren o con las que se resiste, de los usos "prácticos" de la religión y las transacciones morales sin las que es imposible sobrevivir en la ciudad.

Enredada a esa trama las telenovelas hicieron también visible la otra contradicción que más profundamente desgarra y articula nuestra modernidad: el desencuentro nacional con lo regional, la centralización desintegradora de un país plural, y la lucha de las regiones por hacerse reconocer como constitutivas de lo nacional. De la Costa Caribe al Valle del Cauca, pasando por Antioquia y las riberas del Sinú la telenovela posibilitó un acercamiento a lo regional que, superando la caricatura y el resentimiento, lo configuró como diversidad de sentir, de cocinar, de cantar y de contar su vida y sus historias. Culturas de la Costa en las que la magia no es cosa de otro mundo sino dimensión de éste, en las que el boxeo puede llegar a ser una moral más que un oficio y el vallenato es aun romance que convierte en *historia* los milagrosos sucesos cotidianos. Culturas del Valle del Cauca que ponen en escena los *humores*, el espesor erótico y estético de las gentes *de pueblo*. Un pueblo donde el poder y los conflictos obedecen a saberes de mujeres (o del homosexual) que mezclan la atracción sexual con el dominio de las comunicaciones, sean el chisme o la central de teléfonos, donde la brujería burla a la religión instituida y una erótica cruda y elemental se combina con una refinada homosexualidad para burlar al machismo: saberes y poderes *femeninos* en conflicto no con la modernidad sino con las incoherencias de la economía y la *fealdad* de la política que hacen los hombres.

En un país fragmentado y excluyente tanto social como culturalmente, las telenovelas de los ochenta juntaron, revolvieron y mezclaron lo rural con lo urbano, el país más viejo con el más nuevo, y los diversos países que hacen este país. Y en la reconstrucción que esas telenovelas hicieron del imaginario nacional no podía faltar el encuentro, o mejor el *cruce*, del melodrama con la fantasía y la desmesura de Macondo, que es lo que hizo *Caballo viejo*. En la vastedad del río Sinú, en la voluminosidad del cuerpo de la tía Cena, en la mezcolanza delirante de las vidas que encarna Reencarnación, y en la multiplicidad de saberes y sabores que mestiza Epifanio, se rasgaron las costuras del relato melodramático y por allí se colaron la magia de la palabra y una secreta fusión de lo local con lo universal. Frente al uso puramente funcional o redundante de la palabra con relación a la imagen en la telenovela mexicana o venezolana, en *Caballo viejo* la palabra se espesó hasta tornarse ella misma imagen *poética*: cargada de silencios y expresada en monólogos la palabra *encanta*, conecta el dicho popular con la metáfora, en un reencuentro de la telenovela con la oralidad cultural del país, y desde ella con la escritura que ha roto la gramática para liberar la magia secreta, las sensibilidades y ritmos de lo oral. Por la otra costura rota se cuela la experiencia de un hombre y de un pueblo que, perdido en un recodo del río Sinú, "se siente universal": ósmosis cultural que fusiona saberes y sabores venidos de occidente y de oriente, de la filosofía y la sabiduría popular, hablas del interior y decires del Caribe. La burla al melodrama desde dentro va a introducir en el realismo de su irrealidad la apertura a lo maravilloso macondiano.

DE LA ORALIDAD RURAL A LA MÚSICA POPULAR URBANA

> *Cien años de soledad* no es más que la tentativa de un vallenato de 450 páginas.
> Gabriel García Márquez

Así como el *melodrama*, que está en el inicio de la telenovela, es el drama cantado, también desde sus comienzos el *vallenato* es crónica cantada, que ha pasado en los últimos veinte años de ser la música rural en las aldeas de la Costa Caribe y la Guajira a convertirse en la música urbana con que Colombia busca llenar el vacío dejado por la desaparición de la *cumbia* como música nacional.

En el origen, y según un cronista nativo de sus tierras, el vallenato fue la forma de comunicación más viva entre los pueblos del Valle de Upar, algo así como "recados cantados" que los juglares, que recorrían el valle y las serranías, llevaban de un rancho a otro y de cantina en cantina. Lo que distingue a esa música tanto o más que sus instrumentos –el acordeón europeo, la guacharaca indígena, la caja africana– es su género enunciativo: *la crónica*. A semejanza de los cantadores de *corridos* mexicanos (Héau de Giménez 67) que hicieron la crónica y leyenda de la revolución, y hoy la hacen de las aventuras de los capos-héroes del narcotráfico, o de los payadores argentinos (Rivera, *Las literaturas marginales*) que recorrían la pampa cantando historias de gauchos en las que recogen sus hazañas y memorias, los creadores y cantadores de vallenato

> no cantan poemas sino que hacen crónica estupenda y fresca de la realidad, aportando su maestría para relatar el hecho, su sensibilidad para captarlo en medio de la modorra de la aldea que duerme en la nata espesa de ese caldo que es la rutina, y su gracia para lo cómico e insólito. (Juan Gosain)

Hasta cuando el vallenato se pone lírico la mujer no es una imaginaria e idealizada novia, sino una mujer con nombre concreto y que habita en un pueblo conocido, ya sea la historia de la nieta "consentida y pechichona" que se la llevó el dueño de un carro, o la "vieja amiga Sara", a la que perdió su amigo por meterse a contrabandista en la Guajira.

El otro aspecto formal que distingue al vallenato originario es su parentesco con los viejos romances castellanos y con su forma de versificación, la décima. Compuesto, como los romances, para ser oído y no para ser bailado –aunque sea propio de una región tan bailadora como la Costa Caribe– el vallenato hace su primer tránsito desde las "colitas" en las piquerías, o sea el final de una fiesta hecha con otras músicas casi siempre bailables, hasta la parranda: que es su propia modalidad festiva, en la que las gentes se reúnen para escuchar conjuntos vallenatos durante horas (ver Rito Llerena Villalobos). Su segundo tránsito es el que, desde 1947 y de la mano del disco, inicia su *desterritorialización* transformando el vallenato de música *local*, en su sentido más fuerte, a música *regional* llevándolo de los ranchos en que se organiza la parranda hasta los salones de la sociedad costeña. Aunque el disco y la radio lo saquen de su hábitat cultural, el disfrute mayoritario seguirá durante años siendo rural, pero al mismo tiempo el vallenato inicia desde los medios masivos su legitimación como la música costeña por excelencia primero, y como música nacional desde los años ochenta.

Sin querer comparar esos recorridos del vallenato colombiano con la complejidad de avatares y contradicciones que llevaron a la música negra brasileña desde la hacienda esclavista hasta las grandes urbes de Río y São Paulo, la experiencia brasileña ilumina sin duda la experiencia musical colombiana. Despreciada por las elites o reducida a *folclore* por los populistas, la música negra en Brasil se toma la ciudad de la mano del disco, de la radio y de la extranjerizante vanguardia modernista. Y se incorpora así al hacer cultural del país, a una cultura urbana "que procede por apropiaciones polimorfas y el establecimiento de un mercado musical donde lo popular en transformación convive con elementos de la música internacional y de la cotidianidad ciudadana" (Enio Squeff y José Miguel Wisnik 148). Deja entonces de servir únicamente para llenar el vacío de raíces del hombre de la ciudad, y arrancándose al mito de una pureza que lo mantenga atado a los orígenes, la música negra se hace contradictorio campo de reconfiguraciones de la identidad. Un circuito de idas y venidas, de entrelazamientos y superposiciones carga el pasaje que desde el candomblé y el corral de samba conduce hasta el disco y la radio. Pero es el circuito lleno de escaramuzas y estratagemas de las que ha estado siempre llena la lucha de los dominados para abrirse camino hacia su reconocimiento social. "Las contradicciones generadas en esa travesía no son pocas, pero ella sirvió para generalizar y consumar un hecho de la mayor importancia para el Brasil: la emergencia urbana y moderna de la música negra" (Squeff y Wisnik 161).

También el vallenato en Colombia atraviesa entre los años setenta y los noventa un contradictorio recorrido que lo lleva a convertirse en música urbana y moderna. Para los puristas del folclore –a derecha e izquierda– lo que ahí tiene lugar es el paso lineal y sin avatares ni contradicciones que lleva de la autenticidad (en sí) de lo popular a la alienación de lo masivo. Una mirada menos purista deberá relacionar ese recorrido con dos procesos claves, que marcan de arriba a abajo la vida de Colombia: uno es el fin del *Frente Nacional*, esto es del pacto entre los partidos liberal y conservador, que excluyó de los cincuenta a los setenta a cualquier otro tipo de formación o de expresión política; el otro, es la emergencia de la Costa Caribe como espacio cultural que redefine lo nacional, y de lo cual serán claves la resonancia tanto culta como masiva de la publicación de *Cien años de soledad*, la bonanza exportadora de la marihuana de esa región –inicio de la industria de la droga en Colombia– y el surgimiento nacional del vallenato. La complejidad de lo que ahí está en juego no puede ser comprendida ni desde la mirada idealizante de los estudiosos del folclore ni desde la reducida visión que agota la cultura en ideología. Pues el proceso del que hace parte la urbanización del vallenato es "una compleja reconstitución polifónica en los modos de narrar la nación" (Ana María Ochoa 3). De otro lado la emergencia del vallenato se inserta en el movimiento de apropiación del rock desde los países latinoamericanos (y España) que da lugar al *rock* en español, convertido en el "idioma de los jóvenes" al traducir como ningún otro lenguaje la brecha generacional y los nuevos modos de reconocimiento de los jóvenes en la política, al mismo tiempo que el *rock* hará audibles las más osadas hibridaciones de los sones y ruidos de nuestras ciudades con las sonoridades y los ritmos de las músicas indígenas y negras.

Aunque en los ochenta el vallenato había desplazado a la cumbia como género y ritmo identificadores de lo costeño, y había conseguido introducirse en Bogotá, la capital, ello era atribuido por muchos al mero efecto de su comercialización, esto es a las concesiones hechas al consumo de moda, y por tanto a su degradación cultural. Pero la aparición del cantante Carlos Vives –venido de la actuación en las telenovelas más arraigadas en la cultura de la Costa Caribe, y actor-cantante en un seriado homenaje a Escalona –el más grande compositor vivo de vallenatos– dio lugar al definitivo encuentro del vallenato con el país nacional. En la música que hace y canta Carlos Vives se harán audibles las hibridaciones fecundas que la nueva sensibilidad urbana hace posible al mezclar a un ritmo-signo de la cultura popular costeña instrumentos y sonoridades de la tradición indígena como la flauta, o el paso caribe del *reggae* jamaiquino, y otros de la modernidad musical como los teclados, el saxo y la batería, el "viejo folclor" no se traiciona ni deforma sino que se enriquece y transforma volviéndose más universalmente caribe y colombiano. En lugar de ser un cantante moderno de vallenatos, Carlos Vives se convierte en el primer músico colombiano que hace música moderna a partir de ritmos autóctonos. Aunque producto en buena medida de los medios masivos – se hizo personaje de éxito nacional en una telenovela y su versión de la "Gota fría" es aprovechada descaradamente en la guerra publicitaria de las bebidas gaseosas– Carlos Vives vuelve definitivamente *urbana y nacional* una música cuyo ámbito seguía siendo la provincia, y la conecta con la escenografía del *rock* y con el espectáculo tecnológico y escenográfico de los conciertos. Y todo ello unido al surgimiento de un sentimiento de orgullo por su música que hace años el país no experimentaba. Desde que en los años setenta la cumbia había dejado de ser la música en que se reconocían los colombianos, el país había vivido la ausencia de una música que diera cuenta de las transformaciones sufridas, y esa ausencia se había convertido en síntoma y metáfora del vacío que culturalmente experimentamos, pues "las variedades de la música nacional se habían quedado cortas para expresarnos" (Pagano, "Bombardeo de sones"). Por eso ni la parafernalia tecnológica ni el descarado aprovechamiento comercial pueden ocultarnos que el *rock* en español y el vallenato a lo Carlos Vives están representando un nuevo modo de sentir y decir lo nacional. Como en la urbanización del samba en Brasil, incorporar culturalmente lo popular a lo nacional es siempre peligroso, tanto para una elite ilustrada que ve en ello una amenaza de confusión, la borradura de las reglas que aseguran las distancias y las formas, como para un populismo para el que todo cambio es deformación de una autenticidad fijada en su pureza original.

El vallenato ha resultado siendo el lugar del encuentro de una memoria popular del narrar cantando con el imaginario musical en que emerge una nueva sensiblidad: la joven y urbana. Uno de los más exigentes –y menos puristas– estudiosos de las transformaciones del vallenato explica así ese encuentro:

> En comparación con los músicos vallenatos, los del rock eran seres que cantaban su experiencia a través de la música. Al mirarse en los intérpretes del rock la tuerca daba la vuelta completa, pues los primeros cantores vallenatos eran hombres que cantaban con música su experiencia. La frontera entre farándula y vida era la que distanciaba a los jóvenes del vallenato. Carlos Vives borró la brecha: vestía como ellos y su grupo no parecía un grupo de artistas sino de amigos que saltaban al escenario a emparrandarse y divertirse. (Daniel Samper y Pilar Tafur 177)

Paradoja: en lugar de pervertirlo, al hibridarlo con las sonoridades en que se reconocen y dicen los jóvenes y con las informalidades de la experiencia urbana, el vallenato se reencuentra con lo más vivo de sus matrices culturales: en el concierto urbano los jóvenes experimentan hoy el sentido festivo –contrario al farandulero– de la parranda vallenata, esto es de los amigos que cantan para narrar su experiencia. Este reencuentro con el relato y la experiencia en el concierto, o mejor con el *relato de experiencia*, nos remite a *El narrador* de Walter Benjamin, según el cual

> a la novela la separa de la narración el hecho de estar esencialmente referida al libro. No venir de la tradición oral (ni ir a ella) es lo que aparta a la novela de todas las otras formas restantes de literatura en prosa –fábula, leyenda, incluso narraciones cortas– pero la aparta sobre todo de lo que es narrar. El narrador toma lo que narra de la experiencia, de la propia o de la que le han relatado. Y a su vez la convierte en experiencia de los que escuchan su historia. (206)

El escenario tecnológico y mercantil del concierto atraviesan al vallenato, pero su vinculación a una fuerte y densa tradición oral le permiten seguir *narrando* los avatares de la experiencia colectiva que atraviesa la memoria y la identidad.

NOTA

[1] El análisis que sigue se apoya en mi investigación, recogida en Jesús Martín-Barbero, "De la telenovela en Colombia a la telenovela colombiana" en *Televisión y melodrama*.

BIBLIOGRAFÍA

Benjamin, Walter. "El narrador". *Iluminaciones*. Madrid: Taurus, 1987.
Brooks, Peter "Une esthétique de l'étonement: le melodrame". *Poetique: Revue de Theorie et d'Analyse Litteraires* 19 (1974): 340-56.
Colombo, Furio. *Rabia y televisión*. Barcelona: G. Gili, 1983.
da Matta, Roberto. *A casa e a rua: espaço, cidadania, mulher e morte no Brasil*. São Paulo: Brasiliense, 1985.
Frye, Northrop. *La escritura profana: Un estudio sobre la escritura del romance*. Caracas: Monte Avila, 1980.
García-Riera, Emilio. *El cine y su público*. México: Fondo de Cultura Económica, 1974.
Gosain, Juan. "El vallenato ese pedazo de vida". *Revista Semana* (Bogotá, 10 de diciembre de 1988).
Héau-de-Giménez, Catherine. "El corrido y las luchas sociales en México". *Comunicación y Cultura* 12 (1984): 67 y ss.
Hoggart, Richard. *The Uses of Literacy*. Londres: Penguin, 1972.
Llerena Villalobos, Rito. *Memoria cultural en el vallenato : un modelo de textualidad en la canción folclórica colombiana*. Medellín: Centro de Investigaciones, Facultad de Ciencias Humanas, Universidad de Antioquia, 1985.
Martín-Barbero, Jesús. "Algunas señas de identidad reconocibles en el melodrama". *De los medios a las mediaciones*. Barcelona: G. Gili, 1987. 242-59
_____ "De la telenovela en Colombia a la telenovela colombiana". *Televisión y melodrama: géneros y lecturas de la telenovela en Colombia*. J. Martín-Barbero y Sonia Muñoz, eds. Bogotáa: Tercer Mundo, 1992. 61-107.
Meyer, Marlyse. "Página virada de meu folhetim". *Literatura em tempo de cultura de massa*. São Paulo: Nobel, 1984.
Ochoa, Ana María. *El vallenato y sus formas de narrar la nación*. Proyecto de investigación, texto inédito. Bogotá, 1998.
Ong, Walter. *Oralidad y escritura*. México: Fondo de Cultura Económica, 1987.
Ortiz, Fernando. *Contrapunteo cubano del tabaco y el azúcar*. Barcelona: Ariel, 1973.

Pagano, César. "Bombardeo de sones". *El Tiempo* (Bogotá, 12 de mayo de 1994).

Ramírez Lamus, Sergio. *Culturas, profesiones y sensibilidades contemporáneas.* Cali: Universidad del Valle, 1993.

Rivera, Jorge. *El folletín: Eduardo Gutiérrez,* Buenos Aires: CEAL, 1980.

_____ *Las literaturas marginales.* Buenos Aires: CEAL, 1980.

Samper, Daniel y Pilar Tafur. *100 años de Vallenato.* Bogotá: MTM, 1997.

Sánchez-Biosca, Vicente. *Una cultura de la fragmentación: Pastiche, relato y cuerpo en el cine y la televisión.* Valencia: Filmoteca de la Generalitat Valenciana, 1995.

Sarlo, Beatriz. *El imperio de los sentimientos.* Buenos Aires: Catálogos, 1985.

Seibel, Beatriz. *El teatro "bárbaro" del interior.* Buenos Aires: De la pluma, 1984.

Squeff, Enio y José Miguel Wisnik. *Música.* São Paulo: Brasiliense, 1983.

Zonabend, Françoise. *La mémoire longue. Temps et histoires au village.* Paris: P.U.F., 1980.

Imaginación melodramática, narración anacrónica e identidades diferentes: aporías y nuevas expectativas del debate cultural latinoamericano

Hermann Herlinghaus
University of Pittsburgh

Cuando Peter Brooks introdujo el término *The Melodramatic Imagination* (1976), éste iba a ser celebrado por un creciente número de críticos como "liberación" de un concepto singularmente estigmatizado —el melodrama— de sus amarras genéricas y su irrelevancia epistemológica. Desde entonces, el concepto del melodrama ha vivido una serie de reconsideraciones que han abarcado, en los ámbitos representativos de la academia occidental, los estudios de cine y televisión, los estudios feministas, una parte de los estudios de la literatura y de las artes dramáticas. "Un modo de imaginación moderna," "un substrato teatral de la literatura," "una poética central" —estas y otras denominaciones de Brooks, han vivido numerosas referencias. Sin embargo, la mayoría de las relecturas durante los años ochenta y noventa, reveladoras en sus descubrimientos específicos, ponen en evidencia una contradicción o, en el mejor de los casos, una productiva tensión entre acercamientos desprejuiciados al concepto, por ejemplo en la línea de la autorreflexividad del "mal gusto" (Eco, *Apokalyptiker*), y una peculiar hesitación en asumir sus potencialidades en criterios de una crítica epistemológica más radical; es decir, en términos de una crítica de la modernidad. La contradicción es inherente al mismo libro de Brooks. Si en él se enfoca el melodrama como una de las categorías claves de la "imaginación moderna," esta mirada implica una revisión de la historización literaria. Y ese empeño ha sido el objetivo al cual Brooks se ha dedicado mayormente, reconsiderando obras y tradiciones maestras de la literatura moderna, básicamente a Balzac y a Henry James, bajo el aspecto de una inherente melodramaticidad. Sin embargo, es de dudar que una perspectiva de este tipo logre realmente abarcar los retos que el concepto nos ofrece hoy.

Si reemplazamos el término "literatura moderna" por el de "modernidad literaria," la acentuación ya se torna distinta. "Modernidad literaria" no puede ser otra cosa que una modernidad relativa y problemática, y es a la luz de los debates de las décadas recientes que ella exige agudas reflexiones sobre sus márgenes. Pensar los márgenes significa cuestionar su centrismo como norma de pensamiento, distinguir lo que ha sido potencial reflexivo de lo que se ha convertido en presupuesto fijo, esto es, diferenciar lo que opera como explicación de lo que puede agenciar una comprensión de lo cultural. El valor epistemológico de los márgenes reside en el desafío de historización. Historización de la modernidad quiere decir "des-objetivación" de sus dominantes sistemas discursivos, ver en qué medida y a través de qué conflictos la "sociedad discursiva" se ha apartado de la "sociedad cultural," creando regímenes de verdad que residen distantes de las "verdades de la gente." Es ahí donde lo melodramático, entendido desde criterios de imaginación tanto cultural como "narrativa" (que no equivale a "discursiva") comienza a cobrar un potencial más radical.

Los problemas que de ahí se vislumbran como abiertos, nos llevan a recordar un pensamiento que encontramos en *La condición humana* de Hannah Arendt (*The Human Condition*, 1958). De manera similar a Brooks, Arendt formula una perspectiva que está en desacuerdo con un concepto especulativo y por ende jerárquicamente fundado de subjetividad. El rigor y la intuición creativas de Arendt residen en su concepto ético-político de lo cultural y su noción narrativa de lo histórico. Para ella, desde un principio, narración y narratividad literaria no son la misma cosa, y de ahí se hace también pensable una diferenciación entre narración y discurso. La filósofa alemana se opuso, con gesto anticipatorio, a lo que Habermas (1980) iba a defender como necesidad objetiva de una racionalización impersonal de los "mundos de vida" (*Lebenswelt*). Esa "racionalización" equivale, para Habermas, a una especie de "agencia-autor" capaz de configurar, si no el movimiento histórico sí su sentido (o su dogma) interior. Arendt, en cambio, advierte en contra de una larga y poderosa tradición filosófica, que la historia carece de un autor o de un espíritu guía: "Alguien la ha comenzado, la ha configurado a través de la acción y la ha padecido, pero nadie la ha inventado" (Arendt 227).[1] Se menciona a un "alguien" dotado de capacidades relativas, y a un "nadie" con el que se refuta el sujeto con capacidades absolutas. Veremos más adelante que ese "alguien" ayuda a reconceptualizar lo melodramático. Antes de esto nos detenemos en el abismo entre "Historia" e "historias."

La Modernidad, según un conocido vicio de su discurso hegemónico, había declarado el triunfo de la Historia sobre las historias, institucionalizando la dominación discursiva del "qué" sobre el "quién." Cabe observar que Arendt enfoca la problemática del sujeto desde una condición de *alteritas* que no comparte la escisión entre el sujeto idéntico a sí mismo (el triunfo de la razón, "autor" abstracto de la historia), por un lado, y una reducción nietzscheana del sujeto a una creencia esencialista por el otro. Esto es, Arendt toma distancia tanto del mito de la racionalización arrasadora de los mundos de vida como también de una suspensión desconstructivista del sujeto. En cambio, (las prácticas de) la identidad de los seres se constituye(n) en espacios intermedios: espacios

Imaginación melodramática, narración anacrónica • 463

agenciados por el desplazamiento que la pregunta "¿quién eres?" le depara a la pregunta racionalista "¿qué eres?" (¿a qué calidad respondes?). Es el lenguaje –el funcionamiento referencial del lenguaje en sus espacios legítimos– el que revela una situación paradójica que resulta de la asimetría de las dos preguntas. El lenguaje, en sus lógicas de nombramiento de las cosas, tiende a la referencialidad objetivizadora de la acción:

> En el momento en que intentamos decir quién es alguien, comenzamos a describir características que ese alguien comparte con otros y que justamente no le pertenecen como ser único [*in seiner Einmaligkeit*–en su unicidad]. El lenguaje, cuando queremos usarlo como medio para describir el Quién, se resiste y tiende a afincarse en el Qué. De esta manera captamos, en el mejor de los casos, tipos de caracteres en vez de personas, caracteres detrás de los cuales lo personal se esconde con tanta rigurosidad, que uno tiende a tomar los caracteres por máscaras que adoptamos para reducir el riesgo del reconocimiento mutuo–como si instaláramos una esfera de protección para reducir el flagrante impacto de la unicidad específica de cada quien. (Arendt 222-23)

Balance de un fracaso o de una insuficiencia del lenguaje ante el ser vivo de las personas. Ese "ser vivo" ("el quién") que se muestra en su "hablar" y el "actuar" se parece, debido a su ambigüedad, a los oráculos griegos. Lo que Arendt discute es una dimensión difícilmente objetivable de lo público, una paradoja en que la identidad se evidencia sin ser explicable –sin ser nombrable en criterios conclusivos de una relación entre seres y cosas. Repetimos: estamos concernidos con una "fenomenología" de lo público que plantea muchas interrogaciones, pero que tiene la ventaja de enfocar el espacio público no en criterios de cumplimiento de identidad, sino desde las paradojas de la identidad. Arendt reflexiona sobre la unicidad de la persona, pero en su concepto del "quién" hay también recursos que permitirán plantear la problemática de comunidad y heterogeneidad. Es hacia semejante problemática que apunta el fenómeno "melodrama".

El título del capítulo citado de Arendt –"La revelación de la persona en el actuar y el hablar"– se ha traducido al español como "La revelación del agente en el discurso y la acción". El error de la traducción es rotundo, quitándole a la autora (o al menos confundiendo) uno de sus decisivos acentos críticos, que reside en un mutuo descentramiento de las categorías "discurso" e "identidad abstracta." Ya vimos que, según Arendt, el discurso entendido como lenguaje formado que tiende hacia el "qué," no logra dar cuenta de la unicidad (*Einmaligkeit*) de la persona. Ésta se evidencia de modo paradójico en su "hablar" y "actuar." Muy conscientemente, Arendt usa la palabra "el hablar" (en alemán: *das Sprechen*) en vez de "el habla" (*die Sprache*), y ambas, que difieren entre sí, no son subsumibles a "discurso." En nuestro planteamiento late una politización del concepto "discurso" que va más allá de Foucault. Epistemológicamente hablando, el "orden del discurso" (Foucault 1972) es una invención de los centros. Los espacios marginales discutidos por Arendt, una vez ubicados en el marco de debates latinoamericanos más recientes, bien pueden ser problematizados como espacios periféricos frente a la dominación discursiva de los centros.

Hay un espacio intermedio entre discurso, y el "hablar" y el "actuar". El discurso no lo abarca todo, pero lo que no cabe en las formaciones discursivas existentes es, sin embargo habla, acción y por ende, identidad. Hay un "más allá" del discurso que, sin embargo, lo afecta y hasta lo infecta. Detenerse en esa paradoja presupone compartir un determinado horizonte ético: la singularidad de la persona está dada en el actuar y en el hablar. No todo actuar es acompañado por un hablar, pero la actuación precisa de la palabra para llegar más allá de su ámbito utilitario, esto es, precisa de la palabra que, a su vez, trasciende la dimensión pragmática o informativa del habla. De allí el criterio ético que permite hacer productiva la paradoja. Si la actuación necesita de la palabra, no precisa de ella para explicar qué se hace sino para —en el nivel de las paradojas de la experiencia— dar cuenta de quién actúa.

La identidad del actuante —y ahí viene otra paradoja del factor subjetivo de la actuación de las personas según Arendt— no se revela a él mismo (o a ella misma), sino se hace visible a través de su "*performance* pública," o sea, la identificación la realizan los otros desde una red de inscripciones culturales que podríamos llamar *la pluralidad o la diversidad existente del "quién"*. El espacio en donde se realiza la interacción es llamado "la red de asuntos humanos" (*das Bezugsgewebe menschlicher Angelegenheiten*) —un "más allá" de lo objetivizable en cuanto a productos o resultados finales de la acción (Arendt 219-23). Se trata de aquella esfera que Gadamer denominaría de los pre–entendimientos o de la pre–comprensión (*Verdad y método* 331–44), esfera que los estudios culturales están conceptualmente recuperando como aquélla que viene ligada a la antigua noción del sentido común (Gramsci; Thompson; Eagleton; Herlinghaus, *Modernidad heterogénea* 63-78). Es dentro de esa "red de asuntos humanos" donde se sedimentan las voluntades y acciones sin poder reclamar originalidad. En vez de constituir algo originalmente nuevo, las hablas y las voluntades humanas constituyen variaciones únicas de lo ya existente. ¿Qué relación existe entonces entre la vida de una persona y la red pre–tejida de "asuntos humanos" si ambas partes no son subsumibles bajo la objetividad de un "qué," sino que aparecen ligadas a las condiciones paradójicas de un "quién"? Seguimos el horizonte de Arendt que nos lleva a la hipótesis de que esa relación es de carácter narrativo. La historia de una vida conecta con una red —o varias redes— de historias preexistentes precisamente a través de narraciones. Pero se trata de narraciones precarias. "Precarias" quiere decir que la realización de la subjetividad de las personas, de sus deseos y propósitos, en medio de condiciones socio-históricas en que coexisten conflictivamente muchos intereses y objetivos, es una realización que, en la mayoría de los casos, queda por debajo de los proyectos grandes y abstractos. Los relatos —las historias en plural— que los otros reconocen y (re)narran son "productos secundarios" de las acciones y los proyectos de los sujetos. Adriana Cavarero escribe sobre la peculiar asimetría entre actuante, su "relato" y espacio público: "the relational status of identity indeed always postulates *an other* as necessary —whether this other is embodied by a plurality of spectators who see the self-revelatory actions of the actor, or whether this other is embodied by the narrator who tells the story from which these actions result" (24). Según esta relación entre identidad, narración y espacio público, la acción racionalmente dirigida y los ideales de proyección se tropiezan con la finitud cotidiana de las vidas y el espesor de lo cotidiano en forma de inscripciones superpuestas de hablas y acciones. Dicho de otro modo: la racionalidad "ilimitada" se encuentra con la precariedad de los asuntos y la finitud de las vidas personales. Los "subproductos" de ese encuentro, que tejen las tramas de la relatividad de la empresa humana, son las "pequeñas" historias, aquellas que la "gran" Historia de la modernidad ha relegado a la irrelevancia epistemológica y a los márgenes de sus órdenes discursivos. Cabe recordar que se está hablando en términos de una hermenéutica socio-cultural más que desde unas metas de explicación. Se trata de una hermenéutica radicalizada desde los márgenes de la modernidad hegemónica, inspirada en parte del debate latinoamericano.

    La columna vertebral de la narración no es la originalidad, sino su secreta capacidad comunitaria (Benjamin 306; Herlinghaus, "Desafiar a Walter Benjamin"). Una vida personal cobra relevancia narrativa cuando intercala con la red de historias pre-existentes de otras vidas, esto es, cuando la identidad narrativa permite y exige la re-narración como factor de comprensión colectiva y comunicación pública. Las identidades narrativas, concepto opuesto al de "identidad esencialista," cobran relevancia pública sin responder a metas especulativas. Resultan menos previsibles y menos controlables que las "identidades discursivas."

> La historia real en que nos involucra la vida y de la que no podemos escapar mientras dure la vida, no revela ni un autor visible ni invisible [...]. El único "Alguien" que ella revela, es y será el héroe de la historia

cuyo "Quién" se figura solamente a través de la narración, esto es, cuya accesibilidad y cuyo significado se dan ex post facto. Se trata de una tangibilidad y de una plenitud de significado que corresponde a la fútil y sin embargo única manifestación en donde la persona se hace presente por su actuar y hablar. Sólo podemos saber quién es o era alguien escuchando la historia de la que él es el héroe, esto es su biografía. [...]. Pero el héroe [...] no precisa de rasgos heroicos. (Arendt 231-32)

A partir de lo comentado se dibujan varios presupuestos. Primero habría que cuestionar una conocida y demasiado fácil afirmación. Ésta se ha afincado en una supuesta "crisis" de las narrativas, relacionada por ejemplo con *La condition postmoderne* de Lyotard (1979). La confusión es epistemológico-categorial y de ahí política, ya que Lyotard hablaba de grandes sistemas explicativos ("metarrelatos" en el sentido del *idem*), de discursos en vez que de narrativas (en el sentido del *ipse*). El pensamiento de Arendt señala esa pista descentradora al cuestionar la omnivalencia de una categoría de subjetividad según la cual lo subjetivo se explica y se regula desde el "orden del discurso". La filósofa alemana habla de identidad narrativa y narrable, con lo que conecta con agudas exigencias que hoy laten en el debate de los estudios culturales. Nosotros abogamos por una perspectiva que relacione la heterogeneidad cultural de la modernidad con las asimetrías entre discursos y narraciones, esto es, una perspectiva que supere el dualismo entre mundo discursivo y asuntos "no discursivos" en favor de una noción más diferencial de la cultura que se ocupe de los márgenes así como de las periferias de la producción global de discursos. Homi K. Bhabha ha indagado, a través de su concepto de lo híbrido, en esta problemática. Sin embargo, no basta con buscar un subconsciente "no discursivo" ("híbrido") dentro de los discursos dominantes, por ejemplo dentro de un "discurso colonial" (Bhabha 1994). La diferencia es un concepto móvil que no es reducible a las divergencias que se articulan frente a (o en el interior de) una norma hegemónica la que, de esta manera, mantiene su poder explicativo sobre el Otro. Un orden discursivo hegemónico se hace discutible a través de sus trizas, y al mismo tiempo desde sus bordes culturales. Es ahí donde las narraciones —entendidas no (solamente) como géneros, sino como articulaciones heterogéneas de identidad— cobran un insólito vigor.

Nuestro acercamiento a lo melodramático parte de tal registro epistemológico. A través de lo melodramático, la heterotopía de Foucault ("Andere Raeume") encuentra un *tropo cultural* de singular envergadura. Ese tropo es un lugar narrativo de la "red de asuntos humanos" (el "heterotopos" en su figuración retórico-cultural), en donde la identidad en criterios del "qué" no logra subordinar las manifestaciones sociales, libidinales, fantasmáticas del "quién". Estas acentuaciones que permiten colocarse críticamente en medio de la problemática de la modernidad, han recibido sus mayores estímulos desde perspectivas latinoamericanas. Están latentes en numerosas manifestaciones culturales del siglo XX (e incluso en no pocos textos del denominado Boom) que necesitarían ser releídas bajo el aspecto de la heterogeneidad. Pero los autores que decisivamente han discutido lo melodramático en medio del debate de los estudios culturales, especialmente en relación a una historización "comprensiva" de la heterogénea modernidad periférica, son Jesús Martín-Barbero (Colombia), Carlos Monsiváis (México) y Luis Rafael Sánchez (Puerto Rico).

A primera vista puede lucir extraño que lo melodramático juegue un papel mayor en el actual debate latinoamericano en torno a la "otra modernidad". Pero la extrañeza se disuelve en la medida que ese debate es reconocido desde sus premisas de politización de las relaciones discurso-narración con respecto a la historia de dominaciones en el marco de centro-periferia. La creciente independencia epistemológica de los pensadores de la periferia, un rasgo "poscolonial" *sui generis*, no ha llevado tan fácilmente a la edificación de órdenes discursivos propios, al contrario. La independencia epistemológica en lugares subalternos de la academia occidental ha agudizado la autorreflexividad en torno al desequilibrio entre la precaria legitimidad discursiva del discurso periférico y sus capacidades críticas de re-narración de discursos hegemónicos. La asimetría discurso-narración se politiza, haciéndose "frente" de combate epistemológico y cultural, en lugares en donde siempre se han usado subversivamente los discursos dominantes, pero donde, hoy en día, la enunciación conceptual en torno a cultura y sociedad asume la necesidad re-narrativa como campo estratégico. Es aquí donde hablaríamos de una des-esencialización narrativa de la modernidad desde espacios periféricos. Y es en este marco que lo melodramático, noción de búsqueda, cobra la envergadura de un concepto crítico de la modernidad. Hacemos hincapié en una relación mucho más compleja que el melodrama entendido como género: lo melodramático como noción de búsqueda para pensar zonas anacrónicas en que se negocian conflictos sociales.

Entre los problemas abiertos que el debate latinoamericano ha asumido, está el de pensar una antropología de la heterogeneidad que formule premisas más audaces que las que ya se conocen en la línea del paradigma de la cultura como texto, esto es como "manuscrito" de comportamientos, formulado por Geertz y otros autores. Ahí residen potenciales específicos que ayudan a "desontologizar" los aportes de la fenomenología y la hermenéutica. Es necesario asumir los desafíos que el concepto de *alteritas* de Hannah Arendt plantea, para la historización de la modernidad, particularmente en sus condiciones de borde y descentramiento. Y si pensamos en una particular intuición benjaminiana de enfrentar la comunicación de masas de "otra manera," menos dualista y más creativa en términos de experiencia social, nos parece particularmente sugerente relacionar la visión de Arendt con la historicidad de las comunicaciones masivas que, de región en región, de "modernidad" en "modernidad", suele desplegar sus escenarios distintos. Pensar la historicidad de la comunicación requiere preguntar por la historicidad de los imaginarios, y las relaciones interpretativas entre ambos niveles implican formular la problemática del "quién" (en su hablar y actuar) no solamente en plural, sino también en lo que tiene de carácter masivo y a la vez de comunitario. Citamos extensamente a Jesús Martín-Barbero:

> Por más escandaloso que suene, es un hecho cultural insoslayable que las mayorías en América Latina se están incorporando a, y apropiándose de, la modernidad sin dejar su cultura oral, esto es no de la mano del libro sino desde los géneros y las narrativas, los lenguajes y los saberes, de la industria y la experiencia audiovisual. Hablar de medios de comunicación en América Latina se ha vuelto entonces una cuestión de envergadura antropológica. Pues lo que ahí está en juego son hondas transformaciones en la cultura cotidiana de las mayorías, y especialmente en unas nuevas generaciones que saben leer, pero cuya lectura se halla atravesada por la pluralidad de textos y escrituras que hoy circulan. Lo que entonces necesitamos pensar es la profunda compenetración–la complicidad y complejidad de relaciones–que hoy se produce en América Latina entre la *oralidad* que perdura como experiencia cultural primaria de las mayorías y la *visualidad* tecnológica, esa forma de "oralidad secundaria" que tejen y organizan las gramáticas tecnoperceptivas de la radio y el cine, del vídeo y la televisión. Esa complicidad entre oralidad y visualidad no remite a los exotismos de un analfabetismo tercermundista sino a "la persistencia de estratos profundos de la memoria y la mentalidad colectiva sacados a la superficie por las bruscas alteraciones del tejido tradicional que la propia aceleración modernizadora comporta". (Martín-Barbero y Germán Rey 34)

Si nuestra pretensión consiste en discutir el estatus epistemológico de lo melodramático con otros criterios que los del mal gusto y la tipicidad genérica, ¿no es de esperar que el lugar cultural del concepto debería ser reformulado desde los nuevos cruces entre oralidad y visualidad que una modernidad heterogénea hace visible? El autor del párrafo citado, lejos de idealizar el encuentro de la oralidad secundaria con la visualidad electrónica, va a indagar en el rol cultural de unos "no-saberes" identitarios, o sea, de saberes sin discurso. Se trata de saberes precarios cuya "inexistencia" discursiva los relegaría a la irrelevancia si no existiera una matriz que los hace ubicables en los escenarios y combates de la subjetividad: las identidades narrativas. Si para Arendt, la historia — mejor diríamos, la historicidad — de una vida conecta con las historias de la "red de asuntos humanos" a través de narraciones precarias, para Martín-Barbero, comprender la dinámica de esta red con vista a la modernización periférica significa relacionar la comunicación masiva con las "formas propias de simbolizar los conflictos, las luchas y los pactos, desde la opacidad de los mestizajes, la desposesión y las reapropiaciones" ("Identidad, comunicación" 84). Para historizar de esta manera las experiencias de la modernidad, el filósofo y comunicólogo colombiano introduce un concepto hermenéutico que permite preguntar, mucho más allá de la hermenéutica textual, por unas narraciones que se ubican en espacios culturales intermedios, espacios que no tienen lugar discursivo. Ese concepto lleva los nombres lacónicos de "mediaciones" o "massmediación" (*De los medios*).

Detrás de las "mediaciones" se esconde una reflexión epistemológica que opera varios descentramientos a la vez. A partir del diálogo con la fenomenología de las narraciones de Ricoeur y sus precursores; con los enfoques de unos pensamientos retórico e histórico-culturales que los sistemas deterministas han expulsado (Vico, Herder, Gramsci, Benjamin, de Certeau), dialogando con la reflexión posestructuralista a su propia manera, Martín-Barbero se inclina a preguntarse por las ficciones culturales y las situaciones retórico-sociales que permiten extraerles un "otro" sentido a las experiencias de cambios que las mayorías han vivido en los escenarios latinoamericanos de la modernización. En este marco de problematización se va a cristalizar un concepto de imaginación melodramática que se resiste tanto a la razón dualista como a la banalización. Las afinidades entre Martín-Barbero y Arendt comienzan a hacerse reveladoras. Ambos reflexionan sobre un concepto narrativo de experiencias identitarias no esencialistas. Ambos se insertan en horizontes epistemológicos que permiten rescatar, a través de la "red de asuntos humanos," el valor hermenéutico del "sentido común," esto es, de unas matrices culturales comunes (y comunitarias) al nivel de lo que llamamos *imaginarios en acción*. Con esto, ambos hacen rescatable una epistemología de la diferencia que (las ilusiones objetivistas de) el subjetivismo "macro" de la nación, del ser razonante y del buen gusto han excluido. Martín-Barbero va todavía un paso más allá cuando reconecta, a través de las "mediaciones" (la noción de) la moderna industria cultural con (los conceptos de) las constituyentes sociohistóricas de comunidad. Si una parte importante de las identidades opera por debajo de la sociedad, desde y hacia comunidades heterogéneas, el gran desafío consiste en ubicar esas comunidades a través de un análisis sociohermenéutico de aquellas narraciones que marcan los imaginarios sociales en acción. Es a la sensibilidad frente a este problema que la inclinación hermenéutica de los nuevos estudios latinoamericanos de la comunicación se manifiesta como atención hacia las mediaciones narrativas de los imaginarios: por ejemplo lo melodramático.

Lo melodramático confiere un ejemplo de comprensión que ayuda a historizar un imaginario social en escenarios latinoamericanos que "actúa," y que al "actuar" difiere tanto de la simple instrumentalización (la manipulación consumista de los receptores) como al mismo tiempo desbarata el estatus de un arte distante de la otra razón (de Certeau) que atraviesa los conflictos cotidianos. Estamos hablando de imaginarios masivos-colectivos que vivieron sus precarias articulaciones con el advenimiento intercultural e intermedial del melodrama, esto es, dentro de varios medios y al mismo tiempo al nivel de prácticas cotidianas de vida y memoria durante las décadas del veinte al cincuenta del siglo xx. Pero nos estamos refiriendo también a potenciales de interpretación y comprensión de escenarios más actuales. Los teóricos latinoamericanos de la comunicación han reformulado la pregunta acerca de las vías de entrada de la modernización. Entrada —desde comienzos del siglo xx y por debajo de unas "ciudades letradas" que estaban reducidas en su envergadura sociocultural— a través de procesos de urbanización y desarrollo de los medios masivos que generan y refuerzan un anacronismo (Martín-Barbero y Muñoz 14). Anacronía de encuentro de memorias narrativas y modos de (re)conocimiento tradicionales con unas transformaciones tecnoperceptivas en la cultura de las masas urbanas, cuya "oralidad secundaria" será incorporada más tarde por las gramáticas de lo audiovisual. Ese encuentro no designa simplemente un curioso *collage* de lo cultural e históricamente disperso, sino que exige agudizar la pregunta sobre cómo se conectan esas dimensiones en términos de las aporías y luchas de identidad.

¿Es posible hablar de relaciones narrativas a través de las cuales se articula la mencionada anacronía? Responder a esa pregunta exige, desde luego, un concepto culturalmente diferenciado de la narración. La tesis que nos interesa por ahora es la siguiente: la presencia cambiante del melodrama en los procesos indicados se debe a una matriz narrativa que posibilita operar, detrás de un "desconocimiento del contrato social" (debido a las experiencias periféricas de una modernización desigual) un reconocimiento de "otras socialidades" —socialidades "performativas" en que el amor y la felicidad son vividas como problemas de justicia. A través de los melodramas radiales y fílmicos en las décadas del treinta al cincuenta del siglo veinte, y a través de unas mediaciones que más tarde la telenovela comporta, se juega la necesidad social de disponer de un "narrador"/una "narradora" para agenciar un rechazo de la soledad cultural moderna. Los escenarios indicados confieren otra envergadura a la enigmática frase benjaminiana: "El narrador es la figura en la que el justo se encuentra a sí mismo" (332). El problema aquí no es la superación de la soledad por un "narrador justo", sino la pregunta de cómo se articulan prácticas narrativas como necesidad social en sociedades violentamente modernizadas. Por el melodrama y la telenovela pasan problemas difícilmente juzgables si se sitúa la cultura en los polos de la especialización o del empirismo.

Si evocamos, una vez más, el concepto de la "red de asuntos humanos" de Arendt, en el caso de la modernización latinoamericana esa red involucraría tramas de desconocimientos violentos:

> Creo que se puede leer la historia cultural de Latinoamérica bajo el aspecto de un trauma de origen y luego de un desconocimiento identitario producido constantemente por los procesos de mestizajes y migraciones. Comienza con un desconocimiento acerca de los padres y madres debido a la juntura de razas y civilizaciones precolombinas con Europa y África. Hay, desde luego, muchas Europas y distintas Áfricas que vinieron a mezclarse. Más tarde, la modernidad refuerza dinámicas no tanto de mestizaje sino de heterogeneización y multitemporalidad. Es aquí que las tradicionales ideas de la mezcla se reformulan con atención al desplazamiento cultural y la desterritorialización de identidades colectivas. Se trata de un "no-saber" identitario que se expresa en y moviliza las luchas por hacerse reconocer. [...] El melodrama tiene en América Latina un impacto y una riqueza particulares no a causa de los nuevos medios, sino por los modos en que estos medios conectan con los imaginarios colectivos. (Martín-Barbero y Herlinghaus 60)

Los medios masivos no pueden comprenderse afuera de esa precariedad paradójica que atraviesa los "asuntos humanos" en condiciones de la modernización periférica, asuntos de vida en donde la identidad única de cada personaje se entrelaza con la existencia cotidiana y masiva de la diáspora, las migraciones, la crisis de la sociedad civil y las prácticas alternativas de buscar comunidad. Es importante notar que "reconocimiento" indica prácticas activas y a la vez reiterativas en el marco de los conflictos de identidad. Esto tiene implicaciones para el análisis de las prácticas culturales a nivel narrativo. Exige manejar un concepto de narración que se aparta de cierta y muy común simplicidad en la comprensión del *plot* (fábula). Según Ricoeur, el *plot* no es solamente un fenómeno formal, sino que media entre la experiencia estética y la experiencia cotidiana de tiempo y espacio. Se hace posible hablar de "identidades narrativas" si agregamos a lo ya discutido dos premisas conceptuales. Primero la asunción de la tesis de una estructura tridimensional de la *experiencia* del tiempo que en la imaginación humana se manifiesta como distensión (ver Ricoeur 58-65) la que conecta presente, pasado y futuro en un "triple presente": atención simultánea hacia futuro, pasado y presente "actuado". Así, estas categorías se conciben como entrelazadas por la experiencia. El carácter "activo" de esa conexión se expresa en el hablar y actuar de manera narrativa. Esto es, los anhelos y las proyecciones se articulan en otro espacio que el de la abstracción social — en el de las narraciones.

La segunda premisa tiene que ver con la performatividad paradójica de lo identitario, con las aporías del hablar y actuar que contradicen una visión esencialista del "mismo". Según Arendt y Cavarero, la "mismidad", al ser narrada, se constituye como "otro": como historias que se hacen contables desde la perspectiva de los otros o desde la óptica de un "narrador" capaz de agenciar ("poner en escena") un saber de comunidad. Una fenomenología no-ontológica y tendencialmente sociocultural de la narración está lejos de ser conceptualmente desarrollada, pero nuestro acercamiento permite plantear el problema de la identidad como "problema narrativo." Repetición y creatividad no son mecanismos opuestos, ya que el funcionamiento social de la imaginación humana necesita de un *plot* en el que eventos y deseos se junten dramáticamente, pero más aún, necesita de su continuo retardamiento para dar forma y articulación cotidianas a los conflictos sociales. El héroe melodramático — a diferencia del elevado y autorreferencial héroe trágico de la modernidad (por ejemplo el novelista benjaminiano) — se sitúa en medio de estas ambivalencias. Ayuda a ligar la búsqueda de sentido social a las prácticas de "reconocimiento" personales, familiares, comunitarias, que posibilitan la articulación de identidades donde no hay identidad, esto es, de "otras identidades" que no disponen de un discurso de lo propio. Sin embargo, estas identidades "hablan" y "actúan" individual, social e históricamente. Actúan paradójicamente en y a través de sus relatos.

> Del hijo por el padre o de la madre por el hijo, lo que mueve la trama es siempre el desconocimiento de una identidad y la lucha contra los maleficios, las apariencias, contra todo lo que la oculta y disfraza: una

Imaginación melodramática, narración anacrónica • 473

lucha por hacerse reconocer. ¿No estará ahí la conexión secreta del melodrama con la historia del subcontinente latinoamericano? [...] En forma de tango o de telenovela, de "cine mexicano" o de crónica roja, el melodrama trabaja una veta profunda del imaginario colectivo, y no hay acceso posible a la memoria histórica que no pase por ese imaginario. (Martín-Barbero y Muñoz 27-28)

De ahí se torna comprensible el *empowerment* cultural que despliega el melodrama: un activo reconocimiento melodramático de sujetos carentes de discurso legítimo en los conflictos de una modernidad periférica. El "drama de reconocimiento" se vincula al anhelo colectivo "por hacerse reconocer" lo que, en condiciones de modernización periférica contribuye a articular diferencias culturales como heterogeneidad: diseminación y rearticulación de la oralidad e imaginerías populares anacrónicas en los dominios y en los márgenes de la visualidad electrónica.

El tema del reconocimiento tiene una larga trayectoria en las tradiciones narrativo-culturales. Allí está por ejemplo la figura de Edipo que una vez le hizo preguntar a Barthes: ¿No late en el contar historias siempre la búsqueda del origen propio, el intento de contar los problemas que uno tiene con la ley, el gesto de entrar en una dialéctica de emoción y odio? (Barthes 20, 74) Cavarero, en cambio, citando a Arendt, habla en contra de una "neurotización" generalizadora del relato de Sófocles, esto es, cuestiona la conocida tendencia que ha producido una gran gama de variaciones de experiencias idénticas (ver también Deleuze y Guattari). Pero la crítica de Cavarero que tiende a recuperar la tragicidad narrativa de Edipo como individuo, no supera la universalización que ha caracterizado el trato de un determinado núcleo narrativo (Cavarero 10-11, 14-15). Habría que tomar en consideración que una narratología cultural, tal como la entendemos, cobra productividad no (y no sólo) a partir de búsquedas de matrices narrativas originarias como actos de (re)conocimiento, de quiebra o de justicia, sino que debe trabajar el fenómeno relacional de cómo los relatos primarios (las peripecias narrativas de "cada quien" en su vida personal) interactúan con los relatos secundarios: el arsenal narrativo tal como viene prefigurado o sedimentado en determinados escenarios históricos y culturales (ver los conceptos de "primary and secondary referent" en Hayden White, 42-43). A partir de allí, el melodrama —entendido como matriz narrativa intercultural— puede rendir cuenta, en determinadas situaciones históricas, de fuertes aporías culturales de una modernidad periférica. El "drama de reconocimiento" al que se refiere Martín-Barbero" difiere de aquel conflicto neurótico o trágico-individual que caracteriza una serie de reinterpretaciones modernas del drama de Edipo. La identidad es un problema de reconocimiento, pero sus enigmas colectivos no se resuelven con el rescate de unas inscripciones de origen. El "Edipo" que habita los márgenes de la modernidad dista de aquel que está inscrito en sus discursos legítimos. El "Edipo latinoamericano" deviene una figura melodramática en vez de trágica. En su propio origen histórico reside una contaminación de la que no ha sido sujeto, pero a partir de la cual ha tenido que vivir y construir identidades híbridas. Su tragedia es histórica y relativa en vez de mítica o universal. Su existencia dentro de colonizaciones globales, traumas colectivos y oráculos hegemónicos lo ha convertido en figura melodramática, paradójica, ambigua; figura cuyos escenarios son aquellos conflictos públicos y cotidianos que no tienen resolución especulativa—los que no han tenido el privilegio de disponer de un discurso "grande". La tragedia no está ausente, muy al contrario, pero carece de un discurso que la sublimice. Por el mismo camino van también unas nuevas reflexiones sobre el estatus epistemológico de lo popular en los escenarios de la avanzada globalización. Si, por fin, preguntásemos por las construcciones identitarias metonimizables en el encuentro de figuras como las de "Edipo" y "Malinche," el personaje conceptual que nos hablaría desde aquel encuentro sería, muy posiblemente, un Edipo femenino y melodramático.

Sin duda, el melodrama posibilita escenificar de una manera particularmente intensa los anacronismos. Entre tiempo de modernidad, tiempo de vida y tiempo del relato (deseo), entre los dispositivos narrativos de las masas urbanas emergentes en los decenios del veinte al cincuenta, las normas macrosociales de la modernización y los cambiantes escenarios de la intimidad, entre el déficit en términos de una sociedad civil y la abundancia de la transgresión y sensualización imaginarias. En determinadas condiciones socioculturales, pasan por el melodrama libidinalidades alternativamente potenciadoras. Deseos y prácticas simbólico-cotidianas que pueden entenderse como "tácticas" (de Certeau) sin ser minoritarias.

Entre los numerosos desafíos que confiere la problemática del melodrama se divisa una necesidad de reacentuar el problema de lo subalterno. Lo subalterno no puede ser comprendido, a la luz de la heterogénea modernidad latinoamericana, fuera de las dinámicas que la narración como experiencia y práctica identitaria comporta. El problema central de lo subalterno, el que se refiere a las condiciones e impedimentos de hablar, de reclamar representación y formalización, aquí se ve rearticulado a través de la búsqueda de otro lenguaje. Ese otro lenguaje — configurado por narraciones más que por discursos — es un lenguaje de cuerpo, afecto y encantamiento comunitario. Es, de esta manera, un lenguaje de re-conocimiento diferente. Lo que en términos de escritura como discurso formado suele ser drama suspendido, complejidad, conocimiento reflexivo, y "subalternidad racionalizada", en el melodrama es repetición, reconocimiento y exceso, esto es, "subalternidad contaminada, vivida". Entre ambos niveles se negocia un espacio político híbrido cuyas potencialidades están lejos de haberse agotado. La solución paradójica y abierta, tanto de las narraciones como del melodrama en particular, no reside en el cumplimiento del *plot* (la fábula) sino en una continua sobredeterminación semántica que, junto a un exceso semiótico, es agenciada por las renarraciones como mecanismos de subjetividad. Lo que importa, parafraseando a Hayden White (24), es darle a la realidad aquella especie de sentido que se consume y sin embargo escapa por su desplazamiento hacia otro relato que, más allá de los límites de su final, espera a ser contado.

Nota

[1] En vista de una extraña e intolerable reductividad de la traducción española [*La condición humana* (1993), trad. Ramón Gil Novales, Barcelona: Ediciones Paidós], optamos por traducir directamente desde la edición alemana la que, igual que la inglesa, fue autorizada por Arendt.

Bibliografía

Arendt, Hannah. *The Human Condition*. [1958]. Chicago: University of Chicago Press. Edición usada para las citas: H. A. (1981), Vita Activa oder Vom Taetigen Leben, Muenchen-Zuerich: Piper.
Barthes, Roland. *The Pleasure of the Text*. Richard Miller, trad. Nueva York: Hill and Wang, 1975.
Benjamin, Walter. "El narrador". *Revista de Occidente* 129 (1973): 301-32.
Bhabha, Homi K. *The Location of Culture*. Londres: Routledge, 1994.
Brooks, Peter. *The Melodramatic Imagination. Balzac, Henry James, Melodrama, and the Mode of Excess*. [1976]. New Haven: Yale University Press, 1995.
Cavarero, Adriana. *Relating Narratives. Storytelling and Selfhood*. Londres/Nueva York: Routledge, 2000.
Certeau, Michel de. *La invención de lo cotidiano. 1. Artes de hacer*, México D.F.: Universidad Iberoamericana-Instituto Tecnológico y de Estudios Superiores de Occidente, 2000.
Deleuze, Gilles/Félix Guattari. *Mille plateaux*. Paris: de Minuit, 1980.
Eagleton, Terry. *The Idea of Culture*. Oxford/Malden: Blackwell, 2000.
Eco, Umberto. *Apokalyptiker und Integrierte. Zur kritischen Kritik der Massenkultur*. [1964]. Frankfurt: Fischer, 1986.

Foucault, Michel. "Andere Raeume" (Otros espacios). *Aisthesis. Wahrnehmung heute oder Perspektiven einer anderen Aesthetik.* [1967]. Karlheinz Barck, ed. Leipzig: Reclam, 1990. 34-46.

Foucault, Michel. *L'ordre du discours.* Paris: Gallimard, 1972.

Gadamer, Hans-Georg. *Verdad y método.* [1960]. Salamanca: Ediciones Sígueme, 1997.

Geertz, Clifford. *The Interpretation of Cultures.* [1973]. Londres: Fontana Press, 1993.

Habermas, Juergen. "Die Moderne-ein unvollendetes Projekt" (La modernidad-un proyecto incumplido). *Philosophisch-politische Aufsaetze.* [1980]. Leipzig: Reclam Verlag, 1990.

Gramsci, Antonio. *Lettere dal Carcere.* Turín: Giulio Einaudi Editore, 1950.

Herlinghaus, Hermann. "Desafiar a Walter Benjamin desde América Latina: De la 'violencia' del discurso a unas 'terribles ambivalencias' de la narración". *Espacios urbanos. Violencia y comunicación en América Latina.* Mabel Moraña, ed. Pittsburgh: IILI-Serie Tres Ríos, 2001.

———. *Modernidad heterogénea. Descentramientos hermenéuticos desde la comunicación en América Latina.* Caracas: Ediciones CIPOST, 2000.

Lyotard, Jean-François. *La condition postmoderne. Rapport sur le savoir.* Paris: Minuit, 1979.

Martín-Barbero, Jesús. *De los medios a las mediaciones. Comunicación, cultura y hegemonía.* Barcelona: Gustavo Gili, 1987.

———. "De la comunicación a la filosofía y viceversa: nuevos mapas, nuevos retos". *Mapas nocturnos. Diálogos con la obra de Jesús Martín-Barbero.* María Cristina Laverde Toscano y Rossana Reguillo, eds. Bogotá: Siglo del Hombre Editores-Fundación Universidad Central, 1998. 201-22.

———. "Identidad, comunicación y modernidad en América Latina". *Posmodernidad en la periferia. Enfoques latinoamericanos de la nueva teoría cultural.* Hermann Herlinghaus y Monika Walter, eds. Berlin: A. Langer Verlag, 1994. 83-110.

——— y Germán Rey. *Los ejercicios del ver. Hegemonía audiovisual y ficción televisiva.* Barcelona: Gedisa Editorial, 2000.

——— y Hermann Herlinghaus. *Contemporaneidad latinoamericana y análisis cultural. Conversaciones al encuentro de Walter Benjamin.* Madrid/Frankfurt: Iberoamericana-Vervuert, 2000.

Ricoeur, Paul. *Tiempo y narración.* [1985]. México: Siglo XXI, 1995.

Thompson, E. P. *Customs in Common.* Londres: The Merlin Press, 1991.

White, Hayden. *The Content of Form. Narrative Discourse and Historical Representation.* Baltimore: The Johns Hopkins University Press, 1987.

Pensando en la diáspora:
en casa, desde el extranjero

Stuart Hall

Esta presentación tuvo lugar en ocasión del quincuagésimo aniversario de la fundación de la University of the West Indies.[1] 1948 fue también, casualmente, el año de la llegada al puerto de Tilbury en el Reino Unido del s.s. Empire Windrush, con los voluntarios de las West Indies, regresando después de una licencia en el Caribe y con un pequeño grupo de civiles emigrantes. Este evento significó el comienzo de la migración caribeña a Inglaterra y se erige simbólicamente como el inicio de la diáspora negra de la posguerra. Su aniversario en 1998 fue celebrado como símbolo del "inexorable surgimiento de una Inglaterra multi-étnica".[2]

La migración ha sido un motivo constante en la historia del Caribe. Pero el evento del Windrush inició una nueva fase en la formación de la diáspora cuyo legado encontramos en las comunidades negro-caribeñas en el Reino Unido, Estados Unidos y Canadá. El propósito aquí no es ofrecer un recuento histórico de la evolución de estas diásporas —aunque sus procelosas historias merecen ser mejor conocidas en el Caribe, e incluso (me atrevo a sugerir) más sistemáticamente estudiadas. Los destinos de esos movimientos humanos no son más "ajenos" a la historia caribeña que la historia del Imperio para la llamada historia doméstica británica, aunque de hecho así es como la historiografía contemporánea construye este asunto. En todo caso, la pregunta por la diáspora es formulada aquí primordialmente porque ofrece claves para entender la complejidad no sólo de la construcción, sino de la imaginación de la nacionalidad e identidad en el Caribe, en una era de intensificación de la globalización.

Las naciones, sugiere Benedict Anderson, no son solamente entidades políticas soberanas sino "comunidades imaginadas." ¿Cómo deben ser imaginadas las naciones caribeñas treinta años después de la independencia? La pregunta es central, no solamente para el futuro de la gente del Caribe, sino del arte y la cultura que producen, porque en las prácticas de representación está siempre en juego algún "sujeto imaginado." ¿Dónde empiezan y terminan sus fronteras, cuando regionalmente cada comunidad está tan íntimamente relacionada cultural e históricamente con las de sus vecinos, y tantos de sus ciudadanos viven miles de millas lejos de "casa"? ¿Cómo imaginamos su relación con ese "hogar" y la naturaleza de su "pertenencia" al mismo? Y, ¿cómo debemos pensar la identidad y la "pertenencia" nacional en el Caribe a la luz de esta experiencia de diáspora?

Estas comunidades afro-caribeñas en el extranjero no están enteramente desarraigadas. Mary Chamberlain en su libro *Narratives of Exile and Return*, con sus historias de vida de emigrantes de Barbados en el Reino Unido, hace énfasis en cuán fuertes permanecen esos lazos. Como es común en casi todas las comunidades transnacionales la familia extendida —como red y lugar de la memoria— es la principal mediación entre estos dos lugares. Chamberlain sugiere que la gente de Barbados ha mantenido en el exilio un fuerte sentido de lo que es el "hogar" y ha tratado de mantener una identidad cultural. Confirma este panorama el trabajo de investigación hecho entre emigrantes caribeños en el Reino Unido, el cual sugiere la fuerte persistencia —entre las llamadas "minorías éticas"— de lo que podríamos llamar una "identificación asociativa" con las culturas de origen, aun en la segunda y tercera generación, aunque "el lugar de origen" ya no sea la única fuente de identificación (ver Modood). Sin embargo, la resistencia del cordón umbilical continúa reflejándose en el número creciente de jubilados caribeños que regresan. Chamberlain juzga que la "determinación de construir identidades autónomas barbadenses en Inglaterra [...] puede aumentar en vez de reducirse, si continúan las tendencias del presente" (132).

Sin embargo, sería erróneo ver estas tendencias como excepcionales o carentes de ambigüedad. En la situación de diáspora las identidades se multiplican. Al lado de la *conexión asociativa* con una isla "hogar" en particular, hay otras fuerzas centrípetas: por ejemplo, la "antillanidad" (*West-Indian-ness*) que comparten con otros emigrantes de las *West Indies*. George Lamming mencionó alguna vez que su generación (y, por cierto, también la mía) ¡se hizo antillana no en el Caribe sino en Londres! Otras fuerzas centrípetas provendrían de las similitudes con otras poblaciones de las llamadas "minorías éticas," las identidades emergentes "negro-británicas", la identificación con los lugares de asentamiento, al igual que las re-identificaciones simbólicas con *África*, y más recientemente con la cultura afro-americana ... todo ello compitiendo por un lugar al lado de, digamos, su "barbadianidad".

Los entrevistados por Mary Chamberlain también hablan elocuentemente de lo difícil que es para muchos de los que regresan reencontrarse con sus sociedades natales. A muchos les hace falta el ritmo cosmopolita de la vida a la cual se han acostumbrado. Muchos sienten que el "hogar" ha cambiado más allá de la posibilidad de reconocimiento. En contraste, en "casa" se les ve con un poco de extrañeza, considerando que las experiencias diaspóricas han perturbado sus vínculos de conexión natural y espontáneamente. Los que regresan están contentos de estar en casa. Pero de alguna manera la historia ha intervenido fatalmente. Ésta es una versión del tan familiar sentimiento moderno de deslocalización que aflora crecientemente. No tenemos que viajar lejos para experimentarlo. Acaso estamos todos en tiempos modernos —*después de la Caída* (si se me permite la expresión)— en lo que el filósofo, Heidegger, llamó *Unheimlichkeit*, literalmente "no en hogar" (101). Como Iain Chambers elocuentemente señala:

> Nunca podemos ir a casa, regresar a la escena primera, al momento olvidado de nuestro principio y autenticidad, porque siempre hay algo en el medio. No podemos regresar a la unidad ida, porque sólo podemos conocer el pasado, la memoria, el inconsciente, a través de sus efectos, eso es, cuando se los trae al lenguaje y de allí nos embarcamos en un (indeterminable) análisis. Frente "al bosque de signos" (Baudelaire) nos encontramos a nosotros mismos siempre en los caminos cruzados, sosteniendo nuestras historias y memorias ("reliquias seculares", como las describe Benjamin, el coleccionista) mientras miramos las constelaciones tensas que están enfrente de nosotros, buscando el lenguaje, el estilo que dominará su movimiento y le dará forma. A lo mejor, se trata más de una cuestión de buscar estar en casa aquí, en el único tiempo y contexto que tenemos. (104)

¿Qué luz ofrecen estos temas de dislocación para iluminar las cuestiones de la identidad cultural caribeña entonces? Teniendo en cuenta que ésta es una pregunta conceptual y epistemológica así como también empírica, entonces ¿cómo modifican la experiencia de la diáspora nuestros *modelos* de identidad cultural? ¿Cómo debemos conceptualizar o imaginar la identidad, la diferencia y el sentido de pertenencia, juntos en el mismo espacio conceptual, *después de la diáspora*? Puesto que la "identidad cultural" conlleva tantos acentos de unidad esencial, unicidad primordial, indivisibilidad y mismidad, ¿cómo debemos "pensar" identidades que siempre están inscritas en relaciones de poder y construidas cruzando líneas de diferencia y disyunción?

Básicamente continuamos aplicando aquella visión de sentido común según la cual la identidad cultural está fijada por el nacimiento, es parte de la naturaleza, está marcada en los genes a través del parentesco y los vínculos de sangre, y es una parte constitutiva de lo más profundo de nuestro ser. Es impermeable a cosas tan "mundanas", seculares, y superficiales como las pasajeras mudanzas del lugar en el que uno reside. La pobreza, el subdesarrollo y la falta de oportunidades —los legados del Imperio en todas partes— pueden obligar a la gente pobre a emigrar, produciendo la disgregación y la dispersión; pero seguimos creyendo de corazón que cada diseminación comporta la promesa de un regreso redentor.

Esta férrea interpretación del concepto de la "diáspora" es —con razón— la más corriente entre la gente del Caribe; se ha convertido en parte de nuestro reciente y construido sentido del ser colectivo y hoy en día está profundamente inscrito —como un sub-texto— en los relatos nacionalistas. Esta interpretación está modelada a partir de la historia moderna de los judíos (de quienes se tomó la palabra "diáspora"), cuyo sino en el Holocausto —uno de los pocos eventos históricos del mundo, comparable en barbarie con la esclavitud moderna— es bien conocido.[3] Más significativo para los caribeños, sin embargo, es la versión de la historia en el *Antiguo Testamento*. Ahí encontramos la analogía, central en nuestra historia, del "pueblo escogido", su captura violenta y la esclavitud en "Egipto"; su "sufrimiento" en "Babilonia"; el liderazgo de Moisés, seguido por el Gran Éxodo; la liberación del cautiverio, y el regreso a la Tierra Prometida. Esta es la fuente primordial de esa gran narrativa de libertad, esperanza y redención del Nuevo Mundo, repetida una y otra vez a lo largo de la esclavitud: el Éxodo y el viaje hacia la libertad. Esta analogía ha ofrecido a cada discurso emancipatorio de los negros del Nuevo Mundo su *metáfora maestra*. Muchos creen que esta narrativa del Antiguo Testamento es más poderosa para el imaginario popular de la gente negra del Nuevo Mundo que el relato de la "Navidad." De hecho, la misma semana que esta conferencia fue dada en el campus de Cave Hill de la University of West Indies, el *Advocate* de Barbados —anticipándose a las celebraciones de la independencia— honró a los "padres fundadores" de la independencia de Barbados, Barrow y Cameron Tudor ¡con los títulos de "Moisés" y "Aarón"!

En esta metáfora, la historia —que dado su carácter contingente, está abierta a la libertad— es representada como teleológica, escatológica y redentora, retornando a la restauración de su momento originario, cicatrizando toda ruptura, reparando cada fisura en este retorno. Para la gente del Caribe este anhelo fortalecido se ha convertido en una suerte de mito fundacional. Es, claro, una gran visión. Jamás se debe subestimar —ni siquiera en el mundo moderno— su poder para mover montañas.

Sin embargo, es también una concepción *cerrada*, basada en una definición exclusiva de "tribu", diáspora y hogar o patria. Tener una identidad cultural en este sentido es estar primordialmente en contacto con un núcleo esencial invariable, sin tiempo, uniendo el futuro y el presente al pasado con una línea sin rupturas. Este cordón umbilical es lo que llamamos "tradición", la prueba de la identidad que evidencia la verdad de sus orígenes, su presencia ante sí misma, su "autenticidad". De esta manera, se trata claramente de un mito, con todo el poder real que los mitos rectores tienen para moldear nuestros imaginarios, influir sobre nuestras acciones, darle significado a nuestras vidas y sentido a aquellas historias perdidas u olvidadas.

Los mitos fundacionales son, por definición, trans-históricos; no simplemente afuera de la historia sino sobre todo ahistóricos. Como Roland Barthes subrayaba en "Myth Today", los mitos "transforman la historia en naturaleza" (*Mythologies* 129). Ellos tienen la estructura anacrónica de una doble inscripción: su poder redentor está en el futuro, el cual está aún por venir; pero funcionan adscribiendo lo que predicen que va a suceder a la descripción de lo que ya ha pasado y que fue en el principio. Con todo, la historia, como la saeta del tiempo es, si no lineal, sucesiva; y la estructura narrativa de los mitos es cíclica. Así que a pesar de que los mitos tienen su propio poder y eficacia en el imaginario, su significado es a menudo transformado cuando es traducido históricamente. Después de todo, es precisamente una concepción míticamente excluyente de la "patria" lo que ha llevado a los serbios a rehusar compartir su territorio —como lo habían venido haciendo por siglos— con sus vecinos musulmanes en Bosnia y lo que ha justificado la limpieza étnica en Kosovo. Asimismo, una versión de esta concepción mítica de la identidad en la diáspora judía y su augurado "regreso" a Israel, es el motivo de la disputa con sus vecinos del Medio Oriente, por el cual los palestinos han pagado un precio muy alto y han sido expulsados de la que después de todo —paradójicamente— también es su patria.

Aquí radica, pues, la paradoja para la cultura caribeña y es aquí donde nuestros problemas empiezan. Nuestra gente no puede vivir sin esperanza. Pero hay un problema cuando asumimos nuestras metáforas de esperanza de manera demasiado literal. Las cuestiones de identidad cultural en el Caribe no pueden ser pensadas de esta manera teleológica (Ver Stuart Hall, "Cultural Identity and Diaspora"). Precisamente porque en nuestro caso, la identidad es inevitablemente una pregunta histórica, esos relatos teleológicos han resultado ser tan problemáticos e incomprensibles para la gente del Caribe. Los mitos concentran y condensan; pero las historias dispersan y descentran. Nuestras sociedades se componen no de uno sino de muchos pueblos. Sus orígenes no son únicos sino diversos. Aquellos a quienes les pertenecía originalmente la tierra perecieron en su mayoría hace tiempo —diezmados por la servidumbre y las enfermedades. La tierra no puede ser "sagrada" porque fue "violada" —no vacía sino vaciada. Todos los que están aquí, originalmente pertenecían a algún otro lado. Lejos de estar en relación de continuidad con nuestro pasado, nuestra relación con la historia está marcada por los más horrendos, violentos, abruptos y desgarradores quiebres. En vez de un pacto de asociación civil de evolución lenta, tan central para el discurso liberal de la modernidad occidental, nuestra "asociación civil" fue inaugurada por un acto de voluntad imperial. Lo que ahora llamamos el Caribe nació de nuevo, en esa violencia real y simbólica. El camino de nuestra modernidad está puntuado por la conquista, la expropiación, el genocidio, la esclavitud, la inserción forzada en el sistema de plantaciones y el largo tutelaje de la dependencia colonial. A la Ilustración le encantaba representar "el Nuevo Mundo" como la "infancia de la humanidad". Pero acaso haya habido una gran verdad anticipatoria en el famoso grabado europeo "Vespucio descubriendo a América" (c. 1600). Allí, el encuentro representado no dista mucho de ser el preludio de una violación. Américo Vespucio avanza con confianza; la imponente y también amenazante figura masculina aparece llevando la insignia de poder mundial —ciencia, conocimiento y religión— y "sorprendiendo" a "América", alegorizada (como de costumbre) como una mujer, atónita y desnuda en su hamaca.[4]

Nuestra gente tiene sus raíces en —o más precisamente, puede seguirle la pista a sus "rutas" desde y hacia— los cuatro puntos del globo: provenientes de Europa, África, Asia y obligados a cohabitar en el cuarto continente: la "escena primaria" del Nuevo Mundo. Sus "raíces/rutas" son lo que se quiera, menos "puras".[5] La gran mayoría son de ascendencia africana; pero ésta es una ascendencia que como Shakespeare hubiera dicho es "north-by-north-west". Sabemos que este término, *África*, es, de cualquier manera, una construcción moderna que hace referencia a una variedad de gentes, tribus, culturas y lenguas cuyo principal punto de origen común está en la confluencia del comercio de esclavos. En el Caribe, *África* se encontró con los hindúes y los chinos: la servidumbre al lado de la esclavitud. Lo característico de esta cultura es manifiestamente resultado del más complejo entretejido y fusión de diferentes elementos (africanos, asiáticos y europeos) en el crisol de la sociedad colonial. El *África* que está presente en esta parte del mundo es aquello en lo que *África* se ha convertido en el Nuevo Mundo juntamente con elementos sacados de las culturas de España, Inglaterra, Francia, Holanda, Portugal, India, China, Líbano; esa *África* ha pasado a través de la violenta vorágine del sincretismo colonial, hacia una hibridez fraguada en la "olla" colonial.

Este resultado híbrido no puede ser desagregado, ni separados sus elementos originales "auténticos". El miedo a que esta condición, de alguna manera, haga de la cultura caribeña un mero simulacro o una imitación mediocre de la cultura de los colonizadores nos ha perseguido con sus amenazas de fragmentación y pérdida, pero en realidad no nos debe detener. La lógica cultural en juego aquí es indiscutiblemente otra: me refiero obviamente a una lógica "criolla" o transcultural, tal como Mary Louise Pratt usa el término, siguiendo la tradición de algunos de los mejores ensayos teórico-culturales de la región[6]. Según ella, mediante la transculturación "grupos subordinados o marginales seleccionan e inventan materiales transmitidos a ellos por una cultura metropolitana dominante". Es un proceso de "zona de contacto", un término que evoca "el espacio y co-presencia temporal de sujetos previamente separados por disyunciones geográficas e históricas [...] cuyas trayectorias ahora se interceptan". Esta perspectiva es dialógica en la medida en que está interesada en cómo el colonizado "produce" al colonizador así como en el proceso inverso. El concepto está basado en "la co-presencia, interacción, trabazón de saberes y prácticas, a menudo [y en el caso del Caribe, debemos decir *siempre*] en medio de relaciones de poder radicalmente asimétricas" (Pratt 6,7).[7] Transculturación y *"creolization"* conforman la lógica disyuntiva que la colonización y la modernidad occidental introdujeron en el mundo. Esa entrada en la historia es lo que —después de 1492— hizo del mundo una empresa profundamente injusta si bien "global", convirtiendo a la gente del Caribe en lo que David Scott, en un ensayo inédito, ha descrito recientemente como "conscriptos de la modernidad".

A comienzos de los años noventa realicé *Redemption Song: Seven Programmes On Caribbean Culture*, una serie de televisión para la BBC, sobre las diferentes culturas tributarias dentro de la cultura caribeña. En las visitas que hice relacionadas con la serie, lo que me asombró fue la presencia de los mismos elementos y rastros básicos (semejanzas), pero combinados de manera única en diferentes configuraciones propias de cada lugar (diferencias). Sentí a *África* cercana a la superficie en Haití y en Jamaica. La forma como los dioses africanos han sido sintetizados con los santos cristianos en el complejo universo del vudú haitiano es una mezcla particular sólo encontrada en el Caribe y Latinoamérica —aunque hay formas análogas donde quiera que sincretismos comparables surgieron en los albores de la colonización. El estilo de las pinturas nativistas haitianas a menudo descrito como "primitivo" es de hecho la más compleja representación —en términos imaginativos— de esta "doble conciencia" religiosa. El distinguido pintor haitiano André Pierre —a quien filmamos— antes de empezar su trabajo elevó una oración a las deidades tanto del vuduismo como del cristianismo. Pierre, como el pintor jamaiquino Bro. Everald Brown, veía la pintura como una labor esencialmente visionaria y "espiritual." Mientras pintaba, nos cantó la "historia" de sus lienzos con "santos" negros de blanco y viajeros cruzando El Río.

Me sentí cercano a Francia en Haití y en Martinique, aunque a dos "Francias" diferentes: en Haití, a la "Francia" del Viejo Imperio, a la que la Revolución Haitiana hizo poner de rodillas en esa explosiva fusión de demanda por la libertad entre la resistencia de los esclavos africanos y las tradiciones republicanas francesas, bajo Toussaint L'Ouverture; en Martinique, a la "Francia" del Nuevo Imperio— del republicanismo, del gaullismo, de lo parisino "chic" atravesado por la transgresión del "estilo" negro y las complejas afiliaciones de Fanon y Cesaire con y contra lo *"français"*. En Barbados, como esperaba, me sentí más cerca de Inglaterra, y de su subestimada disciplina social —como me sentía (pero ya no) ocasionalmente en Jamaica. Los hábitos particulares, costumbres y etiqueta social de Barbados son claramente una traducción a través de la esclavitud africana de la cultura íntima y a pequeña escala de las plantaciones que reorganizaron el paisaje de Barbados. En Trinidad, me sentí cercano, sobre todo, a las tradiciones complejas del "Oriente" en "Occidente": reinas de carnavales de la India, *roti* en la sabana, velas de Diwali brillando en la oscuridad de San Fernando, y la inconfundible alternancia católica española de pecado-contricción-y-absolución (el martes la máscara de Shrove, seguida por la misa del miércoles de ceniza). En todas partes, hibridez, *différance*.

El concepto cerrado de la diáspora descansa en una concepción binaria de la diferencia. Se funda en la construcción de una frontera excluyente, en una concepción esencializada de la alteridad "del *Otro*" y en una oposición firme entre el adentro y el afuera. Pero las configuraciones sincretizadas de la identidad de la cultura caribeña requieren de la noción de *différance* de Derrida —es decir, de diferencias que no funcionen mediante binarismos, de fronteras lábiles que no aíslen sino que se plieguen como *places de passage*, y de significados posicionales y relacionales, siempre en fuga a lo largo de un espectro sin principio ni fin. Sabemos que la diferencia es esencial para el significado, y el significado crucial para la cultura. Pero en una movida profundamente contra-intuitiva, los lingüistas modernos después de Saussure insisten en que el significado no puede ser fijado de manera definitiva. Inevitablemente siempre hay un "deslizamiento" o "fuga" del significado en la amplia semiosis de las prácticas culturales de significación, como quiera que lo que parece fijo continúa siendo dialógicamente re-apropiado. La fantasía de un significado final permanece asediada por una "falta" o por un "exceso", pero de todos modos nunca es alcanzable en la plenitud de su propia presencia. Como Bakhtin y Volosinov arguían:

Pensando en la diáspora • 485

La multi-acentuación social del signo ideológico es un aspecto crucial [...Y] es gracias a esta intersección de acentos que un signo mantiene su vitalidad y dinamismo y su capacidad de desarrollo. Un signo que ha sido retirado de entre las presiones de la lucha social [...] pierde inevitablemente su fuerza, degenerando en la alegoría y convirtiéndose en el objeto no de una inteligibilidad social viva sino de una comprensión filológica. (23)

En esta concepción, los polos binarios de "sentido" y "sinsentido" son constantemente indeterminados por el más laxo y fluido proceso de la "producción de significado a través de la traducción". Esta "lógica" cultural ha sido descrita por Kobena Mercer como una *estética diaspórica*:

> A lo largo de una variedad de formas culturales hay una poderosa dinámica sincrética que se apropia críticamente de elementos de los códigos maestros de las culturas dominantes y los *creoliza*, desarticulando unos signos dados y re-articulando de otra manera sus significados simbólicos. La fuerza subversiva de esta tendencia hibridizante es más aparente al nivel del propio lenguaje [incluyendo lenguaje visual] donde los *creoles*, *patois* y negros ingleses descentralizan, desestabilizan y carnavalizan la dominación lingüística del "inglés" — el lenguaje nacional del amo — mediante inflexiones estratégicas, re-acentuaciones y otras movidas performativas en códigos semánticos, sintácticos y léxicos. (Mercer 63-4)

La cultura caribeña es esencialmente motivada por esta *estética diaspórica*. En términos antropológicos, la cultura es irremediablemente impura. Esta impureza, muy a menudo construida como una pesada carga y una desventaja, es en sí una condición necesaria de su modernidad. Salman Rushdie advertía en una ocasión que "la hibridez, la impureza, la entremezcla, la transformación que producen las nuevas e inesperadas combinaciones de seres humanos, culturas, ideas, políticas, películas, canciones" es el medio por el cual "lo novedoso irrumpe en el mundo" (*Imaginary Homelands*). Esto no quiere decir que los diferentes elementos en una formación sincrética se ubiquen en una relación de igualdad. Esas relaciones siempre están desigualmente inscritas por relaciones de poder — entre las cuales y por encima de todas, están las relaciones de dependencia y subordinación sostenidas por el colonialismo. Los momentos de la independencia y el poscolonialismo, en los cuales estas historias imperiales permanecen, activamente re-trabajadas, son entonces momentos necesarios de la lucha cultural, de re-visión y re-apropiación. Sin embargo, esta re-configuración no puede ser representada como un *regreso a donde estábamos antes* puesto que como nos lo recuerda Chambers "siempre hay algo en el medio." Este "algo más" es lo que hace del Caribe lo que de hecho es, el caso por excelencia de una diáspora moderna.

Si el Caribe es en sí una diáspora, entonces la relación entre las culturas del Caribe y sus diásporas no puede ser adecuadamente conceptualizada en términos de un *iter* del origen a la copia, del principio primero al pálido reflejo. Tiene que ser entendida como el movimiento de una diáspora a otra. Aquí, el marco nacional no ayuda mucho. Los Estados-nación imponen sus rígidas fronteras en espacios donde se supone que las culturas se desarrollan. Ésa fue la relación primordial entre las políticas de la nación soberana y sus "comunidades imaginadas" en la era del dominio de los Estados-nación europeos. Fue también el marco en las políticas nacionalistas de construcción de los Estados-nación en el Caribe después de la Independencia. La cuestión en juego ahora es si el Estado-nación todavía ofrece un marco útil para el entendimiento de los intercambios culturales entre las diásporas negras.

Aquí debemos plantearnos el asunto en el problemático contexto de la "globalización." La globalización no es por supuesto —como a menudo se la representa— un fenómeno nuevo. No es muy peculiar decir que el Caribe mismo es el producto de una cierta forma de globalización. La historia de la globalización coincide temporal y espacialmente con la era de las exploraciones y conquistas europeas y de la formación de un mercado mundial capitalista, y tiene afiliaciones cercanas con lo que pensamos como los estadios formativos de la "Modernidad." Las fases tempranas de la llamada "historia global" fueron sostenidas por la tensión entre dos polos conflictivos —la heterogeneidad del mercado global y la fuerza centrífuga del Estado-nación— que establecieron entre ellos uno de los ritmos fundamentales del temprano sistema mundial capitalista.[8] El Caribe fue de hecho uno de sus escenarios claves, en donde fue peleada y lograda la estabilización del sistema global de Estado-nación europeo en una serie de empresas y establecimientos imperiales. El apogeo del imperialismo a finales del siglo XIX, dos guerras mundiales y la independencia nacional y los movimientos de descolonización en el siglo XX marcaron el cenit y el punto terminal de esta fase, que ahora está rápidamente acercándose a un cierre.

Las formas modernas de la globalización han adquirido una nueva intensificación y generado nuevas formas con características propias que las distinguen. Los desarrollos globales por encima y por debajo del nivel del Estado-nación han indeterminado paulatinamente el alcance y capacidad de maniobra de los estados nacionales, y con ello, el grado y capacidad comprehensiva —las pretensiones panópticas— de su "imaginario". De cualquier manera, las culturas siempre han rehusado ser perfectamente acorraladas dentro de las fronteras nacionales. Ellas transgreden los límites políticos nacionales. La cultura caribeña en particular no ha sido favorecida por el marco nacional. La imposición de fronteras nacionales dentro del sistema imperial fragmentó la región en entidades lingüísticas y nacionales separadas y extrañas entre sí. La región no se ha recuperado de esta imposición. El marco alternativo del *Atlántico negro*, propuesto por Paul Gilroy es una poderosa contra-narrativa a la inserción discursiva del Caribe en los relatos nacionales europeos, que revela los intercambios laterales y "semejanzas familiares" a lo largo y ancho de toda la región, lo cual la historia nacionalista oscurece.

La nueva fase de la globalización posterior a los años setenta por supuesto está todavía profundamente enraizada en las disparidades estructurales de riqueza y poder. Pero sus formas, aunque dispares, son más "globales" en su operación y planetarias en su perspectiva, con intereses corporativos transnacionales, des-regulación de los mercados mundiales y flujo global de capital, tecnologías y sistemas de comunicación que transcienden y sacan del juego al marco del viejo Estado–nación. Esta nueva fase "transnacional" del sistema tiene su "centro" cultural en todas y en ninguna parte. Ha devenido "descentrado". Esto no quiere decir que carezca de poder o que el Estado-nación no tenga ningún rol en esta fase, sino que ese rol ha sido en muchos aspectos subordinado a más amplias operaciones sistémicas globales. La emergencia de las formaciones supranacionales como la Comunidad Europea constituye un testimonio de la actual erosión de la soberanía nacional. La indudable posición hegemónica de los Estados Unidos en este sistema está relacionada no con su estatus de Estado-nación sino con sus ambiciones y su rol global y neo-imperial.

Es entonces importante ver esta perspectiva diaspórica en la cultura como subversiva de los modelos culturales tradicionales orientados por la nación. Como sucede con otros procesos globalizadores, la globalización cultural es, en sus efectos, desterritorializadora. Sus compresiones del espacio-tiempo, impulsadas por nuevas tecnologías, aflojan el lazo entre cultura y "lugar". Evidentes disyunciones del tiempo y del espacio son súbitamente reunidas, sin arrasar con sus ritmos y temporalidades diferenciales. Claro que las culturas tienen sus "localizaciones", pero ya no es fácil señalar su origen. Aquello que podemos cartografiar es más afín a un proceso de *repetición-con-diferencia*, o de *reciprocidad-sin-génesis*. En esta perspectiva, las identidades negro-antillano-británicas no son una imitación pálida ni un reflejo apagado de una "verdadera" caribeñidad original destinada a apagarse paulatinamente. Son el resultado de su propia y relativamente autónoma formación. Sin embargo, la lógica que las informa comporta los mismos procesos de transculturación, sincretización, y diasporización, que produjeron las identidades caribeñas, sólo que ahora esos procesos funcionan en un marco espacio-temporal diferente, en un cronotopo distinto, en el tiempo de la *différance*.

La música y la subcultura del *dancehall* en Inglaterra —que por supuesto tomó mucho de, y fue inspirada por, la música y la subcultura *dancehall* de Jamaica— tiene ahora su propia variante negro-británica, y sus propias localizaciones "nativas". La reciente película *Dancehall Babymother* (1998) de Julian Henriques (hijo de un reconocido antropólogo jamaiquino radicado en Londres) está localizada "auténticamente" en la zona racialmente mixta de Harlesden, en las calles y los clubes, los estudios de grabación y escenarios reales, y en la vida de la calle y de las zonas peligrosas de *North London*. Las tres muchachas *ragga*, sus protagonistas, van de compras buscando sus exóticos vestidos a otro suburbio londinense, Southall, conocido familiarmente como la "Little India". Estas *différances* no dejan de tener efectos reales. A diferencia de las representaciones clásicas del *dancehall* en otras partes, esta película realiza una cartografía de las luchas de las tres muchachas para hacerse *disc-jokeys* de *dancehall ragga*, y por lo tanto, la película trae al centro narrativo el incómodo asunto de la política sexual y de género en la cultura popular jamaiquina, mientras que otras versiones aún encubren este asunto detrás de una mampara cultural nacionalista. El documental fílmico *The Darker Side of Black* de Isaac Julien tiene tres locaciones —Kingston, Nueva York y Londres— y acaso es su relativa "libertad de espacio" lo que le permite enfrentar la profunda homofobia común en las diferentes variantes del *gangsta rap* sin caer en el lenguaje infame de "la violencia innata que hay en el negro" que trastorna al periodismo amarillista británico.

El *dancehall* es hoy una forma musical diaspórica naturalizada, una de las muchas expresiones de música negra que se gana los corazones y las almas de algunos muchachos blancos *wannabe* (esto es, ¡"wannabe black"![9]) de Londres, que hablan una mezcla aviesa de *patois* de Trench Town, *hip-hop* de Nueva York e inglés de muelle de las riberas del Támesis, y para quienes el "estilo negro" es simplemente el equivalente simbólico de la credibilidad callejera moderna. Por supuesto, éstos no son la única variedad en el jardín de la juventud británica. Tenemos los *skinhead*, tatuados con esvásticas y habitantes de suburbios blancos abandonados como Ethan, quienes practican sus violentas maniobras también de manera "global" en partidos internacionales de fútbol; cinco de estos apuñalaron de muerte en una parada de autobús de South London a Stephen Lawrence, un adolescente negro, simplemente porque éste se atrevió a hacer un cambio de autobús en su territorio.[10] Lo que se conoce en Londres como *Jungle music* es otro cruce híbrido original (de los tantos que ha habido desde las versiones británicas de *Ska, Soul* negro,*Two-Tone* y reggae "roots") entre *dub* jamaiquino, *hip-hop* de la Avenida Atlántica, *gangsta rap* y música *white-techno* (de la misma manera que el *bangra* y el *tabla-and-bass* son cruces musicales entre *rap, techno* y la tradición clásica de la India). Los intercambios cosmopolitas-vernáculos le permiten a las tradiciones de música popular del "tercer" y del "primer" mundo fertilizarse entre sí, y han construido un espacio simbólico donde la denominada *tecnología electrónica avanzada* se encuentra con los llamados *ritmos primitivos*, donde Harlessden se convierte en Trench Town. En esos intercambios, no hay un origen rastreable, excepto a lo largo de una cadena tortuosa y discontinua de conexiones. La proliferación y diseminación de formas musicales híbridas y sincréticas no puede ya ser capturada en el modelo centro/periferia, o basarse en una noción nostálgica y exotizada de recuperación de ritmos antiguos. Esa diseminación diaspórica de la música en formas nuevas y completamente modernas —mediante la extracción de los materiales y formas de muchas tradiciones culturales fragmentadas— es la historia de la producción de la cultura. De todas formas, su modernidad debe resaltarse. En 1998, el *Institute for the International Visual Arts* y la *Whitechapel Gallery* organizaron la primera retrospectiva importante del artista visual caribeño Aubrey Williams (1926-1990). Williams nació en Guyana, donde trabajó por muchos años como oficial de asuntos de agricultura. Subsecuentemente vivió y pintó en diferentes momentos de su carrera en Inglaterra, Guyana, Jamaica, y Estados Unidos. Sus pinturas recogen una variedad de estilos del siglo XX, desde el figurativo e iconográfico hasta la abstracción. Su trabajo más importante expresa una amplia gama de influencias formales y fuentes de inspiración —mitos guyaneses, artefactos, paisajes y motivos mayas y precolombinos, selva, pájaros y figuras animales, el muralismo mejicano, las sinfonías de Shostakovich y las formas expresionistas abstractas del modernismo norteamericano y británico de la posguerra. Sus pinturas desafían cualquier intento de caracterización del artista como simplemente caribeño o británico. Sus lienzos vibrantes y explosivamente coloridos, con sus formas cósmicas y trazos imprecisos de formas y figuras, encajadas tenue pero sugestivamente en las superficies abstractas, claramente pertenecen y son parte esencial de la historia del modernismo británico, aunque jamás hayan sido oficialmente reconocidas como tales. Sin duda, para algunos, sus "coqueteos" con la música europea y con la abstracción cualifican sus credenciales de pintor caribeño. Empero, es la conjunción de los dos impulsos, su posición de traductor entre dos mundos, numerosas estéticas, muchos lenguajes, lo que lo eleva a la condición de un artista sobresaliente, original y formidablemente moderno. En el catálogo de la retrospectiva, el crítico de arte Guy Brett dice:

> Por supuesto que la sutileza del asunto —la complejidad de la historia que está por ser escrita— es que el trabajo de Aubrey Williams tendría que ser considerado en tres diferentes contextos: el de Guyana, el de la diáspora guyanesa y antillana en Inglaterra, y el de la sociedad británica. Estos contextos tendrían que ser considerados hasta cierto punto de manera separada y en sus complicadas interrelaciones, afectadas por las realidades del poder. Y todo tendría que ser ajustado en relación con el deseo del propio Williams de ser simplemente un artista contemporáneo y moderno, igual a cualquier otro. En un determinado momento él pudo decir: "Yo no he gastado mucha energía en este asunto de las raíces... Le he puesto atención a cientos de cosas diferentes... ¿por qué me debería aislar en una filosofía?" y en otra ocasión, "el meollo de la cuestión inherente a mi trabajo desde que yo era niño ha sido el dilema humano, específicamente en relación con la situación de Guyana.
> (Brett 24)

Entonces, ¿qué pasa con todos esos esfuerzos para reconstruir las identidades regresando a sus fuentes originarias? ¿Son vanas estas luchas de recuperación cultural? Todo lo contrario. La reelaboración de África en el entramado caribeño ha sido el más fuerte y subversivo elemento cultural de nuestra política en el siglo XX; y ciertamente, su capacidad para trastornar el establecimiento nacionalista de la pos-independencia no está acabada. Pero fundamentalmente no porque estemos conectados con nuestro pasado y herencia africanos por una cadena irrompible a lo largo de la cual una cultura africana singular (o esencia de "lo africano") haya pasado sin cambios de generación en generación, sino gracias a cómo hemos venido a producir de nuevo *África*, dentro de la narrativa del Caribe. En cada coyuntura —piénsese en el Garveyismo, en Hibbert, en el rastafarismo, la nueva cultura popular urbana— ha sido un asunto de interpretar *África*, reinventar *África*, de lo que *África* puede representar para nosotros después de y en la diáspora.

Antropológicamente, este asunto ha sido tratado en términos de "supervivencias". Los signos y las huellas de esa presencia están por supuesto en todas partes. *África* vive no solamente en la retención de palabras africanas y estructuras sintácticas del lenguaje o en los patrones rítmicos de la música, sino en la manera en que el discurso africano ha definitivamente afectado, inflexionado y subvertido la forma en que la gente del Caribe habla, la forma en que se ha apropiado del inglés (y del español, del francés, etc.) es decir, de la lengua matriz. Vive en la manera en que cada congregación cristiana caribeña, compenetrada con cada línea del Moody y del himnario Sankey, sin embargo, arrastra y alarga la marcha de "Onward Christian Soldiers" cediendo a un ritmo corporal y registro vocal más raigal. África está viva, sana y salva en la diáspora. Pero no es aquella África de los territorios oscurecidos por el cartógrafo colonial, de los cuales fueron arrebatados tantos esclavos, ni el África de hoy en día, que es por lo menos cuatro o cinco continentes plegados en uno, con sus formas de subsistencia destruidas y sus gentes ajustadas estructuralmente en una devastadora pobreza moderna.[11] El África viva, sana y salva en esta parte del mundo es lo que África ha venido a ser en el Nuevo Mundo.

Igualmente significativo, entonces, es la manera en que esta *África* provee recursos para sobrevivir el ahora, historias alternativas a aquellas impuestas por el dominio colonial y materias primas para ser reformuladas en formas y patrones culturales distintos y nuevos. Desde esta perspectiva, las "supervivencias" en su forma original son masivamente excedidas por los procesos de traducción cultural. Como Sarat Maharaj nos recuerda:

> La traducción, como la plantea Derrida, no es, en absoluto, algo como comprar, vender o intercambiar, aunque ha sido convencionalmente figurada en esos términos. No se trata de enviar trozos substanciosos de significado de un lado de la barrera lingüística a la otra —como con paquetes de comida rápida despachados en forma de combos *para llevar*. El significado no es un *readymade*, una cosa mueble que pueda ser "acarreada al otro lado". El traductor está obligado a construir el sentido en el lenguaje primero y luego entender y diseñarlo por segunda vez en los materiales del lenguaje en el cual él o ella lo están ofreciendo. Las lealtades del traductor están entonces divididas y contrapuestas. Él o ella tiene que ser fiel a la sintaxis, sentimiento y estructura del lenguaje de origen, y fiel al lenguaje de la traducción [...] Nos enfrentamos a una escritura doble, lo que puede ser descrito como una "lealtad pérfida" [...] en el efecto Babel de Derrida. (31)

De hecho, cada movimiento social significativo y cada desarrollo creativo de las artes en el Caribe en el siglo XX ha comenzado o incluido este momento de traducción del reencuentro con las tradiciones afrocaribeñas. La razón no es que África sea un punto antropológico de referencia fijo; el proceso diasporizador es marcado en su funcionamiento por la referencia *pérfidamente leal*, del modo en que África fue apropiada en, y transformada por, los sistemas de plantación del Nuevo Mundo. La razón es que *África* es el significante, la metáfora, para esa dimensión de nuestra sociedad e historia que ha sido masivamente suprimida, sistemáticamente deshonrada y negada una y otra vez, y que pese a todo lo que ha acontecido, permanece. Ésta es la dimensión que Frantz Fanon llamó "el hecho de la negritud".[12] En el Caribe, pese a todo, la raza continúa siendo el "secreto culpable", el código escondido, el trauma indecible. *África* la ha hecho decible como una condición social y cultural de nuestra existencia.

En la formación cultural del Caribe, lo blanco, europeo, occidental, las huellas del colonizador estuvieron siempre posicionadas como el elemento predominante, el aspecto con voz; lo negro, "africano", esclavizado, las huellas —múltiples— del colonizado fueron siempre silenciadas, subterráneas y subversivas, regidas por una "lógica" diferente, siempre posicionada por medio de la subordinación y la marginalización. Las identidades formadas en esta matriz de significados coloniales fueron construidas de manera que se anulara y desautorizara cualquier compromiso con las historias reales de nuestra sociedad y con sus "raíces" culturales. Los enormes esfuerzos hechos a través de los años, no sólo por académicos sino por practicantes de la cultura, para poner juntas las piezas de esas fragmentarias y a menudo ilegales "rutas al presente" y para reconstruir sus genealogías inexpresadas, constituye el trabajo de base requerido para darle sentido a la matriz interpretativa y a las imágenes propias de nuestra cultura y para hacer visible lo invisible. Ése es el "trabajo" de traducción que el significante africano pone en acción, y el trabajo de "lealtad pérfida" que en este momento pos-nacionalista se requiere de los artistas del Caribe.

La lucha por redescubrir las "raíces" africanas entre las configuraciones complejas de la cultura caribeña, y por expresar a través de ese prisma los desgarramientos del transporte, esclavitud, colonización, explotación y racialización, produjo la única "revolución" exitosa en el Caribe anglosajón en este siglo — la llamada "revolución cultural" de 1960 — y la conformación del sujeto negro caribeño. En Jamaica, por ejemplo, sus rastros son encontrados aún en miles de lugares no estudiados — en congregaciones religiosas de todo tipo, formales e irregulares; en las voces marginalizadas de pastores y profetas populares callejeros, muchos de ellos declarados dementes—; en los cuentos populares y las formas narrativas orales; en ocasiones ceremoniales y ritos de pasaje; en la nueva lengua, música y ritmo de la cultura urbana popular, así como también en la política y tradiciones intelectuales, en el garveyismo, etiopianismo, *revivalism* y rastafarianismo. Se miró hacia ese espacio mítico de "Etiopía", donde por mil años reinaron reyes negros, y donde existió una congregación cristiana cientos de años antes que la cristianización de Europa occidental. Pero, como movimiento social, nació, hasta donde sabemos, precisamente en ese "lugar" decisivo pero ilocalizable cercano al hogar donde se encontraron

las propuestas de regreso y separatismo de Marcus (Moziah) Garvey (1887-1940), con las prédicas del reverendo Joseph Nathaniel Hibbert y las fantasías alucinadas del profeta Alexander Bedward, destinado para ese espacio ampliamente politizado donde podía hablar por esos —si se me perdona la expresión— "¡desposeídos por la independencia!"
Como ocurrió con todos estos movimientos, el rastafarianismo se representó como un "regreso". Pero a lo que nos "regresó" fue a nosotros mismos. Y al hacerlo produjo a "África de nuevo" —en la diáspora. Ese movimiento incorporó muchas "fuentes perdidas" del pasado. Pero su relevancia se basa en la extraordinaria práctica de leer la Biblia a través de su tradición subversiva, es decir a través de sus heterodoxias, sus versiones apócrifas —leyendo contra el grano, desde abajo, volviendo el texto en contra de sí mismo. La Babilonia de la que hablaba el rastafarismo, el lugar donde su gente estaba aún "sufriendo", no quedaba en Egipto sino en Kingston–y más tarde el nombre fue sintagmáticamente extendido para incluir a la policía metropolitana, en Brixton, Handsworth, Moss Side y Notting Hill. El rastafarismo jugó un papel crucial en el movimiento moderno que por primera vez concibió a Jamaica y otras sociedades caribeñas como culturas inexorablemente "negras". En una traducción posterior, esta extraña doctrina y discurso "salvó" a los jóvenes espíritus de la segunda generación de emigrantes caribeños en las ciudades británicas en los años sesenta y setenta y les ofreció un motivo de orgullo y mecanismos de comprensión de sí mismos. En términos de Frantz Fanon, descolonizó sus mentes.

Al mismo tiempo, vale la pena recordar el hecho incómodo de que la "naturalización" del término descriptivo "negro" para todo el Caribe, o su equivalente "afro-caribeño" para todos los emigrantes de las West Indies en el extranjero ejerce su propia clase de silenciamiento en nuestro nuevo mundo transnacional. Un joven artista de Trinidad, Steve Auditt, ha vivido y trabajado en los Estados Unidos, Inglaterra y lo que él describe como la "sacarotopía" de Trinidad. Él se describe a sí mismo como "un hombre artista americano / británico de la post-independencia educado cristiano, de Trinidad, de la India, criollo de las West Indies" cuyo trabajo —en forma escrita e instalaciones— "navega por el terreno difícil entre lo visual y lo verbal". Él habla de este tema directamente en una de sus piezas recientes para su diario *on-line* "El enigma de sobrevivir".

> Afro-caribeño es el término-cobija para cualquier caribeño en Inglaterra. De verdad. Es tan serio que muchas personas cultas de aquí me dicen, "Usted es del Caribe, ¿cómo es que usted ni siquiera es negro, y parece asiático" [...] Yo creo que el término "Afro-caribeño" es un nombre dado

por los británicos y de pronto destinado a representar la imagen de la mayoría de los emigrantes antillanos que vinieron aquí en el periodo de la posguerra. Y es usado para marcar y recordar sus pasados: la política y horrores de la esclavitud, la clasificación europea de los africanos como seres ultra-inferiores, la fragmentación y la pérdida de "cultura" pero con deseos de negociar una nueva "condición de lo Afro" en este lugar diaspórico [...] En esta [última] especificidad yo puedo lidiar con lo "Afro-caribeño" [...] pero no cuando es usado como índice privilegiado de horror, para ubicar y centrar todos las otras historiografías de subalternidad caribeña bajo la afrofilia del caribeño aquí en Inglaterra [...] Trinidad tuvo su historia de servidumbre de gente de la India en campos *apartheid* de trabajo por lo menos por el mismo tiempo que tuvo esclavitud "organizada". (Ouditt 9)

Lo que sugieren estos ejemplos es que la cultura no es sólo un viaje de redescubrimiento, ni un itinerario del regreso. No es "arqueología". La cultura es producción. Tiene sus materias primas, sus recursos, su "trabajo-de-producción" (*work-of-production*). Depende del conocimiento de una tradición como del "cambio de lo mismo" y de un conjunto efectivo de genealogías (ver Paul Gilroy). Pero lo que este "*detour* a través del pasado" hace es habilitarnos, a través de la cultura, para producirnos a nosotros mismos de nuevo, como un nuevo tipo de sujetos. Entonces, no se trata tanto de la pregunta acerca de qué hacen de nosotros nuestras tradiciones, sino qué hacemos nosotros "con" y "de" nuestras tradiciones. Paradójicamente, nuestras identidades culturales, en cualquier forma terminada, están enfrente de nosotros. Siempre estamos en un proceso de formación cultural. La cultura no es una forma de ontología, de ser, sino de *llegar a ser*.

En sus formas presentes, aceleradas e intensas, la globalización está ocupada desenredando y subvirtiendo aún más los modelos culturales esencializantes y homogenizadores, propios y heredados, deshaciendo los límites —y en el proceso descifrando la oscuridad— del propio Iluminismo de Occidente. Las identidades, que se pensaba estables y organizadas, están viniendo a llorar en las rocas de una diferenciación proliferante. A todo lo largo y lo ancho del planeta, el llamado proceso de migraciones libres y forzadas está cambiando la composición, diversificando las culturas y pluralizando las identidades culturales de la vieja predominante nación-Estado de los antiguos poderes imperiales, e inclusive del propio globo.[13] El flujo irregulado de gente y culturas es tan extendido como imparable en la medida en que está patrocinado por los flujos de capital y tecnología. Lo anterior inauguró un nuevo proceso de *minoritization* en las viejas sociedades metropolitanas en las cuales una cultura homogénea ha sido asumida tácitamente por mucho tiempo. Pero estas "minorías" no son de manera efectiva reducidas a guetos; no se mantienen por mucho tiempo como establecimientos énclaves. Esas minorías toman parte de la cultura dominante en un muy amplio frente. Pertenecen, de hecho, a un movimiento transnacional, y sus conexiones son múltiples y laterales. Ellas marcan el final de una "modernidad" definida en términos exclusivamente occidentales.

De hecho, hay dos procesos opuestos funcionando en las formas contemporáneas de globalización, que en sí mismo es un proceso contradictorio. Por una parte, tenemos las fuerzas dominantes de la homogeneización cultural. A causa de su poder en el mercado cultural y su dominio de los flujos de capital y tecnología, la cultura occidental, y más específicamente la cultura norteamericana, amenaza con aplastar a los que llegan, imponiendo una univocidad cultural homogeneizadora; esto es lo que ha sido llamado la "macdonalización" o la "nikeización" de todo, y cuyos efectos se ven en todo el mundo, incluyendo la vida popular del Caribe. Pero, junto con esta homogeneización, hay procesos que lenta y gradualmente están descentrando los modelos occidentales, llevando a una diseminación de diferencia cultural en todo el orbe.

Estas tendencias "otras" no tienen (aún) el poder para desafiar y rechazar frontalmente las primeras. Pero sí tienen en todas partes la capacidad para subvertir y "traducir", para negociar y naturalizar (por apropiación creativa) la arremetida de la cultura global sobre culturas más débiles. Y como el nuevo mercado de consumo global depende para su efectividad precisamente de que estas culturas sean "localizadas," hay una suerte de forcejeo en lo que puede parecer a primera vista como simplemente "local". En estos días, lo "simplemente" local y lo global están coligados; no porque el último sea lo local funcionando a través de efectos básicamente globales, sino porque cada uno es la condición de existencia del otro. Alguna vez la "modernidad" fue transmitida desde un centro. Hoy, no tiene tal centro. Las "modernidades" están en todas partes; han tomado acentos vernáculos. El destino y la fortuna de los campesinos más simples y de los más pobres agricultores en la más remota esquina del mundo dependen de los cambios no regulados del mercado global–y, por esa razón, él o ella es ahora un elemento esencial, y parte de cada cálculo global. Los políticos saben que los pobres no podrán ser cercenados de, o definidos afuera de, esta "modernidad". No están dispuestos a ser enclaustrados para siempre en una "tradición" inmutable. Están determinados a construir su propia clase de "modernidades vernáculas", y éstos son los significantes de una nueva clase de conciencia transnacional, inclusive pos-nacional y transcultural.

Esta narrativa no tiene asegurado un final feliz. En las viejas naciones-Estado, a muchos que están profundamente afincados en las más puras formas de la concepción nacional de la identidad, la actual erosión de estas formas los saca literalmente de quicio. Sienten que todo su universo está amenazado por el cambio, y que se desploma enfrente de sus narices. Las "diferencias culturales" de una clase rígida e innegociable han tomado el lugar del mestizaje sexual como la principal fantasía poscolonial. Un fundamentalismo étnico ha resurgido en las sociedades de Europa oriental y en los Estados Unidos, una nueva clase de nacionalismo racializado a la defensiva. Basados en esta hipóstasis de la "diferencia cultural", el prejuicio, la injusticia, y la violencia contra el *Otro* han venido a ocupar su lugar —llamado por Sarat Maharaj una especie de "doble espectro del apartheid" — al lado de los viejos racismos basados en el color de la piel y la diferencia fisiológica, provocando el surgimiento reactivo de una "política de reconocimiento," al lado de las luchas contra el racismo y por la justicia social.

Estos desarrollos pueden, en principio, parecer remotos desde la perspectiva de las nuevas naciones y culturas emergentes de la "periferia". Pero como hemos sugerido, el viejo modelo centro-periferia y de cultura nacional-nacionalista, es exactamente lo que está zozobrando. Las culturas emergentes que se sienten amenazadas por las fuerzas de la globalización, la diversidad, la hibridación, o que han fracasado en el proyecto de la modernización, pueden sentirse tentadas a cerrar filas alrededor de las inscripciones nacionalistas y construir muros defensivos. Pero la alternativa no es adherirse a modelos cerrados, unitarios y homogéneos de "pertenencia cultural" sino abrazar un proceso más amplio —el juego de la similitud y la diferencia— que está transformando la cultura en todo el mundo. Éste es el camino de la "diáspora," que es el camino de una cultura moderna. Esto puede parecer en un principio —aunque es realmente muy diferente— lo mismo que el viejo internacionalismo del modernismo europeo. Jean Fisher ha argüido que (hasta hace poco) el "internacionalismo se ha referido exclusivamente a ejes de afiliaciones políticas, militares y económicas de diáspora intraeuropea" (xii). Este eje atrincherado y dominante crea, en palabras de Gerardo Mosquera, "zonas de silencio" en otras partes, haciendo difícil que se den comunicaciones y otras afiliaciones laterales. Rasheed Araeen y Olu Oguibe nos recuerdan que la iniciativa presente (de definir un nuevo internacionalismo en la cultura y en las artes) es simplemente "la más reciente en una historia de esos intentos en el diálogo intercultural, que han sido borrados en Inglaterra por las narraciones culturales establecidas" y que fracasaron "en el intento de arrollar las estructuras formadas y arraigadas que interrogamos" (Oguibe 50, 59).

Lo que tenemos en mente aquí es algo muy diferente —es ese tipo de modernidad "otra" que llevó a C.L.R. James a decir de la gente del Caribe: "Esas gentes que están en la civilización occidental, que han crecido en ella, pero a quienes se les ha hecho sentir —y ellos mismos lo han sentido— que están fuera, tienen una visión única en nuestra sociedad".

Traducción: Carlos Jáuregui

Notas

[1] La celebración se llevó a cabo en el campus de Cave Hill, en Barbados, en noviembre de 1998. En esa ocasión fue presentado este trabajo en una versión editada con autorización de la UWI. Asimismo, fue publicado en inglés con el título "Thinking the Diaspora: Home-thoughts from Abroad" *Small Axe* 6 (2000).
[2] Éste es el subtítulo del volumen, *Windrush*, el cual forma parte de la serie de BBC TV del mismo nombre (Mike Philips y Trevor Phillips).
[3] De hecho, constituye lo que para muchos académicos es "el concepto ideal de la diáspora" (ver William Safran). Sin embargo, como James Clifford ha señalado, esta concepción no da cuenta de la ambivalencia respecto al retorno, de la tendencia a la asimilación entre muchas comunidades judías ni de las críticas anti-sionistas de los propios judíos que caracterizaron gran parte de la conciencia diaspórica judía. "Es ciertamente debatible si las comunidades judías cosmopolitas del Mediterráneo (y del Océano Índico) desde el siglo XI al XIII, el 'mundo geniza' documentado por el gran historiador de las culturas transnacionales, S.D. Goitien, se guiaron en cuanto comunidad o conjunto de comunidades, primordialmente por un sentido de pertenencia a una patria perdida. Este desparramado mundo social estaba conectado mediante formas culturales, relaciones de parentesco, círculos de negocios y rutas de viaje, así como mediante la lealtad a los centros religiosos de la diáspora (en Babilonia, Palestina y Egipto)" (Ver Clifford 248).
[4] Ver la reproducción y la discusión sobre la semiótica de esta imagen en Stuart Hall, ("The West"). También, *inter alia*, Peter Mason.
[5] Para una aguda exploración de las consecuencias para la antropología de la "cultura en movimiento" —viajes, diásporas, cruces fronterizos, hogar lejos del hogar y otros predicamentos transculturales— ver James Clifford.
[6] Ver, *inter alia*, Fernando Ortiz, *Cuban Counterpoint*; Edouard Glissant, *Le discours antillais*; Edward Kamau Brathwaite, *The Development*.
[7] Refiriéndose a la idea de Paul Gilroy sobre "the Black Atlantic", James Clifford nos recuerda que "alguna versión de esta tensión utópica / distópica está presente en todas las culturas de diáspora. Empiezan con el desarraigo y la pérdida. Ellos están familiarizados con el exilio, con el terror al que (por ser 'forasteros') están expuestos: a la policía, el linchamiento y la masacre. Al mismo tiempo, las culturas de la diáspora luchan por mantener una comunidad, preservando y recobrando selectivamente tradiciones, haciendo 'versiones' y modificando 'a la medida' esas tradiciones en situaciones nuevas, híbridas y a menudo antagónicas" (263).

[8] Sobre este particular ver "The National and the Universal" de Immanuel Wallerstein (en Anthony King: *Culture, Globalization, and the World System*).
[9] Contracción oral de "want-to-be" (querer ser). N. de T.
[10] La investigación oficial del crimen dirigida por sir William Macpherson —que se convocó después de cinco años y sólo a consecuencia de los esfuerzos heroicos de sus padres Doreen y Neville Lawrence y de un pequeño grupo de simpatizantes negros— fue un evento público, un proceso "célebre" en 1998 y marcó un cambio en las relaciones raciales británicas. El juez encontró culpable a la policía metropolitana de "racismo institucional" (véase el reporte de Macpherson).
[11] Sobre la antropología de las diásporas africanas en América, ver el artículo de David Scott.
[12] Ése es el título de uno de los más importantes capítulos de *Black Skin, White Masks* de Fanon.
[13] Ver sobre este punto, *Modernity at Large* de Arjun Appadurai.

BIBLIOGRAFÍA

Anderson, Benedict. *Imagined Communities*. Londres: Verso, 1991.
Appadurai, Arjun. *Modernity at Large*. Minneapolis: University of Minnesota Press, 1996.
Araeen, Rasheed. "Perfidious Fidelity: The Untranslatability of the Other". *Global Visions: Towards a New Internationalism in the Visual Arts*. Jean Fisher, ed. Londres: Kala Press in association with the Institute of International Visual Arts, 1994. 3-11.
Bakhtin Mijail, V. N. Volosinov, *Marxism and the Philosophy of Language*. Nueva York/Londres: Seminar Press, 1973.
Barthes, Roland. "Myth Today". *Mythologies*. Londres: Cape, 1972. 109-59.
Brathwaite, Edward Kamau. *The Development of Creole Society In Jamaica, 1770-1820*. Oxford University Press, 1971.
Brett, Guy. "A Tragic Excitement". *Aubrey Williams*. Londres: The Institute for the International Visual Arts-The Whitechapel Galery, 1998. 22-35.
Chamberlain, Mary. *Narratives of Exile and Return*. Basingstoke: Macmillan, 1998.
Chambers, Iain. *Border Dialogues: Journeys In Post-Modernity*. Londres: Coutledge, 1990.
Clifford, James. "Diasporas". *Routes: Travel and Translation In The Late Twentieth Century*. Cambridge: Harvard University Press, 1997. 244-77.
Derrida, Jacques. "Des tours de Babel". *Difference in Translation*. Joseph F. Graham, ed. Ithaca: Cornell University Press, 1985. 165-207.

Fanon, Franz. *Black Skin, White Masks*. Londres: Pluto Press, 1986.
Fisher, Jean. "Editors Note". *Global Visions: Towards a New Internationalism in the Visual Arts*. Jean Fisher, ed. Londres: Kala Press in association with the Institute of International Visual Arts, 1994. x-xiv.
Gilroy, Paul. *The Black Atlantic: Double Consciousness and Modernity*. Londres: Verso, 1993.
Glissant, Edouard. *Le discours antillais*. Paris: Editions du Seuil, 1981.
Hall, Stuart. *Redemption Song: Seven Programmes On Caribbean Culture*. Video documental producido por la Barraclouhgh y Carey y transmitido en 1989-90.
_____ "Who Needs Identity?" *Questions of Cultural Identity*. Londres: Sage, 1997. 1-17.
_____ "Cultural Identity and Diaspora". *Identity: Community, Culture, Difference*. Jonathan Rutherford, ed. Londres: Lawrence and Wishart, 1990. 222-37.
_____ "The West and The Rest: Discourse and Power". *Formations of Modernity*. Cambridge: Polity Press and The Open University, 1992. 275-318.
_____ y P. DuGay (eds.). *Questions of Cultural Identity*. Londres: Sage, 1997.
Heidegger, Martin. "What is Metaphysics?" *Basic Writings*. David Farrell Krell, ed. Nueva York: Harper, 1993.
Henriques, Julian. *Babymother*. Londres, US, Jamaica: Arts Council of England; Channel Four Films; Formation Film Production, 1998.
James, C.L.R. "Africans and Afro-caribbeans: a Personal View". *Ten 8* (1984): 16.
Julien, Isaac (dir.). *The Darker Side of Black*. Nueva York: Filmmakers Library, 1994.
King, Anthony D. (ed.). *Culture, Globalization and the World-System: Contemporary Conditions for the Representation of Identity*. Binghamton: State University of New York at Binghamton University Press, 1991.
Lamming, George. *The Pleasure of Exile*. Ann Arbor: University of Michigan Press, 1992.
Macpherson, William. *The Stephen Lawrence Inquiry Report*. Londres: The Home Office, Cmnd 4261-1, 1999.
Maharaj, Sarat "'Perfidious Fidelity': the Untranslatability Of The Other". *Global Visions: Towards A New Internationalism In The Visual Arts*. Jean Fisher, ed. Londres: Kala Press in association with the Institute of International Visual Arts, 1994. 28-35.

Mason, Peter. *Deconstructing America: Representations Of The Other*. Londres: Routledge, 1990.

Mercer, Kobena. "Diaspora Culture and The Dialogic Imagination". *Welcome To The Jungle: New Positions in Black Cultural Studies*. Londres: Routledge, 1994. 63-4.

Modood, Tarig y Richard Berthoud. *Ethnic Minorities in Britain: Diversity and Disadvantage*. Londres: Policy Studies Institute, 1997.

Mosquera, Gerardo. "Some Problems in Transcultural Curating". *Global Visions: Towards A New Internationalism In The Visual Arts*. Jean Fisher, ed. Londres: Kala Press in association with the Institute of International Visual Arts, 1994. 133-9.

Oguibe, Olu. "A Brief Note on Internationalism". *Global Visions: Towards a New Internationalism in the Visual Arts*. Jean Fisher, ed. Londres: Kala Press in association with the Institute of International Visual Arts, 1994. 50-9.

Ortiz, Fernando. *Cuban Counterpoint: Tobacco and Sugar*. Nueva York: A. A. Knopf, 1947.

Ouditt, Steve. "Enigma of Survival". *Annotations 4: Creole-in-Site*. Londres: Institute of the International Visual Arts, 1998.

Philips, Mike y Trevor Phillips. *Windrush* (serie) de BBC TV. Londres: Harper Collins, 1998.

Pratt, Mary Louise. *Imperial Eyes: Travel Writing and Transculturation*. Londres: Routledge, 1992.

Rushdie, Salman. *Imaginary Homelands*. Londres: Granta Books, 1990.

Safran, William. "Diasporas In Modern Societies: Myths of Homeland and Return". *Diaspora* 1/1 (1991): 83-99.

Scott, David. "That Event, This Memory: Notes on the Anthropology of African Diasporas in the New World". *Diaspora* 1/3 (1991): 261-84.

Wallerstein, Immanuel. "The National and the Universal: Can There Be Such a Thing as World Culture?". *Culture, Globalization, and the World System*. Anthony King, ed. Binghamton: SUNY at Binghamton University Press, 1991. 91-105.

www.ingramcontent.com/pod-product-compliance
Lightning Source LLC
Chambersburg PA
CBHW071354300426
44114CB00016B/2057